Innovation durch Geschäftsprozessmanagement

Springer

Berlin
Heidelberg
New York
Hongkong
London
Mailand
Paris
Tokio

August-Wilhelm Scheer
Ferri Abolhassan
Helmut Kruppke
Wolfram Jost
Herausgeber

Innovation durch Geschäftsprozess-management

Jahrbuch Business Process Excellence 2004/2005

Mit 175 Abbildungen
und 4 Tabellen

Springer

Professor Dr. Dr. h.c. mult. August-Wilhelm Scheer
e-Mail aw.scheer@ids-scheer.de

Dr. Ferri Abolhassan
e-Mail f.abolhassan@ids-scheer.de

Helmut Kruppke
e-Mail h.kruppke@ids-scheer.de

Dr. Wolfram Jost
e-Mail w.jost@ids-scheer.de

IDS Scheer AG
Postfach 101534
66115 Saarbrücken

ISBN 3-540-22037-2 Springer-Verlag Berlin Heidelberg New York

Bibliografische Information Der Deutschen Bibliothek
Die Deutsche Bibliothek verzeichnet diese Publikation in der Deutschen Nationalbibliografie; detaillierte bibliografische Daten sind im Internet über *http://dnb.ddb.de* abrufbar.

Springer-Verlag ist ein Unternehmen von Springer Science+Business Media
springer.de

Einbandgestaltung: Erich Kirchner, Heidelberg

SPIN 11009511 43/3130 – 5 4 3 2 1 0 – Gedruckt auf säurefreiem Papier

Vorwort

Markterfolg und Wachstum durch Business Process Management (BPM)

Mit 20 Jahren Fokussierung auf Business Process Excellence stellt sich die IDS Scheer AG mit ihren weltmarktführenden BPM-Werkzeugen als bevorzugter Partner für prozessorientierte Organisationen auf. Optimierung der Wertschöpfung durch Business Process Management (BPM) ist auch der Treiber für die vielfältigen Consulting-Themen der internationalen IDS Scheer Gruppe.

IDS Scheer spricht seine Kunden im Jahr 2004 unter dem Leitmotiv „Innovation durch Geschäftsprozessmanagement“ an. Dabei fokussiert das Unternehmen seine Leistungen konsequent auf den Geschäftserfolg dieser Kunden – durch effizientes Prozessmanagement auf der Basis der ARIS Process Platform. Prozessoptimierung bedeutet dabei nicht nur, was man an Prozessen verbessern kann, sondern auch die Antwort auf die Frage, wie die Prozesse aussehen müssen, damit ein Unternehmen seine Ziele erreichen kann.

Das umfangreiche Leistungsportfolio der Consulting-Spezialisten von IDS Scheer fokussiert BPM als facettenreiches Managementthema. Dabei gehen die BPM-Beratungsthemen weit über die Ziele der Prozessoptimierung hinaus. Der Bogen spannt sich vom Qualitätsmanagement über Personalbedarfsplanung, Kostenreduktion, Standardisierung und Outsourcing von Prozessen bis zur Implementierung von IT-Systemen. Grundsätzlich geht es darum, auf Basis der Geschäftsfelder und der strategischen Unternehmensziele effiziente Geschäftsprozesse zu definieren, umzusetzen und zu messen.

Das Ziel von Unternehmen ist die Wertschöpfung. Mit ARIS Value Engineering liefert IDS Scheer eine neuartige Form von Vorgehensmodell für ihre BPM-Projekte. ARIS Value Engineering ist eine Kombination aus Methoden und ARIS Werkzeugen zum Aufbau und zur kontinuierlichen Anwendung eines durchgängigen Geschäftsprozessmanagements. ARIS Value Engineering ist umfassend anwendbar, wenn es etwa um die Kompletteinführung einer prozessorientierten Organisation oder die Optimierung ganzer Wertschöpfungsketten geht.

Kunden aller Branchen haben erkannt, dass viele Zukunftsthemen ohne BPM nicht mehr zu handhaben sind. Dazu gehört nicht zuletzt die Entscheidung über

In- und Outsourcing ganzer Geschäftsprozesse, die ohne entsprechende Transparenz in einer Organisation und ihren Daten nicht möglich ist.

Seit 2003 können auch mittelständische Unternehmen von der Prozesskompetenz der IDS Scheer AG profitieren. Nach einem positiven Markteintritt in den USA und in Osteuropa präsentiert sich IDS Scheer 2004 auch in Deutschland als Partner für kleine und mittelständische Unternehmen. Mit der ARIS SmartPath Solution stellt IDS Scheer nicht zuletzt seinen Kunden mit Umsätzen unter 200 Mio. EUR Software, Service und Content als Gesamtpaket zur Verfügung. Mit ARIS SmartPath erschließt IDS Scheer eine neue Dimension von „ready-to-work"-Lösungen und bietet darüber hinaus ein Werkzeug für die zügige und kostenoptimierte SAP-Implementierung in der Praxis. Dabei können mit der ARIS SmartPath Solution die führenden ERP-Mittelstandslösungen prozessorientiert eingesetzt werden. ARIS SmartPath wurde an mehreren internationalen Standorten entwickelt, um so das Fachwissen aller Experten der IDS Scheer Gruppe für kleine und mittlere Unternehmen (SME) auf dem internationalen Markt zu bündeln.

Für den expandierenden Mittelständler bis zum Großkonzern ist Business Intelligence (BI) unterdessen zu einem strategisch wichtigen Thema geworden. IDS Scheer definiert in seiner Beratung BI als Dreiklang aus der Integration des Planungsprozesses, der Integration von Performance Management und der Harmonisierung von strategischem und operativem Controlling. Dabei ist es wichtig, dem Management von Unternehmen eine geschlossene Information Supply Chain zur Verfügung zu stellen: Daten müssen – durch eine entsprechende Informationslogistik unterstützt – zu verwertbaren Informationen werden. Erfolg oder Misserfolg von BI-Projekten beruhen nicht zuletzt auf der richtigen Vorgehensweise der Berater, die umfassendes Branchen-Know-how erfordert. Für moderne Ansätze wie Data Mining und Process Mining kann dann die richtige BI-Plattform gewählt werden.

IDS Scheer Consulting bedeutet prozessorientierte Beratung entlang der ARIS Value Engineering-Methode. Mit diesem Ansatz gewährleistet IDS Scheer seinen Kunden durchgängige Prozessqualität – vom Design über die Implementierung bis zum kontinuierlichen Controlling. Dieser geschlossene Prozesskreislauf garantiert Unternehmen und Institutionen Business Process Excellence.

Saarbrücken, April 2004

Prof. Dr. Dr. h.c. mult. August-Wilhelm Scheer	Dr. Ferri Abolhassan
Helmut Kruppke	Dr. Wolfram Jost

Inhaltsverzeichnis

„Unsere ARIS Methode öffnet die Tür in die Weltliga“

Mit ARIS ist IDS Scheer zu einem international gefragten Beratungsunternehmen geworden. Unternehmensgründer August-Wilhelm Scheer über die Zukunft der Beratung und seines Unternehmens.

Herr Scheer, als Sie das Konzept der papierlosen Beratung 1992 der Presse und Vertretern großer Beratungsunternehmen vorstellten, überwogen Skepsis bis Ablehnung. Heute ist ARIS die marktführende Software und eine anerkannte Beratungsmethode. Wie kam es zu diesem Erfolg?

Ich erinnere mich noch gut, wie die Journalisten in München im Bayrischen Hof saßen und meinen Produktskizzen mit großem Unverständnis folgten. Die Idee einer computergestützten Beratung war völlig neu, ebenfalls mein Architekturkonzept mit verschiedenen Sichtweisen auf die Abläufe und Funktionen eines Unternehmens. Die Berater hatten natürlich Angst, dass ihr menschliches Wissen jetzt durch Computersysteme abgelöst werden sollte und sie wegrationalisiert werden könnten. Aber schon die ersten Veröffentlichungen in der „Computerwoche“ und anderen Fachzeitschriften zeigten, dass wir richtig lagen. Die Resonanz war enorm; meine Beiträge wurden vielfach nachgedruckt. Wir hatten den Nerv getroffen. Schließlich konnten die Unternehmensberater nicht ihren Kunden den Einsatz von Computersystemen empfehlen, selbst aber wie eh und je mit Papier und Bleistift arbeiten. Das war ein eklatanter Widerspruch, der schnell einleuchtete.

Noch in den 90ern arbeiteten die Berater mit Paper- statt Software?

Genau. Erinnern wir uns: Die Berater waren damals unterwegs, um die Unternehmen mit den neuen ERP-Systemen zu beglücken, die per Computer alle Informationen und Funktionen sämtlicher Unternehmensbereiche auf einen Klick zur Verfügung stellten. Selber haben sie aber ihre Organisationsmodelle auf große, braune Papierrollen gemalt und damit die Bürowände tapeziert. Oft hatte man Mühe, vor lauter Bäumen den Wald zu sehen. War die Reorganisation abgeschlossen, hat man die Tapeten eingerollt und weggelegt. Das während der Projektarbeit entstandene Know-how war damit verschwunden. Mit ARIS legten wir erstmals Methoden vor, um die verschiedenen Ergebnisse in Form von Prozess-, Daten- und Organisationsmodellen computergestützt zu dokumentieren und zu speichern. Dadurch wurde die Organisation transparent und man konnte das Wissen aktualisieren, weitergeben und weiterverarbeiten. ARIS bedeutete Innovation für die Beraterbranche und läutete einen radikalen Wandel ein. Heute sind die computergestützte Vorgehensweise und die modellbasierte Dokumentation in Beratungsprojekten allgemein akzeptiert und werden nirgends mehr in Frage gestellt. Im Gegenteil.

Die durchgängige und toolgestützte Beratung ist zum unumstrittenen Erfolgsfaktor geworden?

Ja. Wir erhalten strategisch wichtige Beratungsaufträge wie kein anderes mir bekanntes IT-Dienstleistungsunternehmen unserer Größenordnung. Bei der US-Army beispielsweise wird die SAP-Implementierung zwar von einem der großen Beratungshäuser durchgeführt, aber die Prozessarchitektur und die Methode wie auch die Tools für die Vorgehensweise liefern die Berater der IDS Scheer. Das zeigt, dass wir hier ein Alleinstellungsmerkmal und eine hervorragende Expertise haben. Aber auch in internationalen Großprojekten wird uns dadurch eine strategische Rolle angeboten, obgleich wir mit 2.000 Mitarbeitern im weltweiten Beratermarkt immer noch verhältnismäßig klein sind. In Deutschland zählen wir heute zu den Top Ten im IT-Dienstleistungsmarkt. Für die hohe Qualität unserer Ergebnisse werden wir überall hoch geschätzt.

Die Beratungsbranche allgemein hatte in den vergangenen Jahren unter der Konjunkturschwäche sehr zu leiden. Seit Anfang 2004 gibt es Signale für eine bessere Stimmung. Ist die Talsohle durchschritten?

Die Nachfrage nach externer Beratung steigt nicht nur konjunkturbedingt. Fakt ist, dass es einen stabilen Trend in Richtung Management-Outsourcing gibt, sowohl hinsichtlich des Betriebs von Informationssystemen als auch der Gestaltung und Abwicklung von Geschäftsprozessen. Es lohnt sich für ein Unternehmen nicht, viele Mitarbeiter mit hoher IT- und Organisationskompetenz vorzuhalten, wenn diese nur zeitweilig in Projekten benötigt werden. Dann ist es günstiger, dieses Wissen aktuell von Beratungsunternehmen einzukaufen. Wenn Unternehmen in konjunkturell schwachen Zeiten sparen müssen, drosseln sie vorübergehend die Beauftragung von externen Dienstleistern. Dauerhaft hat das aber keinen Sinn, weil sonst die Probleme zu lange ungelöst bleiben. Wenn es wirtschaftlich jetzt aufwärts geht, werden diese Leistungen wieder stärker nach außen gegeben. Der Trend zum Management-Outsourcing wird sich fortsetzen und noch verstärken, weil sich die Unternehmen mehr und mehr auf ihre Kernkompetenzen fokussieren. Was nicht dazugehört, wird aus Kosten- und Effizienzgründen ausgelagert.

Outsourcing wird aber in erster Linie als Ausweg aus der Kostenfalle diskutiert.

Man kann Beratung und Process Outsourcing unter Kostenaspekten betrachten, aber im Kern geht es um die Frage, wo ein Unternehmen seine Kernkompetenz sieht. Das ist eine strategische Entscheidung des Managements. Insofern findet man widersprüchliche Strategien in der gleichen Branche. Die Deutsche Bank ist stolz darauf, ihr Transaktionsgeschäft an die IBM auszulagern, und verspricht sich davon große Kosteneinsparungen. Die Postbank indes erklärt das Transaktionsgeschäft zur Kernkompetenz und will daraus ein Business machen, indem sie das System anderen, kleineren Banken anbietet. Beim einen ist Outsourcing die Strategie, beim anderen Insourcing. Von generellen Ratschlägen halte ich deshalb sehr wenig. Es kommt auf die Unternehmensstrategie an.

Beim Nutzen von IT- und Process Outsourcing ist sich die Szene nicht einig. Die IT-Dienstleister würden mehr versprechen, als sie halten können.

Während es beim Management-Outsourcing um Beratung geht, sprechen wir hier zum einen über die Ausführung von Abläufen durch Dritte, wie bei der Auslagerung des Transaktionsgeschäfts bei Banken, und zum anderen über die Übertragung des IT-Betriebs mit der Hard- und Softwarebetreuung an einen Dienstleister. Hier gibt es unterschiedliche Märkte und unterschiedliche Risiken für den Anwender. So muss er sicherstellen, dass mit der Auslagerung seine Innovationsgeschwindigkeit nicht nachlässt. Er darf nicht in Abhängigkeit vom Outsourcer geraten. Deshalb muss ein neuer Prozess des Managements der Outsourcing-Aktivitäten eingeführt werden. Mit unserem ARIS Process Performance Manager (PPM) können wir diesen Prozess unterstützen, indem der Anwender die Leistung des Outsourcing-Unternehmens über Prozesskennzahlen wie Durchlaufzeiten kontrolliert.

Ist der ARIS PPM damit ein Tool, um Service Level Agreements zu automatisieren?

Ja, in den SLAs legt der Anwender fest, welche Leistungen er vom IT-Outsourcing-Dienstleister erwartet. Wenn dies nur auf dem Papier steht, ist es schwierig, die Einhaltung zu kontrollieren. Außerdem ist es oft schon zu spät, bis der Anwender merkt, dass etwas nicht funktioniert wie gewünscht. Der ARIS PPM analysiert die Prozessleistung permanent im laufenden Betrieb, weil das Tool direkt auf den Anwendungssystemen aufsetzt. So haben der Kunde wie der Dienstleister stets aktuelle Messergebnisse und können bei Bedarf gegensteuern wie bei den Fertigungsleitständen, die seit Jahren eingesetzt werden, um die termingerechte Erledigung von Produktionsaufträgen zu überwachen. Die Analysedaten des ARIS PPM machen Prozesse auch vergleichbar und können als Basis für Optimierungsschritte genutzt werden.

Wenn die Wirtschaft wieder in Fahrt kommt, wird dann das Thema „Organisation“ wieder verstärkt auf die Agenda der Unternehmen gesetzt?

Die Unternehmen befassen sich immer mit Organisationsfragen. In konjunkturell schwierigen Zeiten schauen alle auf Kosteneffizienz und suchen intern nach den „Fettpolstern“, die man abtragen kann. Springt das Signal wieder auf Grün, orientiert das Management das Geschäft verstärkt nach außen, es werden neue Kunden gesucht und das Schwergewicht verlagert sich auf Expansion und Innovation. Jetzt interessiert sich das Management dafür, wie neue Produkte schneller entwickelt und vermarktet werden können. Im Zuge der Digitalisierung der Geschäftsprozesse wächst das Interesse an Prozess- und Kooperationsinnovationen. Um den Markterfolg zu sichern, müssen Unternehmen ihre Produktentwicklungszeiten drastisch verkürzen. Deshalb interessieren sie sich für Ansätze wie „Collaboration Business", wo zusätzlich zur Produkterneuerung auch die Fertigungs- und Logistikprozesse unternehmensübergreifend optimiert werden. Interessant sind auch neue Konzepte für das Product Bundling, bei dem zunehmend materielle Produkte mit intelligenten Dienstleistungen verknüpft werden. Kollaboration setzt aber voraus, dass die Geschäftsprozesse und die Informationssysteme der Geschäftspartner zusammenpassen und vernetzt sind. Die Geschäftsprozessmodellierung und darauf aufbauende Anwendungssysteme werden deshalb einen Boom erleben.

Wer wird von der steigenden Nachfrage nach Software und IT-Dienstleistungen profitieren? Rund 130.000 IT-Arbeitsplätze in Deutschland sollen durch die Verlagerung der Arbeit in Niedriglohnländer gefährdet sein.

Das ist eine ernst zu nehmende Gefahr. Durch die Osterweiterung der EU stehen hoch qualifizierte Mitarbeiter zu wesentlich geringeren Kosten zur Verfügung. In Ungarn, Polen oder Tschechien findet man häufig deutsche Sprachkenntnisse vor, weshalb vor allem mittelständische deutsche IT-Unternehmen an Nearshoring denken. Für die internationalen Konzerne ist eher Indien interessant, weil die Corporate-Sprache ohnehin meistens Englisch ist. Man macht sich etwas vor, wenn man glaubt, es ginge hier nur um „niedrige Arbeiten". Es fängt vielleicht mit einfachen Programmieraufgaben an. Aber auch in hoch qualifizierten Beratungsprojekten kann man die Backoffice-Aufgaben im Ausland durchführen lassen. Wie schnell sich der Trend entwickelt, ist offen. Mittelfristig wird sich der Markt auf jeden Fall verändern. In Deutschland wird man nur noch mit hochwertigen, innovativen Produkten die Arbeitsplätze halten können.

Wird die Gefahr von der Politik gesehen?

Ich wundere mich, wie wenig die Arbeitsplatzabwanderung politisch in Deutschland thematisiert wird. In den USA wird vehement diskutiert, wie man den einheimischen Unternehmen Vorteile - zum Beispiel in Form von Steuererleichterungen - bieten kann, um sie von der Abwanderung abzuhalten. Denn in den Niedriglohnländern werden Lohnvorteile mit staatlichen Strategien zur Ansiedlung ausländischer Unternehmen kombiniert. Gegen dieses gezielte Vorgehen sehe ich in Deutschland keine politische Gegenstrategie.

Kann sich ein Unternehmen dem Sog der Niedriglohnländer entziehen?

Das glaube ich nicht. Der Stundenlohn für einen Programmierer in Indien beträgt derzeit rund ein Viertel der deutschen Arbeitskosten. Das ist schon ein gewaltiger Unterschied. Die amerikanischen Softwareunternehmen sind bereits stark in Indien vertreten. Daher sind auch europäische Mitbewerber gezwungen, diese Preisvorteile für sich wahrzunehmen. In der Unternehmensbewertung, die sich auf dem EBIT gründet, kämen sie ansonsten ins Hintertreffen und könnten unter Umständen zu Übernahmekandidaten werden. Offshoring ist also nicht nur eine Frage der Gewinnerzielung, sondern tangiert auch die Stabilität des Unternehmens.

Welche Rolle kann Deutschland in einer globalen Software- und Beratungsindustrie spielen?

Deutschland spielt vor allem im Bereich der betriebswirtschaftlichen Anwendungen eine Rolle. Hier ist SAP weltmarktführend und hat einige deutsche Unternehmen mitgezogen. IDS Scheer konnte sich mit der Optimierung von Geschäftsprozessen international einen Namen machen - als Lieferant von betriebswirtschaftlichen Produkten als auch von Methoden und Softwareanwendungen. Auch in den USA, wo die Giganten des Consultingmarktes zu Hause sind, die mehr als das Zehnfache an Mitarbeitern haben, sind wir für unser Prozess-Know-how anerkannt. Wir haben gezeigt, dass es von Deutschland aus möglich ist, auf den Weltmärkten erfolgreich zu sein. Aber das gelingt nur mit Innovationen und einer engen Verzahnung von Forschung und Wissenschaft. Deshalb sehen wir hier auch noch Potenzial für unser Unternehmenswachstum.

Wo sehen Sie noch Potenzial für die deutsche IT-Branche?

Viele Gebiete – von der Hardware über Datenbanken bis zur Ingenieursoftware – haben wir an amerikanische und asiatische Anbieter verloren. Chancen haben wir dort, wo wir unsere Stärken haben. Deshalb sollte sich Deutschland darauf konzentrieren, neue Branchenansätze zu entwickeln, wie beispielsweise Auto-Informatik, Bio-Informatik oder Service Engineering. Mit der Förderung innovativer Anwendungskonzepte könnte man sowohl die „alten" Industrien fördern, wo Deutschland eine gute Tradition und Position auf den Weltmärkten hat, als auch die Software- und Dienstleistungsunternehmen nach vorne bringen. Es wäre traurig, wenn Deutschland noch mehr Hightech-Märkte verlieren würde. Aber das hängt davon ab, ob in Forschung und Entwicklung die richtigen Schwerpunkte gesetzt und gefördert werden.

Wie wichtig ist die Internationalität der Unternehmen?

Der Trend geht eindeutig zu immer größeren Einheiten, die Kunden global betreuen können. Das ist nun mal der Lauf der Wirtschaftsentwicklung. Entscheidend ist dabei, ob diese großen Organisationen ihre Kosten im Griff haben. Im Endeffekt entscheiden die Costs of Sales, also die Gesamtkosten der Akquisition. Das bedeutet, dass die Kundenbindung über die Marktstellung und die Behauptung im Wettbewerb entscheidet. Wer jeden Kundenauftrag immer neu erarbeiten muss und einen hohen Kundenwechsel hat, den quälen hohe Akquisitionskosten. Mit der Globalisierung wird der Wettbewerb zwangsläufig härter. Da braucht man Vorteile in Angebotssituationen, sonst geht man unter.

Welches Leistungsportfolio muss ein IT-Dienstleister bieten, um den Konsolidierungsprozess zu überleben?

Zum Portfolio gibt es zwei Meinungen, für die es jeweils gute Argumente gibt: Die einen setzen auf One-Stop-Business, bei dem alles aus einer Hand kommt – also Hardware, Software und Dienstleistungen inklusive anschließender Wartung und Betreuung sowie Outsourcing. Das bedeutet aber, dass der Kunde nicht immer alles in der besten Qualität erhält. Die anderen machen sich zu eigen, dass der Kunde nicht einem Generallieferanten ausgeliefert sein will und deshalb die Beratung unabhängig von der Hardware- und Softwareleistung beauftragt. Der Kunde ist freier in der Auswahl und Herr über seine eigene Strategie und kann sich jeweils für das Beste entscheiden.

Welche Strategie verfolgt die IDS?

Wir beobachten diese Entwicklung sehr sorgfältig. Beim Geschäftsprozessmanagement haben wir einen ganzheitlichen Ansatz – von der Prozessberatung über die Umsetzung mit Hilfe von Informationssystemen bis zur Prozessabwicklung durch Outsourcing und Controlling. Mit der Übernahme von Plaut sind wir in das Outsourcing eingestiegen und können den Kunden die ganze Bandbreite der Planung, Umsetzung und Steuerung von Geschäftsprozessen aus einer Hand anbieten.

Die Beratungsbranche muss sich immer wieder mit dem Vorwurf auseinander setzen, dass in der Theorie alles machbar scheint, aber hinterher in der Praxis vieles nicht funktioniert.

Es gibt den Spruch: Bei der Präsentation kommen die Akquisitionsriesen und hinterher im Projekt die Implementierungszwerge. Die meisten Kunden wirken diesem Verhalten mittlerweile entgegen, indem sie sich die späteren Teams zeigen lassen und diese auf ihre Kompetenzen prüfen. Wir schließen keinen Vertrag ab, ohne dass dem Kunden das Projektteam vom Leiter bis zu den Mitarbeitern bekannt ist. Auch während des Projektablaufs muss der Kunde sein Einverständnis geben, wenn es zu einem Wechsel in der Zusammensetzung des Teams kommt. Überraschungen kann man auch dadurch ausschließen, dass man sich Referenzen über erfolgreiche ähnliche Projekte geben lässt.

Mit der Transparenz scheinen es die Berater oft nicht so genau zu nehmen. In den vergangenen Monaten war von erschwindelten Millionengeschäften beim Staat die Rede. Nach der Wirtschaftskrise stecken die Berater jetzt offenbar in einer Imagekrise.

Schwarze Schafe gibt es immer. Man muss damit leben, dass manche Geschäfte auf dem Golfplatz abgeschlossen werden und nicht unbedingt aufgrund der Kompetenz. Es ist Aufgabe der Presse, solche Dinge aufzudecken. Unfair ist aber, wenn damit eine ganze Branche diskreditiert und in ein schlechtes Licht gerückt wird.

Spielen Sie Golf?

Nein, ich spiele Saxofon in einer Jazzband. Das ist nicht der Platz, wo man große Geschäfte abschließt. Aber auch beim Aufbau der IDS Scheer habe ich wenig „Top-down" akquiriert. Wenn die Akquisition allein über den Chef läuft, wird dieser zum Engpass des Unternehmenswachstums. Hier ist es besser, breites Fach-Know-how aufzubauen und auf diese Akquisitionsstärke zu vertrauen.

Kritisiert wurde bei den öffentlichen Aufträgen vor allem auch der geringe Nutzen der Beratung.

Bei Strategieberatungen erscheint ein richtiger Hinweis oft einfach. Trotzdem ist er dadurch nicht wertlos. Der Unterschied zwischen einer Lebensweisheit und einer Trivialität ist bekanntlich relativ gering. Dennoch kann es in einer bestimmten Situation hilfreich sein, wenn man eine Lebensweisheit gesagt bekommt. Das kann ich auch aus meiner eigenen Erfahrung als Unternehmer sagen. Als ich in einer schwierigen Situation war, haben mir nicht die Ratschläge geholfen, bei denen man die Integralrechnung bemühen musste. Viel wichtiger waren simple Hinweise, welchen Personen ich trauen kann, welche Alternativen bestehen, wie ich die Situation bewerten kann. Man muss vorsichtig sein, wenn man aus heutiger Sicht eine zurückliegende Beratung beurteilt. Was heute trivial erscheint, kann damals sehr nützlich gewesen sein. Trotzdem bin ich selber auch skeptisch gegenüber den High-Level-Beratungen. In der operativen Beratung ist es einfacher, den Return On Invest konkret nachzuweisen.

Werden High-Level-Beratungen nicht auch immer nach dem gleichen Rezept durchgeführt?

Man spricht nicht ohne Grund von den „Folienberatern“. Einmal erarbeitet, immer angewendet. Das ist wie mit der amerikanischen Managementliteratur, die mit den ewig gleichen Case Studies arbeitet. Ich verstehe ohnehin nicht, weshalb wir in Deutschland, wenn es um Strategie und Innovation geht, fast ausnahmslos amerikanische Unternehmen beauftragen. Unsere Ministerien beauftragen US-amerikanische Beratungsunternehmen, wenn es um Strukturreformen und die Modernisierung der öffentlichen Verwaltung geht. Die Regierung lässt Vertreter amerikanischer Consultinghäuser über die Innovationsfähigkeit des Standortes Deutschland reden. Dies wäre in Ordnung, wenn deutsche Unternehmen in den USA die gleichen Chancen hätten. Dort gilt aber leider häufig „buy american“. Wenn ich vergleiche, wie schwierig der amerikanische Markt für uns ist, haben es US-Firmen bei uns viel leichter – gerade auch im öffentlichen Sektor. Das wäre ein Feld, wo deutsche Unternehmen und Organisationen von der immer noch guten Forschungs- und Bildungsinfrastruktur hierzulande profitieren könnten. So könnten wir auch Stärken ausbilden, die sich unsererseits exportieren ließen.

Deshalb bin ich stolz, dass die IDS gerade auch in den USA und in Japan, die als Quelle für neue Managementmethoden gelten, erfolgreich ist. Unsere Methoden haben dort Fuß gefasst.

Woran erkenne ich eigentlich einen guten Berater?

Ein Berater hat immer das neueste Wissen parat. Bei ihm erhalten Sie das Know-how, das Sie im eigenen Unternehmen nicht vorhalten. Dabei kann es sich um Methoden, um Inhalte, um Technologien oder um Management-Know-how handeln. Doch dieser Anspruch reicht heute allein nicht mehr aus. Beratung muss einen Mehrwert nachweisen. Für Kunden rücken Nutzenüberlegungen immer stärker in den Vordergrund. Wir haben darauf reagiert, indem wir bei Projekten zum Beispiel eine Erfolgskomponente einbeziehen. Oft wird ein Zuschlag vereinbart, wenn die fixierten Ziele erreicht werden. Ich finde diese Betrachtung richtig. Berater, die sich auf eine erfolgsorientierte Abrechnung einlassen, sind von ihrem Nutzen auch überzeugt. Und dann kann auch ein Auftraggeber den angebotenen Leistungen vertrauen.

Welche Rolle spielt bei der Zielverfolgung die methodische Basis der Beratung?

Die Methodik ist sehr wichtig. Die IDS-Berater arbeiten von der Akquisition bis zur Ablieferung nach einem einheitlichen Methoden- und Dokumentationskonzept. Schon bei der Präsentation wird dem Kunden gezeigt, wie seine Ergebnisse später dokumentiert sind; er erhält eine genaue Vorstellung, was die Deliverables sind. Wir haben eine Durchgängigkeit von der ersten Skizze bis zur Inbetriebnahme. Der Kunde kauft die Katze nicht im Sack.

Wie stark ist die Qualität der Beratung von einzelnen Personen abhängig?

Je weniger Beratung methodenorientiert ist, desto stärker ist sie an einzelne Personen gebunden. Verlässt der Berater das Projektteam, ist der Erfolg in Frage gestellt. Mit Methoden- und Know-how-Datenbanken ist man weniger auf das Wissen in den Köpfen angewiesen, sondern kann eine gewisse Standardleistung unabhängig von bestimmten Personen erhalten. Natürlich sind Qualifikation und Erfahrung wichtige Skill-Faktoren, die auch darüber entscheiden, wie gut oder schlecht Wissensdatenbanken und Methoden eingesetzt werden. Ohne Frage, das Persönliche kommt in der Beratung stark zum Tragen; es sollte aber das Sahnehäubchen und nicht der Standard sein. Die State-of-the-Art-Beratung muss personenunabhängig durch hinterlegtes Know-how gewährleistet und verifiziert sein.

Andererseits hängt im Projekt viel von der Persönlichkeit des einzelnen Beraters ab.

Das ist richtig. Der Berater ist auch verschiedenen Konfliktsituationen ausgesetzt, die er bewältigen muss. Einerseits ist der Berater Auftragnehmer des Unternehmens. Das heißt, er ist den Interessen des Unternehmens verpflichtet. Dieses erwartet von ihm, dass er aufgrund seiner Autorität auch mal gegen die Meinung eines einzelnen Managers opponiert und sich durchsetzt. Schließlich soll er dazu beitragen, dass alte Zöpfe abgeschnitten und lieb gewordene Gewohnheiten abgeschafft werden. Andererseits arbeitet er im Team, auch mit den Managern und Mitarbeitern des Kunden zusammen. Hier besteht die Gefahr, dass er den Interessen einzelner Manager oder Gruppen folgt. Die verschiedenen Interessen und Rollen zu berücksichtigen, erfordert viel Fingerspitzengefühl und Überzeugungskraft. Die soziale und kommunikative Kompetenz des Beraters wird wichtiger - auch deshalb ist es gut, wenn er auf möglichst viel computergestütztes Fachwissen zurückgreifen kann.

Von ARIS sind inzwischen mehr als 40.000 Lizenzen verkauft. Sehen Sie noch weiteres Potenzial?

Die Unternehmen erkennen immer mehr, dass Organisationswissen eine wesentliche Ressource ist. Wenn man diese nutzen will, muss sie aber gut dokumentiert sein. Im Zuge der Globalisierung arbeiten große Unternehmen an der Standardisierung und Harmonisierung ihrer Prozesse und entwickeln globale Prozessarchitekturen. Das ist ohne Transparenz nicht möglich. Bei Großunternehmen wird sich daher der Einsatz von ARIS für die Dokumentation verstärken. Um World-Class-Prozesse zu etablieren, sind die Unternehmen außerdem an der detaillierten Analyse interessiert und führen Prozess-Benchmarks durch, um die beste Leistung zu erzielen. Hier gibt es noch viel Einsatzpotenzial, auch im Zusammenhang mit der Integration unserer Methode und Software in große Anwendungssysteme wie SAP und der Automatisierung des Geschäftsprozessmanagements. Das Geschäftsprozessmanagement hat seinen Höhepunkt noch nicht erreicht. Gerade in der Zusammenarbeit mit SAP und der Integration von Netweaver und ARIS ergibt sich für uns eine fantastische Entwicklungsperspektive.

ARIS wird heute vor allem in Großunternehmen eingesetzt. Warum ist der Mittelstand so zögerlich?

Ursprünglich war ARIS für mittelständische Unternehmen konzipiert worden. Wir dachten, dass gerade dort die Referenzmodelle gut ankommen müssten, weil sie schnell zu Best-Practice-Prozessen führen und die Entscheidung für die Unternehmenssoftware erleichtern. Dann stellte sich aber heraus, dass der Mittelstand gegenüber formalisierten Verfahren eher zurückhaltend ist. Indes ist bei der Großindustrie ein stärker organisatorisches Denken verankert. Das erklärt den Erfolg von ARIS bei Großunternehmen. Das wird sich jetzt aber ändern. Der Mittelstand öffnet sich für die Geschäftsprozessidee. Mit ARIS SmartPath sind wir darauf gut vorbereitet.

Inwiefern?

Mittelstandsproblematik läuft bei Anwendungssoftware immer auf eine Konfigurationsproblematik hinaus. Ein mittelständisches Unternehmen hat relativ einfache Geschäftsprozesse, aber jeder Mittelständler ist anders. Wenn man eine generelle Software anbieten will, kommt man um eine hohe Funktionalität nicht herum. Die Kunst besteht darin, aus einer Fülle an Funktionalitäten, die eine Software bietet, sehr schnell die Prozesse herauszufiltern, die für dieses eine konkrete Unternehmen relevant sind. ARIS SmartPath ermöglicht eine modellgetriebene Konfiguration – der Kunde definiert seinen Prozess und das System wird automatisch konfiguriert. Das ist der Schlüssel für die Lösung dieser Probleme. Ich bin überzeugt, dass der Mittelstand das erkennen und schätzen wird.

Wie müssen sich Beratungsmethoden und -tools weiterentwickeln, um zukünftigen Anforderungen gerecht zu werden?

Der Weg der Computerunterstützung in der Beratung ist ja nicht zu Ende. Durch Shared Services ist es inzwischen möglich, unabhängig vom Ort des Kunden und des Beraters gemeinsam ein Problem zu lösen. Reisekosten und -zeiten lassen sich dadurch reduzieren. Der Berater schaltet sich in das System des Kunden ein, beide kommunizieren auf der Basis gleicher Daten und Informationen und können so das Problem gemeinsam lösen. Diese Telearbeiten werden aber mehr im Bereich der Wartung und bei Spezialfragen angesiedelt sein. Für eine grundsätzliche Reorganisation braucht man Teams vor Ort, die mit dem Kunden die Ziele umsetzen. Aus den Diskussionen und der Teamarbeit heraus ergeben sich Erkenntnisse und Schulungseffekte, damit die Mitarbeiter die neue Organisation dann auch wirksam umsetzen können. Zur Vertiefung können die Organisationsmodelle in E-learning-Systemen zur Verfügung gestellt und immer wieder trainiert werden.

Welches Profil muss der Berater der Zukunft haben?

Es wird nicht ausreichen, dass ein IT-Berater die Customizing-Funktionen eines Softwaresystems beherrscht. Immer wichtiger wird der Branchenfokus. Der Berater muss den Überblick haben und wissen, wie sich die Automobilbranche, der Maschinenbau, Chemie/Pharma, Textilindustrie, öffentliche Verwaltung oder der Finanzsektor entwickeln. In Branchenszenarien kann ein Beratungsunternehmen zeigen, wie die Produkttrends aussehen, welche Änderungen sich in den Marktstrukturen ergeben, welche neuen Technologien und Materialien zum Einsatz kommen. Gefragt ist ein komplexes Wissen, um mit dem Kunden Fachgespräche über die Zukunft des Unternehmens führen zu können. Anschließend muss der Berater eine Road Map entwickeln, wie die Positionierung des Kunden in der Branche erreicht werden kann, und die entsprechenden Projekte aufsetzen. Dafür ist weniger technisches Detailwissen erforderlich als vielmehr umfassendes Thought-Leadership-Know-how. Der Berater muss für den Kunden ein Branchenguru sein, mit dem er seine Entwicklungsstrategie diskutiert.

Und IDS Scheer bietet dieses Zukunftswissen?

Auf jeden Fall. Wir haben eine tiefe Branchenexpertise. Unsere Branchenszenarien werden kontinuierlich weiterentwickelt und fortgeschrieben. Es ist unser Anspruch, dass wir mehr Wissen über die Branche haben als der Kunde. Denn nur dann können wir mit ihm seine Strategie diskutieren und die Projekte für die Umsetzung ableiten.

Ist das die Vision: IDS Scheer als Strategieberatung?

IDS Scheer ist auch Strategieberater. Die Betonung liegt auf „auch". Mit unserer ARIS Methode haben wir auf einem mittleren Managementniveau begonnen. Durch die Beratung über organisatorisches Prozesswissen bieten wir mehr als ein Softwareimplementierer. Aber in den Augen des Kunden sind wir operativer als bekannte Strategieberater. Wir haben quasi „Öl an den Händen", was auch gut ist. Mit den neuen ARIS Methoden zu Balanced Score Card und Risc Management sind wir der strategischen Beratung schon näher gerückt. Diese Entwicklung setzen wir mit den Branchenszenarien nun fort. Wir wollen den gesamten Zyklus von der Strategieberatung über die Prozessoptimierung, die Softwareimplementierung bis zu dem anschließenden Controlling und Outsourcing beherrschen. Das nennen wir One-Stop-Consulting.

Das Interview führte Heidrun Haug, Storymaker GmbH

Business Process Management

Einleitung: Business Process Management

Wolfram Jost
IDS Scheer AG

Helmut Kruppke
IDS Scheer AG

Seit zwei Jahrzehnten konzentriert sich IDS Scheer auf das Thema Business Process Management. Dieses Thema steht seit der Firmengründung wie eine feste Säule in unserer Firmengeschichte und zeigt, dass Kontinuität und Innovationskraft kein Widerspruch sind. Im Gegenteil – die Grundlagen für unseren Unternehmenserfolg sind Konzeptionen und Produkte, die sich im Laufe der Jahre stetig weiterentwickelt haben. Innovative betriebswirtschaftliche Konzepte gepaart mit neuen Produktideen – das ist die Tradition von IDS Scheer.

Doch Ideen brauchen Vorlaufzeiten. Die erste konzeptionelle Innovation war in den 80er Jahren das Y-CIM Modell. Es steht exemplarisch für jene integrative Prozess-Sicht, die Business Process Excellence erst möglich macht. Gleichzeitig war das Y-Modell auch Referenzmodell für industrielle Geschäftsprozesse auf höchster Ebene. Als Basis für die Prozessanalyse und die Darstellung von DV-Unterstützungsgraden wird es auch heute noch von Unternehmen gerne verwendet.

Doch wie beschreibt man die betriebliche Aufbau- und Ablauforganisation im Detail? Die Antwort darauf gab die zweite Konzeption, das ARIS Haus. Es stellt sowohl ein Meta-Modell für die Unternehmensmodellierung als auch ein Vorgehensmodell zur Erfassung und Analyse von Prozessen bis hin zur physischen Implementierung in Softwaresystemen dar. Dieser Konzeption folgte Anfang der 90er Jahre die Produktinnovation ARIS Toolset, welche die Analyse, Beschreibung und Dokumentation von Geschäftsprozessen auf Basis der ARIS-Methodik softwaretechnisch unterstützt. Die nächste konzeptionelle Innovation, die auch durch konkrete Softwareprodukte untermauert wurde, war HOBE (House of Business Engineering). Mit HOBE wurde erstmalig eine prozessorientierte Softwarearchitektur vorgestellt, die sich heute in dem Thema SOA (Service Oriented Architecture) wiederfindet.

Neben dem Modellieren und Implementieren von Geschäftsprozessen wurde mit dem ARIS Process Performance Manager das Thema kontinuierliches Process Controlling erstmalig adressiert. Die Einordnung dieses Themas führte dann 1998 zum ersten Lifecycle-Konzept. Zu diesem Zeitpunkt definierten wir ihn über die Prozessgestaltung, die Prozessausführung und das Process Performance Monitoring.

Seit diesem Zeitpunkt haben wir den Lifecycle kontinuierlich weiterentwickelt. Marktthemen wie E-Business wurden aufgegriffen, ARIS PPM als vollwertiges Mitglied integriert. ARIS Value Engineering ist bis heute die aktuellste Erweiterung: Der Process Lifecycle beschreibt den Prozess des Prozessmanagements. Dieser Prozess ist unsere Kernkompetenz und die Basis für das Thema Business Process Management in der IDS Scheer. Er kombiniert all unsere bisherigen Konzeptionen, das YCIM- Modell, das ARIS-Haus, das House of Business Engineering und die neuere 3-Ebenen-Architektur. Er beinhaltet gleichzeitg auch die Softwareprodukte und die Beratungsleistungen und ist somit die gemeinsame Klammer unseres gesamten Leistungsportfolios.

Diese Entwicklung über zwei Jahrzehnte spiegelt eine Kontinuität wieder, die nicht zu kopieren ist. Denn Kopien haben nicht die Tiefe und Substanz eines Originals. Wir sind das Original und werden am Markt auch so wahrgenommen. Diese Erfahrung haben wir in der neuen Partnerschaft bezüglich SAPNetWeaver und BPM gemacht. Sie ist eine Folge unserer kontinuierlichen Arbeit an diesem Thema und damit unserer langjährigen Kompetenz. Aus diesem Grund hat SAP auf uns gesetzt. In den 20 Jahren IDS Scheer steckt ein herausragender Wert: Wissen über das Thema BPM. Nur Originale werden kopiert.

Business Process Management: der ARIS Value Engineering-Ansatz

Wolfram Jost
IDS Scheer AG

Helmut Kruppke
IDS Scheer AG

1 Einleitung

Es scheint, als sei die konjunkturelle Talsohle durchschritten, und der Blick der Unternehmen richtet sich wieder verstärkt auf Märkte und Kunden. (vgl. Sinn 2004 & Gartner 2003) Das straffe Kostenmanagement der letzten Jahre wird jedoch erhalten bleiben. Als sei das magische Dreieck Zeit, Qualität, Kosten nicht schon Herausforderung genug, gilt es nun, darüber hinaus auch substanzielle Innovations- und Wachstumspotenziale zu heben und Kundenbegeisterung zu erlangen. Das Zitat „Wertschöpfung dient nicht nur dem wertschöpfenden Unternehmen, sondern auch dem Kunden" formuliert dies treffend. (vgl. Diller 2004)

Die sich verändernden Märkte sowie technologische Neuerungen werden wieder strategische Neuausrichtungen von Unternehmen auslösen. Unternehmen unterschiedlichster Größe und Branchenzugehörigkeit werden sich sowohl um eine größere Markt- und Kundennähe als auch um eine Verbesserung ihrer Flexibilität und Reaktionsschnelligkeit bemühen. Die Bereitschaft und Fähigkeit, fundamentale Veränderungen von Abläufen, Strukturen und Verhaltensweisen im soziopolitischen Umfeld der Unternehmen – parallel zu möglichen weiteren Kostenkürzungen – zu gestalten, werden zu den Haupterfolgsfaktoren im Wirtschaftsaufschwung nach der gescheiterten Dotcom-Economy.

Auch die strategischen Randbedingungen für die Gestaltung der internen Organisation haben sich drastisch verändert. Traditionelle verrichtungs- oder funktionsorientierte Organisationskonzepte werden den heutigen Anforderungen kaum gerecht:

- Der traditionellen funktionalen Unternehmensorganisation ist es nur begrenzt möglich, sich an sich dynamisch verändernde Marktbelange, insbesondere in Bezug auf Schnelligkeit und Flexibilität, anzupassen.
- Die funktionalen Strukturen und Abläufe sind ungeeignet, wenn es gilt, ein Höchstmaß an Effizienz und Effektivität bei der Nutzung moderner Informations- und Kommunikationstechnik zu erreichen.
- Die Managementverantwortung wird bei den traditionellen Konzepten ausgehöhlt, wodurch die Ausschöpfung von Motivationsreserven verhindert wird.

Trotz dieses enormen Drucks beschränken sich viele Unternehmen darauf, ihre Unternehmensstrukturen anzupassen, und unterlassen den Schritt, die internen Abläufe strategisch neu auszurichten. **Damit wird die interne Organisation vielfach zu einem Hemmnis für die Ausschöpfung sich bietender Marktchancen**.

Genau dies ist jedoch der entscheidende Hebel für künftige Unternehmenserfolge: Kommt die konjunkturelle Trendwende, werden die Unternehmen von den Wachstumschancen überdurchschnittlich profitieren, die – bei völliger „körperlicher Fitness“ – ihr „Idealgewicht“ halten können, das sie nach mehrjähriger „Kostendiät“ erreicht haben.

Der Schlüssel zum Erfolg liegt im Business Process Management. Wie bei einer echten Diät geht es hier um eine dauerhafte und nachhaltige Veränderung von Unternehmen und nicht um ein schnelles Abhungern mit anschließendem Jo-Jo-Effekt.

2 Business Process Management

2.1 Was ist Business Process Management?

Das Thema Business Process Management (BPM) ist nicht neu. Erste Diskussionen zu diesem Managementansatz gibt es bereits seit Anfang der 90er Jahre (vgl. Scheer 2004). Zu Beginn der Diskussionen wurde das Thema sehr stark unter kurzfristigen organisatorischen Aspekten diskutiert (BPR). Ziel war die schnelle und radikale Veränderung ausgewählter Geschäftsprozesse auf Projektbasis. Heute handelt es sich beim Thema BPM um einen ganzheitlichen und kontinuierlichen Ansatz, der organisatorische und technologische Aspekte gleichermaßen behandelt. Hierbei ist wichtig zu erkennen, dass das Thema BPM selbst wiederum einen Prozess darstellt. Einen Prozess, der aus den Phasen Prozessstrategie, Prozessdefinition, Prozessimplementierung und Prozesscontrolling besteht. Und genau diesen Prozess gilt es im Unternehmen sowohl organisatorisch als auch technologisch umzusetzen. Hierfür bildet der nachfolgend beschriebene Ansatz eine Art Referenzmodell. Die Effizienz und Effektivität des Prozesses des Geschäftsprozessmanagements bestimmen im Wesentlichen auch die Effektivität und Effizienz der operativen Geschäftsprozesse. (vgl. Scheer & Jost 2002 & Gaitanides et al. 1994)

In der Praxis wird BPM dadurch zu einem facettenreichen Managementthema. Die konkrete **Prozessoptimierung** (unternehmensintern oder unternehmensübergreifend) kann als stets aktueller „Klassiker" des BPM betrachtet werden. Auch der Weg von der funktionalen zur **prozessorientierten Organisation** wird direkt mit BPM assoziiert. Eine ganze Reihe anderer Managementthemen zählt jedoch ebenso direkt zum BPM oder lässt sich über BPM besser darstellen, so z. B. das **Qualitätsmanagement**, das seit der ISO 9000-2002 prozessorientiert ist und ein **integriertes Managementsystem** fordert, oder die **Personalbedarfsplanung**, die ohne BPM immer eine unvollständige Betrachtung bleibt. Dies gilt ebenso für das **Risikomanagement** oder auch die **Kostenreduktion**, wenn sie nachhaltig sein soll und Erfolgfaktoren wie Qualität, Zeit und Kundenzufriedenheit dabei nicht beeinträchtigt. Die **Standardisierung von Prozessen, IT-Systemen und Arbeitsmitteln** globaler Unternehmen ist ein typisches Beispiel eines langfristig angelegten BPM, dessen Auswirkung auf die Effizienz aufgrund der Mengengerüste globaler Unternehmen enorm ist. Darüber hinaus ist BPM ein nicht mehr wegzudenkendes Konzept zur **Implementierung von IT-Systemen**. In Zukunft wird durch den Einsatz sog. Enterprise Services zwar ein Maximum an IT-Integration und Flexibilität erreichbar sein, aber ohne BPM kann kein lauffähiges IT-System mehr entstehen. (vgl. Delphi Group 2003)

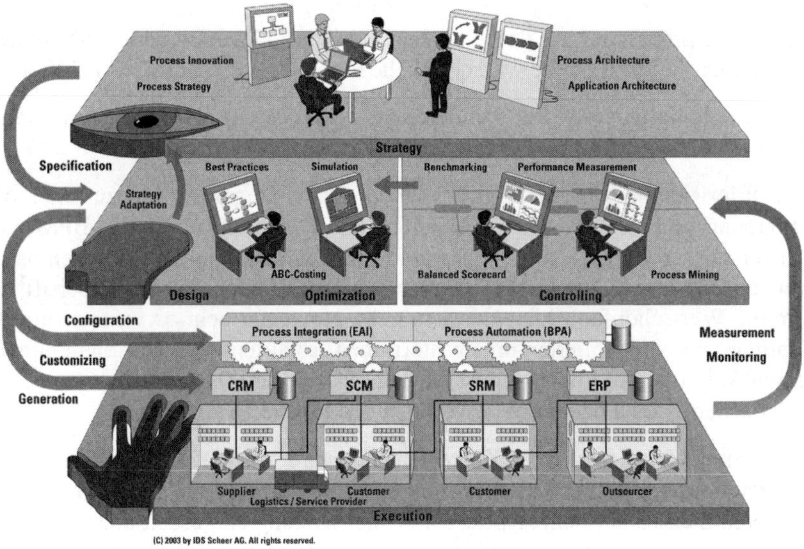

Abb. 1: Business Process Management

Auch die Entscheidung über **In- und Outsourcing** ist künftig ohne BPM nicht zu treffen, geht es doch in zunehmendem Maße um die Frage des Outsourcings ganzer Geschäftsprozesse. Doch schon jetzt ist ein Outsourcing von Systemen oder Organisationseinheiten ohne eine entsprechende **Transparenz in der Organisation und in den Daten,** wie sie durch BPM erreicht wird, nicht möglich.

Die **Prozesskostenrechnung** ist ebenfalls ein wichtiger Aspekt des BPM, denn häufig ist sie (einziges) Mittel zur **Produktkostenrechnung**, insbesondere bei Dienstleistungsunternehmen.

Kennzahlensysteme zur Unternehmenssteuerung oder zur Unterstützung eines kontinuierlichen Verbesserungsprozesses (**KVP**) müssen auch die Prozessdimension abdecken. Das **Prozesscontrolling** gewinnt deshalb immer mehr an Bedeutung, wie sich auch am bekannten Managementkonzept der **Balanced Score Card** (BSC) zeigt. Kennzahlenkonzepte wie die BSC machen deutlich, worum es auch beim BPM wirklich geht, nämlich um die Entwicklung einer **strategiekonformen Organisation**.

2.2 Status quo

- „BPM ist eine Frage des Wann und nicht des Ob – starten Sie jetzt." (vgl. AMR Research 2004 & Lünendonk 2003 & Realtech 2004)
- „Der echte Wert von BPM besteht darin, Geschäftsprozesse unabhängig von Applikationen und Infrastruktur zu definieren und umzusetzen." (vgl. Delphi Group 2003)
- „Geschäftsprozesse sind das Nervensystem der Unternehmen, und deshalb bestimmen sie letztlich die wirtschaftliche Fitness." (vgl. iCONOMY 2004)

Diese 3 Zitate beschreiben treffend den Status quo des BPM, und zwar in zweierlei Hinsicht:

- Die Priorisierung verschiebt sich von der Datenintegration hin zu einer Abstimmung unternehmensweiter Abläufe. (vgl. Delphi Group 2003) BPM wird immer stärker vom IT- zum Organisationsthema, denn die Unternehmen haben verstanden, dass es bei Geschäftsprozessen vornehmlich um das Geschäft und um die Wertschöpfung hinter diesem geht. Hingegen geht es weniger um die Optimierung von isolierten organisatorischen Abläufen in einer Abteilung oder deren Abbildung in Informationssystemen. Den vollen Durchbruch zum organisatorischen Thema bekommt BPM durch den folgenden Aspekt.
- Nach einer Zeit des strikten Kostenmanagements wird BPM künftig in seiner ganzen Bandbreite zum Einsatz kommen. BPM wurde in den vergangenen 2 bis 3 Jahren meist unter dem Aspekt der Kostensenkung eingesetzt und hat sich so von der bis dato vorherrschenden IT-nahen Betrachtungsweise gelöst. Künftig wird dies ein wichtiger Aspekt bleiben, aber bei der Effizienzfrage wird die

Kunde-Kunde-Sichtweise im Vordergrund stehen. Darüber hinaus wird die Frage der Effektivität wieder an Bedeutung gewinnen. Die höchste Kundenzufriedenheit ist heute wenig wert, wenn der Kunde morgen bei der Konkurrenz kauft.

2.3 Warum Business Process Management?

Die Effektivität und Effizienz der internen und externen Geschäftsprozesse bestimmen wesentlich den wirtschaftlichen Erfolg eines Unternehmens. Hauptziele des BPM sind somit die Erhöhung der Kundenzufriedenheit und die Steigerung der Produktivität und Wettbewerbsfähigkeit. Damit trägt BPM auch dem Ziel der Steigerung des Unternehmenswerts Rechnung, allerdings nur dann, wenn tatsächlich Geschäftsprozesse, also wertschöpfende Unternehmenstätigkeiten, betrachtet werden und Kunde-Kunde gedacht wird. Das permanente Messen und Optimieren der Geschäftsprozesse bildet die Basis für eine kontinuierliche Steigerung der eigenen Prozessleistung.
Abbildung 2: Gründe für Business Process Management zeigt exemplarisch die typischen organisatorischen Schwachstellen heutiger Unternehmen, denen BPM zu Leibe rückt.

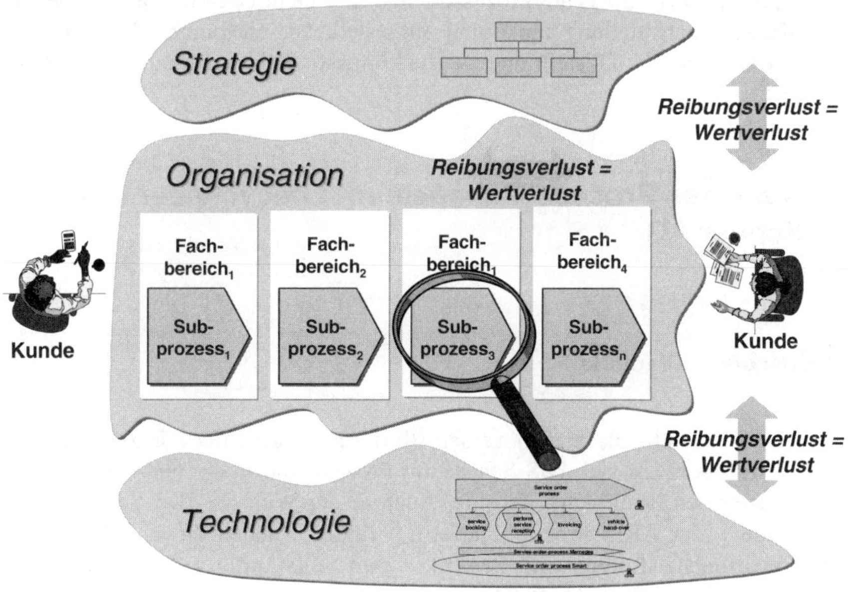

Abb. 2: Gründe für Business Process Management

Ziel eines Unternehmens ist grundsätzlich die Wertschöpfung. Die Prozesse der Leistungserstellung (Kernprozesse) dienen dabei direkt der Wertschöpfung durch das Unternehmen, während das Management (Führungsprozesse) diese Wertschöpfung ermöglichen soll und die Unterstützungsbereiche (Support-Prozesse) bei der Wertschöpfung unterstützen, nicht aber zu Wertverlusten führen sollen.

Tatsächlich treten in der Praxis zwischen der strategischen Ebene und der operativen Organisation häufig hohe Reibungsverluste auf. Die Verbindung zwischen der strategischen Sichtweise „Die richtigen Dinge tun" (Effektivität) und der dahinter stehenden Organisation „Die Dinge richtig tun" (Effizienz) fehlt. Während das Unternehmen strategisch in Geschäftsprozessen - basierend auf Produkten und Märkten - denkt, handelt die Organisation häufig in (durchaus effizienten) Abläufen innerhalb funktional ausgerichteter Abteilungen. BPM schließt diese Lücke durch die Verbindung der Geschäftsfelder und ihrer Erfolgsfaktoren mit den für die Wertschöpfung notwendigen Geschäftsprozessen und -zielen.

Abbildung 2 zeigt, dass bei der Wertschöpfung selbst auch Wert vernichtet werden kann, wenn das Prozessdenken nur auf Abschnitte der Prozesskette gerichtet ist. Der Fokus der Abteilungen ist oft die Aufbauorganisation, nicht der Geschäftsprozess. Hier schafft BPM Abhilfe. Geschäftsprozesse werden konsequent Kunde-Kunde gedacht, auch die Support-Prozesse, und die Organisation wird schrittweise hin zur Prozessorganisation mit entsprechenden Verantwortungsbereichen verändert. In der IT werden die Abschnitte der Prozesskette datentechnisch integriert, so dass über die IT-Systeme hinweg zwar der Geschäftsprozess abgebildet ist, aber eine echte Prozessorientierung nicht erreicht wird, da der interne Kunde Fachabteilung funktional aufgestellt ist, entsprechend funktionale Anforderungen an die IT stellt und aus funktionaler Sicht bestimmte IT-Systeme präferiert.

3 Business Process Management Lifecycle der IDS Scheer AG

3.1 Überblick Lifecycle

IDS Scheer hat sich entschieden, seinen BPM-Ansatz als Lifecycle zu visualisieren. Seit 1998 befasst sich IDS Scheer mit Prozesscontrolling, und seither denkt das Unternehmen in diesem Lifecycle. Auch in der Welt der IDS Scheer BPM-Werkzeuge - der ARIS Process Platform – finden Kunden dieses Bild wieder, denn **Beratungsleistungen und Produkte sind vollständig aufeinander abgestimmt**. (vgl. IDS Scheer AG 2004)

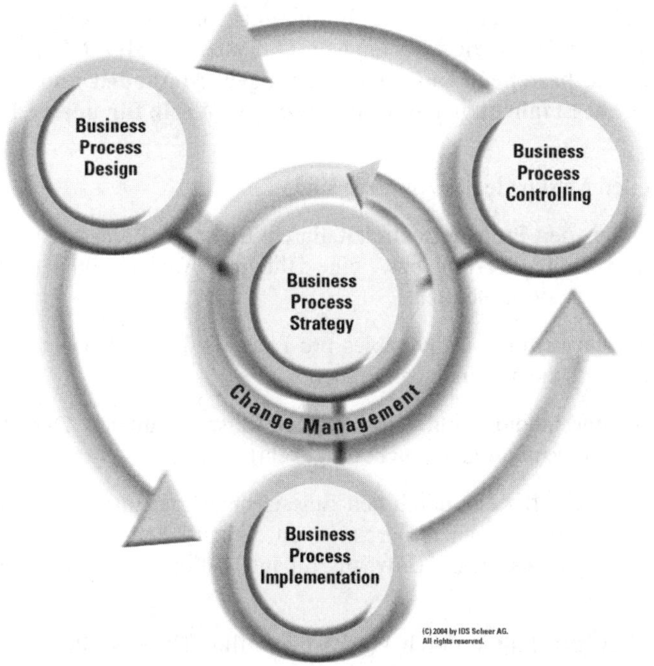

Abb. 3: Business Process Management Lifecycle

Die Business Process Strategy ist das Zentrum. Es empfiehlt sich, immer über eine strategische Betrachtung in das BPM einzusteigen.

Change Management ist ein strapazierter Begriff. Unternehmen sind soziale Systeme. In ihnen wirken Menschen, und wo es „menschelt", da sind der Ingenieurskunst Grenzen gesetzt. Bei IDS Scheer ist man überzeugt davon, dass es zwar möglich ist, die Grenzen zu verschieben, aber nicht, sie aufzuheben. Change Management ist notwendig, allein das Maß ist abhängig von Art und Umfang ihres BPM-Vorhabens. (vgl. Scheer et al. 2003)

Ein auf das Unternehmen abgestimmtes Business Process Management erfordert ein einheitliches Design von Geschäftsprozessen, die organisatorische beziehungsweise informationstechnische Implementierung sowie das Controlling der Ergebnisse. Hieraus ergeben sich wiederum Optimierungspotenziale für ein neues Prozessdesign.

Mit ARIS Value Engineering liefert IDS Scheer eine neuartige Form von Vorgehensmodell. Anders als bei einem sequenziellen Wasserfallmodell können die einzelnen Bausteine des BPM-Lifecycles flexibel kombiniert werden. ARIS Value Engineering ist umfassend anwendbar, wenn es z. B. um die Kompletteinführung einer prozessorientierten Organisation oder die Optimierung ganzer Wertschöpfungsketten geht. ARIS Value Engineering bietet jedoch auch Lösungen für spezielle Aufgabenstellungen, z. B. die Einführung von Prozesscontrolling oder die prozessorientierte Weiterentwicklung von IT-Systemen. **Der BPM-Lifecycle ist ein Baukasten, bestehend aus Dienstleistungen, Methoden und Werkzeugen sowie unserem Erfahrungswissen, mit dem wir Werte für unsere Kunden generieren.**

Die generellen Merkmale des Ansatzes sind:

- Sicherstellen der Projekteffektivität durch Business Process Strategy Workshops. Ein Strategie-Audit bzw. eine Blitzlicht-Analyse anhand von Benchmarks ist als Add-on möglich.
- Definierte verwertbare Deliverables pro Phase und Arbeitspaket. Kunden wissen genau, was sie am Ende bekommen.
- Skalierbar und modular, mit verschiedenen Einstiegspunkten. Das Modell passt sich der Kundensituation an, nicht umgekehrt.
- Höchste Projekteffizienz durch den Einsatz bewährter und fest definierter Accelerators pro Arbeitspaket. Durch diesen einheitlichen Standard erfolgt auch die Sicherung eines Qualitätsniveaus für internationale Teams in großen Projekten.
- Nachhaltige Ergebnisse durch Prozesscontrolling (Process Performance Management).

Mit 20 Jahren Fokussierung auf Business Process Excellence stellt sich IDS Scheer im Jahr 2004 mit seinen weltmarktführenden BPM-Werkzeugen als bevorzugter Partner für prozessorientierte Organisationen auf. Dabei ist die Optimierung der Wertschöpfung durch Business Process Management der Treiber für die vielfältigen Beratungsangebote, die auch international verfügbar sind.

Literaturverzeichnis

AMR Research: Alert 16938 vom 14.01.2004, eigene Übersetzung.

Delphi Group: BPM 2003 – Market Milestone Report, zitiert in: iCONOMY: Elite BPM - letzter Wachstumsmarkt Business Process Management, www.iconomy-online.de.

Delphi Group: BPM 2003 – Market Milestone Report, zitiert in: iCONOMY, Elite BPM - letzter Wachstumsmarkt Business Process Management, www.iconomy-online.de.

Diller, H.: FAZ.Net vom 01.02.2004, Mit Werten wertschöpfen, http://www.faz.net/s/RubF3582DACC2554F13A6FF6377ED950267/Doc~E94CC52087D9B455BB336C918C4590500~ATpl~Ecommon~Scontent.html.

Gaitanides, M. et al.: Prozessmanagement, München 1994, S. 3.

Gartner: Research Note Strategic Planning, SPA-21-7072, 11.12.2003.

Iconomy. Elite BPM - letzter Wachstumsmarkt Business Process Management, www.icono my -online.de, 2004.

IDS Scheer AG: http://www.ids-scheer.com/de/, Rubrik Produkte, 2004.

Lünendonk: Anwenderstudie 2003, Management Summary, S. 15.

Realtech: http://www.realtech.de/germany/pdf/7_public_relations/studien/NSM_ManagementSummy.pdf, 2004.

Scheer, A.-W. et al.: Business Process Change Management, Berlin 2003, S. 24 ff.

Scheer, A.-W., Jost, W. (Hrsg.): ARIS in der Praxis - Gestaltung, Implementierung und Optimierung von Geschäftsprozessen, Berlin 2002, S. 11.

Scheer, A.-W.: 20 Jahre Gestaltung industrieller Geschäftsprozesse, in: Zeitschrift für industrielle Geschäftsprozesse, 1/2004, Seite 11 ff.

Sinn, H.-W., in: FAZ.Net vom 27.01.2004, Ifo-Index erreicht höchsten Stand seit drei Jahren, http://www.faz.net/s/RubC9401175958F4DE28E143E68888825F6/Doc~E25EF26A0D1F84C32B3E953035C7EF7B7~ATpl~Ecommon~Scontent.html.

ARIS SmartPath – ERP-based Turnkey Solution for Mid-market Organizations

Ferri Abolhassan
IDS Scheer AG

Herbert Kindermann
IDS Scheer CEE S.A.

Mathias Kirchmer
IDS Scheer North America and Japan

Summary

Mid-market organizations have specific characteristics which on one hand support and on the other hand challenge the development and delivery of ERP-based turnkey solutions. ARIS SmartPath considers these specifics. Major components of this holistic solution for small and medium enterprises are appliation software like ERP, SCM or CRM systems, business content in form of process reference models and consulting services for the pre-implementation, implementation and post-implementation support. ARIS SmartPath is a process-oriented solution that focuses on the business goals of mid-market organizations. Industry and market trends like outsourcing, next generation process automation or new business models are continuously analyzed and included in the solution.

Key Words

ARIS, ARIS Process Platform, Business Process Automation, ERP, Industry Specific Solutions, Mid-market, Reference Models, Small and Medium Enterprises (SME), Solution Architecture, Standard Application Software

In general enterprises are classified as mid-market organizations based on their revenue. Many solution vendors consider organizations with a revenue of up to a billion dollars as medium companies. However, this broad definition leads to a very heterogeneous market that is difficult to target. A company of a billion dollars of revenue will in most cases have very different requirements than a company of e.g. 10 million dollars of revenue.

Therefore the mid-market is defined here in a more narrow way as the market of companies with up to 300 million dollars of revenue. It includes organizations with one or several locations in one or multiple countries. A small or medium enterprise can be an independent organization or a subsidiary or a larger company that is operated as a more or less self sufficient unit.

In the following some key characteristics of mid-market organizations are discussed. Based on this discussion the ARIS SmartPath solution for small and medium enterprises (SME) is described. Finally expected industry and market trends and their influence on the solution will be presented.

1 Characteristics of Mid-market Organizations

Most of the mid-market organizations have on one hand characteristics that challenge the delivery of ERP-based solution packages, on the other hand they also have attributes that simplify design, implementation and continuous improvement of such solutions. Let's start with at look at the first group of characteristics.

Small and medium enterprises often have a tremendous **cost** pressure. Therefore the solution pricing plays a key role. The request for fixed price proposals is common. The limited budget is in many cases main selection criteria for the solution. Cost efficiency is a major solution requirement.

The size of smaller organizations doesn't allow them to staff projects over a long time. As a consequence solutions have to be implemented in short projects of weeks or few months, not many months or years. **Time** is of essence. Project team members are normally only available on a part time basis. Therefore **resource efficiency** in general is key.

Mid-market organizations have in general no huge well qualified IT departments. As a consequence solutions have to be implemented and later on maintained with a relative **low IT skill level**. Easy to use and straight forward to implement solutions are preferred to very sophisticated approaches.

However, SME also have characteristics that simplify the design a delivery of ERP-based solutions.

Most mid-market organizations can ensure **fast decisions**. In many cased the company owner himself decides, without many meetings or discussions. Even if there is a more collaborative decision making process in place, the number of involved people is considerably lower than in large organizations.

The size of the organizations also leads to a "natural" **integration** of the business activities. People are used to work in a business process oriented manner and know how things fit together. This simplifies the analysis of the existing business situation. In addition it reduces the training needs for solutions based on integrated application software.

In many cases employees of SME have a pro-active and result oriented **working-attitude**. They are used to analyzing and resolving upcoming challenges. This simplifies the implementation processes of ERO-based solutions and reduces the requirements concerning the project management.

All those characteristics have to be considered at the development of solutions for mid-market organizations. The mentioned challenges have to be met, the strengths systematically used.

2 ARIS SmartPath Solution

ARIS SmartPath is an ERP-based turnkey solution for mid-market organizations. ARIS is a framework for the efficient and effective lifecycle management of business processes (cf. Scheer 1998, ARIS – Business Process Frameworks. & cf. Scheer 1998 ARIS - Business Process Modeling.). ARIS ensures a business driven and process oriented solution. Goal of ARIS SmartPath is the achievements of business success, not just the implementation of IT components. The solution takes organizations on a "smart path" to master future business challenges. And during the implementation a "smart path" for efficient and effective project success is chosen.

ARIS SmartPath consists of three major components:

- Application software, like ERP, CRM and SCM systems
- Business content in form of reference models
- Consulting services.

These components are combined to one solutions package that can be offered at a fixed price and delivered in an efficient and effective way in order to meet the cost requirements of SMEs. The solution architecture of ARIS SmartPath is shown in figure 1: ARIS SmartPath – Solution Architecture (cf. Kirchmer 2003).

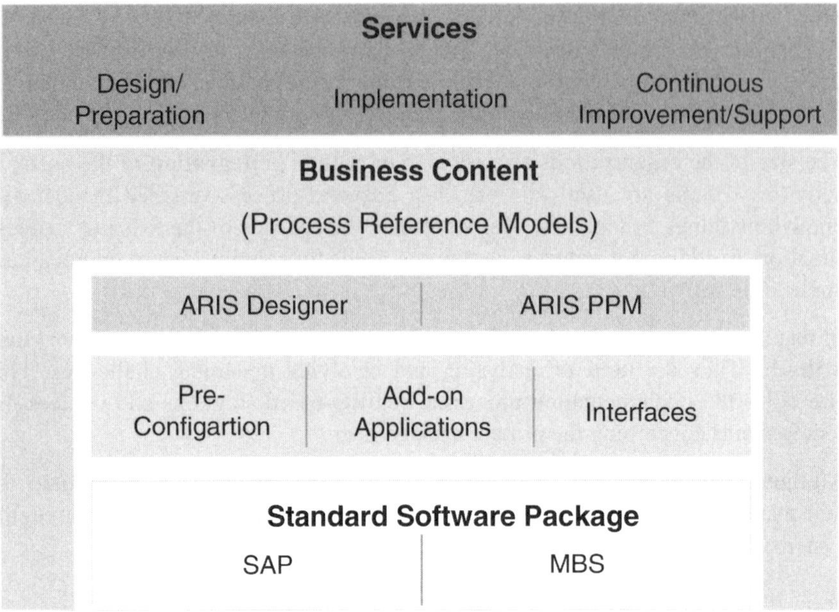

Fig. 1: ARIS SmartPath – Solution Architecture

Core of the solution is a **standard applications software** product, which is enhanced by an industry specific or other pre-configuration and add-on software components as well as standard interfaces. This application software is combined with the design and performance management component of the ARIS Process Platform (cf. IDS Scheer AG 2003). The ARIS design component contains the necessary business content in form of business process reference models. Based on this content the pre-implementation, implementation and post implementation services are provided in a process oriented approach (cf. Kirchmer 1999).

The application software is either a SAP or a Microsoft product. That means the architecture includes the leading mid-market application products, that can be selected based on the specific company situation. The selection of the appropriate software determins the IDS Scheer buiness unit that delivers the ARIS SmartPath solution.

SAP provides through the All-In-one concept a comprehensive ERP solution, focused on the upper mid-market. The SAP BusinessOne product targets smaller, often non-manufacturing, units. ARIS SmartPath can include one of the two solutions as well as additional SAP components, e.g. the SCM component.

Microsoft develops currently a new software generation under the working name "Code Green". The first component of the ".net based" software is MS CRM, which is part of this SME solution. Until "Code Green" is generally available, the products lines Great Plains, Axapta, Solomon, and Navision are offered within ARIS SmartPath. These product lines have a regional focus and will therefore be offered according to this focus, e.g. great Plains in North America.

Also hybrid software solutions, that means combinations of software of the two vendors, are possible, e.g. an SAP ERP solution combined with MS CRM. These solutions are delivered based on specific customer requirements.

The application software can be pre-configured to support e.g. a specific industry. Such **pre-configurations** are developed within IDS Scheer on a regional level, e.g. when country specifics are involved, or on a global level for general solutions. **Add-on applications** and **interfaces** for the used standard application software are developed in customer specific projects or purchased from third party software vendors. This allows the support of additional business scenarios, e.g. inter-enterprise business processes.

Currently preconfigured solutions for the following industry sectors are available:

- CPG – Cosmetics
- CPG – Food
- CPG – Durables
- CPG - Beverages
- Pharmaceuticals
- Consulting Companies
- Maintenance Service Providers
- Application Service Providers (ASP)
- Computer and Electronic Systems Resellers
- Utilities – Water
- Building Products
- Others.

This pre-configurations are in general more specific as standard industry solutions deliverd by the software vendor (cf. Kagermann 2000). The standard industry solutions are just the basis for the development of the ARIS SmartPath pre-configurations.

The **ARIS design** and the **ARIS PPM** (Process Performance Manager) components can be included in the solutions as options to sup-port the business process liefcycle management. This is especially important for larger SMEs. The ARIS design compoent is in any case used as repository for business content in from of process reference models and to support the consulting services included in ARIS SmartPath.

Business content in form of process solution maps (**process reference models**) is developed for the industry sectors like discrete manufacturing, process manufacturing and service industries. Those high level models define core processes and their structure. They are independent of the specific software package.

Those models are then complemented by software and, if applicable, industry specific detailed reference models. For the SAP based ARIS SmartPath solutions the SAP reference models is used on the lowest level of detail of the process models. In the Microsoft Business Solutions area IDS Scheer uses self developed reference models.

The structure of the ARIS SmartPath reference models is shown in figure 2: Structure of Business Process Reference Models.

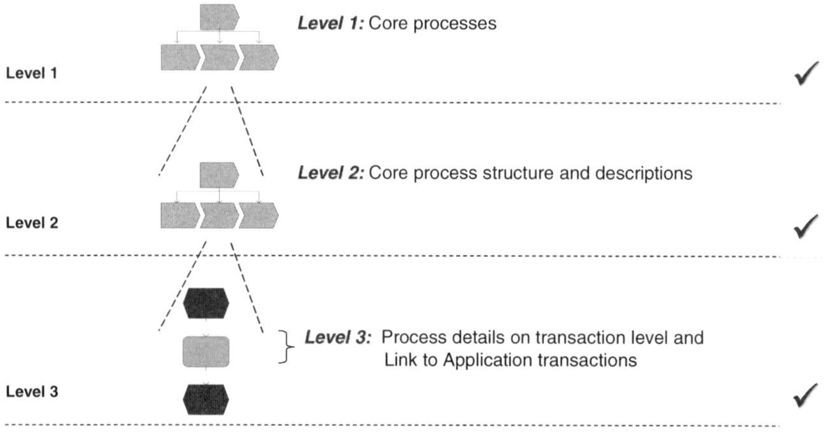

Fig. 2: Structure of Business Process Reference Models

On the lowest level of detail the refernce models are linked directly to the application software solution. That means you can jumb form the model in the ARIS tools into the transaction of the application software or into the system documentation. This faciliates the use of the reference models for change management (cf. Kirchmer & Scheer 2003) and supports a focued support of an efficient and effective process oriented implementation (cf. Kirchmer 2003). The link of the reference models to the software application is visualized in figure 3: Link of Reference Models to Software Applications (Example SAP).

The reference models allow a quick adaptation of an SME to new processes, based on best practices. Decisions can be quickly taken based on the scenarios documented in the models. The models are then the guideline for an fast and effective change. The use of the models reduces the implementation cost since the design of the business processes is "pre-manufactured" and speeds the implementation activities up.

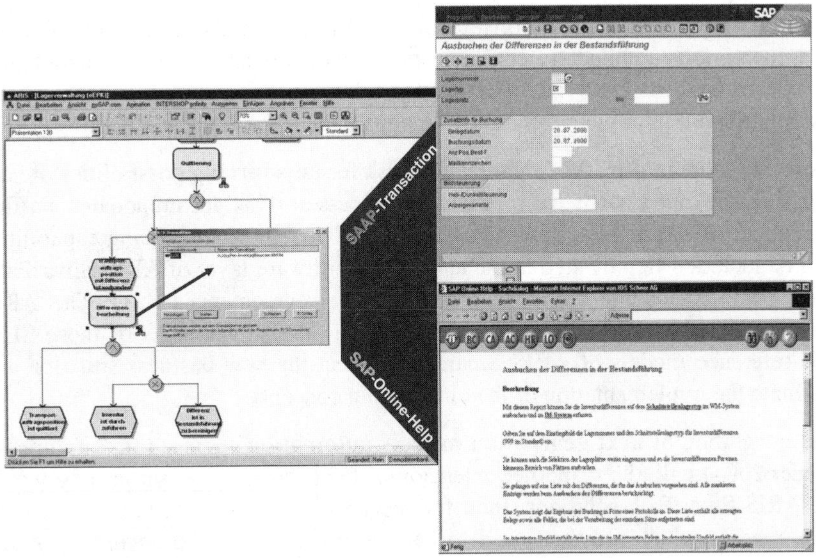

Abb. 3. Link of Reference Models to Software Applications (Example SAP)

Services are offered for the software selection (if required) and project preparation, the design and pre-implementation work, the process oriented implementation of the solution and for the post-go-live phase, including the continuous improvement and hotline/helpdesk support.

For these services a rough overall structure, reflecting the process oriented approach, are provided globally to all IDS Scheer subsidiaries. However, the detailed definition of the services as well as the execution is provided in the regions. This ensures the use of the local know how and focus of the ARIS SmartPath solution. Experiences resulting form such service activities are exchanged in global IDS Scheer meetings so that the various units can mutually benefit form their project experiences. In case of **global projects**, the leading region defines the detailed approach in collaboration with the other involved regions.

Helpdesk and Hotline services are available. They are organized regionally or by the country organizations of IDS Scheer. These helpdesk services can also support implementation activities that are carried out by clients in order to reduce the implementation budget.

3 Industry and Market Trends

While ARIS SmartPath is a holistic solution based on a stable solution architecture, the various architecture components are continuously improved and adapted to industry and market trends. Besides the following general trends other, mostly less significant, improvements are continuously included in the solution.

More and more mid-market organizations ask for **outsourcing** possibilities of hard and software but also of entire business processes. This accommodates staffing challenges of SMEs and reduces cost and risk. Therefore outsourcing capabilities will be included step by step in the application software layer of ARIS SmartPath. This will also include appropriate service level agreements (SLA). The ARIS tools, especially ARIS PPM play a key role in the managements of these SLA. The reference models of ARIS SmartPath reflect the new business situation and facilitate the implementation of the outsourcing concepts.

The integration of **next generation process automation** engines (cf. Kirchmer & Scheer 2004) will allow another extension of the business processes supported by the ARIS SmartPath solutions. Industry specifics can be defined in process reference models which are then used to configure the process automation engines. This brings even more comprehensive solutions to SMEs.

This process automation is also an enabler of **new business models** for mid-market organizations, an extension of the content layer of ARIS SmartPath. Those new procedures may be triggered by technology developments like RFID or by specific organizational requirements like "hub and spoke" models between headquarters and subsidiaries or other developments in the business environment such as new market partners.

All upcoming industry and market trends are continuously examined and analyzed so that their consequences can be included into ARIS SmartPath. This makes ARIS SmartPath an efficient and effective solution for present and future.

4 References

IDS Scheer AG (ed.): The ARIS Process Platform. In: ids-scheer.com, 11/2003.

Kagermann, H., Keller, G.: mySAP.com Industry solutions.London, New York, and others 2000.

Kirchmer, M., Scheer, A.-W.: Business Process Automation – Combining Best and next Practices. In: Scheer, A.-W., Abolhassan, F., Jost, W., Kirchmer, M. (ed.): Business Process Automation – ARIS in Practice. Berlin, New York, and others 2004, p. 1-15.

Kirchmer, M., Scheer, A.-W.: Change Management – Key for Business Process Excellence. In: Scheer, A.-W., Abolhassan, F., Jost, W., Kirchmer, M. (ed.): Business Process Change Management – ARIS in Practice. Berlin, New York, and others 2003, p. 1-14.

Kirchmer, M.: Business Process Oriented Implementation of Standard Software – How to Achieve Competitive Advantage Efficiently and Effectively. 2nd edition, Berlin, New York and others 1999.

Kirchmer, M.: Global SME Strategy of IDS Scheer. White Paper, Saarbruecken 10/2003.

Scheer, A.-W.: ARIS – Business Process Frameworks. 2nd edition, Berlin, New York and others 1998.

Scheer, A.-W.: ARIS – Business Process Modeling. 2nd edition, Berlin, New York and others 1998.

Zusammenarbeit in dynamischen Supply Chain-Netzwerken

Carsten T. Jörns
IDS Scheer AG

Zusammenfassung

Im Umfeld einer sich immer mehr beschleunigenden und globaler werdenden Geschäftswelt wachsen die Anforderungen an die Konzepte zum Geschäftsprozessmanagement. Mit Supply Chain Management als einem ganzheitlichen Ansatz wird die Logistik für die heutigen Anforderungen gestärkt. Der vorliegende Beitrag zeigt dabei, dass Supply Chain Management auf allen Ebenen – Strategie, Organisation, Prozesse und Informationstechnologie – wirksam und überdies mit vielen anderen Disziplinen eng verzahnt ist. Als Ergebnis begeben sich Unternehmen in sog. Supply Chain-Netzwerke, in denen die Zusammenarbeit zu Wettbewerbsvorteilen führt. Dabei wird für den erfolgreichen Weg dorthin stets zwischen Visionen und den echten, umsetzbaren Erfolgsfaktoren unterschieden.

Schlüsselwörter

Advanced Planning and Scheduling (APS), Customer Relationship Management (CRM), Enterprise Application Integration (EAI), Enterprise Management, Enterprise Resource Planning (ERP), Haupterfolgsfaktor, intelligente Agenten, Kennzahl, Key Performance Indicator (KPI), Manufacturing Resource Planning (MRP II), Product Life Cycle Management, Real-Time Enterprise (RTE), Supply Chain Coordination, Supply Chain Management (SCM), Supply Chain Event Management (SCEM), Supplier Relationship Management (SRM)

1 20 Jahre Logistik bei IDS Scheer

Logistik und IDS Scheer, das sind für viele Kenner der Materie fast schon Synonyme. So hat der Arbeitsweg von Professor Scheer die Entwicklung des Begriffs Logistik und der Methoden zum Logistikmanagement maßgeblich beeinflusst. Seinen Höhepunkt erreichte dieses Schaffen mit der Formulierung der Computer Integrated Manufacturing (CIM)-Ansätze durch Professor Scheer (vgl. Scheer 1990). Das von ihm geschaffene Y-Modell in Abbildung 1 – bis heute das Logo der IDS Scheer AG – zeigt äußerst anschaulich die Zusammenhänge zwischen den Prozessen der Produktentstehung und denen der Logistik. Durch die von Professor Scheer geschaffene Methode ARIS lassen sich darüber hinaus die logistischen Prozesse selbst einschließlich der organisatorischen und der informationstechnischen Aspekte in nie gekannter Klarheit darstellen.

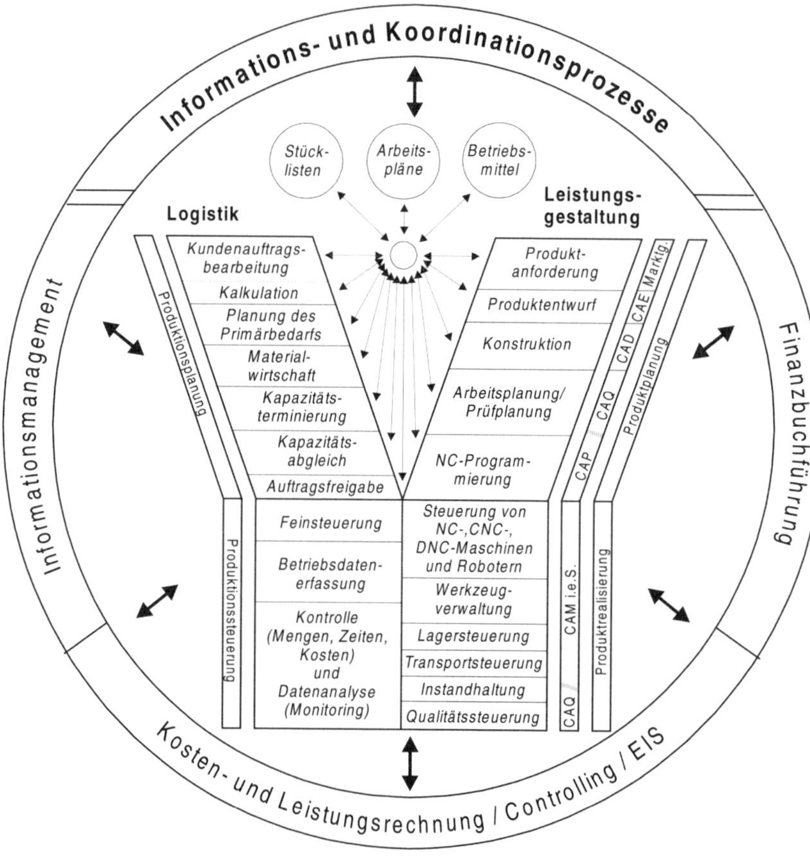

Abb. 1: Das Y-Modell nach Professor Scheer (vgl. Scheer 1995)

Darüber hinaus ist das Geschäft der IDS Scheer AG selbst seit der Gründung 1984 durch logistische Projekte und Produkte geprägt. Aus dem Produktspektrum der IDS Scheer AG über die Jahre hinweg seien beispielhaft genannt:

- ARIS CIM Analyzer
- FI-2 Leitstandsfamilie (FI-2 für diskrete Fertigung, PI-2 für die Prozessindustrie, FI-2 Papier, RI-2 Ressourcenverwaltung, LI-2 Lagerverwaltung, EI-2 Engineering Leitstand)
- SAP R/3 PP-PI (bis 1996 zu je 50 % ein Produkt von SAP AG und IDS Scheer AG)
- SAP Advanced Planner and Optimizer (APO) Entwicklungskooperation mit der SAP AG als wichtigstem Teil des SAP-Lösungspakets mySAP SCM
- ARIS EasySCOR – SCOR Referenzmodell nach den Maßgaben des Supply Chain Councils (vgl. Supply Chain Council 2003)

Mit den Lösungen der IDS Scheer AG wurden stets Meilensteine in der Logistik geschaffen, die den Status der Marktführerschaft erreichten.

Auf diesem Fundament basieren bis heute die IDS Scheer-Beratungsprojekte in der Logistik, die dem Geschäftsbereich Supply Chain Management (SCM) zugeordnet sind. Das Spektrum der SCM-Beratungsleistung reicht dabei vom Management Consulting für die Evaluierung und Gestaltung von Supply Chain-Netzwerken und deren Organisation über die klassische Geschäftsprozessberatung bis hin zur Einführung und Optimierung informationstechnischer Lösungen für die Planung, Steuerung, Ausführung, Koordination und das Performance Management von Supply Chain-Netzwerken. Allein im Bereich Supply Chain Planning hat IDS Scheer in den 90er Jahren mehr als 150 Projekte mit den Produkten aus der FI-2 Familie erfolgreich umgesetzt. Dem folgten seit der Einführung des mySAP SCM-Produkts der SAP AG bislang über 100 weitere erfolgreiche Projekte. Dazu kommen zahlreiche Geschäftsprozessprojekte im Bereich SCM ohne Einführung von Software sowie einige hundert Projekte im Bereich SAP R/3 Logistik.

Basierend auf diesem Erfahrungsschatz wird nach einem Überblick über die Entwicklung des SCM und die zugehörige Technik in den folgenden Abschnitten dargestellt, vor welchen Herausforderungen Kunden in Supply Chain Management-Projekten heute stehen. Anschließend erfahren Sie, wie neue Lösungsansätze und Produkte von IDS Scheer zu einer deutlichen Verbesserung Ihrer Supply Chain Performance führen.

2 Wandel in der Logistik

2.1 Einordnung

Supply Chain Management (SCM) bezeichnet die Zusammenfassung aller logistischen Aktivitäten vom Rohstofflieferanten bis zum Endkunden, um die wesentlichen Ziele (vgl. Goldratt 1990) zu erreichen:

- Verbesserung des Kundenservice
- Erhöhung des Durchsatzes in Richtung Kunde
- Minimierung der damit verbundenen Kosten
- Optimierung der dazu benötigten Bestände

SCM ist dabei weder auf die Sicht der Hersteller und Händler noch auf die Sicht der Transporteure beschränkt, sondern versteht sich als ganzheitliche und integrierende Disziplin. Dies lässt sich aus der Entwicklung von SCM ableiten, bei der sich sowohl der Fokus als auch die Werkzeuge für SCM in den vergangenen Jahren stark erweitert haben.

2.2 Die „frühen Jahre“

In den Anfängen von SCM beschäftigten sich Logistikexperten in produzierenden Unternehmen mit der Verbesserung ihrer internen Abläufe. Wenngleich die SCM-Theorie besagt, dass SCM nur dann gelingt, wenn die gesamte Wertschöpfungskette in die Verbesserungen einbezogen wird, sprachen 3 wichtige Faktoren gegen unternehmensübergreifende Aktivitäten:

- Die Bereitschaft zur unternehmensübergreifenden Zusammenarbeit war gering. Zudem lagen nur unzureichende Kenntnisse über Bedürfnisse und Ziele der jeweiligen Supply Chain-Partner – insbesondere der weiter entfernten – vor.
- Zu diesem Zeitpunkt waren keine entsprechenden Computer verfügbar, die eine geschlossene Optimierung des gesamten logistischen Netzwerks erlaubt hätten.
- Die eigene Datenbasis und die eigenen Abläufe waren weit vom eigenen Anspruch und der sinnvollen Unterstützung eines SCM entfernt.

Somit standen als Hauptaufgaben die Organisation der internen Logistik und die Reorganisation der zugehörigen Prozesse im Sinne einer durchgängigen Bearbeitung an. SCM brach mit der Taylor'schen, rein funktional ausgerichteten Organisation und stellte die ganzheitliche Bearbeitung für Produktlinien an die erste Stelle. Auf der systemtechnischen Seite wurden diese Bestrebungen durch die Verbreitung des *Manufacturing Resource Plannings* (*MRP II*) Ansatzes unterstützt. MRP II half, funktionale Grenzen zu überwinden, indem im Vertrieb eingehende

Auftrags- bzw. Bedarfsdaten nach dem so genannten MRP-Lauf als gemeinsame Basis für die Produktion und den Einkauf zur Verfügung stehen. Begleitet wurden diese Aktivitäten von Bestrebungen, die Produktion zu optimieren. Hier wurden durch Automatisierung und Prozessverbesserungen Durchlaufzeiten verkürzt und Kostensenkungen erreicht. Die Supply Chain war damit intern durchgängig, schneller und effizienter geworden.

Die Erweiterung des MRP II auf die Steuerung des gesamten Unternehmens führte zu den sog. *Enterprise Resource Planning*-Systemen *(ERP-System)*. Die prominentesten ERP-Vertreter sind auch heute noch SAP, Oracle, J. D. Edwards oder Peoplesoft. Durch die Integration der Daten in ERP-Systemen liegen allen Beteiligten in einem Unternehmen von der Produktion bis hin zur Buchhaltung die gleichen Informationen vor. Bei der Berechnung von Terminen und der Prüfung der Materialverfügbarkeit fußen ERP-Systeme jedoch immer noch auf der MRP II-Logik. Diese Logik basiert auf 2 Prinzipien, die dem SCM widersprechen:

- Zum einen werden Aufträge terminiert, ohne dass bei der Stücklistenauflösung konkurrierende Bedarfe berücksichtigt werden bzw. zum gleichen Zeitpunkt benötigte Kapazitäten von Ressourcen (für Fertigung etc.) überprüft werden.
- Zum anderen erfolgt bei dem anschließenden Abgleich der Kapazitäten für eine Stufe keine erneute Berücksichtigung verfügbarer Materialien der Vorstufen oder die Koordination mit Kapazitäten der angrenzenden Fertigungsstufen.

Eine iterative Planung – teilweise im Abstand von Tagen – ist die Folge.

2.3 Verbesserung der Planung

Damit war die Zeit der Leitstände zur finiten Kapazitätsplanung gekommen. Leitstände erweitern die Planung des MRP-Laufs durch ausgeklügelte Heuristiken oder Optimierungen zur Terminierung zusammenhängender Auftragsnetze, auch über mehrere Fertigungsstufen hinweg. Meist basierend auf dem Netzplankonzept führen sie damit zu einer deutlichen Verbesserung der Planung, zumal das Ergebnis im Rahmen einer Simulation bereits auf seine Güte hin überprüft werden kann. Den eigentlichen Nachteil des MRP II können auch sie nicht überwinden, da die Planung mit einem Leitstand sich stets an den MRP-Lauf des ERP-Systems anschließt und damit auf den Eckterminen des MRP-Laufs basiert. Auch wenn verschiedene Leitstände durch eigene Stamm- und Bewegungsdaten Restriktionen wie Füllstände von Behältern, Personalpoolauslastungen etc. sehr gut abbilden können, bleibt bei der Absicherung der Materialverfügbarkeit nur der Weg über einen erneuten, an die Ergebnisse der Kapazitätsplanung angepassten, MRP-Lauf.

Diesen Missstand zu beseitigen, traten Mitte der 90er Jahre die so genannten *Advanced Planning and Scheduling*-Systeme *(APS-Systeme)* an. APS-Systeme integrieren den kompletten MRP-Lauf in ihre Planungsumgebung. Durch die so genannte simultane Material- und Kapazitätsplanung sind sämtliche Planungsergebnisse kapazitiv und materialbedarfsseitig verifiziert. Gleichzeitig kann mit Hilfe branchenspezifischer Planungsalgorithmen eine deutliche Verbesserung der Planungsqualität erreicht werden. Allerdings erkaufen sich APS-Systeme diese Planungsqualität durch eine Vielzahl von Schnittstellen zum ERP-System. So werden zusätzlich zu den Kapazitäts- und Fertigungsstammdaten (Ressourcenstammdaten und -angebot, Material, Stückliste, Arbeitsplan bzw. Rezeptur) und Auftragsdaten diejenigen Daten benötigt, die zur Planung und Priorisierung der auslösenden Bedarfe dienen. Somit sind auch Teile der Kundenstammdaten und -aufträge im APS-System zu halten bzw. dorthin zu übertragen. Da Leitstände und APS-Systeme vom ERP-System abgetrennt planen, fehlt ihnen die Online-Fähigkeit. Der Abgleich der umfangreichen Daten über diverse Schnittstellen zum ERP-System kann nur im Batch betrieben werden. So ergibt sich häufig das Problem, dass einen ganzen Tag ohne Aktualisierung aus dem ERP-System geplant werden muss. Umgekehrt bleiben durch Zurückspielen einer offline erfolgten Planung in das ERP-System aktuelle Bedarfe oder Net Change-Informationen bis zum nächsten, meist nächtlichen MRP-Lauf zum Update der Planung unberücksichtigt. Dadurch wird wieder ein großer Teil der im APS erreichten Vorteile zunichte gemacht: Geschwindigkeit und Flexibilität in der Planungsaktualisierung.

2.4 Integration und erweiterter Fokus

Bei Supply Chain Management geht es aber gerade um eine deutliche Verbesserung der Planungsqualität und -aktualität. Die Strategie der SCM-Softwarehersteller geht daher seit der Jahrtausendwende immer stärker in Richtung integrierte Lösungen. Während *SCM-System*-Spezialanbieter, wie die amerikanischen Hersteller der ersten Stunde, i2 Technologies und Manugistics, dabei auf eine Standardintegration über *Enterprise Application Integration(EAI)*-Systeme setzen, verfolgen die ERP-Hersteller einen anderen Ansatz. Sie tragen der Tatsache, dass auch EAI-Systeme nur bedingt onlinefähig sind, dadurch Rechnung, dass sie selbst *Supply Chain-Planungssysteme* (*SCP-Systeme*) auf den Markt bringen, deren Integration in das eigene ERP-System gewissermaßen maßgeschneidert gestaltet wird. Dabei führt der Vorteil, das SCP-System aus dem bestehenden ERP-Code heraus gezielt online aufrufen zu können, dazu, dass die SCM-Prozesse optimal unterstützt werden können. Optimierte Planung und die zugehörige Ausführung im ERP-System sind dadurch jederzeit synchronisiert und wichtige Entscheidungen können unmittelbar auf Basis der aktuellen Informationen getroffen und durchgeführt werden (siehe dazu auch Abbildung 2).

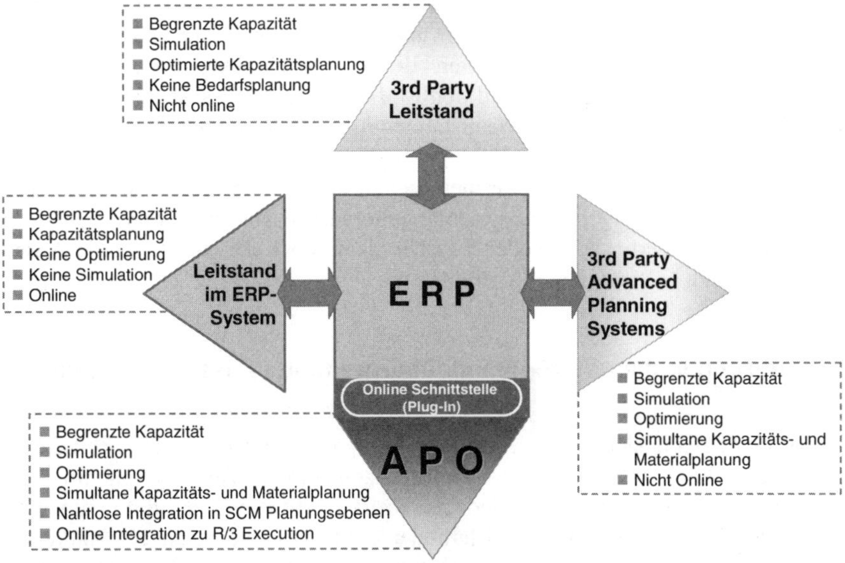

Abb. 2: Gegenüberstellung der Planungen ERP mit und ohne APS, Quelle SAP AG 2002

Beiden Arten von Herstellern ist gemeinsam, dass ihre SCP-Systeme innerhalb der angebotenen SCM-Suiten erweiterte APS-Systeme darstellen. Stand bei Leitständen und bei den ersten Generationen von APS-Systemen noch das Scheduling, also die Planung im operativen Kurzfristzeitraum, im Vordergrund, so bieten SCP-Systeme und APS-Systeme der neueren Generation weitere Funktionalitäten an. Diese umfassen im Einzelnen:

- Netzwerkplanung im strategischen Langfristhorizont
- Absatzplanung im strategischen bis taktischen, also mittelfristigen Horizont
- Grobplanung von Distribution und ggf. Produktion im taktischen Horizont
- Scheduling – auch von Transporten – im operativen Horizont
- Materialverfügbarkeitsprüfung ohne oder mit Check der verfügbaren Kapazitäten in Produktion und Transport (Available-to-promise, ATP, bzw. Capable-to-promise, CTP) im gesamten Horizont, als Teil des so genannten Order Fulfillments

Die wesentlichen Eigenschaften von APS-Systemen wurden dabei auf die erweiterten Planungshorizonte übertragen. SCP-Systeme integrieren die einzelnen Planungsfunktionalitäten zu einer durchgängigen und konsistenten Planung, was je nach verwendetem Planungsmodell des Herstellers mehr oder minder gut gelingt.

SCM-Projekte in den 90er Jahren waren durch die Funktionalitäten der SCP- bzw. APS-Systeme geprägt. Nach der Automatisierung der Produktion stand die bessere

Planung zunächst der Produktion, später auch der gesamten Distribution im Vordergrund. Die Abkehr der von Puffern und unbegrenzten Kapazitäten geprägten MRP II-Welt hin zu „machbaren Plänen" des SCP beschränkte sich auf das eigene Unternehmen, oftmals sogar nur auf den Einflussbereich eines Standortes. Anders als von Goldratt (1990) gefordert, entstanden hierbei lokale Optima, die von einer entsprechenden, auf lokale Belange geprägten Organisation begleitet wurden. Teilweise versuchten wiederum vermeintliche Zentralen von Konzernen mit zentralen Planungsabteilungen, ihre gesamte unternehmensinterne Supply Chain zu planen und zu steuern. Aber weder der rein lokale noch der strikt zentrale Ansatz brachte wirklich befriedigende Ergebnisse.

2.5 Aufbruch in die unternehmensübergreifende Zusammenarbeit

Einmal mehr zeigte sich, dass weder der rein organisatorische Ansatz noch die Informationstechnologie (IT) allein zu einer nachhaltigen Verbesserung im SCM führt. Vielmehr gilt es, die verschiedenen Kräfte zu vereinen und durch einen orchestrierten Einsatz der einzelnen Methoden zum Erfolg zu gelangen. Stärker als bisher war dabei das Interesse an Kennzahlen, im Englischen als *Key Performance Indicators (KPI)* bezeichnet, die die Performance im logistischen Netzwerk aussagekräftig widerspiegeln (siehe Abschnitt 4.2). Untersuchungen damaliger SCM-Projekte zeigten klare Verbesserungen der internen Durchlaufzeiten, Ressourcenauslastungen und Work-in-progress (WIP)-Bestände. Hingegen blieb die Situation an den Unternehmensgrenzen verbesserungswürdig, was sich in weiterhin hohen Pufferbeständen zu Kunden bzw. von Lieferanten sowie in der langen Reaktionszeit zum Ausgleich größerer Bedarfsschwankungen ausdrückte. Es galt somit erneut, Grenzen zu überwinden, dieses Mal jedoch diejenigen zwischen Unternehmen (siehe dazu auch Abbildung 3).

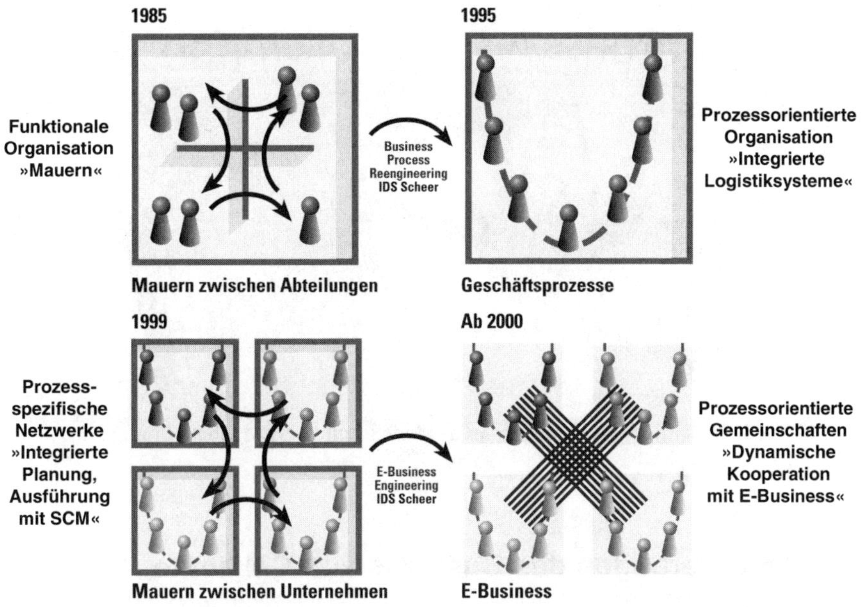

Abb. 3: Veränderung der Organisation im SCM, zunächst lokal, später zwischen Unternehmen (in Anlehnung an Scheer et al. 2001)

Unter dem Schlagwort Collaboration folgen seit ca. 3 Jahren viele Unternehmen dem Beispiel der Automobilindustrie, die sich schon früh mit dem Management ihrer Lieferanten auseinander setzte. Noch wichtiger im Sinne des SCM ist jedoch die Beschäftigung mit dem Kunden und seinem (zukünftigen) Bedarf. Ähnlich wie in der Vergangenheit erschien diese Aufgabe zu umfassend. Resultat sind im Wesentlichen „einstufige" Collaboration-Projekte. Sie verbinden den Hersteller mit seinen direkten Lieferanten oder aber mit einem Teil seiner Kunden. Mit Blick auf Geschäftsprozesse lässt sich der Umfang einer einstufigen Collaboration wie in Abbildung 4 hervorragend anhand des Y-Modells darstellen. Dagegen sind durchgängige Verbindungen über mehrere Lieferstufen hinweg heute die Ausnahme. Größere Unternehmen arbeiten oft noch intensiv daran, ihre interne Struktur aus Werken und Distribution in verschiedenen Ländern neu zu ordnen und über IT zu integrieren, bevor sie andere „zur Zusammenarbeit einladen".

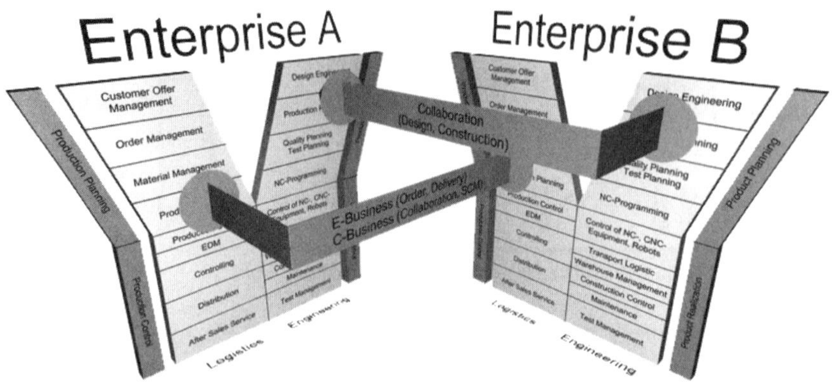

Abb. 4: Einstufige Collaboration im Y-Modell (unten: SCM, oben: Engineering)

3 Anforderungen des Business an SCM heute

3.1 Fokus „klassische Industrie"

Der Logistik und damit dem SCM kommt gemäß Abschnitt 2 seit seiner Entstehung eine immense Bedeutung zu. Erst SCM ermöglicht es profitablen Unternehmen, im Zusammenspiel mit anderen ihre Kunden zeitnah mit hochwertigen Produkten zu versorgen. Dabei machen es die Endverbraucher den Unternehmen nicht leichter: Sie wollen individualisierte Produkte in einer möglichst kurzen Zeit an nahezu jedem Ort der Welt erwerben, ohne bei einem günstigen Preis Abstriche bei der Qualität zu tolerieren. Durch Internet und das Videozeitalter können sich Trends binnen weniger Stunden über den gesamten Globus ausbreiten und zu einer großen Dynamik im Käuferverhalten führen. Schnell und flexibel zu reagieren wird zum entscheidenden Differenzierungsmerkmal von Unternehmen. Die renommierte Gartner Group spricht vom *Real-Time Enterprise (RTE)* (vgl. Raskino 2002): Markttrends müssen dazu in Echtzeit erkannt, alle Ressourcen eines Unternehmens ohne Verzögerung abgefragt und mobilisiert werden. SCM kann in dieser „Jetzt-Wirtschaft" als der Motor gelten. Der Kunde hat jedoch mit dem Erwerb eines Produkts noch nicht seinen Appetit gestillt. Zunehmend steigt sein Anspruch auf Serviceleistungen rund um die erworbenen Produkte, auf Zusatzangebote, Zubehörteile und mögliche leichte Erweiterbarkeit. Einmal mehr ist das dementsprechend günstig ausgelegte Design des Produkts die eine, die zugehörige intelligent gesteuerte Logistik von Ersatzteilen und Zubehör jedoch die andere Komponente des Erfolgs.

Als weitere Dimension des SCM ist die zunehmende Globalisierung zu nennen. So genannte *Supply Chain-Netzwerke* aus Kunden, Lieferanten, Partnern (z. B.

Lohnfertiger) und Transportdienstleistern sind heute weltumspannend und umfassen Unternehmen unterschiedlichster Größe. Die Gestaltung, Planung, Steuerung und Koordination dieser Netzwerke sind bis heute die großen Herausforderungen zum erfolgreichen Bestehen in den globalen Märkten. Zukünftig wird davon ausgegangen, dass nicht mehr einzelne Unternehmen im Wettbewerb zueinander stehen, sondern vielmehr ein Supply Chain-Netzwerk im Wettbewerb mit anderen Supply Chain-Netzwerken. Der Netzwerkgedanke wird immer bedeutender, da es im Zuge einer fortschreitenden Konzentration auf Kernkompetenzen immer wieder zur Verlagerung von Fertigungsstufen innerhalb des Netzwerks kommt. Dies ist nur dann möglich, wenn die Teilnehmer eines Netzwerks sich als Partner verstehen, die als gemeinsames Ziel haben, den Kunden optimal zu bedienen.

3.2 Fokus Transportlogistik

Mit Blick auf die Transportlogistik lassen sich ebenfalls wichtige, teils auch in der Fertigungsindustrie relevante Aussagen treffen. In einer aktuellen Studie über die Transportbranche (vgl. Klaus 2003) werden 8 Megatrends dargestellt, die auf Logistikdienstleistungen spezialisierte Unternehmen in den nächsten Jahren verändern werden:

- Globalisierung der Produktion
- Ende des Wachstums der industriellen Güterproduktion
- höhere Anforderungen an die Schnelligkeit der Logistikprozesse
- wachsende Umweltsensibilität
- Fortsetzung der Konzentration auf Kernkompetenzen
- veränderte Branchenstruktur
- Privatisierung
- optimierte Struktur- und Prozessorganisation

Während dabei die fortschreitende Globalisierung ein höheres Güteraufkommen nach sich zieht, lagern durch den anhaltenden Trend zur Konzentration auf Kernkompetenzen immer mehr Unternehmen einen Großteil der dabei anfallenden logistischen Tätigkeiten aus. Durch dieses Outsourcing sollen gleichzeitig effizientere und schnellere Prozesse entstehen. Vor diesem Hintergrund kommt die Studie zu dem Schluss, dass die sog. (Transport-)Logistikbranche mit heute 150 Mrd. Euro Marktvolumen in Deutschland im Jahr 2005 auf ca. 220 Mrd. Euro mit ca. 10 % p. a. wachsen kann. Hauptwachstumsmotor ist dabei die sog. Kontraktlogistik, die heute das Outsourcing von Logistikauftragsabwicklung, Planung, Supply Chain-Koordination und Bestands- bzw. Lagerwirtschaft umfasst. Zukünftig sollen zusätzliche Dienste wie Konfektionierungs- und Montagearbeiten integriert werden.

4 Strategie zum Erfolg durch intelligente Logistik

4.1 Value Chain Management

Um eine nachhaltige Verbesserung im Service für Ihren Kunden und hinsichtlich der dazu aufgewendeten Kosten zu erreichen, bieten sich lediglich 2 Hebel: Sie können Ihre Produkte oder Ihre Prozesse verbessern. Während die Gestaltung besserer Produkte schwerpunktmäßig in der Disziplin *Product Life Cycle Management* zusammengefasst wird, ist das Management der direkt auf den Kundenservice ausgerichteten Prozesse eine übergreifende Aufgabe, die alle Disziplinen betrifft. Im Sinne der im vorigen Abschnitt gestellten Anforderungen lässt sich der zu verbessernde Prozess am besten mit dem Begriff *Value Chain Management (VCM)* beschreiben, innerhalb dessen SCM eine Schlüsselstellung einnimmt. Sollen sich Unternehmen in Richtung effizienterer Prozesse verändern, so ist es hilfreich, die Arten der internen und externen Zusammenarbeit näher zu betrachten (siehe Abbildung 5). Aus Sicht eines Unternehmens werden unter dem Begriff *Enterprise Management* seine sog. Supportprozesse verstanden. Diese „eigenen Geschäftsprozesse" eines Unternehmens haben allerdings in vielen Organisationen eine Überlappung mit wichtigen Prozessen des eigentlichen VCM. So sind der operative Einkauf, die Qualitätsprüfung und Teile des Produktdesigns (Product Life Cycle Management) auch wichtige Bestandteile des VCM. In die Beschleunigung der für den Kunden „spürbaren" Prozesse im Sinn des VCM zählen auch eine rasche und korrekte Fakturierung sowie ein gut organisierter Service.

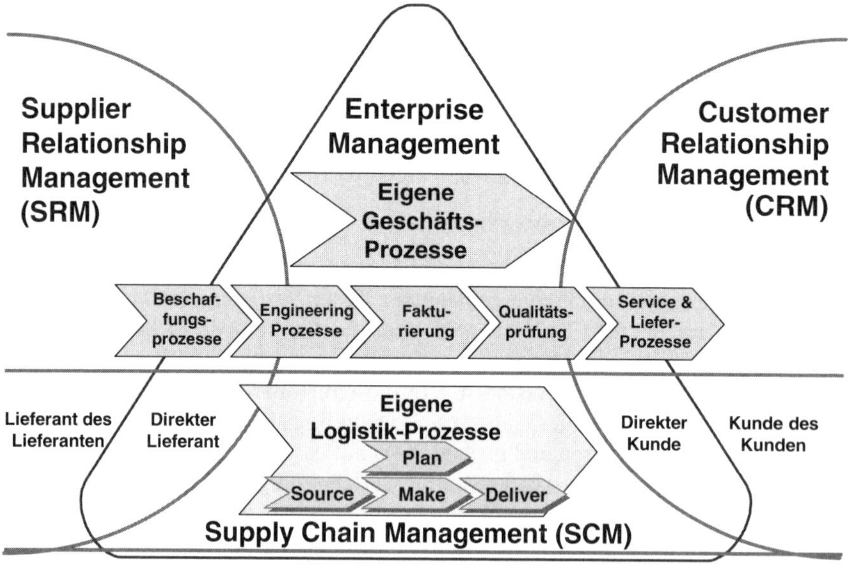

Abb. 5: Umfang Value Chain Management

Nach außen hin ist ein modernes Unternehmen über 3 Kanäle verbunden: Im *Supplier Relationship Management (SRM)* sind alle Prozesse für das Anbahnen, Durchführen und Bewerten der Beschaffungen einschließlich der Lieferantenbewertung zusammengefasst. Als Pendant steht zum Kunden hin *Customer Relationship Management (CRM)*, in dem es um alle Vertriebsbelange einschließlich der Auftragsgewinnung und -abrechnung geht. Zusätzlich sind im Bereich CRM Service und Kundenbetreuung angesiedelt. Diejenige Disziplin, die eine Brücke zwischen internen Prozessen und den Prozessen bei allen Partnern im gesamten Netzwerk schlägt, ist das SCM. Zur Vereinfachung sind in Abbildung 5 Transportunternehmen und andere Partner wie Lohnfertiger nicht explizit dargestellt worden. Selbstverständlich sind diese aber Bestandteil des SCM. Zur Darstellung der im Rahmen von SCM relevanten Prozesse sind exemplarisch die Kernprozesse Planen, Beschaffen, Herstellen und Liefern aus dem SCOR-Modell des Supply Chain Councils (vgl. Supply Chain Council 2003), einer weltweiten Non-Profit-Organisation verschiedenster Unternehmen aus Industrie und Forschung, abgebildet. Im Zusammenspiel mit bereits erstellten Geschäftsprozessen der bestehenden Supply Chain-Prozesse – z. B. mit der ARIS Process Platform – lässt sich mit Hilfe des SCOR-Modells ein umfassendes Bild der Supply Chain-Prozesse darstellen und auswerten. Das SCOR-Modell stellt dabei eine ausgezeichnete Möglichkeit dar, basierend auf einem weltweit erprobten Standard Supply Chain-Prozesse zu konfigurieren und die Konfiguration anhand der im SCOR-Modell zugeordneten Kennzahlen auf ihr Verbesserungspotenzial hin zu bewerten.

4.2 Bewertung des Supply Chain-Netzwerks

Kennzahlen spielen bei der Gestaltung eines Supply Chain-Netzwerks eine herausragende Rolle (vgl. Bragg 2002). Letztlich muss jederzeit entschieden werden können, ob das derzeit betriebene Netzwerk noch optimal konfiguriert ist oder ob eine Umgestaltung angebahnt werden muss. Dass die Nutzung von Kennzahlen ein wichtiges Werkzeug zur Planung, Steuerung und Kontrolle ist, ist zwischenzeitlich allgemein akzeptiert. In der Praxis bedeutet dies meist, dass aus den vorhandenen IT-Systemen eine Fülle von Kennzahlen extrahiert und den Mitarbeitern in vielen Fällen bereits in leistungsfähigen Data Warehouse-Systemen zur Verfügung gestellt wird. Um die vorhandenen Kennzahlen nutzbringend für das Unternehmen einzusetzen, müssen sie zu einem „steuerungsorientierten" Kennzahlensystem zusammengeführt werden. Ein solches Kennzahlensystem unterstützt das Management aller Hierarchieebenen, indem die relevanten Parameter bei der operativen Arbeit zur Verfügung gestellt werden.

Damit ein Kennzahlensystem zur Steuerung von logistischen Netzwerken und Prozessen wirkungsvoll ist, muss bei seinem Aufbau eine Strukturierung in Früh- und Spätindikatoren erfolgen. Kennzahlen oder Indikatoren, die möglichst früh Hinweise geben, an welchen Stellen des logistischen Netzwerks sich Parameter in kritische Richtungen entwickeln, legen die Basis eines „steuerungsorientierten" Kennzahlensystems. Nur so wird ein rechtzeitiges Eingreifen möglich, mit dem negative Auswirkungen auf die zu erreichenden Ziele vermieden werden können. Diese Auswirkungen finden sich – entsprechend verzögert und auf – einer höheren Führungsebene Ebene – in aggregierten Kennzahlen, den Spätindikatoren, wieder. Zusätzlich müssen Kennzahlensysteme grundsätzlich an Unternehmensprozessen ausgerichtet werden, um relevante Aussagen über diese Prozesse zu ermöglichen. Um im Sinne des SCM den Kundenservice zu bewerten, muss das Unternehmen bestrebt sein, seine Prozesse auch im Hinblick auf die zu erreichenden Kundenanforderungen auszurichten. Erst dadurch kann wirklich sichergestellt werden, dass die mit Hilfe des Kennzahlensystems erkannten Handlungsbedarfe auch tatsächlich zu Verbesserungen in Sinne der Unternehmensziele führen. Konkret müssen dazu die Prozesse des Unternehmens im Hinblick auf „End to End"-Beziehungen gebildet sein. Dazu werden alle Prozesse der obersten Hierarchieebene so geschnitten, dass sie mit einer Kundenanforderung beginnen und mit der Befriedigung dieser Kundenanforderung enden. Alle Aktivitäten – auch unternehmensübergreifend –, die erforderlich sind, um die jeweilige Kundenanforderung zu erfüllen, gehören dann zum jeweiligen „End to End"-Prozess und bestimmen die zugehörigen Unterprozesse. Kunden können in diesem Zusammenhang externe Kunden, interne Kunden oder auch ein anonymer Marktbedarf sein.

Im Rahmen eines Projektes wird daraufhin ein entsprechendes Kennzahlensystem aufgebaut. Dazu sind die Strategie und die Ziele des Unternehmens festzuhalten und es muss Klarheit darüber herrschen, was der Markt abnehmerseitig erwartet und wie die Anbieter darauf reagieren. Dies gibt die Spielräume vor, innerhalb derer sich jedes Unternehmen des Netzwerks eine Strategie zurechtlegen kann, mit der bestehende Marktchancen genutzt werden sollen. Im Rahmen dieser Strategie muss dann konkret festgelegt werden, was es bedeutet, die Nummer 1 zu sein: führend hinsichtlich Kundenservice in Form von Liefertreue, Flexibilität, Freundlichkeit etc. Letztlich werden mit dieser Strategie die „Haupterfolgsfaktoren" des Unternehmens definiert. *Haupterfolgsfaktoren* sind diejenigen Aufgaben und Anforderungen, die das Unternehmen vor dem Hintergrund der bestehenden Marktanforderungen auf Basis der von ihm definierten Strategie erfüllen will, um seinen Markterfolg zu behaupten. Die Haupterfolgsfaktoren müssen durch Kennzahlen zunächst auf oberster Ebene operationalisiert werden. Diese Top-Level-Kennzahlen werden im Laufe der weiteren Projektschritte detailliert und mit den Unternehmensprozessen „verbunden".

Auf Basis der Haupterfolgsfaktoren werden die Prozesse des Unternehmens näher untersucht. Da das Unternehmen über die Prozesse agiert, entscheiden sie darüber, ob es für die Marktanforderungen gut gerüstet ist. Es empfiehlt sich, für das Unternehmen oder zumindest den betrachteten Bereich ein Unternehmensmodell (siehe Abbildung 6) aufzubauen. Eine Standardmethodik für die Erstellung von Unternehmensmodellen ist die IDS Scheer ARIS Methode, die mit Hilfe der ARIS Process Platform sehr effizient angewandt werden kann. In einem Unternehmensmodell ist nicht nur die reine Handlungsabfolge der Prozesse dargestellt, sondern die Gesamtheit aller organisatorischen Gegebenheiten, die für den Wertschöpfungsprozess relevant sind, insbesondere die Aufbauorganisation des Unternehmens. Durch sie wird eine weitere Anforderung an das Kennzahlensystem gestellt:

Es muss nicht nur an die Prozesse, sondern auch an die Aufbauorganisation des Unternehmens hinsichtlich Struktur und Detaillierungsgrad der Kennzahlen, die zur Verfügung gestellt werden, angepasst werden. Diese Topologie des Kennzahlensystems ist in der Praxis für das Funktionieren ebenso wichtig wie der Prozessbezug. Durch die Topologie wird die Frage beantwortet, wer im Unternehmen welche Informationen in welchem Detaillierungsgrad erhält.

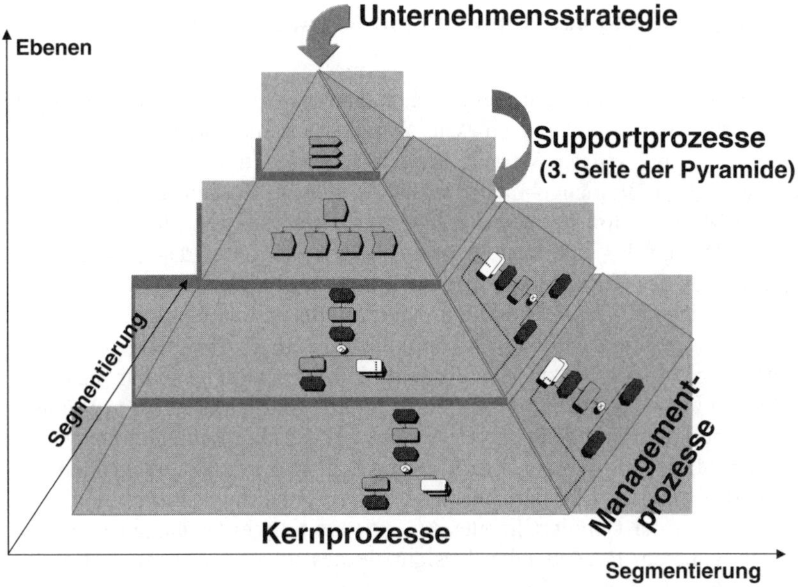

Abb. 6: Unternehmensmodell

Zur Umsetzung des Kennzahlensystems ist es notwendig, Kennzahlenbäume zu bilden. Kennzahlenbäume sind hierarchisch aufgebaute Kennzahlenstrukturen, bei denen die einzelnen Hierarchieebenen in einer Ursache-Wirkungs-Beziehung zueinander stehen. Die Gesamtheit der Kennzahlenbäume bildet das Kennzahlensystem. Pro Top-Level-Kennzahl wird ein Kennzahlenbaum erarbeitet. Im Regelfall ist es dazu zunächst erforderlich, die Haupterfolgsfaktoren im Sinne einer Ziele-Pyramide auf niedrigere Aggregationsebenen herunterzubrechen. Parallel dazu werden dann die jeweilige Top-Level-Kennzahl für die niedrigeren Ebenen sowie der jeweilige Aggregationspfad festgelegt. Die Aggregation der Kennzahlen niedriger Ebenen zu Kennzahlen höherer Ebenen kann dabei mathematisch erfolgen (z. B. einfache Addition von Durchlaufzeiten verschiedener aufeinander folgender Teilprozesse). In vielen Fällen ist es aber auch erforderlich, eine sachlogische Aggregation anzuwenden, d. h. Kennzahlen unterschiedlicher Dimensionen per Gewichtungsfaktoren zu einer übergeordneten Indexkennzahl zusammenzuführen.

Zur Implementierung eines Kennzahlensystems stehen zahlreiche IT-Systeme am Markt zur Verfügung. Je nach Anwendungsfall und vorhandener IT-Infrastruktur kann für das Unternehmen geeignete Software durch IDS Scheer ausgewählt werden. Teilweise bieten derartige Tools bereits bestimmte Kennzahlen oder sogar vorkonfigurierte Kennzahlensysteme für bestimmte Anwendungsfälle an, die eine effiziente Implementierung ermöglichen (z. B. IDS Scheer ARIS Process Performance Manager for Logistics).

4.3 Neugestaltung des Supply Chain-Netzwerks und der Prozesse

Anhand der Früh- und Spätindikatoren lassen sich relevante Veränderungen für das Supply Chain-Netzwerk ablesen. Wird eine komplette Wertschöpfungskette betrachtet, so müssen die Vorteile der Massenproduktion mit dem Anspruch der Individualität zusammengebracht werden. In diesem Zusammenhang hat sich der Begriff „Mass Customization" durchgesetzt. Dies erfordert die Produkte an sich vor dem Design des Netzwerks umzugestalten. Ziel ist es dabei, in dem Entstehungsprozess des Endprodukts den Zeitpunkt der Individualisierung so spät wie möglich zu legen. Wie in Abbildung 7 dargestellt, wird in diesem Zusammenhang häufig von der Kundenauftragsentkopplungslinie gesprochen. Bis zu dieser Linie ist das Supply Chain-Netzwerk vollständig kundenneutral steuerbar. Es erhält sich bis dorthin die Möglichkeit, die für einen breiten Markt einsetzbaren Vorstufen zu puffern und kurzfristig dann zu verwenden, um auf kurzfristig eintretende Bedürfnisse der Märkte in wenigen Finalisierungsschritten mit entsprechenden Endprodukten zu reagieren. Einmal mehr zeigt die Automobilindustrie mit dem Beispiel des Smart Car der DaimlerChrysler AG, wie weit dieser Gedanke gehen kann. So sind alle äußeren, farbgebenden Designteile des Smart mit wenigen Handgriffen austauschbar. In anderen Branchen werden bereits heute an Produkten teilweise die letzten Fertigungsstufen nicht in der Fabrik, sondern im Distributionszentrum in der Nähe des Kunden erbracht. Die Vorteile liegen auf der Hand:

- starke Verwendung von Gleichteilen
- niedrigste Bestände an höherwertiger, eingeschränkt absetzbarer Fertigware
- der Bedarfsprognose angepasste Bestände der Vorstufen
- Einsatz kostengünstiger Lohnfertiger für die „Veredelung"

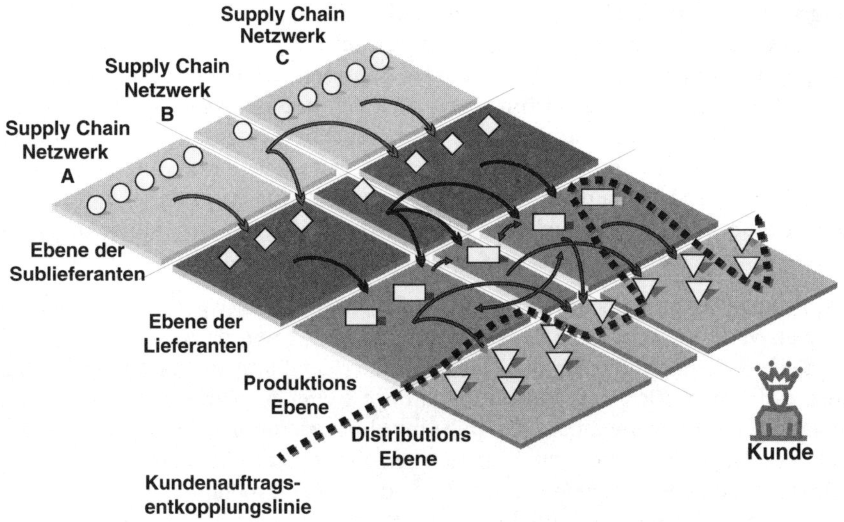

Abb. 7: Weit reichende Steuerbarkeit eines Supply Chain-Netzwerks

Einhergehend mit der Produktgestaltung erarbeiten Sie somit gemeinsam mit IDS Scheer Ihr angepasstes Supply Chain-Netzwerk. Die Partner Ihres Netzwerks werden nach ihrem Produktangebot, ihrem Servicegrad und nicht zuletzt nach Integrationsfähigkeit und -willen selektiert. Dabei ist es nicht ungewöhnlich, dass ein Unternehmen in mehreren Netzwerken eingebunden ist. Dies ist zum einen dann einsichtig, wenn das Unternehmen die einzige Bezugsquelle für ein bestimmtes Material ist. Zum anderen sind z. B. Markenartikelhersteller per se in den Netzwerken konkurrierender Handelsunternehmen vertreten. Dies gilt aber auch für Zulieferer in allen anderen Industriezweigen. Im Gegensatz zu frühen SCM-Veröffentlichungen stellt dies heute keinen Widerspruch mehr dar, da der ursprüngliche Ansatz, eine Supply Chain zentral zu planen, zu steuern und zu koordinieren, heute immer mehr dem eigentlichen Netzwerkgedanken weicht. Unterhalb der Netzwerke, die nach Abbildung 7 um Endkunden konkurrieren, können in mehreren Ebenen Netzwerke entstehen, in denen sich Unternehmen eng untereinander abstimmen.

Funktionsprinzip eines Supply Chain-Netzwerks ist, anhand der vereinbarten Kennzahlen, z. B. von Service Level Agreements, zu ermitteln, ob die Ziele (die Haupterfolgsfaktoren) erreicht oder gar verbessert werden. Ist dies nicht der Fall, muss es Anpassungen am Netzwerk hinsichtlich Teilnehmer, Koordination oder Zuordnung von Prozessen geben. Netzwerke, die auf solche Veränderungen besonders rasch reagieren können, werden als *dynamische* oder als *adaptive Supply Chain-Netzwerke* bezeichnet. In heutigen Netzwerken lassen sich die Teilnehmer in verschiedene Rollen einteilen. Der koordinierende Partner (meist einer) stellt die Drehscheibe für Informationen in Form von IT-Systemen und die organisatorischen Rahmenbedingungen bereit. Dieser Partner treibt zumeist die Aktivitäten aufgrund einer wichtigen Stellung im Markt und ist somit ausschlaggebend für wichtige Entscheidungen. Alle Partner stehen für die Einhaltung der Agreements gemeinsam ein und unterstützen sich dabei gegenseitig durch den Austausch relevanter Bedarfs- und Kapazitätsinformationen wie Produktionspläne, Dispositionsbedarfe, gemeinsame Absatzpläne etc. Insbesondere werden unerwartete Abweichungen in signifikanter Höhe im Netzwerk an betroffene Partner verteilt, so dass diese hinreichend Vorlauf für eine Reaktion haben. Auf Basis dieser Informationen können alle Partner ihre Produktion und/oder Distribution aufeinander abstimmen und gemeinsam genutzte Ressourcen effizienter einsetzen.

Als Beispiel sei eine Spedition angeführt, die aufgrund einer guten Einbindung in ihr Netzwerk die Anzahl an Leerfahrten reduzieren kann, da bereits bei der Abfahrt eine volle Beladung für den Rückweg unter den Partnern abgestimmt ist. Ein anderes Beispiel für einen Nutzen durch enge Einbindung in das Netzwerk: Ein produzierendes Unternehmen, das frühzeitig Information über eine verspätet eintreffende Lieferung benötigter Komponenten erhält, kann bis zum neuen Lieferzeitpunkt der Komponenten andere Produkte in der Produktion vorziehen. Die Ressourcenauslastung wird erhöht und das Vertrauen in den Lieferanten wird trotz der Verzögerung verstärkt, wenn der neue zugesagte Termin eingehalten wird.

5 Effizienter Einsatz moderner SCM-Systeme

An dem Informationsbedarf der Partner zeigt sich, dass im Konzept der Supply Chain-Netzwerke die Informationstechnologie – verbunden mit der richtigen Strategie, der zugehörigen Organisation, daran angepasster Prozesse und dem Vertrauen der Partner untereinander – ein wichtiger Faktor ist. Als ganzheitliche Disziplin setzt SCM die IT gemeinsam mit den anderen Bestandteilen zu einem schlüssigen Ganzen ein, um den Netzwerkpartnern den wirtschaftlichen Vorsprung gegenüber dem Wettbewerb täglich abzusichern. Dabei ist der Nutzen umso höher, je besser die Partner zusammenarbeiten. Ein wirkungsvolles Supply Chain Management wird durch die IT auf sämtlichen Ebenen unterstützt, siehe dazu Abbildung 8. Wie bereits in Abschnitt 0 beschrieben, setzt ein Unternehmen zur Ausführung seiner internen Abläufe ERP-Systeme ein. Im Bereich des SCM wird von Supply Chain Execution gesprochen. Die Execution umfasst u. a. die Funktionen (Order) Fulfillment, Warehouse Management und Produktion (häufig auch als Produktionssteuerung bezeichnet). Die Funktionen der Supply Chain-Planung sowie das Management der Lieferanten (SRM) und Kunden (CRM) wurden ebenfalls bereits in Abschnitt 4.1 eingeführt. Lieferanten und Kunden selbst setzen Execution-Systeme ein, wodurch sich das Bild auf dieser Ebene weiter fortsetzen lässt. Die dazwischen liegenden Transportdienstleister verwenden ebenfalls ausführende Systeme und sind über die gestrichelten Linien angedeutet.

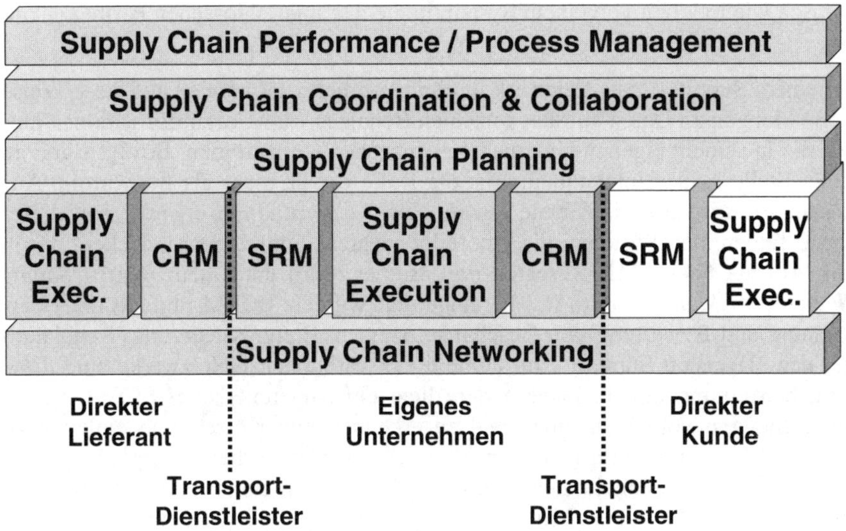

Abb. 8: Ebenen der IT-Systeme

Der Supply Chain-Planung wird häufig besondere Aufmerksamkeit gewidmet, da eine sehr genaue und gleichzeitig realisierbare Planung (vgl. Jörns 2003 sowie Abschnitt 2.3 und 2.4) der logistischen Abläufe Grundlage für eine von wenigen Überraschungen geprägte Ausführung ist, wenn alle Randbedingungen (engl. constraints, vgl. Goldratt 1990) berücksichtigt wurden. Dies drückt sich in der Vielzahl der SCP-System-Hersteller sowie der algorithmischen Komplexität der entsprechenden Produkte aus. Auch die Erfahrungen der IDS Scheer AG haben gezeigt, dass eine solide Planung in den verschiedenen zeitlichen Horizonten des SCM eine wichtige Grundlage für den wirtschaftlichen Erfolg des SCM als Ganzes darstellt. Auf der anderen Seite nutzt das Herausarbeiten der letzten Prozente bei der Verbesserung der Planung nur wenig, wenn die Basisannahmen der Planung selbst stark verbesserungswürdig sind. Diese Verbesserungen lassen sich durch die anderen, in Abbildung 8 dargestellten, Systemebenen herbeiführen.

Um über die verschiedenen Unternehmensgrenzen hinweg Systeme der Partner im Netzwerk miteinander technisch zu verbinden, werden heute unterschiedliche Technologien eingesetzt. Diese sind in Abbildung 8 auf der Ebene des *Supply Chain Networkings* zusammengefasst. Oft kommen hierbei Enterprise Application Integration (EAI)-Systeme zum Einsatz, da häufiger als bei der unternehmensinternen Integration ERP-Systeme unterschiedlicher Hersteller integriert werden müssen. Der Ebene des Networkings werden darüber hinaus elektronische Marktplätze ebenso zugeordnet wie die Anbindung mobiler Komponenten (Notebooks, Mobiltelefone, Scanner etc.). Ebenso lassen sich Portale als Funktion des Networkings verstehen, die den einheitlichen Zugriff auf Unternehmensinformationen, und damit die unmittelbare „Integration von Menschen" in das Supply Chain-Netzwerk, realisieren. Durch diese Ebene wird sichergestellt, dass Informationen so rasch wie möglich von einem System in die der angeschlossenen Partner gelangen.

Bei einem Supply Chain-Netzwerk mittlerer Komplexität können auf diese Weise große Mengen an Daten auf den einzelnen Benutzer – über die Informationen hinaus, die in seinem eigenen Unternehmen entstehen – einströmen. Erfolgt somit an dieser Stelle keine Unterstützung, ist die Rolle der IT mehr als fragwürdig. Aus diesem Grund wurde die Ebene *Supply Chain Coordination* ergänzt. Auf dieser Ebene finden sich Systeme, die eine oder mehrere Funktionen abdecken, die in dem Aufsatz über AMR Research (vgl. Bittner 2000) unter dem Begriff *Supply Chain Event Management (SCEM)* eingeführt wurden. SCEM umfasst die Überwachung und Bewertung von Geschäftsprozessen, Ereignissteuerung, Simulation und den „Decision Support". Im Umfeld eng verbundener Netzwerke sind diese Aufgaben unumgänglich. Insbesondere liegt ein Augenmerk des SCEM darauf, Abweichungen vom Plan umgehend zu erkennen und Korrekturen einleiten zu können. Ohne diese Informationen bleiben entweder vorher eingeplante Puffer ungenutzt, oder Verzögerungen pflanzen sich wie beim Dominoeffekt weiter fort. Somit kann SCEM wie ein Mittler zwischen Planung und Ausführung wirken, der sich positiv auf die Performance des gesamten Netzwerks auswirkt, indem es die Abweichung zwischen Planung und Ausführung transparent macht. IT-Systeme für SCEM sollen die folgenden Funktionen unterstützen:

- **Monitor** – Überwachung des aktuellen Zustands gegenüber dem Plan über die Auswertungen relevanter Ereignisse (Events)
- **Notify** – Benachrichtigung bei Abweichung geplanter von aktuellen Ereignissen über Mail, Mobiltelefon etc.
- **Simulate** – durch eine festgestellte Abweichung vom Plan wird eine planerische Aktivität angestoßen, die Lösungsvorschläge erarbeitet
- **Control** – gibt dem Entscheider die Möglichkeit, alte Entscheidungen auf Basis der Vorschläge zu korrigieren, um eine Verbesserung zu bewirken
- **Measure** – erst durch das Ermitteln der aktuellen Logistikkennzahlen und den Vergleich mit den angestrebten Zielwerten kann ermittelt werden, ob auch mittelfristig die richtigen Entscheidungen getroffen wurden. In einigen Systemen werden diese Informationen für einen weiteren Schritt – für das **Lernen** – verwendet. Dieses Lernen soll in zukünftigen ähnlichen Situationen helfen, einen passenden Vorschlag schneller und zuverlässiger zu erarbeiten. Einer auf erlerntem Wissen basierenden Entscheidungsfindung wird in der nahen Zukunft des SCM ein besonderer Stellenwert zukommen. Unter der Bezeichnung *„intelligente Agenten"* bemühen sich derzeit verschiedene Softwareproduzenten und Forschungsinstitute darum, automatisierte Entscheidungsinstanzen zu erstellen, die im Netzwerk verschiedene Aufgaben autonom oder in Verbindung mit anderen Instanzen wahrnehmen können. Dabei wird die Technik der sog. Softwareagenten (vgl. Studie von Shen & Douglas 2003) und zur beschleunigten Informationsgewinnung der Radiofrequenz-Identifikation (RFID) verwendet.

Eine praktische Anwendung beider Technologien ist derzeit aber noch nicht im industriellen Umfang möglich (vgl. Schneider 2003).

Die Funktion „Measure" (Messen) des SCEM schlägt gleichzeitig die Brücke zur letzten Ebene der IT-Funktionen im SCM. Besteht im Rahmen des SCEM das Messen im Wesentlichen aus dem Vergleich **eines** eintreffenden Istwerts mit seinem in der SCP vorbestimmten Sollwert, so hat *Supply Chain Process/Performance Management (SCPM)* eine deutlich weiter reichende Aufgabe. Im SCPM wird anhand für die Supply Chain Performance relevanter Kennzahlen (vgl. Abschnitt 4.2) eine signifikante Abweichung ermittelt. Dabei geht der Data-Warehouse-basierte Ansatz über die klassischen Kennzahlen, die rein aus einer Belegorientierung resultieren, hinaus. Der prozessorientierte Ansatz, wie z. B. beim ARIS Process Performance Manager (ARIS PPM), ist hingegen darüber hinaus in der Lage, auf Basis von Abweichungen vom festgelegten Prozessverlauf bzw. der dafür festgelegten Qualitätskennzahlen hin zu reagieren. Somit stellt der prozessorientierte Ansatz eine direkte Verbindung zur Coordination-Ebene und damit dem SCEM her, die sich auch in Schnittstellen zwischen den Systemen zeigt. ARIS PPM übernimmt aus SCEM ein eingehendes Ereignis und fügt es an den bereits aufgenommenen Prozessverlauf an. Performance-Informationen aus ARIS PPM und dem Data Warehouse, ergänzt um die auf eine einzelne Abweichung fokussierte Meldung aus dem SCEM, liefern zusammen eine Entscheidungsbasis, die dem Supply Chain-Verantwortlichen die solide Grundlage für seine Aktionen in Echtzeit liefert.

Alle Beteiligten in dem Supply Chain-Netzwerk sind durch die vorgestellten Funktionen miteinander vernetzt und werden bei der Bewältigung der aufkommenden Datenflut durch die entsprechenden Systeme unterstützt. Ziel eines gelungenen SCM-Projekts ist es somit, ein durchgängiges Konzept für eine auf effektiven Kennzahlen basierende Strategie, eine daraus abgeleitete Organisation (einschließlich des zugehörigen Change Managements), damit einhergehende Prozessveränderungen sowie eine optimal unterstützende IT-Infrastruktur zu schaffen. Durch die langjährige Erfahrung der IDS Scheer AG in der Logistik – mit und ohne IT – werden Sie bei Ihrem Weg zur optimalen Rolle innerhalb Ihres Supply Chain-Netzwerks bestens unterstützt. Dabei garantiert IDS Scheer als Ihr SCM-Partner

- Logistisches Spitzen-Know-how auf allen relevanten Ebenen
- Ein erprobtes Vorgehensmodell für SCM Projekte im ARIS SCM Scout
- Durch IDS Scheer-Kunden belegten Return on Investment von SCM Projekten
- Optimale Einbindung der Logistik in Ihre Prozessstrategie – und im SAP-Umfeld: auch in Ihre SAP-Strategie – durch Einsatz der ARIS Process Platform

Literaturverzeichnis

Bittner, M.: AMR Research: E-Business requires Supply Chain Event Management. In: The Report on Supply Chain Management, Boston, November 2000.

Bragg, S.: Ten Symptoms of Poor Supply Chain Performance, ARC Advisory Group, August 8, www.arcweb.com, 2002.

Goldratt, E.: Das Ziel, New York, 1990.

Jörns, C.: Übergreifende Koordination zum Fulfillment im Supply Chain Netzwerk. In: Scheer, A.-W., Abolhassan, F., Bosch, W.: Real-Time Enterprise. S. 43 – 72. 2003.

Klaus, P.: Die Top 100 der Logistik, Hamburg, 2003.

Raskino, M.: Gartner ruft das Real Time Enterprise aus. In: Computerwoche online, 5.11.2002.

Scheer, A.-W.: CIM 1990. CIM (Computer Integrated Manufacturing) – der computergesteuerte Industriebetrieb, 4. Aufl., Berlin et al., 1990.

Scheer, A.-W.: Wirtschaftsinformatik 1995. Wirtschaftsinformatik – Informationssysteme im Industriebetrieb, 6. Aufl., Berlin et al., 1995.

Scheer, A.-W., Köppen, A., Hans, S.: Consulting: ein Überblick. In: Scheer, A.-W., Köppen, A.: Consulting – Wissen für die Strategie-, Prozess- und IT-Beratung, 2. Aufl., Berlin et al., 2001.

Schneider, S.: Einsatz intelligenter Software-Agenten in der Logistik unter Berücksichtigung von RFID-Technologie am Beispiel der Future Store Initiative der Metro. Diplomarbeit bei IDS Scheer AG, Saarbrücken, 2003.

Shen, W., Douglas, N.: Agent-based Systems for Intelligent Manufacturing: A State-of-the-Art Survey, http://imsg.enme.ucalgary.ca/publication/abm.htm, 2003.

Supply Chain Council (Non-Profit Organisation) 2003. Homepage: http://www.supply-chain.org, 2003.

Einführung eines Shared Service Centers für standardisierte HR-Produkte

Patrick Blume
IDS Scheer AG

Maximilian Gontard
IDS Scheer AG

Zusammenfassung

HR-Abteilungen stehen vor der Herausforderung, sich vom Kostenfaktor zum Servicedienstleister mit Wertschöpfungsambitionen zu entwickeln. Immer häufiger werden daher administrative HR-Aufgaben in kundenorientierten Shared Service Centern gebündelt. Der Weg dorthin führt über den Einsatz einer prozessorientierten Methode und Vorgehensweise. Nur so wird am Ende auch das Ziel erreicht, die Qualität und Effizienz standardisierter HR-Arbeit signifikant zu erhöhen.

Schlüsselwörter

Shared Service Center (SSC), standardisierte HR-Produkte, Change Management, Prozesskosten, Service Level Agreements, HR-Referenz-Datenbank, Employee Relationship Management (ERM), Mitarbeiterportal

1 HR auf der Suche nach einem neuen Geschäftsmodell

Personalleiter und andere Human Resources-Verantwortliche sehen sich einer ständig wachsenden Anforderung gegenüber, wonach das Personalmanagement einen größeren Beitrag zum Unternehmenserfolg leisten muss. Dave Ulrich greift diese Anforderungen auf und formuliert die „neuen Fragen“ (vgl. Ulrich 1999): Was umfassen die HR-Ergebnisse? Welche Fähigkeiten können als HR-Ergebnisse definiert werden? Und wie verändert die Konzentration auf Ergebnisse die Verantwortung, Maßnahmen, Abteilungen und Fachleute im HR-Bereich?

Allen Beteiligten an diesem tief greifenden Wandel für die HR-Arbeit ist klar: HR-Verantwortliche müssen sich vom „Business Administrator“ weiterentwickeln zum strategischen Partner der Geschäftsführung, zum Change Agent und zum Advokaten und damit Fürsprecher der Mitarbeiter (vgl. Abbildung 1).

Abb. 1: Die Aufgaben und Rollen des HR-Bereichs

Der HR-Bereich muss lernen, neue Instrumente anzuwenden und die neue Rolle(n) auszufüllen. Ergebnisse werden zukünftig nicht mehr in „Anzahl eingestellter Mitarbeiter“ oder „Anzahl Ausbildungsstunden“ gemessen und bewertet, sondern in der Fähigkeit, strategische Klarheit zu schaffen, Veränderungen herbeizuführen und geistiges Kapital zu bilden. Ergebnisorientierte HR-Abteilungen haben längst damit begonnen, neueste Technologien einzusetzen und Transaktionen weitgehend zu standardisieren und zu automatisieren (vgl. Ridder 2001, S. 12). Die neu gewonnene Zeit und frei gewordene Ressourcen werden für die strategisch wichtigen Aufgaben eingesetzt (vgl. Jochmann 2000, S.1 ff.).

Das Instrument „standardisierte HR-Produkte“ und die damit verbundene Optimierung der Leistungsbreite und -tiefe des HR-Bereichs helfen den HR-Verantwortlichen bei diesem Wandel. Im Mittelpunkt steht dabei das Design eines neuen

HR-Service Delivery-Modells und damit die Frage, in welcher Form Personalarbeit im Unternehmen organisiert wird (vgl. Wiener 2003, S. 24):

- Wie kann die Leistungserbringung sinnvoll organisiert werden?
- Wie kann die Dienstleistung effizient zum Kunden transportiert werden?

2 Definition und Kennzeichen standardisierter HR-Produkte

Der Ansatz, standardisierte HR-Produkte zu definieren und zu „produzieren" ist zunächst unabhängig von der dafür notwendigen Organisation. Die Aufgaben, die durch den HR-Bereich zu erfüllen sind, lassen sich durch deren Variabilität und Periodizität kategorisieren. Gerade die Aufgaben, die in den Bereich „Business Administrator" fallen, zeichnen sich durch häufige Wiederholung, gleichartige Bearbeitungsprozesse und Unabhängigkeit vom eigentlichen Unternehmenszweck aus. Dadurch sind die Voraussetzungen vorhanden, diese Aufgaben, die zugrunde liegenden Prozesse und den notwendigen Ressourceneinsatz ausreichend zu beschreiben und die Ergebnisse („Produkte") in Quantität und Qualität definieren zu können (vgl. Tabelle 1).

Tabelle 1. Kennzeichen standardisierbarer HR-Prozesse

Periodizität	Die Notwendigkeit für den Prozess ist periodisch gleich verteilt, Belastungsspitzen sind entweder relativ selten oder gut vorherzusehen.
Häufigkeit	Der Prozess kommt in nennenswerter Anzahl vor, so dass sich der Aufwand für dessen Optimierung lohnt.
Variabilität	Der Prozess läuft meist in stets der gleichen Weise ab; Ausnahmesituationen sind relativ selten.
Know-how	Wichtiger als exzellentes Expertenwissen sind für den Prozess Effizienz und Sicherheit.
Technologie	Der Prozess kann, zumindest teilweise, durch entsprechende IT-Verfahren automatisiert werden.
Sensibilität	Auch wenn HR-Prozesse von Natur aus sensibler sind als andere Unterstützungsprozesse, ist die Bearbeitung und Beratung durch wechselnde Bearbeiter möglich.
Bearbeitungsdauer	Die Bearbeitungsdauer des Prozesses ist relativ kurz und erstreckt sich über wenige Stunden bis maximal einige Tage.
Vollständigkeit der Bearbeitung	Der Prozess kann durch möglichst wenige Prozessbeteiligte bearbeitet werden, im Idealfall durch einen Sachbearbeiter oder vollautomatisch.

Die Wahl der angestrebten Organisationsform (von Teilen) der Personalabteilung ist die Voraussetzung für die Definition der HR-Produkte und die Optimierung der zugrunde liegenden Prozesse. Es ist im Umkehrschluss nicht möglich, zunächst die Prozesse nach den definierten Zielkriterien zu optimieren und dann die Auswahl einer Organisationsform (Personalreferenten, zentrale vs. dezentrale Personalabteilung, Outsourcing) zu bestimmen, da sich das konkrete Design der Prozesse stets nach den (organisatorischen) Rahmenbedingungen richten muss.

3 Auswahl einer strategischen Option

In diesem Beitrag soll die Entwicklung eines HR-Service Delivery-Modells unter Verwendung eines *HR-Shared Service Centers (HR-SSC)* beschrieben werden, da dies eine zunehmend verbreitete Alternative zur Zentralisierung oder zum Outsourcing der HR-Leistungserbringung darstellt (vgl. Wunderer 2001, S. 202 ff.). HR-Shared Service Center umfassen sowohl den Gestaltungsansatz „HR-Service Center“ als auch den „Shared Service Center“:

HR-Service Center (manchmal auch HR-Call Center, Employee Assistant Program etc.) versprechen eine einheitliche und effiziente Abwicklung bestimmter Aufgaben der Personalarbeit. Sie dienen der Beantwortung einfacher bis komplexer Fragen, führen häufig wiederkehrende Transaktionen auf Basis unternehmenseinheitlicher Prozesse durch und decken vor allem einen großen Teil des administrativen Spektrums der HR-Dienstleistungen ab.

Shared Service Center (SSC) gelten als echte Alternative zu zentralen oder dezentralen Organisationsstrukturen und immer mehr auch als Alternative zum Outsourcing. Ein SSC ist eine selbständig handelnde Organisationseinheit mit gebündelten Ressourcen, die ihre Dienstleistungen mehreren Geschäftsbereichen zur Verfügung stellt. Wie im Folgenden gezeigt wird, ist SCC keine andere Bezeichnung für die Zentralisierung von Unternehmensfunktionen, da erhebliche Unterschiede zu Zentralbereichen bestehen (vgl. Wißkirchen 2002, S. 35):

- Zentralbereiche stellen Ressourcen für HR-Dienstleistungen zur Verfügung. In SSC legen dezentrale Organisationseinheiten ihre Ressourcen zusammen.
- Zentralbereiche planen die Leistungserstellung. Bei SSC werden die Leistungen von dezentralen Organisationseinheiten geplant.
- Zentralbereiche streben Kostensenkung durch Mengeneffekte und Standardisierung an. SSC streben eine Optimierung von Kostensenkung und Realisierung individueller Anforderungen der internen Kunden an.

Die Ziele, die mit der Einführung eines SSC verfolgt werden, sind:

- Qualitätssteigerung durch optimierte/standardisierte Prozesse
- Qualitätssteigerung durch spezialisierte und motivierte Mitarbeiter
- Aufbau von zentralem IT-Know-how

- Aufbau von zentralem Prozess-Know-how
- Aufbau eines internen Kunden-Lieferanten-Verhältnisses
- Verbesserung der Führungsorganisation
- Konzentration auf das Kerngeschäft bei Geschäftsbereichen
- Kostenreduzierung durch Mengeneffekte

SSC können organisatorisch einem Zentralbereich angegliedert, einer der dezentralen Organisationseinheiten zugeordnet, als eigenständige Gesellschaft gegründet werden, sowie auch unternehmens- und konzernübergreifend wirken. Ein Konzern könnte bspw. bestimmte HR- und IT-Funktionen seiner Zulieferer übernehmen, sofern diese nicht zu deren Kernkompetenzen gehören.

Die Einführung eines HR-Shared Service Centers ist u. a. an folgende Voraussetzungen gebunden:

- Es herrschen eine Vertrauenskultur im Unternehmen und eine hohe Wertschätzung von internen Kunden-Lieferanten-Beziehungen.
- Die Leistungsbreite ist eindeutig definiert, zum Beispiel mit Hilfe eines Service Level Agreements (SLA).
- Es bestehen effiziente (technische) Möglichkeiten zur Kommunikation (Telefonie, E-Mail, Video etc.).

Eine umfassende Neuausrichtung des betrieblichen Personalwesens hin zu einem HR-Shared Service Center verlangt aufgrund der Komplexität der Aufgabe eine systematische Vorgehensweise – angefangen bei der Erfassung und Analyse der bestehenden Personalverwaltungsprozesse bis hin zur Konzeption und Umsetzung der Sollprozesse und -strukturen. Im Folgenden wird ein prozessorientiertes Vorgehen aufgezeigt, das vom Fachbereich Human Capital Management der IDS Scheer AG entwickelt wurde und bereits erfolgreich in der Praxis umgesetzt werden konnte.

4 Definition der Zielkriterien

Die Qualität eines Produktes liegt nicht (nur) im Produkt selbst begründet, sondern entscheidet sich im jeweiligen Anwendungsfall. Bevor HR-Produkte definiert und entwickelt werden können, müssen die HR-Verantwortlichen die Zielkriterien festlegen. Typische Ziele, die bei der späteren Prozessoptimierung Entscheidungshilfen darstellen, sind:

- niedrige Prozesskosten
- kurze Durchlaufzeiten
- hohe Prozesssicherheit

- hohe Flexibilität/Skalierbarkeit
- ausreichende Zukunftssicherheit

Davon abgeleitete Sekundärziele sind u. a.:

- Harmonisierung (z. B. standortübergreifender Prozesse nach einer Fusion zweier Firmen)
- Internationalisierung des Personalwesens
- Unabhängigkeit von Dritten/Externen
- Konsolidierung vorhandener IT-Verfahren
- Verbesserung der Servicequalität
- Verbesserung des Images der Personalabteilung

Zur Bewertung der Istprozesse bzw. zur Entscheidungsunterstützung beim Design der Sollprozesse ist es notwendig, die Ziele zunächst in messbare Größen zu übertragen. Key Performance Indicators (KPIs) stellen eine wichtige Messgröße dar, um den Beitrag eines Prozesses zur Zielerreichung zu messen und zu bewerten, denn „you have to measure it, if you want to control it".

5 Dokumentation der Istprozesse

Bei der Reorganisation des HR-Bereichs hin zu einem HR-Shared Service Center (SSC) gilt es, die bedeutende Entscheidung zu treffen, welche Personaldienstleistungen zentralisiert werden sollen und welche vor Ort belassen werden. Darüber hinaus muss bei dieser Entscheidung bekannt sein, wie man die Dienstleistungen eines HR-SSC standardisieren kann, ohne dabei zentrale Aspekte der bisher regionalen Personalverwaltung zu vernachlässigen. Um eine Grundlage für diese Entscheidungen zu gewinnen, empfiehlt es sich, in einem ersten Schritt die Ausgangssituation zu beschreiben und zu analysieren. Diese Analyse sollte möglichst sämtliche regionalen Personalprozesse umfassen, da sich die örtlichen Arbeitsabläufe oftmals als qualitativ und quantitativ sehr unterschiedlich erweisen: Bedingt durch langjährige örtliche Gegebenheiten, aber auch aufgrund des Einflusses der jeweiligen Führungskräfte und Mitarbeiter manifestieren sich nicht nur in verschiedenen Arbeitsabläufen gravierende Unterschiede, sondern darüber hinaus auch in den Qualifikationen der Mitarbeiter, in Aufbauorganisationen und IT-Landschaften. Die Erbringung standardisierte HR-Dienstleistungen oder die Durchführung von Analysen zur Gegenüberstellung der Kapazitäten ist auf dieser Grundlage kaum möglich.

Sowohl bei der Analyse der Istprozesse als auch bei der später noch beschriebenen Sollkonzeption gelangt man nur dann zu verwertbaren Ergebnissen, wenn diese mit einer standardisierten Vorgehensweise einhergeht – angefangen bei der Moderation der Workshops bis hin zum Softwareeinsatz bei der Modellierung der Prozesse. Für Letzteres bietet sich der Einsatz des ARIS Toolsets an. Dieses Werkzeug erlaubt neben der systematischen Abbildung der regional unterschiedlichen Arbeitsabläufe auch die Hinterlegung von Daten, die sich insbesondere bei dem hier thematisierten Projektvorhaben als vorteilhaft erweisen:

- durchführende und beteiligte Mitarbeiter pro Arbeitsschritt
- Qualifikationen der Mitarbeiter
- vollständige Aufbauorganisation sämtlicher Personalabteilungen
- regionale Bearbeitungshinweise, Hilfsmittel, Richtlinien und Formulare
- unterstützende Anwendungs- und Informationssysteme pro Arbeitsschritt

Um als Ergebnis ein aussagekräftiges Stärken-Schwächen-Profil der regional unterschiedlichen Personalprozesse zu erhalten, bietet sich darüber hinaus auch die Hinterlegung von Kennzahlen an, wie bspw. die

- durchschnittlichen Bearbeitungszeiten,
- Mengengerüste und
- Wahrscheinlichkeiten bei alternativen Arbeitsschritten.

Ein weiterer Vorteil des ARIS Toolsets zeigt sich, wenn die Prozesserhebungen zeitgleich an unterschiedlichen Orten erfolgen: Die erhobenen Daten können jederzeit über einen „Merge" problemlos zusammengeführt werden, so dass am Ende des Projektes nur eine zentrale Datenbank vorliegt, in der sämtliche Ergebnisse der Ist- und Sollanalyse dokumentiert sind.

Um bei der Erhebung der regionalen Personalprozesse möglichst rasch erste Ergebnisse zu erzielen, hat das Fachzentrum Human Capital Management der IDS Scheer AG die sog. Human Resources (HR)-Referenzdatenbank entwickelt. In dieser Prozessdatenbank liegen bereits zahlreiche Personalverwaltungsprozesse mit den entsprechenden Stellen zur Hinterlegung von Prozesskennzahlen. Wenngleich diese Datenbank lediglich als Ausgangsbasis für die Erhebungsphase zu verstehen ist, geht damit dennoch der entscheidende Vorteil einher, dass diese Projektphase nicht mehr zwangsläufig auf dem weißen Blatt Papier beginnen muss, sondern bereits auf „vormodellierten" Personalverwaltungsprozessen aufsetzen kann. Die Dauer der notwendigen firmenspezifischen Anpassung der Prozesse kann damit von mehreren Monaten auf wenige Wochen reduziert werden.

Da jede Zentralisierung von Personaldienstleistungen – unabhängig von ihrem Ausmaß – mit grundlegenden Veränderungen für die regionalen Personaleinheiten einhergeht, empfiehlt sich bereits bei der Prozesserhebung eine enge Zusammenarbeit mit den Mitarbeitern der regionalen Personalbereiche. Die modellierten Prozesse können über den ARIS Web-Publisher im Intranet veröffentlicht und mit allen Beteiligten diskutiert werden. Auf diese Weise lässt sich nicht nur eine hohe

Qualität bei den erhobenen Istdaten erzielen, sondern auch die Akzeptanz für die später anstehenden Veränderungen bei den betroffenen Mitarbeitern erhöhen.

6 Konzeption der Sollprozesse

Ist die Erhebung der bestehenden Personalverwaltungsprozesse abgeschlossen, gilt es im nächsten Schritt, die regional unterschiedlichen Varianten gegenüberzustellen. Dadurch erlangt man Klarheit in Bezug auf die heterogenen Arbeitsabläufe, die verschiedenen Bearbeitungszeiten, die daraus resultierenden Mitarbeiterkapazitäten, deren unterschiedliche Qualifikationen, aber auch hinsichtlich der heterogenen IT-Landschaften und Organisationsstrukturen in den regionalen Personaleinheiten.

Als Ergebnis dieses Quervergleichs können anschließend in einem ersten Wurf die HR-Prozesse identifiziert werden, die für eine Standardisierung im Rahmen eines HR-SSC geeignet erscheinen. Dabei wird man feststellen, dass bei weitem nicht jede HR-Dienstleistung standardisierbar ist. Zum einen besitzen manche Dienstleistungen nicht die Kennzeichen standardisierbarer HR-Prozesse (vgl. Tab. 1), zum anderen kann deren Standardisierung den übergeordneten Zielkriterien widersprechen.

Um möglichst zielgerichtet fortzufahren, sollten die vorhandenen HR-Prozesse daher auf Basis von Zielkriterien bewertet werden, wie sie sich exemplarisch in der folgenden Abbildung finden (vgl. Abbildung 2).

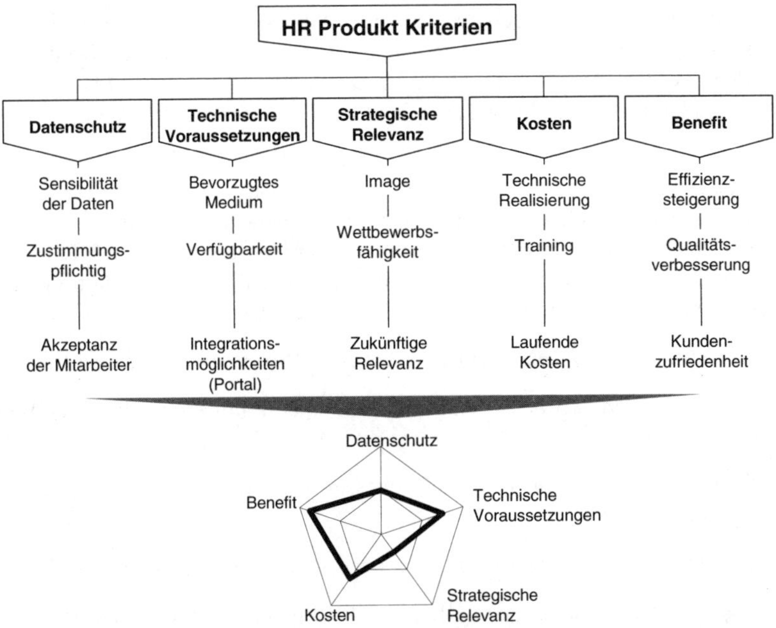

Abb. 2: Bewertung der HR-Prozesse nach deren Implementierungsfähigkeit

Häufig ist die Anordnung auf einer Matrix geeignet, die zwischen der „Relevanz für den Erfolg des HR-Bereichs" auf der einen Achse und der „Einfachheit der Umsetzung" auf der anderen Achse unterscheidet.

Die Aufteilung der Personalprozesse ist dann die Grundlage für die Auswahl der im weiteren Verlauf zu untersuchenden HR-Prozesse und der Projektplanung.

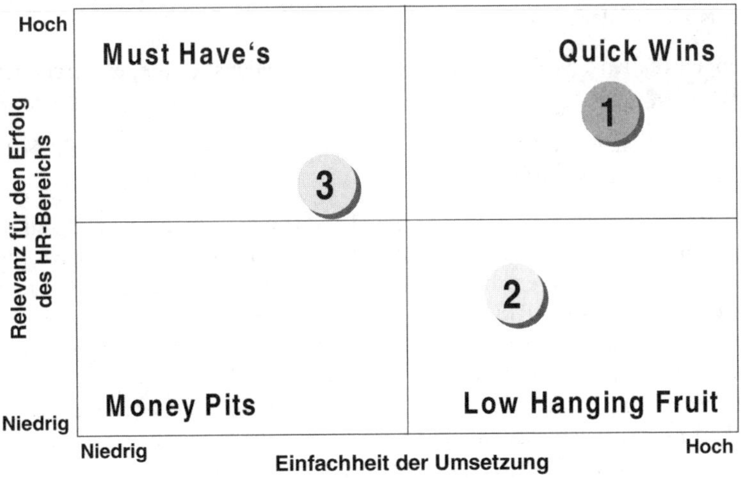

Abb. 3: Priorisierung der HR-Prozesse

In der Praxis lässt sich beobachten, dass insbesondere die verwaltenden Personalprozesse wie Personalabrechnung und -administration oftmals den „Quick Wins" zugeordnet werden, da sich hier durch die Bündelung von Arbeitsabläufen, Kompetenzen und Funktionen die größten Skaleneffekte für Unternehmen realisieren lassen.

Aber auch für die später dezentral belassenen Personalverwaltungsprozesse liefert der konzernweite Vergleich von Personalprozessen wichtige Anhaltspunkte: Im Rahmen eines Stärken-Schwächen-Vergleichs werden die regionalen HR-Prozesse nun gegenübergestellt und optimiert. Dabei können folgende Gestaltungsfragen unterstützen (vgl. auch Jordan & Hoock, 2003, S.23 ff.):

- Wie lassen sich die (grob) identifizierten SSC-Prozesse exakt standardisieren?
- Wo können Medienbrüche, Redundanzen und organisatorische Brüche vermieden werden?
- Welche Kosten sind mit den Sollprozessen verbunden und wie hoch ist das Einsparpotenzial?
- Wie können die weiterhin dezentralen Personalprozesse optimiert werden?
- Wie gestaltet man die Schnittstellen zu internen und externen Partnern?
- Wie sieht dabei die IT-Infrastruktur und Systemunterstützung aus?
- An welcher Stelle ist der Einsatz von Workflows sinnvoll und wirtschaftlich?
- Welche Kommunikationskanäle stehen den Mitarbeitern zur Verfügung?
- Wie viele HR-Mitarbeiter werden im SSC und in den dezentralen Bereichen mit welchen Qualifikationen benötigt?
- Gelingt es, die Leistungen des SSC auf der Basis von Service Level Agreements klar zu definieren?
- Können realistische Preise für die erbrachten Dienstleistungen errechnet werden?
- Ist es möglich, einheitliche und kundenorientierte Zugangskanäle für HR-Standardanfragen zu schaffen?

Da zur Beantwortung dieser Fragen nicht auf einen allgemein anerkannten Königsweg zurückgegriffen werden kann, gilt es, die Lösungen sukzessive im Rahmen von Workshops zu erarbeiten. Als überaus hilfreich erweist sich dabei wiederum der Einsatz des ARIS Toolsets: Sämtliche angedachten Varianten können in ihrer Komplexität dargestellt und anschließend auf Basis einer gemeinsamen und eindeutigen Diskussionsgrundlage analysiert und bewertet werden. Darüber hinaus liefert die oben bereits beschriebene HR-Referenzdatenbank auch hier schnellere Projektergebnisse, da dort bereits mehrere HR-Prozesse hinterlegt sind, die typischerweise in HR-Shared Service Centern vorkommen.

Die dokumentierten Sollprozesse schaffen jedoch nicht nur die notwendige Transparenz für alle Beteiligten, sondern dienen darüber hinaus auch zur Ableitung zentraler Informationen (vgl. auch Junold & Ringling, 2003, S. 72):

- Die Kosten der Sollprozesse können mit dem ARIS Process Cost Analyzer berechnet werden und dienen damit als Basis für die spätere Abrechnung von HR-Dienstleistungen, aber auch zur Gegenüberstellung mit den erhobenen Istprozessen.
- Die Anforderungen an eine zukünftige IT-Unterstützung können direkt aus den definierten Sollprozessen abgeleitet werden.
- Die zukünftig notwendigen Mitarbeiterkapazitäten lassen sich mittels Mengenerhebungen für jeden Prozess bestimmen.
- Neue Rollen und Systemberechtigungen können prozessorientiert definiert werden.
- Anforderungsprofile lassen sich aus den modellierten Arbeitsschritten heraus formulieren.
- Sowohl interne als auch externe Schnittstellen lassen sich exakt abbilden.

Wurden die Standardprozesse des HR-SSC festgelegt, gilt es in einem nächsten Schritt, die zu erstellenden Dienstleistungen und Preise im Rahmen eines Service Level Agreements (SLAs) vertraglich zu vereinbaren. Auf Basis der modellierten Prozesse definieren Service Level Agreements dabei exakt die beteiligten Partner, den jeweils im Rahmen des Prozesses zu leistenden Input, der von dem HR-SSC zu erbringen ist, aber auch die Erstellungs- und Reaktionszeit pro Leistung. Im Ergebnis sind die zu erbringenden Leistungen zwischen allen internen und externen Partnern des HR-SSC exakt definiert.

Sowohl bei der Prozessdefinition als auch bei der Festlegung der SLAs ist eine enge Zusammenarbeit zwischen der SSC-Projektgruppe, ausgewählten Personalbetreuern und Mitarbeitern erforderlich, da die erfolgreiche Umsetzung der neuen Prozesse nur dann gelingen kann, wenn die Mitarbeiter diese Prozesse akzeptieren und aktiv mittragen. So empfiehlt es sich, in diesen Gruppen gemeinsam die definierten Arbeitsabläufe, Schnittstellen, Rollenverteilungen und festgelegten HR-Services im Rahmen von Workshops zu diskutieren und zu erarbeiten. Die erzielten Ergebnisse gilt es dann mittels Informationsveranstaltungen jedem einzelnen Prozessbeteiligten zu vermitteln. Durch den flankierenden Einsatz von Change Management-Maßnahmen sollte es damit gelingen, die Betroffenen zu überzeugten Beteiligten zu machen (vgl. Neufang & Gontard 2003, S.295 f.).

7 Kommunikationswege

Bei der Neugestaltung der Organisation und bei der Konzeption der Sollprozesse ist besonderer Wert auf die Kommunikationswege bei den internen Kunden-Lieferanten-Beziehungen zu legen. Das Ziel bei der Kommunikation mit den Mitarbeitern und anderen „Kunden" der Personalabteilung sollte bei der Einführung standardisierter HR-Produkte lauten: Die Kommunikation mit der Personalabteilung ist *einfach*, *schnell*, *sicher*, *kostengünstig* und möglichst *immer* möglich.

Abbildung 4 zeigt einen Vorschlag für ein HR-Kommunikationsmodell. Die Kunden des HR-Bereichs sind zum einen die Mitarbeiter und deren Angehörige (z. B. bei Expatriates), Bewerber als potenzielle zukünftige Mitarbeiter, Pensionäre/Vorruheständler sowie Alumnis. Zum anderen kommuniziert der HR-Bereich mit den Führungskräften, der Geschäftsleitung, staatlichen Institutionen und Trägern der Sozialversicherung sowie weiteren Externen wie z. B. Beratern, Trainern etc.

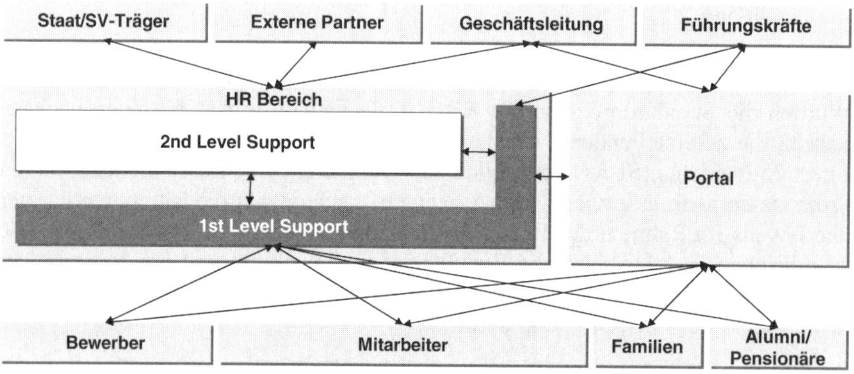

Abb. 4: Kommunikationsmodell für den Personalbereich

HR-Produkte sind i. d. R. vor allem für die Mitarbeiter, Führungskräfte und Bewerber zu standardisieren, da durch diese Gruppen Dienstleistungen häufig nachgefragt werden und am ehesten vereinheitlicht werden können.

Das Kommunikationsmodell sieht zunächst den Einsatz eines Mitarbeiterportals vor. Ein Portal – genauer: ein B2E-Portal (Business to Employee) – bündelt webbasiert alle Nachrichten, Ressourcen, Inhalte, Applikationen und E-Business-Dienste als Arbeitsplatz jedes einzelnen Mitarbeiters. „Das B2E-Portal wird das Hilfsmittel zur Kommunikation und Verrichtung der täglichen Arbeit" (vgl. Jäger 2001 b). Es ist somit nicht nur die „Einstiegsseite" in den Leistungskatalog des HR-Bereichs, sondern stellt – neben personalwirtschaftlichen Informationen – den Mitarbeitern Employee Self Service (ESS)- bzw. den Führungskräften Management Self Service (MSS)-Funktionen zur Verfügung. Durch den Einsatz von ESS- bzw. MSS-Funktionen werden bestimmte Prozesse vollautomatisch bzw. durch den Mitarbeiter oder dessen Vorgesetzten selbständig durchgeführt, vor allem in den Bereichen Stammdatenpflege, Zeiterfassung und E-Recruiting (vgl. Blume & Speicher 2002, S. 22).

Erweitert wird der Portalansatz durch die Idee eines „Employee Interaction Centers". Der Mitarbeiter kann mit dem HR-Bereich nur noch über das Portal direkt in Kontakt treten, indem er in dem Bereich, in dem er gerade navigiert, über eine Drucktaste um Unterstützung bittet. Daraufhin nimmt ein HR-Mitarbeiter mit dem Anwender unmittelbar Kontakt auf, idealerweise unter Nutzung konvergenter Medien. Es stehen dafür etwa webbasierte Voice-over-IP-Technologien (VoIP) zum Telefonieren oder sogar Videokonferenzsysteme zur Verfügung. Der HR-Mitarbeiter ist sofort über den augenblicklichen Bearbeitungsstand des Portalanwenders informiert, kann dem Anwender bei der Navigation durch das Portal helfen oder weiter gehende Aktionen veranlassen.

Portale stellen den Anwendern in der Regel auch mehrere Internettechnologien zur Verfügung, z. B. Chat-Räume. Als Chat-Raum wird die textbasierte synchrone Kommunikation von zwei oder mehreren Teilnehmern bezeichnet. Chat-Räume dienen nicht nur der Kommunikation mehrerer (örtlich verschieden ansässiger) Mitarbeiter bspw. über deren Erfahrungen in Zusammenhang mit einem abgeschlossenen oder in Vorbereitung befindlichen Auslandseinsatz, sondern durchaus auch der Kommunikation zwischen dem Mitarbeiter und einem HR-Mitarbeiter. Gerade in Großraumbüros könnten Mitarbeiter diese Art der Kommunikation bevorzugen, wenn sie sensible Themen nicht am Telefon besprechen möchten (vgl. Jaschik 2003, S. 15).

Mobile Solutions helfen, den Zugang zu einem Portal auch von unterwegs zu ermöglichen und damit unabhängig zu werden von den am Arbeitsplatz verfügbaren Rechnern. Neben Anwendungen, z. B. im Bereich Zeitwirtschaft und Reisemanagement, die eine Offline-Erfassung am Notebook erlauben, werden zunehmend auch „echte" mobile Szenarien unterstützt. Mit Hilfe von WAP-fähigen Mobiltelefonen (Wireless Application Protocol) oder PDAs (Personal Digital Assistant) können Abfrage- und Erfassungsszenarien realisiert werden, deren Anwendung auch bei geringen Übertragungsbandbreiten und kleinen Displays sowie beschränkten Eingabemöglichkeiten sinnvoll sind. Insbesondere im Bereich der Zeiterfassung und Leistungsverrechnung werden diese Anwendungen genutzt.

Die Kommunikation über E-Mail ist zunächst unabhängig von der Nutzung eines Portals. Mitarbeiter schätzen die Art der Kommunikation aufgrund der niedrigen Anforderungen an die Form, der hohen Geschwindigkeit, der Möglichkeit zur asynchronen Kommunikation etc. Die Transaktionskosten auf Seiten des HR-Bereichs sind in der Regel deutlich höher, da der Verkehr per E-Mail folgende Nachteile mit sich bringt:

- Nachfragen, die aufgrund fehlender Angaben notwendig werden, unterbrechen die Bearbeitung und führen zu insgesamt längeren Bearbeitungszeiten.
- Die Dokumentation des Geschäftsvorfalls ist nicht oder nur mit höherem Aufwand möglich.

- Bearbeitungsschritte wie z. B. die Ermittlung des zuständigen Sachbearbeiters oder der Aufruf der Personalstammdaten können nicht automatisch durchgeführt werden.

- Der Ansatz eines „Single-Point-of-Entry" kann unterlaufen werden, wenn sich Mitarbeiter direkt an bestimmte Mitarbeiter des HR-Bereichs wenden oder zunächst nachfragen, an wen sie ihre Anfrage stellen müssen.

- Die Vorteile, die sich durch den Einsatz eines Workflow-Managementsystems (WfMS) ergeben, können nicht realisiert werden: Eine Terminüberwachung wird erschwert, Daten müssen doppelt erfasst werden, die Information über den tatsächlichen Prozessablauf und das gegenwärtige Bearbeitungsstadium ist kaum verfügbar, die Analyse des Workloads der Bearbeiter und die Bearbeitungsdauer einzelner Aufgaben ist schwer möglich etc.

Die Kommunikation per Brief oder Telefax ist i. d. R. nicht empfehlenswert, da diese Form der Kommunikation von den wenigsten Mitarbeitern nachgefragt wird und die höchsten Transaktionskosten mit sich bringt. Das Telefon hingegen zeigt zwar ebenfalls zahlreiche Nachteile wie die Kommunikation per E-Mail, dennoch ist es wahrscheinlich das Medium, das die Mitarbeiter intuitiv bevorzugen und bei dem es am wenigsten zu Akzeptanzproblemen kommt.

Anfragen, die per E-Mail, Telefon etc. an den HR-Bereich gestellt werden, gehen nach dem HR-Kommunikationsmodell aus Abbildung 3 zunächst in einem Service-Center ein, das in einen First und Second Level Support organisiert wird. Mitarbeiter im First Level Support nehmen die Anfrage entgegen, erfassen und klassifizieren sie, ergänzen sie ggf. und bearbeiten diese nach Möglichkeit vollständig. Ihnen steht ein Employee Relationship Management System – analog zu einem Customer Relationship Management System (CRM) – zur Verfügung, das über folgende Funktionen verfügt (vgl. Jaschok et al. J2003, S. 11):

- Die Anfrage des Mitarbeiters wird zu statistischen Zwecken erfasst. Personalwirtschaftliche und somit vertrauliche Daten sind nicht Gegenstand der Dokumentation, sie verbleiben im Personalwirtschaftssystem.

- Im ERM-System sind Checklisten, Gesprächsleitfäden und „Frequently Asked Questions" mit Musterlösungen enthalten, die eine qualitätsgesicherte und konsistente Bearbeitung unterstützen.

- Das ERM-System wird ergänzt durch eine Wissensdatenbank, die durch die Mitarbeiter ständig aktualisiert und ergänzt wird.

Bereits die eingesetzte Telefonanlage kann das Service-Center unterstützen. Durch geeignete Ansagetexte („Informieren Sie sich auch in unserem Portal"), automatische Wahlverfahren („Drücken Sie die ‚1', wenn Sie Fragen zu Ihrer Gehaltsabrechnung haben") und eine automatische Anrufererkennung anhand der Telefonnummer, die den richtigen Personalstammdatensatz aufruft, werden nicht wertschöpfende Schritte vermieden.

Kann die Anfrage des Mitarbeiters durch den First Level Support nicht vollständig erledigt werden bzw. reicht es nicht aus, einen entsprechenden Workflow zu starten, wird die Anfrage zur Weiterbearbeitung an einen Spezialisten des Second Level Supports weitergeleitet. Dieser wiederum bearbeitet die Anfrage ggf. mit seinen Kollegen oder wendet sich an einen externen Berater oder bspw. SV-Träger. Anfragespitzen können ggf. durch externe Dienstleister abgefangen werden. Die Information über Bearbeitungsstand und die Erledigungsmeldung sollte durch den First Level Support geschehen, um dessen Akzeptanz bei den Mitarbeitern zu sichern.

Insgesamt lässt sich mit dem beschriebenen Kommunikationsmodell und der damit verbundenen Vorgehensweise eine effiziente Bearbeitung zuvor definierter HR-Prozesse erreichen, wobei für jede Anfrage die jeweils geeignete Bearbeitungsart gefunden wird. (vgl. Jäger 2001) fasst diesen Ansatz zusammen, indem er sagt: „Am Anfang war der Server", womit er meint, dass es durch das Zusammenspiel von Portalen und Service-Center erreicht wird, die heutige Personalabteilung weitgehend von administrativen Tätigkeiten zu entlasten (vgl. Abbildung 5).

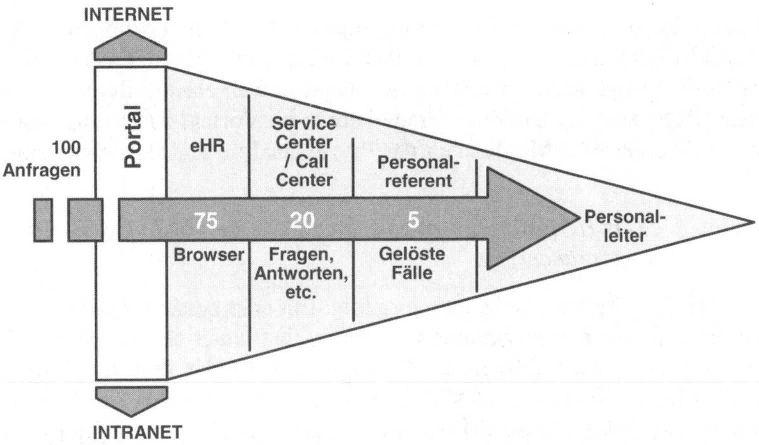

Abb. 5: Entlastung des Personalbereichs durch den Einsatz von Portalen und Service-Centern (nach Jäger 2001)

8 Zum Ende: Fragen und Antworten

Die Entwicklung von standardisierten HR-Produkten und deren Leistungserbringung durch ein HR-Shared Service Center nützt dem HR-Bereich in seiner Rolle als „Business Administrator" und schafft Freiräume für andere zukünftig entscheidende Aufgaben. So können viele administrative HR-Dienstleistungen effizienter in einem HR-Service Center erbracht werden als durch herkömmliche Organisationsformen. Darüber hinaus werden, z. B. durch Service Level Agreements mit den Verantwortlichen eines Shared Service Centers, definierte Qualitäts- und Flexibilitätsziele erreicht.

Beim Design und der Implementierung werden durch eine prozessorientierte Vorgehensweise zahlreiche Vorteile realisiert. Der Einsatz von Prozessmodellierungs- und -auswertungs-Tools ist dabei Voraussetzung, der Einsatz von HR-Referenzmodellen verkürzt die Projektlaufzeit. Bei der Auswahl und beim Design der zukünftigen und optimierten Personalprozesse stehen vor allem auch die Kommunikationswege mit Mitarbeitern und Führungskräften im Mittelpunkt, die Kommunikation muss durch moderne Techniken vereinfacht und automatisiert werden (z. B. Mitarbeiterportale, ERM, Worflow etc.).

In der Praxis werden gegen die Einführung standardisierter HR-Produkte im Rahmen von HR-Shared Service Centern häufig Bedenken angeführt. Diese sollen zum Abschluss dieses Beitrags aufgezeigt und den Vorteilen der hier beschriebenen prozessorientierten Einführung eines HR-SSC gegenübergestellt werden.

Behauptung: *„Die Kosten für Aufbau und Betrieb eines HR-SSC sind enorm."*

- Richtig ist, dass mit der Einführung eines HR-SSC Investitionen verbunden sind. Wie bei jedem unternehmerischen Investment sollte hier jedoch die Frage im Vordergrund stehen, wie groß der damit einhergehende Return on Investment (ROI) ausfällt. Um diese Frage bereits im Vorfeld zu klären, eignet sich die hier vorgestellte Möglichkeit der Prozessanalyse und -kostenrechnung mit ARIS.

Behauptung: *„Das Herauslösen von einzelnen Prozessen bedingt eine Organisationsveränderung."*

- Zweifelsohne ist diese Behauptung richtig. Ein oder besser mehrere Machtpromotoren und die nötige Veränderungsbereitschaft unter den betroffenen Mitarbeitern müssen zur erfolgreichen Umsetzung vorhanden sein beziehungsweise durch Change Management-Maßnahmen gefördert werden. Um herauszufinden, welche HR-Prozesse sich konkret für ein HR-SSC eignen, gilt es, die hier beschriebene Dokumentation und Analyse der Ist- und Sollprozesse vorzunehmen. Erst dann liegt eine fundierte Entscheidungsgrundlage vor.

Behauptung: *„Die Abstimmung zwischen den dezentralen und zentralen HR-Bereichen verursacht viele Reibungsverluste."*

- Durch die prozessorientierte Herangehensweise lassen sich die Schnittstellen zwischen HR-SSC und dezentralen Bereichen exakt definieren. Dokumentiert man dies zudem in den hier beschriebenen Service Level Agreements (SLAs), sollte die organisatorische Änderung keine (größeren) Reibungsverluste verursachen. Eine unsystematische, d. h. nicht am Prozess ausgerichtete Herangehensweise sorgt jedoch für die Bestätigung dieser Behauptung.

Behauptung: *„Wir wollen keine durchgängig standardisierten HR-Produkte in anonymen HR-SSC, sondern eine individuelle Betreuung unserer Mitarbeiter."*

- Eine Frage der Kosten und der Positionierung des HR-Bereichs: Um Kosten zu reduzieren und den HR-Bereich gleichzeitig als wettbewerbsfähiges Wertschöpfungscenter zu positionieren, empfiehlt es sich, rein administrative HR-Aufgaben zu standardisieren und im Rahmen von SSC zu zentralisieren; HR-Strategie und Personalentwicklung sollten dagegen dezentral belassen werden. So können bspw. Mitarbeiteranfragen in HR-SSC zügig bearbeitet werden: Die durchschnittliche Gesprächsdauer liegt erfahrungsgemäß bei ca. 4 Minuten, die durchschnittliche Bearbeitungsdauer – inkl. der Erfassung im ERM-System und eventueller Nacharbeiten – bei 7 Minuten (vgl. Jaschok et al. 2003, S. 14). Durch eine Kontakthistorie ist darüber hinaus auch die persönliche Betreuung der internen Kunden gewährleistet. Ob sich Personalprozesse für ein HR-SSC eignen, findet man jedoch erst durch eine unternehmensspezifische Analyse heraus.

Behauptung: *„Die Selbständigkeit der Mitarbeiter wird durch die Implementierung eines Service-Centers nicht gefördert."*

- Grundsätzlich ist die Selbständigkeit der Mitarbeiter nicht davon abhängig, ob ein SSC eingeführt wird oder nicht. Ist das SSC-Szenario jedoch mit der Einführung von Employee Self Service (ESS) verbunden, steigert dies sogar die Selbständigkeit der Mitarbeiter (vgl. Blume 2003, S. 14).

Behauptung: *„Durch die Einrichtung eines Service-Centers und darüber hinaus durch die Unterscheidung in einen First und Second Level Support kann es zu Prozess- und Medienbrüchen kommen."*

- Prozess- und Medienbrüche sind durch die Aufteilung in First und Second Level Support nicht vollständig zu vermeiden. Entscheidend ist jedoch die Frage, wie lange man durchschnittlich zur Beantwortung einer Mitarbeiteranfrage benötigt und welche Kosten dadurch entstehen. Prozess- und Medienbrüche werden sich im Allgemeinen schnell relativieren, da HR-Spezialisten deutlich entlastet werden. So können in der Praxis häufig mehr als 80 % der Anfragen durch den First Level Support bearbeitet werden, weniger als 20 % der Anfragen werden an den Second Level Support weitergeleitet.

Behauptung: *„Die Rekrutierung geeigneter Agenten ist schwierig und die Fluktuation ist im Allgemeinen höher als bei anderen Organisationsformen."*

- Nicht für jeden Mitarbeiter aus der Personalabteilung eignet sich die Arbeit in einem HR-Service-Center, da die Anforderungen sich von denen einer klassischen Personalabteilung unterscheiden. Voraussetzungen für den Aufbau und den Betrieb eines HR-Service-Centers sind die Entwicklung und der Einsatz geeigneter Personalentwicklungsmaßnahmen.

Behauptung: *„Bei internationalen Unternehmen ist eine Mehrsprachigkeit der Agents und Systeme erforderlich, weiterhin müssen landesspezifische Unterschiede berücksichtigt werden.“*

- Die Forderung nach Mehrsprachigkeit wird durch moderne IT-Systeme erfüllt. Diese Anforderung ist auch für den Betrieb eines Service-Centers nicht ungewöhnlich und wird in zahlreichen weltweiten IT-Hotlines oder bspw. in der Reisebranche längst erfüllt. Die Einführung eines HR-Service-Centers bedeutet zudem nicht, alle landesspezifischen HR-Prozesse zu zentralisieren, dies richtet sich nach den konkreten unternehmensspezifischen Anforderungen und Optimierungspotenzialen.

Behauptung: *„Das Telefon ist häufig ungeeignet für die Beratung der Mitarbeiter bei sensiblen Themen.“*

- Die Entscheidung für die Einführung eines HR-Service-Centers fällt primär wegen der zu erwartenden Rationalisierungseffekte. Ziel ist nicht, alle HR-Prozesse in ein HR-Service-Center zu verlagern, sensible Themen sollten weiterhin im persönlichen Gespräch zwischen Führungskraft und ggf. Personalreferent diskutiert werden.

Viele der hier aufgeführten Bedenken in Bezug auf standardisierte HR-Produkte im Rahmen von Shared Service Centern erscheinen durchaus berechtigt. Die in diesem Beitrag aufgezeigte Vorgehensweise beschreibt jedoch einen Weg, wie man die Mehrzahl der kritischen Punkte und Probleme umgehen kann. So ist die systematische Ausrichtung an den bestehenden und zukünftigen HR-Prozessen ein erfolgskritischer Faktor, um das hoch gesteckte Ziel zu erreichen: ein internes HR-Wertschöpfungs-Center, das nach betriebswirtschaftlichen Kriterien gesteuert wird und qualitativ hochwertige HR-Produkte zu marktfähigen und transparenten Preisen anbietet und erstellt.

Literaturverzeichnis

Blume, Patrick: „12 Missverständnisse zum Thema eHR“, in: CoPers Computer & Personal e-HR Personalarbeit, 06/2003, S. 14–16.

Blume, Patrick; Speicher, Annette: „Bewertung und Akzeptanz von eHR e-HR“, in: CoPers Computer & Personal eHR Pee-HR Personalarbeit, 06/2002, S. 18–23.

Franke, Martin; Meis, Thomas: „HR-Road Map: Vom vom administrativen Champion zum Business Partner – Ergebnisse des HR Human Capital Benchmarkings 2002“, in: Personal, Nr. 07 vom 01.07.2003

Jäger, Wolfgang; Breimaier, Markus: „Vom Intranet zum personalisierten Portal“, in: CoPers Computer & Personal eHRe-HR Personalarbeit, 06/2001 b, S. 18–26.

Jäger, Wolfgang; Jäger, Martina M.: „Wie E-Business und Internet das Personalmanagement verändern“, in: Personalführung 1/2001, S. 72-–74.

Jaschik, Gunnar: „Technik öffnet neue Fenster für moderne Personalarbeit“, in: HR Serviices 1/2003, S. 15—16.

Jaschok, Hartmut ; Jaschick, Gunnar et al.: „Die Zukunft hat längst begonnen“, in: HR Services 1/2003, S. 10- –14.

Jochmann, Walter: Change Management im Personalbereich, 2000, S. 1-–25

Jordan, Jürgen; Hoock, Birgit: „Shared Services in HR“, in Personalwirtschaft 1/2003, S. 22—25

Junold, Anja; Ringling, Sven: „Strukturiertes Vorgehen hilft beim Verändern“, in: CoPers Computer & Personal eHRe-HR Personalarbeit, 1/20032003, S. 68-–72.

Neufang, Beate; Maximilian Gontard: „ARIS – Das das Change Management Managementiilnstrument in Großprojekten“, S. 279—297, in Change Management in Unternehmen, Hrsg.: A. W. Scheer, F. Abolhassan, W. Jost, M. Kirchmer, 2003.

Ridder, Hans-Gerd: Strategisches Personalmanagement – Mitarbeiterführung, Integration und Wandel aus ressourcenorientierter Perspektive. Verlag moderne industrielndustrie, Landsberg/Lech, 2001.

Ulrich, Dave: Strategisches Human ResourceResources Management. Hanser Verlag, München; , Wien, 1999.

Wiener, Christian: „Virtualisierung der Personalarbeit“, in: Personal, Nr. 03 vom 001.03.2003

Wißkirchen, Frank: „Dezentrale Abläufe in einen Topf werdenwerfen“, in: Personalwirtschaft 09/2002, S. 34-–39.

Wunderer, Rolf: Personalmanagement – Quo quuo vadis? Analysen und Prognosen bis 2010. Neuwied, Krieftel, Luchterhand, 2001.

Der Umstellungsprozess des Rechnungswesens auf IFRS – Herausforderung und Chance

Olaf Homburg
IDS Scheer AG

Zusammenfassung

International Financial Reporting Standards als Basis der Rechnungslegung für kapitalmarktorientierte Unternehmen gewinnen auch für einen darüber hinausreichenden Kreis zunehmend an Bedeutung. Weit reichende wirtschaftliche, aufbauorganisatorische und prozesstechnische Konsequenzen für das Gesamtunternehmen lassen den Konversionsprozess zu einer Herausforderung werden, die zugleich die Erschließung von Effizienzsteigerungspotenzialen im Rechnungswesen eröffnen kann. Erst eine umfassende Analyse der aus einer geplanten Umstellung auf die IFRS erwachsenden Implikationen für das Gesamtunternehmen, die Identifikation kritischer Erfolgsfaktoren und die strukturierte Gestaltung bilden die Basis eines erfolgreichen Umstiegs auf eine am Gedanken des True and Fair View orientierte Rechnungswesenphilosophie.

Schlüsselwörter

International Financial Reporting Standards, Harmonisierung im Rechnungswesen, Konversion des Rechnungswesens, International Accounting Standards, Umstellungsprozess, kritische Erfolgsfaktoren einer Konversion im Rechnungswesen, Umstellungsstrategie, Phasenkonzept der Konversion

1 Ausgangssituation

Aus der Intention der Erhöhung der Transparenz und internationalen Vergleichbarkeit der Rechnungslegung von Kapitalgesellschaften, zum erweiterten Schutz der Anteilseigner und zur Steigerung der Attraktivität der europäischen Kapitalmärkte hat die Europäische Union (EU) einen verbindlichen Rechnungslegungsstandard kodifiziert. Dem Recht eines Mitgliedsstaates der EU unterliegende und am geregelten Kapitalmarkt eines EU-Landes notierte Konzerne sind gemäß Verordnung 1606/2002 des Europäischen Parlaments verpflichtet, für nach dem 31.12.2004 beginnende Berichtsperioden den Konzernabschluss nach den aus den *International Accounting Standards* (IAS) hervorgegangenen *International Financial Reporting Standards* (IFRS) aufzustellen. Analoge Anwendung findet diese Regelung für den Einzelabschluss nicht konzernrechnungslegungspflichtiger am Kapitalmarkt vertretener Unternehmen für nach dem 31.12.2006 beginnende Berichtsperioden. (vgl. auch Arbeitskreis „Externe Unternehmensrechnung der Schmalenbach-Gesellschaft für Betriebswirtschaft e. V.“ (2003), S. 1588)

Für nicht am Kapitalmarkt oder für lediglich mit Schuldtiteln notierte Unternehmen findet das Mitgliedsstaatenwahlrecht Anwendung, das die freiwillige oder verpflichtende Bilanzierung nach IFRS in nationales Recht überstellt. (vgl. Buchheim & Gröner 2003, S. 953.) An Kapitalmärkten außerhalb der Mitgliedsstaaten der EU notierte und zu diesem Zweck einen anderen internationalen Rechnungslegungsstandard – exemplarisch zu nennen sind die *United States General Accepted Accounting Principles* (US-GAAP) - nutzende Unternehmen unterliegen einer durch die Mitgliedsstaaten zu regelnden Befreiungsmöglichkeit, die auf bis zum 31.12.2006 beginnende Geschäftsjahre begrenzt ist. (vgl. BMJ/BMF 2003, S. 223)

Mit der Verabschiedung der durch die IFRS 1 geregelten erstmaligen Anwendung der IFRS durch das International Accounting Standards Board (IASB) existiert seit dem 19.06.2003 (vgl. FAZ v. 23.06.2003, S. 17.) die praxisorientierte Basis für die Bilanzierung der vom neuen Rechnungslegungsstandard betroffenen Gesellschaften. Im Rahmen der aktuellen Diskussion der IFRS ist in naher Zukunft mit einem weiteren Vordringen der Notwendigkeit einer zeitnahen Initiierung von Umstellungsaktivitäten zu rechnen, da aufgrund notwendiger Vergleichszahlen für das erste nach IFRS zu bilanzierende Geschäftsjahr Zahlen des Vorjahres heranzuziehen sind. Eine Umsetzung der IFRS ist daher nicht erst für nach dem 01.01.2005 beginnende Geschäftsjahre, sondern bereits für einen entsprechenden Vorjahreszeitraum vorzunehmen.

Auch für nicht dem Kreis der Gesellschaften, die gemäß aktuellem EU-Recht für nach dem 01.01.2005 beginnende Geschäftsjahre der Bilanzierung nach IFRS unterliegen, angehörende Unternehmen wird die Rechnungslegung nach internationalen Standards zunehmend an Relevanz gewinnen. Internationale wirtschaftliche Verflechtungen, wachsende Transparenzanforderungen der Geschäftspartner wie auch der Einfluss der Banken lassen mittelfristig zumindest in einigen Branchen einen Umstieg auf die IFRS auch für nicht am Kapitalmarkt notierte Gesellschaften erwarten. Aufgrund ihrer wirtschaftlichen Nähe zur EU kann auch von Impulsen für Unternehmen in den Nachbarstaaten der EU und insbesondere für osteuropäische Unternehmen ausgegangen werden. (vgl. Hayn et al. 2003, S. 1607)

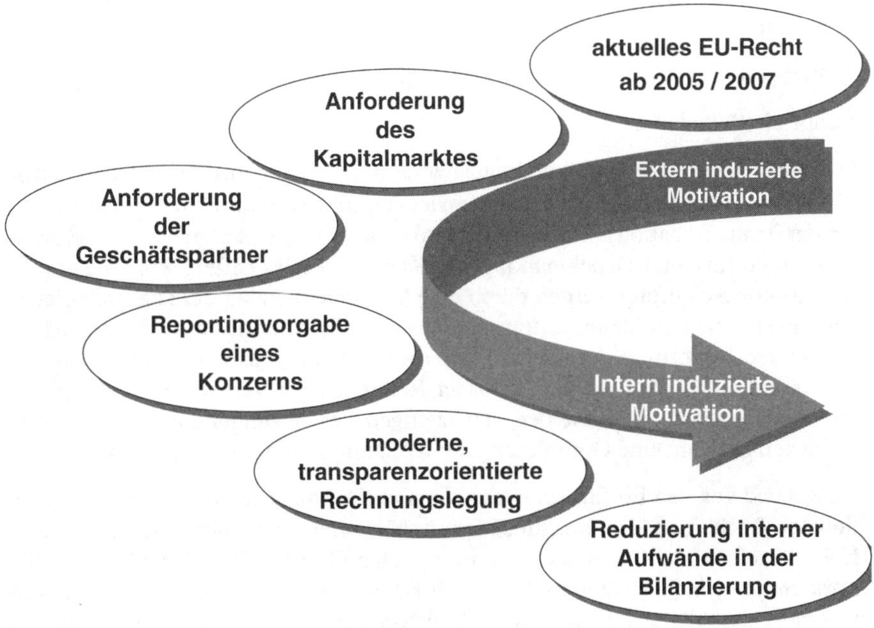

Abb. 1: Motive für die Umstellung auf die IFRS

2 Zielsetzung und Herausforderung

Primär betroffen von der Konversion zu den IFRS sind zunächst das externe und das interne Rechnungswesen. Eine ganzheitliche Betrachtung des Unternehmens zugrunde gelegt, handelt es sich aber um den Übergang auf eine neue Rechnungswesenphilosophie mit weit reichenden Konsequenzen für das Gesamtunternehmen. Neben der Transparenz gegenüber dem Kapitalmarkt wird insbesondere die Harmonisierung auf verschiedenen Ebenen im Rechnungswesen weit reichende Auswirkungen auf die Unternehmen haben. Die Harmonisierung der Rechnungslegungsstandards im Konzern zwischen Mutter- und Tochtergesellschaften, die Konvergenz von internem und externem Rechnungswesen und die Angleichung nationaler an internationale Standards ist verbunden mit einer Effizienzsteigerung der Unternehmensführung.

Als grundlegende Zielsetzungen des Überganges auf die IFRS können aus der Perspektive der Unternehmen die

- Transparenz der Unternehmenszahlen für den Kapitalmarkt,
- Reduzierung der Komplexität des Konzernreportings,
- Effizienzsteigerung im Rechnungswesen durch Harmonisierung in verschiedenen Dimensionen und die
- Verbesserung der Informationsverfügbarkeit zur Unternehmenssteuerung

identifiziert werden.

Die Standardisierung (vgl. zur Intensivierung der Standardisierungsbestrebungen auch Kley 2003, S. 842) der Rechnungslegung im Konzern reduziert interne Kosten der Transformation zwischen Standards und ermöglicht zugleich ein zeitnahes Finanzreporting und Benchmarking der Konzerngesellschaften. Prozesse der Informationsbeschaffung werden durch eine Vereinheitlichung der zugrunde liegenden Datenbasis beschleunigt, transparent und effizienter. Eine Verbesserung des Managementreportings durch eine konzernweite Standardisierung der Rechnungslegung auf IFRS wird möglich. Mit der Reduktion der Transformations- und Interpretationsaufwände sowie der gleichzeitigen Beschleunigung der Informationsbereitstellung geht eine Optimierung der Rechnungslegungsprozesse einher.

Ausgehend von den Einflüssen internationaler Rechnungslegungsstandards auf nationales Recht und der zunehmenden Annäherung nationaler Standards an die IFRS (Exemplarisch zu nennen sind die Dutch-GAAP, die sich verhältnismäßig stark an den IFRS orientieren. Vgl. auch Kagermann et al. 2002, S. 517 f.) ist zu erwarten, dass der aus notwendigen Transformationen in Landesrecht erwachsende Aufwand zukünftig sinkende Tendenz aufweisen wird, wenn nicht sogar mittel- bis langfristig mit einer weit reichenden Verbindlichkeit der IFRS in der EU zu rechnen sein wird. Auch die Konvergenz von externem und internem Rechnungswesen, die durch den sich exemplarisch im Management-Approach der Segmentberichterstattung artikulierenden Transparenzgedanken und die zunehmende Nutzung von Daten des internen Rechnungswesens für das externe Reporting[1] zum Ausdruck kommt, erschließt weitere Optimierungspotenziale. Der Management-Approach geht dabei von der analogen Nutzung der für das unternehmensinterne Reporting gewählten Segmentierung der Geschäftstätigkeit für das externe Reporting aus. Auch weitere in den Notes darzustellende Unternehmenszahlen und Informationen greifen auf die Daten des gesamten Rechnungswesens zu.

[1] Zu nennen ist u. a. die Bewertung der *Ware in Arbeit* mit den in der Kostenrechnung akkumulierten Werten auf Basis des Arbeitsfortschritts bzw. des Fertigstellungsgrades.

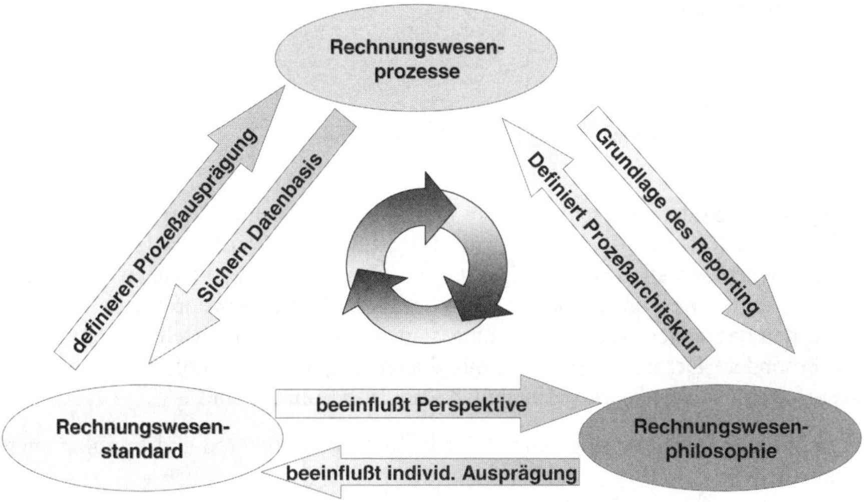

Abb. 2: Harmonisierung der Rechnungswesendimensionen

Interne und externe Perspektive des Rechnungswesens gehen zunehmend ineinander über. (vgl. Melcher 2002, S. 67. Zu einer im anglo-amerikanischen Raum üblichen integrativen Perspektive des Accountings vgl. exemplarisch Horngren et al. 1999; Thomas, A.: Financial Accounting 2002) Aufgrund der sich unter Transparenzgesichtspunkten wandelnden Reportinganforderungen konvergieren interne Steuerungssicht und externe Berichterstattung. Bewertungsmaßstäbe der externen Rechnungslegung erfahren eine stärkere Orientierung an der unternehmensinternen Sicht, wie sich dies exemplarisch in der Anwendung der Percentage-of-Completion-Methode im IFRS an Stelle der Completed-Contract-Sicht im HGB zur Bewertung von Langfristprojekten artikuliert. Der zugrunde gelegte Rechnungslegungsstandard wirkt unmittelbar auf die sich in der Betrachtung des externen und des internen Rechnungswesens artikulierende Rechnungswesenphilosophie ein. Gleichzeitig beeinflusst der Rechnungslegungsstandard unmittelbar die Rechnungswesenprozesse und ihre Ausprägung im Konzern, ebenso die Rechnungswesenphilosophie.

Die Interaktion zwischen Rechnungslegungsstandard, -philosophie und -prozessen bildet ein zentrales Element im Konversionsprozess vom nationalen Rechnungslegungsstandard der umstellenden Unternehmen auf die IFRS. Abbildung 2 zeigt, dass eine signifikante Änderung in einer Rechnungswesendimension mit weit reichenden, aktiv im Umstellungsprojekt zu gestaltenden Auswirkungen in anderen Dimensionen verbunden ist.

3 Vorgehen

3.1 Zentrale Aufgaben im Umstellungsprozess

Ausgangspunkt der Entwicklung eines anforderungsgerechten Vorgehens zur Umstellung des Rechnungswesens auf die IFRS ist die Identifikation zentraler Elemente, denen ein signifikanter Einfluss auf den Erfolg des Projektes unterstellt werden kann. Die konzeptionelle Gestaltung des Konversionsprojektes vom bestehenden nationalen Rechnungslegungsstandard auf die IFRS stellt Unternehmen vor besondere Herausforderungen, aus denen Aufgaben von hoher Relevanz für die erfolgreiche Realisierung abzuleiten sind. Insbesondere sind

- individuell relevante Regelungen des IFRS zu identifizieren und Implikationen abzuleiten,
- personelle Ressourcen zu qualifizieren,
- IT-Ressourcen anzupassen,
- ist die fachliche Umstellung prozessual zu konzipieren und durchzuführen,
- die Basis für einen auch zukünftig friktionsfreien Ablauf des Tagesgeschäftes im Rechnungswesen zu legen,
- der Roll-out der entwickelten Lösung auf die Tochtergesellschaften in die Gesamtplanung zu integrieren.

In Abhängigkeit von der Ausprägung einer globalen Aufstellung der in den Konversionsprozess eintretenden Gesellschaften sind die IFRS auf nationaler und internationaler Ebene zu implementieren. Dies impliziert die Definition des führenden Konzernstandards, der Kommunikation der Festlegungen und der strukturierten Kommunikation im Rahmen der Einbindung der Tochtergesellschaften.

3.2 Der Umstellungsprozess

3.2.1 Prozessgestaltung als Ausgangspunkt

Die Umstellung auf die IFRS bedarf eines an die unternehmensindividuellen Konstellationen und Anforderungen angepassten Vorgehens, dessen Ziel neben der organisatorischen und prozessualen Ausrichtung des Unternehmens auf die neuen Standards die sukzessive fachliche Qualifizierung der relevanten Unternehmensbereiche einschließt. Basis des strukturierten Vorgehens ist, ausgehend von der prinzipiellen Entscheidung für den Umstieg auf IFRS, ein Phasenschema, das die Analyse der Ausgangssituation, die Konzeption des zukünftigen Rechnungswesensystems und die Implementierung unterscheidet. Eine weitere Differenzierung einzelner Schritte innerhalb der Prozessphasen führt zu einer detaillierter ausgeprägten Vorgehensstruktur, die nachfolgend dargelegt wird.

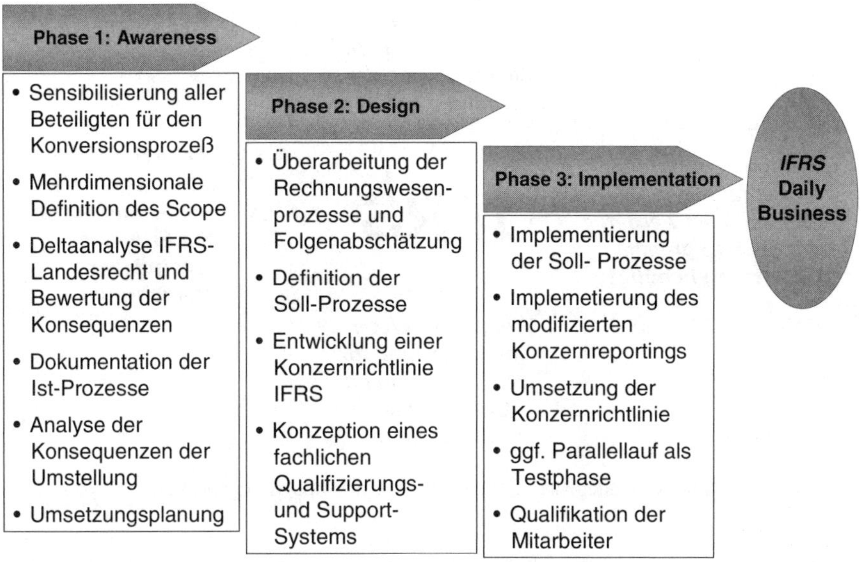

Abb. 3: Phasenkonzept der Umstellung auf die IFRS

3.2.2 Analyse

Ausgehend von der Entscheidung für den Umstieg auf IFRS steht im Kontext der Projektvorbereitung die unternehmensweite Information der betroffenen Bereiche, insbesondere auch unter dem Aspekt der Motivation und Identifikation, im Vordergrund. Die Definition der verschiedenen Dimensionen des Umstellungsprojektes und seines Umfangs bilden eine weitere zentrale Grundlage einer erfolgreichen Konversion des Rechnungswesens. Ein wirtschaftlicher, über die rechtliche Notwendigkeit hinausgehender Nutzen ist ebenso aufzuzeigen wie die notwendigen Aktivitäten im Konversionsprozess, die erforderlichen personellen Ressourcen und die notwendigen Qualifizierungsmaßnahmen für die Mitarbeiter des Rechnungswesens auf Konzern- und Einzelunternehmensebene.

Abb. 4: Strategische Fragestellungen im Umstellungsprozess

Die Änderungen der Anforderungen an das Konzernreporting und im Prozessdesign des Rechnungswesens zur Erfüllung der IFRS sind Gegenstand einer GAP-Analyse. Aufsetzend auf eine Dokumentation der Ist-Situation (Zur Prozessmodellierung mit dem ARIS Toolset vgl. Scheer 1998 und insbesondere zur Modellierung von Prozessen im Rechnungswesen vgl. Scheer 1995, S. 625 ff.) und eine Delta-Analyse zwischen IFRS und dem jeweiligen Landesrecht in den Konzerngesellschaften erfolgt eine Identifikation und Bewertung der Umstellungsmaßnahmen. Sind die notwendigen Konversionsaktivitäten identifiziert, schließt sich deren Integration in eine fachliche Umsetzungsplanung als Teil einer ganzheitlich ausgerichteten Umstellungsstrategie an.

Neben den fachlichen Aspekten einer Konversion sind organisatorische und softwaretechnische Fragestellungen zu klären. Implikationen für die Anpassung der Organisation sind zu identifizieren und die implementierten ERP-Systeme hinsichtlich Anpassungsfähigkeit und -bedarf für die mit der Umstellung auf die IFRS verbundenen Prozess- und Reportinganforderungen zu prüfen. In Abhängigkeit von der Konzernstrategie kann beispielsweise eine parallele Verarbeitung von nationalem und konzernweitem Standard in den Tochtergesellschaften oder konzernweit gefordert sein. Auch können aus einer simultanen Verfolgung des Fast-Close-Gedankens veränderte Anforderungen an das Konzernreporting resultieren, die im Rahmen der Evaluierung der bestehenden IT-Landschaft zu berücksichtigen sind.

3.2.3 Konzeption

Den Fokus der Konzeptionsphase eines Konversionsprojektes zum IFRS repräsentiert das Re-Design der Rechnungswesenprozesse. Vor dem Hintergrund der durch die Konversion zu den IFRS induzierten Konvergenz von internem und externem Rechnungswesen und den neuen, aus diesem Standard resultierenden Bewertungs-, Verbuchungs- und Reportinganforderungen sind die Prozesse der Rechnungslegung und der Konzernberichterstattung auf Einzelunternehmens- und Konzernebene neu zu gestalten. Aufbauend auf der in der Analysephase durchgeführten individuellen Folgenabschätzung der Konversion für das Unternehmen sind konzernweit harmonisierte Prozesse vor dem Hintergrund einer gleichzeitigen Effizienzsteigerung zu konzipieren.

Ausgangspunkt der Konzeption ist die Definition des im Konzern führenden Rechnungslegungsstandards als Basis der Soll-Prozess-Gestaltung. Gerade in international aufgestellten Konzernen erlangt diese Frage besondere Relevanz. Die betriebswirtschaftliche Basis der Datenbereitstellung durch die Konzerntochtergesellschaften und der daraus resultierende Aufwand der Datentransformation können als wesentliche Faktoren der Effizienz im Periodenabschluss angesehen werden. Es ist im Kern die Frage zu klären, ob die Periodenabschlüsse dezentral auf der Grundlage des jeweiligen Landesrechts erstellt und im Rahmen der Konzernberichterstattung gemäß den IFRS konvertiert werden oder ob die IFRS konzernweit Anwendung auf operativer Ebene finden und landesindividuelle Anpassungen lokal durchzuführen sind. Die Beantwortung dieser Frage wird maßgeblich durch die im Konzern vertretene Philosophie und Organisation determiniert, Effizienzgesichtspunkte sind unbedingt zu integrieren.

Im Prozess der Erstellung der Konzernrichtlinie nach IFRS sind die Interessen der Konzerngesellschaften und deren individuelle Anpassungsbedarfe an Landesrecht nach Möglichkeit zu integrieren. Unter dem Aspekt des frühzeitigen Aufbaus von Akzeptanz gegenüber den Neuerungen ist die Konzernrichtlinie IFRS, ergänzt um ein entsprechendes Kontierungs- und Reportinghandbuch, vor Implementierung des neuen Standards in den Tochtergesellschaften vorzustellen. Den Umfang erforderlicher Überleitungen in Landesrecht bestimmen vor dem Hintergrund der Kenntnis individueller Gegebenheiten die Konzernunternehmen dezentral. Aus Sicht der Konzernzentrale sind Festlegungen der organisatorischen Rahmenbedingungen und die Harmonisierung von Stammdatenstrukturen zu gewährleisten.

Der Konzeption und nachfolgenden Implementierung eines fachlichen Qualifizierungs- und Supportsystems ist, insbesondere für die Anfangsphase der Konversion zu den IFRS, eine herausragende Bedeutung für den Erfolg des Projektes immanent. Die anforderungs- und bedarfsgerechte Unterstützung der zentralen und dezentralen Einheiten in betriebswirtschaftlichen und softwaretechnischen Fragestellungen mindert zugleich die Komplexität auf lokaler Ebene und sichert die Qualität der Prozessumsetzung.

Umsetzungsstrategie und Organisation der Konversion zu den IFRS sind die elementaren Aufgaben des Managements des Projektes. Der Umstieg auf die IFRS tangiert nicht nur das Rechnungswesen. Vielmehr ist der Prozess aus einer Gesamtunternehmensperspektive zu betrachten und aus ganzheitlicher Sicht zu konzipieren, um Akzeptanz und Erfolg eines neuen Rechnungswesens und Reportingsystems auf allen Entscheidungsebenen zu etablieren. Anpassungen der Organisation sind ebenso vorzusehen wie die Evaluierung existenter ERP-Systeme auf notwendige Anpassungen hinsichtlich der geänderten Prozess- und Reportinganforderungen. Unter Einbeziehung der von der Umstellung betroffenen Einheiten sind erforderliche Ressourcen zu identifizieren und neben fachlichen insbesondere organisatorische Aspekte in der Konzeptionsphase zu gestalten, in eine unternehmensweite Strategie zu integrieren und der Implementierung zuzuführen.

3.2.4 Implementierung

Die konzernweite Implementierung der IFRS stellt einen tief greifenden Einschnitt im Rechnungswesen des Konzerns dar. Neben der Harmonisierung von Stammdaten als Basis eines standardisierten Konzernreportings sind Anpassungen der Buchungsprozesse und Bewertungsvorgänge im Bereich der Gewinn-und-Verlust-Rechnung und der Bilanz durchzuführen. Auch das Konzernreporting, exemplarisch zu verweisen ist auf die Segmentberichterstattung (vgl. auch Nardmann 2003, S. 1947 ff.), unterliegt einer grundlegenden Anpassungsnotwendigkeit. Nicht zwingend zu realisieren ist die Umstellung vom Gesamtkosten- auf das Umsatzkostenverfahren, doch unterstreicht dieser Umstieg die auf internationaler Ebene gängige Funktionsorientierung gegenüber der in Deutschland verbreiteten Ausrichtung auf die Kostenarten.

In Abhängigkeit der gewählten Implementierungsstrategie ist die Konzernrichtlinie nach IFRS zentral umzusetzen und nachfolgend auf die Konzerneinheiten auszurollen oder simultan konzernweit zu implementieren. Unter Integration des Harmonisierungsgedankens des Rechnungswesens in die Betrachtung, der neben der zunehmenden Annäherung von internem und externem Rechnungswesen auch die konzernweite Vereinheitlichung der Rechnungslegung umfasst, ist unabhängig von der gewählten Umsetzungsstrategie die Homogenität der Implementierung zu betonen. Nur in einem harmonisierten Rechnungswesensystem sind kosten- und zeiteffiziente Abschlussprozesse realisierbar und daraus resultierend eine aktive, zeitnahe Unternehmenssteuerung sicherzustellen.

Die in der Konzeptionsphase gestalteten Soll-Prozesse und angepassten Anforderungen an das Konzernreporting sind in den eingesetzten ERP-Systemen zu implementieren. Harmonisierte Stammdaten im Konzern und auf den Informationsbedarf ausgerichtete Strukturen der Anwendungssoftware sichern die Effizienz der operativen Prozesse ebenso wie die Bereitstellung steuerungsrelevanter Informationen. Als integrative Komponente einer konzernweiten Business-Intelligence-Strategie sind Reportingstrukturen auf dieser Grundlage gemäß den Anforderungen der Managementebenen aufzubauen.

3.2.5 Begleitung und Evaluierung

Im Rahmen der erstmaligen Anwendung der IFRS im Unternehmen ist eine intensive betriebswirtschaftliche und IT-technische Begleitung der Anwender zu gewährleisten. Neben der Evaluierung ablauforganisatorischer Aspekte und der Durchführung von Anpassungen sind interne und externe Kompetenzträger intensiv in die Phase der Nachbetreuung zu integrieren. Fachliche Detailfragestellungen, die im Rahmen der im Umstellungsprojekt entwickelten IFRS-Kontierungsrichtlinie bzw. eines entsprechenden Konzernhandbuches nicht erschöpfend dargestellt werden oder deren Komplexität des Rates von Experten bedarf, treten auf und sind nicht selten mit Fragen nach dem Handling in einem ERP-System verbunden. Die fachliche und systemtechnische Begleitung der Startphase in den neuen Rechnungslegungsstandards ist gerade auch vor dem Hintergrund der Akzeptanzentwicklung nicht zu vernachlässigen.

Die Produktivsetzung der Rechnungslegung nach den IFRS sollte nicht den Finalpunkt der Umstellung darstellen. Vielmehr wird empfohlen, die im Konversionsprojekt gewonnenen Erkenntnisse und aufgebauten Qualifikationen zu nutzen, um die Entwicklung des Rechnungswesens im Sinne einer Harmonisierung fortzusetzen. Auch auf systemtechnischer Seite sollte auf die erstmalige Anwendung der IFRS eine Evaluierungsphase folgen, die unter Einsatz moderner Instrumente der Prozessanalyse und Performancemessung, beispielsweise des ARIS PPM, die Effektivität und Effizienz der Nutzung der implementierten ERP-Systeme darstellt.

4 Kritische Erfolgsfaktoren

4.1 Umstellungsstrategie

Die verfolgte Strategie der Umstellung auf die IFRS ist als ein zentraler Faktor einer erfolgreichen Implementierung anzusehen. Unter der Umstellungsstrategie ist neben der Definition des konzernweit führenden Rechnungslegungsstandards auch der Modus der Implementierung in den Konzerngesellschaften zu subsumieren. Mit der Fixierung der auf den IFRS basierenden Rechnungswesenphilosophie im Konzern ist das Verhältnis zwischen nationalem und konzernweitem Standard zu fixieren. Unbestritten liegen die zu betonenden Vorteile einer konzernweiten Vereinheitlichung auf Basis der IFRS in der

- Unterstützung der Harmonisierungsintention im Rechnungswesen durch Standardisierung von Stammdaten, Prozessen, Bewertungsgrundlagen und Auswertungen,
- Ermöglichung eines zentralen fachlichen und IT-technischen Supports für die Tochtergesellschaften,

- fehlenden Notwendigkeit des Vorhaltens landesspezifischen Rechnungswesen-Know-hows in der Konzernzentrale,
- Beschleunigung des Fast-Close-Gedankens

und somit insgesamt in der Konzeption eines zukunftsorientierten, effizienten Rechnungswesens. Demgegenüber stehen insbesondere aus Perspektive der Konzerngesellschaften die

- potenzielle Notwendigkeit der individuellen Konversion der nach IFRS erstellten Abschlüsse in Landesrecht
- und die Reduzierung individueller Gestaltungsspielräume.

Von der Wahl der Umstellungsstrategie gehen weit reichende Konsequenzen für die Prozessgestaltung und den -umfang im Konzernrechnungswesen aus. Aufgrund der Tragweite und der mit einer Korrektur der Entscheidung für eine

- Bilanzierung nach IFRS auf Ebene des Konzerns und der einzelnen Gesellschaften mit der Konsequenz der Ableitung von Einzelabschlüssen nach Landesrecht

oder für eine

- Bilanzierung in den Einzelgesellschaften nach Landesrecht und Transformation der auf heterogener Basis erstellten Einzelabschlüsse in eine Form gemäß IFRS auf Konzernebene

verbundenen Aufwände sowie der Effizienz des Closing-Prozesses ist diese als hoch relevant und kritisch weit über die Grenzen des Umstellungsprojektes hinaus anzusehen.

Demgegenüber ist dem Aspekt des Roll-outs bzw. der simultanen flächendeckenden Implementierung ein vergleichsweise geringeres Risikopotenzial immanent. Die Wahl der sukzessiven oder simultanen Einführung der IFRS im Konzern muss den zeitlichen und kapazitativen Rahmenbedingungen sowohl aus der Perspektive des Konzerns, aber auch der Einzelgesellschaften Rechnung tragen und wird daher primär aus dieser Perspektive beleuchtet.

4.2 Projektmanagement

Zentrale Aufgabe eines effektiven Projektmanagements im Konversionsprozess zu den IFRS ist die zeit-, budget- und qualitätsgerechte Umsetzung der neuen Rechnungslegungs- und Reportingphilosophie in den Einzelunternehmen und auf Konzernebene. Die klare inhaltliche, organisatorische und terminliche Strukturierung des Konversionsprozesses ist ebenso zu gewährleisten wie das Aufzeigen der Konsequenzen der Bilanzierung nach IAS/IFRS für den Konzern.

Information und Koordination als Instrumente zur Herstellung von Transparenz über das Umstellungsvorhaben wirken auf Projekt- und Gesamtunternehmensebene präventiv im Sinne einer Reduktion von Komplexität und des Abbaues von Unsicherheit. Aktuelle Entwicklungen, Konsequenzen der Konversion und die terminliche Ausrichtung des Umstellungsprozesses sollten barrierefrei kommuniziert werden, um frühzeitig eine Sensibilisierung für die zu erwartenden Umstellungen zu schaffen. Neben einem professionellen Projektmanagement ist der Einsatz von Projektmanagement-, -gestaltungs- und -dokumentationswerkzeugen zur Unterstützung eines zielgerichteten Zeit- und Aufgabenmanagements unverzichtbar. Ergänzt durch die Unterstützung erfahrener externer Experten auf der Fach-, Prozess- und IT-Ebene kann das Projektmanagement als kritischer Erfolgsfaktor aktiv gestaltet und damit anforderungsgerecht ausgerichtet werden.

4.3 Ressourcenverfügbarkeit

Konzerninterne Personalressourcen sind im Tagesgeschäft oder nicht selten in parallel laufenden Projekten gebunden. Ein erfolgreicher Wandel der Rechnungslegungs- und Reportingphilosophie vor einem begrenzten zeitlichen Horizont bedarf aber der intensiven Einbindung von Entscheidern und Wissensträgern der verschiedenen betroffenen Unternehmensbereiche. Erst die Ergänzung der aufgrund der fachlichen, organisatorischen und nicht zuletzt IT-technischen Komplexität des Konversionsprojektes nahe liegenden, wenn nicht sogar dringend gebotenen Unterstützung durch ein externes Expertenteam oder durch interne Ressourcen kann den Umstellungsprozess zum Erfolg führen. Ein Umstellungsprojekt von der Tragweite der Konversion zu den IFRS ohne ein Commitment der Konzernführung zur Freistellung qualitativer und quantitativer Ressourcen auf personeller Ebene ist bereits im Zeitpunkt des Projektstarts als in seiner unter qualitativen, organisatorischen, terminlichen und softwareseitigen Aspekten anforderungsgerechten Realisierung akut gefährdet einzustufen.

Nicht nur eine zielführende Verfügbarkeit der personellen Kapazitäten im Konzern, auch die Auswahl des externen Beratungspartners ist eine Komponente des Erfolgspotenzials unter dem Aspekt des Ressourceneinsatzes. Neben fachlicher Expertise ist eine hohe Kompetenz in den Bereichen

- Projektmanagement,
- Prozessdesign,
- IT-technische Umsetzung,
- internationale Ausrichtung,
- moderne Qualifizierungskonzepte und deren Anwendung,
- aktives Change Management

erforderlich. Eine rein fachlich basierte Auswahl des Beratungspartners greift zu kurz. Nur eine die Bandbreite der Implementierung in die Wahl des Kooperationspartners berücksichtigende Zusammenstellung des Beratungsteams wird dem Umstellungsprozess in seiner Komplexität gerecht.

4.4 Qualifizierung

Qualifizierung im Projektteam und in einer nachfolgenden Phase konzernweit respektive in den Pilotgesellschaften stellt eines der wesentlichen Elemente einer anforderungsgerechten Umstellungsstrategie dar. Die Vorbereitung des Unternehmens und der von neuen Bewertungs- und Reportingstandards, aber insbesondere auch neuen Prozessen betroffenen Mitarbeiter unter fachlichen und softwaretechnischen Gesichtspunkten ist das Fundament einer breiten Akzeptanz des Neuen.

Frühzeitig qualifizierte Mitarbeiter in den lokalen Einheiten wie auch im Konzernrechnungswesen können als Multiplikatoren der neuen, auf den IFRS aufbauenden Rechnungswesenphilosophie im Unternehmen wirken. Eine anforderungsgerechte Qualifizierungsstrategie, die klassische Trainings off the Job und on the Job ebenso umfasst wie moderne E-Learning-Instrumente, stellt die Grundlage motivierter und engagierter Mitarbeiter im Rechnungswesen dar, die als operative Träger der neuen Rechnungswesenphilosophie die Bereitstellung der zur Unternehmenssteuerung benötigten Daten sichern. In Verbindung mit einer transparenten, d. h. dem relevanten Mitarbeiterkreis zugänglichen Dokumentation der neuen respektive adaptierten Rechnungswesenprozesse wie auch der Integration der Konzernrichtlinie und des Kontierungshandbuches nach IFRS in die Qualifizierungsmaßnahmen ist die Umstellung vorzubereiten. Gerade die Verfügbarkeit der relevanten Informationen in einer Post-Schulungsphase bzw. nach der Produktivsetzung der IFRS reduziert die Frequentierung des einzurichtenden Support-Desks und wirkt präventiv durch die aktive Reduzierung demotivierender Aspekte wie Unsicherheit und Unkenntnis im Umgang mit den neuen Prozessen.

4.5 Change Management

Ziel eines aktiven Change Managements ist, im Unternehmen über das laufende Projekt Transparenz herzustellen und über aus der Erreichung der Projektziele resultierende Auswirkungen zu informieren. Gleichzeitig wird der Veränderungsprozess initiiert, unterstützt und nachhaltig gesichert. Auf unterschiedlichen Ebenen wird durch eine aktive Information über Projektziele und Projektdurchführung ein konkreter Nutzen für das Projekt, das Unternehmen und den einzelnen Mitarbeiter durch Steigerung der Akzeptanz für die Veränderungen erzielt. Für aus dem Projekt bedingte Veränderungen, die sich im Rahmen einer Konversion zu den IFRS in zentralen Punkten wie der Umstellung der Buchungslogik, der Erweiterung des Reporting und der Harmonisierung externer und interner Rechnungslegung artikulieren, wird die Identifikation der Mitarbeiter mit den neuen Standards erhöht. Zugleich bietet sich die Chance, eine Veränderungskultur zu implementieren wie auch Eigenverantwortung und Zufriedenheit der Mitarbeiter zu stärken.

Die frühzeitige Information im Unternehmen über den Konversionsprozess zu den IFRS unterstützt die Entwicklung von Akzeptanz bei den betroffenen Mitarbeitern und deren Engagement im Umstellungsprozess. Neben einer barrierefreien Kommunikation im Rahmen der Analyse, Konzeption und Implementierung der Umstellung im Konzern kann auch deren zeitnahe Gestaltung als wesentliches Element zur erfolgreichen Einführung der IFRS angesehen werden.

5 Fazit

Nicht nur die frühzeitige Identifikation der Implikationen der IFRS für den Konzern, die Auswahl eines geeigneten Softwaretools zur Abbildung der formulierten Anforderungen und die Mobilisierung der Unternehmensressourcen für den Konversionsprozess, sondern insbesondere die auf die unternehmensindividuellen Rahmenbedingungen abgestimmte Konzeption und Realisierung des Umstellungsprozesses auf den neuen Rechnungslegungsstandard sind von hoher Relevanz für den Gesamterfolg. Das Zusammenwirken unternehmensinterner und -externer Ressourcen, die gemeinsam den Umstellungsprozess nach dem dargestellten Phasenschema gestalten, hat neben der rein fachlichen Umsetzung der IFRS, ausgehend von einer ganzheitlichen Perspektive, die Auswirkungen auf das gesamte Unternehmen in die Betrachtung zu integrieren.

Die Einführung der IFRS im Konzern kann somit auch als Chance und Initiator einer Neuausrichtung und Harmonisierung des Rechnungswesens, verbunden mit einer Optimierung der damit zusammenhängenden Prozesse, aufgefasst werden. Vor dem Hintergrund des Umfangs der zu erwartenden Anpassungen im Konzern ist der Konversionsprozess mit einem ausreichenden Zeitbudget auszustatten, um dem Umfang und der Tragweite der zu realisierenden Maßnahmen Rechnung zu tragen, eine hohe Akzeptanz auf allen Ebenen des Konzerns zu erzielen und eine ausreichende Flexibilität im Prozess der Umstellung zu bewahren.

Literaturverzeichnis

Arbeitskreis Externe Unternehmensrechnung der Schmalenbach-Gesellschaft für Betriebswirtschaft e. V. (2003) Der Betrieb, Heft 30.

BMJ/BMF (2003) Maßnahmenkatalog zur Stärkung der Unternehmensintegrität und des Anlegerschutzes.

Buchheim, R./Gröner, S. (2003) Anwendungsbereich der IAS-Verordnung an der Schnittstelle zu deutschem und zu EU-Bilanzrecht, Betriebsberater, 58. Jg., Heft 18.

FAZ vom 23.06.2003.

Hayn, S./Bösser, J./Pilhofer, J. (2003) Erstmalige Anwendung von International Financial Reporting Standards (IFRS1), Betriebsberater, 58. Jg., Heft 31.

Horngren, C. T./Harrison, W. T./Bamber, L. S. (1999) Accounting.

Kagermann, H./Küting, K./Wirth, J. (2002) IAS-Konzernabschlüsse mit SAP, Stuttgart.

Kley, K.-L. (2003) Informationsvermittlung durch Value-Reporting?, Der Betrieb, Heft 16.

Melcher, W. (2002) Konvergenz von internem und externem Rechnungswesen.

Nardmann, H. (2003) Segmentberichterstattung: Anforderungen bei der Umstellung der Bilanzierung auf IAS/IFRS, Betriebsberater, 58. Jg., Heft 37.

Scheer, A.-W. (1995) Wirtschaftsinformatik.

Scheer, A.-W. (1998) ARIS – vom Geschäftsprozess zum Anwendungssystem.

Thomas, A. (2002) Financial Accounting.

Six Sigma – Methodik zur Business Excellence

Tobias Kieslich
IDS Scheer AG

Dirk Lange
IDS Scheer AG

Andreas Röttgermann
IDS Scheer AG

Zusammenfassung

Erfolgsmeldungen von Unternehmen wie General Electric, Ford oder Siemens über Einsparungen im mehrstelligen Millionbereich bewegen weltweit Unternehmen dazu, sich auch mit dem Thema Six Sigma zu beschäftigen.

Six Sigma verbindet Kundenorientierung, Prozessverbesserung, Kostenreduktion und Qualitätsoptimierung in einem Managementsystem und kann so als Antwort auf die aktuellen Unternehmensherausforderungen verstanden werden. Das erklärt das große, branchenübergreifende Interesse an dem Thema.

Es ist zu klären, ob es sich bei Six Sigma nur um ein neues Schlagwort handelt oder inwieweit sich Six Sigma mit anderen Managementkonzepten wie etwa der Balanced Scorecard verbinden lässt.

Insofern ist es das Ziel des Artikels, den Anspruch von Six Sigma als umfassendes Managementkonzept aufzuzeigen und Interdependenzen zu anderen Managementsystemen zu erklären. Darüber hinaus werden die Möglichkeiten der Operationalisierung der Six Sigma-Methodik durch IT-Unterstützung verdeutlicht. Dabei werden Einsatzmöglichkeiten der IDS-Produktpalette im Rahmen von Six Sigma-Projekten aufgezeigt und der ***ARIS Six Sigma Scout*** *vorgestellt.*

Der ARIS Six Sigma Scout ist ein Leitfaden, der die Abwicklung von Six Sigma-Projekten vereinfacht.

Schlüsselwörter

Six Sigma-Methodik, ARIS Toolset in Six Sigma-Projekten, ARIS Six Sigma Scout, Balanced Scorecard

1 Mit Kundenfokussierung zum Unternehmenserfolg

Der Ansatz von Six Sigma erstreckt sich von der Unternehmensphilosophie bis zur operativen Projektdurchführung.

Zentrales Ziel dabei ist, die Kundenanforderungen als Definition von Qualität zu verstehen. Insofern kann Six Sigma als Methode verstanden werden, um Kundenbedarfe zu ermitteln, Erwartungen zu übertreffen und profitabel zu arbeiten.

Six Sigma wird durch die Mitarbeiter „gelebt", so dass sie einen wesentlichen Erfolgsfaktor für die Einführung und Umsetzung darstellen. Deswegen ist Six Sigma auch gleichzeitig ein permanenter Prozess, der dazu aufruft, Fragen zu stellen, die zu greifbaren, quantifizierbaren Antworten führen, die letztlich rentable Ergebnisse hervorbringen.

1.1 Historie

Im Gegensatz zu vielen anderen Managementsystemen ist Six Sigma ein Ansatz, der seinen Ursprung in der Unternehmenspraxis hat. Vor dem Hintergrund der Erkenntnis, dass die Qualität der Prozesserfüllung in Japan wesentlich besser war, entwickelte Motorola in den 80er Jahren einen Ansatz mit dem Ziel, die Prozessvariationen so weit zu minimieren, dass sich 99,997 % aller Abläufe innerhalb vorgegebener Spezifikationen befinden. Der erhöhte Bekanntheitsgrad von Six Sigma stellte sich aber erst in den 90er Jahren ein, als General Electric Six Sigma als Unternehmensstrategie deklarierte und kontinuierlich die Erfolge öffentlichkeitswirksam kommunizierte.

1.2 Statistische Grundlagen

Die Grundlagen für Six Sigma finden sich in der Statistik. Der kleine griechische Buchstabe „Sigma" wird in der Statistik verwendet, um die „Standardabweichung", z. B. einer Bevölkerung oder eines Prozesses, darzustellen. Dabei ist die Standardabweichung als ein Indikator für die Variationen oder Inkonsistenzen in jeder Gruppe oder jedem Prozess zu verstehen.

Der Sigma-Level beschreibt demnach die Fähigkeit eines Prozesses, die Anforderungen (Spezifikationsgrenzen) zu erfüllen, und stellt damit eine Messskala für die Fehleranzahl dar.

Im Rahmen von Six Sigma istjeder Augenblick, jedes Ereignis oder jedes Ergebnis, bei dem das Produkt oder der Prozess die Kundenanforderungen nicht erfüllt, ein Fehler.

Grafisch gesehen entspricht die Ausbeute, also der fehlerfreie Output, der Fläche unterhalb der Glockenkurve, eingerahmt von den Spezifikationsgrenzen. Die untere Abbildung zeigt einen Sigma-Level von +/–1, was einer Fläche von68 % unterhalb der Glockenkurve oder im Hinblick auf Spezifikationsgrenzen68 % an fehlerfreiem Output entspricht. Zum Vergleich wird in der Abbildung 1 auch ein Sigma-Level von +/- 6 dargestellt.

Six Sigma bedeutet dementsprechend, dass nur 3,4 Fehler auf 1 Million Fehlermöglichkeiten zugelassen werden oder, anders formuliert, dass 99,997 % aller Produkte den Spezifikationen entsprechen.

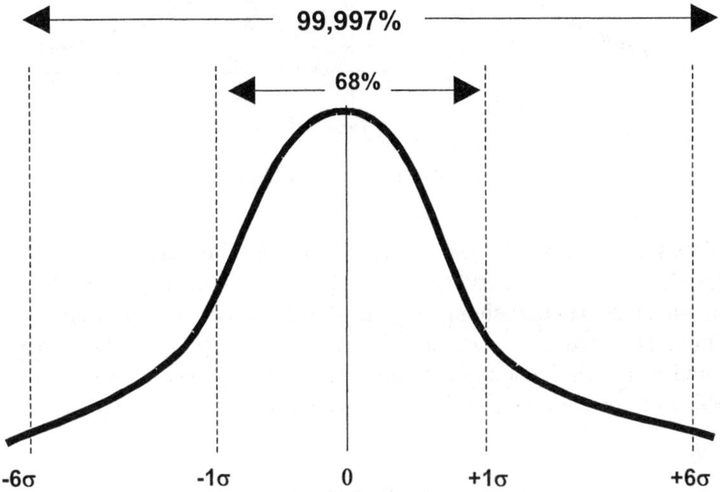

Abb. 1: Grafische Darstellung von Sigma-Level 1 und 6

Vergegenwärtigt man sich diesen Ansatz an einem Beispiel, wird deutlich, dass im ersten Schritt Spezifikationsgrenzen festgelegt werden müssen, gegen die die Prozessgüte bestimmt werden muss.

Beispielhaft seien die Kundenerwartungen bei der Schadensregulierung im Versicherungsfall von 7 Tagen als der oberen Spezifikationsgrenze (USL = Upper Specification Limit) festgelegt. Gleichzeitig wird angenommen, dass sich das arithmetische Mittel auf 5 Tage beläuft. Um nun die Summe der Variationen zu bestimmen, wird die Standardabweichung aller gesammelten Daten ermittelt, und es ergibt sich eine Standardabweichung von 2,8 Tagen. Ausgehend vom arithmetischen Mittel von 5 Tagen ergibt sich für den Sigma-Level +1 ein Wert von 7,8 Tagen. Das bedeutet, dass die Kundenanforderungen nur unzureichend, nämlich mit einen Ergebnis von kleiner +1 Sigma, erfüllt worden sind. Die nachfolgende Grafik verdeutlicht dieses Ergebnis.

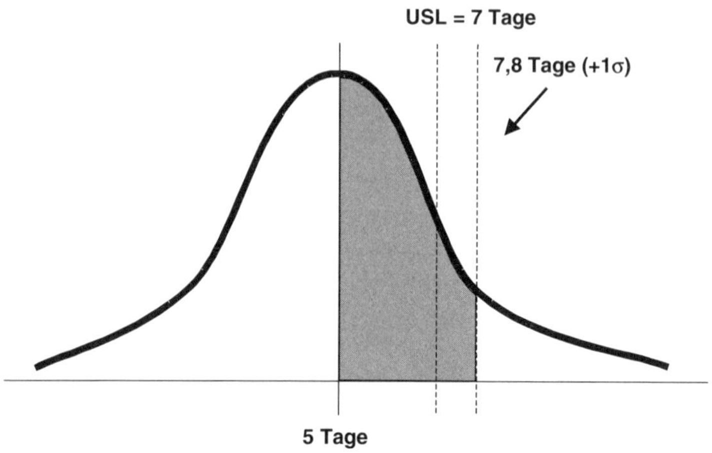

Abb. 2: Outputvariation vor der Prozessoptimierung

Auf Basis dieses Ergebnisses wird ein Prozessoptimierungsprojekt mit dem Ziel durchgeführt, die Variation stark zu reduzieren. Statistisch gesehen wurde nach einer erneuten Datenerhebung die Standardabweichung mit nunmehr 0,2 Tagen ermittelt. Das bedeutet, dass 6 Standardabweichungen der Leistungen zulässig sind und man sich dennoch innerhalb der Toleranzgrenzen befindet. Genau dieses Ergebnis entspricht dem Six Sigma-Niveau. Abbildung 3 visualisiert diese Aussage.

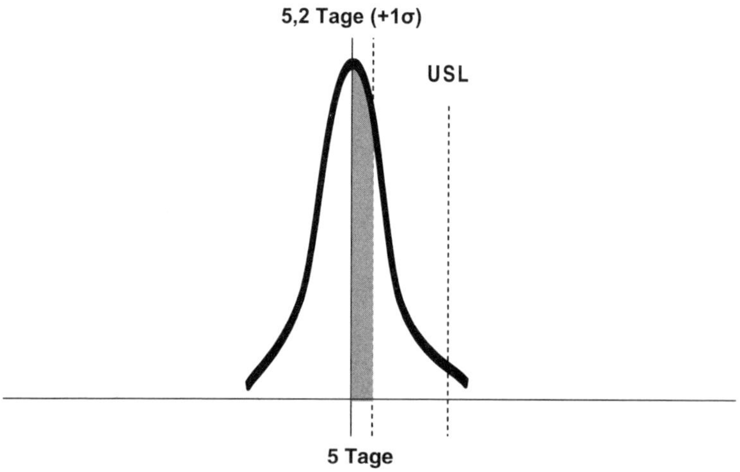

Abb. 3: Outputvariation nach der Prozessoptimierung

1.3 Six Sigma – Realisierungstreiber

Six Sigma ist eine Total-Quality-Philosophie, die den Kunden in den Mittelpunkt des unternehmerischen Handelns stellt. Operationalisiert wird diese Philosophie, indem die Kundenanforderungen in messbare Größen übertragen werden. Dabei erfolgt eine ungefilterte Aufnahme der Kundenanforderungen, die danach gruppiert und abschließend zu messbaren Größen verdichtet werden.

Diese Messergebnisse werden dann als Spezifikationsgrenzen bei der Beurteilung der Prozessqualität verwendet. Die Kundenanforderungen bilden den Maßstab für die Prozessqualität und damit ist der Kunde ein wesentlicher Treiber für die Six Sigma-Initiative.

Zur Gewährleistung des Anspruches der Null-Fehler-Toleranz sind auf Prozessebene die wertschöpfenden Tätigkeiten und Variationsursachen zu identifizieren und zu optimieren, um die Kundenanforderungen ausnahmslos zu erfüllen. Die so erreichte Qualität vergrößert den Kundennutzen und führt in Verbindung mit Kosteneinsparungen und Umsatzsteigerungen zu einer nachhaltigen Ergebnisverbesserung.

Neben der Kunden- und Prozessfokussierung stellt der Mitarbeiter die dritte Säule zur Realisierung von Six Sigma dar. Six Sigma fordert „Highest-Management-Attention" und wird in der Regel als „Top-down-Ansatz" in die Unternehmung eingeführt. Daneben ist die Auswahl der in Six Sigma-Projekten eingesetzten Mitarbeiter ein wesentlicher Erfolgsfaktor für eine Six Sigma-Initiative. Dabei werden den Mitarbeitern Anreizsysteme und Freiräume geschaffen. So sind die Six Sigma-Projektleiter (Black Belts) zu 100 % freigestellt und absolvieren im Vorfeld ein spezifisches Training, das durch ein eigenes Projekt flankiert wird. Ihre Bezahlung richtet sich nach dem monetären Projekterfolg. Zur Steuerung und Koordination der Six Sigma-Aktivitäten wird eine eigene Six Sigma-Organisation implementiert, die als Stabsstelle unter der Geschäftsführung angesiedelt ist.

1.4 DMAIC Cycle – Vorgehensmodell zur Prozessverbesserung

Six Sigma rückt die Kunden in den Mittelpunkt des unternehmerischen Handelns. In Verbindung mit den Messungen bilden sie den Motor des kontinuierlichen Verbesserungsprozesses. Prozessverbesserung bedeutet die Optimierung bestehender Prozesse, wobei die Grundstruktur bestehen bleibt.

Um eine kontinuierliche und nachhaltige Prozessverbesserung zu gewährleisten, erfolgt im Rahmen von Six Sigma die Einbindung des Prozessmanagements. Hierdurch wird sichergestellt, dass eine Überwachung und Steuerung der optimierten Prozesse durchgeführt wird. Das bedeutet eine konsequente Prozessdokumentation sowie die Benennung eines „Process owners". Dadurch wird die Nachhaltigkeit der im Verbesserungsprojekt definierten und im Change Management umgesetzten Maßnahmen realisiert. Probleme können schnell erkannt, Maßnahmen definiert und umgesetzt werden. Gleichzeitig gewährleistet dieser Ansatz den Dialog mit dem Kunden.

DMAIC steht als Akronym für Define, Measure, Analyze, Improve und Control und beruht auf den von W. Edards Deming definierten Schritten „Plan-Do-Act-Check"

Der DMAICCycle basiert auf einem erprobten Methoden-Toolset.

In der ersten Phase **Define** erfolgt die Prozessaufnahme mit den wesentlichen Aktivitäten, Schnittstellen und In- und Outputs. Des Weiteren werden die Kundenanforderungen aufgenommen und zu messbaren Größen verdichtet. Dazu müssen klare, vollständige Beschreibungen der Faktoren definiert werden, die die Kundenzufriedenheit für jeden Output und Prozess bewirken. Hierbei werden Methoden wie z. B. Voice of Customer oder das Kano-Model eingesetzt.

Innerhalb der zweiten Phase **Measure** wird die gegenwärtige Leistung gemessen, also in welchem Maße man bisher die erkannten Kundenanforderungen erfüllt. Dazu erfolgt eine genaue Bewertung jeder Prozessleistung gegenüber definierten Kundenanforderungen.

Die Verknüpfung von Prozessstörungen mit möglichen Ursachen ist ein Bestandteil der dritten Phase **Analyze**. Dabei wird eine Daten- und Prozessanalyse vorgenommen. Hier finden hauptsächlich FME(C)-Analysen Anwendung. Diese Failure-Mode Effect (and Cause)-Analysen sind Verfahren, mit deren Hilfe man versucht, die Ursachen und deren Eintrittswahrscheinlichkeiten zu ermitteln. Kombiniert man diese mit Einschätzungen über Auswirkungen, sind Schadensanalysen möglich. Aufbauend auf den Analyseergebnissen geht es in der nächsten Phase **Improve** um die Identifikation von Verbesserungsmöglichkeiten und um die Entwicklung von prozessorientierten Lösungen, unterstützt von Faktenanalysen, kreativem Denken und auch statistischen Versuchsreihen.

Das Monitoring, die Dokumentation und die Entwicklung von Reaktionsplänen stehen im Mittelpunkt der fünften Phase **Control**. In diesem Kontext erfolgt auch die Einbindung in das Prozeßmanagement, um den Anspruch an die „lernende" Organisation zu initiieren und zu etablieren.

1.5 Six Sigma als Umsetzungsmodell der Balanced Scorecard

Die Balanced Scorecard wurde Anfang der 90er Jahre von Robert S. Kaplan und David P. Norton in den USA entwickelt. Während klassische Steuerungssysteme nur finanzielle Kennzahlen berücksichtigen, erweitert das „ausgewogene Kennzahlensystem" der Balanced Scorecard mit Frühindikatoren und zukunftsorientierten Kennzahlen die finanzwirtschaftliche Perspektive um die Kundenperspektive, die interne Prozessperspektive und die Mitarbeiterperspektive, eingebettet in die Vorgaben der Unternehmensvision und -strategie. Die Balanced Scorecard trägt zur einheitlichen Zielausrichtung aller Handlungsträger im Unternehmen und zu einer Verknüpfung der Ressourcenallokation mit der Unternehmensstrategie bei.

Six Sigma versteht sich nun darauf, die Steuerung der auf Werttreiber bezogenen Verbesserung mit einem konsequenten Projektmanagement zur Prozessoptimierung zu verknüpfen.

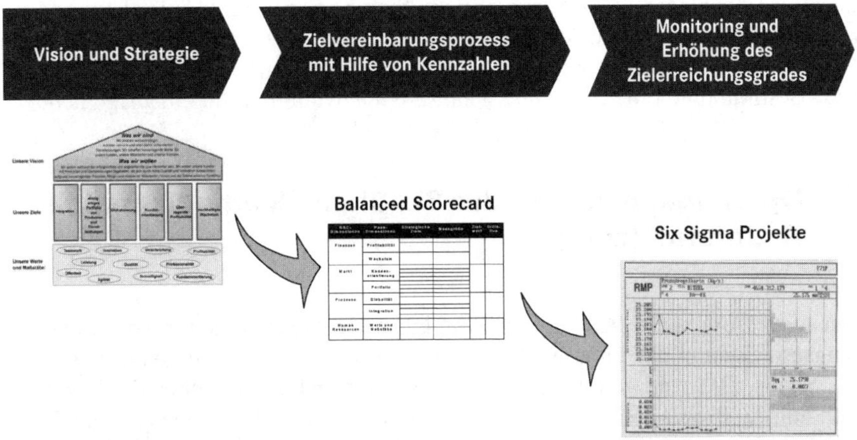

Abb. 4: Verbindung der Unternehmensvision mit Six Sigma

Die in der Balanced Scorecard ermittelten Werttreiber werden durch klare Ziele und Meilensteine verfolgt und die Auswirkungen und deren Ursachen analysiert. Die kombinierte Anwendung dieser beiden Managementsysteme erhöht die Kundenzufriedenheit und verbessert grundlegend die Unternehmensergebnisse. Am Beispiel der Balanced Scorecard wird deutlich, dass Six Sigma eine Methodik ist, die interdependent mit anderen Systemen wirkt und enormes Potential bietet, die Einzelleistungen der Systeme durch Synergieeffekte auf das konkrete Ziel der verbesserten Wirtschaftlichkeit und Steigerung der Ertragskraft zu lenken. Six Sigma ebnet den Weg, um allein und auch als Wirkungsverbund mit komplementären Managementsystemen die Anforderungen an das Unternehmen des 21sten Jahrhunderts zu meistern.

1.6 Chancen und Herausforderungen

Die Implementierung von Six Sigma bedeutet aber auch einen Paradigmenwechsel in der Führungskultur eines Unternehmens. Flankiert wird die Integration auf allen Ebenen durch die Six Sigma-eigene Organisation in Verbindung mit einer spezifischen Mitarbeiterauswahl und dem Schulungskonzept.

Der nachhaltige Erfolg von Six Sigma liegt vor allem in der Verknüpfung und Einbindung in die Unternehmensstrategie begründet. Um diese Strategie bestmöglich umzusetzen, müssen zunächst Werttreiber definiert und in die Six Sigma-Methodik eingebunden werden. Standardisierung und Transparenz solcher Projekte erfordern die Entwicklung eines allgemein gültigen, unternehmensweit akzeptierten Vorgehensmodells. Dabei sollten neben den Standardmethoden und Tools auch unternehmensinterne Elemente des Projekt- und Qualitätsmanagements sowie kulturelle Eigenheiten berücksichtigt werden. So müssen Methoden, Tools und Vorgehensmodelle einerseits den Six Sigma-spezifischen Anforderungen gerecht werden, andererseits auch unternehmensinterne Akzeptanz mit sich bringen. Die monetäre Quantifizierung der Projekterfolge bedarf zudem einer Ex-ante-ROI-Bestimmung – für viele Unternehmen ein Novum im Projektmanagement.

2 Operationalisierung der Six Sigma-Methodik mittels IT-Unterstützung

Der prozessorientierte Ansatz von Six Sigma und die Einbindung von Verbesserungsprojekten in das Prozessmangement sind wesentliche Schlüsselelemente von Six Sigma. Dies verlangt ein exaktes Prozessverständnis, aber auch die Fähigkeit, sich auf die Prozesse zu fokussieren, die wesentliche Optimierungspotenziale beinhalten. Insofern kommt der Prozessmodellierung eine bedeutende Rolle zu. Die Grafik zeigt den Einsatz des ARIS Toolsets im Rahmen von Six Sigma-Projekten.

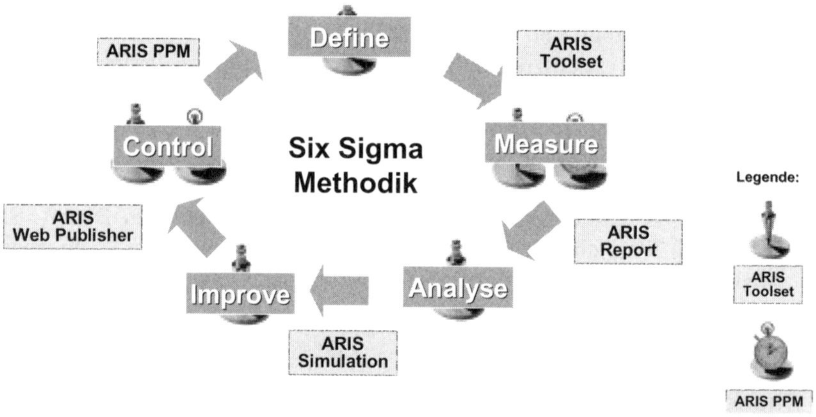

Abb. 5: Positionierung der IDS-Produktpalette entlang des DMAIC

2.1 Einsatz der IDS-Produktpalette in Six Sigma-Projekten

Die grafische und datenbankgestützte ARIS Prozessdarstellung der betriebswirtschaftlichen Abläufe gewährleistet die notwendige Prozesstransparenz und somit das Prozessverständnis und erleichtert dadurch die Identifizierung von Kernprozessen und Interdependenzen. In Verbindung mit den verschiedenen Prozesssichten werden wesentliche Einflussfaktoren und Fehlermöglichkeiten leichter und umfassend bestimmt.

Diese Prozesstransparenz steigert dabei die Qualität und Effizienz bei der Identifikation der Messpunkte. Neben dieser Identifikation der Messpunkte stellt die Durchführung der Messungen eine wesentliche Herausforderung in Six Sigma-Projekten dar. In diesem Zusammenhang steht der Einsatz des ARIS PPM (Process Performance Manager) zur Disposition. Durch die automatisierte Aufnahme und Aufbereitung der Messung und deren Übertragbarkeit in die ARIS Prozessmodelle zeigen sich Zeit- und Kosteneinsparungen.

Für die Analyse bietet die datenbankbasierte Prozessmodellierung durch vordefinierte/individuelle Reports sehr gute Auswertungsmöglichkeiten, die eine validierte Identifikation von Schwachstellen und Variationsursachen ermöglichen. In Verbindung mit der ARIS Simulation wird dabei eine schnelle und kostengünstige Bewertung von Lösungsansätzen gewährleistet.

Während der Control-Phase werden die neuen Prozesse und Prozessparameter (Key Performance-Indikatoren) kommuniziert. Die Nachhaltigkeit der realisierten Optimierungspotenziale wird durch die standardisierte Dokumentation der neuen Prozesse gewährleistet und damit das Change Management unterstützt.

Des Weiteren ermöglicht der Web Publisher die schnelle, weltweite Verbreitung der Projektergebnisse. Der konsequente Einsatz des ARIS PPM realisiert ein permanentes Prozessmonitoring und zukünftige Prozessvariationen werden frühzeitig erkannt und bewertet, die dann auf Basis des ARIS Toolsets näher spezifiziert werden und in ein neues Six Sigma-Projekten münden können. Hierbei zeigt sich, dass die Verbindung ARIS Toolset , ARIS PPM und der Six Sigma als ein in sich geschlossenes Gesamtkonzept für Business Process Excellence verstanden werden kann.

2.2 Der ARIS Six Sigma Scout als Leitfaden zur Projektdurchführung

Neben diesem beschriebenen Gesamtkonzept für Business Process Excellence dient der ARIS Six Sigma Scout der Operationalisierung der Six Sigma-Methodik. Der ARIS Six Sigma Scout gewährleistet ein unternehmensspezifisches Vorgehensmodell zur Umsetzung der Six Sigma-Philosophie auf Projektebene. Ziel des Scouts ist es, das DMAIC-Vorgehensmodell zur Abwicklung von Projekten zu vereinfachen. Dabei wird das Six Sigma-Projekt als standardisierter Prozess definiert. Aus diesem Grund beinhaltet der Scout eine Six Sigma-spezifische Methodenbox, die neben der grundsätzlichen Toolbeschreibung auch Templates liefert und direkt im Projekt eingesetzt werden kann. Durch diese Vorgabe wird der geforderten Standardisierung Rechnung getragen. Die webbasierte Lösung des ARIS Six Sigma Scouts vereinfacht einen unternehmensweiten Roll-out und gewährleistet zudem die Projekttransparenz und das -management. Dabei erlaubt der Scout durch die Einbindung jeglicher Dokumente die unternehmensspezifische Anpassung und die kontinuierliche Weiterentwicklung.

3 Six Sigma entwickelt sich weiter

Six Sigma ist die effiziente Antwort auf die aktuellen und zukünftigen Unternehmensherausforderungen. So rückt die Initiative den Kunden in den Mittelpunkt der Geschäftsprozesse und unterstützt dadurch die operative Umsetzung der Unternehmensziele. Dank der grundlegenden Philosophie, Kostenreduktion und Qualitätsoptimierung zu gleich gerichteten Zielen zu machen, ist Six Sigma auch konsequenter als bisherige Qualitätsinitiativen. Vor allem im Hinblick auf die monetäre Bewertung des Projekterfolges. Die Six Sigma-Initiative hat durch die langjährigen Erfahrungen im amerikanischen Markt schon einen hohen Reifegrad erreicht. Gleichwohl liegen die Herausforderungen bei der Implementierung in den unternehmensspezifischen Anforderungen und deren Realisierung.

Gerade im Hinblick auf die toolseitige Unterstützung des Themas zeigen sich aber noch diverse Gestaltungsmöglichkeiten. Die Prozessmodellierung und die Wiederverwendbarkeit der erhobenen Prozesse im Projektverlauf ergeben große Synergieeffekte und Kosteneinsparungspotenziale. Insofern kommt einem Produkt wie dem ARIS Toolset eine große Bedeutung in Six Sigma-Projekten zu. Datenerhebungen und deren Auswertung stellen einen wesentlichen Zeitfaktor in jedem Six Sigma-Projekt dar. Durch den Einsatz des ARIS PPM kann die Datenerhebung automatisiert werden. Die kontinuierliche Datenerhebung durch den ARIS PPM bietet die Grundlage für das Prozessmonitoring und legt damit den Grundstein für den kontinuierlichen Verbesserungsprozess.

Der ARIS Six Sigma Scout liefert die Grundlage für eine einfache und standardisierte Durchführung von Six Sigma-Projekten. Parallel fungiert er als Schnittstelle zwischen Projektrealisierung und ARIS Einsatz.

Bisher konnten durch die Anbindung einer Balanced Scorecard die Vorgaben für die Six Sigma-Projekte festgelegt und damit eine sinnvolle Verbindung von der Unternehmensvision bis zur operativen Umsetzung geschaffen werden.

Durch die Einbindung eines Data Warehouses wie das SAP Business Information Warehouse kann dieser Methodenverbund um die Messung der aktuellen Unternehmenssituation erweitert werden. Dadurch besteht die Möglichkeit jederzeit auf aktuelle Unternehmensentwicklungen zu reagieren und damit den Anspruch von Business Intelligence umzusetzen.

Geschäftsprozessorientierter Ansatz zur Einhaltung der Corporate Governance-Erklärung und des Sarbanes-Oxley-Gesetzes

Steffen Grosse
Siemens Financial Services GmbH (SFS)

Eustratios Tsapanis
Siemens Financial Services GmbH (SFS)

Marc Oliver Stromberg
IDS Scheer AG

Zusammenfassung

Spektakuläre Unternehmensschieflagen und -zusammenbrüche in der Weltwirtschaft sowie steigende Unternehmensrisiken machen die Einführung geeigneter Risikomanagement- und Kontrollsysteme in Unternehmen unumgänglich. Der im Jahre 2002 als Antwort auf die jüngsten Unternehmensskandale in den USA erlassene Sarbanes Oxley Act (SOA, SOX) erhöht den Druck auf die betroffenen Unternehmen, dieses Thema verstärkt zu fokussieren. Im folgenden Beitrag wird beschrieben, wie die Siemens Financial Services GmbH (SFS) das Werkzeug ARIS und eine darin enthaltene vollständige Suite an webbasierten Tools mit dem Ziel eingesetzt hat, die neuen gesetzlichen Anforderungen umzusetzen.

Das gemeinsam von SFS und IDS Scheer entwickelte Vorgehensmodell ist ein effizienter und effektiver Weg für Unternehmen, den gesetzlichen Anforderungen nachzukommen.

Schlüsselwörter

Sarbanes Oxley Act (SOA, SOX); Corporate Governance; Internes Kontrollsystem (IKS); Business Process Management; Finanzberichterstattung; Bilanzfälschung; ARIS Toolset; Securities and Exchange Commission (SEC)

1 Siemens Financial Services GmbH (SFS)

Die SFS ist ein führender Anbieter maßgeschneiderter Lösungen im Markt für Business-to-Business-Finanzdienstleistungen. Als firmeneigener Anbieter von Finanzlösungen kombiniert SFS internationale Finanzexpertise und umfassendes Finanz- und Industrie-Know-how. SFS ist als Bereich des Siemens-Konzerns klar am Bedarf von Industrieunternehmen orientiert.

Die SFS bietet als Nischenanbieter mit ca. 1.500 Mitarbeitern weltweit ein ausgewogenes Portfolio an kapitalintensivem und Dienstleistungsgeschäft in attraktiven Märkten: Absatz- und Investitionsfinanzierung, Treasury Services, Fondsmanagement und Versicherungslösungen.

Tabelle 1: Geschäftsgebiete der SFS

	Equipment & Sales Finance (ESF)	Structured Finance (SF)	Equity (EQ)	Investment Management (IM)	Treasury & Financing Services (TFS)	Insurance (INS)
Aktivität	Leasing und Forderungsmanagement	Projekt- und Exportfinanzierung	Eigenkapitalbeteiligungen an Infrastrukturprojekten	Pension Asset Management und Beratung	„In-house-Bank“ für Siemens, Consulting & Applications	Consulting & Brokerage, Private Finance
Kennzahlen	Bilanzsumme 7,9 Mrd. €	700 Projekte, Auftragswert 40 Mrd. €	Bilanzsumme 379 Mio. €	Verwaltetes Fondsvermögen 13,4 Mrd. €, Mandatsvolumen 30,4 Mrd. €	Transaktionsvolumen 129 Mrd. € p. a.	Prämienvolumen 470 Mio. €
Beispiele, Kunden	Oracle, Fujitsu Siemens Computers, Siemens Medical Solutions	Transrapid China, UMTS-Projekt H3G Italien	Jawa Power (Indonesien), STSN USA	Siemens Pension Trust, Bosch, EON	Inter Company Clearing für 850 Siemens Gesellschaften in 69 Ländern, 3.500 Bankkonten, 24-h-Service	Transfer von Haftungs- oder Transportrisiken, z. B. Siemens Automotive USA

2 Ausgangssituation

2.1 Turbulenzen auf den Finanzmärkten

Aufgerüttelt durch Betrugsfälle und Bilanzskandale börsennotierter Unternehmen wie Enron und Worldcom, sah sich die US-Regierung unter Präsident George W. Bush veranlasst, dringende Maßnahmen zur Stärkung der Corporate Governance in den USA zu ergreifen. Diese Maßnahmen sollen die Wiederholung ähnlicher Vorfälle verhindern und das Vertrauen der Financial Community in „Corporate

America" wiederherstellen. Kernstück dieser Maßnahmen ist der „Sarbanes Oxley Act of 2002" (SOA). Das neue Gesetz, benannt nach dem Senator Paul Sarbanes und dem Kongressabgeordneten Michael Oxley, ist am 30. Juli 2002 in Kraft getreten und gilt für alle bei der Börsenaufsichtsbehörde Securities and Exchange Commission (SEC) registrierten Unternehmen sowie deren Wirtschaftsprüfer.[1] Dazu gehören auch die deutschen Unternehmen, deren Wertpapiere an einer amerikanischen Börse gehandelt werden, sowie deutsche Tochterunternehmen amerikanischer Gesellschaften. Zu den etwa 30 Unternehmen, die an die SEC berichten, gehören u. a. DaimlerChrysler, E.ON, Deutsche Bank AG und Siemens AG.

2.2 Folgen/Auswirkungen auf die Unternehmensorganisation

Der SOA nimmt die Unternehmensleitung stärker für die Vollständigkeit und Richtigkeit der Angaben bei der quartalsweisen und jährlichen Berichterstattung in die Pflicht. Zusätzlich ergeben sich neue Anforderungen an die Unternehmensleitung, indem fortlaufend über die Effektivität des internen Kontrollsystems im Rahmen des periodischen Unternehmensreportings an extern zu berichten ist.

Die wichtigsten Forderungen des SOA, Section 302 und 404 sind:[2]

- Vorstandsvorsitzender (CEO) und Finanzvorstand (CFO) müssen quartalsweise und jährlich attestieren, dass sie für Prozesse und Kontrollen hinsichtlich des Zustandekommens aller gemäß SEC notwendigen Veröffentlichungen verantwortlich sind.
- Diesbezügliche Kontrollen sind hinsichtlich ihrer Wirksamkeit zu bewerten und die Ergebnisse dieser Prüfung sowie bedeutende Änderungen des internen Kontrollsystems sind zu dokumentieren und zu veröffentlichen.
- Section 404 des Gesetzes fordert die Installation sowie die jährliche Überprüfung und Bewertung eines internen Kontrollsystems für das Finanzberichtswesen durch CEO und CFO.
- Des Weiteren erfordert Section 404 die Bestätigung der Bewertung durch einen unabhängigen Wirtschaftsprüfer (i. d. R. Jahresabschlussprüfer).

[1] Die Vorschriften des SOA gelten für alle deutschen Unternehmen, die gemäß dem Securities Act von 1934 bei der SEC registriert sind und an diese berichten.

[2] Hinweis: Die folgenden 4 Punkte stellen eine starke Vereinfachung der Erfordernisse dar. Sowohl im Internal Control Report als auch in der Bestätigung nach Section 302/404 werden weitere Aussagen gefordert.

2.3 Zielsetzung

Ziel des Projektes war es, die Anforderungen des SOA sowie die weiterführenden, zentralen Anforderungen der Siemens AG in einer pragmatischen Art und Weise innerhalb der SFS umzusetzen. Der hierbei entstehende Aufwand (vor allem für die Geschäftsgebiete/Fachabteilungen) sollte allerdings so gering wie möglich gehalten werden. Die Basis der Dokumentation wurde so gestaltet, dass sie für weitere Themen, z. B. Risikomanagement, Umsetzung BASEL II usw., genutzt werden kann.

Prinzipiell fordern die Sectionen 302 und 404 des SOA, dass wesentliche Prozesskontrollen sowie die dazugehörenden Prozesse regelmäßig dokumentiert bzw. aktualisiert und hinsichtlich ihrer Eignung und Wirksamkeit überprüft werden. Um dies zu erreichen, müssen diese Forderungen primär von der Siemens AG als gelistetes Unternehmen und in einem weiteren Schritt auch von den einzelnen Organisationseinheiten erfüllt werden. Die Implementierung des SOA machte es daher erforderlich, dass die Geschäftsführung und die Finanzvorstände der Geschäftsbereiche, Geschäftsgebiete und Konzerngesellschaften weltweit die Verantwortung und Initiative für die Dokumentation und Überprüfung dieser internen Kontrollen übernehmen.

Seit Ende 2002 setzt die Siemens AG im Prozessmanagement weltweit auf ARIS.[3] Nicht zuletzt aus Kostengründen hat man sich für eine zentrale ARIS Prozessdatenbank mit weltweitem Zugriff entschlossen. Zudem erwartet die Siemens AG durch die Entwicklung von Prozessstandards zukünftig eine Vergleichbarkeit der Prozesse, mit der belastbare Benchmarks ermöglicht werden. So bietet ARIS eine prozessorientierte Darstellung der Funktionsfähigkeit des internen Kontrollsystems. Zudem lassen sich mit Hilfe des ARIS Reporting Engine Auswertungen für die modellierten Prozesse entwickeln.

SFS beauftragte die eigene IT-Abteilung Information Technology & Operations (SFS ITO) mit der Durchführung der Prozessdokumentation. Aufgrund der bereits bestehenden erfolgreichen Zusammenarbeit mit der IDS Scheer AG bei der Prozessaufnahme im Rahmen der ISO-Zertifizierung der SFS ITO wurde diese im Rahmen dieses Projektes mit der Durchführung der Prozessdokumentation und der Analyse der Geschäftsprozesse mit ARIS beauftragt.

---

[3] Für die Dokumentation, Analyse und Optimierung der Geschäftsprozesse

3 Projektvorgehen und Ergebnisse

3.1 Projektorganisation (Verantwortlichkeiten)

Für die Umsetzung des SOA Section 404 wurden bei der Siemens AG in der Implementierungsphase alle relevanten Bereiche in ein Kernteam miteinbezogen. Dieses Team hatte u. a. folgende Aufgaben:

- Projektmanagement
- Planung und Überwachung der Umsetzung in den einzelnen Bereichen und Regionen
- Ansprechpartner für den Wirtschaftsprüfer (KPMG)
- Monitoring
- Best Practice Sharing

Der kaufmännische Leiter eines Bereiches/einer Region ist jeweils verantwortlich für die Einführung, Dokumentation und Bewertung eines internen Kontrollsystems im Rahmen des SOA. Um dies zu unterstützen, veröffentlichte die zentrale Finanzabteilung im Siemens-Konzern ein Handbuch für ein internes Kontrollsystem (IKS) der Finanzberichterstattung und Offenlegung, die Dokumentation sowie zur Durchführung von Testaktivitäten bei einem IKS.

Innerhalb der SFS, einem Bereich des Siemens-Konzerns, wurde wiederum ein Projektteam zur Umsetzung der Konzernvorgaben gebildet. Die Projektleitung wurde vom Leiter Controlling übernommen. Die Vorgaben für das Thema SOA mussten sowohl für die SFS GmbH als auch für alle relevanten Tochterfirmen, wie die Leasing-Töchter in Europa (z. B. UK, Frankreich, Italien), die SFS Inc. und Siemens Capital Corporation in den USA oder die Treasury-Abteilungen in Peking und Hongkong, erfüllt werden.

Folgende Vorgehensweise war durch das Handbuch zur Einführung eines IKS vorgegeben:

1. Definition/Identifikation der relevanten Prozesse
2. Dokumentation der relevanten Prozesse
3. Dokumentation der Kontrollelemente und Prüfschritte in den Prozessen
4. Test der Kontrollelemente auf Vorhandensein und Wirksamkeit
5. Prüfung der gesamten Dokumentation durch den Wirtschaftsprüfer

3.2 Konventionen, Anpassung ARIS, technische Architektur

Zu Projektbeginn wurden gemeinsam von der SFS ITO und den Beratern der IDS Scheer AG Modellierungsrichtlinien festgelegt und in einem Konventionenhandbuch zusammengefasst. Somit war eine einheitliche „Handschrift“ der Modellierer gewährleistet. Ferner wurde sichergestellt, dass die Anwender aus den Fachbereichen – deren Prozesse es zu modellieren galt – die Dokumente ohne besonderen Aufwand lesen und interpretieren konnten. Das Konventionenhandbuch enthielt neben administrativen Vorgaben, Modell- und Objekttypübersichten auch die grafischen Vorgaben. Es diente den Mitgliedern des Projektteams als Leitfaden während der Modellierungsphase.

Der ARIS Filter, der die Vielfalt der im ARIS angebotenen Modellierungsmöglichkeiten auf eine sinnvolle und überschaubare Auswahl beschränkt, wurde wiederum aus Gründen der Transparenz und Einheitlichkeit sehr klein gehalten. Die Basis der Prozessdokumentation bildeten die Modelltypen WKD (Wertschöpfungskettendiagramm) und eEPK (erweiterte ereignisgesteuerte Prozesskette). Für die Abbildung der Prozessabläufe auf eEPK-Ebene wurde eine begrenzte Anzahl an Objekttypen (z. B. Informationsträger, Anwendungssysteme) ausgewählt.

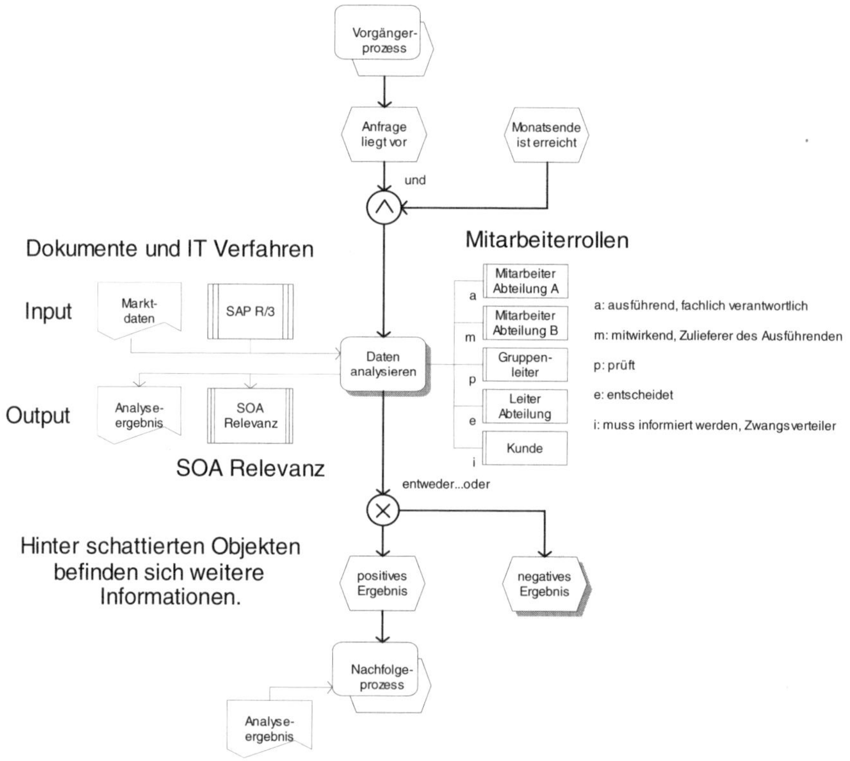

Abb. 1: Prozessdarstellung

Um den Anforderungen für die Dokumentation der internen Kontrollen und der Evaluierung gerecht zu werden, wurde ein spezielles SOA-Objekt definiert. Zur Darstellung in ARIS wurde dafür das „Cluster"-Symbol verwendet. Um die geforderten Informationen abbilden zu können, wurden dem Objekt zahlreiche Attribute zugewiesen, die es während der Modellierungsphase zu pflegen galt. Die Attribute lehnen sich an den Vorgaben der zentralen Siemens-Finanzabteilung an und beinhalten u. a. die Beschreibung des Risikos sowie der Kontroll- und Testaktivitäten.

Tabelle 2: Attribute der SOA-Relevanz

Ziele	Ziel der Tätigkeit in Bezug auf Vollständigkeit/Richtigkeit der Bilanz
Risikobeschreibung	Beschreibung des möglichen Risikos
Risikoklassifizierung	Beschreibung des möglichen Schadens, wenn das Risiko eintritt; Auswahlmöglichkeiten: existenzbedrohend, schwerwiegend, mittel, gering, vernachlässigbar
Risikowahrscheinlichkeit	Wahrscheinlichkeit des Auftretens; Auswahlmöglichkeiten: immer, höchstwahrscheinlich, mittel, selten, nie
Kontrollaktivitäten	Mit welchen Aktionen/Mitteln wird versucht, das Eintreten des Risikos auszuschließen?
Testaktivitäten	Wie wird überprüft, ob die Kontrollaktivitäten effektiv sind und damit die Risiken wirksam ausschließen?
Testumfang, Testart	Auf welche Art und Weise wird der Test durchgeführt bzw. wie groß ist die gewählte Stichprobe?
Testfrequenz	Häufigkeit der Durchführung der Testaktivitäten (jährlich, halbjährlich, quartalsweise, monatlich, wöchentlich)
Testdatum	Datum, an dem die Kontrollaktivitäten auf Effizienz überprüft werden
Testresultat	Kontrollaktivitäten effektiv (Risiko stellt keine Gefahr mehr dar) oder nicht effektiv (Risiko stellt weiterhin Gefahr da)
Korrekturmaßnahmen	Nur wenn Testresultat negativ, Festlegung weiterer Kontrollaktivitäten, um Risiko zu minimieren

Da dezentral und im Multiuser-Umfeld modelliert werden sollte, wurde die ARIS Datenbank auf einem zentralen Server installiert. Für die Projektkommunikation und -dokumentation wurde ein Serverlaufwerk freigeschaltet und die Publikation des Webs wurde zentral über das Dokumentenmanagementsystem „Livelink" ermöglicht und eingerichtet.

3.3 Identifikation SOA-relevanter Prozesse

Ein internes Kontrollsystem unterscheidet sich von Unternehmen zu Unternehmen, u. a. auch dadurch, in welcher Geschäftsart das Unternehmen tätig ist. Ausgehend von der Geschäftsart „Servicegeschäft" wurden anschließend die für die Finanzberichterstattung relevanten Management-, Business- und Supportprozesse analysiert. In den produzierenden Bereichen des Siemens-Konzerns sind dies v. a.

die Prozesse des Supply Chain Managements (Plan, Source, Make, Deliver, Return). Daneben sind u. a. folgende Supportprozesse relevant für die Finanzberichterstattung und Offenlegung: Projektmanagement, Rechnungswesen und externe Finanzberichterstattung, Sachanlagevermögen, Personalabrechnungsbereich, Steuern, Treasury/Cash Management sowie IT-Verwaltung/Systemmanagement. Für die Identifikation der relevanten Prozesse und SOA-Elemente war jedes Geschäftsgebiet der SFS selbst verantwortlich. Sie wurden dabei jedoch vom Projektteam unterstützt.

Jeder der o. g. Prozesse wurde daraufhin untersucht, ob er die Vorbereitung, Aufnahme, Zusammenfassung, Vollständigkeit oder Berichterstattung der Finanzdaten der SFS in irgendeiner Weise beeinflusst.

3.4 Onlinemodellierung und -review

Vor der eigentlichen Prozessaufnahme wurden zunächst die nötigen Stammdaten (Rollen und IT-Systeme) ermittelt, strukturiert und in ARIS angelegt. Dadurch wurden Inkonsistenzen durch das Anlegen gleicher Stammdaten mit unterschiedlicher Benennung, wie z. B. „Word“ und „MS Word“, weitestgehend vermieden.

Anschließend wurden die in der Evaluierungsphase als SOA-relevant identifizierten Prozesse gemäß dem Top-down-Ansatz in einem vierstufigen Ebenenkonzept strukturiert dargestellt. Die erste Ebene bildete die Prozesslandschaft der SFS. Auf der zweiten Ebene wurden die Prozesshäuser der jeweiligen Geschäftsgebiete und Functions/Services (z. B. Human Resources, Controlling) dargestellt. Auf der nachfolgenden Ebene fand die Verfeinerung der Prozesse statt. Auf der dritten Ebene repräsentiert ein WKD genau einen Prozess, der auf der eEPK-Ebene detailliert als Prozessablauf beschrieben wird.

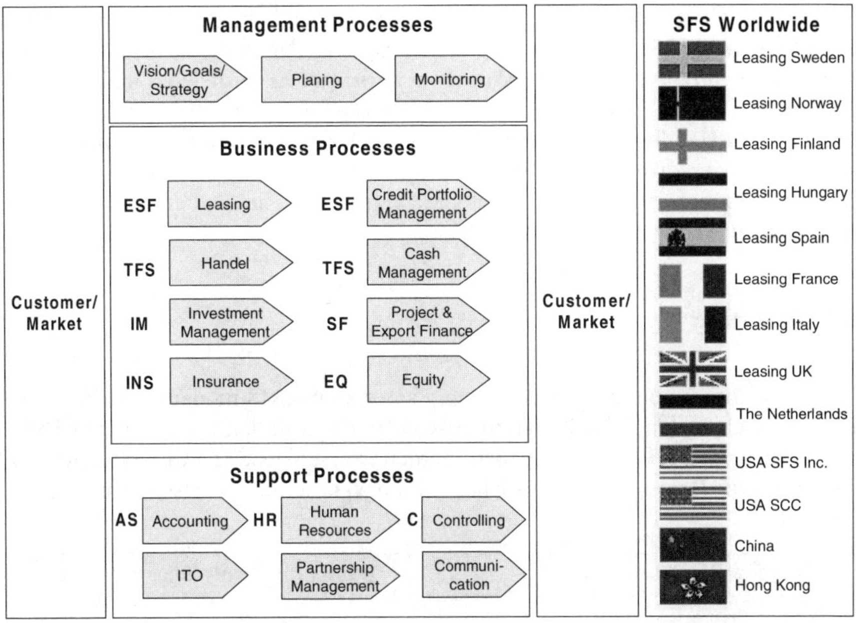

Abb. 2: Prozesslandschaft Siemens Financial Services GmbH

Um die Effizienz der eigentlichen Prozessmodellierung zu erhöhen, wurden die von den Prozessownern benannten Prozessautoren vorab über die SOA-Thematik informiert und mit der Darstellungsweise in ARIS vertraut gemacht. Damit konnten sich die Beteiligten bei der Modellierung voll und ganz der modellhaften Abbildung der Prozesse bzw. Effektivität des internen Kontrollsystems widmen.

Die Prozesse wurden online, d. h. für den Prozessautor sichtbar, aufgenommen. Um den Aufwand für die Fachabteilungen so gering wie möglich zu halten, wurden vom Projektteam bestehende Prozessdokumentationen, z. B. in MS Word, Visio, Powerpoint, gesichtet und vormodelliert. Somit bestand zum eigentlichen Termin schon die grobe Struktur des Prozesses und die Termine mit der Fachabteilung konnten relativ kurzfristig vereinbart werden.

Im Frontoffice wurden gleichzeitig in bis zu 4 Teams parallel die Prozesse aufgenommen. Neben dem Modellierer und den Vertretern der Fachabteilung (Prozessautoren) nahm i. d. R. auch mindestens ein zweites Mitglied des Projektteams an dem Modellierungstermin teil. Durch deren fachliches Know-how (v. a. SOA) und deren Kenntnis der SFS-internen Prozessabläufe konnte die inhaltliche Qualität der Dokumentation gesichert werden. Relevante Richtlinien und Regelungen, z. B. Arbeitsanweisungen oder Unterschriftenregelungen, wurden in den Prozessen als mitgeltende Dokumente hinterlegt.

Im Anschluss an die Modellierung wurden die Prozesse von den Mitarbeitern des Backoffice inhaltlich und formal qualitätsgesichert. Die Qualitätssicherung beinhaltete das Überprüfen der Attribute auf Vollständigkeit, das Einsammeln und Strukturieren der Stammdaten und die Einhaltung der grafischen und methodischen Konventionen. Um diese Vorgehensweise zu standardisieren und nachvollziehbar zu machen, wurden detaillierte Checklisten definiert. Die Prozesse wurden dann mittels Handbuch-Report ausgedruckt und den Prozessautoren zum Review und den Prozessownern zur Freigabe zugesandt. Änderungen wurden wiederum online zusammen mit den Prozessautoren eingearbeitet, um weitere Reviewrunden möglichst zu vermeiden.

3.5 Reporting

Die Risikoinformationen können beliebig aus den in ARIS modellierten Prozessen nach den relevanten SOA-Kriterien ausgewertet und in den Formaten MS Excel, MS Word oder HTML ausgegeben werden. Personalisierte Auswertungen und Ausgaben für Prozessverantwortliche, Führungskräfte oder Wirtschaftsprüfer sind möglich.

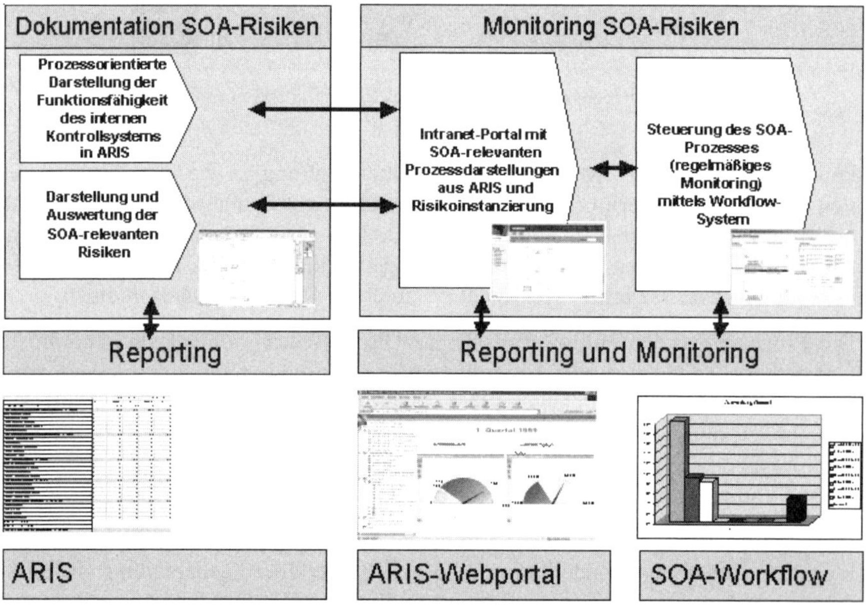

Abb. 3: Übersicht Reporting, Monitoring

Das Reporting des IKS stützt sich dabei auf 4 wesentliche Säulen:

1. **Intranetportal** mit SOA-relevanten Prozessdarstellungen aus ARIS und Risikoinstanzierung:
   Alle dokumentierten Prozesse werden für alle Mitarbeiter frei zugänglich in einem Prozessportal im Intranet veröffentlicht. Funktionalitäten im Web sind

u. a. Suche, Sprachauswahl (Deutsch/Englisch), der Ausdruck der Prozesse in MS Word sowie die Möglichkeit, online Feedbacks zu geben.

2. **Handbuch-Report (MS Word),** Darstellung des Prozessablaufes und aller hinterlegten Informationen:
   Dieser Report dient v. a. zum Ausdruck der Prozesse. In einem Dokument befinden sich die Modellgrafik, alle Funktionen, die verwendeten Informationsträger (Dokumente, Dateien) und IT-Systeme, die beteiligten Rollen, die dokumentierten SOA-Relevanzen sowie alle jeweils zu den einzelnen Objekten hinterlegten Informationen. Bei der Prozessaufnahme wurde darauf geachtet, die Prozesse möglichst kompakt zu halten (keine „Trivialereignisse", nur 8–10 Funktionen, spezifische Informationen in den Attributen), damit jede Grafik auf eine DIN-A4-Seite passt.
3. **Risikoliste SOA (MS Excel)** inklusive aller relevanten Informationen, auswertbar auf unterschiedlichen Unternehmensebenen:
   In dieser Übersichtsmatrix befinden sich alle relevanten Prozessinformationen (Gruppe, Funktion, ausführende und beteiligte Rollen, IT-Systeme ...) sowie alle Attribute aus der jeweiligen SOA-Relevanz. Diese Matrix ist auch eine wesentliche Auswertungsgrundlage für den Wirtschaftsprüfer. Er findet in dieser Übersicht sämtliche SOA-Relevanzen sowie die dokumentierten Testfälle und -ergebnisse.
4. **SOA-Workflow-Tool** zur Organisation, Durchführung, Dokumentation und Überwachung des Testens der SOA-Risiken:
   Dieses Tool wird im Kapitel „Ausblick/Weitere Schritte" genauer erläutert.

3.6 Testing

Vor dem Testen der Prozesse mussten vom jeweiligen Prozessowner erst die relevanten Risiken und Kontrollaktivitäten ermittelt und eingehend bewertet werden. Dazu wurden die Prozessbeschreibungen durchgegangen und potenzielle Risiken bzgl. Finanzberichterstattung und Offenlegung, die sich aus den beschriebenen Prozessen ergeben könnten, ermittelt. Im nächsten Schritt wurden diejenigen Kontrollen untersucht, die solche Risiken auffangen sollen. Anschließend wurden die Kontrollen daraufhin bewertet, ob sie in der Lage sind, die Risiken wirksam zu reduzieren. Dabei waren folgende Punkte zu beachten:

1. **Vorhandensein oder Tatsächlichkeit**
   Vermögenswerte, Schulden und Beteiligungen bestehen zu einem bestimmten Zeitpunkt und aufgezeichnete Transaktionen (Buchungen) stellen Ereignisse dar, die tatsächlich während einer bestimmten Periode geschehen sind.
2. **Vollständigkeit**
   Alle Transaktionen und anderen Ereignisse, die während einer bestimmten Periode geschehen sind, und die unter dieser Periode aufzuzeichnen sind, wurden auch tatsächlich aufgezeichnet.

3. **Rechte und Pflichten**
   Vermögenspositionen stellen die Rechtsansprüche und Verbindlichkeiten die Verpflichtungen der Einheit zu einem bestimmten Zeitpunkt dar.

4. **Bewertung und Zuordnung**
   Vermögen, Schulden, Einnahme- und Ausgabepositionen sind mit den richtigen Beträgen und in Übereinstimmung mit den Siemens US GAAP-Richtlinien verbucht. Die Transaktionen sind rechnerisch korrekt und richtig zusammengefasst und stehen in den Büchern und Aufzeichnungen der Gesellschaft.

5. **Ausweis und Veröffentlichung**
   Positionen in den Berichten sind zutreffend beschrieben, aufgeführt und eingeordnet.

In regelmäßigen Abständen[4] sind alle Kontrollen von den jeweiligen Vorgesetzten auf Effektivität des Designs und der Umsetzung zu testen. Bei negativen Testfällen sind diese zu dokumentieren und geeignete Korrekturmaßnahmen einzuleiten. Dabei sind ggfs. die Prozessbeschreibungen zu aktualisieren.

Grundsätzlich ist die Testdurchführung pyramidenförmig aufgebaut. Auf erster Ebene müssen alle Testaktivitäten vom jeweiligen Prozessowner durchgeführt werden. Auf den folgenden Ebenen (z. B. Abteilungsleitung, Geschäftsgebietsleitung, Vorstand) werden jeweils stichprobenartig einige der Testaktivitäten wiederholt. Alle Tester (ab der zweiten Ebene) bestätigen jeweils per Unterschrift, dass sie angemessen getestet haben, und bestätigen damit auch die angemessene Testdurchführung der untergeordneten Testebene.

3.7 Ergebnisse

Der gesamte Testzyklus wurde einmal über alle Ebenen hinweg durchgeführt. Dabei stieß man auf folgendes Problem: So gab z. B. der kaufmännische Leiter eines Geschäftsgebietes im Prozess „Rechnungsprüfung" Rechnungen durch Unterschrift zur Zahlung frei (finanzielle Anerkennung). Gleichzeitig war er auch Prozessowner für diesen Prozess und damit für die Testdurchführung verantwortlich. Somit waren Prüfer (Kontrolle) und Tester (Kontrolle der Kontrolle) identisch. Dies ist jedoch im Sinne eines internen Kontrollsystems verboten. Diese Probleme können auf verschiedene Arten gelöst werden. Eine Möglichkeit ist eine Änderung des Prozesses (keine aktive/prüfende Beteiligung des Prozessowners im Prozess). Eine andere Möglichkeit ist die Ausführung der Testaktivität durch eine andere Führungskraft, die dem Prozessowner mindestens gleichgestellt bzw. dieser nicht fachlich und disziplinarisch untergeordnet ist (z. B. der Vorgesetzte des kaufmännischen Leiters oder die interne Revision).

---

[4] Bei der Prozessaufnahme wurde neben der Testfrequenz (von „wöchentlich" bis „jährlich") auch der Umfang aufgenommen.

4 Lessons learned/Kritische Erfolgsfaktoren

Die Evaluation und die Dokumentation der internen Kontrollen auf Unternehmens-, Prozess- und Funktionsebene ist innerhalb der SFS mittlerweile abgeschlossen. Dem Wirtschaftsprüfer liegen die Auswertungen zur Prüfung vor. Schon jetzt lässt sich sagen, dass das ARIS Toolset eine sehr gute Unterstützung zur Umsetzung der Anforderungen (gewesen) ist. Neben der punktgenauen Identifikation von Schwachstellen in den für die Einhaltung der Gesetze erforderlichen Prozessen hat die Visualisierung der Geschäftsprozesse mit dem ARIS Toolset das Verständnis für die konkreten Arbeitsabläufe und deren Einbindung in stellen- und abteilungsübergreifende Zusammenhänge anschaulich gemacht. Es gelang, eine pragmatische, relativ aufwandsarme Lösung für alle Beteiligten zu finden, die auch für andere Themen erweiterbar ist.

Aus der bisherigen Projekterfahrung mit Dokumentationen gemäß SOA anbei ein paar kritische Punkte, die man beachten sollte:

Die Tiefe der Dokumentation
Vor dem Beginn der Dokumentation bedarf es derAuswahl einer SOA-angemessenen Dokumentationstiefe. Eine falsche Dokumentationstiefe kann schnell zu Dokumentationsfriedhöfen führen. Eine Abstimmung mit dem jeweiligen Wirtschaftsprüfer sollte schon vor der Prozessaufnahme erfolgen.

Vollständigkeit der Dokumentation
Aus den gemachten Erfahrungen heraus sollte nicht vernachlässigt werden, dass gemäß der definierten Grundlage der internen Vorgaben die Dokumentation vollständig und konsistent ist.

Pflegbarkeit der Dokumentation
Für den regulären, weiterlaufenden SOA-Prozess ist es wichtig, dass die Dokumentation pflegbar bleibt (nur die Attribute definieren, die auch tatsächlich für eine SOA-gemäße Dokumentation notwendig sind). So wird unnötiger Pflegeaufwand vermieden.

Dokumentation im Kontrollhandbuch/Rahmenwerk
Die internen Vorgaben sollten in einem Kontrollhandbuch/Rahmenwerk dokumentiert werden, welches für die Prozessaufnahme eine wichtige Grundlage bildet.

Von zentraler Bedeutung ist die Unterstützung des Projektes durch die Unternehmensleitung. Insbesondere für die weltweite Dokumentation der internen Kontrollen in einem sehr engen Zeitfenster hat es sich gezeigt, wie wichtig es ist, einen starken Projektsponsor aus der obersten Managementebene zu haben. Die Evaluierung und Dokumentation der Wirksamkeit von internen Kontrollen ist zwangsweise verbunden mit der Schaffung von mehr Transparenz und Einheitlichkeit und kann daher auf Kritik stoßen. Die Durch- und Umsetzung der Thematik muss daher von der Geschäftsleitung vorangetrieben werden.

Des Weiteren finden auch hier die generellen Erfolgskriterien für die Durchführung eines Projektes Anwendung. Diese umfassen u. a. die Definition eines klaren Projektzieles, die Anwendung einer Projektplanung, die konsequente Durchführung eines Projektcontrollings und die laufende Überwachung des Umsetzungsfortschrittes.

5 Ausblick/Weitere Schritte

Für ein wirksames internes Kontrollsystem ist ein effektives Testen (Kontrolle der Kontrollen) Voraussetzung. Die bei der SFS aufgenommenen SOA-Relevanzen müssen laut Angaben der Prozessowner i. d. R. quartalsweise geprüft werden. Dies führt jährlich zu Tausenden von Testfällen. Die Steuerung, Durchführung und Dokumentation dieser Testfälle ist ohne Systemunterstützung nur schwer auszuführen. Zudem sind ein umfassendes Monitoring der Testprozesse und die Überprüfung der Papierdokumentation kaum möglich. Aus diesem Grund haben die IDS Scheer AG und SFS ITO zusammen den ARIS SOX Audit Manager entwickelt, ein Workflow-Tool zur wirkungsvollen Steuerung und Dokumentation der Testinstanzen im Rahmen des SOA.

Grundfunktionalitäten sind die Organisation der Tests (inklusive automatischer Benachrichtigung der Tester), die Dokumentation der Testfälle sowie ein umfangreiches Monitoring und Reporting der durchgeführten Testfälle für die übergeordneten Managementebenen und den Wirtschaftsprüfer.

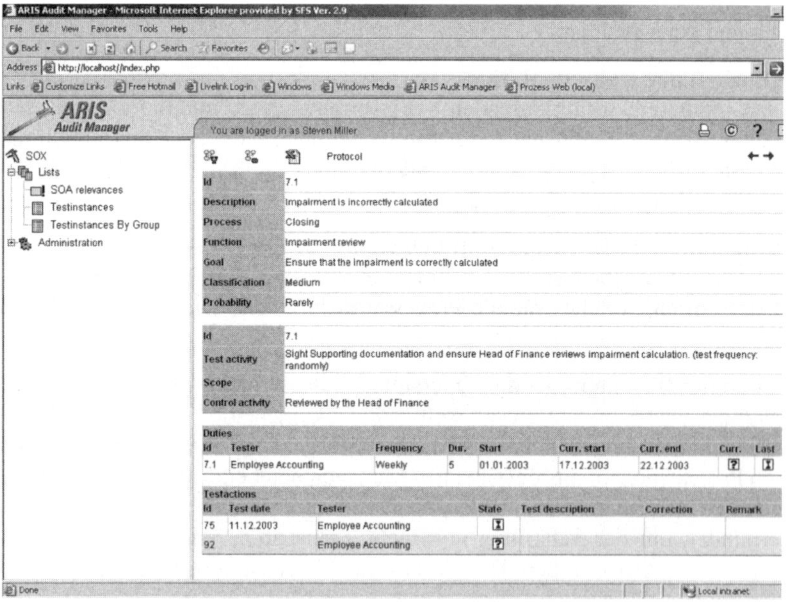

Abb. 4: Screenshot ARIS SOX Audit Manager (Prototyp)

Die Übersicht über die SOA-Tests beinhaltet:

- die Übersicht über SOA-Risiken in eigener Ownerschaft
- die Übersicht über SOA-Risiken in eigener Zuständigkeit als organisatorisch übergeordnete Instanz
- die Übersicht über eigene ausstehende Tests
- bei Fristüberschreitung die Übersicht über ausstehende Tests untergeordneter Benutzergruppen
- SOA-Risiken, die nicht in eigener Verantwortlichkeit sind, für die aber Leserechte bestehen

Es können zu diesen Risiken:

- Testdaten angesehen werden, wenn die erforderlichen Rechte vorhanden sind
- Tests durchgeführt werden, wenn die entsprechende Verantwortlichkeit besteht
- zugehörige Prozessinformationen aus dem Intranetprozessportal aufgerufen werden

Wichtig für alle Projekte im ARIS Umfeld ist es, über das Visualisieren der Prozesse hinauszugehen. Nur durch die Operationalisierung der in ARIS modellierten Prozesse kann man einen Mehrwert für das Unternehmen schaffen. Das beschriebene Projekt ist ein aussagekräftiges Beispiel hierfür.

Marktführerschaft durch Process Performance Management: Konzepte, Trends und Anwendungsszenarien

Helge Heß
IDS Scheer AG

Zusammenfassung

Die Effizienz der zentralen Kernprozesse ist für jedes Unternehmen die Voraussetzung, um im Markt erfolgreich zu sein. Process Performance Management hat zum Ziel, durch die automatisierte Analyse von Prozessstrukturen in Verbindung mit Kennzahlen die Abläufe von Unternehmen zu optimieren, um damit deren Organisation leistungsfähiger zu gestalten. Zielsetzung ist es, die Lücke zwischen Unternehmensstrategie und operativer Umsetzung zu schließen und Leistungs- und Führungsebene miteinander zu verbinden. ARIS Process Performance Manager (ARIS PPM) ist ein System, das unternehmens- und systemübergreifende Prozessanalyse möglich macht und in unterschiedlichsten Einsatzszenarien erfolgreich eingesetzt ist.

Schlüsselwörter

Process Performance Management, Prozessmanagement, Kennzahlensysteme, Logistikprozesse, Service Level Agreements, Risikomanagement, Process Mining, Online-Monitoring

1 Auf der Suche nach der „Unternehmensperformance“

Die Frage „Wie kann ich mein Unternehmen wettbewerbsfähiger machen?“ wird spätestens seit den 70er Jahren von immer wieder neuen Gurus mit immer wieder neu betitelten Strategiekonzepten diskutiert. Im Kern bleiben grundlegende Strategien wie Kostenführerschaft, Konzentration auf Schwerpunkte und Differenzierung bzgl. Qualität, Innovation und Service.

In den letzten Jahren sind Konzepte wie Business/Corporate/Enterprise Performance Management oder Business Activity Monitoring in den Mittelpunkt des Interesses gerückt. Allen Ansätzen liegt das Bedürfnis zugrunde, Unternehmen bzw. Unternehmensbereiche nach substanziellen Messgrößen zu bewerten und auf Basis dieser Kennzahlensysteme besser steuern zu können. Bei der monetären Bewertung haben längst wieder die fantasiegestützten Wachstumspotenziale klassischen Kenngrößen wie Cashflow, Kostenentwicklung und Profitabilität Platz gemacht.

Zunehmend setzt sich die Erkenntnis durch, dass der finanzielle Erfolg allerdings i. d. R. erst mit zeitlichem Abstand zu Optimierungsmaßnahmen erkennbar wird und daher ein Monitoring dort etabliert werden muss, wo die eigentliche Wertschöpfung stattfindet.

1.1 Was bedeutet Process Performance Management?

Wertschöpfung erfolgt in den Unternehmensprozessen, so dass der unternehmerische Erfolg (letztlich dokumentiert in bilanziellen und finanziellen Kennzahlen) ein effizientes Prozessmanagement zwingend voraussetzt. Konkret: Um Gewinne zu erzielen, ist es notwendig, die relevanten Kernprozesse des Unternehmens (je nach Branche z. B. Produktinnovation, -entwicklung, Vertrieb, Auftragsabwicklung, Servicegeschäft, ...) nach den Kriterien Kosten, Qualität und Zeit so effizient zu gestalten, dass daraus eine hohe Kundenzufriedenheit bis hin zur Erhöhung der Marktanteile bzw. Erschließung neuer Märkte resultiert, Kostenreduktionspotenziale genutzt werden und auch eine hohe Mitarbeiterzufriedenheit gewährleistet ist. Prozessmanagement ist eine kontinuierliche Aufgabe, ihr liegt der bekannte Regelkreis Process Design – Process Implementation – Process Controlling zugrunde.

Die Effizienz der Prozesse muss permanent und zeitnah kontrolliert werden, um Schwierigkeiten frühzeitig zu erkennen und optimierend eingreifen zu können. Process Performance Management hat zum Ziel, Geschäftsprozesse von Unternehmen zu optimieren, um damit deren Organisation leistungsfähiger zu gestalten.

Diese Herangehensweise ist der Grundstein für eine permanente Unternehmenssteuerung auf Basis von Kennzahlen und Prozessen, so dass sich die prozessorientierte Organisation künftig gezielter an veränderte Anforderungen und Rahmenbedingungen anpassen und zeitnäher Entscheidungen treffen kann. Dabei verbindet Process Performance Management die Leistungs- und Führungsebene miteinander, weil es die Lücke zwischen Unternehmensstrategie und operativer Umsetzung der Ziele schließt.

1.2 Rolle der IT – Kostenfaktor oder Erfolgsfaktor?

IT-Leiter waren in letzter Zeit häufig erste Adressaten, wenn es um Kosteneinsparungen ging. Aktuelle Outsourcing-Entscheidungen sind Zeugnis für diese Diskussionen. Die Frage nach dem Nutzen von IT für den Geschäftserfolg ist häufig in den Hintergrund getreten. Die Fantasie in Richtung neuer Geschäftsmodelle, die erst durch neue technische Konzepte und IT-Lösungen möglich wurden, hat im Augenblick wieder pragmatischem Effizienzdenken Platz gemacht.

Die Einführung eines neuen IT-Systems galt gemeinhin schon als erfolgreich, wenn es im geplanten Zeit- und Budgetrahmen blieb. Andere Erfolgsfaktoren wie reduzierte Kosten, gesteigerte Produktivität oder erhöhte Kunden- und Mitarbeiterzufriedenheit werden oftmals als nicht quantifizierbar außen vor gelassen. Denn die vielfältigen Auswirkungen einer Software-Einführung auf das operative Geschäft machen eine umfassende Wirtschaftlichkeitsberechnung kompliziert und langwierig.

Der Return on Investment muss dadurch ermittelt werden, dass man sich die Performanceoptimierung der modifizierten Geschäftsprozesse anschaut. Beispielsweise lässt sich nach der Einführung eines ERP-Systems ermitteln, ob und um wie viel die durchschnittliche Durchlaufzeit von Aufträgen reduziert wurde. Aus einer solchen Prozessverbesserung lässt sich errechnen, was dies für Kosten, Kundenzufriedenheit und Umsatz bedeutet. Dabei liegt die Verantwortung für die Prozessqualität in den Fachbereichen, jedoch wird die Effizienz der Prozesse maßgeblich durch die Qualität der IT-Unterstützung bestimmt. Es gilt also, die Schnittstelle zwischen Fachbereich und IT zu beherrschen, um Prozessoptimierungen in IT-Lösungen messbar zu machen und damit den Software-ROI nachweisen zu können.

Auch bei der Frage des Monitorings treffen betriebswirtschaftliche und IT-Aspekte aufeinander: Für den IT-Leiter, der mittels Systemmanagement-Unterstützung die Performance seiner Hardware, Netzkomponenten und Applikationen misst, stellt sich die Frage, welche Auswirkungen auftretende IT-Probleme auf laufende Geschäftsprozesse haben, um z. B. Prioritäten bei der Eskalation und Fehlerbehebung vergeben zu können. Umgekehrt ist es für den Prozessverantwortlichen bei der Ursachenforschung von Schwachstellen eine interessante Frage, ob IT-Probleme verursachend beteiligt waren. Dies bedeutet, dass ein Monitoring der Performance eines Unternehmens unbedingt strategische Aspekte (repräsentiert z. B. in Balanced Scorecards) mit prozessorientierten Analysen einerseits und IT-nahen Analysen (IT-Service-Management) andererseits kombinieren muss, um eine ganzheitliche Sicht zu gewährleisten (vgl. Abbildung 1).

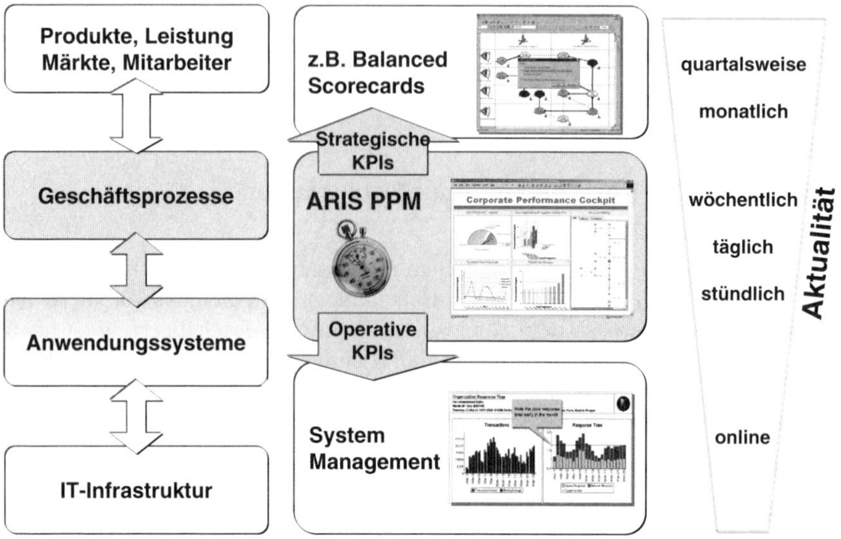

Abb. 1: Monitoring integriert Strategie, Geschäftsprozesse und IT-Systeme

2 Nutzung des ARIS Process Performance Managers

2.1 Ursachenforschung und Analyse von Schwachstellen

Wenn finanzielle Kennzahlen negative Entwicklungen aufzeigen, gilt es, diese zu analysieren und gegenzusteuern.

Beispiel: Ein Nichterreichen des geplanten Umsatzes kann folgende Analysekette auslösen:

- Im zweiten Quartal ist der Umsatz statt wie geplant um 4 % nur um 1,8 % gegenüber dem gleichen Quartal des Vorjahres gestiegen. Was ist die Ursache?
- Der Auftragseingang war in Ordnung, allerdings ist die Anzahl der Gutschriften dramatisch gestiegen. Was ist die Ursache dafür?
- Frage an VERTRIEB: Haben wir Qualitätsprobleme?
- falls nein, Frage an VERTRIEB: Haben wir Probleme bzgl. Liefertermintreue?
- falls ja, Frage an LAGER: Haben wir viele Out-of-Stock-Situationen?

- falls nein, Frage an LOGISTIK: Machen wir Fehler bei der Bereitstellung bzw. haben wir Terminprobleme im Versand?

Es zeigt sich, dass monetäre Kennzahlen häufig Symptome aufzeigen, die dann einer genaueren Analyse bedürfen. Diese Ursachenforschung führt in sehr vielen Fällen dazu, sich mit der Performance der Kernprozesse des Unternehmens zu beschäftigen, da in der Wertschöpfungskette die eigentlichen Ursachen liegen.

In den wenigsten Fällen ist es hinreichend, eine einmalige und manuelle Analyse der betrieblichen Abläufe durchzuführen. Datenerhebungstechniken wie Interviews, Arbeitskreise etc. sind hilfreich, um eine grobe Transparenz in die Geschäftsprozesse zu bringen; um den Bedürfnissen an Aktualität und Objektivität gerecht zu werden, ist eine solche Erhebung unzureichend. Da die Mehrzahl der prozessrelevanten Daten mittlerweile in IT-Systemen vorliegt, ist es erforderlich, diese Daten automatisiert aus diesen „Quellsystemen" zu extrahieren und aus diesen Einzelinformationen letztlich die gesamte Kette der Prozessbearbeitung, z. B. von der Anfrage des Kunden bis zu Lieferung und Zahlungseingang, zu rekonstruieren. Diese Anforderung gilt insbesondere auch dann, wenn sich Prozesse über Systemgrenzen hinweg erstrecken (z. B. CRM – ERP – Legacy System).

Ein System, das die Anforderungen an ein solches prozessorientiertes Monitoring erfüllt, soll im Folgenden vorgestellt werden.

2.2 Funktionalität und Arbeitsweise von ARIS PPM

ARIS Process Performance Manager liest aus einem oder mehreren Quellsystemen über anwendungsspezifische Adaptoren alle prozessrelevanten Daten zu den untersuchenden Geschäftsvorfällen in ein Repository ein. Dabei liegen originär je nach Quellsystem sehr unterschiedliche prozessrelevante Laufzeitinformationen über die ausgeführten Aktivitäten vor (z. B. Log-Dateien, Belege, Historien). Pro Vorgang (Prozessinstanz) wird dann gemäß der zeitlichen Abfolge und Zusammengehörigkeit dieser Prozessfragmente automatisch eine modellhafte Beschreibung – z. B. in Form der so genannten Ereignisgesteuerten Prozesskette (EPK) – generiert, die alle Einzelaktivitäten (Funktionen) in ihrer zeitlich logischen Reihenfolge sowie die Verbindung zu den ausführenden Organisationseinheiten enthält (vgl. Abbildung 2).

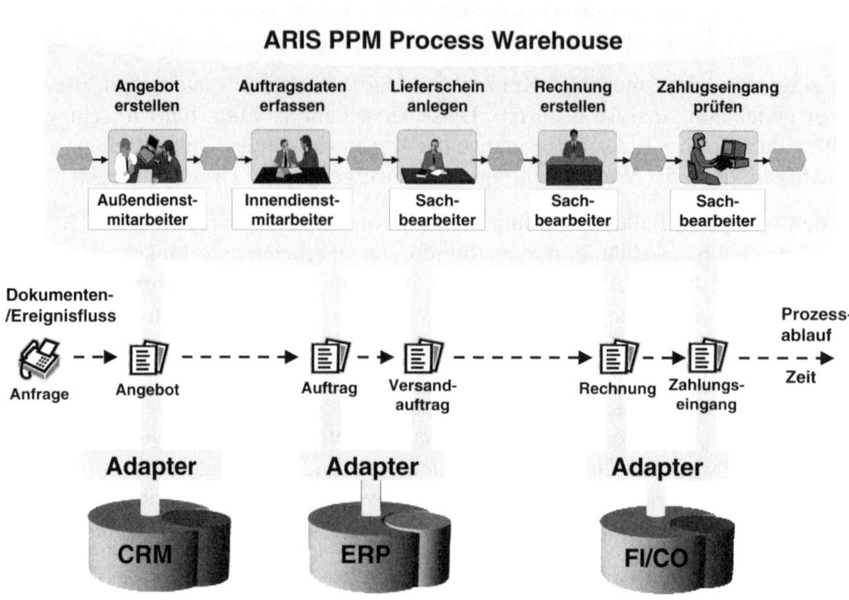

Abb. 2: Prozessgenerierung durch Laufzeitdaten aus Quellsystemen

Basis-Adaptoren zu einer Reihe von Standardsoftwaresystemen (z. B. ERP-, CRM-, EAI-, Workflow-Systeme) stellt ARIS PPM bereits zur Verfügung. Diese werden im Zuge einer ARIS PPM-Implementierung an die kundenspezifischen Systeme abhängig von den zu untersuchenden Prozesstypen angepasst. Durch Offenlegung der XML-Importschnittstelle ist es Partnern und Kunden möglich, eigene Quellsystemadaptoren schnell und einfach zu entwickeln.

Für jede eingelesene Prozessinstanz werden konfigurierte Prozesskennzahlen berechnet und aggregiert. Das Basissystem ARIS PPM wird mit einer Grundmenge von Kennzahlen ausgeliefert, die kundenindividuell erweitert und angepasst werden.

Hinsichtlich der Art von Kennzahlen können 3 Gruppen unterschieden werden:

- zeit- und mengenbezogene Kennzahlen (z. B. Durchlaufzeiten, Bearbeitungszeiten, Häufigkeiten, Wahrscheinlichkeiten)
- kostenbezogene Kennzahlen (z. B. Prozesskosten/-sätze) und
- qualitätsbezogene Kennzahlen (z. B. Reklamationsquoten, Fehlerraten, Anzahl Bearbeiter)

Zu den Kennzahlen werden in ARIS PPM prozessrelevante Entscheidungsgrößen– so genannte Dimensionen – eingestellt. Die Dimensionen, z. B. Region, Kundengruppe, Materialgruppe, Sparten werden ebenfalls aus den Quellsystemen als

Merkmale der einzelnen Prozessinstanzen ausgelesen. Im Zusammenspiel von Kennzahlen und Dimensionen bewertet der Anwender die Leistungsfähigkeit seiner Geschäftsprozesse.

3 Anwendungsszenarien für Process Performance Management

Es ist typischerweise Ergebnis einer strategischen Betrachtung, welche Kernprozesse mit welcher Priorität analysiert werden sollen. Aus der Festlegung der kritischen Erfolgsfaktoren für jedes Geschäftsfeld leiten sich die relevanten Fragestellungen und Kennzahlen ab.

ARIS PPM ist grundsätzlich für alle IT-unterstützten Geschäftsprozesse einsetzbar, wenn die Leistungsfähigkeit der Prozessausführung bewertet werden soll. Die folgenden Szenarien sollen beispielhaft Einsatzfelder und die Vorgehensweise bei der Analyse aufzeigen.

3.1 Szenario: Vertriebs- und Auftragsabwicklung

In der Auftragsabwicklung liegen oftmals unentdeckte Verbesserungspotenziale, weil die Prozesse meist in verschiedenen Systemen verteilt ablaufen und deshalb nicht wirklich transparent gemacht werden können. Die typischen Anforderungen an die Auftragsabwicklung bzgl. Durchlaufzeiten, Liefertermintreue etc. können i. d. R. durch eine Optimierung in einzelnen Systemen nicht erreicht werden. Denn erst ein optimierter Gesamtprozess von der Anfrage des Kunden bis hin zu Lieferung und Zahlungseingang wird eine verbesserte Kundenzufriedenheit sicherstellen.

Gerade in heterogenen Systemlandschaften spielt ARIS PPM seine Stärke aus: die system- und organisationsübergreifende Bewertung von Gesamtprozessen. ARIS PPM rekonstruiert aus Prozessfragmenten der Einzelsysteme den Gesamtprozess und macht so die verborgenen Optimierungspotenziale sichtbar. Damit wird ein Benchmarking möglich. Beispiel: Vergleich der Durchlaufzeiten von der Bestellung bis zur Auslieferung an den Kunden, differenziert nach verschiedenen Vertriebsregionen und Produktgruppen.

Die Funktionalität der Prozessanalyse soll im Folgenden exemplarisch anhand der *Auftragsabwicklung* eines Stückgut-Fertigers demonstriert werden.

In hochaggregierten Managementsichten (vgl. Abbildung 3) auf die Kernprozesse kann der Benutzer zeitnah signifikante Abweichungen der überwachten Prozesskennzahlen von Planwerten feststellen (z. B. dargestellt mittels Tachometer-Diagrammen). Ausgehend von der Erkenntnis, dass die Prozesslaufzeit der Auftragsabwicklung über Plan liegt, werden schrittweise die Ursachen der schlechten Performance isoliert und Verbesserungsmaßnahmen abgeleitet.

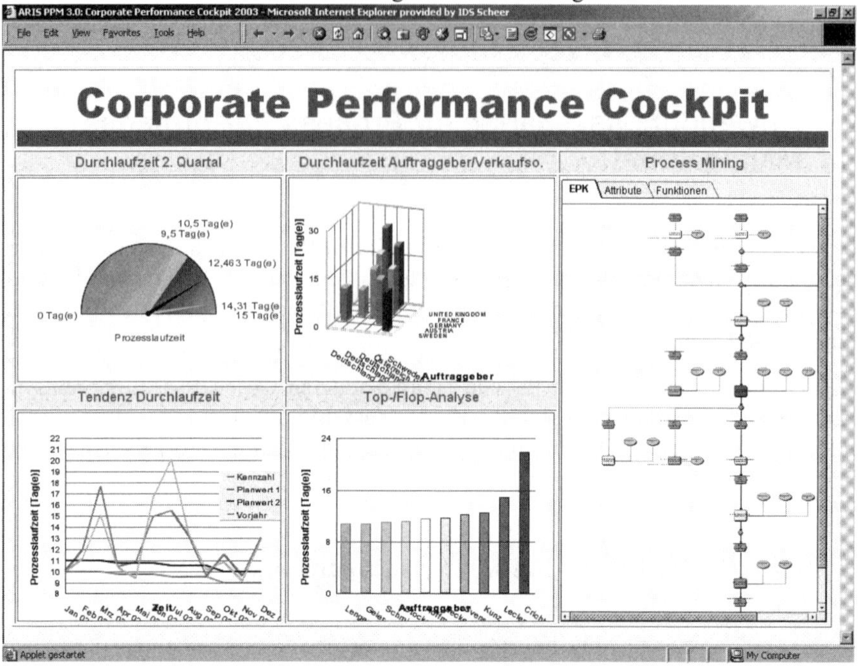

Abb. 3: Management-View zum schnellen Überblick über die wichtigsten Analyseergebnisse

Planwerte können pro Kennzahl eingestellt und von ARIS PPM ständig überwacht werden. Das System kann eine automatische Benachrichtigung der Prozessverantwortlichen anstoßen, sobald die Warn- oder Alarmgrenze überschritten wurde. Vom reinen Durchschnittswert einer Kennzahl wechselt der Anwender zur Trendanalyse durch Hinzufügen der Dimension Zeit (vgl. Abbildung 4).

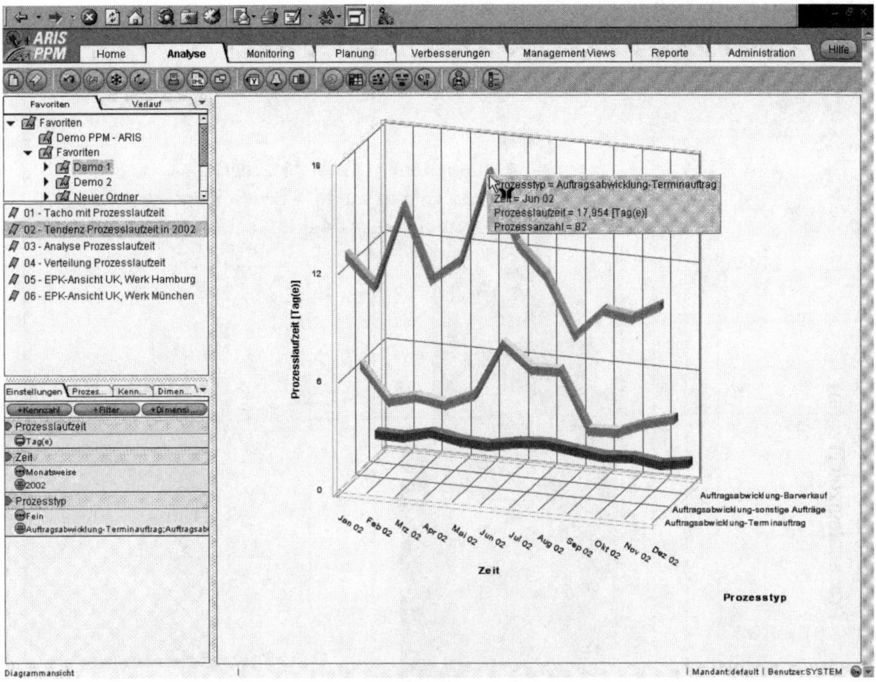

Abb. 4: Trendanalyse der Durchlaufzeit über den Zeitraum eines Jahres

Mit dieser Darstellung lässt sich der zeitliche Verlauf der Kennzahl betrachten und es lassen sich auffällige Zeitintervalle lokalisieren, in denen die höchsten bzw. niedrigsten monatlichen Werte vorkommen. Die dargestellte Schrittweite kann beliebig gewählt werden (hier: monatlich). Auch der betrachtete Zeitraum ist einstellbar (hier: der gesamte Jahresverlauf).

ARIS PPM erlaubt es dem Anwender, Kommentare bzw. Optimierungsmaßnahmen im System zu hinterlegen. Damit lassen sich im Team Aufgaben verteilen und Verbesserungsmaßnahmen an Ort und Stelle festhalten. Darüber hinaus können die verschiedenen Anwender im gleichen System die vorgeschlagenen Verbesserungsmaßnahmen kommentieren und einer Erfolgskontrolle nach deren Umsetzung unterziehen. So entsteht eine lückenlose Dokumentation von Prozessoptimierungen.

In Kombination von Kennzahlen mit Dimensionen kann der Anwender die eingelesenen Prozesse unter verschiedenen Gesichtspunkten analysieren. Im vorliegenden Beispiel wurden beispielsweise „Auftraggeber“ und „Verkaufsorganisation“ als solche Dimensionen konfiguriert (vgl. Abbildung 5).

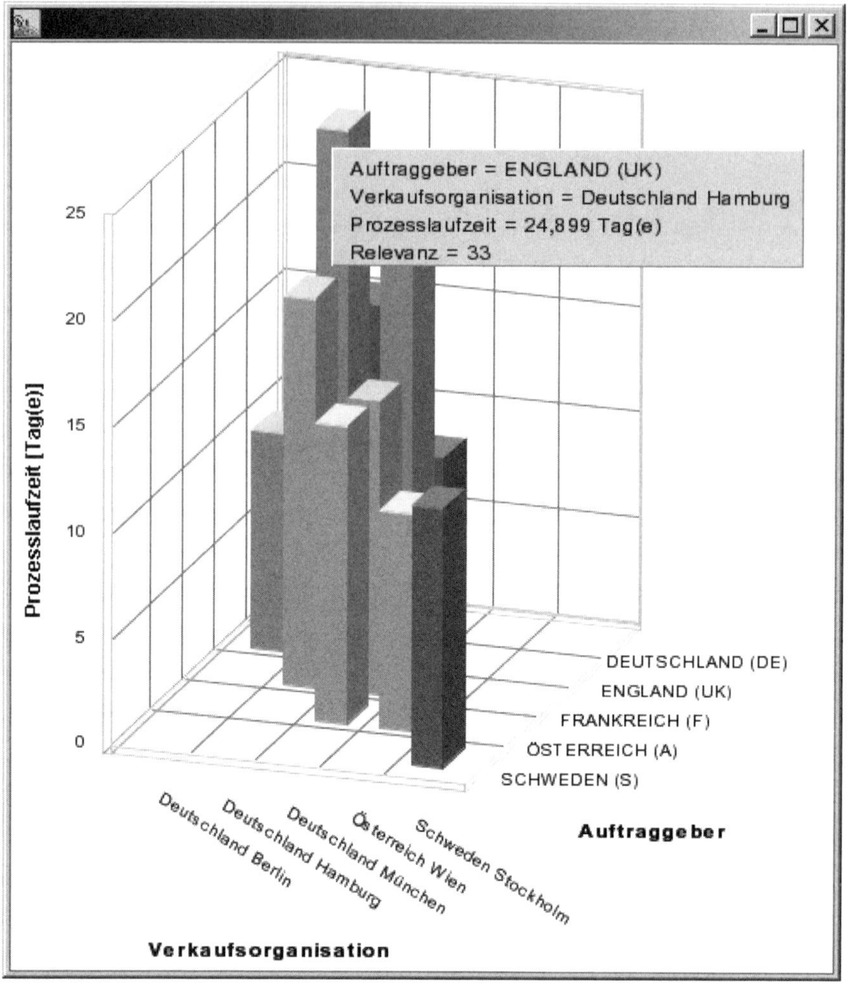

Abb. 5: Prozesslaufzeit hinsichtlich Auftraggeber und Verkaufsorganisation

Dadurch wird sichtbar, bei welcher Kombination von Auftraggeber und Verkaufsorganisation die Prozesslaufzeit am höchsten war. Am Beispiel ist erkennbar, dass in Hamburg abgewickelte Aufträge für Kunden aus England besonders lange dauern. Mit dieser Erkenntnis wird der Anwender tiefer gehende Analysen starten. Sind erst einmal auffällige Prozesse isoliert, kann der Anwender nun vom Durchschnittswert der Prozesslaufzeit in die statistische Verteilung wechseln. Darin wird erkennbar, ob sich die zu hohe Prozesslaufzeit durch einzelne Ausreißer erklären lässt oder ob es sich um einen generellen Trend handelt.

Der Anwender kann sich aus dieser Verteilung heraus einzelne Vorgänge im Detail anschauen. Im Gegensatz zum ARIS Toolset, wo Prozessketten durch den

Anwender selbst erstellt werden, um z. B. Sollprozesse zu modellieren, werden die Prozessketten aller realen Vorgänge zum Zeitpunkt des Datenimports aus dem Quellsystem automatisch von ARIS PPM generiert und in dessen Repository gespeichert. ARIS PPM kann somit als automatisierte Ist-Analyse verstanden werden. Die Untersuchung einzelner Vorgänge versetzt die Prozessbeteiligten auf diese Weise in die Lage, Verbesserungspotenziale aufzudecken.

Häufig ist die Anzahl der Vorgänge so groß, dass eine Auswertung auf der Ebene von Einzelvorgängen nur für Stichproben sinnvoll durchgeführt werden kann. Um jedoch auch aus einer großen Anzahl von Abläufen Verbesserungspotenziale zu identifizieren, bietet ARIS PPM die Möglichkeit, beliebig viele Prozessinstanzen in verdichteter Form als grafische Prozesskette darzustellen. Bildhaft werden dabei alle Einzelvorgänge übereinander gelegt und gemeinsam durchlaufene Pfade zusammengefasst (vgl. Abbildung 6).

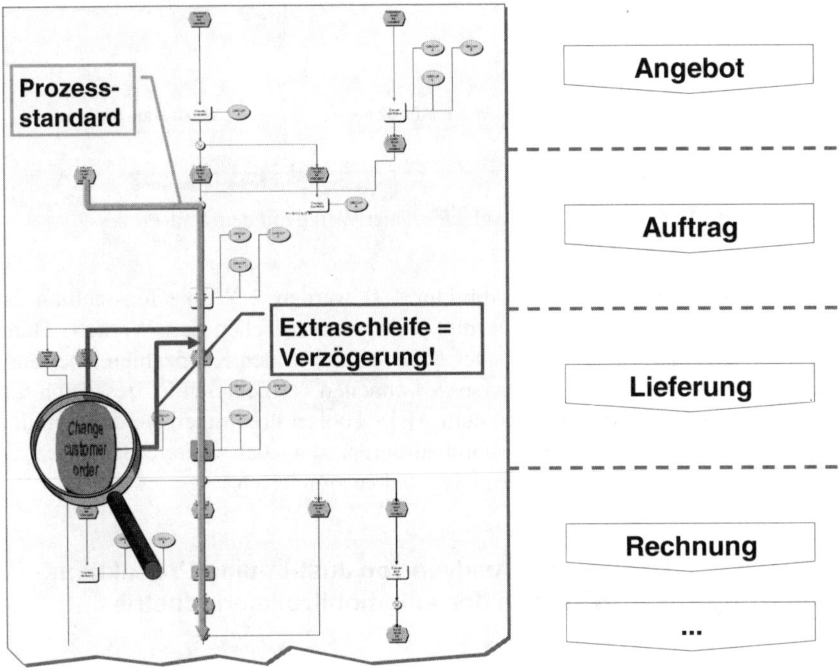

Abb. 6: Verdichtete Prozesskette: Erkennung von Optimierungspotenzialen

In solchen verdichteten Prozessketten lassen sich Gemeinsamkeiten der zugrunde liegenden Einzelvorgänge entdecken. ARIS PPM errechnet die Wahrscheinlichkeiten aller durchlaufenen Pfade und markiert Standardpfade und Sonderfälle entsprechend im grafischen Modell. Daraus ergibt sich im vorliegenden Fall die Erkenntnis, dass ein Grund für die lange Durchlaufzeit bei der Bearbeitung in Hamburg in häufigen Auftragsänderungen liegt. Sinnvoll ist es nun, diese Auftragsabwicklung der eines anderen Werkes gegenüberzustellen. Dadurch ist ein internes Benchmarking möglich.

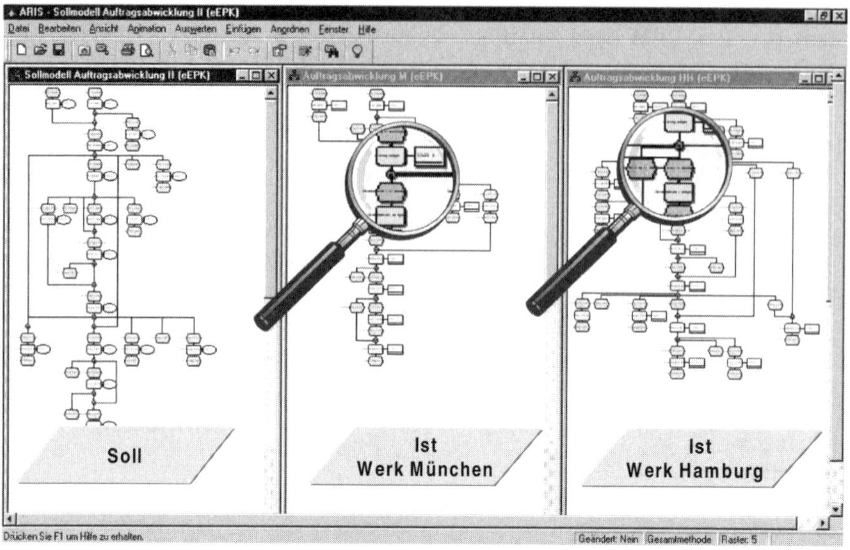

Abb. 7: Vergleich der Ist-Abläufe zweier Werke mit dem Soll-Prozess

Im vorliegenden Beispiel (vgl. Abbildung 7) werden 2 Werke hinsichtlich der Prozesslaufzeit verglichen. Dabei zeigt sich, dass zwischen den Werken „Hamburg" und „München" ein erheblicher Unterschied in den Kennzahlen, aber auch in der Prozessstruktur besteht. Die so gewonnenen verdichteten Prozessdaten und grafischen Prozessmodelle können zum ARIS Toolset übertragen werden, um dort Vergleiche mit dem Soll-Modell durchzuführen oder auch weitere Szenarien auf Basis der Ist-Kennzahlen durchzuspielen und zu simulieren.

3.2 Szenario: Messung und Analyse von Just-in-time-Produktions- und Logistikprozessen in der Automobilzulieferindustrie

Zielsetzung für einen Automobilzulieferer war es, innerhalb des Prozesses der Just-in-time-Produktion Kennzahlen zu analysieren, die maßgeblich seine Lieferfähigkeit und -qualität gegenüber dem Auftraggeber dokumentieren. Zu diesen Kennzahlen zählen die Durchlaufzeiten der einzelnen Prozessschritte des Zulieferers, Soll-Ist-Vergleiche des Lieferzeitpunkts und die Genauigkeiten der geplanten Lieferabrufe über den Tagesverlauf. All diese Informationen werden gemessen nach dem JIT-Impuls durch den Auftraggeber.

Zusätzlich werden Übersichten und Kennzahlen zur Abrufhistorie der JIT-Abrufe generiert, die sowohl Schwankungen im Abrufverhalten als auch Abrufänderungen vor dem Einteilungstag/Liefertermin sowie die Differenzierung nach den eingesetzten Materialien berücksichtigen.

Die Messung und Analyse dieser Kennzahlen machte es dem Zulieferer erstmals möglich, Transparenz in diese Just-in-time-Abläufe zwischen Hersteller und Zulieferer zu bringen. Zudem unterstützt diese Form des Process Monitorings die Anforderungen einer auf Prozesse fokussierten Zertifizierung, wie sie in aktuellen Qualitätsnormen wie ISO TS 16949 verankert sind.

3.3 Szenario: ARIS PPM for Logistics

Auf Basis verschiedenster ARIS PPM-Projekte im logistischen Umfeld ist eine spezielle ARIS PPM-Variante entstanden, die für die Beantwortung logistischer Fragestellungen eine Reihe von vordefinierten Analysen, Reports und Auswertungen bietet. Der fachliche Inhalt des Release ARIS PPM for Logistics - Procurement (vgl. Abbildung 8) deckt alle relevanten Handlungsfelder eines modernen Einkaufsmanagements aus Controllingsicht ab. Typische Fragstellungen in diesem Umfeld sind beispielsweise:

- Welches sind die logistikintensiven Werke und Warengruppen, gemessen an deren Bestellvolumina und den Lieferrhythmen?
- Liefern die Lieferanten wirklich wie gewünscht?
- Welches sind die wirklichen Ursachen für einen schlechten Lieferservice?
- Wie verteilen sich die aktiven Lieferanten in Abhängigkeit von ihrer prozentualen Liefertermintreue und ihrem Bestellwert?
- Wie hoch ist die relative Preisstabilität ausgewählter Lieferanten über alle gelieferten A-Materialien im aktuellen Monat pro Einkäufer?

Es gelingt damit in einem System, den aktuellen Status zu erfassen, Potenziale zu identifizieren, Verbesserungen anzustoßen und Fortschritte zu belegen, d. h. nachhaltiges Logistik-Controlling zu betreiben.

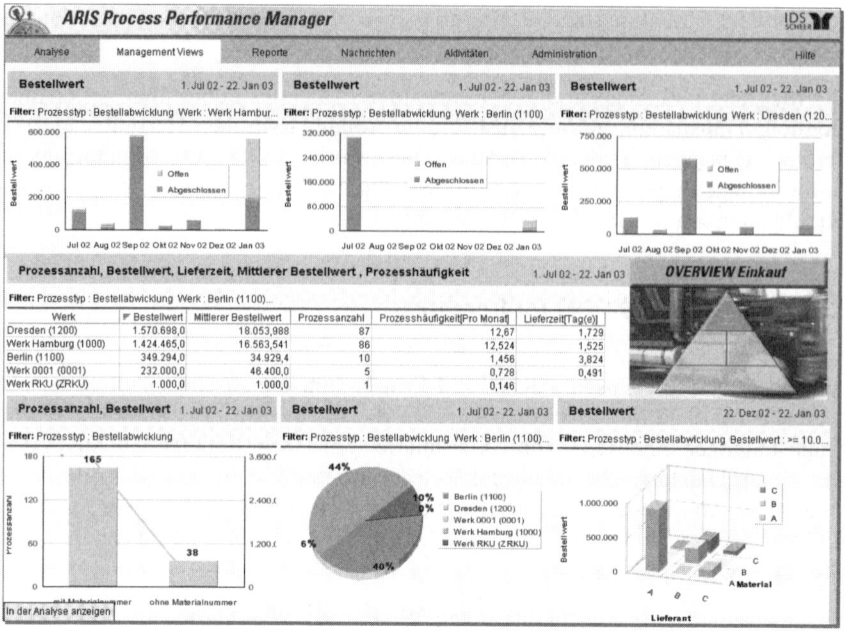

Abb. 8. Logistics Performance Management

3.4 Szenario: Performance-Management im Versicherungsumfeld

Bei unterschiedlichen Versicherungsunternehmen wurden die zentralen Geschäftsprozesse Neuantragsgeschäft und Schadensbearbeitung analysiert. Kennzeichnend für diese Branche ist die hohe Individualität der eingesetzten IT-Systeme, da kaum Standardsoftwaresysteme Verwendung finden. Einige Versicherungskonzerne haben unternehmensweite Workflow-Management-Systeme im Einsatz, die in der Lage sind, alle prozessrelevanten Daten zur Verfügung zu stellen und so die Aufgabe der Datenbeschaffung wesentlich zu vereinfachen.

3.5 Szenario: proaktive Prozesssteuerung beim Kundenmanagement

Im CRM-Umfeld gibt es vielfältige Anwendungsmöglichkeiten der Leistungsmessung von Geschäftsprozessen. Ein Anwendungsbeispiel von ARIS PPM ist der Bereich Kundenmanagement und Kundenbindung:

Bei einem Anbieter eines branchenübergreifenden Kundenbindungsprogramms überwacht ARIS PPM alle Kernprozesse, beginnend bei der Anmeldung neuer Teilnehmer bis hin zur Einlösung von Bonuspunkten.

Hauptziele dabei sind

- Schaffung von Prozesstransparenz
- Erhöhung der Kundenzufriedenheit durch Reduzierung der Durchlaufzeit für diese Kernprozesse
- Vermeidung von Verzögerungen und Reduktion der Fehlerquoten
- Kostenreduktion durch Vermeidung von Sonderfällen

3.6 Szenario: Monitoring und Controlling von Service Level Agreements

Ein wichtiger allgemeiner Trend im IT-Umfeld ist die umfassendere Bedeutung von Service Level Agreements (SLA): Service Level Agreements sind Beschreibungen der Service- und Leistungsvereinbarungen zwischen Dienstleister und Kunde auf Basis objektiver, möglichst quantitativer Kriterien. Ursprünglich wurde dies im Wesentlichen für Outsourcing-Vereinbarungen verwendet. Da Service Level Agreements erfolgreich als Instrument zur Überwachung vereinbarter Leistungen und Sicherstellung der Kundenzufriedenheit eingesetzt werden, werden sie nun auch verstärkt für das Outsourcing ganzer Geschäftsprozesse wie z. B. Beschaffung oder Recruiting eingesetzt, um die Anforderungen des Auftraggebers an die Dienstleistung zu quantifizieren. Auch hier gilt: Vereinbarungen machen nur Sinn, wenn ihre Einhaltung messbar wird – ARIS PPM erlaubt ein permanentes Monitoring und Reporting der vereinbarten Kriterien.

3.7 Szenario: Performance-Management in Verbindung mit Risikomanagement

Eine Reihe rechtlicher Regelungen und Vereinbarungen (u. a. KonTraG, Basel II) hat dazu geführt, dass für viele Unternehmen, insbesondere Finanzdienstleister, die Messung und Bewertung ihrer operationellen Risiken eine herausragende Bedeutung einnimmt. Der *Process Risk Scout* der IDS Scheer nutzt die bei vielen Unternehmen etablierten Methoden zur Prozessanalyse, um eine sinnvolle Struktur in die Dokumentation von Risiken zu bringen, indem Prozesse und Risiken miteinander verknüpft werden. ARIS PPM wird im Rahmen des Process Risk Scouts verwendet, um auf Basis der tatsächlich ausgeführten Prozesse Kennzahlen wie z. B. die Eintrittswahrscheinlichkeit oder die durchschnittliche Schadenshöhe von Risiken zu messen und Abhängigkeiten von den Einflussfaktoren der Prozesse (z. B. Kundengruppe, Region, Produktgruppe, ...) deutlich zu machen. Mit diesen Ergebnissen kann die Strategie zum Umgang mit Risiken (vermeiden, versichern, akzeptieren, kontrollieren) individuell definiert und permanent überprüft werden.

3.8 Szenario: Prozess-Controlling in Workflow- und EAI-Systemen

Workflow-Management-Systeme bzw. Enterprise Application-Integration Systeme (EAI-Systeme) steuern die Prozessbearbeitung bzw. den Datenfluss im Unternehmen. Wenn solche Systeme eingesetzt werden, gestaltet sich die Extraktion aller prozessrelevanten Daten für ARIS PPM besonders einfach, da nicht mehr aus vielen unterschiedlichen Systemen Informationen beschafft werden müssen, sondern die Daten zentral in dieser Steuerungskomponente vorliegen.

Als Beispiel wurde im Rahmen einer Partnerschaft der IDS Scheer mit dem Software-Unternehmen Staffware PLC das ARIS PPM System speziell auf die Bedürfnisse der Kunden des gleichnamigen Workflow-Systems zugeschnitten. Daraus entstand das OEM-Produkt *SPM – Staffware Process Monitor –,* das von Staffware als Bestandteil ihrer *Staffware Process Suite* angeboten wird. Staffware Process Monitor ermöglicht die Messung, Analyse und Optimierung der Prozesseffizienz der in Staffware ablaufenden Workflow-Prozesse, um die Prozessdefinition (Struktur, Verantwortlichkeiten) permanent zu optimieren.

4 Organisatorische Verankerung des Process Controllings

Im Wesentlichen können 3 verschiedene Zielgruppen identifiziert werden:

- Führungsverantwortliche der obersten Ebene
- Prozessverantwortliche
- die Leistungsträger der operativen Ebene

Jede dieser Zielgruppen hat eigene Anforderungen bzgl. des Detaillierungsgrades sowie der Datenbereitstellung und -aufbereitung. Während Mitglieder des Topmanagements vor allem an aggregierten Daten und Benachrichtigungen bei signifikanten Abweichungen von strategischen Vorgaben interessiert sind, benötigen Prozessbeteiligte detaillierte Informationen über ihre Abläufe und die Erreichung vereinbarter Leistungsziele.

Hauptzielgruppe des Process Performance Managements sind die Prozessverantwortlichen: Für Bereichs- bzw. Prozessverantwortliche eines Unternehmens ist die Konkretisierung und Verfolgung von Zielvorgaben eine wichtige Aufgabe. Die kontinuierliche Überwachung der verantworteten Prozesse in Bezug auf Durchlaufzeit, Mengenvolumen und Prozessqualität im Hinblick auf mögliche Verbesserungen erfordert den permanenten Vergleich von Ist-Daten mit Plangrößen sowie mit den Daten der Vorperioden. Statistische Funktionen zur Untersuchung von Abweichungen und die Extrapolation von bisherigen Entwicklungen ergänzen das Analyseinstrumentarium.

Auf dieser Ebene müssen Problemquellen erkannt und Lösungsmöglichkeiten konkret vorgeschlagen werden. Da Controllingaufgaben zunehmend dezentralisiert werden, bieten bereichsübergreifende Vergleiche und Benchmarks eine wichtige Ergänzung der Funktionalität.

5 Trends im Bereich Performance-Management

5.1 Business Intelligence und Prozessmanagement wachsen zusammen

Typische Business Intelligence- und Data Warehouse-Ansätze hatten in der Vergangenheit den Fokus auf finanziellen Analysen. Auch wenn sich dies bereits gewandelt hat, erfüllen sehr viele Projekte nicht wirklich die Informationsbedürfnisse der Anwender: Der sehr datengetriebene Ansatz vieler Business Intelligence-Projekte führt zum einen zu sehr hohem Aufwand in der Datenextraktion und Sicherstellung der Datenqualität, zum anderen gelingt es häufig nicht, Informationen zur Verfügung zu stellen, die für die Ableitung von Optimierungsmaßnahmen verwendet werden können. Die Notwendigkeit, Analysen stärker mit der Wertschöpfung des Unternehmens zu verknüpfen, erfordert ein Zusammenwachsen der beiden Themenfelder Business Intelligence und Prozessmanagement.

5.2 Proaktiv statt reaktiv: Online-Monitoring und Real-Time Enterprise

Die Analyse von vergangenheitsbezogenen Daten ist notwendig, um Rückschlüsse auf Schwachstellen und Optimierungspotenziale zu ziehen.

Der Informationsbedarf von Prozessverantwortlichen geht allerdings darüber hinaus, da der Fokus natürlich auch darauf liegt, Probleme in aktuell laufenden Prozessen zu erkennen und zu beseitigen. Online-Monitoring meint in diesem Zusammenhang die Fähigkeit, die Informationen in der tatsächlich benötigten Aktualität zu liefern und damit den Verantwortlichen alle Möglichkeiten für eine permanente Auskunftsbereitschaft zu geben sowie bei allen Ereignissen, die vom Prozessstandard abweichen, entsprechende Eskalationenen und Benachrichtigungen einzuleiten.

5.3 Automatisierte Schwachstellenanalyse: Process Mining und Best Practices

Bei Unternehmen, die mehrere hunderttausend Vorgänge am Tag bearbeiten, ist der Prozessverantwortliche häufig nicht in der Lage, Schwachstellen zu erkennen, weil sie z. B. aufgrund von Verdichtungen und Durchschnittsbildungen bei Analysen in der Gesamtmenge untergehen. Daher ist es notwendig, mit speziellen Analysetechniken solche Prozessinformationen zu bearbeiten (vgl. Abbildung 9).

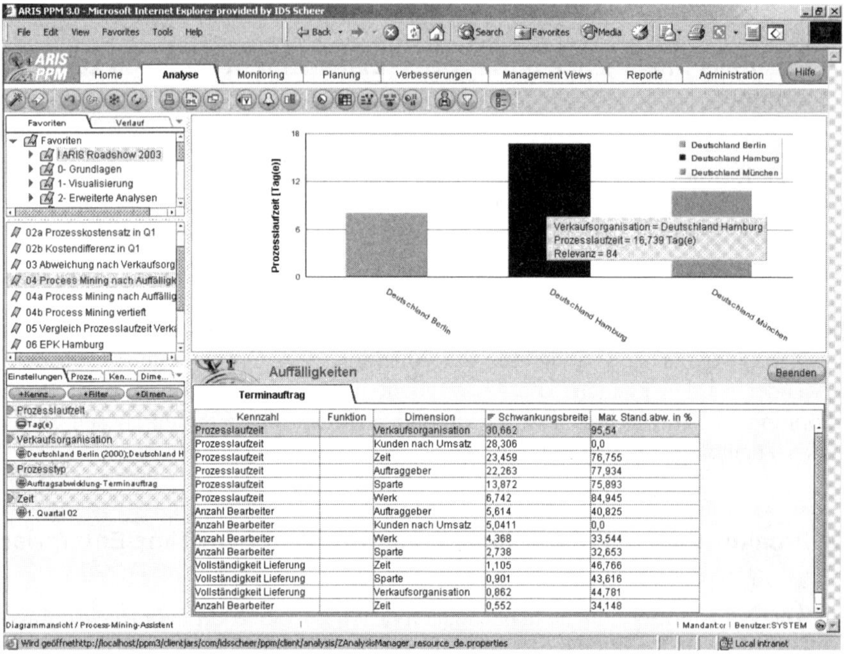

Abb. 9. Verwendung von Process Mining-Techniken

Aus dem Bereich Data Mining bekannte Techniken werden zunehmend auf die Analyse von Prozessdaten übertragen, um Kombinationen von Dimensionen ausfindig zu machen, die Probleme bzgl. Zeiten, Kosten oder Qualität aufweisen.

Vom Prozess zur integrierten Applikationslandschaft - mit der Methode P2A

Michael Molter
IDS Scheer AG

Zusammenfassung

Die System- und Applikationslandschaft in Unternehmen ist in der Regel organisch gewachsen. Dabei spielen sowohl die Erweiterung oder Veränderung des Produkt- und Leistungsspektrums eine Rolle als auch strukturelle Änderungen durch Mergers, Acquisitions oder Firmenverkäufe. Die Konsolidierung gewachsener Applikationslandschaften ist vor dem Hintergrund von Wettbewerbs- und Kostendruck ein vordringliches Ziel. Viele Ansätze zur Optimierung gehen einen technischen Weg (Systemkonsolidierung, Zentralisierung, Enterprise Application Integration, ...) oder ziehen sich auf gängige Standards (SAP, Peoplesoft, Oracle,...) zurück. Dabei werden Kosteneinsparungen oft zu Lasten von Prozesseffizienz und Flexibilität erkauft. Einen Ausweg aus dieser Situation stellt die konsequent prozessorientierte Auslegung und Integration von Applikationen dar.

Schlüsselwörter

ARIS P2A (Processes to Applications), EAI (Enterprise Application Integration), Prozessorientierung, Web-Services

1 Status quo

Kunden, Bedürfnisse und Märkte verändern sich im Laufe der Zeit und mit ihnen die Unternehmen, die sie bedienen. Der zunehmende Konkurrenzdruck und die Globalisierung führen zu einem unerbittlichen Wettbewerb mit hohem Effizienzdruck und immer schnelleren Innovationszyklen. Flexibilität, Qualität, Geschwindigkeit und niedrige Kosten sind Grundvoraussetzungen für ein Überleben am Markt. Spezialisierung und Fokussierung auf spezifische Kompetenzfelder sind ein erprobter Weg, sich dieser Herausforderung zu stellen.

Gleichzeitig erfordern konjunkturelle Schwankungen ausgleichende Maßnahmen. Dementsprechend werden Unternehmen breiter aufgestellt, indem sie das Risiko auf unterschiedliche Märkte und Produktsparten verteilen. Strukturveränderungen können sowohl organisch als auch durch Mergers und Acquisitions umgesetzt werden.

Derartige Entwicklungen und Veränderungen schlagen sich selbstverständlich auch in der IT eines Unternehmens nieder. System- und Applikationslandschaften wachsen und verändern sich, indem

- immer wieder neue Anwendungen integriert werden
- bestehende Anwendungen um neue Prozesse erweitert werden
- system- und anwendungsübergreifende Prozesse implementiert werden
- ganze System-/Applikationslandschaften miteinander verschmolzen werden
- Systeme gesplittet oder zusammengeführt werden

Kurz, die Applikationslandschaft folgt den Veränderungen des Business unter hohem Zeit- und Kostendruck. Dementsprechend heterogen ist die Landschaft in der Regel ausgeprägt. Heterogenität bedeutet jedoch oft auch mangelnde Effizienz, häufige Medienbrüche oder hohe Kosten.

Zentrale Kostenaspekte einer heterogenen System- und Applikationslandschaft:

- Erhöhter Aufwand für Hardware/ungenügende Nutzung der Ressourcen
- Erhöhter Wartungsaufwand durch Komplexität der Landschaft
- Komplexes Monitoring der Landschaft
- Schulungsaufwand des Wartungspersonals
- Schulungsaufwand der Anwender
- Erstellung und Wartung von Schnittstellen
- Änderungen in der Landschaft sind i.d.R. komplex

Eine Restrukturierung der System- und Applikationslandschaft zur Kostenreduktion ist somit für viele Unternehmen ein aktuelles Ziel. Die Wege, die dazu eingeschlagen werden, sind jedoch sehr unterschiedlich.

2 Wege der Konsolidierung

Der Weg, den ein Unternehmen zur Optimierung und Harmonisierung der IT-Infrastruktur einschlägt, hängt von vielfältigen Rahmenbedingungen ab. Dies können einerseits strategische Entscheidungen für einen bestimmten Softwarepartner sein, die in der Regel zur Einführung von Standard-Software wie SAP, Peoplesoft oder Oracle führen. Ist eine Standardisierung aller Anforderungen auf einer Systemplattform nicht möglich oder nicht sinnvoll, so werden häufig EAI-Systeme als Integrationsplattformen eingesetzt. Oder es werden schlicht mehrere Systeme gleicher Spezifikation auf ein System zusammengeführt und konsolidiert.

2.1 Standardisierung

Die Ablösung einer Vielfalt von Applikationen durch eine integrierte Standard-Software ist oft eine strategische Entscheidung, die in der Regel auch nur als solche umsetzbar ist. Durch die Einführung einer Standard-Software gewinnt man:

- ein Höchstmaß an Integration
- die Reduzierung von Integrationsaufwänden auf ein Minimum
- ein Anheben von Prozessen auf Branchenstandards
- die optimale Unterstützung durch einen Partner

Durch die Einführung einer Standard-Software verliert man jedoch zugleich:

- einen Teil der Individualität der eigenen Prozesse
- die Unabhängigkeit von Softwaredienstleistern
- die Offenheit für spezifische, optimale Lösungen

Somit ist auch die Einführung von Standard-Software nur ein Zwischenstadium. Will ein Unternehmen seine Wettbewerbsfähigkeit langfristig erhalten und ausbauen, so ist es unerlässlich, die eingeführte Software den sich ändernden Rahmenbedingungen anzupassen. Dies kann dazu führen, dass die Standard-Software individuell angepasst oder erweitert wird oder dass sie erneut in eine heterogene Applikationslandschaft hineinwächst.

2.2 Enterprise Application Integration

EAI ist die Zauberformel, die eine Aufhebung von Medienbrüchen und die nahtlose Implementierung von Abläufen über Applikationsgrenzen hinweg verspricht. Derartige Plattformen bieten eine ideale Möglichkeit zur Standardisierung und Harmonisierung von Schnittstellen sowie für die Verteilung und Verfolgung von Informationen über Applikationsgrenzen hinweg. Ist eine EAI-Plattform unternehmensintern erfolgreich mit den branchenrelevanten Standards umgesetzt, so ist auch die Integration über Unternehmensgrenzen hinweg zu Dienstleistern und Kunden stark vereinfacht.

Dennoch haben in der Vergangenheit viele EAI-Projekte nicht die erhofften wirtschaftlichen Einsparungen gebracht. Dies ist bedingt durch die erheblichen Lizenz- und Einführungskosten in Verbindung mit der Tatsache, dass viele Integrationsprojekte einen zu technischen Ansatz wählen. Dadurch kann man lediglich die Schnittstellenkosten gegen die EAI-Kosten aufrechnen und vergibt die Potenziale einer möglichen Prozessoptimierung im Rahmen eines solchen Projektes.

EAI-Systeme reduzieren den Integrationsaufwand von Systemen, aber sie reduzieren nicht die Komplexität der Systemlandschaft als solcher. Daher können sie nur Bestandteil einer langfristig angelegten Konsolidierungsstrategie sein.

2.3 Systemkonsolidierung

Eine Konsolidierung von Systemen ist immer dann sinnvoll, wenn mehrere Systeme des gleichen Herstellers im Einsatz sind. Eine solche Situation kann z. B. durch voneinander unabhängige Einführungen in Sparten oder Landesgesellschaften eines Unternehmens entstehen. Oder aber auch durch die Akquisition und Integration anderer Unternehmen.

Wird ein solches Konsolidierungsprojekt nicht nur technisch zur reinen Einsparung von Hardware und Wartungskosten, sondern gleichzeitig als Harmonisierungsprojekt aufgesetzt, so können signifikante Potenziale erschlossen werden.

Die Harmonisierung von Stammdaten und der damit verbundenen Prozesse ist häufig auch ein wichtiges Kriterium beim Zusammenschluss von Unternehmen. Doch auch hier ist Vorsicht geboten, da eine aus technischer und fachlicher Sicht sinnvolle Konsolidierung immer auch das Risiko birgt, lokale Anforderungen nur suboptimal abzubilden, und somit nur auf geringe Akzeptanz stoßen kann. In solchen Fällen bilden sich häufig lokale Sonderlösungen aus, die global nicht transparent und damit auch nicht kontrollier- und steuerbar sind.

Die Konsolidierung von Systemen deckt in der Regel nur einen Teil der Konsolidierungspotenziale in einer komplexen Applikationslandschaft ab und kann somit nicht als umfassender Lösungsansatz angesehen werden.

3 Prozesse bestimmen den Erfolg des Unternehmens/ Prozesse im Fokus

Warum ist die Notwendigkeit einer Konsolidierung der System- und Applikationslandschaft entstanden? Im ersten Kapitel wurden die Ursachen bereits angedeutet, aber es handelt sich hierbei ausschließlich um externe Einflüsse auf die IT. Wenn die IT-Infrastruktur von vornherein auf Wandel und flexible Anpassung ausgelegt ist, entsteht gar nicht erst solch ein massiver Handlungsdruck.

Zentrale Aufgabe der IT ist die Unterstützung der Geschäftsprozesse eines Unternehmens. Deshalb sollten die Geschäftsprozesse auch eine zentrale Rolle bei der Planung und beim Aufbau der IT-Infrastruktur spielen. Wenn sich die Struktur der IT an den Geschäftsprozessen orientiert, so kann diese Struktur auch dem dynamischen Wandel der Geschäftsprozesse angepasst werden.

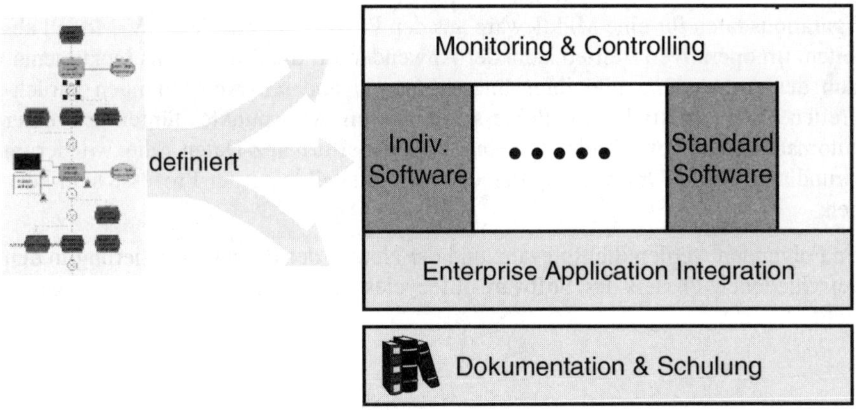

Abb. 1: Die zentrale Rolle der Geschäftsprozesse

Die Applikationslandschaft eines Unternehmens lässt sich in verschiedene Prozessgruppen gliedern. Systeme wie ein Rechnungswesen-, Controlling- oder Management-Informationssystem dienen der Implementierung der Managementprozesse im Unternehmen. Die wertschöpfenden Kernprozesse eines Unternehmens sind in der Regel in Einkaufs-, Produktionsplanungs-, Steuerungs- sowie Vertriebssystemen abgebildet. Querschnittsprozesse wie Produktentwicklung oder Kollaborationsszenarien werden häufig auf Basis von Integrationssystemen oder hochintegrierten Individuallösungen realisiert. Nicht zuletzt dienen IT-Management-Systeme dem Prozess des IT-Infrastruktur-Managements, d. h. der Überwachung und Steuerung der gesamten IT-Infrastruktur.

Eine weitere prozessorientierte Sichtweise auf die Applikationslandschaft eröffnet sich im Hinblick auf Portalsysteme. Wenn ein Portal nicht nur der Zusammenstellung einzelner Applikationen und dem vereinfachten Zugriff über Single Sign On dienen soll, bietet es eine ideale Möglichkeit, dem Anwender einen prozessorientierten Zugang zu seinen Aufgaben – unabhängig von den betroffenen Systemen – zu ermöglichen. Dies erhöht einerseits das Verständnis für die Einbindung/die Rolle der eigenen Arbeit im Gesamtzusammenhang und andererseits die Effizienz durch den vereinfachten Zugriff und die klar definierte Vorgehensweise in der Bearbeitung von Aufgaben.

Wie sieht nun konkret der Lebenszyklus einer prozessorientiert aufgebauten Applikation aus?

Eine neue Geschäftsidee wird nach ihrer wirtschaftlichen Prüfung in die erforderlichen Geschäftsprozesse umgesetzt. Die Prozesse, die automatisierbar sind, werden detailliert und als DV-Konzept technisch verfeinert. Zur DV-Konzeption werden UML-Modelle verwendet, die anschließend in eine generative Softwareerstellung eingehen. Zum Test der Software können aus den Prozessen die erforderlichen Testspezifikationen abgeleitet werden. Ebenso lassen sich die Konfigurationsdaten für eine Middleware aus den Prozessen bzw. dem DV-Modell ableiten. Im operativen Betrieb kann der Anwender auf die Prozesse als Dokumentation der Anwendung und ihrer Interaktion mit anderen Anwendungen zurückgreifen. Die ebenfalls im Prozess definierten Messpunkte führen zu einer automatisierten Fortschreibung von Prozessperformanz-Daten, die wiederum Grundlage für die Optimierung des Geschäftsmodells und der Prozesse sein können.

Im Folgenden werden die Relevanz und der Nutzen der Prozessorientierung in den verschiedenen Phasen des Software-Lifecycles (siehe Abbildung 2) kurz dargestellt.

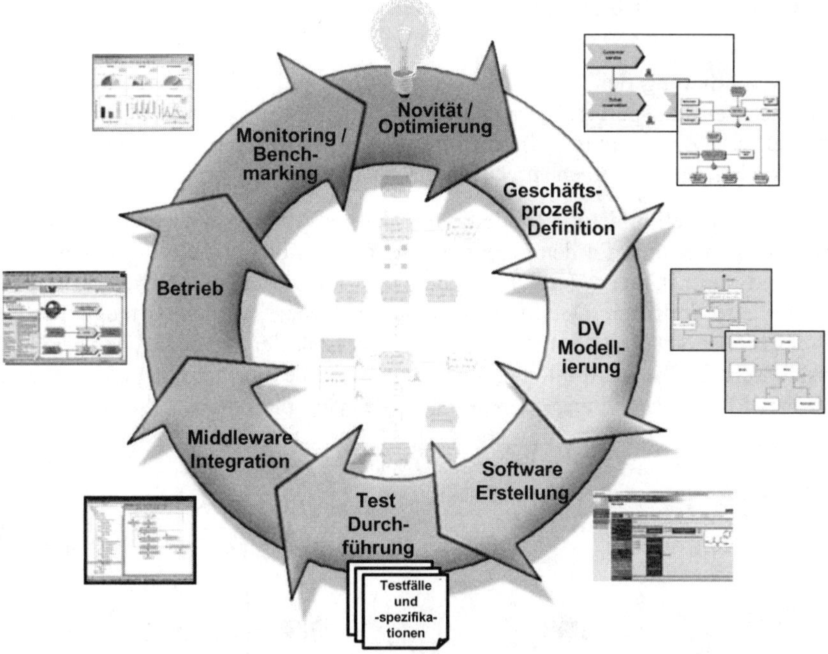

Abb. 2: Vorsprung durch Prozesse

3.1 Novität und Optimierung (1)

Werden Geschäftsfelder erschlossen und entsprechende Business-Modelle entwickelt, so entstehen in einem Unternehmen neue Geschäftsprozesse, die in die vorhandenen Abläufe und Strukturen integriert werden müssen. Neben der Ausarbeitung des Produktes bzw. der Dienstleistung stehen hier ganz klar die wirtschaftlichen Gesichtspunkte im Vordergrund. Die erforderlichen Investitionen können vielfältiger Natur sein (Personal, Anlagen, Verfahren, IT etc.). Häufig spielt die IT hierbei eine wichtige Rolle als technologischer Enabler neuer Business-Modelle oder aber auch als wichtiger Faktor für den wirtschaftlichen Betrieb eines Geschäftsmodells.

Darüber hinaus verändern sich durch äußere (Markt, Konkurrenz, ...) oder innere (Innovation, Kosten, ...) Einflüsse, aber auch bereits bestehende Abläufe.

Beide Situationen sind Ausgangspunkt für die Schaffung oder Anpassung von Geschäftsprozessen.

3.2 Definition der Geschäftsprozesse

Eine Modellierung der Geschäftsprozesse wird häufig vor dem Hintergrund der Unternehmenstransparenz vorangetrieben. Eine entsprechende Dokumentation und der freie Zugriff durch Mitarbeiter unterstützen die Ausbildung und Einarbeitung von Mitarbeitern in entsprechenden Geschäftsfeldern.

In diesem Modell bildet die Modellierung der Geschäftsprozesse jedoch den zentralen Ausgangspunkt für den prozessorientierten Aufbau und Betrieb der Applikationslandschaft. Unterschiedliche Sichten auf den Geschäftsprozess, die mit den jeweils erforderlichen Detailinformationen versehen werden, ermöglichen die durchgängige Nutzung der Prozessdefinition in zentralen Bereichen der Applikationslandschaft. Wie in Abbildung 3 ersichtlich, ist die Verknüpfung dieser Sichten essenziell für die Sicherung der Konsistenz des Gesamtsystems.

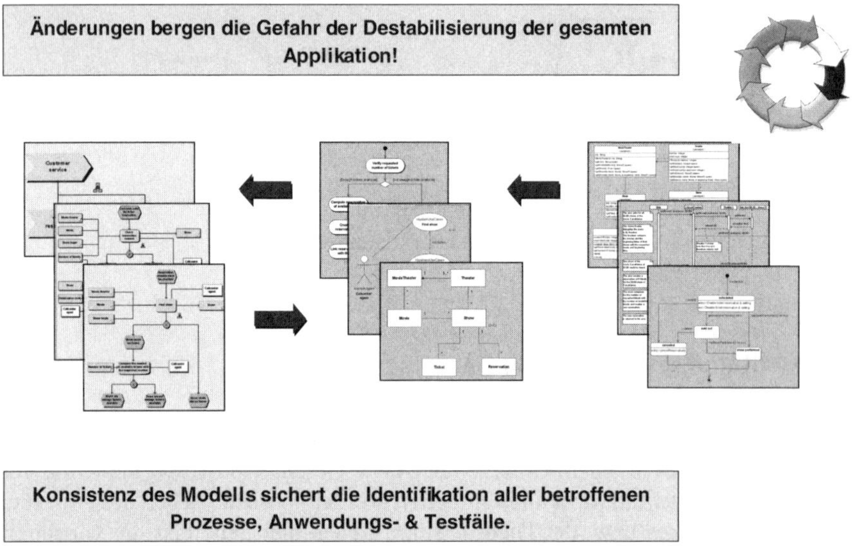

Abb. 3: Transparenz der Implementierung

Zunächst dokumentiert das Prozessmodell den fachlich-inhaltlichen Ablauf sowie die organisatorische Zuordnung der einzelnen Arbeitsschritte. Hier wird bereits deutlich, welche Arbeitsschritte manuell oder technisch unterstützt ausgeführt werden. Eine durchgängige Modellierung der Prozesse eines Unternehmens bietet bereits in diesem frühen Stadium die Möglichkeit, Synergiepotenziale durch die Wiederverwendung oder Harmonisierung von Teilprozessen zu erkennen und zu nutzen.

3.3 DV-Modell

Zur DV-technischen Umsetzung fachlicher Anforderungen bietet das Prozessmodell eine ideale Ausgangsbasis. Alle erforderlichen Arbeitsschritte sowie die Organisationseinheiten, welche sie ausführen, sind in ihrer logischen Folge definiert. Dieses Modell muss nun um die DV-technischen Spezifika erweitert werden.

Die betriebswirtschaftlichen Objekte werden auf DV-technische Objekte abgebildet und beschrieben. Die Objektstruktur wird bis auf Feldebene heruntergebrochen und ebenso werden alle relevanten Methoden zur Behandlung der Objekte definiert. Die Beziehungen der Objekte untereinander sowie ihre technische Abbildung werden in Form eines Datenmodells fixiert. Die daraus abzuleitenden technischen Eigenschaften der Objekte und ihre Implementierung werden festgelegt. Masken und ihre Inhalte sowie ihre Abfolge werden an dieser Stelle definiert und können mit dem Anwender abgestimmt werden.

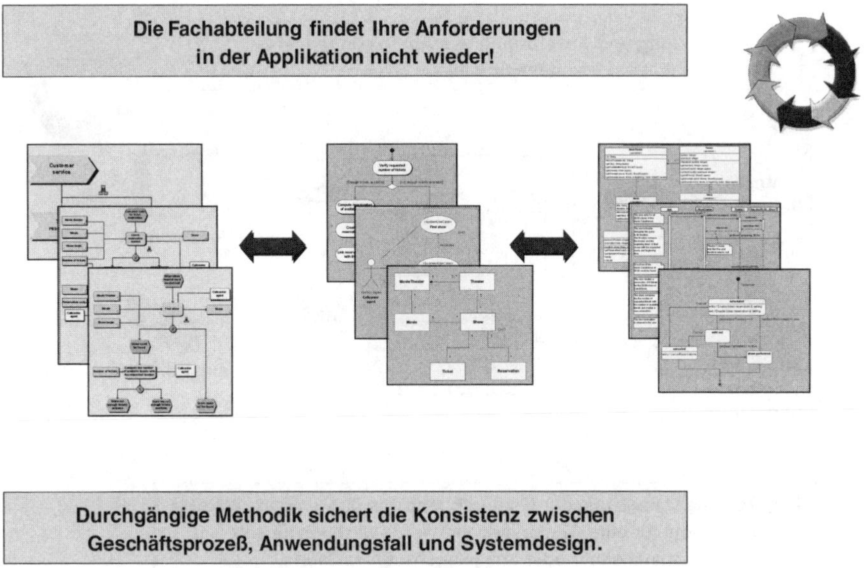

Abb. 4: Kommunikation Fach-/DV-Abteilung

Die konsistente Zuordnung von Objekten bzw. Funktionen in fachlichen Modellen und DV-technischen Modellen auf Basis eines gemeinsamen Repository wie in Abbildung 4 ermöglicht eine klare Kommunikation zwischen Fachabteilung und IT-Dienstleister. Dies vermeidet Missverständnisse und Kommunikationsfehler.

Neben der technischen Spezifikation der Anwendung ist die Modellierung von Anwendungsfällen zu den einzelnen Prozessen einerseits ein Beitrag zur eindeutigen Spezifikation des Systems. Andererseits stellt dies auch die Ausgangsbasis für eine spätere Prüfung des Systems bzgl. Konformität mit den definierten Anforderungen dar.

3.4 Software

Das Ziel einer lauffähigen, spezifikationsgerechten Software kann auf zwei Wegen erreicht werden. Entweder wird das DV-Konzept nach bewährter Manier manuell ausprogrammiert oder man folgt dem Ansatz der CASE-Tools und generiert die Anwendung aus den Modellen. Der Implementierungsaufwand kann in beiden Varianten durch den modellbasierten Ansatz minimiert werden (siehe Abbildung 5). Welchen Weg man wählen sollte, hängt sehr stark von der Struktur und Komplexität der zu erstellenden Software ab. Die jeweilige Zielsetzung ist bereits im Rahmen der Modellierung zu berücksichtigen, und wie so oft gibt es kein Entweder-oder, sondern nur den goldenen Mittelweg.

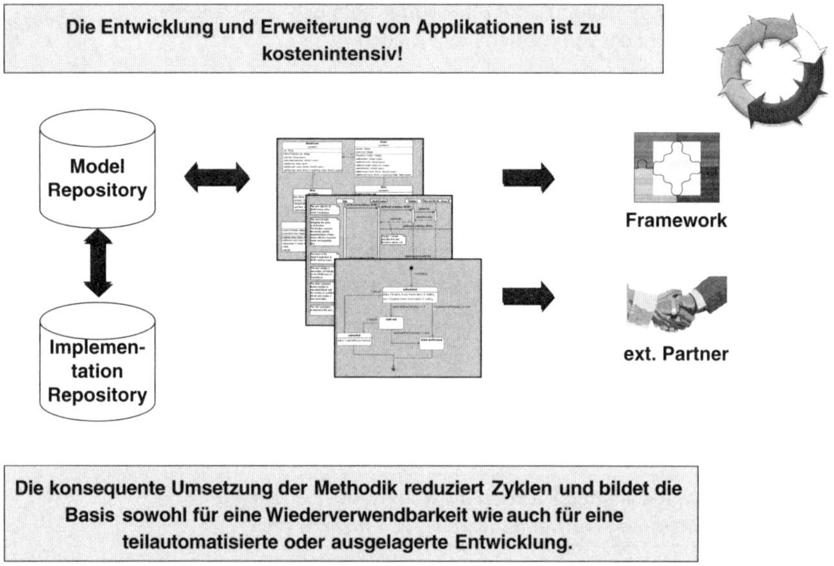

Abb. 5: Implementierungsaufwand

Der Grad der Detaillierung der Modelle zielt bereits sehr stark auf ihre spätere Verwendung ab. Soll eine Applikation in weiten Teilen automatisch generiert werden, so erfordert dies entsprechend detaillierte Modelle, die bei einer Änderung der Anforderung aufwändig anzupassen sind. Eine Verlagerung des Programmieraufwandes in die Modellierung ist die Folge. Eine Modellierung auf einem hohen Abstraktionsniveau erfordert einen höheren Aufwand bei der Erstellung der Generatortemplates bzw. der eigentlichen Programmierung, erlaubt es aber, Modell und Software mit geringem Aufwand bei veränderten Anforderungen konsistent zu halten. Dass heisst, eine Generierung macht in den Bereichen Sinn, in denen ein hoher Grad an Standardisierung zu erreichen ist. Objekte oder Methoden sind nach Standard-Schemata zu implementieren und müssen nicht zu detailliert beschrieben werden. In Bereichen mit einer hohen Individualität und Komplexität führt ein Generierungsansatz i. d. R. zu erhöhten Aufwänden.

3.5 Test

Eine systematische Planung, Durchführung und Dokumentation von Tests ist eine Grundvoraussetzung für eine stabile und qualitativ hochwertige Applikation. In der pharmazeutischen oder der Lebensmittel-Industrie ist dies sogar eine notwendige Vorbedingung, um eine Applikation überhaupt einsetzen zu können. Darüber hinaus wird eine funktional umfassende und optimal zugeschnittene Applikation, die fehlerhaft ist, immer unter Akzeptanzproblemen bei den Anwendern leiden und im schlimmsten Falle sogar scheitern. Daher nimmt der Test einer Applikation eine zentrale Position im Software-Lebenszyklus ein.

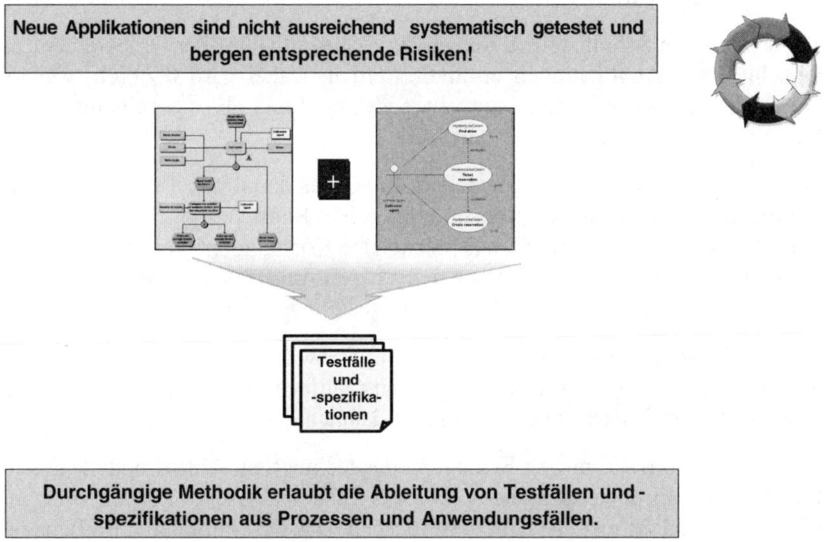

Abb. 6: Stabilität und Fehlerfreiheit

Wurden die Ergebnisse der Anforderungsanalyse in Form von Prozessen und Anwendungsfällen umfassend beschrieben, so ist dies eine ideale Ausgangssituation für einen umfassenden Test (siehe Abbildung 6). Aus den Prozessen und Anwendungsfällen können die erforderlichen Testspezifikationen und Testfälle abgeleitet werden. Einer prozessbezogenen Planung und Durchführung der Tests steht somit nichts mehr im Wege.

3.6 Integration

Wie entsteht eine komplexe integrierte Anwendungslandschaft? Oft entsteht eine solche Landschaft dadurch, dass verschiedene Systeme/Applikationen zur Lösung spezifischer Aufgabenstellungen in Betrieb genommen werden. Dabei liegt der Schwerpunkt der Entscheidung für eine Applikation häufig im funktionalen Bereich. Beim späteren Betrieb stellt man dann fest, dass bestimmte Informationen redundant erfasst werden müssen oder Ergebnisse einer Applikation in eine andere zu übernehmen sind. So entstehen Schnittstellen, die Brücken zwischen den Systemen bilden. Im Laufe der Zeit entsteht ein Netz verbundener Applikationen, dessen Wartung einen großen Teil des IT-Budgets verschlingt.

Greift man bei der Planung von Applikationen auf die Informationen des Prozess- und DV-Modells zurück, so lassen sich mehrere signifikante Vorteile erkennen.

- Das Prozessmodell beschreibt, welche Teilprozesse durch welche Applikationen abgebildet werden und welche Objekte dabei erfasst bzw. erzeugt werden. Die Übergänge zwischen den Applikationen stellen die primären Schnittstellen für den Prozess dar.
- Die sekundären Schnittstellen können durch eine Analyse der Objekte über die verschiedenen Applikationen ermittelt werden. Dabei wird deutlich, welches Objekt in welchen Applikationen verwendet wird und ob es bereits durch eine Schnittstelle zur Verfügung gestellt wird.
- Die Implementierung von Querschnittsprozessen kann auf Basis einer EAI-Plattform modelliert und implementiert werden. Beim Design neuer Applikationen kann die Verfügbarkeit entsprechender Konnektoren bereits im Modell berücksichtigt werden. Durch einen generativen Ansatz können solche Konnektoren ohne Zusatzaufwand zur Verfügung gestellt werden.
- Durch die Modellierung der Querschnittsprozesse kann auch ermittelt werden, welche Objekte bereits auf der Integrationsplattform verfügbar sind und somit einfach in einen Prozess integriert werden können.
- Das Prozessmodell kann zur Erzeugung des technischen Ablaufmodells der Integrationsplattform herangezogen werden. Eine technische Verfeinerung auf der jeweiligen Plattform ist dabei erforderlich. Das Objektmodell auf Ebene des DV-Modells kann zur Generierung der Objektstrukturen der Integrationsplattform verwendet werden.

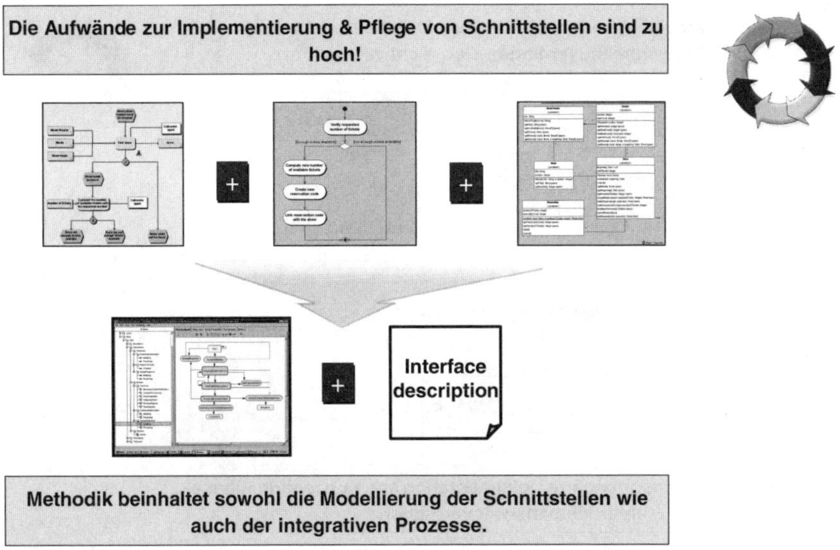

Abb. 7: Integrationsaufwand

Man erhält somit früher Transparenz über die sinnvollen und erforderlichen Schnittstellen zwischen Applikationen und somit über das notwendige Budget. Darüber hinaus erleichtert ein umfassendes Prozess- und Objektmodell die Implementierung von Integrationsszenarien auf Basis einer EAI-Plattform (siehe Abbildung 7). Dies ist ein wesentlicher Schritt in Richtung einer flexiblen, komponentenbasierten Applikationslandschaft.

3.7 Betrieb

Der Betrieb einer Applikation kann aus zwei Sichten betrachtet werden, aus der des Anwenders und aus der des IT-Dienstleisters.

Der Anwender ist darauf bedacht, eine Applikation möglichst störungsfrei mit einer hohen Effizienz einsetzen zu können. Dazu gehört selbstverständlich eine gute Kenntnis der Applikation. Doch auch hier hilft keine rein funktionale Betrachtung der Applikation. Für einen reibungslosen Einsatz einer Applikation ist das Verständnis der zugrunde liegenden Prozesse nötig So können, wie in Abbildung 8 gezeigt wird, aus den Prozessmodellen sowohl die Schulungsunterlagen für die Einführung als auch das Handbuch für den späteren Betrieb abgeleitet werden. Dabei geht es insbesondere bei der Dokumentation (Handbuch) nicht darum, die Prozessinformationen noch einmal schriftlich wiederzugeben, sondern man kann dem Endanwender direkt das Prozessmodell in elektronischer Form zur Verfügung stellen.

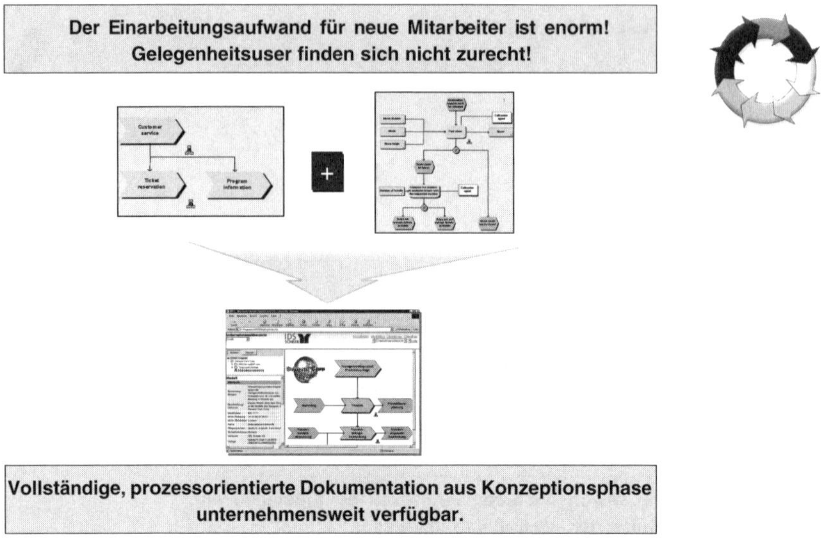

Abb. 8: Verfügbarkeit des Anwendungs-Know-hows

Der IT-Dienstleister (i. d. R. die unternehmensinterne DV-Abteilung) ist gehalten, den Betrieb der Systeme sicherzustellen und damit für einen reibungslosen und performanten Ablauf der Prozesse zu sorgen. Auch hier stellen die Prozessmodelle eine wichtige Grundlage für das Verständnis einer Problemsituation dar. Nur so ist es möglich, die Wechselwirkungen zwischen den Applikationen nachzuvollziehen und potentielle Auswirkungen zu erkennen und abzuschätzen. Darüber hinaus bietet das Prozess- und Applikationsmodell eine sehr gute Informationsbasis zur Analyse von Risikosituationen und für die Planung entsprechender Absicherungsmaßnahmen. Die Auswirkungen des Ausfalls eines Systems, einer Schnittstelle oder einer sonstigen Komponente der Applikationslandschaft lassen sich sehr einfach anhand der Modelle ermitteln.

Es bietet sich sogar die Möglichkeit einer integrierten Betrachtung der IT-Managementprozesse. Schlussendlich stehen sowohl bei den Anwendungsprozessen als auch bei den IT-Managementprozessen die Applikationen und ihre Objekte im Zentrum des Interesses. Das heißt, die IT-Prozesse können auf einer konsistenten, da gemeinsam genutzten Modellbasis definiert werden. Auch hier ist eine Abbildung dieser Prozesse in entsprechend konfigurierbare IT-Managementsysteme realisierbar.

3.8 Monitoring und Benchmarking

Eine kontinuierliche Prüfung der Prozesse ist eine fundamentale Anforderung für eine langfristige effiziente Umsetzung. Das Monitoring kann gemäß der beschriebenen modellbasierten Vorgehensweise nun an mehreren Stellen ansetzen (siehe dazu auch Abbildung 9):

- Beim Design einer neuen Applikation kann bereits berücksichtigt werden, dass für alle relevanten Objekte Konnektoren für ein Monitoring-Werkzeug zur Verfügung gestellt werden. Auch hier erspart ein generativer Ansatz die Programmierung dieser Konnektoren.
- Bei der modellbasierten Konfiguration einer EAI-Plattform können ebenfalls die Messpunkte für eine spätere Prüfung der Abläufe im Modell beschrieben und somit die Daten später an die Monitoring-Komponente übergeben werden.

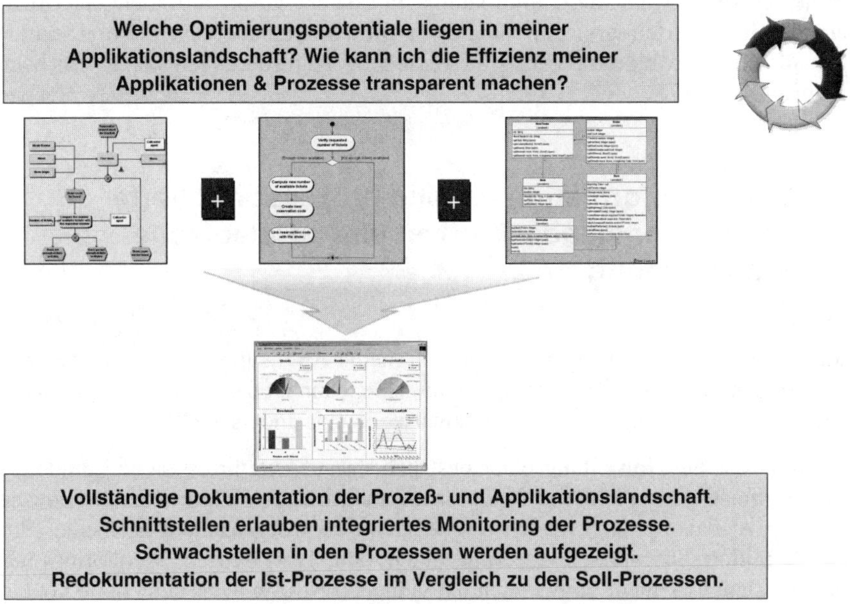

Abb. 9: Monitoring und Benchmarking

Damit ist es möglich, Veränderungen in den Prozessen frühzeitig zu erkennen und zu analysieren. Dadurch sind Veränderungen in der Bearbeitungsgeschwindigkeit, regelmäßig bzw. gehäuft auftretende Systemengpässe und weitere Schwachstellen innerhalb der Prozesse erkennbar.

Die aus den Systemen rekonstruierten Ist-Prozesse können auch mit den Soll-Prozessen verglichen werden. Hier entdeckt man entweder eine Nicht-Umsetzung der definierten Prozesse oder eine sich im Laufe der Zeit schleichend verändernde Prozessbearbeitung.

3.9 Novität und Optimierung (2)

Dieser Abschnitt wird an dieser Stelle bewußt wiederholt. In den vorangegangenen Abschnitten wurde die Relevanz der Prozesse und Modelle für die Schritte im Software-Lebenszyklus erläutert. Gehen wir nun von einer konsequenten Umsetzung der prozess- und modellbasierten Vorgehensweise aus, so steht eine maximale Transparenz der Unternehmensprozesse und ihrer IT-technischen Implementierung zur Verfügung. Dies ist die ideale Basis, um neue Geschäftsmodelle und -prozesse bzgl. Umsetzbarkeit und möglicher Umsetzungsalternativen und deren Kosten zu bewerten. Plakativ ausgedrückt wird einerseits die Ist-Analyse-Phase in Projekten obsolet, da diese Information transparent vorliegt. Andererseits bietet eine modularisierte (serviceorientierte) IT-Infrastruktur die besten Voraussetzungen für eine flexible Anpassung an veränderte Anforderungen bei einem Minimum an Kosten.

4 Die Transformation (in eine prozessorientierte Applikationslandschaft) ist eine strategische Entscheidung

Sicher werden Sie nun sagen: „Wenn ich meine Applikationslandschaft vollständig prozess- und modellbasiert aufgebaut habe, dann ist das ein sinnvoller Ansatz, aber die Realität in meinem Unternehmen sieht ganz anders aus!"

Natürlich ist die Umstellung einer bestehenden auf eine prozess- und modellbasierte Infrastruktur nicht auf Knopfdruck möglich. Auch dies ist ein Prozess. Wichtig ist dabei jedoch, gleich mit welchem der vorgenannten Elemente (Prozessdefinition, Software-Engineering, Integration, Test, Betrieb, Monitoring) man beginnt: Jedes Element birgt seinen individuellen Nutzen. Dies zeigen die konkreten Lösungen, die von verschiedenen Anbietern bereits erfolgreich eingesetzt werden.

Über den individuellen Nutzen hinaus birgt jedoch jedes Element noch weitere Nutzenpotenziale, die im Laufe des Umsetzungsprozesses Element für Element erschlossen werden. Das heißt, es kann bei jedem neuen Element auf Informationen zurückgegriffen werden, die bereits in anderen Elementen erstellt wurden und das übergreifende Nutzenpotenzial kommt mit jedem weiteren Element stärker zum Tragen. Die Reihenfolge, in der die einzelnen Elemente zur Umsetzung gelangen, kann im Wesentlichen aus den Anforderungen der jeweiligen Applikationslandschaft abgeleitet werden. Je nach Unternehmenssituation wird es somit unterschiedliche Einstiegspunkte geben. Wenn diese Strategie konsequent und ganzheitlich umgesetzt wird, kann das gesamte Nutzenpotenzial einer solchen Architektur ausgeschöpft werden.

Die Transformation einer intergrierten Applikationslandschaft in eine prozessorientierte Applikationslandschaft ist eine strategische Entscheidung. Wenn man die Welt um sich herum als Fülle von Prozessen begreift, dann ist dies eine konsequente Entscheidung.

Oder, wie Michael Hammer es einmal ausgedrückt hat:

„Process is the province of quiet companies that speak softly but generate big profits."

Business Intelligence

Sascha C. Alff
IDS Scheer AG

Winfried Bungert
IDS Scheer AG

Zusammenfassung

Business Intelligence (BI) ist mehr als das Auswerten von Geschäftsdaten und -zahlen, um Unternehmen auch in wirtschaftlich schwierigen Zeiten sicher und erfolgreich steuern zu können. Beschränkten sich Business Intelligence-Systeme ursprünglich auf rein vergangenheitsbezogene Analysen der Geschäftsdaten, gehen moderne Business Intelligence-Werkzeuge einen Schritt weiter in Richtung Online-Monitoring, Planungsunterstützung und Forecasting. Parallel dazu vollzieht sich ein Wechsel hin zu stärkerer Prozessorientierung.

Unternehmen, die in der heutigen Zeit einen Vorsprung vor ihren Wettbewerbern haben wollen, haben erkannt, dass der Einsatz von Systemen, die ihnen auch Aufschluss über Performance, Kundenverhalten, Effizienz der Geschäftsprozesse und wichtige Trends geben können, nicht als taktische Lösung auf die Abteilungsebene beschränkt bleiben darf. Vielmehr gilt es, im Sinne eines ganzheitlichen Business Intelligence-Ansatzes, BI mit den strategischen Managementprozessen und Performance Management-Ansätzen wie der Balanced Scorecard zu einer konsistenten und mit Echtzeitdaten versorgten Plattform zu verknüpfen, welche zudem den Blickwinkel auf die gesamtheitliche Unternehmenssicht erweitert.

Die damit gewonnene Transparenz im Unternehmen ist nicht zuletzt auch aufgrund der Basel-II-Richtlinien und des KonTraG von besonderer Bedeutung.

Schlüsselwörter

Business Intelligence, Business Process Performance Measurement, Business Activity Monitoring, Balanced Scorecard, Controlling, Information Supply Chain, Geschäftsprozesse, Performance Management, Planung, Process Performance Management

1 Ausgangssituation

Marktdynamik und Wettbewerbsdruck stellen Unternehmen heute vor immer größere Probleme. Unternehmen aller Branchen und Größen müssen zweifelsohne mehr denn je ad hoc über alle geschäftlichen Realitäten sowie über Ablauf und Effizienz ihrer Geschäftsprozesse Bescheid wissen, um gezielt agieren zu können. Dies verlangt, dass sämtliche entscheidungsrelevanten Informationen zeitnah und in hoher Qualität verfügbar sind. Vor diesem Hintergrund hat sich der von Analysten der Gartner Group geprägte Begriff „Business Intelligence" etabliert. Ganz allgemein betrachtet ist aus betriebswirtschaftlicher Sicht hierunter ein Prozess zu verstehen, der, durch informationstechnische Instrumente und Tools unterstützt, das Zusammenführen und Auswerten von unternehmensweit verfügbaren Daten über Ablauf und Ergebnisse der Geschäftsprozesse als Basis effizienter Entscheidungen ermöglicht.

War die erste Business Intelligence-Welle noch rein technologieorientiert – es ging primär um Konzepte zur Datenspeicherung oder Analysealgorithmen – , wird bei der gegenwärtigen zweiten Welle das Augenmerk explizit auf „Business", also die effiziente Nutzung dieser Technologien und Werkzeuge zur Überwachung und Verbesserung aller relevanten Geschäftsprozesse gelegt. Betriebswirtschaftliche Fragestellungen wie Planung, Konsolidierung, Performance Management oder Prozess-Controlling rücken in den Vordergrund. Heute stellt sich nicht mehr die Frage, ob, sondern wie Business Intelligence im eigenen Unternehmen umgesetzt werden kann.

Aufbauend auf Data Warehouses und Online Analytical Processing (OLAP) als Basistechnologien für die multidimensionale Analyse der eigenen Geschäftszahlen werden Business Intelligence-Systeme heute als Planungs- und Steuerungsinstrumente im Unternehmensalltag eingesetzt. Allerdings werden solche Systeme zur Unterstützung der Managementprozesse meist isoliert voneinander betrieben. Die Ergebnisse münden dabei oftmals in Exceltabellen. Dies hat zur Folge, dass beispielsweise die Planungsprozesse auf operativer Ebene völlig getrennt von der strategischen Planung ablaufen.

Um solche Situationen zu vermeiden, reicht heute ein performantes und unterstützendes Managementinformationssystem allein nicht mehr aus. Für das Management geht es immer stärker darum, das künftige und nicht ausschließlich das aktuelle Geschäft zu steuern. Die Managementprozesse und -entscheidungen müssen kontinuierlich auf Veränderungen geprüft werden, um so bereits heute Strategien für die Geschäftstätigkeit von morgen zu definieren und umzusetzen. Dabei wird klar, dass Business Intelligence weit über das klassische Reporting hinausgeht. Fakt ist, dass es um nichts weniger als um das Verstehen, Planen, Steuern und Überwachen der Leistung auf allen Ebenen des Unternehmens geht. Hierbei sind insbesondere die Geschäftsprozesse als operative Treiber für die Ergebnisse eines Unternehmens von zentraler Bedeutung.

2 Ganzheitlicher Business Intelligence-Ansatz

Das ständig in Veränderung begriffene wirtschaftliche Umfeld stellt neue Anforderungen an die Business Intelligence-Werkzeuge der Zukunft. Planung, Forecast und ein Performance Management der betrieblichen Prozesse rücken in den Mittelpunkt der Betrachtung. Der ganzheitliche Business Intelligence-Ansatz integriert hierzu Planungs-, Budgetierungs- und Controlling-Prozesse, die mit Instrumenten des Performance Managements, wie beispielsweise der Balanced Scorecard, verbunden werden. Dieser Ansatz geht über System- und Abteilungsgrenzen hinaus und strebt die Integration aller Managementprozesse und ihrer unterstützenden Systeme zu einer konsistenten Plattform an. Unternehmen nähern sich damit einer informationstechnologisch ausgereiften und vernetzten Art der Entscheidungsfindung und Unternehmenssteuerung (Information Supply Chain).

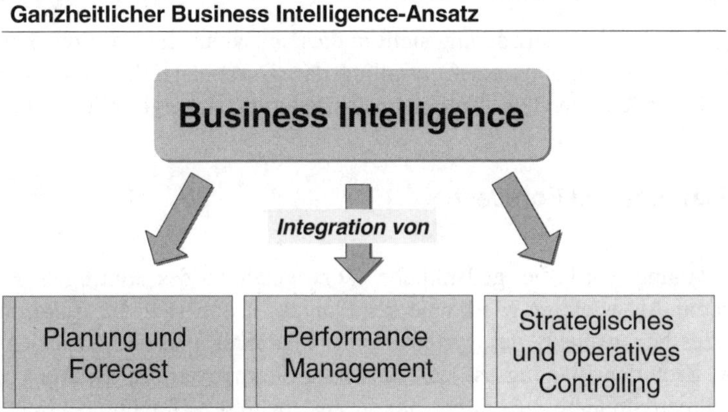

Abb. 1: Ganzheitlicher Business Intelligence-Ansatz

Damit auf lange Sicht ein derart integratives Konzept zur nachhaltigen Steuerung des Unternehmenserfolgs effektiv funktioniert, bedarf es einer durchgängigen Unterstützung durch eine moderne IT-Plattform. Dieser Anforderung steht jedoch zunächst das Problem gegenüber, dass Unternehmen die isolierte Datenhaltung ihrer abteilungsbezogenen IT-Systemlandschaften zu einem konsistenten und Enterprise-wide Data Warehouse konsolidieren müssen. Eine flexible und skalierbare Plattform sowie die Unterstützung von Standards – wie etwa XML für den Datenaustausch – gewährleisten die Interoperabilität zwischen den jeweiligen unterstützenden Anwendungen.

Ein Portal als „Single Point of Access and Contact" bietet den einzelnen Anwendern den Zugang zu allen Anwendungen und ermöglicht die Zusammenarbeit und den Informationsaustausch.

3 Elemente des Business Intelligence-Ansatzes

Im Unterschied zum konventionellen Business Intelligence-Ansatz verbindet das ganzheitliche Business Intelligence-Konzept sämtliche Planungs- und Steuerungsprozesse im gesamten Unternehmen und gewährleistet einen geschlossenen Informationsfluss. So wird der komplette Managementzyklus von der Strategiefindung und entsprechenden Zielableitung bis hin zur Überwachung der Umsetzung betrachtet. In einem kontinuierlichen Prozess werden die eingeleiteten Maßnahmen geplant, mit Hilfe von OLAP sowie Verfahren des Data und des Process Minings analysiert und im Rahmen einer Erfolgskontrolle auf ihre Zielerreichung hin gemessen. Dementsprechend wird der Ablauf der Geschäftsprozesse gesteuert. Dieser Managementzyklus reicht dann von der Planung über die Budgetierung bis hin zum Berichtswesen, der Analyse und der grafischen Darstellung von Zielerreichungsgraden und Wirkungszusammenhängen in einer Balanced Scorecard.

Eine zusätzliche Herausforderung stellt in diesem Zyklus die Harmonisierung von strategischem und operativem Controlling dar. Durchgängigkeit und Konsistenz müssen über alle Ebenen der Unternehmenssteuerung sichergestellt werden.

3.1 Planung und Forecast

Unter Planung wird die gedankliche Vorwegnahme des künftigen Handelns verstanden. Als wichtige Merkmale der Planung lassen sich der Zukunftsbezug, die Prozessbezogenheit, der systematische Charakter und die Zielorientiertheit nennen. Ziel der Planung ist es, Handlungsalternativen im Hinblick auf die Unternehmensstrategie zu prüfen, um so aus mehreren Handlungsmöglichkeiten die optimale Entscheidung abzuleiten.

Traditionell ist die strategische Unternehmensplanung auf einen Zeitraum von mehr als 5 Jahren ausgerichtet. Auf operativer Ebene wird meist ein Planungshorizont von 1 Quartal oder gar 1 Monat zugrunde gelegt. Pläne basieren dabei auf Informationen, die aus der Vergangenheit abgeleitet werden. Fakt ist, dass sich die strategische Planung mit der grundsätzlichen Entwicklung des gesamten Unternehmens befasst mit dem Ziel, die ausgeführten Geschäftsprozesse im Unternehmen an sich ändernde wirtschaftliche Rahmenbedingungen anzupassen. Marktbedingungen, Kundenverhalten und Technologien ändern sich im heutigen Wirtschaftsumfeld täglich. Ein sich ständig wandelndes Unternehmensumfeld verlangt mehr denn je eine fortlaufende, flexible und vor allem zeitnahe bis tagesaktuelle Unternehmensplanung. Dies erfordert die Einbindung von Echtzeit-Daten in die Planungsprozesse.

Der Zwang zu einer effizienten Abwicklung der Unternehmensplanung nahezu in Echtzeit ist mithin der große Treiber für das Zusammenwachsen von Business Intelligence und den Prozessen der Planung.

Planungsprozesse bestehen dabei aus den folgenden Phasen:

- Zielbildung einschließlich Prüfung auf Realisierbarkeit
- Problemerkennung und -analyse
- Alternativensuche und Alternativenbeurteilung
- Prognose
- Bewertung
- Entscheidung, Durchsetzung und Ressourcenzuordnung
- Kontrolle der Wirksamkeit von Maßnahmen und ihre Durchsetzung
- Abweichungsanalyse
- Schlussfolgerungen (Ziel- und Planrevision) im Sinne einer Lernschleife

Die Ergebnisse der Planungsprozesse fließen vollständig in das Geschäftsprozessmanagement ein. Basis für die Durchführung der Planung sind die aus der Strategie abgeleiteten Geschäftsprozessziele. Dabei stehen primär die Kundenbedürfnisse und die Frage, wie diese befriedigt werden können, im Mittelpunkt. Übergeordnete Businessziele sind meist an den finanziellen Ergebniserwartungen der Shareholder ausgerichtet. Die Planung liefert somit gleichzeitig Vorgaben für die auszuführenden Geschäftsprozesse im Unternehmen und legt dabei detailliert fest, wie das Unternehmen zukünftig arbeiten wird.

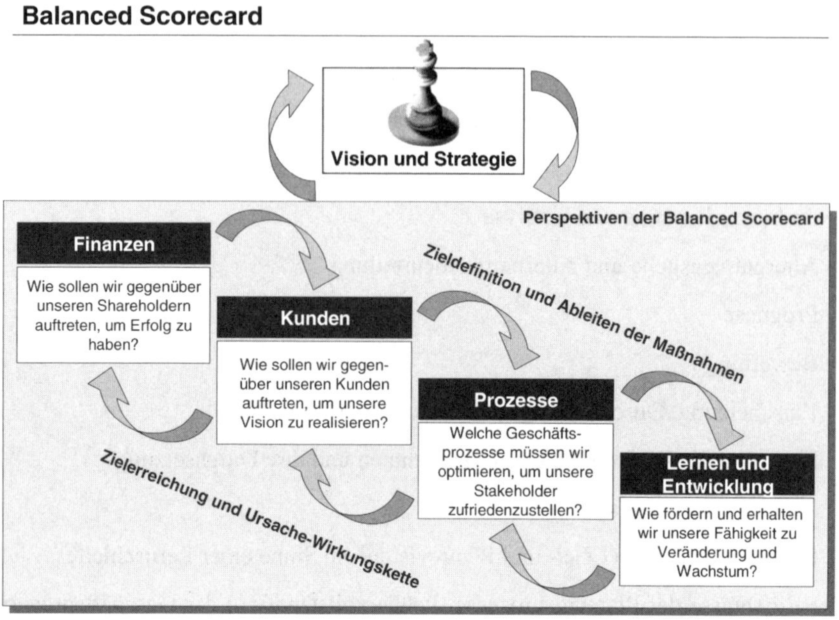

Abb. 2: Ziele bei der Planung

Planungssysteme sind bei Business Intelligence in den Vordergrund gerückt. Der Markt hat darauf mit gemischten Botschaften und heillosem Durcheinander reagiert. Dies macht die sorgfältige Auswahl geeigneter Lösungen zunehmend schwieriger. Ausgereifte Lösungen müssen die Verantwortlichen bei der Definition von funktionellen und organisatorischen Plänen bis hin zur Modellierung von Abläufen auf der operativen Unternehmensebene unterstützen. Die wesentlichen Anforderungen, die an moderne Planungssysteme gestellt werden, sind die Integration von strategischer und operativer Planung sowie die Unterstützung der Partizipation aller Mitarbeiter. Ziel eines solchen Systems muss es sein, einen Planungsprozess zu etablieren, der alle Planungsebenen innerhalb des Unternehmens integriert. Dabei gilt es, das bislang existente Defizit, dass unterschiedliche Planungen nicht aufeinander abgestimmt werden, zu beseitigen. Ferner muss gewährleistet sein, dass die Daten allen Verantwortlichen innerhalb eines gemeinsamen Systems zur Verfügung stehen, so dass die dynamische Zusammenarbeit aller am Planungsprozess Beteiligten möglich wird und jederzeit für abgestimmte Ergebnisse sorgt.

Im Mittelpunkt des Funktionsumfangs steht mithin primär die Abwicklung der Planungsprozesse wie Zielbildung, Prognose, Bewertung, Abweichungsanalyse etc. Zudem runden integrierte statistische und finanzmathematische Funktionen für die automatische Generierung von Planzahlen und Analysemöglichkeiten wie Szenarienbildung, Sensitivitäts- und Abweichungsanalysen, Simulation und Forecast diese Systeme ab. Hilfreich sind in diesem Zusammenhang auch Funktionalitäten, welche das Abspeichern verschiedener Planversionen sowie unterjährige Mehrfach- bzw. Detailplanungen im Zuge der Planrevision ermöglichen und damit konsistente Planzahlen auch bei rollierender Planung sicherstellen.

3.2 Performance Management

Eine der wichtigsten Aufgaben im ganzheitlichen Business Intelligence-Prozess ist das Performance Management. Performance Management ist dabei ein kontinuierlicher Prozess, den ein Unternehmen durchläuft, wenn es die durch die strategischen Entscheidungen der Unternehmensführung bestimmten operativen Zielvorgaben umsetzt. Voraussetzung für ein effektives Performance Management ist, dass die Aktivitäten mittels Key Performance Indicators (KPIs), die als Bindeglied die Geschäftsprozesse mit den Zielvorgaben verknüpfen, auch gemessen und bewertet werden. Die entscheidenden KPIs sind einzigartig und individuell auf jedes Unternehmen abgestimmt. Da jedes Unternehmen grundsätzlich anders ist, gibt es keinen universell passenden Satz geeigneter Performance-Indikatoren.

Die somit gewonnenen Ergebnisse fließen zur Anpassung und Optimierung wiederum in den Planungsprozess zurück. Letztendlich gilt es, die Umsetzung der Zielvorgaben im Vergleich zur Geschäftsstrategie zu messen, um so sicherzustellen, dass beide auf allen Ebenen aufeinander abgestimmt sind.

Ein Controlling der Zielerreichung schließt somit den Kreislauf des Performance Managements.

Als geeignetes Instrument zur Beschreibung der Unternehmensstrategie und um diese in operative Ziele für alle Ebenen des Unternehmens umzusetzen, hat sich die von Robert Kaplan und David Norton entwickelte Balanced Scorecard etabliert. Die Idee der Balanced Scorecard ist zum einen, die Unternehmensstrategie in konkrete Zielvorgaben für einzelne Bereiche umzusetzen, und zum anderen, die Erreichung dieser Ziele durch klar definierte Maßgrößen zu überprüfen. Vereinfacht beschrieben kann die Balanced Scorecard als ein Ziel- und Kennzahlen-Kaskadierungssystem verstanden werden mit strategischen Zielen als Ausgangspunkt. Sie schafft durch die Verbindung von Strategien mit den zur Umsetzung erforderlichen Handlungen die Möglichkeit, treibende Faktoren zukünftiger Leistungen zu erfassen. Hierzu wird eine Gesamtsicht des Unternehmens, die zumeist 4 Perspektiven mit bestimmten Leitfragen umfasst, definiert. Durch die Beantwortung der Leitfragen ermöglicht die Balanced Scorecard die Umsetzung der Geschäftsstrategie in operative Größen.

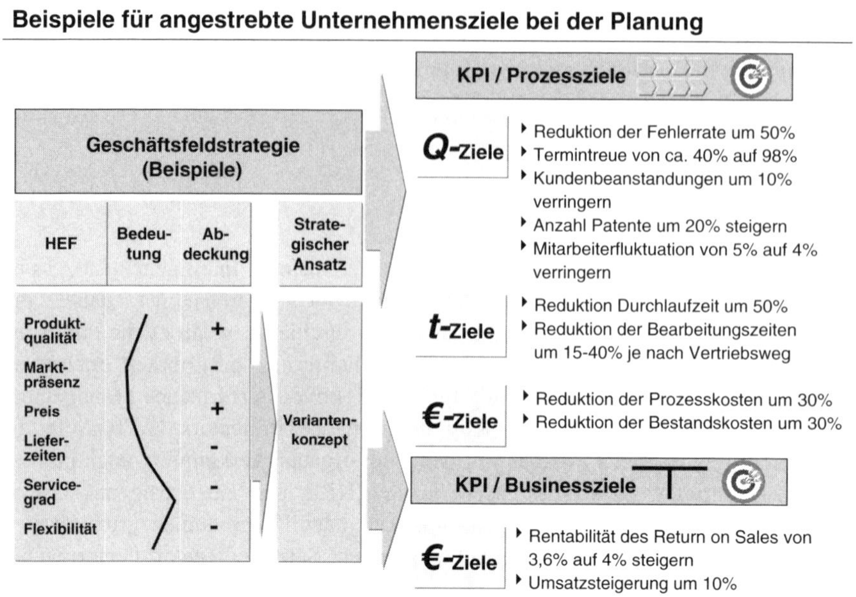

Abb. 3: Perspektiven der Balanced Scorecard

Die einzelnen Elemente der Betrachtungsfelder werden dabei untereinander und mit den Elementen der anderen Betrachtungsfelder durch Ursache-Wirkungs-Ketten verknüpft.

Einen Schritt weiter geht der Ansatz des Process Performance Managements (PPM). Hier wird mittels prozessbezogener Key Performance Indicators – wie etwa Prozesslaufzeit, Prozesshäufigkeit oder Liegezeit – kontinuierlich Effizienz, Qualität und Wirtschaftlichkeit aller relevanten Geschäftsprozesse bis auf Prozessinstanzebene im laufenden Betrieb gemessen und analysiert. Die somit gewonnenen Informationen weisen einen lückenlosen Bezug zu den einzelnen Aktivitäten der wertschöpfenden Geschäftsprozesse auf. Dadurch können Schwachstellen in den Geschäftsprozessen erkannt und ausgebessert werden, wodurch der betroffene Prozess optimiert und somit beschleunigt werden kann.

Dabei ergibt sich die Notwendigkeit, Business Intelligence auch prozessbezogen einzusetzen, aus folgenden Überlegungen:

- Geschäftsprozesse sind die operativen Treiber für die Ergebnisse eines Unternehmens.
- Schwachstellen in Unternehmensabläufen lassen sich nur in Geschäftsprozessen finden.
- Die Marktposition des Unternehmens ist abhängig von Qualität und Gestaltung der Geschäftsprozesse.

- Informationen über Geschäftsprozesse sind ein Wissen, das zeitnahes Agieren ermöglicht.

Die Vorteile, die sich durch prozessbezogene Verbesserungsmaßnahmen ergeben, zeigen sich sowohl in quantitativer als auch in qualitativer Hinsicht:

- kürzere Durchlaufzeiten
- Kostenreduzierung
- Verbesserung der Qualität der Leistungserbringung
- bessere Ausnutzung der Ressourcen
- Verbesserung der Kundenzufriedenheit durch verstärkte Kundenorientierung

Dabei wird klar, dass dieser Optimierungsansatz wiederum dem Kunden zugute kommt, dessen Wunsch nach erhöhter Geschwindigkeit und verbesserter Qualität es beispielsweise in der Auftragsabwicklung zu erfüllen gilt.

Die Methodik des Process Performance Managements setzt voraus, dass alle Detailinformationen zu einzelnen Geschäftsvorfällen aus den operativen Systemen erhoben werden können. Jedoch lassen sich diese Prozessdaten aus den Anwendungssystemen allein nicht gewinnen. Vielmehr muss der systemübergreifende Ablauf der zu messenden Prozesse rekonstruiert und alle dazugehörigen Prozessdaten aus den involvierten Anwendungen extrahiert werden. Für die Erhebung prozessrelevanter Daten sind insbesondere der Belegfluss in ERP-Systemen, Zeitstempel oder Log-Files von Bedeutung. Das Ergebnis dieser Datenerhebung ist ein Datenextrakt, der detaillierte Prozessdaten zu jeder Prozessinstanz der Geschäftsprozesse enthält.

Das Spannende an diesem Ansatz sind die Anforderungen, die an ein unterstützendes Process Performance Management Tool gestellt werden. Dieses muss zweifelsohne folgende Kernfunktionen unterstützen:

- Messen und Bewerten der aktuellen Prozessleistung durch Plan-Ist-Wert-Vergleiche der KPIs
- Ursachenforschung durch detaillierte Prozessanalyse und Visualisierung des tatsächlichen Prozessablaufs
- Ableiten von Optimierungsmaßnahmen
- kontinuierliche Kontrolle der Wirksamkeit der durchgeführten Maßnahmen durch Prozess-Monitoring
- automatische Benachrichtigung bei Zielabweichungen der Prozess-Performance

Die reine Messung der Prozesseffizienz und -qualität mit Hilfe geeigneter Prozesskennzahlen liefert ausschließlich Informationen über den Ist-Zustand der überwachten Prozesse, vorhandene Abweichungen von den Zielvorgaben und die Wirksamkeit durchgeführter Optimierungsmaßnahmen.

Für eine Ursachenermittlung bedarf es ggf. einer detaillierten Prozessanalyse, die zu neuen Erkenntnissen führt. Mit der Durchführung einer Prozessanalyse können Inkonsistenzen und Schwachstellen in den Prozessen aufgedeckt werden. Eine derartige Prozessanalyse, die aus technologischer Sicht durch OLAP und Mining-Methoden unterstützt wird, bildet die notwendige Basis für die anschließende Ableitung von Optimierungsmaßnahmen.

Im Rahmen der Einführung einer Balanced Scorecard können die Auswertungsergebnisse aus dem Process Performance Management in die interne Prozessperspektive der Balanced Scorecard überführt werden und fließen direkt in die Prozesse der Planung ein.

Für eine kontinuierliche Erfolgskontrolle umgesetzter Optimierungsmaßnahmen ist ein Prozess-Monitoring von zentraler Bedeutung. Allgemein betrachtet messen Monitoring-Tools permanent die Prozessleistung, vergleichen diese mit festgelegten Plan-Werten und reichen diese Statusinformationen an das entsprechende Frontend-Werkzeug (Management-Cockpit) weiter. Die Messung der geschäftlichen Abläufe erfolgt dabei in Echtzeit. Dieser Ansatz wird von Gartner Group auch als Business Activity Monitoring (BAM) bezeichnet.

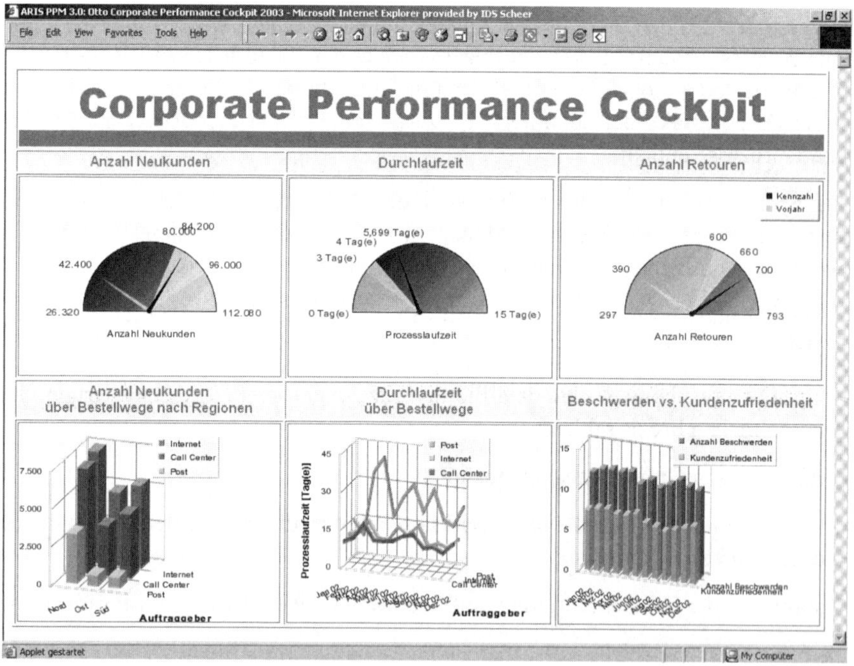

Abb. 4: Geschäftsprozess-Performance wird transparent

3.3 Strategisches und operatives Controlling

In den Unternehmen haben sich für unterschiedliche Zielsetzungen differenzierte Ausprägungen des Controllings etabliert. Beispiele im strategischen Controlling sind Geschäftsfeldcontrolling, Kundenprofitabilitätsbetrachtungen und Prozesscontrolling. Im operativen Controlling finden weitere Ausprägungen Verwendung:

- Fachbereichscontrolling (F+E-Controlling, Marketingcontrolling, Vertriebscontrolling, IT-Controlling, Personalcontrolling)
- funktionales Controlling (Gemeinkostencontrolling, Kostenträgercontrolling, Deckungsbeitragscontrolling, Projektcontrolling)
- Life-Cycle-Controlling (Design to Cost, Target Costing, konstruktionsbegleitende Kalkulation, Produktionscontrolling)

Zu den dringlichsten Aufgaben eines ganzheitlichen Business Intelligence-Ansatzes zählen in einem solchen Unternehmensumfeld die Harmonisierung bzw. Integration der unterschiedlichen Kennzahlensysteme und die Herstellung der Transparenz von Ursache-Wirkungs-Ketten über KPIs.

Die Integration der Kennzahlensysteme muss sowohl innerhalb einer Organisationsebene (horizontale Integration) als auch über unterschiedliche Ebenen hinweg (vertikale Integration) erfolgen. Nur durch konsistente Controllingstrukturen ist gewährleistet, dass die Ergebnisse eine breite Akzeptanz finden und als geeignete Entscheidungsgrundlage verwendet werden können.

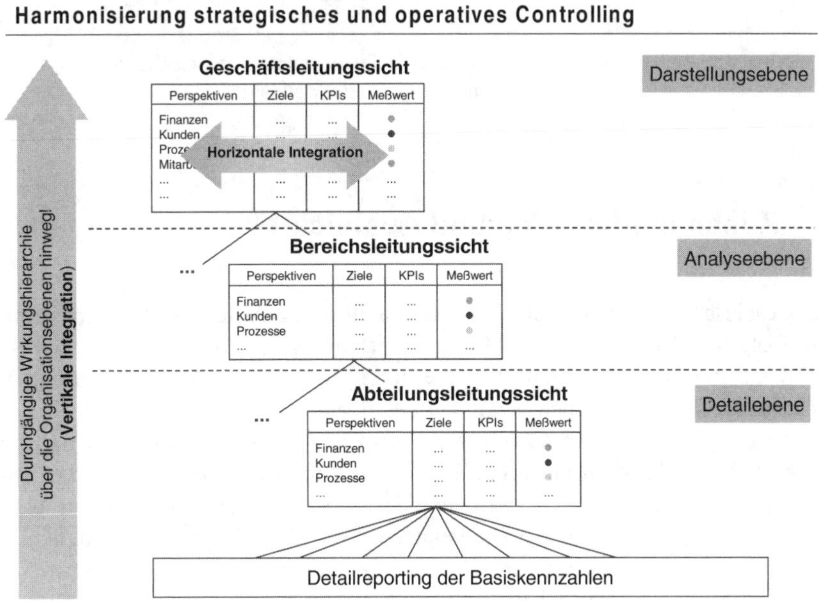

Abb. 5: Kennzahlenharmonisierung als Teil des integrierten Controllings

Die Herstellung der Transparenz von Ursache-Wirkungs-Ketten über KPIs ist erforderlich, um beispielsweise Auswirkungen von Änderungen der Zieldefinitionen einer Scorecard-Perspektive für Ziele anderer Perspektiven abzuleiten. Auch diese Aufgabe dient im Endeffekt der Schaffung von Konsistenz zwischen den Controllingansätzen. Sie führt in letzter Konsequenz dazu, dass keine widersprüchlichen Zielsetzungen und Maßnahmen definiert und umgesetzt werden.

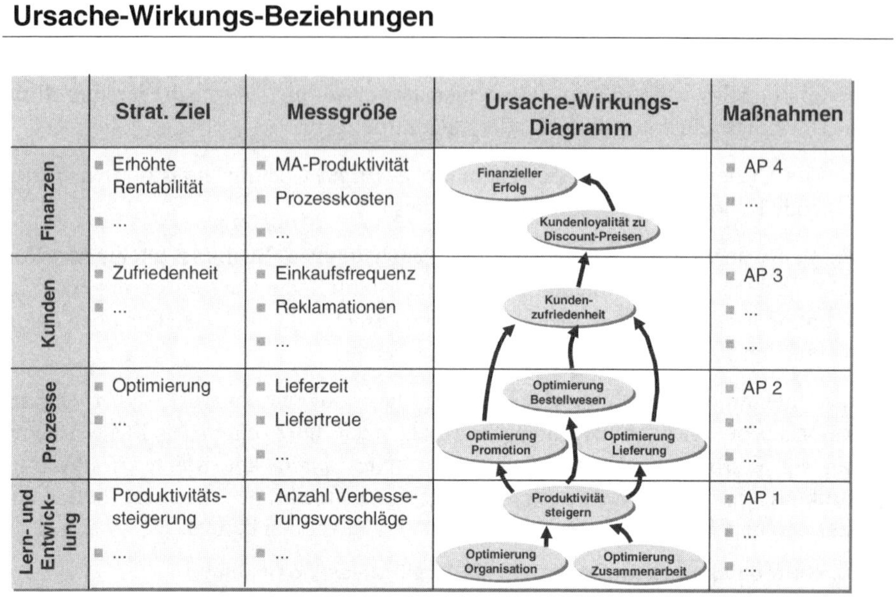

Abb. 6:. Die KPI-Definition unterstützt die Transparenz über Ursache-Wirkungs-- Beziehungen und eingeleitete Maßnahmen

4 Zusammenfassung und Ausblick

Der beschriebene ganzheitliche Business Intelligence-Ansatz setzt die Integration von Planung und Performance Management voraus. Der Anwendungsfokus liegt auf Konzepten und Ansätzen, die eine durchgängige, konsistente Steuerung des Unternehmens ermöglichen und helfen, Unternehmenstrends rechtzeitig zu erkennen und zu verstehen sowie die Performance wertschöpfender Geschäftsprozesse zu messen und zu bewerten. Process Performance Management, das heute noch eher selten eingesetzt wird, entwickelt sich dabei zusehends zu einem „strategischen Muss". Der Geschäftsnutzen resultiert dabei aus der Möglichkeit, Geschäftsprozesse zuverlässiger, schneller und zu geringeren Kosten auszuführen, den Umsatz zu steigern, die Produkteinführungszeit zu reduzieren, den Kundenservice zu verbessern und Prozesswissen zu liefern, das fundierte Entscheidungen ermöglicht.

Literaturverzeichnis

Grothe, M.; Gentsch, P.: Business Intelligence – aus Informationen Wettbewerbsvorteile gewinnen, (Addison-Wesley) München 2000

Kaplan, R.; Norton, D.: The Strategy Focused Organization, (Harvard Business School Press) Boston, Massachusetts 2002

McCoy, D.; Sinur, J.; Schulte, R.: Business Activity Monitoring Requires Process Context, Gartner Research Note Number COM-15-4250, März 2002

Scheer, A.-W.; Abolhassan, F.; Bosch, W. (Hrsg.): Real-Time Enterprise, (Springer) Berlin et al. 2003.

Scheer, A.-W.: ARIS – vom Geschäftsprozess zum Anwendungssystem, 4. Aufl., (Springer) Berlin et al. 2002.

Diskrete Fertigung

Einleitung: Diskrete Fertigung

Werner Stegmüller
IDS Scheer AG

In Deutschland ist wie in vielen industrialisierten Ländern festzustellen, dass der Anteil der produzierenden Industrie am Bruttosozialprodukt ständig zugunsten des Dienstleistungssektors abnimmt. Trotzdem ist die produzierende Industrie nach wie vor der wichtigste Bereich der Wertschöpfung in Deutschland. Zwei wesentliche Säulen der produzierenden Industrie stellen die beiden Branchen Automotive und Capital Goods dar.

Die Branche Automotive ist zum einen geprägt von einer ständig steigenden Modellvielfalt, kürzer werdenden Entwicklungszeiten, einer Verringerung der Fertigungstiefe bei den Herstellern, die einhergeht mit einer Verlagerung von Entwicklungsaktivitäten an die Automobilzulieferer, verbunden mit einem ständig steigenden Kostendruck, der die gesamte Branche fest im Griff hat. Diese Vielzahl an Herausforderungen, welche die Branche gleichzeitig zu bewältigen hat, kann nur durch Innovation gemeistert werden. Eine dominierende Rolle spielen bei der Bewältigung der oben genannten Herausforderungen Innovationen in den Prozessen, wobei dem Entwicklungsprozess eine besonders große Bedeutung zukommt.

Der Entwicklungsprozess zeichnet sich - wie oben erwähnt - durch immer kürzer werdende Entwicklungszeiten, durch eine über Unternehmensgrenzen hinweg stattfindende Zusammenarbeit in der Entwicklung sowie eine enge Verzahnung zwischen Entwicklung und Produktion aus. Diese Herausforderungen sind zudem unter Einhaltung der zu Beginn der Entwicklung definierten Zielkosten zu bewältigen.

Eine der jüngsten Innovationen im Entwicklungsbereich ist die digitale Fabrik: Im Rahmen der digitalen Fabrik werden alle Elemente der Fertigung in der Planung mittels rechnergestützter Methoden so weit abgesichert, dass die physische Herstellung des Produkts unter Einhaltung der Qualitäts-, Zeit- und Kostenziele gewährleistet werden kann. Und zwar lange bevor etwas in Stein oder Eisen gemeißelt wird. Erst wenn das digitale Fahrzeug die digitale Fabrik erfolgreich durchlaufen hat, wird es für die reale Fabrik freigegeben.

Dies hat zur Folge, dass die Zeitspanne zwischen der ersten Definition eines neuen Autos bis zum Serienanlauf deutlich kürzer ausfällt. Audi beispielsweise spricht heute nur noch von 36 Monaten im Vergleich zu 48 Monaten, welche die Entwicklung noch Anfang der neunziger Jahre benötigt hat.

Im Rahmen der Realisierung der digitalen Fabrik geht es in erster Linie nicht darum, irgendwelche neuen Software-Tools zu integrieren, sondern vor allem die bestehenden Methoden und Prozesse zu optimieren und zu standardisieren, Organisationsstrukturen neu zu modellieren sowie die Datenintegration voranzutreiben. Das sind genau die Aufgaben, die sich die IDS Scheer AG auf die Fahnen geschrieben hat.

Die Branche Capital Goods ist wie die Automobilbranche einem weltweiten Wettbewerb ausgesetzt, der die Unternehmen zu einer permanenten Reduzierung der Kosten und einer innovativen Weiterentwicklung ihrer Geschäftsmodelle zwingt. So entscheiden im Maschinen- und Anlagenbau produktbegleitende Dienstleistungen immer häufiger über den Erfolg oder Misserfolg eines Unternehmens. Der Service stellt im Hinblick auf die Differenzierung gegenüber dem Wettbewerb einen zunehmend wichtiger werdenden Faktor dar und ist zudem in der Regel auch margenträchtiger als das eigentliche Produktgeschäft. Bereits 75 % von 150 befragten deutschen Unternehmen der Investitionsgüterindustrie halten Servicedienstleistung zur Absicherung des Unternehmenserfolges für sehr wichtig. 15 % aller befragten Unternehmen erzielen mit Servicedienstleistungen bereits einen Umsatzanteil von mehr als 25 %.

Neben der Erweiterung der Geschäftsmodelle um das Servicegeschäft kommt im Maschinen- und Anlagenbau wie auch in der Automobilindustrie der Optimierung des Produktentwicklungsprozesses eine sehr große Bedeutung zu. Hier geht es neben der engeren Verzahnung von Entwicklung und Produktion vor allem auch um die zielkostenorientierte Entwicklung der entsprechenden Produkte.

Die folgenden Kapitel geben einen ausführlichen Überblick über die Herausforderungen der Branchen Automotive und Capital Goods.

Vom Investitionsgut zum gesamtheitlichen Produkt- und Service Life Cycle

Wolfgang Schmid-Vogt
IDS Scheer AG

Jürgen Mayer
IDS Scheer AG

Zusammenfassung

Ziele wie die Erhöhung der Wettbewerbsfähigkeit in Prozessen, Kosten, Qualität, Technologie und Zeit stehen bei allen Verbesserungsmaßnahmen im Vordergrund und lassen sich nur durch eine konsequente Ausrichtung der Organisation auf den Markt realisieren. Dies verlangt ein Umdenken in Richtung Prozessmanagement. Für viele Unternehmen ein Paradigmenwechsel. Schwerpunkt wird eine hohe Integration zwischen Logistik und Produktentwicklung (Supply Chain Collaboration) sowie den Service als Profitabilitätsträger sein. Strategien, Organisation und Prozesse sowie eine smarte Informationstechnologie sind permanent den Marktbedürfnissen anzupassen und auf die Notwendigkeit kernkompetenter Anwendung zu prüfen.

Schlüsselwörter

Geschäftsprozessmanagement, Kernkompetenzen, Prozessinnovation, Supply Chain Collaboration, Komplexitätsmanagement, Service, Betreibermodelle, Komunikation, Wissensmanagement&Lernen, Supplier Relationship Management, Product Life Cycle Management und Collaboration, kundenindividuelle Serienproduktion, Profitabilität

„Im Wald boten sich mir zwei Wege dar und ich ging den, der weniger betreten war, und das veränderte mein Leben."

Robert Lee Frost, US-amerikanischer Landwirt, Lehrer, Lyriker und Dramatiker

1 Begriffsdefinition Branche Investitionsgüterindustrie – warum? Die Branche ist sich selbst der beste Kunde

Mit dem Begriff „Investitionsgüter" wird schon die Branche so gut wie wenige andere Branchen beschrieben. Der Charakter der Branche liegt darin, dass Güter erzeugt und geliefert werden, um sie zu investieren. *Das ist nicht trivial.* Im Gegensatz zu einer Investition mit Geld (aus Sicht des Geldgebers wäre dieses Geschäft offensichtlich der Branche Finanzen zuzuordnen) werden im Investitionsgüterbereich handfeste, greifbare Güter investiert, d. h. als Komponenten eingebaut oder beigestellt und damit ständig weiterveredelt (zu Recht verwendet deshalb der Verband der deutschen Maschinen- und Anlagenbauer auch den Begriff „Investitionsgüter" (vgl. VDMA)). „Ständig weiterveredelt" deshalb, weil der Großteil der Investitionsgüterindustrie sich innerhalb eines komplexen Investitionsprozesses befindet. Nur wenige stehen am Anfang oder Ende dieser unternehmensübergreifenden Wertschöpfungskette.

Die unternehmensübergreifende Wertschöpfung ist sogar noch komplexer, wenn man daran denkt, dass am Innovationsstandort Deutschland eine fundierte Ausbildung sowie Beherrschung von Wissen wettbewerbsentscheidend sind und man damit Universitäten, Fachhochschulen und andere Bildungsstätten in den Wertschöpfungsprozess integriert sehen müsste. Dieser Aspekt wird im Rahmen dieser Abhandlung aber nicht weiter vertieft.

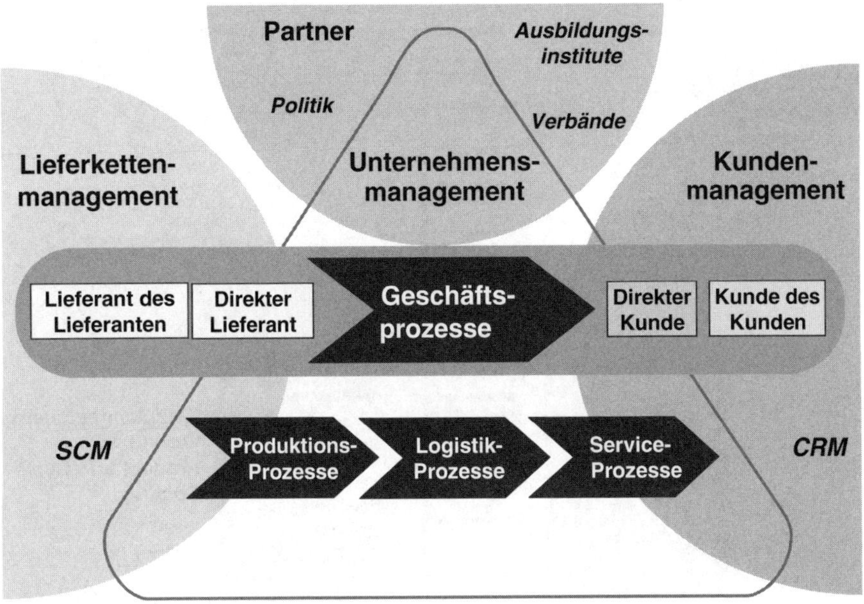

Abb. 1 Gesamtheitliche Prozessintegration

Dass hier auf die Begriffsbeschreibung einleitend eingegangen wird, hat den folgenden guten Grund: Mit der Begriffsbeschreibung wird die Herausforderung schlechthin in der Branche beschrieben, nämlich – nach wie vor und unabhängig von irgendeinem „SCM-Hype" – die Beherrschung oder bestmögliche Steuerung dieser komplexen unternehmensübergreifenden Wertschöpfungskette in mindestens 3 Dimensionen: Lieferant, Kunde und Partner.

Mit dem richtigen Blick auf die Anforderungen (und Potenziale) der Kunden des Kunden werden erst die richtigen Produkte zum richtigen Zeitpunkt verkauft und geliefert. Mit dem Blick auf die Möglichkeiten (und Risiken) der Lieferanten des Lieferanten werden erst Kosten gesenkt und die richtigen Produkte zum richtigen Zeitpunkt bestellt und angeliefert. Die Differenzierung zwischen Verkauf und Lieferung bzw. Bestellung und Anlieferung verweist in diesem Zusammenhang darauf, dass zwischen dem physischen Materialfluss, dem Wertefluss sowie dem Informationsfluss auch hier unternehmensübergreifend unterschieden bzw. individuell gesteuert werden muss. Der Hinweis auf die Beherrschung dieser komplexen Wertschöpfung ist nicht allein mit dem Verweis auf Begriffe wie Supply Chain Management abzutun. Es ist eben ein sehr spezifischer logistischer Prozess, abhängig von den Kriterien, die weiter unten beschrieben werden (Kapitel 3), und muss erweitert gesehen werden um Aspekte, die wir als Komplexitätsmanagement bezeichnen, wenn wir z. B. die Integration der Entwicklung in die Logistik betrachten.

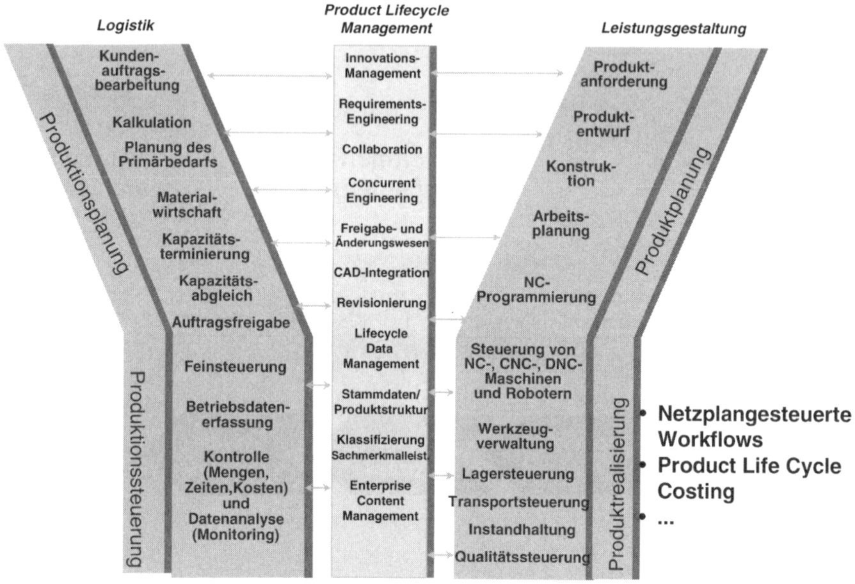

Abb. 2: Y-Modell (nach Prof. Mayer, Universität Zürich)

Für die Investitionsgüterindustrie sind nicht allein die Logistik (inkl. der Produktionsprozesse als „End-to-End-Prozess" hier gedacht) und die Entwicklung (i. S. v. FuE) und ggf. weitere Kernprozesse, sondern eben die *Integration* zwischen diesen Prozessen von höchster wettbewerbsentscheidender Bedeutung. Diese integrativen Prozesse – vor allem bei Logistik und Entwicklung – bezeichnen wir als Komplexitätsmanagement. Somit ist unser Logo nach wie vor topaktuell.

Der „Investitionsgüterindustrie" ist zu Eigen, *„dass sie sich selbst der beste Kunde ist."* Das ist bei Dienstleistungsunternehmen nur in geringem Maße so. Mit diesem Charakteristikum der „Selbstbelieferung" ist und wird jedes Wissen über die eigene Branche zum wettbewerbsentscheidenden Vorteil.

Und durch diese Eigenart, die sich zunächst sehr einfach und trivial anhört, wird auch der Untertitel dieses Kapitels verständlich. Jedes Investitionsgüterunternehmen kann von sich und seiner Branche, seinen Kunden und Lieferanten, seinen Partnern lernen. Die Benchmark liegt ganz nahe, die Verbesserungspotenziale liegen ganz nahe. Jedes Unternehmen, das durch enge Kommunikation mit seinen Partnern im Wertschöpfungsnetzwerk offen ist zu lernen, gewinnt Wettbewerbsvorteile.

Genau in diesem Zusammenhang von *Kommunikation und Lernen* muss auch auf die Rolle der Beratung verwiesen werden. Denn entgegen einem (manchmal durchaus zutreffenden) Vorurteil, dass „Beratung nur kostet und wenig bringt", sollte man diese Branche fordern, ihrer Rolle als Kommunikator, Moderator und Wissensvermittler gerecht zu werden. Der Nutzen der Beratung darf und wird zukünftig nicht (nur) darin liegen, „Strategien zu entwickeln, Konzepte zu erstellen und Standardsoftware zu implementieren", sondern als *Wissensvermittler und Anbahner von unternehmensübergreifenden Geschäftsmodellen* zu fungieren – mit all seinem Branchen-, Prozess- und IT-Know-how.

Die Branche hat sich gewandelt: vom klassischen technologiegetriebenen Maschinen- oder Anlagenbauer hin zum servicegetriebenen Investitionsgüterbetrieb.

2 Trends in der Investitionsgüterindustrie

Die Kunden der Investitionsgüterbranche, die zum Großteil selbst der Branche angehören, sehen sich zurzeit in der Phase der Globalisierung der Märkte einer sehr starken Wettbewerbssituation mit stark verkürzten Produktlebenszyklen und einem schnellen Wandel im Nachfrageverhalten konfrontiert. Mehr Flexibilität und Effizienz im gesamten Unternehmen sind erforderlich. Managementkonzepte wie Lean Management, Digital-Factory, Just in time Production, Mass-Customization, Supply Chain Management etc. finden immer mehr Beachtung, um auf die Marktentwicklungstrends zu reagieren. Die IT-basierte Vernetzung der Logistikkette und des Produktlebenszyklus zeigt neue Perspektiven, Potenziale und Risiken auf.

Ziele wie die Erhöhung der Wettbewerbsfähigkeit in Prozessen, Kosten, Qualität, Technologie und Zeit stehen bei allen Verbesserungsmaßnahmen im Vordergrund und lassen sich nur durch eine konsequente Ausrichtung der Organisation auf den Markt realisieren. Neue Ideen und Innovationen sind gefragt. Ein wichtiger Ansatz ist die verstärkte **Konzentration auf Kernkompetenzen**. Hierzu gehört die zunehmende Verlagerung von Entwicklungs-, Produktions- und Dienstleistungsvolumina im Sinne des Business Process Outsourcings[1] an Lieferanten. Bereits 30 % der gesamten Unternehmensausgaben in Europa wurde im Jahr 2000 in die Auslagerung von Unternehmensfunktionen an externe Dienstleister investiert. Dieser Prozentsatz wird nach einer aktuellen Studie im Jahr 2010 auf 36 % und bis zum Jahr 2025 auf 45 % ansteigen (vgl. Friend, Lukacs, Snowdon 2002).

Der Einkauf in der Investitionsgüterindustrie stellt hierbei einen wesentlichen Erfolgsfaktor bei Realisierung der Ertragspotenziale dar. Bei einer Zukaufquote von bis zu 80 % werden heute nicht in erster Linie Einzelteile eingekauft, sondern Baugruppen bzw. Systeme und zunehmend Wertschöpfungsprozesse. Der konsequente und strukturierte Zukauf von Nicht-Kernleistungen in der gesamten Wertschöpfungskette des Unternehmens führt zu einer Optimierung der Produkte. Unter den Lieferanten sind verstärkt strategische Partner, die nicht ohne weiteres substituierbar sind. Die Fähigkeit zur Bildung und Weiterentwicklung von Kooperationen und langfristigen Partnerschaften gewinnt immer mehr an Bedeutung.

[1] Business Process Outsourcing (BPO) bezeichnet die Verlagerung eines oder mehrerer Geschäftsprozesse auf einen externen Dienstleister.

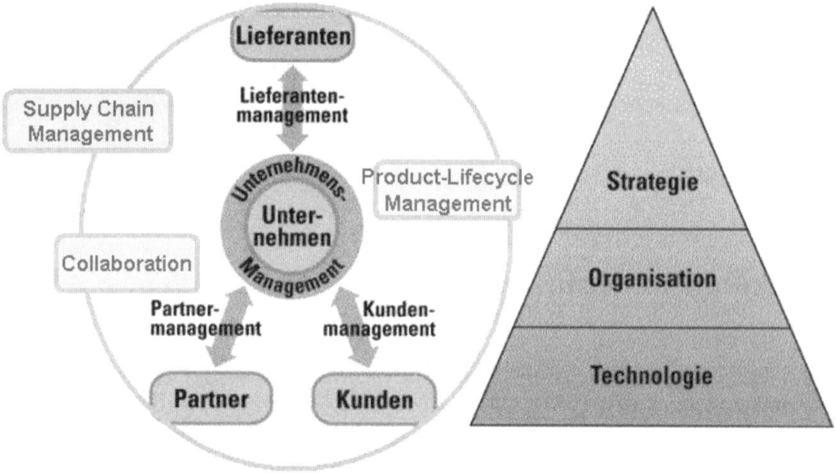

Abb. 3: Prozessperspektiven und Blick von der Strategie zur Umsetzung

Die Aufgaben des Einkaufs wandeln sich von operativen Beschaffungsaktivitäten hin zu einem strategischen Beschaffungsmanagement. Eine Neupositionierung des Einkaufs in der Unternehmensorganisation ist unumgänglich – der Einkäufer agiert als Schnittstellenmanager zwischen internen Kerngeschäftsprozessen und Zulieferprozessen, internen Fachabteilungen und Lieferanten.

Wesentliche Grundlage dieser Entwicklung ist eine gut funktionierende und integrierte IT, die insbesondere durch ausgefeilte Informationssysteme in den Bereichen Beschaffungsprozesscontrolling optimierte operative Beschaffungsabwicklung (z. B. e-Procurement, C-Teilemanagement) erst ermöglicht. Erst der Aufbau eines **strategischen Supplier Relationship Management**-Systems, d. h. eines ganzheitlichen Managements von Beschaffungsprozessen und Lieferantenbeziehungen, und die Integration des Lieferanten in das Logistiknetzwerk ermöglichen eine partnerschaftliche Kooperation und schaffen eine Win-Win-Situation für beide Seiten.

Maschinen- und Anlagenbauer müssen sich darauf einstellen, dass sie ihre Produkte künftig nicht mehr nur verkaufen, sondern im Auftrag des Kunden auch betreiben müssen. Erwartungen an die Investitionsgüterindustrie sind vor allem die Übernahme von Verantwortung für komplette Prozessketten (Entwicklung, Produktion und Dienstleistung), Technologie- und Kostenführerschaft, Flexibilität, kundenindividuelle Produktion, Vernetzbarkeit (Kunden-Lieferanten-Netzwerke im Sinne von Supply Chain Collaboration) und Innovationsfähigkeit. Diese Herausforderungen eröffnen der Investitionsgüterindustrie neue Marktchancen – **Erlöse aus produktbegleitenden Dienstleistungen** über den gesamten Product Life Cycle (Herstellung, Betrieb und Nachnutzung) erweitern die Geschäftsgrundlage.

Kunden der Investitionsgüterbranche wünschen sich nicht nur maßgeschneiderte, kostengünstige Produktlösungen – Kunden wünschen sich darüber hinaus Investitionsgüter, die keine Ausfallzeiten haben und sehr gute Qualität über die gesamte Nutzungsdauer erzeugen. Das heißt, eine Maschine muss fehler- und störungsfrei laufen, und falls es trotzdem zu einem Ausfall kommen sollte, dann muss eine schnelle Verfügbarkeit gewährleistet sein. Dies stellt enorme Anforderungen an die Reaktionsfähigkeit und Flexibilität eines Unternehmens. Telemetriedaten von Maschinen und Geschäftsprozessen rücken in den Mittelpunkt der Betrachtung. Beispielsweise werden durch innovative IT-Lösungen (Teleservice) online Informationen über das Verhalten der Maschinen und die Einsatzbedingungen an ihrem Einsatzort (Felddaten) analysiert sowie entsprechende Dienstleistungsprozesse (z. B. Wartung) automatisiert ausgelöst. Die Durchführung von Geschäftsprozessen wird hinsichtlich kritischer Erfolgsfaktoren ständig gemessen (Process Performance Management). Erst mit einer effizienten Informationslogistik, d. h. der Bereitstellung von Informationen zu jeder Zeit an jedem Ort, ist es möglich, „Schadensfälle" bei Maschinen und Geschäftsprozessen frühzeitig zu erkennen und zeitnah zu beseitigen.

Hinzu kommt, dass immer mehr Kunden den hohen Anschaffungspreis bzw. die Lebenszykluskosten scheuen und viel lieber eine produktionsabhängige Nutzungsgebühr zahlen wollen. Dies eröffnet natürlich auch Umsatzpotenziale für den Lieferanten bei kapitalschwachen Unternehmen. **Betreiben statt verkaufen** heißt die Devise. Aus Sicht des Kunden handelt es sich um ein Business Process Outsourcing an den Hersteller des Investitionsgutes. Dies erfordert natürlich auf beiden Seiten auch neue Controlling-Konzepte (z. B. Vereinbarung von Service-Level-Agreements). Hier zeigen sich noch deutliche Lücken.

Immer häufiger entscheiden auch produktbegleitende Dienstleistungen über den Erfolg oder Misserfolg eines Unternehmens. Bereits 75 % von 150 befragten deutschen Unternehmen der Investitionsgüterindustrie halten Servicedienstleistungen zur Absicherung des Unternehmenserfolges für sehr wichtig. 15 % aller befragten Unternehmen erzielen bereits mit Service- und Dienstleistungsangeboten einen Umsatzanteil von mehr als 25 % (vgl. Forschungsinstitut für Rationalisierung e. V. (FIR) 2002). Die Wertschöpfungskette der Investitionsgüterindustrie wird sich durch Betreiber- und Nachnutzungsmodelle in den nächsten Jahren kontinuierlich erweitern. Als Beispiele hierfür können bereits erfolgreich umgesetzte Dienstleistungsprodukte wie Inbetriebnahme, Montage beim Kunden, Schulung und Beratung, Finanzierung, Ersatzteildienst, Fernüberwachung mit Teleservice, Wartung, Gebrauchtmaschinenvermittlung, Demontage, Entsorgung etc. aufgeführt werden.

Eine wichtige Erkenntnis in allen Projekten war, dass nur durch einen kunden- und prozessorientierten Lösungsansatz unter Einbeziehung aller Prozessbeteiligten, d. h. auch durch die frühzeitige Integration von Lieferanten und Kunden in den Optimierungsprozess, eine optimale Lösung für die gesamte Wertschöpfungskette erreicht werden konnte. Was für interne Prozesse gilt, muss auch im Zusammenspiel mit Kunden, Lieferanten und Partnern zielführend sein. Beispielsweise konnten die Reduzierung der Auftragsdurchlaufzeiten auf 50 % und die

Verringerung des Sicherheitsbestandes auf 30 % nur in enger Kooperation zwischen Lieferanten und Kunden in einer partnerschaftlichen Kooperation realisiert werden. Kollaborationen, unterstützt durch innovative IT-Lösungen (Supplier Relationship Management), und die Erhöhung der Planungssicherheit durch transparente Lieferketten (Supply Chain Management) sichern die Kontinuität der Lieferbeziehung.

Die Umsetzung von **Kollaborationsszenarien**, d. h. die Optimierung von bilateralen Geschäftsbeziehungen im Sinne von Integration und Synchronisation unternehmensübergreifender Geschäftsprozesse, treten im Investitionsgüterbereich zunehmend in den Mittelpunkt der Unternehmensstrategie. Individuelle Kundenlösungen sind mittlerweile die Erfolgsgaranten vieler Maschinen- und Anlagenbauer. Die Produktentwicklungs- und Konstruktionsprozesse der Investitionsgüterbranche sind bei zunehmender Kundenindividualität zwischen Kunden und Lieferanten sehr abstimmungsintensiv – der Kunde spielt eine aktivere Rolle in der Ausgestaltung des Produktes. Die Projekte zeigen, dass gerade in diesen technischen Kerngeschäftsprozessen eine stärkere Integration zwischen der Engineering Chain (technische Prozesskette) und der Supply Chain (logistische Prozesskette) unternehmensübergreifend erfolgen muss.

Erste Erfolge wurden bereits seit Jahren mit dem automatisierten Datenaustausch (Materialstammdaten, Produktstrukturen, Bedarfe etc.) erzielt. Definierte IT-Standards wie zum Beispiel Edifact, XML, STEP und Internettechnologien sind hierbei sehr hilfreich, doch die größten Potenziale im Miteinander mittels Kollaboration sind bei weitem noch nicht ausgeschöpft.

Über innovative IT-gestützte **Product Life Cycle-Managementprozesse** wird erreicht, dass eine durchgängige „Datenkette" zwischen Lieferanten und Kunden über den gesamten Produktlebenszyklus vorhanden ist. Hierdurch lassen sich Durchlaufzeiten und Prozesskosten erheblich reduzieren.

Der Trend zu kundenspezifisch entwickelten und gefertigten Produkten erfordert von der Investitionsgüterindustrie ein komplettes Umdenken. Die Umsetzung einer „**kundenindividuellen Serienproduktion**", d. h., die Herstellung eines kundenindividuellen Produktes zu Preisen von Standardprodukten, sichert die Wettbewerbsfähigkeit des Unternehmens und kann nachhaltig die Kundenbindung erhöhen. Die Analysen in vielen Unternehmen zeigen auf, dass mit 70–80 % lediglich etwa 3–10 % des Umsatzes erzielt werden – allerdings zu nicht am Markt realisierbaren Kosten. Darüber hinaus werden Qualitätssicherungsprozesse bei kundenindividueller Produktion (Kundeneinzelfertigung) zunehmend komplexer – es müssen sogar Produktdokumentationen „individualisiert" werden.

Es stellt sich relativ schnell die Frage, wie die Angebotsvielfalt bei gleichzeitigen Standardisierungsbestrebungen erreicht werden kann. Kann das Unternehmen die individuellen Kundenwünsche aus bereits vordefinierten Standardkomponenten realisieren (z. B. Assembly-to-Order-Strategie), so hat es im Markt die Nase ganz vorne. Nicht zu unterschätzen sind allerdings die Aktivitäten zur Schaffung entsprechender Voraussetzungen. Eine Ausrichtung des Unternehmens auf seine

Kernkompetenz und die Ableitung des entsprechenden Produktportfolios vorausgeschickt, bedarf es u. a. einer konsequent modular aufgebauten Produktstruktur im Sinne einer Baukastenkonstruktion. Hier gilt es alte, lieb gewonnene Produktfeatures aus Kunden- und Kostensicht strukturiert zu hinterfragen und „alte Zöpfe abzuschneiden". Leistungsfähige IT-gestützte Konfigurationssysteme unterstützen den Vertrieb bzw. den Kunden und Nichtexperten bei der Auswahl des Produktes durch Zusammenstellung der Varianten. Auch die Supply Chain muss sich dem Konzept unterwerfen. So sind z. B. kleine, autarke, prozessorientierte Produktionseinheiten (Montage- und Fertigungslinien) entsprechend der vereinbarten Modulstruktur zu etablieren und eventuell bestehende Fertigungssteuerungskonzepte anzupassen.

Die Erfahrungen zeigen, dass die Einführung eines erfolgreichen Variantenmanagements nur durch eine ganzheitliche Prozessbetrachtung, ausgehend vom Kundenbedarf über die Auslieferung des Produktes bis zum After-Sales-Managements, möglich ist. Die Einführung eines Variantenmanagements hat demzufolge weit reichende Auswirkungen auf die unterschiedlichsten Unternehmensbereiche (Produktentwicklung, Vertrieb Außendienst, Vertrieb Innendienst, Disposition, Produktion, Distribution, Service).

Ein Beispiel für den erfolgreichen Einsatz einer kundenindividuellen Serienfertigung findet sich bei einem deutschen Kompressor-Hersteller, der durch eine intelligente Produktstruktur und den Einsatz eines Konfigurators 97 % der Kundenwünsche abdeckt. Die modularisierten Baugruppen werden anonym auf Lager vorproduziert (Make-to-Stock-Strategie). Basis ist hierbei eine vorher durchgeführte Absatzplanung durch den Vertrieb. Der Händler bzw. der Vertriebsaußendienst kann über Internettechnologie in einem CRM-System eine komplette Druckluftstation individuell konfigurieren, d. h., im Rahmen des Verkaufsprozesses (technische Auftragsklärung) werden die Kundenanforderungen über Parameter zusammengestellt. Der hierbei genutzte Konfigurator beinhaltet ein regelbasiertes, komplexes Produktwissen, das automatisch die notwendigen Standardkomponenten zusammenstellt. Der Kunde erhält sofort online eine technisch machbare und wirtschaftlich sinnvolle individuelle Produktlösung. Da das CRM-System mit dem ERP-System durchgängig integriert ist, kann sofort eine Verfügbarkeitsprüfung zur Ermittlung des Auslieferungstermines durchgeführt werden. Die kundenindividuelle Montage (Assembly-to-Order-Strategie) wird sofort nach Kundenauftragsfreigabe ausgelöst. Die Erfahrungen aus diesem Best-Practice-Beispiel zeigen, dass die Durchlaufzeit von der Kundenanforderung bis zur Auslieferung des Produktes um bis zu 50 % reduziert werden kann. Darüber hinaus konnten der Aufwand für die technische Angebotsklärung, die Fehlerrate bei der Auslegung sowie die Herstellungskosten in der Produktion bedingt durch das Baukastensystem erheblich reduziert werden.

3 Service – immaterielle Beiträge zur Lösung von Kundenproblemen

Haben sich die *Geschäfts(prozess)modelle* diesem Wandel angepasst? Das heißt, kennt und steuert man den normativen wie auch den operativen Ablauf von – z. B. – Serviceabläufen?

Erfolgte die Anpassung der *Organisationen* an neue Geschäftsprozesse? Das heißt, hat man z. B. nicht nur einfach den Kundendienstleister zum Serviceleister gemacht, ohne seine neue Rolle entsprechend neu zu definieren?

Steuert man Service nach *Profitabilitätsgesichtspunkten* und mit verursachergerechter Kostenzuordnung? Das heißt, hat man mehr als eine Ahnung, welchen wirklichen Geschäftswertbeitrag Service dem Unternehmen bringt?

Wenn nicht immer mit „Ja" geantwortet werden kann, sind Probleme vorprogrammiert und Potenziale liegen brach.

So ist bzgl. *Profitabilität* darauf zu achten, dass man nicht nach dem Gießkannenprinzip verfährt und bei der Verteilung der Gemeinkosten auf Einzelkosten Sachkosten überteuert. Eine Vermischung von Serviceerträgen mit dem Investitionsgutverkauf darf möglichst nicht stattfinden, da sonst keine Transparenz zum Wertbeitrag besteht und Investitionen falsch, d. h. am Markt vorbei entschieden werden.

Die *Organisation* verlangt neue Arbeitszeitformen mit hoher Flexibilität und entsprechenden Konsequenzen in der Entlohnung. Beim Service kann nicht gestempelt werden. Eine kundenorientierte Mentalität aller am Service Beteiligten ist erster Maßstab des Erfolges[2] (vgl. VDMA).

Die organisatorische Kooperation mit Partnern kann nicht nur Kapazitätsprobleme lösen, sondern auch kulturelle und räumliche Brücken ins Ausland schlagen.

Letztendlich darf man auch nicht den ideellen Ertrag durch Kundenbindung und Imagepflege vergessen.

In Bezug auf *prozessuale Aspekte* sind so heikle Themen zu klären, wie z. B., ob ein Fertigungsteil im Lager nun in die Produktfertigung einfließt oder der Service zur Verfügung steht. Dies hat Konsequenzen vor allem in der Disposition (man denke nur an die *Ein-Werks- und Zwei-Werksdiskussionen*, in denen man eine Komponente logisch und/oder physisch unterschiedlich disponiert. Eine Diskussion, die Weltmarktführer monate- und jahrelang beschäftigt und die oft allein an der Zielkonkurrenz von Kapitalsenkung in den Beständen sowie an den Investitionen für die entsprechende Prozesssteuerung scheitert.

---

[2] Dazu passt auch, dass 70 % der Kundenreklamationen auf Ursachen in der Organisation und nicht im Produkt zurückgehen.

Service erschließt durch die unmittelbare Kundennähe und den direkten Bezug zur Problemlösung beim Kunden neue Geschäftsfelder und Wachstumschancen.

Eine positive Rückwirkung auf das Sachgut unterstützt den technologischen Innovationsaspekt.

Service schirmt gegen *Kostenkonkurrenz* ab.

Und Service ist das beste Beispiel für die Notwendigkeit der Beherrschung von unternehmensübergreifenden Prozessen. Das dokumentiert sich am besten durch das Bild, dass Serviceleistung oft unmittelbar beim und mit dem Kunden entwickelt und erbracht wird – und das unter Einbeziehung von Lieferanten-Know-how und -produkten sowie Einbindung von anderen Partnern, wenn man z. B. an Betreibermodelle als Serviceleistung denkt, bei denen ggf. Genehmigungsverfahren eingeleitet werden müssen.

Wenn hier so oft auch von Prozessen gesprochen wird, dann sei daran erinnert, dass dabei der Prozess im Service als – notwendigerweise – *End-to-End-Prozess* gedacht werden muß.

Service ist ein äußerst komplexer Prozess, weil neben dem unternehmensübergreifenden Aspekt der Prozess auch intern durch viele Organisationseinheiten läuft und es somit immer ein *Matrixprozess* mit all den bekannten Problemen der Matrix ist, solange der Service nicht als eigene Geschäftseinheit ausgelagert ist.

Service als immaterieller Beitrag zur Lösung von Kundenproblemen ist im Wesentlichen Prozess- und nicht Produktinnovation, wie das folgende Bild anschaulich zeigt.

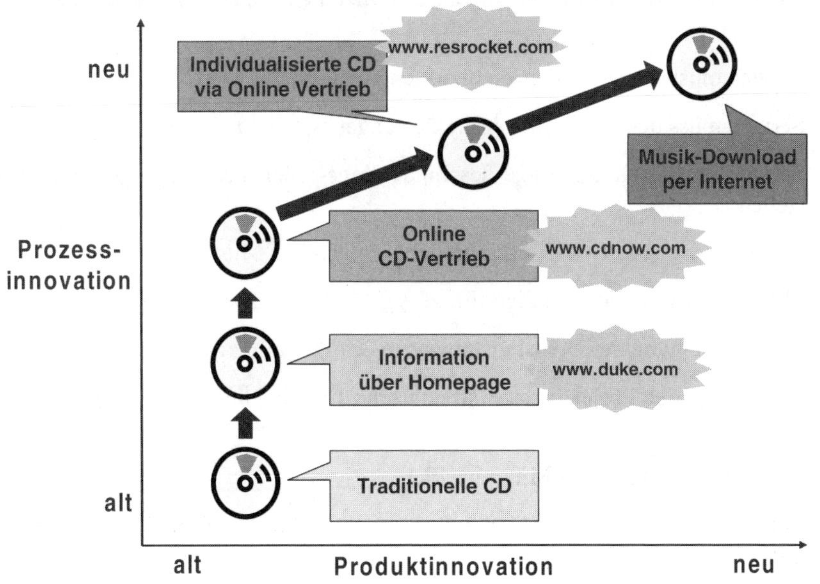

Abb. 4: Kombination aus Produkt- und Prozessinnovation liefert profitable Geschäftsfelder

Wurde ehemals der Kompressor oder die CD im Geschäft, später nach schriftlichem Auftrag, dann nach Internetbestellung geliefert, wird heute Druckluft „aus der Steckdose“ geliefert und die Musik aus dem Internet heruntergeladen. Das Produkt ist jederzeit verfügbar. Das Produkt ist immer das gleiche, aber der Prozess hat sich radikal geändert. Service verlangt wegen dieser radikalen Prozessänderung ein paradigmatisches Umdenken.

Der *Paradigmenwechsel* ist an wenigen plastischen Sachverhalten zu erkennen (vgl. VDMA):

- Service ist **nicht** lagerfähig
- Service wird **nicht** in der Konstruktion entwickelt
- Die QS kann **nicht** in Prüfräumen erfolgen
- Der Service wird **nicht** in der eigenen Produktion, sondern beim Kunden erbracht
- Service folgt einem signifikanten Abwicklungsprozess

Service ist nicht lagerfähig, im Gegensatz zu einem Investitionsgut. Service wird nicht in der eigenen Produktion, sondern beim Kunden erbracht. All dies erfordert ein Umdenken, und der Erfolgsfaktor für eine wirtschaftliche Umsetzung ist u. a. die stringente Erarbeitung einer *Servicestrategie*

- Unternehmen mit einer Servicestrategie erzielen bessere Renditen (> 6,3 % (vgl. VDMA), neben den von Mercer (vgl. Mercer Management Consulting) identifizierten 3,4 % - gesamt xx - wahrlich wunderbare Werte), aber nur 2 % der vom VDMA befragten Unternehmen setzen auf Service als Strategie
- Service muss gezielt in den Zielmärkten eingesetzt werden
- Service muss den Produktlebenszyklen angepasst werden
- Service muss sich der Frage des Innovations- oder Verdrängungswettbewerbs stellen

Die Dienstleistungsentwicklung folgt dabei folgendem Muster:

- Ideenentwicklung als ständiger Prozess
- Die Entwicklung der Dienstleistungsidee erfolgt in Einzelprojekten
- Im Verlauf des Projektes sind strategische Entscheidungen zu treffen, die GF ist einzubinden
- Der Kunde ist wichtiger Mitentwickler
- Berücksichtigung „Design 4 Service“, d. h. Service- + Produktentwicklung = Leistungsentwicklung

Für die Dienstleistungsentwicklung ist es notwendig, dass eine *fürsorgliche Unternehmenskultur* besteht, die vor allem Ideenentwicklung als ständigen Prozess initial fördert. Die Vision, dass sich Service als strategische Leistungskompetenz für Unternehmen und Mitarbeiter auszahlt, muss vorgelebt werden. Service braucht Promotoren und Personalentwicklung.

- *Arbeitszeiten* ändern sich signifikant, d. h, eine höhere Flexibilität (Kunden erwarten oft Service nach den geregelten Arbeitszeiten) wird gefordert
- *Entlohnung* muss aufgrund der geänderten Arbeitszeiten angepasst werden
- *Kooperation* löst Kapazitätsprobleme (auch beim Produkt arbeitet man mit Zulieferern), eröffnet Möglichkeiten, Komplementärleistungen anzubieten, und ermöglicht Service vor Ort auch im Ausland (räumliche/kulturelle Nähe)
- *Vertrauen* und die Einhaltung ungeschriebener Gesetze sind die Basis für Service und erleichtern Serviceentwicklung
- Die *Betriebsmittelplanung* für Teachware, Simulations-SW, Hotline, Remanufacturing und Kommunikationstechnik muss sich elementar am Service orientieren

4 Aspekte Profitabilität und Wachstum

Der deutsche Maschinenbau ist Weltmarktführer in 18 von insgesamt 48 Produktsegmenten und konnte in den letzten 5 Jahren um durchschnittlich 3,1 % pro Jahr wachsen (vgl. Mercer Management Consulting).

Durchschnittlich nur 3,4 % Umsatzrendite vor Steuern schaffen aber das Problem einer geringen Eigenkapitaldecke[3]– für die *Innovationsbranche No. 1* in Deutschland und besonders in der heutigen Zeit ein vorherrschendes Problem. Wenig profitable Unternehmen werden wegen *Basel II* sogar Probleme bekommen Geld aufnehmen zu können.

Wenn man sich die Bedeutung von produktbegleitender Dienstleistung vergegenwärtigt und daran denkt, dass nur 2,5 % der Unternehmen aus der Investitionsgüterindustrie mehr als 1.000 Mitarbeiter haben, so wird klar, dass für viele Unternehmen Profitabilität und die damit verbundenen Wachstumsmöglichkeiten die einzige Chance sind, den Weltmarkt mit einer eigenen Vertriebs- und Serviceorganisation zu erschließen.

Die KMUs haben alternativ zu dieser Größenstrategie nur die Chance,

- als „*Hidden Champion*“, d. h. als Weltmarktführer und Nischenanbieter in ihrem Produktsegment

[3] Bei mehr als 60 % der Unternehmen kleiner als 20 %

- mit stark ausgeprägten Kooperationen im Serviceumfeld

zu bestehen, zu genesen und erfolgreich zu bleiben.

Die KMUs haben diese „*Hidden Champion*“-Strategie bislang erfolgreich umgesetzt, erfahren aber aufgrund der bekannten Standortnachteile in Deutschland einen erheblichen Wettbewerbsdruck aus dem Ausland. Eine Senkung der Fixkosten – als notwendige Maßnahme, um für die *zyklische Konjunktur* gewappnet zu sein – durch flexible Arbeitszeitmodelle und Outsourcing von Funktionsbereichen bis hin zur Produktion erzielen nur selten das Ziel von einem Fixkostenanteil von 20 %.

Relevante Erträge und damit Profitabilität sind für alle – für KMUs und Unternehmen mit signifikanter Wachstumsstrategie – sicherzustellen, wenn man einen *kontinuierlichen Fluss überlegener Produkte* realisieren kann. Dies gelingt durch

- Nachhaltige *Produktinnovation*
  (die Produktinnovation muss – auch gerade Service- und Ersatzteile betreffend – durch Patente und Vor-Ort-Serviceleistungen abgesichert werden. Dem Wettbewerb muss der Einstieg in das Servicegeschäft erschwert werden)

- Nachhaltige *Produktbereinigung*
  (Hier sollte die doppelte 80 : 20-Regel angewendet werden, die besagt, dass 36 % der eigenen Produkte 96 % des Umsatzes und Ergebnisses erwirtschaften. Umgekehrt bedeutet dies, dass 64 % des gesamten Produktspektrums nur 4 % zum Geschäft beitragen, aber enorme interne Kosten verursachen. Genau diese 64 % im eigenen Sortiment sollten auf einen kritischen Prüfstand gestellt werden (vgl. Laker 2003)

- Nachhaltige *Prozessinnovation*
  (siehe dazu die Ausführungen oben in Kapitel 2)

- Fokussierung auf ein profitables *Kundenportfolio*
  (dadurch auch Reduzierung der Komplexität und Kostensenkung)

- Optimale Logistik für jede *Produkt-Markt-Kombination*
  (d.h. klare organisatorische und vor allem prozessuale Trennung von Service-, Standard- und Systemgeschäften in Vertrieb und Logistik)

- Nachhaltige und wirkungskontrollierte *Preispolitik*
  Laker (vgl. Laker 2003) schreibt hierzu:

  - Das Ausnutzen von selektiven Preiserhöhungsspielräumen liegt häufig nicht im Kernsortiment, sondern bei Rand- oder Nebenprodukten

  - Klare Befolgung des Target Pricing-Ansatzes bei Neumaschinen entsprechend der Zahlungsbereitschaft seitens der Kunden

  - Anwendung innovativer Preismodelle wie Bündelung oder Differenzierung und nichtlineares Pricing bei Systemangeboten, Wartungsverträgen, Zusatzleistungen

- Implementierung von flankierenden Maßnahmen zur Durchsetzung höherer Preise wie zum Beispiel Antirabatt-/Incentive-Systeme, Argumentationsleitfäden für den Vertrieb, leistungsorientierte Rabattsysteme
- Aufbau einer zentralen organisatorischen Einheit Preisfindung (Pricing), bei der sämtliche strategischen Preisentscheidungen – insbesondere der internationale/globale Preisauftritt – zusammenlaufen.

Letztendlich gilt es aber, Flexibilität zu zeigen. Auch Geschäftsmodelle haben ihren Lebenszyklus. Das heißt auch, dass jedes Geschäftsmodell rechtzeitig neu überdacht und geplant – also nicht reaktiv, sondern aktiv – gestaltet werden muss. Wie bei Produktinnovationen ist der rechtzeitige Einstieg in das neue Geschäftsmodell entscheidend: „Die bestmöglichen Partner sind noch frei (vgl. Mercer Management Consulting), auf Kunden- und Lieferantenseite sowie auf Seiten potenzieller Partner und *Akquisitionskandidaten*."

Im Zusammenhang mit dem Topic *Profitabilität* sei auf die Notwendigkeit der aktiven Unternehmenssteuerung eingegangen.

Die Investitionsgüterindustrie ist noch geprägt durch die Unternehmensgründer der Nachkriegszeit. Unternehmergeist, Technologieorientierung und eine Unternehmenskultur mit Familiensinn prägten viele Maschinen- und Anlagenbauer. Eigenschaften, die – auch und trotz Aktien-, E- und vielen anderen Hypes – einer Renaissance bedürfen. Es gilt immer noch: Unternehmergeist, Technologieorientierung und eine Unternehmenskultur mit Familiensinn (d. h. insbesondere mit Mitarbeiterorientierung) sind entscheidende Wettbewerbsfaktoren. Doch diese genügen immer weniger als alleinige Garanten des Unternehmenserfolges. Der Wandel zum servicegetriebenen Unternehmen hat es gezeigt. Unternehmen müssen heute den Gedanken des *Real Time Enterprise* leben und die richtigen Methoden der *Unternehmenssteuerung* anhand hochqualitativer zeitaktueller Unternehmensdaten einsetzen.

Literaturverzeichnis

Forschungsinstitut für Rationalisierung e. V. (FIR) an der RWTH Aachen, Expertenbefragung Servicemanagement. Umfrage im Rahmen des von der Arbeitsgemeinschaft industrieller Forschungseinrichtungen (AiF), 2002.

Friend, M., Lukacs, M., Snowdon, J.: European Business Process Outsourcing (BPO), Forecast and Analysis, 2001–2006. Studie der International Data Corporation (IDC), Juli 2002.

Mercer Management Consulting; Maschinenbau 2010, Steigerung der Ertragskraft durch innovative Geschäftsmodelle.

Michael Laker; Frankfurter Allgemeine Zeitung, 11.08.2003, Nr. 184.

VDMA.

Product Lifecycle Management (PLM) – Eine Chance für Automobilzulieferer

Manfred Boczanski
IDS Scheer AG

Henry Rahn
IDS Scheer AG

Werner Stegmüller
IDS Scheer AG

Zusammenfassung

Die Automobilzulieferer stehen vor einer neuen Wachstumsphase. Nach einschlägigen Marktstudien wird die Branche in den nächsten 10 Jahren um über 40 %t wachsen. Ursache für das Wachstum der Zulieferer ist die fortgesetzte Verringerung der Fertigungstiefe bei den Automobilherstellern. Die einzelnen Zulieferunternehmen müssen dabei weit stärker wachsen als die Branche, denn nur derjenige Zulieferer wird in der Zukunft seine Selbständigkeit bewahren können, der im permanenten Konzentrationsprozess besser ausgerichtet ist. Dieses Wachstum wird aber nicht allein über Größe und Stückzahlen erzielt, sondern beinhaltet die Übernahme neuer Aufgaben mit einem größeren Verantwortungsspektrum. Eine durchgängige PLM-Strategie ist ein Ansatz, um das Wachstum und diese neue Verantwortung zu bewältigen.

Schlüsselwörter

Collaboration Engineering, Product Lifecycle Management, Produktentstehungsprozess, Automatisierungspotenziale, kontinuierliche Verbesserung

1 Marktsituation

Der Anpassungsdruck durch Just-in-time-Produktion, Kostendruck in der Lopez-Ära und Globalisierung haben in der Zulieferindustrie in den letzten 20 Jahren neue Strukturen geschaffen und sie völlig verändert. Fast alle Zulieferer mussten sich in den letzten Jahren neu ausrichten. Eine Reduktion der Zulieferer ca. alle 10 Jahre um ca. 50 % belegt, dass viele diese Veränderung nicht geschafft haben. Aktuell kommen neue Anforderungen hinzu:

- steigende Komplexität der Systemmodule
- größere Vielfalt der Modelltypen
- Verkürzung von Innovationszyklen

Mit welchen Konzepten können die Zulieferer in diesem Umfeld bestehen? Welche Wettbewerbsfaktoren sind für die Zulieferunternehmen zu beachten, um heute und zukünftig erfolgreich am Markt zu agieren? In einigen Marktstudien werden die ermittelten Erfolgsfaktoren in 4 Gruppen klassifiziert: Markt/Kunden, Prozesse, Management und Finanzen/Controlling.

Die höchste Priorität hat hierbei die Prozessebene. Zielrichtung ist dabei nicht nur die Beherrschung des eigenen Produktionsprozesses, sondern die Beherrschung der geschlossenen Kette vom Unterlieferanten zum Kunden. Collaboration hat dabei 2 Seiten: erstens die Beherrschung „physischer Prozesse“ – womit die zwischenlagerlose Optimierung der Fertigung gemeint ist – und zweitens die Beherrschung des Supply Chain Managements (SCM) mit integriertem Product Lifecycle sowie der Informationsflüsse und Informationsprozesse, sprich der Informationsstruktur und der über Internet und Intranet vernetzten IT-Systeme.

Abb. 1: Product Lifecycle vom Prototyp über die Serienfertigung bis zur Entsorgung

2 Innovationspotenziale der Automobilzulieferindustrie

Innovationspotenziale eines mittelständischen Automobilzulieferers sind die unternehmens- und die werksübergreifende Zusammenarbeit entlang der gesamten Wertschöpfungskette. Die Schaffung eines transparenten, partnerübergreifenden Gesamtprozesses soll eine gezielte Abstimmung, Parallelisierung und Zusammenführung der Aktivitäten ermöglichen und so einen deutlichen Zeitgewinn erwirtschaften.

Zusammenarbeit oder, um im gebräuchlichen Fachbegriff zu bleiben, Collaboration, ist für die meisten Unternehmen unumgänglich geworden, obwohl sie weiterhin im Wettbewerb stehen. Was zunächst als Widerspruch erscheint, wird an einem Beispiel sehr deutlich: Klassische Zulieferer der Automobilhersteller liefern heute komplette Systemkomponenten für Autos und keine Einzelteile wie in früheren Jahren. Um dies zu ermöglichen ist die Zusammenarbeit der beteiligten Unternehmen schon beim Anforderungsmanagement erforderlich und geht weiter über die Engineering Collaboration, die gemeinsamen Beschaffungsmärkte bis hin zur Zusammenarbeit bei Serviceleistungen und Wartung der gelieferten Systemkomponenten.

Diese komplexen und jetzt firmenübergreifenden Prozesse sind ohne eine durchgehende IT-Unterstützung und eine digitale Abbildung der kooperativen Unternehmensprozesse kaum beherrschbar. Den räumlich verteilten Wertschöpfungspartnern muss eine virtuelle Arbeitsumgebung zur Verfügung gestellt werden, die ihnen zum einen den Zugriff auf eine gemeinsame Daten- und Informationsbasis ermöglicht, zum anderen die geeigneten Werkzeuge zur Kommunikation und Koordination anbietet.

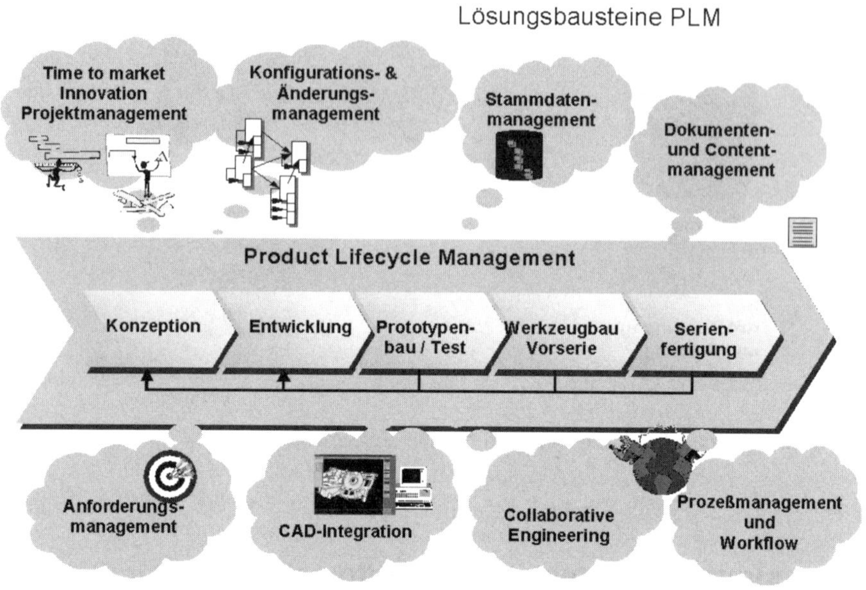

Abb. 2: Die wichtigsten Grundbausteine einer Product Lifecycle-Lösung von der Konzeption bis zur Fertigung

2.1 Collaborative Engineering

Die Produktentwicklung in der Automobilindustrie ist in den letzten Jahren deutlich schneller geworden, aber sie ist immer noch nicht schnell genug. Mit Hilfe der digitalen Fahrzeugentwicklung versuchen die Automobilhersteller, den Entwicklungsprozess weiter zu beschleunigen. Aber in diesem Wettrennen kommt es nicht allein auf sie an: Rund 80 der Entwicklungsleistung wird heute von externen Partnern erbracht. Unvollständige und fehlerhafte Daten sorgen bei der verteilten Produktentwicklung noch für reichlich Sand im Getriebe. Eine bessere Synchronisation von Produkt- und Prozessinformationen ergeben sich für Hersteller und Zulieferer durch die Online-Zusammenarbeit über das Web.

Abb. 3: Die Potenziale von Collaborative Engineering

Allerdings gibt es auf dem Weg zur webgestützten Produktentwicklung noch eine Vielzahl von Hindernissen auszuräumen. Um Produkt- und Prozessinformationen synchronisieren zu können, müssen sie erst einmal vollständig abgebildet sein.

Zulieferer, die mit mehreren Automobilherstellern zusammenarbeiten, müssen heute oft noch einen ganzen „Zoo" von verschiedenen CAD-Systemen unterhalten, um die Daten in die Formate und Konfigurationen ihrer Auftraggeber zu konvertieren. Die Bereitstellung der im Produktentstehungsprozess benötigten Daten in digitaler Form (virtueller Produktentstehungsprozess) zur richtigen Zeit im richtigen Format und am richtigen Ort verursacht heute noch enorme Kosten und Qualitätsprobleme, da Kopien der jeweiligen Datensätze zwischen den Systemen, Standorten und Prozessen konvertiert, adaptiert und ausgetauscht werden müssen. Außerdem entstehen bei der Datenübergabe enorme Zeitverluste.

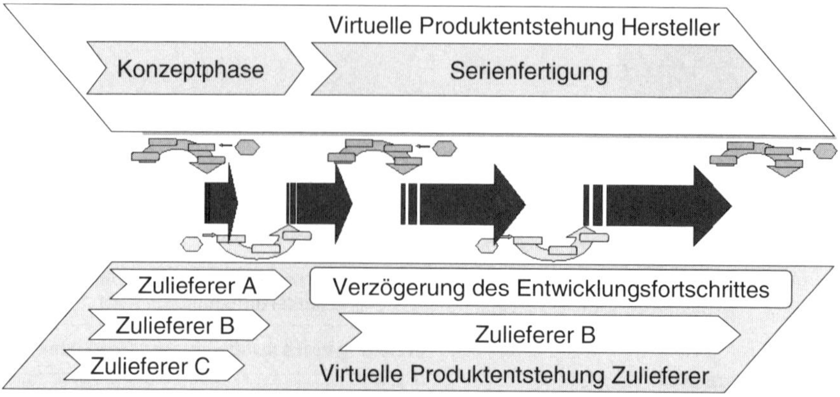

Abb. 4: Virtueller Produktentstehungsprozess: Mangelnde Produktdatenintegration verlängert den Produktentstehungsprozess

Die Verkürzung der Modellzyklen, Reduzierung der Produktentwicklungszeit, Verlagerung von Entwicklungsaufgaben, Zunahme der Varianten und der Trend zu Systemen sind wesentliche Faktoren, die bei den Automobilzulieferern zu einer dramatischen Erhöhung der Anzahl und der Komplexität von Entwicklungsprojekten und Produkten führen.

Die Zusammenarbeit unterschiedlichster Unternehmen mit einer gemeinsamen Zielsetzung führt zu wertschöpfungsorientierten Netzwerken mit Zulieferern, Kunden und Partnern. Eine Neuausrichtung als kooperationsförderliche Aufbau- und Ablauforganisationen wird bei allen am Prozess Beteiligten unumgänglich. Hieraus entstehen Herausforderungen wie:

- kooperative, virtuelle und integrierte Produktentstehungsprozesse
- frühe und enge Einbeziehung von Engineeringpartnern
- wachsende Anzahl von Experten und deren Wissen
- projektorientierte Technologieentwicklung
- gemeinsames Kosten- und Zeitmanagement
- hohe Transparenz der Entscheidungsprozesse
- Synchronisation der Produktionsnetzwerke

Die Anforderungen für ein kollaboratives Projektmanagement steigen und übersteigen i. d. R. bisherige im Einsatz befindliche Methoden und Werkzeuge.

Die wirksamste Methode, die wir kennen, um ein schwieriges Problem zu lösen, besteht darin, einen Ansatz zu finden, das Problem in mehrere einfache Arbeitspakete aufzuspalten, von denen sich jedes getrennt lösen lässt.

2.2 Virtuelle Produktentwicklung

Die virtuelle Produktentwicklung stärkt dabei die Innovationskraft der Unternehmen. Fachwissen wird durch eine vollständig digitale Abbildung von Prozessen und Produktdaten durch verschiedene Sichten zielgruppengerecht aufbereitet und unternehmensweit zugänglich. Dieses ist der Ansatz von Product Lifecycle Management (PLM)-Projekten. Es geht also nicht nur um die Abbildung des Entwicklungsprozesses bis zur Fertigung, sondern um einen vollständigen digitalen Produktlebenszyklus. Unternehmen können damit beliebig viele Partner und Zulieferer in ihre lokale Arbeitsumgebung einbinden. Das Ergebnis sind erheblich verkürzte Innovationszyklen und enorme Kosteneinsparungen – das Fraunhofer Institut geht von bis zu 35 % aus, Erfahrungswerte aus unseren Projekten geben in Einzelfällen auch darüber Auskunft.

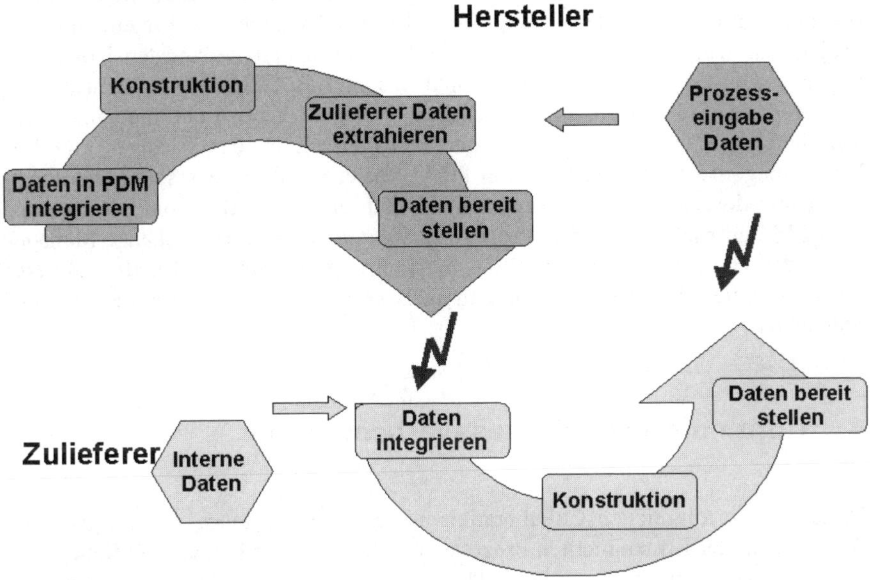

Abb. 5: Rationalisierungspotenziale durch verbesserte Produktdatenintegration

2.3 Concurrent Engineering

Innerhalb von Konstruktion und Produktionsvorbereitung spielt PLM seine Stärken durch die parallele Entwicklung von Produkt, Produktion und Prozessen aus. Schon in einer sehr frühen Phase der Konstruktion lassen sich betriebswirtschaftliche Aspekte in die Planungen einbeziehen. Die Durchgängigkeit von Produktdaten und Prozessen gewährleistet, dass alle möglichen Alternativlösungen und deren Auswirkungen zeitnah dargestellt werden. So können z. B. Time-to-market-Prozesse zuverlässige Aussagen darüber treffen, ob sich der Umsatz durch die termingetreue Lieferung und rechtzeitige Fertigstellung steigern lässt. Oder lohnt sich der Einsatz eines qualitativ hochwertigeren Materials und welche Konsequenzen ergeben sich durch diese Veränderungen für Produktionsprozesse, Ressourcen- und Fabrikplanung? Sämtliche Prozesse, wie auch beispielsweise die Arbeitsabläufe von Mitarbeitern, können in einer digital entworfenen Fabrik simuliert und optimiert werden.

3 Automatisierungspotenziale

Für den Aufbau einer durchgängigen PLM-Lösung ist zunächst die Integration sämtlicher produktbezogener Daten ohne Medienbrüche eine wesentliche Voraussetzung. Somit ist eines der wichtigsten und ersten Themengebiete in einem PLM-Projekt das Dokumentenmanagement (DMS) von unterschiedlichsten Dokumententypen. Diese betreffen sowohl Produkt- als auch Betriebsmitteldokumente wie 3-D-Modelle, Stücklisten, Spezifikationen, Normen, Werksrichtlinien und Versuchsberichte. Neben dem Dokumentenmanagement ist das Change- und Releasemanagement ein entscheidender Punkt, das ebenfalls prozessseitig über einen Workflow durchgängig unterstützt wird. Durch eine Workflowkomponente wird bei DMS und nachgeschalteten Prozessen, wie z. B. Engineering Change Management, der Grad der Automatisierung bestimmt. Hierdurch werden die Prozesse nicht nur extrem beschleunigt, sondern auch wesentlich sicherer und besser nachvollziehbar.

4 Kontinuierliche Prozessverbesserung

Basis einer erfolgreichen Collaboration mit externen Partnern ist zwingend die Ausrichtung der firmeninternen Prozesse und die Schaffung einer integrierten Datenbasis, die in der Lage ist, die Abläufe nicht nur zu unterstützen, sondern auch zu beschleunigen. Die Anforderung, diese Prozesse optimal auch an externe Partner zu integrieren, stellt wesentlich höhere Anforderungen. Zukünftig reicht es nicht, die Prozesse einmalig zu optimieren und zu installieren. Die geforderte Flexibilität des Marktumfeldes wird dazu führen müssen, Geschäftsprozesse kontinuierlich zu optimieren. Im Produktionsumfeld ist der kontinuierliche Verbesserungsprozess seit Jahren ein etabliertes Verfahren und Vorgehen.
Die wichtigste Erkenntnis einer PLM-Strategie ist die Werteverschiebung von einer reinen Datenhaltung zu prozessorientierten Produktdaten und Funktionen. Wer seine Prozesse und vor allen Dingen deren Optimierung in den Mittelpunkt seiner Wettbewerbsfähigkeit stellt, wird eine lohnende Investition in die Zukunft seines Unternehmens tätigen.

5 Enterprise Collaboration

PLM-Systeme sind einer der wichtigsten IT-Bestandteile zur Beherrschung aller vorher genannten Anforderungen. Allerdings hängt die Produktivität der Systeme in Collaboration-Prozessen in starkem Maße von einer gründlichen Analyse und Konzeption der abzubildenden Prozesse und Arbeitsabläufe ab. Projektbegleitende Tätigkeiten wie Projektmanagement, Implementierung und Customizing der auf das Unternehmen ausgerichteten Anforderungsprofile runden die erfolgreiche Einführung von PLM-Systemen für Enterprise Collaboration-Aufgaben ab.

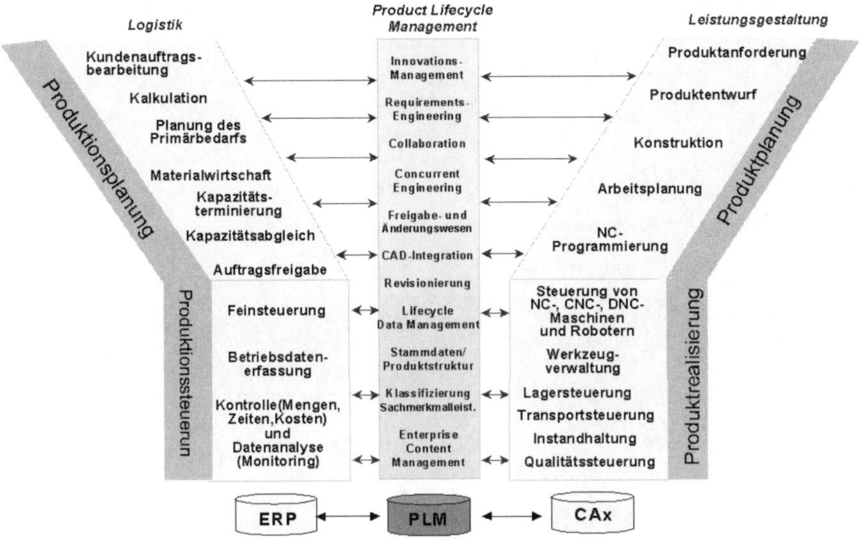

Abb. 6:. PLM als prozessorientiertes Bindeglied zwischen betriebswirtschaftlichen und produkterzeugenden Aufgaben

6 Keine Chance ohne Investition

Mit einer PLM-Strategie wird der gesamte Lebenszyklus des Produkts begleitet. Zudem werden wichtige Funktionsbereiche integriert:

- Produktinnovation und -entwicklung
- die interne Zusammenarbeit
- die firmenübergreifende Zusammenarbeit
- Daten und Geschäftsprozesse

Angefangen von der ersten Idee über die Produktentwicklung und den Aufbau der Produktion bis hin zu Produktänderungen und Instandhaltungsmanagement bindet PLM alle beteiligten Partner in eine einheitliche Prozesskette ein und verschafft ihnen Zugriff auf aktuelle Produktdaten.

Viele Bereiche einer PLM-Einführung können einer herkömmlichen Return-on-Investment-Rechnung standhalten, andere lassen sich nicht in monetären Zielen erfassen und ausdrücken. Doch viel interessanter ist die Frage, was es ein Unternehmen kostet, es nicht zu tun? Hierzu kann eine qualifizierte Cost-of-Delay-Betrachtung schon während der Planungs- und Einführungsphase in einem PLM-Projekt getroffen werden.

Allumfassende katalogbezogene Beschaffung von Gütern und Dienstleistungen

Frank Herrmann
IDS Scheer AG

Susanne Schmidt
IDS Scheer AG

Zusammenfassung

Katalogbeschaffungssysteme finden erfolgreichen Einsatz bei der Beschaffung von Verbrauchsmaterial und zeigen bereits einen hohen Systemintegrationsgrad. Die Methodik der Katalogbeschaffung kann auch auf andere Materialarten ausgeweitet werden bis hin zur Beschaffung von Direktmaterial, also maschinell disponiertem Material, und von Dienstleistungen. Am Markt verfügbare Systeme erlauben den internen und externen Zugriff auf elektronische Kataloge und ermöglichen die Beschaffung bestandsgeführten und sogar konfigurierten Materials. Beschaffung über elektronische Kataloge kann die Stammdatenpflege für die Beschaffung signifikant reduzieren und dabei schnelle, sichere elektronische Prozesse ermöglichen.

Der Nutzen von Katalogbeschaffungsprozessen wird maßgeblich durch das Katalogsystem bestimmt, das entscheidenden Einfluss auf die möglichen Prozessvarianten hat. Daher bietet IDS Scheer neben der Implementierung von Katalogbeschaffungslösungen auch ein eigenes Katalogsystem an.

Schlüsselwörter

E-Procurement, SRM, Prozessautomation, Katalogsystem, elektronischer Katalog, Dienstleistungsbeschaffung, Direktmaterial, Verbrauchsmaterial, konfigurierbare Materialien, Integration, IDS Scheer E-Procurement-Katalog, elektronische Bestellabwicklung

1 Einleitung

Katalogbeschaffungssysteme sind die erfolgreichste Einsatzform von E-ProcurementSoftware, wenngleich sich ihr Einsatz heute i. d. R. auf geringwertige Verbrauchsmaterialien beschränkt. Erfolgreiche Lösungen sind in die Backendprozesse integriert und haben Transaktionskostenersparnis, Transparenzsteigerung bezüglich des Prozesses und Durchlaufzeitverkürzung zum Ziel.

Am anderen Ende der Produktskala rangieren Ausschreibungen für Materialien und Leistungen mit hohen Einstandspreisen. Die Vorgänge sind vergleichsweise selten und von hoher Interaktion zwischen den beteiligten Kunden und Lieferanten geprägt. Wesentliche Ziele beim Einsatz solcher Systeme sind die Reduzierung von Einstandspreisen und die Transparenzsteigerung bzgl. der angebotenen Leistung bzw. des angebotenen Produkts, aber auch die gezielte Einbindung unterschiedlicher Beteiligter in den Ausschreibungsprozess.

Die Katalogbeschaffung in ihrer bisherigen Form ist noch lange nicht am Ende ihrer Entwicklung angekommen. Dies zeigen Katalogbeschaffungslösungen zur Beschaffung von Bau- und Gebäudemanagementleistungen ebenso wie die Katalogbeschaffung komplexer konfigurierbarer Materialien im Bereich der Anlageninstandhaltung und der Sondermaterialbeschaffung im Anlagenbau.

Um die Nutzenpotenziale vollständig auszuschöpfen, bedarf es neben einer leistungsfähigen, in das Backend integrierten E-Procurement-Plattform eines ebenso leistungsfähigen Katalogsystems, das die Produktdaten der Lieferanten klar präsentiert und eine einfache Administration dieser Informationen sowie prozesssteuernder Merkmale erlaubt.

2 Status quo

2.1 Katalogbeschaffung

Setzen Unternehmen heute auf E-Procurement-basierte Prozesse, so sind hiermit vorrangig Katalogbeschaffungslösungen gemeint. Diese Lösungen bestehen aus einer Bestellabwicklungs- und einer Katalogkomponente.

Das Neue an der Beschaffung mit E-Procurement-Systemen ist die direkte Nutzung von Daten im Beschaffungsprozess, die vom Lieferanten verwaltet werden. Produktbeschreibung, Preise, Mengeneinheit, Warengruppe usw. sind Informationen, die der Lieferant aus seinem System extrahiert, inhaltlich ggf. aufwertet, z. B. durch Bildinformationen, und dem Kunden elektronisch zur Verfügung stellt. In Verbindung mit kundenseitig gehaltenen Informationen wie Kostenstellenzugehörigkeit des einkaufenden Mitarbeiters, Gültigkeit von Kostenkontierungsobjekten,

Sachkontenzuordnung zur Warengruppe, Abladestellen des Mitarbeiters, Freigaberichtlinien usw. kann ein durchgängig automatisierter Geschäftsprozess aufgebaut werden. Unter Umständen können alle zugrunde liegenden Daten während des ablaufenden Prozesses automatisch ermittelt werden. Somit kann die vollelektronische Bestellabwicklung nahezu ohne eigene Stammdatenverwaltung realisiert werden.

Das Ergebnis ist ein fehlerfreier Ablauf von der katalogbasierten Bestell-Erzeugung über die automatische Auftragserstellung beim Lieferanten, elektronische Lieferpapiere und Faktura bis hin zum Wareneingang auf Basis der elektronischen Lieferpapiere des Lieferanten und Abwicklung der Rechnungsprüfung im Hintergrundverfahren auf Basis einer elektronisch empfangenen Rechnung. Wenngleich dieser idealtypische Prozess nicht immer realisierbar ist, meist wegen unzureichender elektronischer Kommunikationsfähigkeit der Backendsysteme, so ist doch durch den Einsatz eines E-Procurement-Systems eine erhebliche Verschlankung des Beschaffungsprozesses möglich.

Hinzu kommen die komfortablen Such- und Vergleichsmöglichkeiten der elektronischen Katalogsysteme. Denn idealerweise kann nicht nur mit Suchbegriffen, sondern zusätzlich nach Warengruppenstrukturen der Lieferanten oder mit Hilfe standardisierter Warengruppensysteme über die Kataloginhalte verschiedener Lieferanten gesucht werden. Dabei wird berücksichtigt, dass nicht jeder Benutzer das gleiche Artikelsortiment sehen muss. Benutzerprofile erlauben eine nutzerbezogene Sicht auf die Lieferantenmaterialien.

Ein weiterer wichtiger Aspekt sind die umfangreichen Auswertungsmöglichkeiten, die sich durch den Einsatz einer elektronischen Katalogbeschaffung ergeben. Das Beschaffungsverhalten wird transparent, der auf verschiedene Lieferantenteilsortimente entfallende Umsatz wird im Detail analysierbar.

2.2 Integrationsaspekte gängiger Lösungen

Die Beschaffung über elektronische Kataloge hat aus den genannten Gründen in den letzten beiden Jahren eine positive Entwicklung genommen. Schwachstellen wie die Backendintegration, die Inhaltsverwaltung der Kataloge (Katalog-Content-Management) oder die elektronische Kommunikation mit dem Lieferanten wurden thematisiert und die Funktionalitäten der verfügbaren Produkte auf dem Markt sukzessive erweitert. Als Lösungen im Markt existieren nebeneinander im Wesentlichen 3 unterschiedliche Formen, eine elektronische Beschaffung zu realisieren:

1. Die eigene E-Procurement-Lösung mit einer optimierten Schnittstelle zum eigenen ERP-System und einem eigenen Katalog und/oder Lieferantenkatalogen.

2. Die eigene E-Procurement-Lösung mit Schnittstelle zum ERP-System und Kataloghosting sowie Katalog-Content-Management durch einen Dienstleister, der i. d. R. auch für den Dokumentenaustausch mit dem Lieferanten sorgt.

3. Die „hosted solution“, bei der Katalogmanagement und Systembereitstellung der E-Procurement-Software in der Hand eines Dienstleisters liegen und der Datenaustausch mit den Lieferanten optimiert wird.

Integrationsanforderungen liegen bei allen Lösungen insbesondere im Bereich Finanzbuchhaltung und Controlling sowie im Belegaustausch mit dem Lieferanten und dem Backendsystem. Das Katalog-Content-Management stellt bei Variante 1 eine Kernherausforderung für Unternehmen dar. Die Varianten 2 und 3 setzen auf die Nutzung eines Intermediärs, was insbesondere einen erhöhten Abstimmungsaufwand nach sich zieht.

Solange sich die Beschaffung auf reines Verbrauchsmaterial bezieht und keine Bestandsführung notwendig ist, kann sich aus logistischer Sicht die Backendintegration auf die einfache Erzeugung und Fortschreibung von Textbestellungen beschränken.

Je stärker die Beschaffungsprozesse mit internen Prozessen wie der Bestandsführung verknüpft sind, desto weniger attraktiv sind Lösungen, die die Integration Dritter in den Prozess erforderlich machen.

2.3 Organisatorische Aspekte

Im Regelfall soll eine E-Procurement-Lösung die dezentrale Durchführung der Beschaffung im klar definierten Rahmen einer zentralen Koordination durch die Einkaufsabteilung ermöglichen. Die Einkaufsabteilung definiert die Beschaffungsprozesse und den Austausch von Lieferantenkatalogen, wählt Lieferanten aus, legt Sortimente und Preise fest, definiert Mindestmengen und bestimmt, welche Materialien bestandsgeführt werden.

Zudem kontrolliert der Einkauf die Effizienz der Prozesse und die Güte der Sortiment- und Lieferantenauswahl.

Der dezentrale Bedarfsträger wählt aus dem zur Verfügung gestellten Sortiment geeignete Artikel aus und wickelt die Beschaffung eigenständig ab. Die unterschiedlichen Beschaffungsvarianten nimmt er nicht wahr.

Katalogbeschaffung wird aber zunehmend auch für den professionellen Einkäufer selbst interessant. Die Beschaffung aus externen Lieferantenkatalogen mit Integration in die Bestandsführung stellt häufig eine interessante Beschaffungsvariante dar.

Die notwendigen internen Genehmigungsstufen können abhängig von unterschiedlichsten Kriterien erfolgen. Gängig sind die wertabhängige Ermittlung von Genehmigern und Genehmigungsstufen. Selbst Produkteigenschaften können Einfluss auf die Ermittlung von Genehmiger und die Anzahl der Genehmigungsstufen haben. Auch die Einbeziehung von Sachverständigen, die auf den Bedarf inhaltlich Einfluss nehmen, ist möglich. Sie können z. B. zu beschaffende Artikel gegen andere austauschen. Der Anforderer bleibt darüber stets im Bilde.

3 Abwicklung bestandsgeführten Materials

3.1 Gelagertes Verbrauchsmaterial

Weiterführende Lösungen bilden auch die interne Beschaffung von bestandsgeführten Materialien ab. Zwar kann im Zuge eines E-Procurements durch die beschleunigten Durchlaufzeiten häufig von einer Bestandsführung gewisser Materialien ganz abgesehen werden. Dennoch gibt es Gründe, die für eine Beschaffung auf Lager sprechen. Insbesondere im Instandhaltungsbereich, wo bereits kurze Wiederbeschaffungszeiten zu enormen ausfallbedingten Kosten führen können, oder auch bei kundenspezifisch gefertigtem Material wie Werbematerialien wird man auf eine Lagerung nicht verzichten können. Zudem kann auch die dezentrale Versorgung mit eigengefertigten Produkten, z. B. Proben, sinnvoll sein, die aus Sicht eines Bedarfsträgers wie eine Fremdbeschaffung abzuwickeln sind.

Für bestandsgeführte Materialien ist sicherzustellen, dass für einzelne Bedarfe keine Fremdbeschaffung, sondern eine Lagerreservierung mit anschließender Entnahme initiiert wird. Dies setzt allerdings voraus, dass die Lieferantenproduktdaten mit den internen Materialnummern angereichert werden.

3.2 Anforderungen an das Katalogmanagement

In diesen Fällen muss also bereits im Katalog die Materialnummer mitgeführt werden, unter der das zu beschaffende Material bestandsgeführt werden soll. Dies stellt gesteigerte Anforderungen an das Katalog-Content-Management: Den bis auf den Preis i. d. R. kundenneutralen Produktdaten des Lieferanten müssen die Materialnummern zugeführt werden, unter denen der Kunde die Materialien bestandsführt. Hierzu muss entweder der Kunde oder der Lieferant die Beziehung „eigenes Material – Kundenmaterial" bzw. „eigenes Material – Lieferantenmaterial" fehlerfrei und aktuell pflegen. Eine Voraussetzung, die häufig fehlt. Ist sie kundenseitig vorhanden, so fehlt gängiger Katalog-Content-Management-Software die Funktionalität, beispielsweise aus Datensätzen für Lieferanten-Material-Beziehungen die Lieferantenmaterialnummer zu identifizieren und die ermittelte Materialnummer dem Produktkatalogsatz des Lieferanten hinzuzufügen. Manuelle Pflege der zugehörigen Materialstammsätze in den eigenen elektronischen Katalog oder den des Katalogdienstleisters ist die Konsequenz.

Zudem müssen die Updateprozesse beherrscht werden: Ersetzt der Lieferant ein Material durch ein neues, ist zu prüfen, ob dieses neue Produkt unter der gleichen Materialnummer weitergeführt werden kann und soll wie das alte. Kommuniziert der Lieferant die Änderung über eine Produktlöschung und ein neues Produkt im Katalog, ist ein Genehmigungsvorgang in der Katalogmanagementsoftware i. d. R. obligatorisch. Dies gilt auch für reine Textpositionen. Jedoch kann bei bestandsgeführten Materialien auch ein Produktupdate-Vorgang genehmigungspflichtig werden, was er bei Textpositionen normalerweise nicht wäre. Handelt es sich bei dem bestandsgeführten Produkt um ein eigenes Produkt, das Mitarbeitern über einen elektronischen Katalog zur Verfügung gestellt werden soll, treten die beschriebenen Schwierigkeiten nicht auf.

Ist die Referenz zur internen Materialnummer im Katalog hergestellt, kann die Abwicklung entweder über eine Reservierung oder eine interne Bestellung bzw. Umlagerungsbestellung mit Verbrauchskontierung erfolgen. Letztere Lösung hat den Vorteil, dass unternehmensintern mit einer Lieferabwicklung gearbeitet werden kann bzw. auch Verkaufsprozesse zwischen unterschiedlichen Firmen eines Konzerns abgebildet werden können. Die Schnittstelle zwischen E-Procurement-System und Backendsystem gestaltet sich kaum schwieriger als bei Textpositionen.

Die einzigartige Kataloglösung von IDS Scheer löst diese und andere Probleme des Katalogmanagements auf einfachste Weise und lässt dabei jederzeit die vom Lieferanten empfangenen Produktinformationen unangetastet. Damit ist einfachste und schnellste Katalogverwaltung möglich – auch mit mehreren 100.000 Produktinformationen. Dies erlaubt eine bisher nicht gekannte Präzision im Beschaffungsprozess bei einem Minimum an eigener Datenpflege.

4 Katalogbeschaffung bei Produktvarianten

4.1 Konfiguriertes Material

Die Beschaffung konfigurierter Produkte über E-Procurement-Systeme stellt per se keine besondere Schwierigkeit dar, solange es sich um Verbrauchsmaterial handelt. Bei geringer Variantenvielfalt können die Varianten als verschiedene Produkte in den Katalog geladen werden. Sind die Anforderungen höher, muss also bspw. Beziehungswissen berücksichtigt werden, um zulässige oder unzulässige Merkmalskombinationen zu ermitteln, sollte per Hyperlink auf die Lieferantenwebsite „gesprungen" werden, um die gewählte Konfiguration auf Gültigkeit zu prüfen. Gegebenenfalls ist die gesamte Konfiguration auf der Lieferantenwebsite durchzuführen. Um eine eindeutige Referenzierung der später folgenden Bestellung auf die durchgeführte Konfiguration sicherzustellen, wird im Lieferantensystem mindestens eine Konfigurations-ID oder eine Auftragsnummer generiert, die an das Procurement-System zurückgereicht wird.

Will der Lieferant die durchgeführte Konfiguration zur Planung seiner Kundenauftragsfertigung nutzen, kann im Lieferantensystem ein Kundenauftrag mit Absagekennzeichen und Auftragswahrscheinlichkeit angelegt werden. Zudem können aus der Konfiguration abgeleitete, erklärende Texte übergeben werden. Der

Kundenauftrag im Lieferantensystem wird deshalb mit Absagekennzeichen angelegt, damit er gegenüber dem Kunden wirkungslos bleibt, aber vom Lieferanten zur Planung seiner eigenen Bedarfe herangezogen werden kann. Bis die auf den Kundenauftrag referenzierende Bestellung beim Lieferanten eingeht, bleibt der Kundenauftrag in seiner Außenwirkung gegenüber dem Kunden ohne Wirkung. Somit kann das Szenario auch bei kundenseitig erforderlicher Genehmigung, z. B. durch den Einkauf, eingesetzt werden.

4.2 Einheitliche Oberfläche

Um dem Anforderer auch bei offenen oder geschlossenen Produktvarianten eine möglichst gleichartige Oberfläche anzubieten, empfiehlt es sich, aus dem einheitlichen Produktkatalog nur zur Konfiguration auf die Lieferantenseite zu verzweigen, dort jedoch keine Warenkorbfunktionalitäten anzubieten. Schwierigkeiten ergeben sich bei der beschriebenen Vorgehensweise heute abhängig vom elektronischen Katalog bei generierten Informationen wie dem Preis. Häufig können Kataloge nicht mit Positionen umgehen, deren Preis vom Lieferantensystem dynamisch ermittelt wird. Weiterhin fehlen die Standards für eine solche Integration von Daten aus lieferantenseitigen Applikationen in den Katalog.

Ist der Preis von der Konfiguration abhängig, kann daher heute häufig nur ein Sprung auf die Lieferantenwebsite angeboten werden, um dort die Konfiguration durchzuführen und im Rücksprung die Daten samt Konfigurations-ID oder Kundenauftragsreferenz an die E-Procurement-Applikation zu übergeben.

IDS Scheer bietet hierzu Prozesslösungen an, die dem Systemnutzer eine weitgehend einheitlich gestaltete Oberfläche bieten, trotz der Nutzung lieferantenseitiger Applikationen.

5 Direktmaterialbeschaffung

Die materialnummernorientierte Beschaffung bestandsgeführter Materialien stellt keine großen Schwierigkeiten dar und selbst die Beschaffung konfigurierter Produkte ist möglich. Worin liegen die Herausforderungen für Direktmaterialbeschaffung mit dem elektronischen Katalog, also für E-Procurement von maschinell disponiertem Material, und worin liegt der Anreiz, diese Möglichkeit zu nutzen?

5.1 Anreize für Direktmaterialbeschaffung per E-Procurement

Die Abwicklung von disponiertem Material über eine E-Procurement-Plattform ist dann besonders sinnvoll, wenn sich die Rahmenbedingungen der Beschaffung bei jedem Beschaffungsvorgang ändern und aktualisiert werden müssen. Mit den

Rahmenbedingungen sind Preise und Konditionen, Liefer- und Zahlungsbedingungen, Produktspezifikationen, aber auch die Lieferzeit des Produktes gemeint, also alle Informationen, die zur Fremdbeschaffung eines Materials notwendig sind.

Die Notwendigkeit, solche Informationen bei jedem Beschaffungsvorgang zu aktualisieren, wird im Wesentlichen bestimmt durch den Zeitraum zwischen Beschaffungsvorgängen des gleichen Materials und der Möglichkeit, die Rahmendaten für eine Zeitspanne per Rahmenvertrag zu fixieren. Wenn mit Bestellabrufen zu Rahmenverträgen gearbeitet wird, in denen die eigenen Materialdaten und die des Lieferanten fixiert sind, oder wenn sogar lieferplanbasierte Prozesse zum Einsatz kommen, ist der Automatisierungsgrad bereits sehr hoch.

Wenn sich allerdings Beschaffungsvorgänge des gleichen Materials längere Zeit nicht wiederholen, sich also zwischen 2 Vorgängen Konditionen ändern, sich das Produktspektrum des Lieferanten ändert, die Verfügbarkeit variiert usw., dann wird die Datenpflege in Einkaufssystemen zur Sisyphusarbeit. Auf der anderen Seite rechnet sich die rahmenvertragliche Fixierung von maschinell disponiertem C- oder B-Material kaum, wenn man eine große Zahl eingesetzter C- und B-Materialien unterstellt. In solchen Fällen wird deshalb auch eine elektronische Bestellabwicklung, z. B. per EDI, unwirtschaftlich, da der Aufwand für die Datenpflege immens wird. Die Beschaffung von disponiertem C- und B-Material ist unter diesen Umständen folglich entweder in der Datenpflege oder in der Abwicklung aufwändig.

5.2 Direktbeschaffungsprozess per Katalog – kurzer Prozess

Nichts liegt folglich näher, als Beschaffungsprozesse auf die aktuellen Produkt- und Rahmendaten seiner Lieferanten zu stützen, statt auf mühsam gepflegte und doch veraltete Materialstammdaten und Konditionssätze im Einkaufsmodul des Backendsystems zurückzugreifen.

Für einzelne Standard-E-Procurement-Systeme gibt es bereits eine Dispositionsschnittstelle, die es erlaubt, disponierte Bedarfsmeldungen aus dem Backendsystem im E-Procurement-System weiterzubearbeiten. Über das E-Procurement-System kann auf interne oder externe Kataloge zugegriffen werden, zu dem Bedarf das passende Lieferantenprodukt ausgewählt und somit die Bestelldaten vervollständigt werden. Einige Lieferanten bieten bereits heute eine Online-Verfügbarkeitsprüfung. Im E-Procurement-System wird die Bestellung erzeugt und an das Backendsystem rückkommuniziert. Von dort aus kann die Bestellung in elektronischer Form an den Lieferanten übermittelt werden, da Unsicherheiten, die heute bezüglich eindeutiger Produktbeschreibung, Liefertermin und verfügbarer Menge, Preisen und Konditionen usw. bestehen, bereits ausgeräumt sind. Die Kommunikation mit dem Lieferanten vereinfacht und beschleunigt sich.

Die Materialstammdatenpflege kann sich im beschriebenen Szenario darauf beschränken, Materialien aus Unternehmenssicht eindeutig zu beschreiben. Die lieferantenspezifischen Informationen werden während des Beschaffungsprozesses eingesammelt.

Das Katalog-Content-Management gestaltet sich in diesem Fall sogar einfacher als bei lagerhaltigem Material: Da die Zielgruppe für die Direktmaterialbeschaffung der professionelle Einkäufer ist, reicht die manuelle Zuordnung des Bedarfs zum bedarfsdeckenden Produkt des Lieferanten aus.

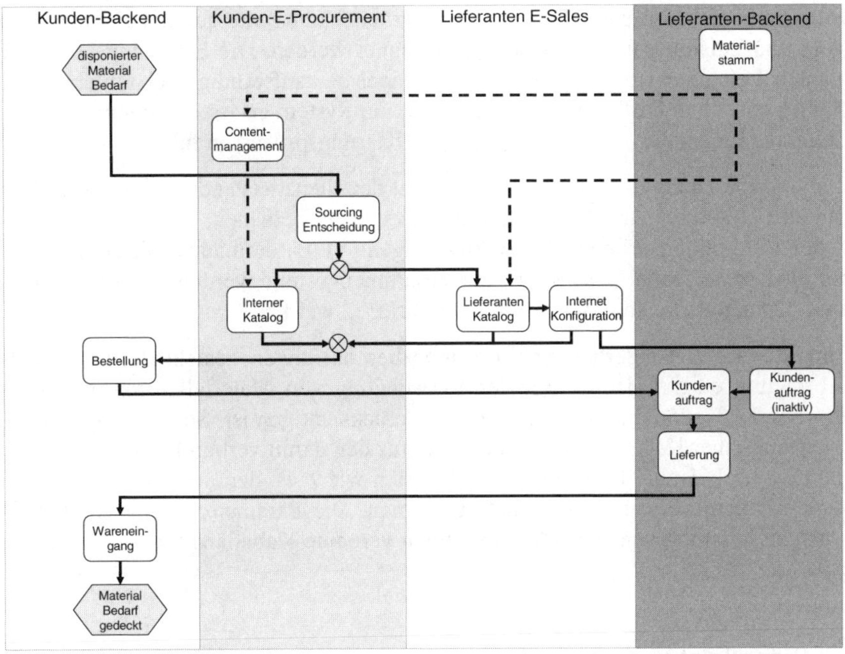

Abb. 1 Direktmaterialbeschaffung per Katalogsystem, schematisch

Zum entscheidenden Faktor bei dieser Form der Abwicklung wird die einfachste Integration von Lieferantenkatalogen in die Katalogbeschaffungslösung. Idealerweise stellt der Einkäufer die Lieferantenkataloge interessanter Lieferanten ohne aufwändige Datenmanipulationen durch Dritte direkt selbst ein.

Wir sind der Meinung, dass dieser Prozess so einfach gehen muss wie das Ablegen eines E-Mail-Anhangs in einen Dateiordner – und so einfach funktioniert das Content-Management mit der IDS Scheer-Lösung.

6 Katalogbasierte Beschaffung von Dienstleistungen

6.1 Besonderheiten der Dienstleistungsbeschaffung

Die Beschaffung von Dienstleistungen zeichnet sich dadurch aus, dass die zu beschaffenden Leistungen nach Art und Umfang zum Zeitpunkt der Bestellung nicht vollständig bekannt sind. Dieser Besonderheit kann zwar durch Leistungserfassung und Leistungsabnahmeprozesse begegnet werden. Die Erfassung von ungeplanten Leistungen oder Aufmaßen ist jedoch zeitaufwändig und fehleranfällig. Häufig entstehen Differenzen zwischen der im System erfassten Leistung und der Lieferantenrechnung, was zu aufwändigen Klärungsprozessen führt.

Zur Vereinfachung der Kommunikation mit den dienstleistenden Lieferanten können sich Unternehmen der Standardleistungsbücher bedienen, wie sie z. B. in Teil C der Verdingungsordnung für Bauleistungen (VOB) definiert sind. Daraus kann die zu beschaffende Gesamtleistung zusammengestellt werden. Alternativ kann die Leistung als Leistungsprogramm beschrieben werden.

Eine weitere Besonderheit von Leistungsbeschaffungen besteht darin, dass die Erbringung einer Leistung mit der Verwendung von Materialien verbunden ist, was bei der Kalkulation der Leistung zu berücksichtigen ist. So setzt sich die Beschaffung einer Kabelverlegung nicht nur aus den damit verbundenen Erdarbeiten, mit den die Leistung bestimmenden Kriterien wie z. B. der Bodenklasse, sondern auch aus dem verwendeten Kabel zusammen. Die Parameter der tatsächlich erbrachten Leistung wie z. B. die tatsächlich verbaute Kabellänge wird im Aufmaß erfasst.

6.2 Dienstleistungsbeschaffung mit elektronischem Katalogsystem

Gerade die katalogbezogene Beschaffung mittels elektronischer Kataloge kann die genannten Anforderungen erfüllen. Bei der Zusammenstellung des Leistungsverzeichnisses können die Leistungspositionen elektronisch gesucht und ausgewählt werden. Abhängigkeiten zwischen Leistungen und Materialeinsatz werden transparent dargestellt. Der Preis der Teilleistungen und der Gesamtleistung ist jederzeit erkennbar. In Verbindung mit einem leistungsfähigen E-Procurement-System kann die Leistungserfassung inklusive des ungeplanten Materialeinsatzes und der Erfassung von Aufmaßen in definiertem Rahmen durch den Dienstleister selbst erfasst werden. Im Rahmen eines Genehmigungsworkflows wird die elektronische Abnahme sichergestellt, bevor es zur Zahlung von Lieferantenrechnungen kommt.

7 Besonderheiten des IDS Scheer-Katalogsystems

7.1 IDS Scheer-E-Procurement-Katalog – eine praxisorientierte Lösung!

Aus den Erfahrungen einer Vielzahl von durchgeführten E-Procurement-Projekten heraus hat sich IDS Scheer im Jahr 2002 entschieden, einen eigenen IDS Scheer-E-Procurement-Katalog zu entwickeln und Kunden anzubieten. Der IDS Scheer-E-Procurement-Katalog zeichnet sich vor allem dadurch aus, dass er aus den E-Procurement-Projekten der IDS Scheer mit den entsprechenden Kunden gemeinsam entwickelt wurde. Er berücksichtigt praxisorientiert die Belange derjenigen, die ihn einsetzen, orientiert sich an tatsächlichen Geschäftsvorfällen und ist damit ein sehr gutes Tool zur Abwicklung dezentraler Abrufe innerhalb des Beschaffungsprozesses. Im Bereich der Artikelverwaltung und -präsentation sowie bei weiteren, darüber hinausgehenden Funktionalitäten bietet er weit reichende Funktionalitäten. Das Hauptargument für den IDS Scheer-E-Procurement-Katalog gegenüber anderen marktüblichen Kataloglösungen ist vor allem die leichte Administration des Katalogs. Während viele Kataloglösungen ein separates, mächtiges und schwer zu administrierendes Content-Management-Tool vertreiben, basiert die Administration des IDS Scheer-E-Procurement-Katalogs auf einfachen, aber sehr wirkungsvollen EXCEL-Makros, die schnell und intuitiv zu erlernen und anzuwenden sind. Der Katalog verzichtet auf den Einsatz einer Datenbank und hält die wesentlichen Daten im Hauptspeicher, so dass z. B. eine Artikelsuche innerhalb der ca. 600.000 Artikel von über 60 verschiedenen Lieferanten eines unserer Kunden in wenigen Sekunden erfolgreich verläuft.

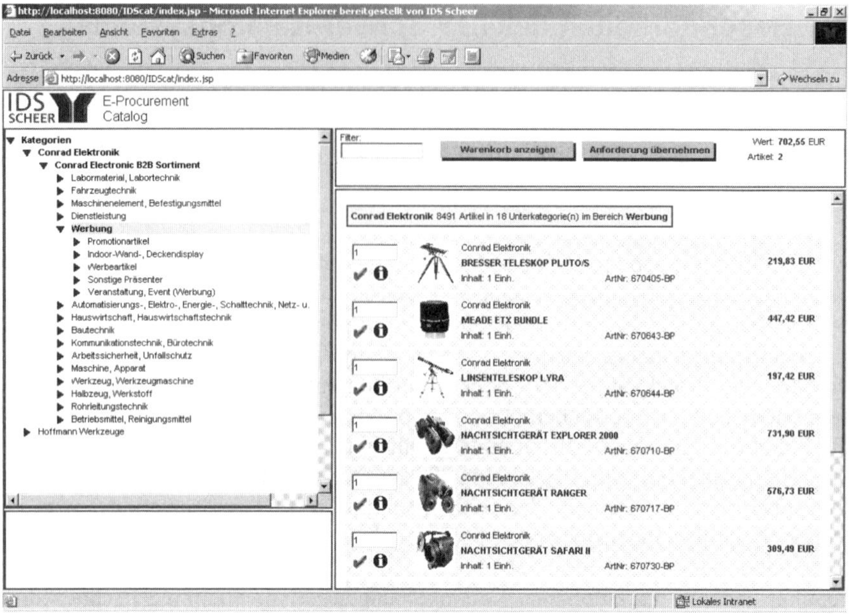

Abb. 2: IDS Scheer-E-Procurement-Katalog

7.2 IDS Scheer-E-Procurement-Katalog – garantierte Prozesseinsparungen!

Zum Beispiel dauert der Datenimport von ca. 60.000 Artikeln der Fa. Bürklin inkl. Bilder weniger als 20 Minuten bzw. der Import von ca. 55.000 Artikeldaten der Fa. Conrad weniger als 15 Minuten. Das Einspielen von Daten wird einfach per Drag & Drop durchgeführt. Es folgt eine automatische technische Prüfung und die Generierung von Deltalisten. Mit Hilfe dieser Deltalisten können abweichende Kataloginhalte und Versionen sehr effizient überprüft werden.

Vor allem diese beiden Vorteile der leichten und damit effizienten Administration, verbunden mit geringeren Hardwarekosten, haben viele unserer Kunden überzeugt! Einige bereits mit anderen Kataloglösungen produktive Kunden sind daher 2003 auf den IDS Scheer-Katalog umgestiegen. Sie erzielten in der Administration und auch der Nutzung wesentliche Prozesseinsparungen, die teilweise im Bereich des technischen bzw. inhaltlichen Content-Managements Einsparungen von bis zu 1 Mannjahr erreichten.

So hat z. B. einer unserer Kunden 2003 durch die Einführung des IDS Scheer-E-Procurement-Katalogs eine Einsparung im Administrationsprozess von ca. 70 % gegenüber der vorherigen Lösung erreicht, ca. 100 Tage manueller Aufwand pro Jahr entfielen.

7.3 IDS Scheer-E-Procurement-Katalog – auch und gerade für den Dienstleistungseinkauf!

Der IDS Scheer-E-Procurement-Katalog bietet über die pure Artikelbeschaffung hinausgehende Funktionalitäten. Vor allem im Bereich der Dienstleistungsabwicklung können wesentliche Prozessverbesserungen realisiert werden. In Zusammenarbeit mit einem unserer Kunden aus dem Bereich Utilities ist in den Jahren 2002/2003 der IDS Scheer-E-Procurement-Dienstleistungskatalog als Version des IDS Scheer-E-Procurement-Katalogs entstanden, der sich mühelos in die Prozesse der Leistungsabwicklung bzw. des Leistungseinkaufs integriert. So können z. B. vorhandene Leistungsverzeichnisse aus ERP-Systemen wie z. B. SAP R/3 in den Dienstleistungskatalog importiert werden. Der Katalog bietet für die richtige und reibungslose Abwicklung des dezentralen Leistungseinkaufs die Möglichkeiten, variable, interaktiv änderbare Materialmengengerüste mit Leistungen zu verbinden, verschiedene Rahmenverträge und Lieferanten interaktiv auszuwählen und z. B. Gemeinkosten bzw. Abschläge zu verwalten. Der Lieferant wird in den Beschaffungsprozess integriert, indem er nach Erbringung der Dienstleistung diese via Internetzugang mit Bestellbezug quittiert. Dadurch erfasst er ggf. auch ungeplante Leistungen, Aufmaße und das Fertigstellungsdatum. Der technische Sachbearbeiter prüft daraufhin das eingestellte Aufmaß und nimmt die Leistung elektronisch ab. Mit dieser Freigabe erfolgt die Integration in die Finanzbuchhaltung, die ihrerseits die Rechnung des Lieferanten (also genau seine erfassten Leistungen) per Gutschriftenverfahren begleicht.

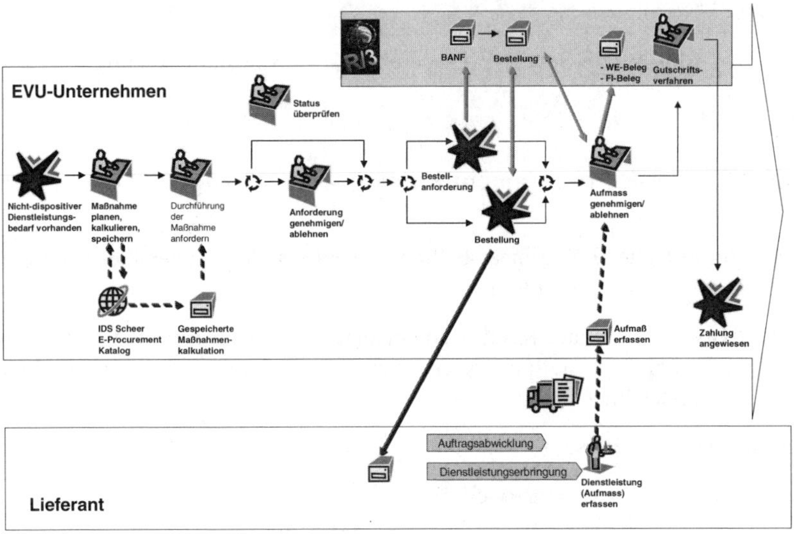

Abb. 3: Integrierter Ablauf einer Dienstleistungsabwicklung

Somit lässt sich auch für die komplexe Dienstleistungsbeschaffung eine wesentliche Prozessvereinfachung und damit verbundene Prozesskostenreduktion erreichen. Durch die dezentrale Abrufsteuerung über den Katalog und die Integration des Lieferanten in den Prozess gewinnt der Prozess wesentlich an Schnelligkeit und Genauigkeit und wird für alle Beteiligten transparenter.

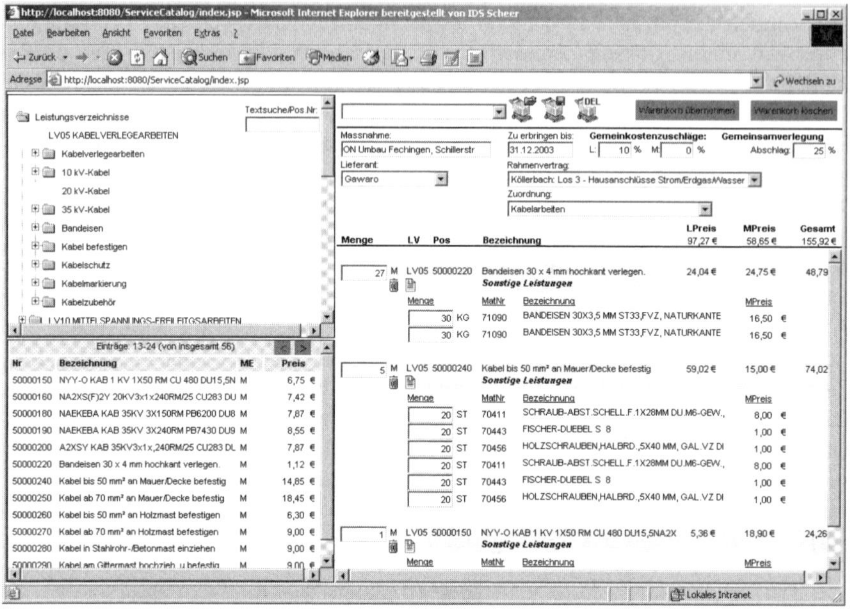

Abb. 4: IDS Scheer-E-Procurement-Dienstleistungskatalog

7.4 IDS Scheer-E-Procurement-Katalog – die Vorzüge auf einen Blick!

Zu den Vorteilen des IDS Scheer-E-Procurement-Katalogs gegenüber anderer Katalogsoftware gehören vor allem:

- effektives und einfaches Katalogdatenmanagement unter Einsatz von Datenprüfungen, Deltalistenerstellung, Konvertierung und damit verbundene Reduktion des Aufwandes für Administration
- geringe Hardwarekosten
- innovatives Lizenzkostenmodell
- geringe Einführungskosten (ready to run innerhalb 1 Tages)
- praxisorientierter Lösungsansatz, der sich an echten Geschäftsvorfällen orientiert und ständig – in Zusammenarbeit mit den IDS Scheer-Kunden – weiterentwickelt wird

- Verzicht auf den Einsatz einer Datenbank durch Einsatz moderner XML-Technologie und damit weniger Aufwand, den Katalog zu administrieren
- Unterstützung der gängigen Betriebssysteme (Linux, Solaris, Windows ...)
- kann eigenständig (stand alone) oder mit Backendsystemen, z. B. dem SAP EBP (SAP Enterprise Buyer Professional), eingesetzt werden (OCI-fähig)

Die IDS Scheer AG ist der Meinung, dass sie mit der Etablierung des IDS Scheer-E-Procurement-Katalogs bzw. des IDS Scheer-E-Procurement-Dienstleistungskatalogs einen weiteren konsequenten Schritt im Bereich der Prozessoptimierung für die Beschaffungsprozesse bzw. Einkaufsprozesse in Unternehmen erreicht hat, so dass Unternehmen wesentliche Kosteneinsparungen erzielen können.

Bei einer Veranstaltung zum Thema Effizienzsteigerungen im Einkauf 2003, auf der auch der IDS Scheer-E-Procurement-Katalog vorgestellt wurde, hat es ein Teilnehmer treffend zusammengefasst: Der IDS Scheer-E-Procurement-Katalog sei – so wörtlich – ein „Quantensprung" im Bereich des effizienten und optimierten Einsatzes von Katalogen zur Verbesserung und Optimierung der Beschaffungsprozesse in Unternehmen.

Gerne ist IDS Scheer bereit, weitere Informationen bzw. Präsentationen des IDS Scheer-E-Procurement-Katalogs zu geben bzw. Referenzbesuche bei bereits produktiven Kunden zu organisieren.

Prozessindustrie

Einleitung: Prozessindustrie

Hans-Werner Velten
IDS Scheer AG

„Geschäftsprozessmanagement in der Prozessindustrie"

In der Wertschöpfungskette eines Produktes sind die unterschiedlichen Stufen der Wertschöpfung meistens durch spezialisierte Unternehmen, die diese entsprechenden Stufen besonderes gut und wirtschaftlich nehmen können, besetzt. Es gibt nicht viele Unternehmen der Prozessindustrie, die über eine hohe, so genannte „Rückwärtsintegration" verfügen. Diese Unternehmen halten die wesentlichen, wertschöpfenden Prozesse, vom Rohstoff bis zum Verbraucherprodukt, in ihren Händen. Beispiele solcher Unternehmen sind die BASF AG oder M-real. Jedoch sind die Vermarktungskanäle über die Handelspartner meistens die Andockstellen zum Verbrauchermarkt. An diesen Schnittstellen geht ein wesentlicher Teil der Marktinformation verloren, die so unsagbar wichtig für den Produzenten wäre. Neuartige Prozesse, wie z. B. CPFR, könnten diesen Zustand verändern.

Bei den Unternehmen der Prozessindustrie sind der überwiegende Teil im Produkt-Portfolio die so genannten „Commodities", die sich durch eine niedrige Marge und durch die Austauschbarkeit mit Wettbewerbsprodukten definieren. Nur ein geringer Anteil sind Spezialprodukte oder innovative Lösungen, die hochprofitabel vermarktet werden. Gerade bei den Commodities sind die Produzenten darauf angewiesen, ihre Kostenlinie permanent zu optimieren und die Gratwanderung auf sich zu nehmen, trotz aller Einsparungen die Kundenzufriedenheit und den Service-Level hochzuhalten bzw. in diesem Bereich den „Competitive Edge" anzustreben.

Die Produktionskosten sind bei den Großunternehmen weitestgehend ausgeschöpft, so dass es sich immer mehr lohnt, die unternehmensinternen und unternehmensübergreifenden Prozesse in den Fokus zu rücken. Alle Erkenntnisse (und Studien) belegen eindrücklich, dass hier noch Optimierungspotenzial vorhanden ist. Eine objektive Erfassung dieser Potenziale gelingt besonders effizient mit dem ARIS Process Performance Manager. Damit lassen sich auch die Maßnahmen ableiten, die zur Ausschöpfung der Potenziale umgesetzt werden müssen, wie das Beispiel von der BASF aufzeigen wird.

Die Situation des Käufermarktes lässt auch immer mehr den Druck auf die Dienstleister verspüren, die sich nur mit innovativen und nutzbringenden Prozessen vom Wettbewerb abheben können. Der Kunde steht im Zentrum des unternehmerischen Handelns, obwohl dies bei internen Service-Organisationen noch nicht überall verinnerlicht ist. Das kundenzentrierte Unternehmen, ob BASF, Tucher Bräu oder Infraserv, analysiert sorgfältig den Kundennutzen und die Kundenzufriedenheit seiner Gesamtleistung (Produkte plus Services), denn zufriedene Kunden entwickeln wenig Engagement, ihren Lieferanten zu wechseln.

Für all diese Themen rund um die Kundenbetreuung hat sich in den letzten Jahren die CRM-Philosophie etabliert, die auch Aussagen über den Wert des Kunden für das Unternehmen ermöglicht. Damit ist es möglich, sich besonders um die „High Potentials" zu kümmern – besonders, wenn es sich um Bestandskunden handelt.

Im Rahmen von CRM-Vorhaben wird sehr intensiv über das Thema Kosten-Nutzen-Verhältnis oder ROI diskutiert. Man möchte gerne die Einsparpotenziale oder die Möglichkeiten der Umsatzsteigerung quantifizieren, bevor man sich zu einem Investment in CRM entscheidet. Beispiele zu ROI-Analysen, auch im Bereich der Störfallbehebung und der Wartungsdurchführung, zeigen zwei Beiträge aus unterschiedlichen Projekten auf.

Neben ausführenden Prozessen im Unternehmen spielen in der Logistik die Planungsprozesse eine entscheidende Rolle, denn darüber lassen sich abgeleitete Parameter des logistischen Netzwerkes optimieren. Zwischen Produzenten und Handel ließe sich über verschiedene Kollaborationsszenarien (CPFR) Planungssicherheit gewinnen, die beiden Partnern nutzt. Wie sich der Win-win-Effekt darstellen lässt, erfahren wir in einem nachfolgenden Beitrag.

Die Illustration der Prozesse in der Papierindustrie rundet das Kapitel über die Prozessindustrie ab. Hier bekommen wir einen Überblick über die Abläufe von der Rohstoffgewinnung bis zur Druckerei.

Die Beiträge beziehen sich auf Projektergebnisse und/oder Studienergebnisse und haben je nach Zielsetzung einen bestimmten Fokus. Sicherlich gibt es Dutzende von weiteren „Prozessen mit Potenzial" – auch hier ist jedes Unternehmen unterschiedlich aufgestellt. Der Leser möge diese Beiträge als Denkanstöße auffassen und seiner Situation entsprechend eine Bewertung vornehmen, und – Hand aufs Herz – jeder Leser wird in seinem Unternehmen genügend Prozesse finden, die noch lange nicht „Best in Class" sind.

So steigerte die BASF AG mit Supply Chain Controlling und -optimierung die Effektivität und Effizienz ihrer Auftragsabwicklung – schnell umsetzbar und toolgestützt

Tino Bauer
IDS Scheer AG

Zusammenfassung

Immer mehr Unternehmen der chemischen und pharmazeutischen Industrie sehen in einem methodischen Supply Chain Controlling einen entscheidenden Erfolgsfaktor zur Realisierung von Verbesserungspotenzialen in ihren Geschäftsprozessen. Viele Unternehmen sind aber momentan noch sehr zaghaft in der Umsetzung solcher Konzepte. Welcher Nutzen mittels einer controllinggestützten Optimierung von End-to-End-Geschäftsprozessen tatsächlich nachweisbar zu realisieren ist, zeigt dieser Beitrag anhand eines Praxisbeispiels. Der BASF AG gelang es zusammen mit der IDS Scheer AG, signifikante Verbesserungspotenziale im Auftragsabwicklungsprozess zu identifizieren und Projekte zur Hebung dieser Potenziale anzustoßen. Die strikte Anwendung der 80/20-Regel in Verbindung mit der toolgestützten Messung der Prozessleistung – durch ARIS Process Performance Manager (ARIS PPM) – erlaubte es der BASF AG, die wichtigsten Einsparpotenziale zu identifizieren, zu benchmarken und exakt zu bewerten. Nach der Definition, der Bewertung des Nutzenbeitrags und der Auswahl der Top-Maßnahmen wird der Aufwand für die Auftragsabwicklung bei den betrachteten Geschäftsbereichen deutlich reduziert werden.

Schlüsselwörter

Supply Chain Controlling und Optimierung, Geschäftsprozessanalyse, -optimierung und -controlling, Performance Management, ARIS PPM, Auftragsabwicklungsprozess, chemische Industrie, Prozessindustrie

1 Status quo von Supply Chain Controlling in der chemischen und pharmazeutischen Industrie

Eine Studie der IDS Scheer AG aus dem Jahr 2002 hat bereits belegt, dass sich Unternehmen der chemischen und pharmazeutischen Industrie mit dem unternehmensweiten und unternehmensübergreifenden Controlling und mit der Optimierung von Wertschöpfungsprozessen zunehmend auseinander setzen (im Folgenden Supply Chain Controlling[1], kurz SCC, genannt).[2] Während 2001 nur ca. 17 % der befragten Unternehmen angaben, SCC zu betreiben, waren es 2002 bereits 52 %. Über 80 % der Antwortenden äußerten, dass sie sich von einem solchen Konzept einen hohen oder sogar sehr hohen Erfolg versprächen, während Konzepte wie kontinuierlicher Verbesserungsprozess (KVP) oder Benchmarking mit 70 % bzw. 54 % an zweiter und dritter Stelle standen. Circa 40 % der Unternehmen berücksichtigen bereits Kunden oder Lieferanten bei der Gestaltung ihrer Geschäftsprozesse. Allerdings spielt das Controlling dieser Prozessschnittstellen noch eine untergeordnete Rolle. Nur ein Viertel der Befragten gab an, dass vor- oder nachgelagerte Wertschöpfungsstufen in einem SCC berücksichtigt werden. Last, but not least bestätigten 65 % der Befragten der IDS Scheer AG eine Kernkompetenz in den Bereichen SCC und Optimierung. Die Untersuchung zeigte, dass SCC bei Unternehmen der chemischen und pharmazeutischen Industrie als zentraler Erfolgsfaktor zur Steigerung von Effizienz und Effektivität von Geschäftsprozessen angesehen wird. Allerdings ist die Anpassung des Controllings an diese organisatorische Entwicklung in den meisten Unternehmen immer noch rückständig. Der Gedanke, dass Prozesse ganzheitlich (End-to-End) oder gar unternehmensübergreifend und nicht abteilungsbezogen optimiert und gesteuert werden müssen, wurde bereits in organisatorischen und informationstechnologischen Initiativen wie z. B. Business Process Reengineering (BPR), Total Quality Management (TQM) etc. umgesetzt. Die Anpassung des Controllings an die neue Situation ist von vielen Unternehmen vernachlässigt worden. Die traditionellen Controllingansätze sind meist zu statisch und liefern oft zu wenig entscheidungsspezifische Informationen und Methoden, als dass sie Optimierungsentscheidungen von unternehmensweiten End-to-End-Prozessen bzw. unternehmensübergreifenden Prozes-

---

[1] Unter Supply Chain Controlling wird hier eine Controllingkonzeption verstanden, die explizit die veränderten (komplexeren) Kontextfaktoren im Supply Chain-Umfeld berücksichtigt. Zu verschiedenen Definitionen, Aufgaben und Konzeptionen von Supply Chain Controlling vgl. exemplarisch Stölzle (2002), S. 10 ff. ; Göpfert/Neher (2002), S. 34 ff.

[2] Vgl. Studie der IDS Scheer AG „Supply Chain Controlling in der Praxis"; im Rahmen der Studie wurde der Stand der Entwicklung von unternehmensweitem bzw. unternehmensübergreifendem Controlling von Geschäftsprozessen in der chemischen und pharmazeutischen Industrie analysiert. Circa 280 Fragebogen wurden an Kontaktpersonen in Unternehmen der chemischen und pharmazeutischen Industrie versandt; 29 Rückläufer waren auswertbar.

sen ergebnisorientiert unterstützen könnten.[3] Durch diese plötzliche Erweiterung des Betrachtungsgegenstands und die damit einhergehende Komplexität der Entscheidungssituation müssen neue Controllinginstrumente und -methoden eingesetzt werden, um schnell und rational Optimierungspotenziale in den Wertschöpfungsprozessen identifizieren und umsetzen zu können.[4] Damit spielt bei der Prozessoptimierung im Supply Chain Management heute zunehmend der Entscheidungsprozess (d. h. die Gestaltung des Projektablaufs) eine herausragende Rolle. Optimierungsentscheidungen im Supply Chain Management können nicht mehr zentral durch einzelne Abteilungen mittels Analyse von statisch vordefinierten Informationen aus Standardinformationssystemen getroffen werden. Zu viele wichtige dezentrale Informationen aus den Fachabteilungen würden nicht berücksichtigt werden. Deshalb müssen diese Organisationseinheiten nunmehr in den Entscheidungsprozess integriert werden. Diese Integration führt aber unweigerlich zu einer hohen Komplexität. Damit die Entscheidungsträger die Informationsvielfalt auch ergebnisorientiert verarbeiten können, muss der Entscheidungsprozess durch rationalitätssichernde Maßnahmen unterstützt werden. Somit wird vermieden, dass wichtige Kriterien aufgrund eines „Information Overloads" vernachlässigt werden oder unbedeutende Probleme in den Fokus der Betrachtung gelangen.[5] Um dieser Aufgabe gerecht zu werden, bedarf es geeigneter Instrumente und Methoden, mittels der auch in einem komplexen Entscheidungsumfeld Potenziale identifiziert und gehoben werden können. Dazu hat die IDS Scheer AG einen Supply Chain Controlling-Ansatz entwickelt, der methodische und technische Hilfsmittel zur Entscheidungsfindung im Supply Chain-Umfeld bereitstellt. Die BASF AG als Vorreiter im Prozessmanagement und -controlling in der chemischen Industrie hat zusammen mit der IDS Scheer AG ihren Auftragsabwicklungsprozess (von der Auftragsannahme in den Landestochtergesellschaften bis hin zur Faktura) mit diesem Lösungsansatz optimieren und deutliche Effektivitäts- und Effizienzsteigerungspotenziale nachweisen können. Im Wesentlichen konzentriert sich der Lösungsansatz auf die Beantwortung der drei folgenden Fragen:

- Welche Störfaktoren behindern den abteilungsübergreifenden Ablauf des Auftragsabwicklungsprozesses?[6]
- Welche Kosten werden durch diese Störfaktoren verursacht?

---

[3] Vgl. Weber (2002), S. 49 ff.

[4] Bereits bei der unternehmensweiten Betrachtung des Auftragsabwicklungsprozesses steigt die Komplexität durch die Vielzahl der beteiligten Abteilungen.

[5] Zu der Frage, welche Rationalitätsdefizite im Entscheidungsprozess auftreten können und welche Aufgabenfelder und Ansatzpunkte für das Controlling daraus resultieren, vgl. Otto (2003), S. 52 bis 85.

[6] Alle identifizierten Potenziale einer Screeningphase werden geclustert und zu Störfaktoren (SF) zusammengefasst. SF stellen Kostentreiber dar, die einen Geschäftsprozess in seinem geregelten Ablauf behindern. Der daraus resultierende Mehraufwand ist über die Auswirkungen nach Eintreten des SF messbar. Die Summe aller Störfaktoren ergibt das *theoretisch* realisierbare Einsparpotenzial.

- Welche Maßnahmen bieten das beste Kosten-Nutzen-Verhältnis zur Realisierung der identifizierten Optimierungspotenziale?

2 Methode und Vorgehensweise

Durch die Beantwortung dieser 3 Fragen gelang es der BASF AG und der IDS Scheer AG gemeinsam, erhebliche Einsparpotenziale in einem komplexen Umfeld zu identifizieren. Mittels des Supply Chain Controlling-Ansatzes der IDS Scheer AG, einer Kombination von Methodeneinsatz und IT-Tools wie ARIS Process Performance Manager (ARIS PPM) und ARIS Redocumentation Scout, wurden quantitativ nachweisbar valide und umsetzbare Optimierungspotenziale definiert.

Nachfolgend wird zuerst auf die Ausgangssituation der BASF AG sowie auf die verfolgten Projektziele eingegangen. Im nächsten Schritt wird das Konzept des Supply Chain Controllings (BASF-intern: SC-Optimisierung/Post SAP Implementation-Prozess) anhand des Projektbeispiels vorgestellt. Dabei stehen sowohl die in den einzelnen Phasen erzielten Ergebnisse als auch die eingesetzte Methodik und Technik im Vordergrund der Betrachtung.

3 Ausgangssituation bei der BASF AG und Projektziele

Nach einer SAP-R/3-Einführung blieb eine Effizienzsteigerung im Auftragsabwicklungsprozess aus. Das Ergebnis war häufig Mehrarbeit anstelle einfacherer Abläufe. Gefragt war ein Lösungsansatz, der der enormen Komplexität der Auftragsabwicklung bei der BASF AG genügen konnte: Gegenstand der Betrachtung war die Auftragsabwicklung ausgesuchter Supply Chains an den Standorten England, Italien, Frankreich und Deutschland (Ludwigshafen). Am Standort Ludwigshafen stellen 250 Produktionsbetriebe ca. 8.000 verschiedene Produkte her, die über rund 115 km Straßen, 217 km Bahngleise und oberirdische Rohrleitungen das Werksgelände in Richtung Kunde via Schiff, LKW oder Bahn verlassen. An der Leistungserstellung mit knapp 1 Million Kundenaufträge pro Jahr sind ca. 40.000 Mitarbeiter beteiligt. Im Auftragsabwicklungsprozess sind folgende Funktionsbereiche involviert:

- Vertrieb (Außen-/Innendienst)
- Materialwirtschaftszentrum
- Abfüllung/Produktion
- Lager
- Transportdisposition

- Versand/Transport
- Transportdienstleister

Diese Fakten lassen bereits auf die Komplexität des Untersuchungsgegenstandes schließen. Im Projekt wurden zwei unterschiedliche, für die gesamte BASF repräsentative Business Units analysiert. Aus den identifizierten Potenzialen wurden Maßnahmen abgeleitet, die sukzessive auf die gesamte BASF übertragbar sind. Das folgende dreistufige Zielsystem bildete die Gestaltungsrichtlinie für das Projektdesign:

- Transparenz im Auftragsabwicklungsprozess muss einerseits hinsichtlich der Einzelaktivitäten gewährleistet sein, andererseits müssen Effizienz, Komplexität, Fehleranfälligkeit und Durchlaufgeschwindigkeit mittels Key Performance Indicators (KPIs) messbar werden.
- Über diese erzielte Transparenz sollen dann Potenziale quantifizierbar gemacht und über interne und externe Benchmarks beurteilt werden.
- Die Potenziale sind dann über kosten-nutzenoptimale Maßnahmen zu realisieren. Dabei steht neben der Effizienz und Effektivität der Prozesse die strikte Ausrichtung auf interne und externe Kundenanforderungen im Vordergrund.

Im Folgenden wird der Lösungsansatz vorgestellt, mit dem die BASF AG und die IDS Scheer AG diese Ziele erreicht haben.

4 Das Konzept Supply Chain Controlling der IDS Scheer AG und der Projektablauf

Die Frage, welche Lösungskonzeption sich für welche Problemstellung am besten eignet, ist von den Kontextfaktoren abhängig. Im Rahmen des Supply Chain Managements liegen weitaus komplexere Kontextfaktoren zugrunde als z. B. bei der Optimierung und dem Controlling einer einzigen Abteilung. Grund dafür ist, dass im Supply Chain-Umfeld mehrere Unternehmensteile oder gar mehrere Unternehmen betrachtet werden. Die Supply Chain Controlling-Konzeption, die hier angewandt wurde, basiert auf einer rationalitätsorientierten Controllingkonzeption.[7] Qualifizierte Ergebnisse bzw. Optimierungspotenziale und Maßnahmen zu deren Realisierung können bei der Betrachtung von End-to-End-Prozessen nicht zentral und Top-down entwickelt werden. Dazu ist die Integration betroffener Key Players nötig. Die Unternehmensberater der IDS Scheer AG übernahmen dabei

[7] Einen Übersichtsbeitrag zum unterschiedlichen Verständnis von Supply Chain Management bieten Müller/Seuring/Goldbach (2003); zur Diskussion von Kontextfaktoren im Controlling vgl. Zünd (1985), S. 32; Horvath (2002), S. 6; Friedl (2003), S. 4 f. und Weber (2002), S. 49 f.; zur Diskussion der verschiedenen Controllingkonzeptionen vgl. überblicksweise Otto (2003), S. 42 ff.; Weber (2002), S. 20 ff.

den Part der rationalitätssichernden Controller, um den Projektablauf ergebnisorientiert zu steuern.[8] Dabei stellten diese u. a. sicher, dass je Projektphase die „richtigen“ Informationen zur Entscheidungsfindung herangezogen wurden und die „richtigen“ Methoden zur Verarbeitung dieser Informationen eingesetzt wurden.[9] Folgende Projektphasen haben sich bewährt:[10]

- **Screening:** umfassende Potenzialanalyse und -bewertung über Interviews, Prozess-Workshops und ARIS Redocumentation Scout inkl. Benchmarking
- **Measure:** striktes Quantifizieren aller Störfaktoren mit dem ARIS PPM
- **Reduktionsmethode:** Konzentration auf die wichtigsten Störfaktoren bei der weiterführenden Analyse und der anschließenden Maßnahmendefinition[11]
- **Analyse:** Analyse der Ursache-Wirkung-Beziehungen je Störfaktor
- **Define:** Maßnahmendefinition und -bewertung sowie Auswahl der effektivsten Maßnahmen je Störfaktor
- **Integration der Betroffenen:** Sicherung der Validität der identifizierten Störfaktoren und der zugehörigen Ursachen sowie Sicherung der Umsetzbarkeit und Akzeptanz der Maßnahmen

Jede Projektphase erfüllte dabei eine bestimmte Funktion zur Erreichung bestimmter Teilziele. Dazu wurden bestimmte Instrumente (Methoden und Techniken) mit Beteiligung verschiedener Personen eingesetzt.[12]

- Screening

Ziel des Screenigs war es, aus einer umfassenden Analyse wichtige Störfaktoren des Auftragsabwicklungsprozesses zu extrahieren. Dazu wurden 3 Instrumente zur induktiven Ermittlung von Störfaktoren eingesetzt: Zuerst wurden mittels Partialanalyse eines repräsentativen Ausschnitts der am Auftragsabwicklungsprozess beteiligten Personen im Rahmen von semistrukturierten Interviews Anhaltspunkte für Verbesserungspotenziale identifiziert (ca. 300 Nennungen). Diese Potenziale wurden mittels Clusteranalyse zu Problemclustern zusammengefasst (ca. 100 Cluster). Nach der Methode der Saliency Criterias wurden die Problemcluster mit den häufigsten Nennungen als Key Findings weiterverfolgt (ca. 30 Key Findings). Parallel dazu wurden über einen interdisziplinären Quality Function Deployment Workshop nach der Six Sigma-Methode die Critical to Qualities (CtQs) identifi-

---

[8] Vgl. Ansatz des rationalitätsorientierten Controllings bei Weber (2002), S. 48 ff.

[9] Vgl. Seuring/Bauer (2003), S. 5 f.

[10] Vgl. den Führungsprozess von Hahn (1996), S. 46 oder den Managementzyklus nach Wild (1982), S. 37.

[11] Die konsequente Anwendung der 80/20-Regel sicherte eine rationelle Projektvorgehensweise durch die Konzentration auf das Wesentliche: Im Mittelpunkt der Betrachtung standen immer die Top-Störfaktoren, deren Topursachen sowie die Topmaßnahmen.

[12] Vgl. Anforderungen an eine Controllingkonzeption ähnlich bei Horvath (2002), S. 150 ff.

ziert.[13] Die ARIS Redocumentation-Technik half dem Projektkernteam, über ein Benchmarking der Transaktionsnutzung Hinweise auf Verbesserungspotenziale zu erhalten.[14] Die Ergebnisse der drei Analysen wurden auf ihren Überdeckungsgrad hin analysiert und zu ca. 30 Störfaktoren konsolidiert.

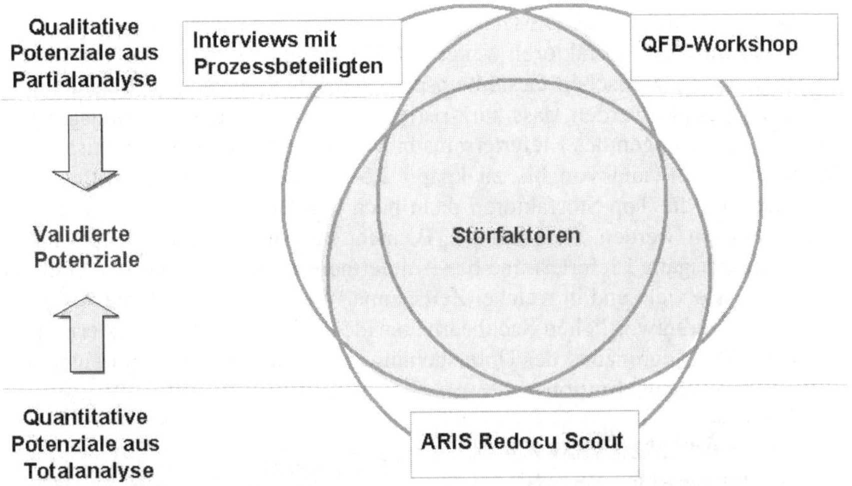

Abb. 1: Die dreistufige Methode zur Informationsgewinnung aus Interviews, QFD-Workshop und ARIS Redocumentation sichert ein Höchstmaß an Validität der Ergebnisse.

- Measure

In der Measure-Phase wurde das theoretische Einsparpotenzial ermittelt, das sich aufgrund des Mehraufwands durch das Auftreten eines Störfaktors ergibt. Dazu wurden zu den 30 Störfaktoren mittels Ischikawa-Methode in einem interdisziplinären Workshop die Auswirkungen analysiert und quantifiziert. Jeder Störfaktor wurde über mindestens einen Key Performance Indicator (KPI) beschrieben. Diese KPIs konnten über den ARIS Process Performance Manager (ARIS PPM) operationalisiert werden. ARIS PPM ist eine IT-Lösung der IDS Scheer AG, die es ermöglicht, schnell und situationsspezifisch die entscheidungsrelevanten Informationen zur Verfügung zu stellen. Somit kann der Mehraufwand, der sich beim Auftreten eines Störfaktors ergibt, über einen Algorithmus bestimmt

[13] In einem Quality Function Deployment Workshop werden die gegenseitigen Anforderungen sowohl an die Prozesskunden als auch an die Prozesslieferanten definiert. Daraus werden dann die wichtigsten qualitätskritischen Kriterien (CtQs) nach einer bestimmten Methode ermittelt.

[14] ARIS Redocumentation ist eine Technik zur Totalanalyse der Transaktionsnutzung im SAP-System des Kunden. Durch Benchmarking von Verhältniszahlen wie z. B. Transaktion „Kundenauftrag ändern" (VA02) zu Transaktion „Kundenauftrag anlegen" (VA01) können Auffälligkeiten identifiziert werden, die im weiteren Verlauf genauer zu analysieren sind.

werden. Durch Addition der Einsparpotenziale je Störfaktor ergibt sich das theoretische Gesamteinsparpotenzial. Dieses könnte realisiert werden, wenn alle Störfaktoren vollständig beseitigt würden.

- Reduktion des Untersuchungsgegenstandes auf die Top-Störfaktoren

Da die Entwicklung und Umsetzung von Maßnahmen Ressourcen konsumiert, dürfen nur die Top-Störfaktoren weiterverfolgt werden. Das sind die Störfaktoren, die 80 % des theoretischen Gesamteinsparpotenzials verursachen. Beispielsweise konnte festgestellt werden, dass kurzfristig vor dem geplanten Warenausgang eintreffende Änderungen des Liefertermins bzw. der Liefermenge einen zusätzlichen Abstimmungsaufwand von bis zu knapp 2,5 Stunden erzeugten. Mittels ARIS PPM konnten die Top-Störfaktoren dann nach den Ursachen flexibel und detailliert untersucht werden. So konnte z. B. nicht nur analysiert werden, wann vor dem Warenausgang Liefertermine bzw. Liefermengen geändert worden sind, sondern auch, wie viele und in welcher Zeitspanne. Weiterhin konnten die Auftraggeber und die verantwortlichen Sachbearbeiter identifiziert werden. Dies ermöglichte eine exakte Eingrenzung des Untersuchungsgegenstandes und damit eine individuelle Maßnahmendefinition.

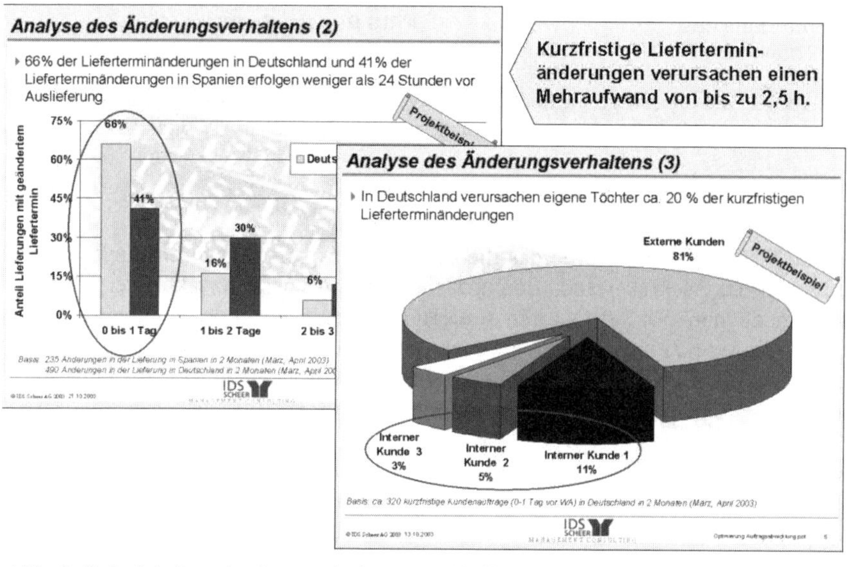

Abb. 2: Beispiel eines Analyseergebnisses aus ARIS PPM: Kurzfristigkeit von Liefertermin-/-mengenänderungen und verursachende Auftraggeber

- Analyse der Ursachen der Top-Störfaktoren

Nach der 80/20-Analyse wurden im Folgenden nur noch die Top-Störfaktoren weiterverfolgt. Um Maßnahmen zur Beseitigung der Top-Störfaktoren entwickeln zu können, mussten vorab die Ursachen der Störfaktoren identifiziert werden. Das geschah ebenfalls im Rahmen eines interdisziplinären Workshops mit der Ischikawa-Methode. In Kombination mit den Ergebnissen der Auswirkungsanalyse je Störfaktor lag nun zu jedem Störfaktor ein Ursache-Wirkung-Diagramm vor. Die Ursachen für kurzfristig geänderte Liefertermine bzw. Liefermengen konnten in kundenbezogene und interne Kategorien unterteilt werden.

- Definition von Maßnahmen zur Beseitigung der Top-Störfaktoren

Darauf aufbauend konnten im nächsten Schritt mittels Kreativitätstechniken Maßnahmen ermittelt werden. Dabei wurde versucht, möglichst umfassende Maßnahmen zur Ursachenbekämpfung zu entwickeln. Erst wenn dort keine Ansatzmöglichkeiten mehr bestanden, wurden auch Maßnahmen zur Reduktion der Auswirkungen erarbeitet. Die alternativen Maßnahmen konnten dann einerseits auf ihre Wirkung zur Beseitigung eines Störfaktors hin bewertet werden. Andererseits wurde der Umsetzungsaufwand geschätzt. Über einen Algorithmus konnten die Maßnahmen mit dem optimalen Kosten-Nutzen-Verhältnis selektiert, präzisiert und zu Maßnahmenbündeln zusammengefasst werden. Letztendlich erfolgten eine präzisierte Umsetzungsplanung und eine Abschätzung des Kosten-Nutzen-Verhältnisses je Maßnahmenbündel. Um bei dem beschriebenen Beispiel der kurzfristigen Auftragsänderungen zu bleiben: Es sind hierzu u. a. folgende Maßnahmen entwickelt worden – das Design eines Sonderprozesses „Änderung in der Kundenauftragsbearbeitung" sichert die aus Wettbewerbsgründen nötige Flexibilität bei gleichzeitiger Reduktion der Bearbeitungszeit. Die Umsetzung erfolgte sowohl organisatorisch mit klaren Regeln und Verantwortlichkeiten als auch EDV-technisch, um den Änderungsprozess zu automatisieren. Die Folgen waren weniger manuelle Bearbeitungsschritte und geringerer Kommunikationsaufwand. Dies führt letztendlich zu einer Einsparung des Bearbeitungsaufwandes von weit über 50 % pro kurzfristige Auftragsänderung.

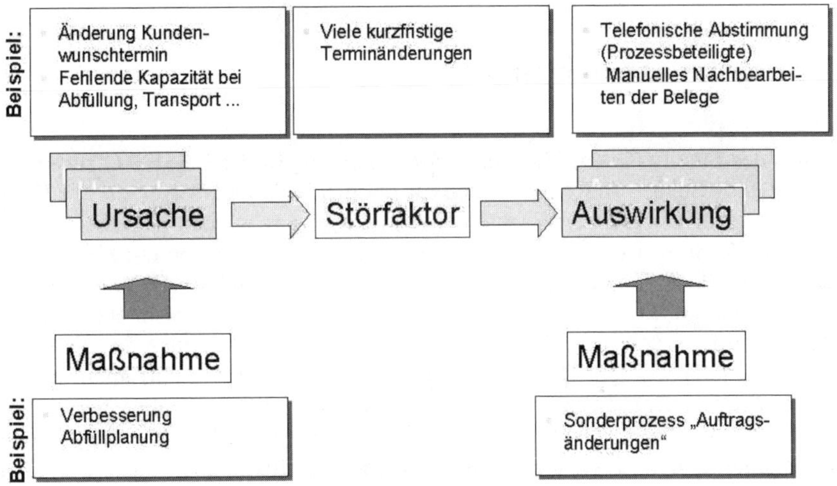

Abb. 3: Maßnahmendefinition: Jeder Störfaktor steht in einer Ursache-Wirkungs-Beziehung, die transparent gemacht werden muss.

- Verabschiedung der Maßnahmen vor einem Lenkungsausschuss

Abbildung 4 zeigt den Supply Chain Controlling-Lösungsansatz nochmals im Überblick.

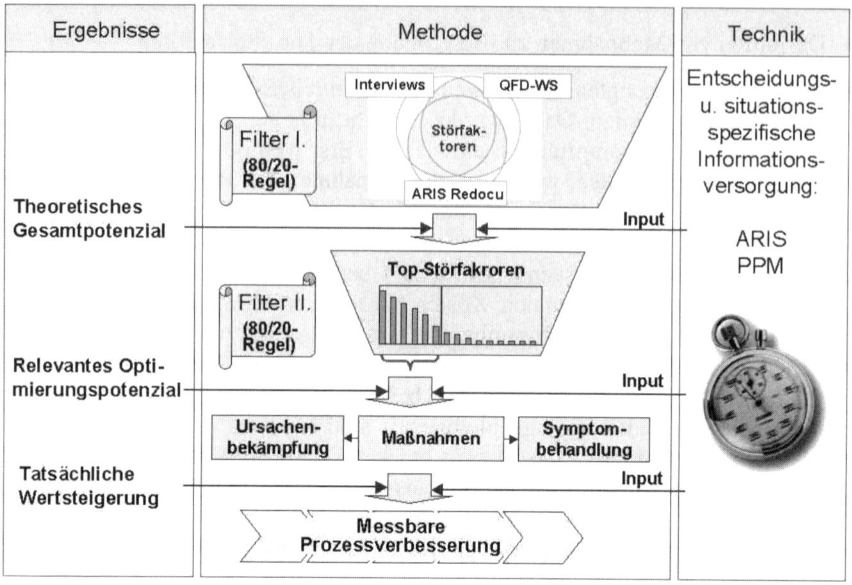

Abb. 4: Die Reduktionsmethode als Basis des Supply Chain Controllingansatzes: Schritt für Schritt zum optimierten Auftragsabwicklungsprozess

5 Ergebnisse und Roll-out

Mittels des Supply Chain Controllingansatzes gelang es der BASF AG zusammen mit der IDS Scheer AG Maßnahmen zu definieren, mittels derer ca. 65 % der durch die Störfaktoren verursachten Kosten eingespart werden können. Und das allein durch die Konzentration auf wenige Top-Störfaktoren und die Entwicklung gezielter Maßnahmen zu deren Bekämpfung. Die Aufwendungen zur Umsetzung der Maßnahmen betrugen lediglich gut 10%. Mit der Reduktionsmethode konnte sichergestellt werden, dass die Ressourcen gezielt zur Beseitigung der Kernprobleme eingesetzt wurden. Dadurch wurde der Aufwand der Maßnahmen deutlich reduziert. Diese Konzeption sicherte die höchstmögliche Rationalität bei der Optimierung komplexer Geschäftsprozesse. Die BASF AG plant, die entwickelten Maßnahmen nun sukzessive auf weitere Business Units zu übertragen. Die Übertragbarkeit des Konzepts wurde dadurch gestützt, dass vorab zwei Business Units ausgewählt wurden, die als weitgehend für BASF repräsentativ angesehen werden können. Die Bottom-up-Vorgehensweise der Maßnahmenentwicklung sicherte sowohl die Umsetzbarkeit der Maßnahmen als auch die Akzeptanz bei den anderen Business Units.

Literaturverzeichnis

Friedl, B. (2003): Controlling, Stuttgart

Göpfert, I./Neher, A. (2002): Supply Chain Controlling. Wissenschaftliche Konzeptionen und praktische Umsetzungen; in: Logistik Management, 4. Jg., Ausg. 3, S. 34–44

Hahn, D./Hungenberg, H. (2001): PuK, Planung und Kontrolle, Planungs- und Kontrollsysteme, Planungs- und Kontrollrechnung, wertorientierte Controllingkonzepte, Vol. 6, Wiesbaden

Horváth, P. (2002): Controlling, Stuttgart

IDS Scheer AG (2002): Supply Chain Controlling in der Praxis, interne Studie der IDS Scheer AG zur Ermittlung des Status quo von Supply Chain Controlling in der chemischen und pharmazeutischen Industrie

Möller, K./Stoi, R. (2002): Quo vadis, Controlling? Status quo und Perspektiven der Controllingforschung. Controlling, 10, S. 561–569

Müller, M./Seuring, St./Goldbach, M. (2003): Supply Chain Management – neues Konzept oder Modetrend?, in: DBW, Bd. 63, Jg. 2003, S. 419-435

Seuring, St./Bauer, T. (2003): Information Needs in Supply Chain Decisions; in: Supply Chain Knowledge, Paper zur SCM-Konferenz 2003 der Cranfield University, November 2003, www.sck2003.com

Stölzle, W. (2002): Supply Chain Controlling und Performance Management – konzeptionelle Herausforderungen für das Supply Chain Management, in: Logistik Management, 4. Jg., Ausg. 3, S. 10–21

Weber, J. (2002): Einführung in das Controlling, Stuttgart

Wild, J. (1982): Grundlagen der Unternehmensplanung, Bd. 2., Reinbek b. Hamburg

Erfolgreicher Nachweis des ROI für die Einführung des Mobile Asset Managements bei Infraserv Höchst, Division Sites and Facilities

Sabina Jekubik
IDS Scheer AG

Marc Vietor
IDS Scheer AG

Zusammenfassung

Infraserv Höchst, Systemanbieter zum Betrieb von Standorten, untersuchte die Prozesse „Wartungsdurchführung von technischen Objekten" und „Störungsbeseitigung" in der Division Sites and Facilities (SaF) mit dem Ziel, Optimierungspotenziale aufzudecken und zukünftig effizientere Prozesse unter Einbeziehung der stärkeren Automatisierung durch mobile Szenarien zu definieren. Um die Wirtschaftlichkeit des Projektes „Mobile Maintenance" zu überprüfen, berechnete Infraserv die Rentabilität des Projekts im Rahmen eines Business Cases, der systemseitig vom SAP Mobile Asset Management unterstützt werden sollte. In die Berechnungen zum ROI flossen die Projektkosten und auf Einnahmenseite lediglich buchhalterische Zahlungen ein, nicht aber die Einsparungen durch Verringerung der Prozessbearbeitungszeiten oder der qualitative Nutzen der erhöhten Kundenzufriedenheit, wodurch dennoch ein ROI von 108 % errechnet wurde.

Schlüsselwörter

Return on Investment, Projektnutzen, SAP Mobile Asset Management, Servicequalität, effiziente Serviceprozesse, Automatisierung, Implementierung, Wettbewerbsfähigkeit

1 Auf einen Blick

1.1 Strategische Ziele

- hoher Kundenservice und hohe Qualitätsstandards durch Innovationen
- kontinuierliche Optimierung der Wertschöpfungskette
- Ausschöpfung von Optimierungspotenzialen
- Verbesserung der Wettbewerbsposition

1.2 Ansatz

- Analyse der Serviceprozesse „Wartungsdurchführung" und „Störungsbeseitigung"
- Messung des Zeitbedarfs und des Mengengerüstes sowie Bewertung der Servicequalität
- Konzeption effizienter Prozesse mit Fokus auf Servicequalität
- Unterstützung der Prozesse durch das Mobile Asset Management von SAP
- Überprüfung des Projektnutzens durch eine Wirtschaftlichkeitsbetrachtung im Rahmen eines Business Cases

1.3 Ergebnisse

- Der Break even für das Mobile Asset Management wird nach 1,9 Jahren erreicht.
- Der jährliche Discounted Free Cashflow des Gesamtprojektes ist bereits nach 2 Jahren positiv.
- Der Return on Investment des SAP Mobile Asset Management-Projekts – ausschließlich basierend auf zahlungswirksamen Einsparpotenzialen bei Infraserv Höchst – beträgt über einen Zeitraum von 7 Jahren 108 %.
- Unter Berücksichtigung nicht direkt zahlungswirksamer Einsparpotenziale (Verkürzung von Prozessbearbeitungszeiten) ergibt sich ein ROI von über 130 %.
- effiziente Prozesse in der Wartungsdurchführung und Störungsbeseitigung.

- Erhöhung der Servicequalität durch geringere Fehlerquote, umfassende Informationsbasis und schnellere Reaktion auf situationsbedingte Vorfälle.
- Verringerung der Prozessdurchlaufzeiten durch Automatisierung.
- Verbesserung der Arbeitsplatzqualität für Servicetechniker.
- Erhöhung des Kundenservice durch effizientere Wartungsdurchführung und Störungsbeseitigung.
- Erhöhung der Wettbewerbsfähigkeit durch „value added services".
- Schaffung eines Standards für die unternehmensweite Einführung von mobilen Anwendungen.

2 Das Unternehmen Infraserv Höchst

Als Systemanbieter bündelt und vernetzt Infraserv Höchst alle notwendigen Leistungen, um Standorte ganzheitlich betreiben zu können.

Das Unternehmen deckt alle Kompetenzbereiche eines professionellen Standortbetreibers ab – von einer hoch entwickelten infrastrukturellen Plattform über die Versorgung mit Energien, Materialien und Rohstoffen bis zur umweltgerechten Entsorgung. Technische Services, Logistikdienstleistungen und umfassende Unterstützung in den Bereichen Umwelt, Sicherheit und Gesundheit runden das Angebot ab.

Infraserv betreibt den Industriepark Höchst, der seit über 140 Jahren als innovativer und effizienter Chemie- und Pharmastandort weltweit bekannt ist. Über 80 Unternehmen haben heute ihren Sitz im Industriepark Frankfurt-Höchst.

Infraserv GmbH & Höchst KG mit Sitz in Frankfurt/Main, 1998 aus der ehemaligen Hoechst AG hervorgegangen, ist heute als integraler Betreiber und Komplettversorger von Chemie- und Life Science-Standorten tätig.

Oberstes Ziel des Unternehmens ist es, zukunftsgerichteten Unternehmen der Prozessindustrie die Konzentration auf das Kerngeschäft zu erleichtern. Als Systemanbieter versorgt Infraserv Höchst diese mit Produkten und Dienstleistungen aus den Divisionen Sites and Facilities, Energien, ESHAS sowie Entsorgung und Verkehrstechnik.

Zum Unternehmen gehören 4 Tochtergesellschaften: Infraserv Logistics, das Logistikunternehmen von Infraserv, chemfidence GmbH, Provadis, der Partner für Bildung und Beratung, sowie die Infraserv Höchst Technik GmbH & Co. KG.

Infraserv Höchst beschäftigt 3.700 Mitarbeiter (Stammpersonal) und erzielte 2002 einen Umsatz von mehr als 873 Millionen Euro.

3 Motivation, Herausforderung und Zielsetzung des Projekts Mobile Maintenance

„Wir verstehen uns als qualitätsorientierter Betreiber von Standorten, Objekten und Systemen und richten unsere Prozesse durch wertorientiertes Management auf den Kundennutzen aus. Der Einsatz von mobilen Lösungen versetzt Infraserv in die Lage, flexibel auf Kundenseite agieren zu können und gleichzeitig Wettbewerbsvorteile durch interne Standardisierung auszubauen. Innovationen ermöglichen es uns, Komplexität effizient zu managen“, erklärt Jochen Schmidt, Leiter New Business Development bei Infraserv Höchst, Division Sites and Facilities.

Um den Kunden einen verbesserten Service anzubieten und sich gegenüber Wettbewerbern zu behaupten, optimiert Infraserv fortlaufend seine Wertschöpfungsketten und hält dadurch die Kundenzufriedenheit und Servicequalität auf hohem Niveau.

Im Fokus der Untersuchung standen die Prozesse „Wartungsdurchführung von technischen Objekten“ und die „Störungsbeseitigung“ in der Division Sites and Facilities (SaF). Die Servicetechniker dieses Bereiches warten das technische Equipment von Gebäuden wie Aufzüge, Heizungsanlagen, Klima- sowie Lüftungsanlagen und bearbeiten technische Störungen.

Ziel des Projektes sind sowohl die effizientere Gestaltung der Prozesse als auch die Erhöhung der Servicequalität für die Kunden der Infraserv. Nach der Potenzialanalyse der Prozesse wurde deutlich, dass eine höhere Automatisierung der Prozesse zu diesem Ziel führen wird.

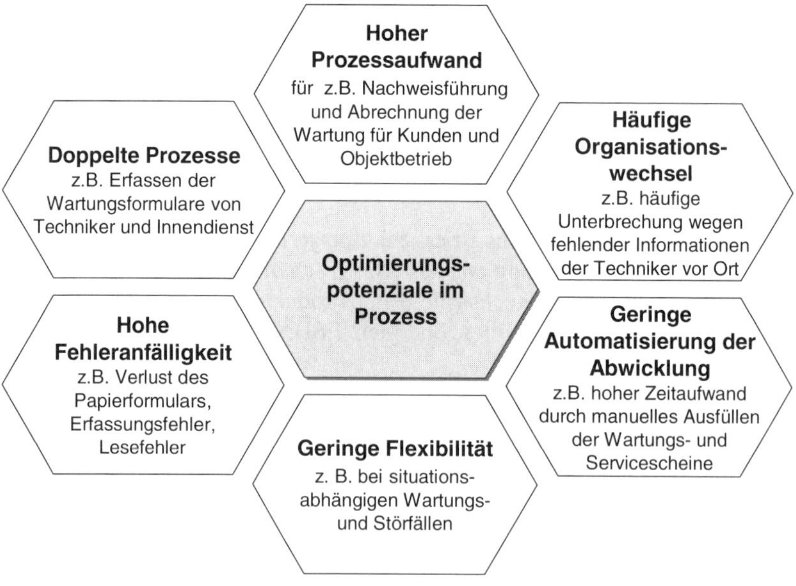

Abb. 1: Herausforderungen bei Infraserv Höchst

Die mySAP Mobile Business Solution ermöglicht wie das Mobile Asset Management durch den mobilen Einsatz die Erhöhung der Produktivität, die flexiblere und schnellere Reaktion auf Kundenbedürfnisse sowie einen effizienten Informationsaustausch zu den weiterführenden Prozessen und Abteilungen.

Um die Wirtschaftlichkeit des Projektes „Mobile Maintenance" zu überprüfen, berechnete Infraserv die Rentabilität des Projekts im Rahmen eines Business Cases.

4 Der Projektablauf

In einem ersten Schritt untersuchte die Division Sites and Facilities die Einsatzmöglichkeiten von mobilen Lösungen innerhalb ihrer Arbeitsabläufe. Ziele des Business Cases waren das Aufdecken von Optimierungspotenzialen in den bisherigen Prozessen und die Definition von zukünftig effizienteren Prozessen unter Einbeziehung der stärkeren Automatisierung durch mobile Szenarien. Neben den quantitativen Benefits sollten auch qualitative Vorteile und Nachteile des Softwareeinsatzes untersucht werden. Ein weiteres Ziel war es, eine Entscheidungsgrundlage für die Projektsponsoren zu erstellen und die betroffenen Servicetechniker von der Richtigkeit der Entscheidung zu überzeugen.

Die Untersuchung des Business Cases, die Definition der Sollprozesse sowie die Abstimmung der Detailanforderungen an das Mobile Asset Management fanden in der Zeit vom 01.03.2003 bis 31.07.2003 statt.

Für den Business Case wurden die Prozesse ausgewählt, die durch den Einsatz einer mobilen Anwendung wesentlich unterstützt werden können. Im Fokus standen die Prozesse „Wartungsdurchführung" und „Störungsbeseitigung", die bisher vorwiegend papiergebunden durchgeführt wurden.

„Wir haben die wichtigsten Prozesse der Servicetechniker untersucht, um schnell und pragmatisch die Effizienzsteigerung in den Prozessen bewerten und umsetzen zu können. Erst wenn der Mitarbeiter die Prozessoptimierung erkennt, wird er sie auch unterstützen",
Joachim Litzinger, Projektmanager Mobile Maintenance.

Um den gesamten Prozess abzubilden, analysierte das Projektteam sowohl die Abläufe und Funktionen der Servicetechniker als auch die Prozessschnittstellen zu den Disponenten und zur internen Koordination Instandhaltung. Zur Bewertung der Prozesse wurden die durchschnittliche Bearbeitungsdauer und die durchschnittliche Häufigkeit der Prozesse ermittelt.

Entsprechend dem Projektziel, den Service für die Kunden der Infraserv auszuweiten und zu verbessern, untersuchte das Team Schwachstellen in den bisherigen Prozessen und prüfte eingegangene Beschwerden sowie Kundenanforderungen auf Optimierungspotenziale.

Die vom Projektteam durchgeführten Untersuchungen ergaben, dass die bisher manuell ausgeführten Hauptprozesse im Bereich der Wartungsdurchführung von technischen Objekten und die Störungsbeseitigung stärker automatisiert werden sollten. Die Servicetechniker vor Ort benötigen eine flexiblere Informationsbasis, bei der sie entsprechend den Gegebenheiten vor Ort eine Störung direkt bearbeiten und entsprechende Meldungen weitergeben können. Die durch das Medium Papier verursachten doppelt ausgeführten Prozesse sollen nur noch einmal ausgeführt werden. Weiterhin können häufige Organisationswechsel (z. B. wechselnde Ansprechpartner auf Kundenseite „vor Ort") und daraus resultierende Unterbrechungen vermieden werden. Durch die Automatisierung der Prozesse und deren technische Integration in nachgelagerte Systeme – SAP R/3 Plant Maintenance – und Prozesse – Bearbeitung von Servicerückmeldungen und Materialanforderungen – wird die Fehlerwahrscheinlichkeit in den Prozessen der Techniker stark reduziert. Die Ablösung von Papier als Medium der Belegerfassung und -weiterleitung vermindert den redundanten Aufwand der Bearbeitung in allen ablauforganisatorischen Stufen.

Von Kundenseite werden die Nachweise der Wartung zur Kontrolle benötigt. Teilweise unterliegen die Chemie- und Pharmaunternehmen Anforderungen, die einen lückenlosen Nachweis über regelmäßige Wartungen vorschreiben (z. B. GMP). Diese Nachweise sollen schneller und detailgenau nachvollziehbar den Kunden zur Verfügung gestellt werden. Darüber hinaus können der Vorgang der Archivierung von Servicebelegen erheblich verkürzt und Kosten reduziert werden, indem standardisierte Werkzeuge zur Belegarchivierung der SAP nutzbar gemacht werden.

Infraserv verglich und bewertete neben dem Mobile Asset Management von SAP 7 weitere Anbieter von mobilen Softwarelösungen. Die Entscheidung für das Mobile Asset Management von SAP basierte auf den geringen Kosten der Implementierung und des Betriebs der Software sowie auf dem hohen Integrationsgrad des Mobile Asset Managements in das bestehende SAP-Backend. Infraserv konnte, bedingt durch vorhandenes SAP-Know-how, den größten Teil des Implementierungsaufwandes selbst durchführen.

Abb. 2: SAP Mobile Asset Management

Nach der Analyse der Optimierungspotenziale entwarf das Projektteam die neuen Prozesse, die nun von SAP Mobile Asset Management unterstützt werden. Auch hier wurden die neu definierten Hauptprozesse „Wartungsdurchführung“ und „Störungsbeseitigung“ zeitlich geschätzt und mit der Häufigkeit der Ausführung der Prozesse pro Jahr multipliziert.

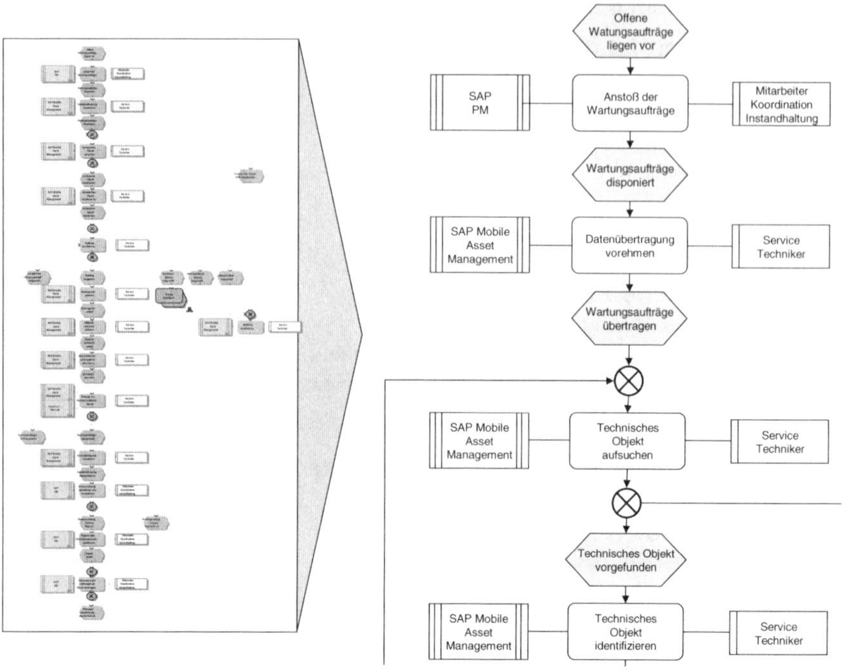

Abb. 3: Serviceprozess„Wartungsdurchführung"

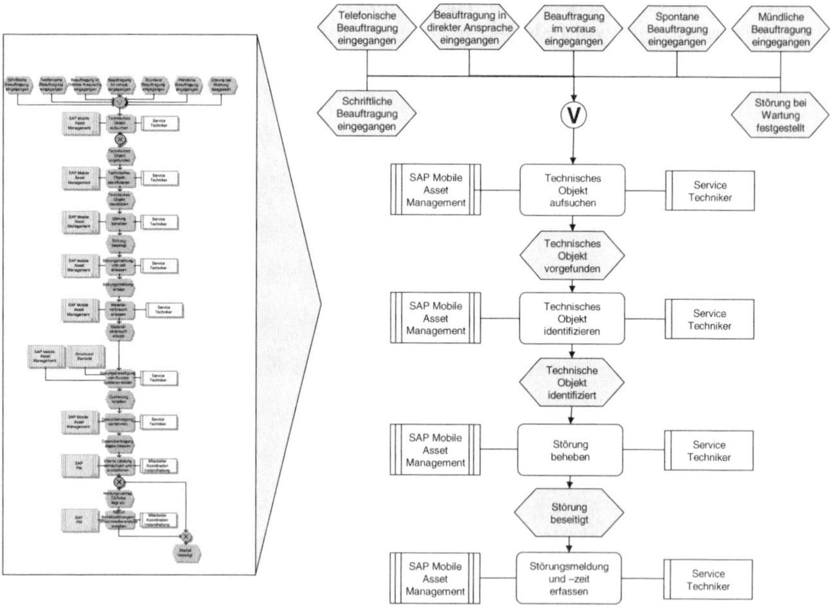

Abb. 4: Serviceprozess „Störungsbeseitigung"

Die Kennzahlen der bisherigen Prozesse wurden mit den Sollprozessen verglichen und die Zeiteinsparungen bewertet. Das Infraserv-Projektteam schätzte die Projektkosten mit den Hardwarekosten, Softwarekosten und dem zu erwartenden Implementierungsaufwand sowie die Kosten der Einführung von Barcodes zur Erkennung des technischen Objekts und des Einsatzes von Smart-Cards bei der Quittierung durch die Ansprechpartner bei den Kunden.

5 Nutzen und Ergebnisse des Business Cases

Im Rahmen des Business Cases konnte das Projektteam die Wirtschaftlichkeit des Einsatzes von Mobile Asset Management für die Prozesse „Wartungsdurchführung“ und „Störungsbeseitigung“ nachweisen. Daher entschied sich Infraserv Höchst für die Implementierung des Mobile Asset Managements und der innovativen Serviceprozesse.

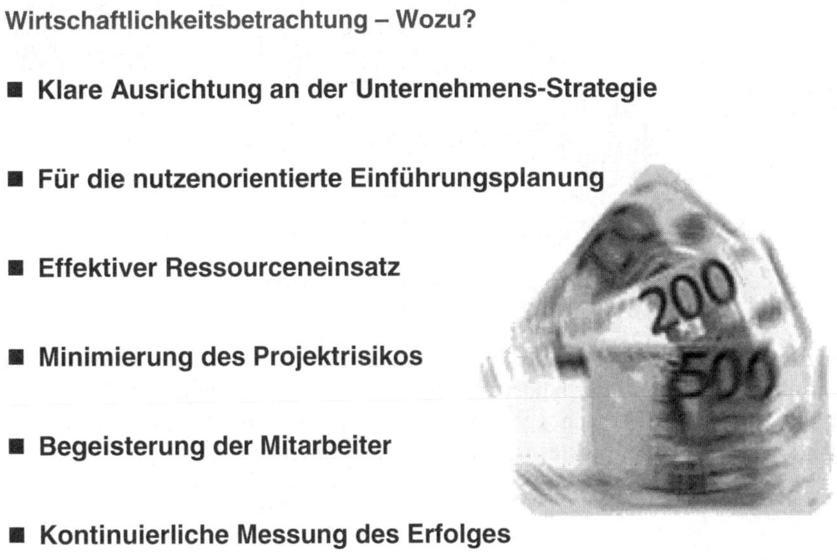

Abb. 5: Wirtschaftlichkeitsbetrachtung – wozu?

In die Ermittlung des dynamischen ROI über einen Zeitraum von 7 Jahren sind ausschließlich direkt buchhalterisch wirksame Zahlungen eingeflossen. Da Prozessbearbeitungszeiten nicht bewertet wurden und somit nicht Bestandteil dieser ROI-Berechnung waren, liegt der tatsächliche Return on Investment des Projektes weit über dem für das Projekt ausgewiesenen Wert von 108 %. Ebenso wurden weder Kundenzufriedenheit noch Servicequalität berücksichtigt.

Die nachfolgende Abbildung stellt die Vorgehensweise bei der Ermittlung des dynamischen Returns on Investment dar. Schritt 2 – Einsparungen in den Prozessen

– ist hierbei der wichtigste und aufwändigste Punkt. Die Ermittlung valider Einsparpotenziale muss in Zusammenarbeit mit den Prozeseignern und nicht am „grünen Tisch“ geschehen. Jene, die ablauforganisatorisch verantwortlich sind für die zu betrachtenden Prozesse, können in der Regel exakt die Brücke zwischen möglichen und tatsächlichen Potenzialen benennen und auch deren Quantität ermitteln. Auf diese Weise wurde bei Infraserv Höchst erfolgreich der dynamische ROI berechnet.

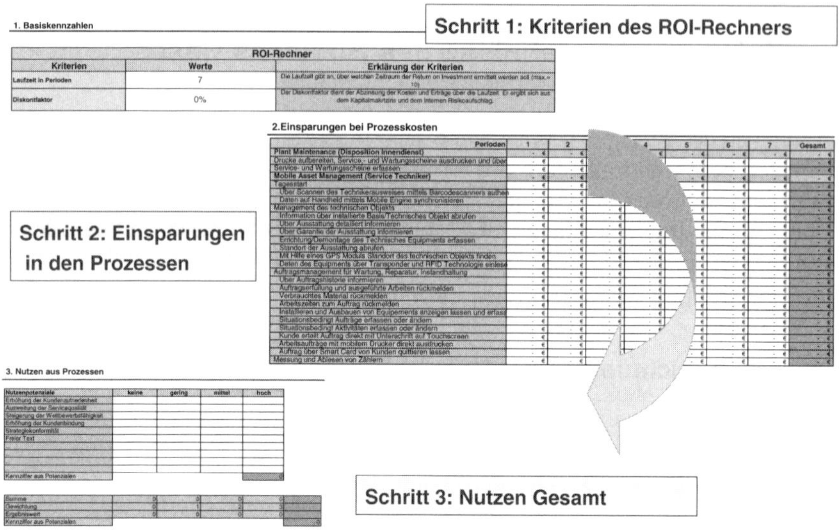

Abb. 6: Überblick ROI-Vorgehensweise

Aufgrund der oben angeführten Einschränkungen wurde ein dynamischer ROI für die Automatisierung dieser beiden Prozesse von 108 % ermittelt. Der Break even für die Software wird nach 1,9 Jahren erreicht. Der jährliche Discounted Free Cashflow des Gesamtprojektes ist bereits nach 2 Jahren positiv.

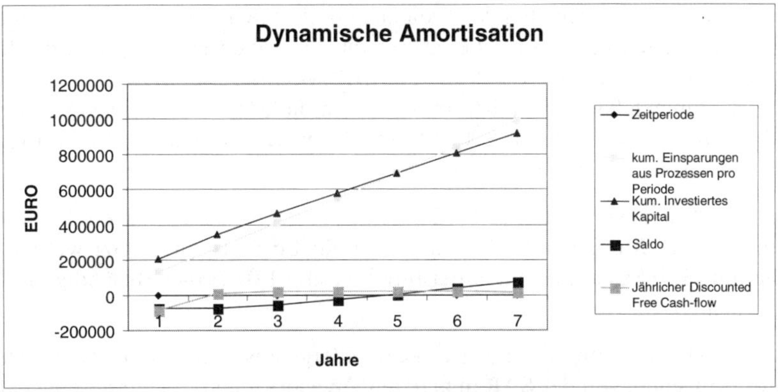

Break Even für die Investition nach **2** Jahren.

Abb. 7: Amortisationszeit des MAM-Projekts

„Die Ergebnisse der Wirtschaftlichkeitsbetrachtung im Rahmen des Business Cases sowie die mit der Implementierung verbundene Qualitätssteigerung des Service und Ausbaufähigkeit der bestehenden Dienstleistungspalette der Division SaF für neue Produkte führten zu dem Beschluss, das Projekt zu realisieren", erklärt Jochen Schmidt, Leiter New Business Development.

Das Mobile Computing mit dem SAP Mobile Asset Management ermöglicht den Servicetechnikern, unabhängig vom Arbeitsplatz am technischen Objekt vor Ort die erforderlichen Informationen abzurufen, sie zu bearbeiten und neue Informationen einzugeben. Insbesondere der elektronische Informationsaustausch der Wartungsaufträge, die schnellere Bearbeitung der Wartung, die Zeiterfassung, Nachweisführung, Quittierung und Rückmeldung der ausgeführten Tätigkeiten können qualitativ verbessert und beschleunigt werden. Die Techniker reagieren durch die Automatisierung nun flexibel auf besondere Vorfälle und festgestellte Störungen.

Im Rahmen der Implementierung des SAP Mobile Asset Managements installierten Infraserv-Mitarbeiter den Web Application Server und die Mobile Infrastructure. Für die Servicetechniker wird als Mobile Device der Handheld Panasonic CF-P1 mit Barcodescanner eingesetzt. In nur 2 Wochen wurden ab dem 31.07.2003 die Anforderungen der Servicetechniker im Bereich Sites and Facilities erfolgreich realisiert. Eine Testphase von nur 5 Tagen hat sowohl die fachliche als auch die technologische Implementierung als erfolgreich bestätigt. Somit konnte am 18.08.2003 der Fachbereich die Software abnehmen und der Pilotbetrieb startete.

Innerhalb von nur 3 Wochen hatte Infraserv dasSAP Mobile Asset Management nutzenstiftend implementiert. Die technische Unterstützung Infraservs seitens SAP wurde dabei lediglich remote durchgeführt.

Während des Pilotbetriebs hat das Projektteam die neuen Prozesse bezüglich ihrer Bearbeitungszeiten gemessen. Die Zeitmessungen haben ergeben, dass die Bearbeitungszeiten die an das Projekt und das SAP Mobile Asset Management gerichteten Erwartungen bei weitem übertrafen. Damit lieferte das Team den Beweis für die Effizienzsteigerung durch SAP Mobile Asset Management und untermauerte die Wirtschaftlichkeit des SAP-Produktes.

In der bereits angelaufenen zweiten Phase des Projektes sollen weitere Funktionalitäten des SAP Mobile Asset Managements für Infraserv umgesetzt werden und für die rund 120 Servicetechniker der Infraserv ab 01.01.2004 vollständig zur Verfügung stehen.

Infraserv plant aufgrund der positiven Projektergebnisse die Einführung weiterer mobiler Anwendungen der SAP in anderen Divisionen und Tochtergesellschaften. Weitere Projekte im mobilen Umfeld der „Wartungsdurchführung" und „Störungsbeseitigung" sollen folgen.

Mit der Implementierung des SAP Mobile Asset Managements verfolgt Infraserv Höchst ihre Wettbewerbsstrategie, durch innovative Serviceprozesse ihren Kunden kontinuierlich verbesserte Leistungen entgegenzubringen und zusätzlichen Service auf hohem Qualitätsstandard anzubieten. Die parallel hierzu realisierbaren Einsparpotenziale bestätigen den Faktor Kosteneffizienz der SAP-Produkte.

Ergebnisse der Studie

- **Qualitativer Nutzen**
  - Erhöhung der Servicequalität durch geringere Fehlerquote, umfassende Informationsbasis und schnellere Reaktion auf situationsbedingte Vorfälle
  - Effiziente Prozesse durch Verringerung der Unterbrechungen, Organisationswechsel und Vermeidung von Doppelarbeiten
  - Verringerung der Prozessdurchlaufzeiten durch Automatisierung

- **Nutzengewinn für Infraserv und ihre Kunden:**
  - Erhöhung des Kundenservice durch effizientere Wartungsdurchführung und Störungsbeseitigung
  - Erhöhung der Wettbewerbsfähigkeit

Abb. 8: Ergebnisse der Studie

Mobile Erfassung: Was bringt Ihnen das?

Vorteile mobiler Lösungen im Bereich Wartung, Reparatur, Instandhaltung und Service

- Ortsunabhängiges Arbeiten, sofortige Dateneingabe vor Ort
- Vermeidung einer doppelten Erfassung (kein Papierbeleg mehr mit anschließender Dateneingabe)
- Verbesserte Datenqualität durch signifikante Reduzierung von Ablese- und Übernahmefehlern
- Direkter Zugriff auf aktuelle Daten

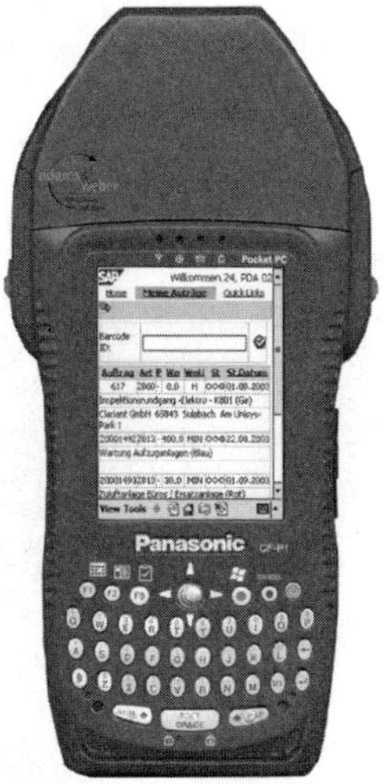

Abb. 9: Mobile Erfassung – was bringt Ihnen das?

Vom Baum zum Buch

Ulf Hake
IDS Scheer AG

Volker Hewing
IDS Scheer AG

Renate Rupp
IDS Scheer AG

Zusammenfassung

Jedes Buch hat einen hochintegrierten und technisierten Prozess bis zur eigentlichen Herstellung durchlaufen. Dieser Artikel beschreibt die zugrundeliegende Wertschöpfungskette, die von der Forstwirtschaft, über die Zellstoffproduktion mit anschließender Papierherstellung bis zur Druckindustrie, bzw. Verlagswirtschaft reicht. Letztlich steht das Buch dann, über das Recycling, als neuer Rohstoff bereit.

Schlüsselwörter

Papier, Wertschöpfungskette, Papierindustrie Verlagswesen, Buchhandel, Druckindustrie, Forstwirtschaft, Papierrecycling

1 Wertschöpfungsnetzwerk der Papierindustrie

Im Jahre 1455 schuf Johannes Gutenberg mit seiner Erfindung der wiederverwendbaren Lettern die Voraussetzung zum Seriendruck von Büchern. Von seinem bekanntesten Werk, der Gutenbergbibel, wurden 30 Exemplare noch auf Pergament, die 150 restlichen Bibeln auf Papier gedruckt. Papier war ein Beschreibstoff, der erst kurz vor der Erfindung des Buchdrucks in Deutschland zur Verfügung stand.

Erfunden wurde Papier bereits im Jahre 105 n. Chr. von Ts'ai Lun, einem chinesischen Staatsbeamten. Die Kenntnis der Papierherstellung gelangte aber erst im 13. Jahrhundert nach Italien und Spanien. Beide Länder deckten zunächst allein den gesamten abendländischen Papierbedarf. Die erste deutsche Papiermühle wurde 1390 vor den Toren von Nürnberg in Betrieb genommen (vgl. Papernet 2004)

Mit der Verfügbarkeit von Papier und der Erfindung des Buchdrucks waren die grundsätzlichen Voraussetzungen zur Produktion von Büchern in großen Stückzahlen geschaffen.

Wenn Sie sich beim Lesen die Frage über die eigentlichen Ursprünge dieses Buches stellen, liegen diese wahrscheinlich in den großen Nadelholzwäldern Skandinaviens, Kanadas oder der Vereinigten Staaten.

Durch die Verarbeitung von Holz und Hadern zu Papier und mit Hilfe des Verlagswesens sowie des Handels gelangte dieses Buch über eine interessante Wertschöpfungskette in Ihre Hände.

Abb. 1: Wertschöpfungskette Papier

Mit der Erfindung des Buchdruckes stieg die Nachfrage nach Papier stetig an. Hadern (Lumpen) als ursprünglicher Rohstoff für Papier stand schnell nicht mehr in ausreichender Menge zur Verfügung und wurde durch Holz als Faserlieferant für die Papierproduktion ersetzt. Eine an sich einfache Aufgabenstellung, die jedoch bei der Menge von schätzungsweise 28 Millionen Kubikmeter Holz, die verarbeitet werden, um den jährlichen Bedarf an graphischen Papieren in Deutschland zu befriedigen, ein komplexes Produktions- und Logistikproblem darstellt. Zur effizienten Lösung dieser Herausforderung kann auf den Einsatz moderner Informationstechnologie nicht mehr verzichtet werden.

Basis für den ausreichenden Nachschub an Holz ist eine nachhaltige Bewirtschaftung der Wälder. Die Forstwirtschaft gliedert sich dabei in die biologische und technische Produktion. Zu den Aufgaben der biologischen Produktion gehört die

Verwaltung von Waldflächen und die Steuerung der biologischen Produktion durch Aufforstung, Schutz vor Schädlingsbefall etc. Die sich anschließende technische Produktion umfasst den Einschlag und die Lieferung der einzelnen Holzstämme zum Verbraucher, der Holz- und Papierindustrie.

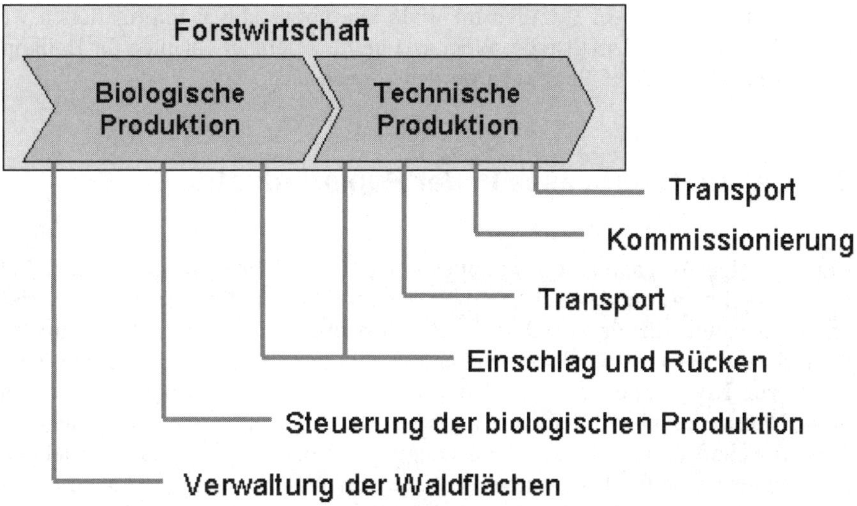

Abb. 2: Wertschöpfungskette in der Forstwirtschaft

So werden die Prozesse der Forstwirtschaft entscheidend durch IT unterstützt. Informationstechnologie in der Forstwirtschaft ist vor allem durch mobile Lösungen gekennzeichnet, da Aufträge an beliebig vorgegebene Erfüllungsorte im Wald übertragen werden müssen. Die eingesetzte Technik reicht von Handys / Smartphones bis hin zu Laptops oder fest in Arbeitsfahrzeuge eingebaute Bordrechner. Damit verfügt das Team über ein „mobiles Office", d. h., es kann alle benötigten Informationen für seinen unmittelbaren Arbeitsprozess zeitnah abrufen oder auch erfassen, genau wie im Büro.

Eine Hauptaufgabe in der technischen Produktion ist die Optimierung der Wege, um den Maschinenpark eines Forstunternehmens optimal auszulasten. Per Mobilfunknetz werden die Aufträge mit Informationen hinsichtlich Zeit, Ort, Menge und Qualität der durchzuführenden Arbeiten übertragen. Die Auftragsannahme und der aktuelle Status, wie z. B. „erledigt", kann auf gleichem Wege zurückgesendet werden. Die Informationen über den Erfüllungsort, also wo soll Holz eingeschlagen werden, wohin soll es gerückt werden, wo soll es verladen und wohin soll es transportiert werden, werden direkt in das Fahrzeug-Navigationssystem eingespielt. In der Praxis bedeutet dies, dass z. B. der Auftrag, ein bestimmtes Los für einen bestimmten Kunden zu verladen, an ein Fahrzeug übermittelt wird. Nach Auftragsannahme wird das Fahrzeug über das öffentliche Wegenetz weiter in den Wald bis zum Holzpolter geroutet. Von dort geht das Holz je nach Verwendung in die Sägerei, um in Bretter gesägt zu werden, oder in die Papiermühle zur Aufbereitung von Holz- oder Zellstoff.

Die IT-Unterstützung kommt dabei nicht zuletzt auch der Sicherheit der Arbeiter zugute. Die mobile Lösung mit Navigationsdaten bietet die Vernetzung mit Rettungsdiensten, damit bei Unfällen im Wald alle notwendigen Informationen wie z. B. GPS-Daten der Unfallstelle, Wegenetz und Landemöglichkeiten für Helikopter mit dem Rettungsruf übertragen werden können.

3 Geschäftsprozesse in der Papierindustrie

Eine wichtige Aufgabe ist das Supplier Relationship Management mit dem Ziel, die unternehmens- und geschäftsprozessübergreifenden Prozesse von Material- und Informationsflüssen zwischen der Papierindustrie und ihren Lieferanten gerade auch aus der Forstwirtschaft zu optimieren. Dazu werden strategische Netzwerke zur Kooperation mit der Papierwirtschaft aufgebaut. Unterstützt werden diese Netzwerke über Internetmarktplätze. Nicht selten wurde von Seiten der Forstwirtschaft darüber hinaus die Strategie der Vorwärtsintegration in Richtung Papierindustrie verfolgt. Zusammenschlüsse von Waldbesitzern gründeten eigene Papierfabriken. Beispiele hierfür ist das Unternehmen Forrest Alliance, heute M-real.

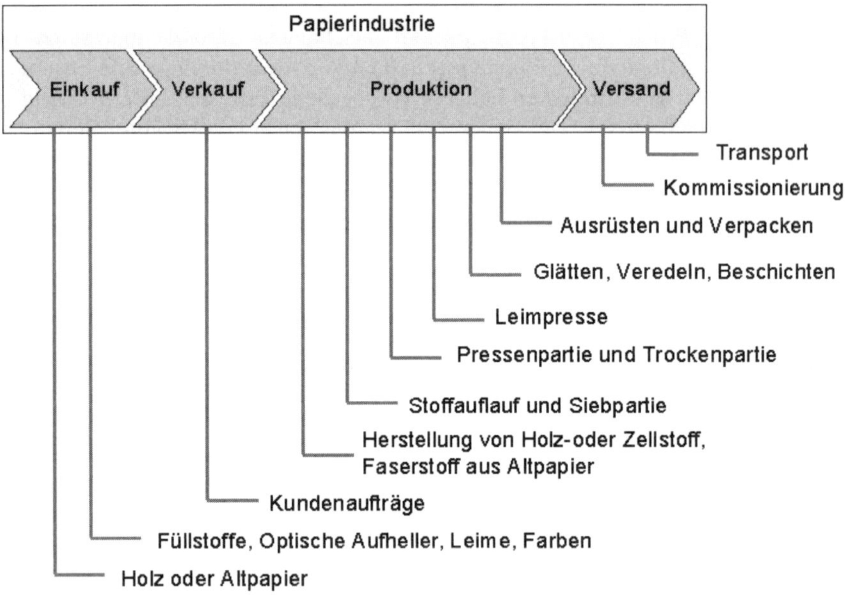

Abb. 3: Wertschöpfungskette Papierindustrie

Die zur Papierherstellung angelieferten Hölzer werden zu Holzstoff oder Zellstoff verarbeitet. Holzstoff zeichnet sich dabei durch eine hohe Rohstoffausbeute (an die 100 %) und relative Undurchsichtigkeit des Papiers aus. Er hat allerdings eine geringere Festigkeit als Zellstoff, da die Fasern nur bedingt ausfransen. Im Zellstoff sind alle nicht faserhaltigen Bestandteile des Holzes (Lignin, Harze, Mineralien etc.) entfernt worden. Die Rohstoffausbeute ist bei Zellstoff mit 50 % jedoch entschieden geringer. Daher ist so genanntes holzfreies Papier aus Zellstoff teurer, aber auch haltbarer, fester, weißer als Papier aus Holzstoff und aufgrund des fehlenden Lignins kaum vergilbungsanfällig.

Zur Herstellung von Papier wird der Holz- oder Zellstoff in einer hochverdünnten Fasermischung entsprechend den Vorgaben aus dem Auftrag gleichmäßig auf ein flaches, ständig umlaufendes Sieb aufgebracht. Hier lagern sich die Fasern neben- und aufeinander ab, während das Wasser durch das Sieb abgesaugt wird. Beim Pressen und Trocknen wird dem Papier weiter Wasser entzogen, wobei das Papier zunächst noch auf Filzbahnen, später dann freitragend über Zylindern geführt wird. In der Leimpresse wird anschließend zur Erhöhung der Oberflächenfestigkeit des Papiers eine stärke- oder kunststoffhaltige Lösung aufgebracht. Nach weiterem Trocknen wird das Papier geglättet, veredelt und ausgerüstet. Ein wichtiges Verfahren stellt dabei das Streichen dar. Gestrichene Papiere weisen zur Verbesserung der Oberflächenglätte, des Glanzes, der Weiße und der Bedruckbarkeit einen Strich aus hochwertigen natürlichen Pigmenten, Bindemitteln sowie verschiedenen Hilfsstoffen auf. Weitere Formen der Veredelung sind das Satinieren mit Hilfe eines so genannten Kalanders oder das Kaschieren (das Zusammenfügen von Papier z. B. mit Karton, Metallfolien oder Pappe).

Während früher die einzelnen Schritte für den Besucher einer Papiermühle noch sichtbar waren, sind heute die Prozessschritte in eine Maschine integriert und für den Besucher verborgen.

Dieser hohe Automatisierungsgrad und die Integration der einzelnen Produktionsprozessschritte in eine Papiermaschine kennzeichnen den **Technologietrend** in der Papierindustrie. Komplexe Papiermaschinen und -fabriken stellen massive Investitionen dar. So wurden in die Papiermaschine 11 der Firma SAPPI in Gratkorn/Steiermark 6,5 Mrd. Schilling (ca. 472 Mio. €) investiert (vgl. Wirtschaftsuniversität Wien 2003). Moderne Papiermaschinen sind bis zu 350 m lang, 10 m breit und müssen eigentlich Tag und Nacht mit einer Geschwindigkeit von bis zu 120 km pro Stunde laufen, um die hohen Anschaffungskosten zu amortisieren. Insbesondere angesichts von Überkapazitäten in Europa und einer sinkenden Investitionsneigung in der Papierindustrie in den USA (vgl. o.V. 2003) stellt sich für die einzelne Papiermühle die Frage, ob nicht zur Aufrechterhaltung der Auslastung auf Lager produziert werden soll.

Dem entgegen steht der **Markttrend** in der Papierindustrie. Er verlangt kurzfristiges Reagieren auf die Nachfrage und eine hohe Flexibilität bei der extrem variantenreichen Fertigung. Insbesondere in Europa wird eine Vielzahl von Sorten in unterschiedlichen Formaten angeboten und nachgefragt. Die Produktion erfolgt daher in weiten Teilen kundenauftragsbezogen. Der Kundenauftrag enthält alle notwendigen Informationen, die für Versand, Verpackung und die Produktion (Sorte, Grammage, Format) notwendig sind.

Eine Lagerproduktion ohne Kundenauftrag ist wegen der beachtlichen Lagerkosten und der Unsicherheit bei der Absatzsituation problematisch. Insbesondere bei hochwertigem, gestrichenem Papier ist die Lagerfähigkeit des Papiers zusätzlich durch ein Verfallsdatum begrenzt. Ist das Verfallsdatum erreicht, bietet das Papier beim Druck nicht mehr die erforderliche Qualität.

Hier entsteht ein klassischer Zielkonflikt zwischen Markt- und Technologietrend in der Papierindustrie. Mit Hilfe von Planungsmodellen und Lösungsalgorithmen zur Abstimmung der Bedarfe in den einzelnen Werken wird versucht, diesen Trade-off auszugleichen. Dazu müssen innerhalb der Wertschöpfungsnetzwerke weltweit die Bedarfe, Kapazitäten, Preise und Lieferzeiten der einzelnen Papiermühlen geplant und koordiniert werden. Damit bekommt das Thema Supply Chain Management ein immer größeres Gewicht in der Papierindustrie. Supply Chain Management wird dabei als ganzheitliches Managementkonzept verstanden. Ausgehend vom Endkunden umfasst es das geschäftsprozess- und unternehmensübergreifende Management von Material- und Informationsflüssen im gesamten Wertschöpfungsnetzwerk. Durch den Einsatz von Advanced Planning Systems (APS) oder durch XML-basierte, globale Transaktionsstandards für die Papier- und Forstindustrie (z. B. Papinet.org) unterstützt die Informationstechnologie die Papierunternehmen bei dieser Herausforderung.

Diese oben beschriebenen vielfältigen Koordinationsaufgaben werden umso komplexer, wenn, wie aktuell zu beobachten, einzelne Papierhersteller zu wenigen, global agierenden Unternehmen fusionieren. Diese sind zunächst durch fragmentierte Organisationsstrukturen gekennzeichnet, da in den einzelnen Unternehmen nach der Fusion die Prozesse noch nicht an die neue Situation angepasst sind. Ohne werks- und unternehmensübergreifende Geschäftsprozessoptimierung im Rahmen eines Post-Merger-Projektes und ohne leistungsfähige Informationstechnologie zur werksübergreifenden Produktionsplanung ist diese Aufgabe nicht zu bewältigen. Ziel dieser Projekte ist das Erreichen einer höheren Prozesseffizienz und einer höheren Transparenz im Verkauf, in der Produktionsplanung und der Logistik.

Um Kosten einzusparen und die Kundenbeziehungen nachhaltig zu verbessern, müssen die eingesetzten ERP/APS-Systeme in der Lage sein, branchenspezifische Anforderungen abzudecken. Ein Beispiel hierfür ist die für die Papierindustrie typische Prozessfertigung. Es werden aufgrund der Produktionsleistung der Papiermaschinen große Mengen von unterschiedlichen Papiersorten nach festgelegten Zyklen kontinuierlich hergestellt. Dabei sind bestimmte Restriktionen zu beachten: So können z. B. erst helle und danach zunehmend dunklere Farben gedruckt werden, um die Maschine nicht nach jedem Farbwechsel reinigen zu müssen. Auch die Flächengewichte der einzelnen Papiersorten stellen eine solche Restriktion dar. Es wird mit dem geringsten Flächengewicht begonnen, um dann sukzessive das Flächengewicht zu erhöhen, bis das maximal nachgefragte und von der

Maschine produzierbare Flächengewicht erreicht ist. Abhängig von diesen Restriktionen werden Auftragsmengen derselben Sorte und eines Lieferzeitraumes gebündelt. Diese Fertigungslose – sogenannte Blöcke - stellen die eigentlichen Planungseinheiten der Unternehmen dar. Ist ein Block „voll", muss der nächste angelegt werden. Da sich bei dieser Vorgehensweise die produzierte Menge der Maschine nicht genau definieren lässt, darf die Blockgröße nicht starr sein. Eine gewisse Varianz vereinfacht hier den Planungsprozess schon im Vorfeld, da sich so Aufträge trotz kleinerer Überschreitungen der zuvor definierten Mengenbegrenzung noch unterbringen lassen.

„Neben der innerbetrieblichen Effizienzsteigerung ist im globalisierten Geschäft die Sicherung der Marktanteile wichtiger denn je, wobei die Effizienz der Kontakte mit und für Kunden aus Sicht der Papierindustrie eine Schlüsselfunktion hat." (vgl. o.V. 2003)

Dieser Forderung nach Kundenorientierung wird durch den Einsatz von Customer Relationship Management (CRM)-Systemen Rechnung getragen. Funktionen wie die Auftragserfassung und Informationen z. B. zur Statusverfolgung werden heute bereits in einigen Unternehmen, je nach Ausprägung der Kundenbeziehung, über das Internet oder als „peer-to-peer"-Lösung per EDI bereitgestellt.

Für das Kundenbeziehungsmanagement ergibt sich darüber hinaus die Aufgabe, einerseits die Anforderungen des Kunden hinsichtlich z. B. der Laufeigenschaften, Bedruckbarkeit oder Oberflächeneigenschaften zu ermitteln und in das Produkt einfließen zu lassen. Andererseits müssen diese Produkteigenschaften angesichts der Sortenvielfalt dem Kunden bekannt gemacht werden, damit er in die Lage versetzt wird, für seine jeweiligen Druckaufgaben die jeweils optimale Sorte ermitteln zu können. Um diese Aufgaben zu lösen, können Produktinformationen über das Internet bereitgestellt werden; so werden dem Kunden, d. h. dem Drucker, die verschiedenen Qualitätseigenschaften der angebotenen Papiersorten kommuniziert. Er kann so bei seiner Entscheidung für oder gegen eine bestimmte Papiersorte unterstützt werden, entsprechend der an ihn gestellten Aufgabe. Solche Servicefunktionen werden angesichts der schon angesprochenen Variantenvielfalt immer wichtiger für ein umfassendes Kundenbeziehungsmanagement.

Um die eigenen Verkaufsmitarbeiter hinsichtlich der spezifischen Eigenschaften der vielfältigen Papiersorten zu schulen und um sie im Verkaufsgespräch zu unterstützen, kann E-Learning, eine kostenoptimierte Alternative zu klassischen Schulungs- und Trainingsprogrammen eingesetzt werden.

4 Geschäftsprozesse im Verlagswesen

Bindeglied und Kunde für die Papierindustrie in der Wertschöpfungskette hin zum Buch ist der Verlag. Er bestimmt die Papierqualitäten, die für die einzelnen Buchprojekte benötigt werden, und gibt diese den als Dienstleister eingekauften Druckereibetrieben vor.

Die Geschäftsprozesse im Verlagswesen sind durch eine Projektorganisation gekennzeichnet. Startpunkt eines Buchprojektes ist das Ideenmanagement. Die Idee zu einem bestimmten Buch kann durch Autoren, den Editor oder das Marketing (aufgrund von aktuellen Marktanforderungen) geboren werden. Daneben ergeben sich Ideen zu Buchprojekten aus der Programmplanung des Verlages, um bestimmte Themengebiete oder Segmente abzudecken.

Aus diesem Ideenpool werden, abhängig von der Einschätzung der Idee und abhängig von Kennzahlen wie Zielgruppe, erwarteter Absatz, Preis etc., Vorprojekte gestartet, von denen einige dann konkrete Buchprojekte werden.

Neben dem Manuskript selbst wird im Rahmen des Buchprojektes festgelegt, an welche Dienstleister die Druckaufträge und die Vertriebslogistik vergeben werden, welche Papiersorten verwendet werden sollen, welche Bindung verwendet wird, wie die Werbekampagne aussehen soll und wie die Urheberrechte an ausländische Verlage vermarktet werden sollen.

Abhängig von den getroffenen Wirtschaftlichkeitsprognosen werden letztlich nur einige Buchprojekte bis zum fertigen Buch weiterentwickelt.

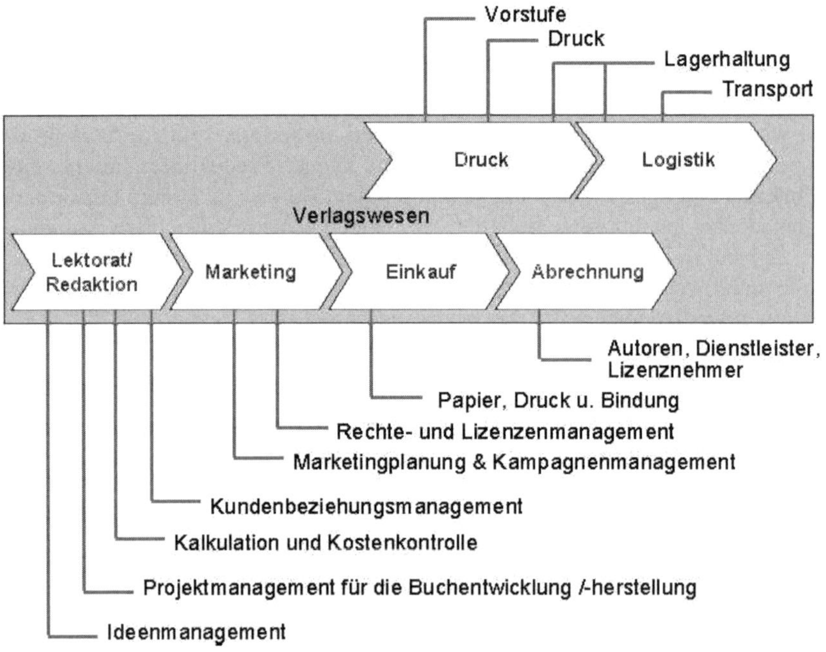

Abb. 4: Wertschöpfungskette Verlagswesen und Druckindustrie

Die Komplexität der Projekte nimmt dabei stetig zu. Ursache für die steigende Komplexität ist die ebenfalls zu beobachtende zunehmende Konzentration im Verlagswesen. Die durch Fusionen oder Übernahmen ständig wachsenden global agierenden Verlagshäuser wie Bertelsmann oder Random House bedienen immer mehr Sparten, vom Fachbuch bis zur Belletristik; eine Sortimentsbreite, die verwaltet werden muss. Diese Entwicklung bedeutet auch, dass eine immer größere Anzahl von Autoren- und Kundenbeziehungen innerhalb eines Verlages zu managen ist. Gleichzeitig sieht sich die Branche mit immer kürzer werdenden Lebenszyklen von Büchern konfrontiert.

Diesen Anforderungen muss der Editor als Projektleiter für Buchprojekte gerecht werden. Seine Hauptaufgaben sind dabei vor allem die Koordination der Bereiche Marketing und Einkauf, die Abstimmung mit den Autoren, die Terminüberwachung und die Kontrolle der im Rahmen des Buchprojektes entstandenen Kosten. Entscheidend für ein erfolgreiches Buchprojekt sind eine möglichst kurze Projektdauer, eine stabile Planung für den Einkauf sowie ein effizientes Controlling hinsichtlich der Marketing- und Produktionskosten. Wenn sich im Rahmen des Projektes herausstellt, dass sich mit den vom Marketing prognostizierten Absatzzahlen und Preisen die Kosten nicht decken lassen können, werden diese Projekte eingestellt. So werden aus ca. 100 Ideen etwa 20 Bücher entwickelt.

Mit Unterstützung durch IT kann der Editor die Koordination und Abstimmung innerhalb der Projektorganisation steuern und die Termin- und Kostensituation des Projektes überprüfen. Durch eine gemeinsame Datenbasis stellen Planungssysteme dabei die produktions- und absatzrelevanten Daten allen beteiligten Organisationseinheiten aus Lektorat, Marketing, Einkauf und Projektcontrolling zur Verfügung. Die daraus resultierende stabile Planung ermöglicht dem Einkauf, frühzeitig die geforderten Papierqualitäten zu bestellen und langfristig Druck- und Lagerkapazitäten über Rahmenverträge mit den Dienstleistern zu sichern. Diese langfristige und stabile Planung kommt allen Beteiligten innerhalb des Wertschöpfungsnetzes zugute, was sich in der Realisierung von Einsparpotenzialen niederschlägt. Die an dieser Stelle eingesparten Kosten können im Rahmen des Projektcontrollings die Entscheidung über die Fortführung des Projektes wiederum maßgeblich beeinflussen. So können durch langfristige Planung Buchprojekte rentabel gestaltet werden, die bei Ad-hoc-Projekten nicht wirtschaftlich auf den Markt gebracht werden könnten. Durch IT-unterstützte Controllinginstrumente ist eine Rentabilitätsbetrachtung des Buchprojektes proaktiv möglich, d. h., der Projektleiter ist jederzeit in der Lage, die bereits aufgelaufenen Kosten und die zu erwartenden Kosten (Papier-, Druck-, Marketing- und Logistikkosten) abzurufen.

Bei der Vermarktung von Büchern findet eine immer stärkere Differenzierung der Vertriebswege statt. Sie werden nicht wie bisher auf einem Markt und mit einer Ausgabe verkauft, sondern es werden in immer stärkerem Maße differenzierte, globale Vertriebskanäle genutzt, um das Buch und die damit verbundenen Urheberrechte zu vermarkten. Daraus resultiert der Wunsch nach einem Abrechnungssystem, das in der Lage ist, die Honorarabrechnung mit den Autoren sowie die

Abrechnung von Lizenzen, d. h. den Verkauf von Rechten am Inhalt an z. B. ausländische Verlage, zu leisten.

Durch Speicherung der Projektdaten vom Ideenmanagement bis hin zur Abrechnung kann ex post überprüft werden, welche Entscheidungen evtl. schon bei der Einschätzung der Idee oder im weiteren Verlauf des Projektlebenszyklus zu Erfolg oder Misserfolg des Buches beigetragen haben.

Die Bevorratung und Distribution der Bücher wird als Dienstleistung von den Druckern oder Großhändlern wie Libri geleistet. Sie greifen, neben dem Verkauf über den Einzelhandel, auch auf Internettechnologie zurück, um das fertige Buch an den Endkunden zu verkaufen.

5 Das Buch als Rohstoff

Mit dem Verkauf des Buches ist die Wertschöpfungskette jedoch noch nicht abgeschlossen. So werden zum Beispiel Schreibpapier und Zeitschriften nach Gebrauch oder auch Bücher – nachdem sie dem Besitzer oftmals jahrelang Freude bereitet haben – zu Altpapier und damit der Wiederverwertung zugeführt. Altpapier wird in zahlreichen Qualitätsabstufungen gesammelt und für viele Papiersorten verwendet. Die in der Papierindustrie eingesetzten Altpapieraufbereitungsanlagen arbeiten im Allgemeinen nach dem folgenden Prinzip:

Das Altpapier wird zunächst aufgelöst und zerfasert. Dazu dient der Stoffauflöser oder „Pulper", dessen mechanische Wirkweise einem Küchenmixer im Großformat ähnelt. Der „Pulper" dient dem Auflösen von Zellstoff, Holzstoff oder Altpapier in der Papierindustrie. Dabei wird der Stoff so stark aufgelöst, dass er pumpfähig wird und der Verarbeitung zugeführt werden kann. Zur Unratbeseitigung ist der „Pulper" mit entsprechenden Einrichtungen ausgestattet. Der Altpapierfaserbrei wird über Siebe abgezogen und in Sortier-Aggregaten behandelt.

Zusätzlich zur Altpapieraufbereitungsanlage verfügen zahlreiche Papierfabriken über so genannte Deinking-Anlagen, mit deren Hilfe die Druckfarben zu einem hohen Anteil abgetrennt werden. Für die Verarbeitung in der Deinking-Anlage kommen vor allem solche Altpapiere in Frage, die bei einheitlicher Qualität in großen Mengen anfallen.

Beim Deinking-Prozess sind folgende Verfahrensschritte zu unterscheiden:

1. Auflösen des Papiers
2. Entfernen von Fremdstoffen
3. Abtrennen der Druckfarben

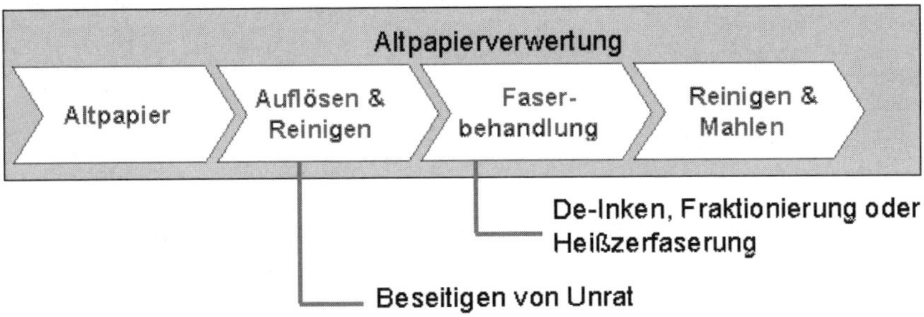

Abb. 5: Wertschöpfungskette Altpapierrecycling

Die modernen Techniken der Aufbereitung ermöglichen es der Papierindustrie, Verunreinigungen im Altpapier weitgehend zu beseitigen. Altpapier wird weltweit im großen Stil zur Produktion von Zeitungspapier (mit 70—100 % Altpapieranteil am Faserstoffeinsatz), Karton und Pappe (bis 100 % Altpapieranteil) verwendet.

Die deutsche Papierindustrie, wie z. B. das Unternehmen Steinbeis Temming Papier, hat sowohl in Bezug auf Qualität als auch mengenmäßig bei den aus Altpapier erzeugten grafischen Recycling-Papieren ein sehr hohes Niveau erreicht. Jährlich werden in Deutschland zurzeit 10,9 Mio. t Altpapier wieder verwendet. Das ergibt, bezogen auf die Papierproduktion, eine Altpapiereinsatzquote von 52 % (2000) (vgl. EKA Chemicals 2003). Damit nimmt die deutsche Papierindustrie eine Spitzenstellung in der Welt ein.

Der Kreislauf schließt sich und ein neues Wertschöpfungsnetzwerk entsteht.

Literaturverzeichnis

EKA Chemicals: in http://www.ekachemicals.de/pap_che2_3.html. Informationsabfrage am 30.10.2003.

o.V.: Allgemeine Papier Rundschau, Unternehmen und Märkte, Ausgabe 40/2003, S. 30.

Papernet: in http://www.e-papernet.at/knowhow_paperguide.asp. Informationsabfrage am 25.04.2004.

Wirtschaftsuniversität Wien: in http://iir-hp.wu-wien.ac.at/SEMINAR.WS95/ws.html. Informationsabfrage am 29.10.2003.

Prozessoptimierung und Potenziale in der Logistik von Handelsunternehmen

Ferri Abolhassan
IDS Scheer AG

Kai Schwindt
IDS Scheer AG

Zusammenfassung

Der deutsche Handel klagt über sinkende Umsätze und schlechte Margen. Mit niedrigeren Preisen kann jedoch weder der Gewinn noch der Umsatz eines Handelsunternehmens gesteigert werden. Der nachweislich harte Wettbewerb erfordert zunehmend andere Maßnahmen. Dabei muss insbesondere die Optimierung der Prozesse im Vordergrund stehen. Ansatzpunkte hierzu sind einerseits die internen Logistikprozesse, wobei andererseits jedoch nicht übersehen werden darf, dass unternehmensübergreifende, kollaborative Prozesse zunehmend an Bedeutung gewinnen. Im Mittelpunkt der Logistikoptimierung muss dabei letztlich immer der Endkunde stehen. Betrachtet man aber die verschiedenen Logistiksysteme des deutschen Handels, so stehen vielmehr Bestandsreduzierungen, Ausschöpfung von Logistikkonditionen und eine optimale Auslastung der Transportkapazitäten im Vordergrund. Zur Steuerung dieser Prozesse sind Warenwirtschaftssysteme notwendig, die vom Lieferanten über das Lager bis zum Ladenregal die gesamte Supply Chain steuern. Die IT im Handel ist in diesem Kontext aber immer nur als Werkzeug zu verstehen, das die Geschäftsprozesse unterstützt.

Im folgenden Beitrag werden die verschiedenen Möglichkeiten der Prozessoptimierung und deren Potenziale in der Logistik des Handels aufgezeigt. Dabei unterscheiden die Autoren nach interner Prozessoptimierung und kollaborativer Prozessoptimierung. Hier bietet vor allem das CPFR-Konzept (Collaborative Planning Forecasting and Replenishment) sowohl dem Handel als auch der Konsumgüterindustrie Potenziale der Prozessverbesserung. In diesem Zusammenhang werden die Ergebnisse einer europaweiten CPFR-Studie der IDS Scheer AG kurz vorgestellt. Anhand eines Praxisbeispiels wird verdeutlicht, dass kundenorientierte Logistik problemlos in Einklang mit Prozessoptimierung gebracht werden kann.

Schlüsselwörter

Prozessoptimierung, Prozesskostenrechnung, Supply Chain Performance, Efficient Consumer Response, Collaborative Planning, Forecasting and Replenishment

1 Methoden und Tools zur Optimierung der internen Logistikprozesse

1.1 Prozesskostenrechnung

Die Prozesskostenrechnung erlebt zur Zeit eine Renaissance und ist zu Recht ein Trendthema. Mit dem Einzug der prozessorientierten Betrachtung von Unternehmen haben auch die Controllinginstrumente eine Anpassung an neue Sichtweisen gefunden (vgl. White Paper ARIS 6, IDS Scheer AG).

Die Motivation für die zunehmende Nutzung der Prozesskostenrechnung ist in den Nachteilen traditioneller Berechnungsmethoden begründet. Zurückzuführen ist dies vor allem auf den gestiegenen Anteil der Gemeinkosten und die stetigen Änderungen in der Kostenstruktur der Unternehmen. Gerade in der Handelslogistik können Entscheidungen, die auf falschen oder veralteten Kennzahlen beruhen, gravierende Auswirkungen haben. Die Umstellung auf einen anderen Lieferanten oder des Sortiments von Strecken- auf Zentrallagerbelieferung, die etwa nur die Logistikkosten bis an die Rampe der Filiale betrachtet, kann für die Gesamtkosten fatale Auswirkungen haben. Insbesondere bei Zentrallagerumstellungen erfolgt oftmals kaum eine Detailbewertung der Prozesse in der Filiale oder eine Bewertung erfolgt zu allgemeinen Kennzahlen/-systemen. Dies führt u. a. dazu, dass die steigenden Vertriebskosten in den Verkaufsstellen oft erst nach einer Logistikumstellung festgestellt werden.

Abb. 1: Ziele der Prozesskostenrechnung

Die Prozesskostenrechnung kann sowohl als Hilfsmittel zur Entscheidungsfindung als auch als Steuerungsinstrument genutzt werden, so im Rahmen

- einer Bewertung von Outsourcing-Entscheidungen,
- einer Überprüfung, ob Prozessverbesserungen Wirkung zeigen,
- einer Bewertung der Lieferanten nach Belieferungsstrategien,
- eines Benchmarkings zwischen Lagerstandorten,
- einer Alternativenbewertung bei der Einführung von Standardsoftware.

Eine korrekte und effiziente Prozesskostenrechnung ist dabei ohne Toolunterstützung in größerem Umfang nicht möglich. Microsoft Excel und selbst erstellte Datenbanken gelangen schnell an ihre Grenzen und erfordern einen zu hohen personellen Aufwand zur Pflege der Daten.

Der ARIS Process Cost Analyzer ist ein Werkzeug für die kostenbezogene Bewertung und Analyse von Prozessen. Dabei beantwortet der ARIS Process Cost Analyzer u. a. folgende Fragen (vgl. White Paper ARIS 6, IDS Scheer AG):

- Wie hoch sind die Prozesskosten im Zentrallager?
- Welche Logistikprozesse sollen selbst erbracht, welche bei Dienstleistern eingekauft, d. h. outgesourct werden?
- Welche Ressourcen werden für eine geplante Lagergröße benötigt?

- Wie wirken sich Umstrukturierungsmaßnahmen in der Logistik auf die Prozesskosten aus?

Die Ergebnisse der Prozesskostenrechnung eignen sich darüber hinaus für das unternehmensinterne und -übergreifende Benchmarking. Der Vergleich der Logistikkennzahlen innerhalb eines Unternehmens gibt dabei Aufschlüsse über das Optimierungspotenzial eigener Lagerstandorte. Externe Benchmarks lassen ferner, wenn sie auf der gleichen Basis und nach einer einheitlichen Definition der Kennzahlen erstellt wurden, Branchenvergleiche zu. So kann die Leistungsfähigkeit der eigenen Logistik mit Benchmarks überprüft werden. Ebenso lassen sich Dienstleister bewerten.

1.2 ARIS Process Performance Manager

Eine andere Möglichkeit, Prozesse zu messen bzw. zu bewerten, bietet der ARIS Process Performance Manager. Im Gegensatz zu der bereits geschilderten Prozesskostenrechnung liefert der Process Performance Manager zeitnahe Daten unmittelbar aus den operativen Systemen.

Ein Beispiel aus dem Formel-1-Rennsport veranschaulicht, um was es dabei geht: Die Analyse der Telemetriedaten eines Rennwagens liefert den Teams die Informationen zur Festlegung der Rennstrategie, so u. a. der Boxenstopps. Die Daten sind also entscheidend für Sieg oder Niederlage eines Formel-1-Teams.

Das Management bezieht sein Wissen über den Geschäftsverlauf aus Kenngrößen wie Umsatzentwicklung, Deckungsbeitrag, Lagerbestände, Lieferbereitschaft usw. (vgl. ARIS in der Praxis, S. 42 ff.). Ein Problem bei diesen Informationen ist allerdings, dass ihre Herkunft in der Vergangenheit liegt und insofern nur eine Feedback-Kontrolle möglich ist. Wichtige Ereignisse wie z. B. Lieferschwierigkeiten oder -ausfälle eines bedeutenden Lieferanten, die ein sofortiges Gegensteuern erfordern, werden zu spät erfasst und folglich geht oftmals wertvolle Zeit verloren. Hier setzen Tools wie der ARIS Process Performance Manager an. Herkömmliche Business Intelligence-Tools liefern zwar wertvolle Hinweise, basieren aber ausschließlich auf den operativen Daten und nehmen i. d. R. keine Zuordnung zu den einzelnen Geschäftsprozessen vor.

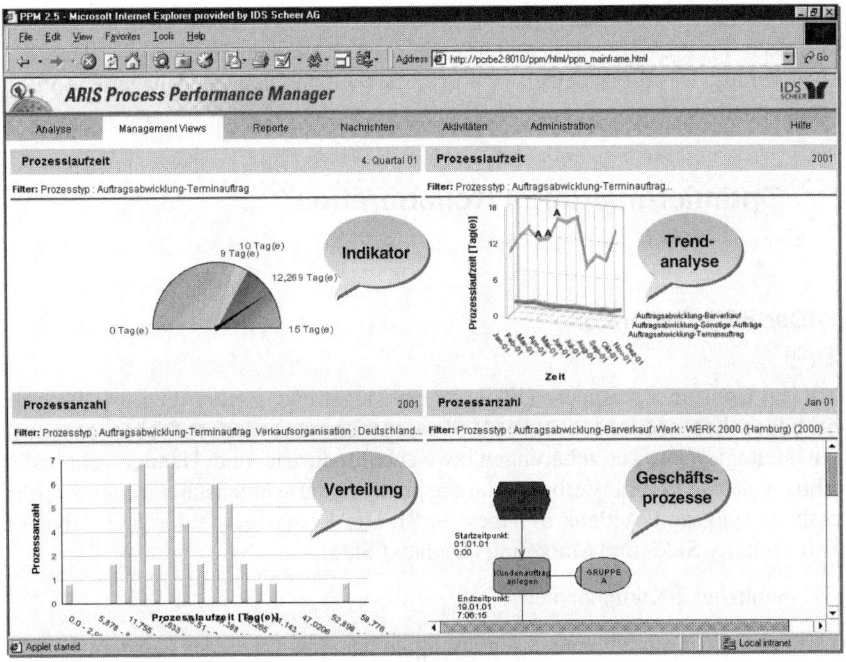

Abb. 2: ARIS PPM

Wichtig ist, zuerst eine transparente Prozesssicht über die beteiligten Anwendungen zu spannen und aussagekräftige Key Performance Indicators zu evaluieren und zu definieren. Für die Messung der Prozessleistung können einzelne Aktivitäten, etwa „Auftragseingang im Lager", über Ereignisketten miteinander verknüpft werden. Der Geschäftsprozess wird somit rückwärts aus den laufenden Anwendungen generiert.

Tools wie der ARIS Process Performance Manager werden zu Recht mit dem „Etikett" Business Process Intelligence versehen. Das darf allerdings nicht den Blick auf weitere Probleme, insbesondere in der Umsetzungsphase im Unternehmen, verstellen. So führt der Einsatz derartiger Tools nicht zwangsläufig zu einer Optimierung der Geschäftsprozesse. Vielmehr obliegt die Optimierung bzw. Umsetzung weiterhin dem Management (vgl. ARIS in der Praxis, S. 43).

Gerade in der Handelslogistik ist es wichtig, einen Business Process Lifecycle zu etablieren. In einem geschlossenen System werden dabei die Prozesse von Design und Entwicklung über die Ausführung bis hin zur Kontrolle und Optimierung verwaltet.

Die Berechnung des ROI (Return on Investment) für die Einführung eines Tools wie z. B. des ARIS Process Performance Managers lässt sich über die definierten Key Performance Indicators sehr leicht erstellen und zeigt ferner, wie schnell sich eine derartige Investition amortisiert. Erfolg beim Einsatz dieser Tools und Methoden hat man jedoch nur, wenn sich alle (Prozess-)Verantwortlichen beteiligen. So setzen Prozessveränderungen immer auch Verhaltensänderungen von Menschen voraus, was die Relevanz von professionellem Change Management in diesem Kontext aufzeigt.

2 Optimierung durch Kollaboration

2.1 Der ECR-Gedanke

Efficient Consumer Response (ECR) ist ein Megatrend, weil er die Basis für einen wirkungsvollen und umfassenden Verbesserungsprozess liefert. Neben gemeinsamen strategischen Vereinbarungen zwischen Industrie und Handel geht es im Rahmen des ECR um Verbesserungen in der unternehmensübergreifenden Prozesskette (vgl. von Schlenk u. Tines, S. 8). Die Kernarbeitsfelder sind dabei Logistik (Supply Side) und Marketing (Demand Side).

ECR beinhaltet 2 Komponenten:

- **Consumer**, das heißt eine Orientierung an den Wünschen des Kunden,
- **Efficient Response**, das heißt eine prozessorientierte Optimierung der Supply Chain.

Für die Logistik liefern die Konzepte der Supply Side sehr gute Ansätze, gemeinsam mit der Industrie die Kosten entlang der gesamten Wertschöpfungskette zu senken, Umsätze zu erhöhen und die Kundenzufriedenheit zu steigern (vgl. Seifert, S. 17 ff.). Im Einzelnen sind dies Konzepte wie z. B. Cross-Docking, Vendor Managed Inventory (VMI) oder das bereits erwähnte Collaborative Planning Forecasting and Replenishment (CPFR), wobei Letzteres im Folgenden noch näher erläutert wird.

Ziel des ECR-Gedankens ist es insofern, für Industrie und Handel eine Win-Win-Situation zu erreichen, so dass die erzielten Einsparpotenziale entlang der Wertschöpfungskette beiden Partnern zugute kommen. Der ECR-Gedanke hat allerdings innerhalb eines Unternehmens nur dann Erfolg, wenn er auch vom Top-Management gefördert und vorgelebt wird. ECR nur in einer Logistikabteilung zu etablieren, ohne etwa die Einkaufsbereiche zu involvieren, führt nicht zum erhofften positiven Ergebnis. Der erste Schritt zum erfolgreichen ECR muss in den Köpfen der Menschen beginnen, erst dann sollte mit der technischen Umsetzung begonnen werden.

2.2 Wettbewerbsvorteile durch CPFR

CPFR ist ein Geschäftsmodell zur Optimierung der gemeinsamen Planungs-, Forecasting- und Replenishment-Prozesse durch gemeinsame zwischen Handel und Industrie getroffene Vereinbarungen. Zur besseren Verdeutlichung des Zusammenhangs wurden die Stufen des CPFR-Geschäftsmodells als Regelkreis dargestellt.

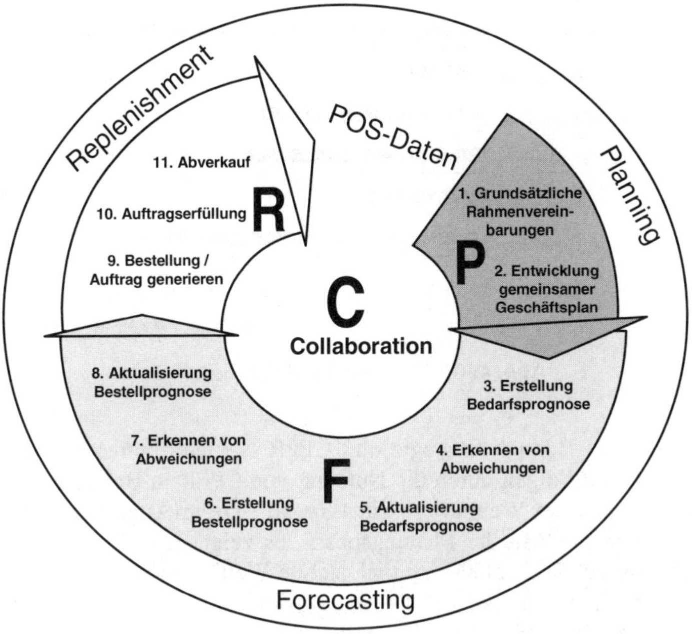

Abb. 3: Basismodell CPFR (Quelle: CCG)

Ursprünglich stammt CPFR aus den USA, wobei das Konzept kein Substitut für Efficient Consumer Response (ECR) ist, sondern ein Teil davon. CPFR integriert die vorhandenen, bisher isoliert betrachteten ECR-Lösungsansätze der Supply Side und der Demand Side in einem Gesamtansatz.

Im Rahmen einer Studie, durchgeführt von der Universität Hamburg in Kooperation mit der IDS Scheer AG , wurde untersucht, welche Wettbewerbsstrategien durch das „Instrument“ CPFR unterstützt und/oder beeinflusst werden. Die teilnehmenden 68 Unternehmen vereinen einen Gesamtumsatz von über 500 Milliarden Euro und beschäftigen knapp 2 Millionen Mitarbeiter. Wie die Ergebnisse der Studie belegen, haben die ersten CPFR-Pilotprojekte im Allgemeinen einen hohen Zielerreichungsgrad (siehe Abb. 4). Einzige Ausnahme bilden die Vertriebskosten, die sich im Rahmen der Pilotprojekte nicht reduzieren lassen.

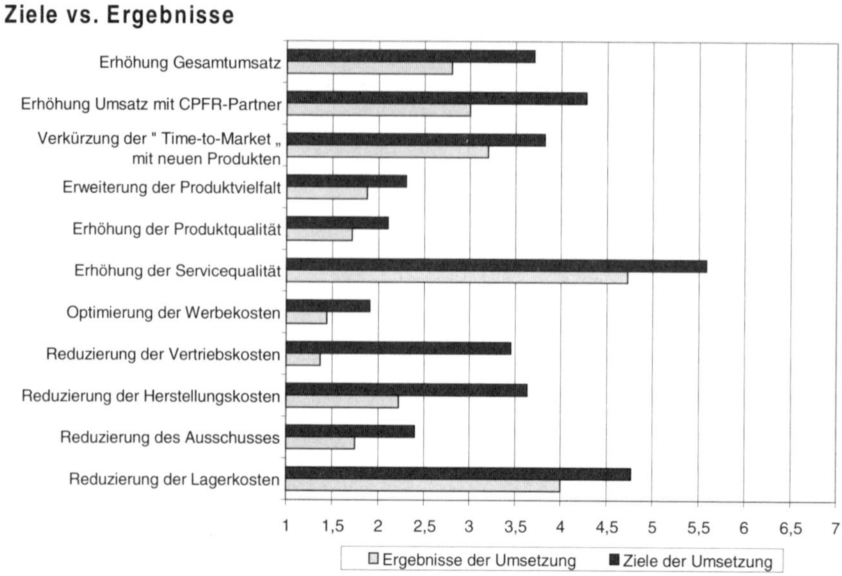

Abb. 4: CPFR-Studie der IDS Scheer AG

Die Studie hat im Bereich Strategie und CPFR Neuland betreten. Sie zeigt die Möglichkeiten und Folgen durch die Nutzung von CPFR in Bezug auf Unternehmensstrategien und die Wettbewerbssituation auf. Die meisten Unternehmen befinden sich zwar noch in der Planungsphase, es zeigt sich aber bereits, dass es möglich ist, mit CPFR deutliche, zeitlich stabile Wettbewerbsvorteile aufzubauen. Aktuell werden in Europa 40 CPFR-Pilotprojekte durchgeführt, der Großteil davon in England. Die IDS Scheer AG hat eine Folgestudie aufgesetzt, um Kosten und Nutzen von CPFR-Projekten zu analysieren. Es haben bereits über 80 Unternehmen ihre Teilnahme an der Studie zugesagt. Mit den beteiligten Unternehmen sind bereits 90 % aller öffentlich bekannten CPFR-Pilotprojekte in Europa mit der Studie abgedeckt.

SAP und IDS Scheer haben ferner zum Thema CPFR eine Partnerschaft geschlossen und realisieren auf Basis von mySAP-Software den CPFR-Prozess in einem Pilotprojekt. Dies ist das erste CPFR-Pilotprojekt mit SAP-Software. Die Konkurrenz zwischen den Softwareanbietern und den Marktplätzen, welche die CPFR-Funktionalitäten (zum Teil) zur Verfügung stellen, ist sehr groß. Die Ergebnisse der ersten Projekte werden dabei Aufschluss über die Stärken und Schwächen der verschiedenen Anbieter geben.

Die Einsatzmöglichkeiten von CPFR werden in Deutschland vor allem im Bereich der Aktionssteuerung gesehen. Hier setzen auch die bisher durchgeführten Pilotprojekte an. So ist der Handel in Deutschland sehr stark vom Aktionsgeschäft getrieben, was die Logistik vor neue Herausforderungen stellt. Durch einen gemeinsamen Planungsprozess mit den Lieferanten und durch abgestimmte Bestellmengen und Liefertermine lässt sich das Aktionsgeschäft wesentlich besser

steuern. Als positiver Nebeneffekt werden die Bestände und die Logistikkosten reduziert. Der Prozess entlang der gesamten Supply Chain wird für die Marktpartner transparent und somit werden Verbesserungspotenziale schnell erkannt.
Der gesamte Markt wird sowohl horizontal als auch vertikal durch die Nutzung von CPFR stark beeinflusst werden. Unternehmen im Wettbewerb, die sich CPFR gegenüber verschließen, werden spätestens dann Probleme bekommen, wenn ein Wettbewerber oder vertikaler Partner CPFR nutzt. Gleichzeitig liegt in CPFR die Chance zur Optimierung der Planungsprozesse und zur Verbesserung der Regalverfügbarkeit, was zur Erhöhung der Kundenzufriedenheit führt.

3 Projektbeispiel mediaCheckpoint.de – ein Beispiel für kundenorientierte Logistik

mediaCheckpoint.de bietet seinen Kunden den Service, der von einem Fachhandelsunternehmen erwartet wird – ein breites Produktspektrum von über 5.000 Artikeln, ausführliche Produktbeschreibungen, Zubehörempfehlungen und Finanzierungsangebote, und das alles auf einen Blick und mit bedienerfreundlicher Bestellmöglichkeit.

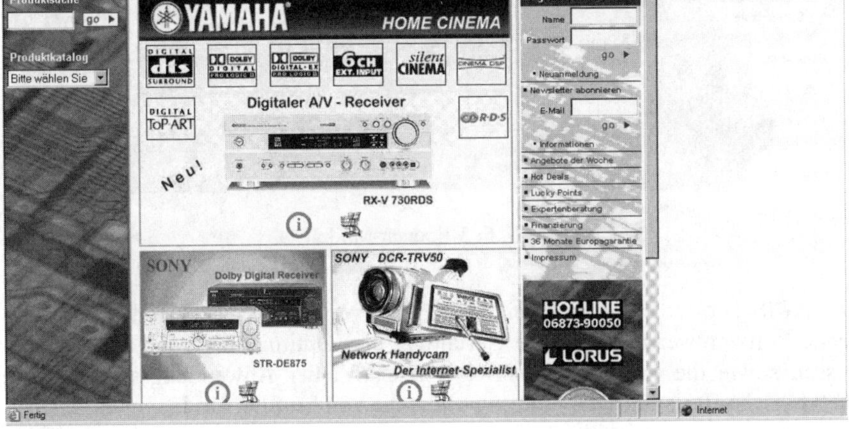

Abb. 5: Online-Shop mediacheckpoint.de

Die Intron Elektronik hat von Anfang an auf Standardsoftware gesetzt und nur dort auf Eigenentwicklung, wo eine Differenzierung vom Wettbewerb sinnvoll erschien. Besonders beliebt sind die Lucky Points, das Bonusprogramm von media-Checkpoint.de. Jeder Einkauf, aber auch jede Weiterempfehlung von media-Checkpoint.de wird mit Lucky Points belohnt, welche beim nächsten Auftrag verrechnet werden.

Da Intron das Endkundengeschäft ausschließlich online betreibt, waren Stammdaten- und Auftragsverwaltung des Shop-Systems anfänglich mehr als ausreichend. Seit einem Jahr setzt Intron eine separate Warenwirtschaftslösung ein, die mit dem Shop-System über XML als Datenaustauschformat gekoppelt wurde. Im Falle eines Engpasses kann der Kunde umgehend benachrichtigt werden. Hierzu wird zurzeit die Logistikkonzeption gemeinsam mit der IDS Scheer AG neu konzipiert. Die bestehenden Geschäftsprozesse wurden mit dem ARIS Toolset aufgenommen. Daran anschließend erfolgt die Optimierung der Prozesse mit dem Ziel, die Kundenzufriedenheit zu steigern. Die neu definierten Geschäftsprozesse werden anschließend gemeinsam mit IDS Scheer implementiert und auf Basis ausführlicher Schulungen allen Mitarbeitern erläutert.

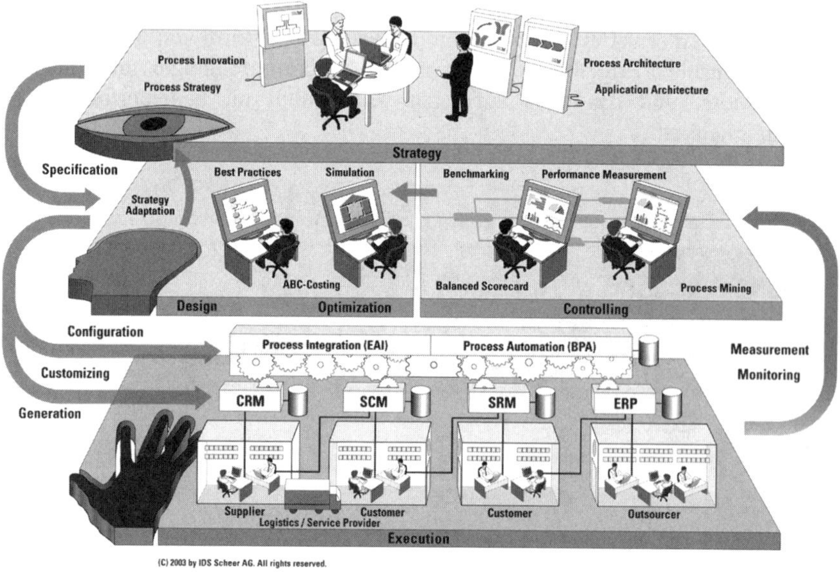

Abb. 6: 3-Ebenen-Modell

Das ARIS Toolset ist mit weltweit über 33.000 verkauften Lizenzen das marktführende Softwarewerkzeug für die Gestaltung und Optimierung von Geschäftsprozessen sowie die Einführung betriebswirtschaftlicher Anwendungssysteme. Die methodische Basis für das Werkzeug bildet die von Prof Dr. Dr. h. c.mult. August-Wilhelm Scheer entwickelte Architektur integrierter Informationssysteme (ARIS).

Intron Elektronik wird zukünftig die ankommenden Waren im Wareneingang scannen und direkt in den Bestand buchen, der auch dem Kunden aktuell im Internetshop angezeigt wird. Mögliche Fehler im Wareneingang und der nachfolgenden Einlagerung werden durch einen weiteren Scanvorgang am Lagerregal nahezu ausgeschlossen. Der Kunde erhält nach Ausführung seiner Bestellung umgehend via E-Mail eine Information über den Eingang seines Auftrags und den voraussichtlichen Liefertermin. Der Kundenauftrag gelangt noch am selben Tag in die Kommissionierung, die künftig auch beleglos erfolgen soll. Dies garantiert ein Höchstmaß an Qualität. Nach Abschluss der Kommissionierung wird der Auftrag an das System zurückgemeldet und der Ausdruck der Lieferpapiere angestoßen. Zum gleichen Zeitpunkt wird der Kunde per E-Mail eine weitere Benachrichtigung erhalten, die ihm den exakten Liefertermin mitteilt. So ist eine Auslieferung innerhalb von 24 Stunden heute nicht mehr das Problem, entscheidend ist vielmehr, ob der Kunde zum Zeitpunkt der Anlieferung zu Hause ist und die Ware entgegennehmen kann. Ein ausschlaggebender Faktor hierbei ist die kontinuierliche Information des Kunden über den Lieferstatus seines Auftrags. Das Praxisbeispiel beweist, dass kundenorientierte Logistik problemlos mit Prozessoptimierung in Einklang gebracht werden kann.

4 Fazit

Der entscheidende Erfolgsfaktor für Optimierungsvorhaben in der Logistik ist die Transparenz der Geschäftsprozesse. Die Prozesse müssen dabei an bestimmten Punkten gemessen und die Performance muss definiert werden. Jene Unternehmen, die in einem Business Process Lifecycle kontinuierlich an einer Prozessverbesserung arbeiten, werden zukünftig auch ihre Logistik optimieren.

Die Qualitätsverbesserung muss dabei unter den Aspekten Zeit, Qualität und Kosten erfolgen. Im Mittelpunkt dieser Optimierung sollte zwingend der Kunde, also der Endverbraucher, stehen.

Es stellt sich deutlich heraus, dass die Prozesskostenrechnung zukünftig enorm an Bedeutung gewinnen wird. So setzt beispielsweise die GLOBUS-Gruppe bereits seit einigen Jahren die Prozesskostenrechnung zur Bewertung der Logistikkosten ein. Es erfolgt eine lieferantenindividuelle Analyse, die als Entscheidungsgrundlage für die zukünftige Belieferungsstrategie fungiert. Die Kosten des eigenen Logistikzentrums können dabei sogar auf Artikelebene bewertet werden.

In der vertikalen Kooperation mit der Industrie liegen letztlich die größten Potenziale für den Handel. Dafür müssen die Unternehmen aber zuerst die internen Voraussetzungen schaffen, so eine Transparenz der eigenen Prozesse. Die zweite Voraussetzung ist die Bereitschaft der Unternehmen zur Zusammenarbeit. Dabei gilt es, die in vielen Handelshäusern noch vorherrschende Einkäufermentalität mit dem ausschließlichen Ziel der Konditionenverbesserung zu überwinden. Die Logistik kann hier mit gutem Beispiel vorangehen. So sind interne und externe Prozesse, einerseits die IT über Datenaustausch via EDI oder XML, andererseits die eigentlichen Abläufe, miteinander zu koppeln. Genau hier setzt das CPFR-Konzept an und bietet den Unternehmen die größten Chancen.

In Deutschland herrscht zum Thema CPFR im Hinblick auf den Anwendungs- bzw. Umsetzungsgrad noch Zurückhaltung, die aber in den nächsten Jahren weichen wird. Die Ergebnisse der Pilotprojekte und Erfahrungen in anderen europäischen Ländern unterstreichen den für die Zukunft prognostizierten Bedeutungsanstieg von CPFR. Die Händler, die bereits heute Erfahrungen in diesem Bereich sammeln, werden dabei einen Wettbewerbsvorsprung erlangen. Die Metro AG ist zurzeit das aktivste deutsche Handelsunternehmen bei CPFR und ist, wie auch die Verleihung des Logistikpreises 2002 zeigt, mit ihren Konzepten in Deutschland richtungsweisend.

Die Potenziale zur Optimierung der Logistikprozesse sind vorhanden und werden in anderen Branchen schon seit Jahren erfolgreich ausgeschöpft. Der Schlüssel zum Erfolg liegt dabei in den Geschäftsprozessen. Die Kenntnis der eigenen Prozesse und das Verständnis für die Abläufe bei den Geschäftspartnern liefern das benötigte Potenzial für eine Optimierung der Logistik.

Literaturverzeichnis

ARIS 6 – Process Cost Analyzer, White Paper, IDS Scheer AG (Hrsg.), 2002, Saarbrücken

ARIS in der Praxis, A.-W. Scheer; Wolfram Jost (Hrsg.), Springer Verlag 2002, Heidelberg

Collaborative Planning Forecasting and Replenishment, How to Create a Supply Chain Advantage, Dirk Seifert, 2002, Bonn

Efficient Consumer Response, Strategische Waffe für Industrie und Handel

Jens Kilimann; Heiner von Schlenk; Ernst Christian Tines (Hrsg.), 1998, Stuttgart

Leitfaden zur Umsetzung von CPFR im deutschsprachigen Wirtschaftsraum, Vorabveröffentlichung der CCG, 2002, S. 11, Köln

Strategische Wettbewerbsvorteile durch CPFR, IDS Scheer-Studien,
Nils Weisphal, 2002, Saarbrücken

Lohnt sich CRM eigentlich?
Ermittlung des Returns on Investment am Praxisbeispiel des CRM-Vorhabens der Tucher Bräu

Jens Peter Gotter
IDS Scheer AG

Thomas Joachim
IDS Scheer AG

Zusammenfassung

Nichts erscheint zumindest auf den ersten Blick schwieriger, als den Return on Investment für ein CRM-Projekt zu ermitteln. Doch gerade der Nachweis des Returns manifestiert sich in Zeiten der Investitionszurückhaltung als Standard. Richtig vorgegangen, untermauert die Nutzenermittlung den Projekterfolg. Die CRM-Strategie bildet die Grundlage des Vorhabens. Das Management schärft den Projektfokus durch die Vorgabe der Ziele. Sie bieten Orientierung für die Ableitung nutzenorientierter CRM-Maßnahmen. Sind diese inhaltlich fixiert, kann die ROI-Berechnung erfolgen. Dabei scheidet die statische Betrachtung der mit der Maßnahme verbundenen Werteströme aus.

Mit dieser im ARIS CRM Scout detailliert beschriebenen Vorgehensweise und dem dynamischen ROI-Kalkulator wurde bei Tucher Bräu der Nachweis der Wirtschaftlichkeit des geplanten CRM-Projektes erbracht. Neben der ROI-Zahl von über 150 % wurde mit dieser Untersuchung die Ausrichtung des Projektes auf die Kernbereiche und Prozesse gelenkt, deren Potenziale am größten sind. Durch die Umsetzung der vom Management fokussierten und durch die ROI- Betrachtung auch nachweislich nutzenstiftenden CRM-Maßnahmen können Ressourcen effizient und zielorientiert gesteuert werden. Begleitende Change Management-Aktivitäten sorgen für die Akzeptanz der neuen Lösungen. Die Orientierung am Nutzen erweist sich als wichtiger Erfolgsfaktor für CRM-Projekte.

Schlüsselwörter

CRM, ROI, Projekt, Wirtschaftlichkeitsbetrachtung

1 Einleitung

Das Managen der Kundenbeziehung ist für Unternehmen eine tägliche Herausforderung. Erhöhung der Kundenbindung oder Steigerung des Customer Lifetime Values sind häufig genannte Ziele. Sie zu messen und ihre Optimierungspotenziale aufzuzeigen, erweist sich als schwer zu operationalisieren. Einfacher hingegen ist die Messung der Güte CRM-relevanter Prozesse und ihre Optimierung. Veränderungen der Märkte bedingen neue Unternehmens- und CRM-Strategien. Aus ihnen resultieren neue Organisationsformen und -prozesse. Ihre Umsetzung in Vertrieb, Marketing und Service - i. d. R. unter Nutzung geeigneter Software - steht im Mittelpunkt der CRM-Projekte. Sie kosten Geld und die wertvolle Zeit der Mitarbeiter, die während der Projektarbeit nicht ihren originären Aufgaben nachgehen können. So stellt sich bei jedem Vorhaben die Frage, ob es sich um kostenintensiven Luxus oder eine Investition in die Zukunft handelt. Wirtschaftlichkeitsanalysen sollen diese Frage beantworten. Neben der Entscheidungsunterstützung helfen sie, Maßnahmen oder Teilprojekte nutzenorientiert zu priorisieren. Beantwortet wird die Fragestellung nach dem zusätzlichen Gewinn, resultierend aus dem umgesetzten Projekt oder Projektschritt.

Validität und Sportlichkeit entscheiden. Die Akzeptanz für die Ergebnisse der Wirtschaftlichkeitsbetrachtung bei Mitarbeitern und Managern stellt sich als Grundvoraussetzung für den Projekterfolg heraus. Ist das Management nicht überzeugt, wird das Projekt nicht oder nur mit unzureichender Ressourcenkapazität durchgeführt. Der Erfolg wird sich nicht einstellen. Sind die betroffenen Mitarbeiter nicht von den Projektzielen überzeugt, so ist durch ihre fehlende Identifikation und Unterstützung das Projekt gefährdet. Erhöhte Aufwendungen für Change Management können (bedingt) Abhilfe schaffen. Andererseits ist bei der Potenzialabschätzung Sportlichkeit gefragt. Tendenziell werden Einsparpotenziale oder Umsatzsteigerungen von den Mitarbeitern zu niedrig eingeschätzt. Sie fürchten, an der abgegebenen Schätzung später gemessen zu werden. Persönliche Motive wie die Wahrung des Status können ebenfalls hierzu führen. Solche Phänomene sind auch auf den unterschiedlichen Managementebenen festzustellen. Daher helfen Top-down-Zielvorgaben, die sich an der Unternehmensstrategie orientieren. Sie decken die Potenziale auf.

Ob sich die Prognose bewahrheitet, sollte nach Projektabschluss, sobald Organisation und Prozesse sich im „eingeschwungenen Zustand" befinden gemessen werden. Der Rückfluss des investierten Kapitals durch das Projekt wird beurteilt. Abweichungen zwischen der Ex-ante- und Ex-post- Betrachtung der Wirtschaftlichkeit sind zu analysieren. Notwendige Korrekturmaßnahmen bei unzureichendem Kapitalrückfluss sind ggf. zu initiieren.

2 Theoretische Grundlagen

2.1 Wirtschaftlichkeitsbetrachtung

Die Wirtschaftlichkeitsbetrachtung beantwortet die Frage nach der Rentabilität von Investitionen. Liegt der monetäre Ertrag einer Investition über dem in Geldeinheiten ausdrückbaren geleisteten Aufwand, so spricht man von positiver Rentabilität. Die absolute Rendite stellt somit den Saldo zwischen realisierten Einnahmen und entstandenen Ausgaben dar (Gewinn).

Sowohl strategische Projekte als auch Implementierungen von IT-Systemen haben gemeinsam, dass sie sich über einen zuvor definierten Zeitraum hinweg erstrecken. Innerhalb dieses Zeitraumes entstehen bspw. Aufwendungen durch die Bereitstellung interner Ressourcen bzw. durch Zukauf externer Dienstleistung. Der zu erzielende Ertrag aus dem Projekt kann, abhängig von der Projektdefinition, frühestens nach Start des Projektes, i. d. R. jedoch erst nach Projektabschluss realisiert werden. Gleiches gilt für Projektfolgekosten, die sich aus der spezifischen Projektdefinition heraus vorhersagen lassen. Bezogen auf die Projektlaufzeit bedeutet dies, dass nicht nur die Phase der Durchführung und Implementierung, sondern auch nachgelagerte Perioden in die Betrachtung der Wirtschaftlichkeit mit einfließen müssen. Betrachtet man nun die im Rahmen des Projektes entstehenden Durchführungs- und Folgekosten, so sind diese im Vorfeld ein entscheidendes Kriterium der Argumentation für das Vorhaben. Bezieht man die mit dem Projekt zu erzielenden Erlöse mit ein, so wird häufig eine qualitative Nutzenaussage herangezogen, die jedoch nicht direkt mit den zu erwartenden Aufwänden zu vergleichen ist. Bei dem Versuch, Projekterlöse zu bestimmen und gar zu quantifizieren, ist zwischen „weichen" und „harten" Nutzen zu unterscheiden. Unter „weichem" Nutzen werden hier die Aspekte verstanden, welche gar nicht oder nur unter erheblichen Mehraufwänden messbar sind. Der „harte" Nutzen stellt hier das Potenzial dar, welches vergleichsweise einfach zu ermitteln ist. Diese beiden Nutzenqualitäten stellen hierbei die beste messbare Größe dar. In den bekannten und vom Projekt beeinflussten Prozessen liegen jene Potenziale, welche sich in Arbeitszeit oder z. B. in Papieraufwänden ausdrücken und in Geldeinheiten umrechnen lassen.

In dem hier beschriebenen Zusammenhang handelt es sich um eine Ex-ante-Wirtschaftlichkeitsbetrachtung, welche sich auf ein Kennzahlensystem stützt, das durch Werte noch mit Leben zu füllen ist. Die ex-ante-Betrachtung kann somit als eine Grundlage zur Investitionsentscheidung herangezogen werden.

Diese Argumentation lässt sich auch umkehren und kann wertvolle Informationen über erwarteten (oder versprochenen) Nutzen liefern. Der Vorteil einer Ex-post-Wirtschaftlichkeitsbetrachtung im Gegensatz zu der Ex-ante-Vorgehensweise liegt in der Messung bereits vorhandener Kennzahlenwerte.

Beide Sichtweisen bieten Unternehmen die Möglichkeit, den oftmals nur schwer quantifizierbaren Nutzen in Geldeinheiten auszudrücken.

Um eine Aussage über den Return zu bekommen, müssen, wie oben beschrieben, Aufwände, Einsparpotenziale und Umsätze über den Zeithorizont ihres Eintretens in Relation zueinander gesetzt werden. Für die Ermittlung eines Returns on Investment ist das DuPont-Kennzahlensystem heranzuziehen (vgl. Horvart 1998). Das DuPont-Kennzahlensystem bildet einen ROI ab, der jegliche Aufwände und Erlöse unter Berücksichtigung der Deckungsbeitragsrate für eine Investitionsrechnung berücksichtigt. Dieses klassische ROI-Modell hat jedoch den Nachteil, einen Periodenbezug nicht zu berücksichtigen. Unter Verwendung der Barwertmethode können jedoch die Einzelpositionen dieses Kennzahlensystems in einen zeitlichen Zusammenhang gebracht werden. Mittels dieser Methode kann der Kritik am ROI nach dem DuPont-Kennzahlensystem der Ein-Perioden-Betrachtung entgegengetreten werden (vgl. Rappaport 1998). Das Heranziehen eines Diskontierungsfaktors zur Berechnung von Barwerten berücksichtigt unter anderem die Risikobereitschaft von Unternehmen bzgl. Investitionen. Da jedoch Zeiträume von 3 bis 7 Jahren betrachtet werden, bleiben störende Umwelteinflüsse in dieser Zeit weitgehend unberücksichtigt. Hieraus ergibt sich eine Unschärfe in der Ermittlung des ROI. Nichtsdestotrotz liefert dieser dynamische ROI eine Aussage über die Wirtschaftlichkeit von Projekten, welche weit über die qualitative Nutzenargumentation hinausgeht.

2.2 Nutzen von CRM-Projekten

Die ganzheitliche Orientierung der Organisation am Kunden stellt für Unternehmen eine Herausforderung dar, welche mit erheblichen Anstrengungen verbunden ist. Sinkende Kundenloyalität, Homogenisierung von Produkten und die zunehmende Globalisierung erfordern eine Fokussierung auf Kundenbedürfnisse sowohl im direkten als auch im indirekten Kundenkontakt (vgl. Rapp 2001).

Der Nutzen von CRM stellt sich in der Form dar, dass die Beziehung des Unternehmens zu seinen Kunden an Qualität zugenommen hat. Hieraus resultiert direkt ein stabilisierter bzw. erhöhter Umsatz. Andererseits wird Nutzen realisiert, indem bestehende Kundenbeziehungen effizienter bearbeitet werden können. Die vielen unterschiedlichen Faktoren, die den Absatz beeinflussen, sind jedoch vielschichtig. Die exakte Identifizierung von Umsatzpotenzialen durch CRM-Vorhaben erscheint fast unmöglich. Die Effizienzsteigerung der Kundenbearbeitung ist hier weitaus besser zu ermitteln. Hierbei gilt es, das Augenmerk auf die kundenorientierten Prozesse zu richten.

Der Prozess der Neukundenakquisition kann erheblich in seiner Effizienz gesteigert werden, wenn den Vertriebsmitarbeitern die Erfolg versprechende Zielgruppe bereits vor der Kampagne bekannt ist. Hierbei unterstützt CRM sowohl von der strategischen Seite aus mit der Definition von Zielgruppen als auch in der systemtechnischen Umsetzung durch die Selektion über Kundendatenbanken. Dieses zielgruppenorientierte Vorgehen erhöht einerseits die Wahrscheinlichkeit einer erfolgreichen Akquisition, andererseits reduzieren sich die Aufwendungen in wenig Erfolg versprechende Zielgruppen.

Das dargestellte Szenario ist eines von vielen , die eindeutig zeigen, dass dem Wunsch einer schnellen Realisierung von Einsparpotenzialen aus Sicht der Prozesse Folge geleistet werden kann. Dies bedingt jedoch, dass die kundenrelevanten Prozesse überhaupt bekannt sind und beschrieben werden können.

Der Gesamtnutzen einer Investition in CRM ist derzeit nicht vollständig quantifizierbar. Die Vielzahl der beeinflussenden Faktoren ist so komplex wie die Umwelt selbst. Theoretisch wäre der Nutzen zu bestimmen, es scheitert jedoch an hinreichenden Ermittlungsmodellen, da diese jeweils nur einen Bereich der Umwelt mit einbeziehen. Eine Möglichkeit der Abbildung des Nutzens bestünde in der Verwendung dynamischer Systeme (vgl. Forrester 1968). Ob das Ergebnis einer Modellierung nach Forrester dem zu investierenden Aufwand gerecht wird, ist zu bezweifeln und soll an dieser Stelle nicht diskutiert werden.

Der Nutzen von CRM-Projekten ist umso höher, je ganzheitlicher die Kundenbeziehung im Unternehmen gesehen wird. Eine reine IT-System-Implementierung stellt hierbei eine häufig anzutreffende Vorgehensweise dar, welche trotz ihrer empirischen Signifikanz nicht zwingend die zu präferierende Art ist, sich mit CRM auseinander zu setzen. Die Einführung eines CRM-Tools muss der letzte Schritt sein. Denn nur ein in die Strategie eingebundenes, an Prozessen ausgerichtetes Tool kann das Nutzenpotenzial abschöpfbar machen.

CRM hilft Unternehmen, den Kunden besser in die Unternehmensabläufe zu integrieren, sowohl in dessen Wahrnehmung als auch unabhängig von ihr. Wissen über Kunden hilft in vielen Bereichen, bspw. dem Marketing, einen zielgerichteten Dialog mit den Kunden zu etablieren. Aber das Wissen über den Kunden hilft auch bei der Kreation neuer Produkte.

3 Praxisorientierter Ansatz: ARIS CRM Scout

3.1 ARIS CRM Scout

Das Erfolgsrezept des ARIS Scouts ist die Verknüpfung von ARIS, der weltmarktführenden Software zur Gestaltung, Analyse und kontinuierlichen Optimierung von Geschäftsprozessen, mit den Erfahrungen aus vielen Beratungsprojekten. ARIS CRM Scout unterstützt bei der schnellen und qualitätsgesicherten Umsetzung von Kundenmanagement-Projekten.

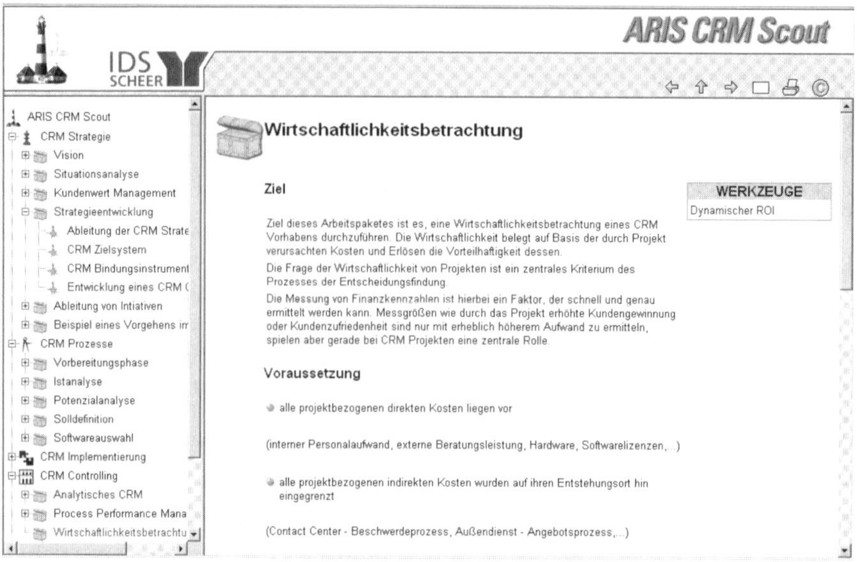

Abb. 1: ARIS CRM Scout

Der Scout beschleunigt CRM-Projekte durch vordefinierte Inhalte und beantwortet alle wichtigen Fragen mit Hilfe eines strukturierten Vorgehensmodells, das die Phasen, Arbeitspakete und einzelnen Aktivitäten genau beschreibt. Darüber hinaus werden zu den Aktivitäten passende Checklisten, Fragelisten und weitere Hilfsmittel (Werkzeuge) angeboten.

Der ARIS CRM Scout orientiert sich an den Phasen des Process Lifecycles. Die CRM-Strategie bildet dabei das Fundament für die CRM-Initiativen. Für ihre erfolgreiche Umsetzung sind die Prozesse des Kundenmanagements entscheidend. Branchenspezifische Referenzmodelle zeigen die Best Practice. Die Soll-Prozesse stellen die Basis für die anschließende Implementierung in der Organisation oder einer CRM-Software dar. Besonders in dieser Phase kommt dem Change Management eine große Bedeutung zu. Die Mitarbeiter sind zu begleiten und Akzeptanz für das CRM-Vorhaben ist zu sichern. Das CRM-Controlling mit seinem Kennzahlensystem liefert die Steuerungsgrößen für das operative Geschäft (analytisches CRM) und die Prozessperformance.

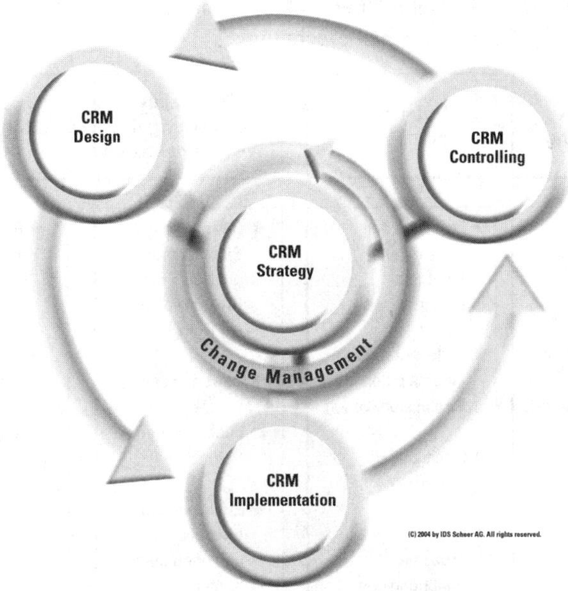

Abb. 2: CRM Process Lifecycle

Der Nachweis der Wirtschaftlichkeit eines CRM-Vorhabens stellt sehr häufig eine Herausforderung für die Projektverantwortlichen dar. Der dynamische ROI-Kalkulator ist auf die speziellen Anforderungen eines CRM-Projektes hin konzipiert und in das Vorgehensmodell integriert.

3.2 Vorgehensmodell der Wirtschaftlichkeitsbetrachtung

Zur Wirtschaftlichkeitsberechnung sind von den vorbereitenden Tätigkeiten bis zum vorliegenden Return on Investment 4 Arbeitsschritte zu durchlaufen:

- Analyse und Vorbereitung
- Potenzialaufnahme
- Potenzialbewertung und Investitionskosten
- Ermittlung des dynamischen Returns on Investment

Dabei erweist es sich als von Vorteil, bereits zuvor die im Scout beschriebenen Arbeitspakete zur Strategieentwicklung durchgeführt zu haben. Ihre Ergebnisse, u. a. CRM-Ziele und zugehörige Initiativen (Maßnahmen), fließen direkt in die Wirtschaftlichkeitsbetrachtung ein. Sie dienen der Definition des Untersuchungsgegenstandes und liefern häufig auch schon erste Priorisierungen der CRM-Maßnahmen aus Sicht des Managements.

Nachfolgende Grafik gibt einen Überblick über die Arbeitsschritte und zugehörige Aktivitäten zur Wirtschaftlichkeitsberechnung:

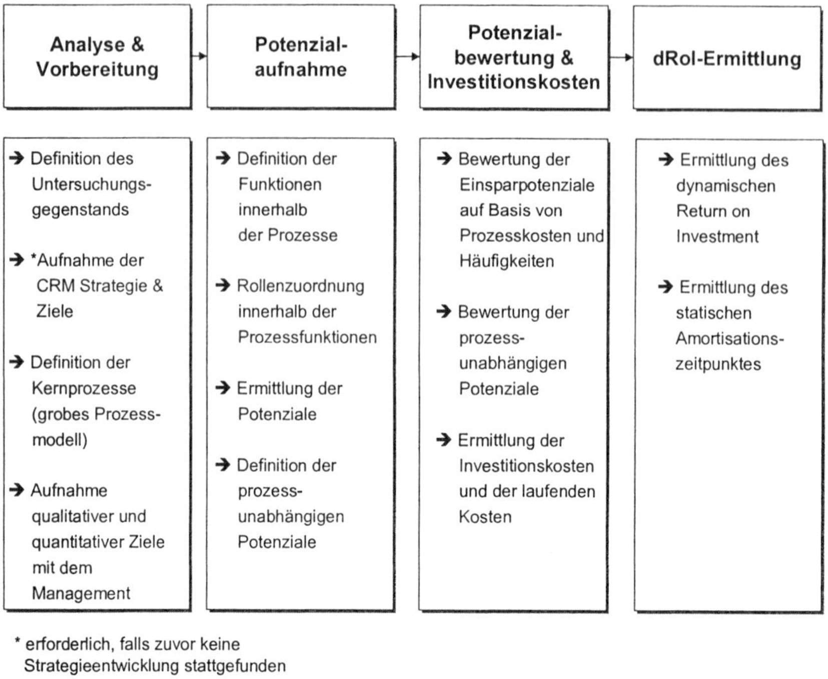

Abb. 3: Vorgehen Wirtschaftlichkeitsberechnung

Durch die Abfrage der mit dem CRM-Vorhaben verbundenen qualitativen und quantitativen Ziele bei den Führungskräften soll Tendenzen der Unterbewertung von Potenzialen durch die Mitarbeiter entgegengesteuert werden. Hier gilt es, auch zu definieren, ob Umsatzausweitungen in die weitere Potenzialaufnahme einfließen sollen. Orientierungshilfe für die Einordnung der Potenziale bietet ein grobes Prozessmodell. Dieses Modell wird im anschließenden Arbeitsschritt weiter verfeinert und dient zur Qualitätssicherung (siehe Abbildung). So kann sichergestellt werden, dass keine prozessualen Einsparungen unberücksichtigt bleiben. Der Abgleich zwischen Top-down und Bottom-up ermittelten Potenzialen stellt eine Korrekturgröße im Prozess der Potenzialermittlung und auch der Bewertung dar.

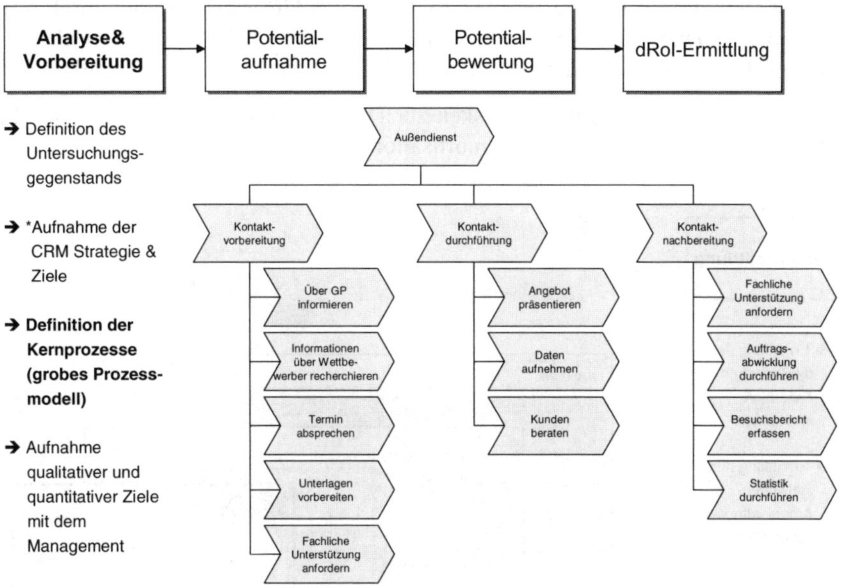

Abb. 4: Ausschnitt aus Geschäftsprozessmodell

Nach der Aufnahme der Potenziale – prozessbezogene wie auch prozessunabhängige – erfolgt die Bewertung. Hierzu sind Prozesskosten zu ermitteln, hilfsweise auch vereinfacht in der Form durchschnittlicher Kosten pro Stunde einer Rolle (Mitarbeitertyp). Für die prozessunabhängigen Potenziale, vor allem für die Umsatzerweiterungen, ist ein geeignetes Rechenwerk aufzustellen. Hierbei werden i. d. R. Anzahl der Kunden im relevanten Segment, durchschnittlicher Deckungsbeitrag pro Kauf, durchschnittliche Anzahl Käufe und Erhöhung der Verkäufe ermittelt.

Ebenso sind die mit den CRM-Vorhaben verbundenen Investitionskosten abzuschätzen. Die anfallenden Kosten, gerastert z. B. nach den Kategorien Software-, Hardware-, Beratungs- und interne Kosten, sind gemäß ihrem zeitlichen Anfallen anzusetzen.

Steht das Zahlengerüst, so ermittelt der dynamische ROI-Kalkulator gemäß finanzmathematischer Formeln den Return der CRM-Maßnahmen sowie weitere Kennzahlen.

3.2 Verwendung des dynamischen ROI-Kalkulators

Der dynamische ROI-Kalkulator wurde speziell auf die Belange von CRM-Projekten ausgerichtet. Er enthält bereits Business Content in Form von Prozessen, Teilprozessen oder Funktionen aus den Bereichen Sales, Service und Marketing sowie Kalkulationsschemata für die Ermittlung von Umsatzsteigerung durch Neukundengewinnung, Cross- und Up-Selling oder Folgekäufe. Die Potenziale können hier direkt erfasst werden. Kundenspezifische Anpassungen sind möglich.

Nachfolgende Grafik zeigt die Masken zur Dateneingabe und die generierten Ergebnisse (Return on Investment, Amortisation).

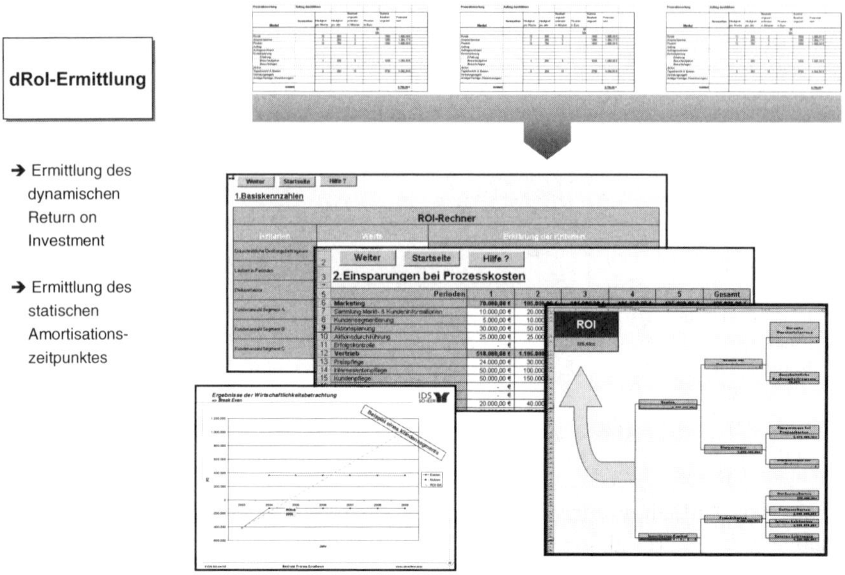

Abb. 5: Übersicht dynamischer ROI-Kalkulator

Die Berechnungen basieren auf einer Reihe von Basiskennzahlen die unternehmensspezifisch zu definieren sind:

- Betrachtungszeitraum für die Berechnungen
- Diskontierungsfaktor
- Kundensegmente und Anzahl Kunden
- Durchschnittlicher Deckungsbeitrag pro Stück/Verkauf

Diese Basiskennzahlen werden auf die hinterlegten Potenziale angewendet. Die Werteflüsse werden periodengenau im Kalkulator erfasst und auf den Startzeitpunkt diskontiert. Folgendes Schema verdeutlicht die Errechnung des dynamischen ROI.

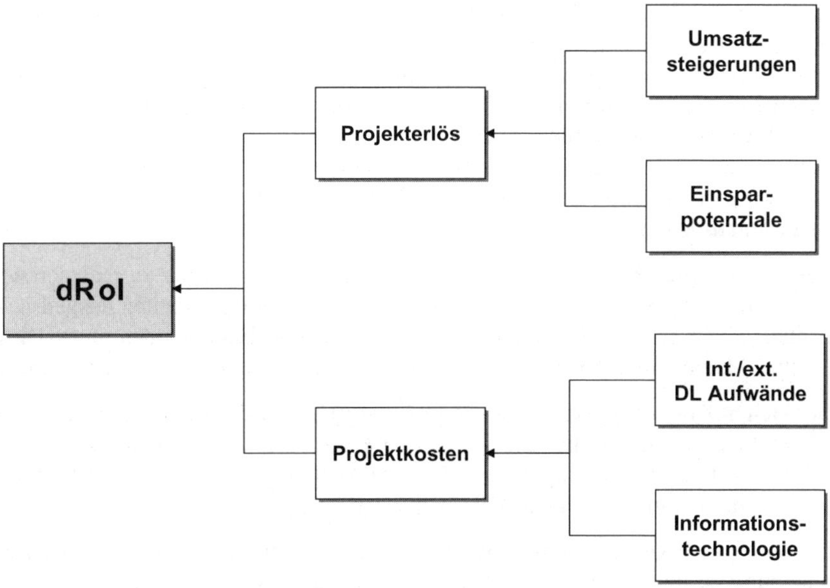

Abb. 6: Werttreiber des dynamischen ROI

4 Praxisbeispiel

Die Frage nach dem qualitativen Nutzen einer CRM-Software wird gerne mit den üblichen quantitativen Nutzenargumenten beantwortet. Das ist heute jedoch nicht mehr ausreichend für Entscheider, welche die nicht ganz „billige" Investition in ein CRM-System einer anderen Möglichkeit vorziehen-.

Vor dieser Frage stand auch die 1672 gegründete Brauerei Tucher Bräu aus Nürnberg. Das Ziel, eine Software einzuführen, welche den Anforderungen des Außen- und Innendienstes gerecht wird, war schnell definiert. Die Frage jedoch, welchen quantitativen Nutzen Tucher Bräu hier realisieren kann, war ein zu klärender offener Punkt.

Unter Verwendung der Vorgehensweise und Tools des ARIS CRM Scouts wurde ein ROI auf Prozesskostenbasis ermittelt. Hierbei wurde darauf verzichtet, Umsatzpotenziale oder weitere „weiche" Faktoren in die Betrachtung der Wirtschaftlichkeit mit einzubeziehen.

In Workshops wurden gemeinsam mit Mitarbeitern der jeweiligen Organisationseinheiten des Kunden die jeweiligen von der Softwareeinführung beeinflussten Prozesse diskutiert. Hierzu mussten zuerst die jeweiligen Prozesse identifiziert werden. Diese Prozesse mussten auf Basis ihrer Häufigkeit und dem damit verbundenen Aufwand in Zeiteinheiten in Verbindung mit dem internen Leistungsverrechnungssatz des Personaleinsatzes bewertet werden. Ebenso wurde das mögliche Einsparpotenzial im Zeitbezug fixiert und monetär quantifiziert. Darüber hinaus konnten Einsparpotenziale durch die Automatisierung von Papierworkflows realisiert werden. Diese Vorgehensweise ermöglicht eine mit niedrigem Aufwand verbundene Erhebung notwendiger Informationen. Gleichzeitig gewährleistet die enge Einbindung der Mitarbeiter die Erstellung eines validen Kennzahlensystems.

Die Summe aller Prozesseinsparpotenziale stellt den möglichen zu realisierenden Nutzen des Projektes dar. Diese Kennzahl ist eine in Geldeinheiten ausgedrückte Größe, welche jedoch nicht zwangsläufig fiskalisch wirksam werden muss. Dieses Potenzial kann nun bspw. in eine verstärkte Kundenbearbeitung investiert werden.

Der sich aus dem Projekt ergebende positive ROI und die statische Amortisation unterhalb von 2 Jahren hat gezeigt, dass die Einführung des CRM-Systems vorteilhaft ist. Die Realisierung dieses ROI in der Zukunft stellt eine Herausforderung an das Unternehmen und seine Mitarbeiter dar.

Ein positives Ergebnis wie das hier ermittelte, ermöglicht es, eine Investitionsentscheidung zu untermauern. Darüber hinaus verfügt man über ein Kennzahlensystem, welches eine Ex-post-Erfolgskontrolle ermöglicht.

5 Grenzen der Wirtschaftlichkeitsbetrachtung

5.1 Bewertung des Vorgehensmodells

Die in den vorangegangenen Kapiteln beschriebene Vorgehensweise veranschaulicht eine stabile Methode zur Ermittlung der Wirtschaftlichkeit. Die prozessorientierte Ermittlung von Potenzialen sorgt für Transparenz bei Mitarbeitern und Geschäftsführung. Die zu ermittelnden Ergebnisse sind klar nachvollziehbar, das finanzmathematische Berechnungsmodell entspricht hinreichend wissenschaftlichen Ansprüchen und distanziert sich klar von marktüblichen Werkzeugen.

Das Ergebnis selbst darf nicht auf den Prozentpunkt genau interpretiert werden. Es gibt lediglich einen sehr guten Hinweis auf den zu erwartenden Nutzen. Vernachlässigt man ein mögliches Umsatzsteigerungspotenzial und erhält im Ergebnis einen positiven ROI, so kann dies als gesicherte Aussage bzgl. der Wirtschaftlichkeit der Investition herangezogen werden. Der Nachweis der Vorteilhaftigkeit aufgrund optimierter und beschleunigter Prozesse belegt sehr deutlich, dass kundenorientierte Abläufe erhebliche Einsparpotenziale enthalten und immer in den Betrachtungsgegenstand mit einbezogen werden müssen.

Die Frage der fiskalischen Relevanz ist hierbei kritisch zu betrachten. Da die in Geldeinheiten ermittelten Einsparpotenziale per se auf Basis reduzierter Prozessbearbeitungszeiten nicht zu zahlungswirksamen Geldflüssen führen, ist das Ergebnis der ROI-Kalkulation erst dann als Ex-post-Prüfkennzahl heranzu-ziehen, wenn diese Potenziale in zahlungswirksame Maßnahmen umgesetzt wurden. In diesem Falle spricht man von indirekten Einsparpotenzialen, welche aber direkt dem Projekt zuzurechnen sind und somit bei der ROI-Ermittlung berücksichtigt werden müssen.

5.2 Berücksichtigung von Umsatzsteigerungen

Das oft versprochene Umsatzpotenzial, welches mit CRM in Verbindung gebracht wird, ist bei der Ermittlung der Wirtschaftlichkeit der am schwersten zu ermittelnde Teil. Da es sich aus der aktuellen Marktsituation und der zukünftigen Entwicklung ergibt, ist der hier zu investierende Aufwand um ein Vielfaches höher als bei der Vernachlässigung des Umsatzes.

Die Analyse der aktuellen Marktsituation muss auf die Ebene eines jeden im Kundenkontakt stehenden Mitarbeiters heruntergebrochen werden, was sich insbesondere auf dieser Ebene als außerordentlich anspruchsvoll darstellt.

Die Vernachlässigung der Umsatzbetrachtung stützt sich auf die Theorie abnehmender Grenznutzen, welche besagt, dass entlang der Nutzenfunktion der sich ergebende Grenznutzen mit steigendem Aufwand abnimmt. Somit gilt, solange der Grenznutzen größer 1, steigt der Nutzen schneller als der zu investierende Aufwand (vgl. Varian 1991).

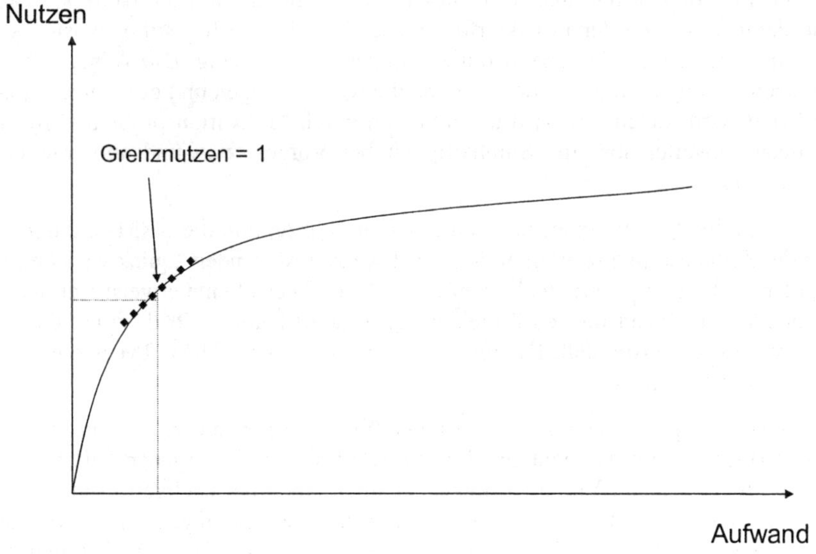

Abb. 7: Grenznutzen

6 CRM lohnt sich

Investitionen in die Kundenbindung lohnen sich, vorausgesetzt, die richtigen CRM-Maßnahmen werden zielgerichtet mit der notwendigen Durchsetzungskraft realisiert. Die viel diskutierte Quote gescheiterter Projekte zeigt die zahlreichen Wagnisse im Projektverlauf und ihre Auswirkungen. Das eingesetzte Geld sollte wenn möglich mit Gewinn in das Unternehmen zurückfließen. Jede ROI-Betrachtung ist mit Risiken verbunden. Daher dient die Ermittlung des Returns on Investment ex ante ausschließlich zur Entscheidungsunterstützung, seine Beweiskraft ist jedoch eingeschränkt. Denn die Faktoren, die zum Nichteintreten des ROI führen können, sind vielfältig.

Falsche Annahmen hinsichtlich der realisierbaren Potenziale führen zu einem überhöhten Wert. Diese Gefahr ist umso höher, je mehr sich die Wirtschaftlichkeit auf Umsatzsteigerungen stützt. So kann die Annahme einer Verringerung der Abwanderungsquote die Berechnung schönen, in der Realität allerdings nie erreicht werden, da die relevanten Faktoren auch nicht in den vom CRM-Projekt steuerbaren Bereichen liegen (z. B. Produktqualität, Preispolitik, Liefertreue).

Wirtschaftlichkeitsberechnungen, die im Wesentlichen auf Prozesskosteneinsparungen beruhen, sind erfahrungsgemäß weniger risikobehaftet. Können diese Verbesserungen in den Prozessen realisiert werden, so ist das „Lohnen“ davon abhängig, wie die freigesetzte Kapazität genutzt wird. Dient sie zur Erhöhung der Vertriebskraft, so erfolgt ein Rückfluss in die Umsätze. Da viele Märkte eher rückläufig sind, scheidet diese Variante aus. So bleibt die Freisetzung der Ressourcen.

Fehler im Projektdesign und im Projektmanagement sind mit die häufigste Ursache dafür, dass sich der Projekterfolg nicht einstellt. Die Investitionskosten steigen, und dies ist häufig gepaart mit einem zeitlichen Verzug. Die Wirtschaftlichkeitsberechnung kommt aus dem Lot, da die Kosten steigen und der Nutzen später realisiert wird. Erschwert wird die Situation durch Motivationsprobleme im Projektteam, Zweifel über die Sinnhaftigkeit bei Vorgesetzten und außenstehende Mitarbeiter.

Die Empfehlung lautet hier, nach einer Gesamtkonzeption die CRM-Maßnahmen auf der Zeitachse so zu verteilen, dass nach kurzen Abständen „quick wins“ erzielt werden. „Think big, start small“ heißt das Motto. Dies alleine erweist sich jedoch nicht als hinreichend für den Projekterfolg. Eine bedeutende Rolle spielt das eingesetzte Vorgehensmodell. Es sollte sich wie z. B. der ARIS CRM Scout in der Praxis bewährt haben.

Die Ausführungen zeigen die Grenzen der Wirtschaftlichkeitsbetrachtung auf und geben Hinweise auf das richtige CRM-Projektdesign und -vorgehen. Die Risiken, die in einem solchen Vorhaben liegen, müssen, auch bei nachgewiesenem ROI, vom Management getragen werden. Nur mit der Überzeugung, dass die Maßnahmen Kundenbindung und Kundenwert steigern und zu Wettbewerbsvorteilen führen, sollten die Verantwortlichen die Projektinitiative starten. Der eingetretene Erfolg wird ihnen Recht geben: CRM-Projekte lohnen!

Literaturverzeichnis

Horvárth, Dr. Péter, (1998), Controlling, Verlag Franz Vahlen GmbH

Rappaport, Alfred, (1998), Creating Shareholder Value, The Free Press

Rapp, Reinhold, (2001), Customer Relationship Management, Campus Verlag

Buchner, Prof. Dr. Robert, (1993), Kapitalwert, interner Zinsfuß und Annuität als investitionsrechnerische Auswahlkriterien, WiSt, Heft 5

Forrester, Jay W., (1968), Principles of Systems (2. Auflage.) Waltham, MA; Pegasus Communications

Varian, Hal R.,. (1991), Grundzüge der Mikroökonomik, Verlag Oldenbourg

Service Enterprises

Einleitung: Service Enterprises

Thomas Heupel
IDS Scheer AG

Kosteneffizienz: Guideline für Gewinner im Wettbewerb

„Wir sind doch keine Schraubenfabrik“: Die Erkenntnis, dass Dienstleistungen genau wie physische Produkte entwickelt, ihr Erstellungsprozess systematisch beschrieben und sie schließlich standardisiert erstellt werden, beginnt sich erst langsam und durchaus gegen den Widerstand in den Dienstleistungsindustrien zu etablieren. Doch gerade in wirtschaftlich schwierigen Zeiten liegen in der Umsetzung dieses Denkansatzes hohe Kosteneinsparungspotenziale. Denn Dienstleistungsunternehmen sind ihrer Natur nach Prozessunternehmen par excellence.

Optimierung der Kosten entlang der Leistungsprozesse lautet das Paradigma von IDS Scheer. Der Beitrag *Grundzüge einer prozessorientierten Methodik für Cost Cutting Projekte* führt in dieses Gedankengut ein. Nach einem kurzen theoretischen Überbau wird das Vorgehensmodell vorgestellt und dessen wichtigste Schritte erläutert. Anhand eines Projektbeispiels Flughafen wird die Anwendung der Methoden umrissen.

Zu einer kostenoptimal gestalteten Wertschöpfungskette gehört die kritische Überprüfung der Wertschöpfungstiefe. Outsourcing ist das zugehörige Schlagwort, das in dem Beitrag *Prozessoptimierung bei Business Process Outsourcing* thematisiert wird. Ausgehend von einer Analyse unterschiedlicher Gestaltungsformen des Outsourcings wird herausgearbeitet, dass gerade die Auslagerung von kompletten Prozessschritten in Verbindung mit Business Process-Optimierung große Potenziale erschließen kann. Die Analyse zeigt, wie es eine intelligente Ausgestaltung strategischer Outsourcing-Partnerschaften ermöglicht, beide Partner an einer Win-win-Situation partizipieren zu lassen.

Wie durch straffes Kostenmanagement in erfolgskritischen Leistungsprozessen Freiräume für ein verbessertes Agieren am Markt geschaffen werden können, zeigt der Beitrag *Kreativität organisieren – Reengineering von Tageszeitungen* auf. Das Anzeigengeschäft ist das wirtschaftliche Herz einer Tageszeitung. Bei zurückgehenden Anzeigenvolumina ist es daher vital, die zugeordneten Leistungsprozesse kritisch zu durchleuchten und ganzheitlich auszugestalten. An Stellen, an denen die Wertschöpfung eine hohe Kundeninteraktion erfordert, zeigen sich die wirtschaftlichen Grenzen des Outsourcings. Soll eine funktionale Organisation mit ausgelagerten Wertschöpfungsschritten prozessorientiert neu gestaltet werden, heißt die Maxime Insourcing, Re-Integration der ausgelagerten Aktivitäten. Ein Trend, der sich verstärkt in modernen Formen der Arbeitsorganisation zeigt.

Neue marktseitige Ansätze, wie Regionaler Marktplatz, Online-Anbieter oder Media-Agentur für den regionalen Mittelstand, werden als Optionen dargestellt, um das Leistungsangebot zu stärken.

Eine der großen Herausforderungen für ein funktionierendes Prozessmanagement ist die Beschaffung der steuerungsrelevanten Informationen aus den Prozessen. Letztendlich muss auf ihrer Basis beurteilt werden, ob sich Maßnahmen gerechnet haben oder nicht. Wenige Organisationen sind heute bereits hierauf ausgerichtet. Der Beitrag *Effizienzsteigerung bei einem der größten Festnetzanbieter Europas: Aufbau eines Prozess-Managementinformationssystems bei T-Com* zeigt, wie dieser Herausforderung innovativ, theoretisch fundiert und pragmatisch in der Umsetzung begegnet werden kann. Das Business Intelligence System (BIS) bereitet prozess-, produkt- und organisationsbezogene Daten aus dem operativen Festnetzgeschäft mit Hilfe zielgruppenspezifischer Reports für das Management auf. Aus den Analysen lassen sich im Sinne des Benchmarkings Best Practices für Prozesse, Produkte und Standorte ableiten. Ein toolgestütztes, kontinuierliches Verbesserungsmanagement wird nun erstmals möglich.

Erfolgskriterium für Prozesseffizienz ist die Ausrichtung der Informationstechnologie auf die Prozessanforderungen. Gute Informationstechnologie zeichnet sich dadurch aus, dass sie die Geschäftsprozesse optimal unterstützt. In der verarbeitenden Industrie ist dieses Gedankengut bereits seit den neunziger Jahren verankert. Zunehmend greifen diese Denkansätze nun auch im Bereich der Dienstleistungsunternehmen. Der Beitrag *Entwicklung einer prozessorientierten IT-Strategie für die Mitteldeutsche Flughafen AG* widmet sich einem erfolgreichen Beispiel. Ausgehend vom Geschäftsmodell eines Flughafens wird ein IT-Bebauungsplan entwickelt und die Organisation für dessen Umsetzung definiert.

Eine nachhaltige Verankerung der kontinuierlichen Weiterentwicklung der Organisation und der unterstützenden Informationstechnik erfordert in hohem Maße die Einbeziehung des Faktors Mensch. Der Beitrag *Business Process Excellence in SAP-gestützten Prozessen - Nachhaltige und effiziente Prozessoptimierung nach Unbundling und IS-U-Einführung* zeigt, wie in einem sich verändernden Umfeld Projekte ausgestaltet werden können, um nachhaltige Ergebnisse zu erreichen. Der Fokus liegt dabei sehr stark auf den eingesetzten Methoden, die zu einer hohen Effizienz in der Projektdurchführung beitragen und die Nachhaltigkeit der Projektergebnisse durch intensiven Einbezug der Mitarbeiter stützen.

Die abschließende Fallstudie eines Projektes aus der Versorgungswirtschaft skizziert hierzu ein erfolgreiches Beispiel.

Die Gesamtheit der Beiträge gibt einen Überblick, wie der Business Process Life Cycle in allen seinen Aspekten durch Projekte mit Leben gefüllt wird.

Grundzüge einer prozessorientierten Methodik für Cost-Cutting-Projekte

Zhong Hong
IDS Scheer AG

Michael Rombach
IDS Scheer AG

Zusammenfassung

Kosteneinsparungsprojekte gewinnen während konjunktureller Abschwungphasen an Bedeutung. Prozessorientierte Ansätze für Cost-Cutting-Projekte ermöglichen im Gegensatz zu organisationsorientierten Vorgehensweisen nachhaltige Effekte. IDS Scheer hat einen prozessorientierten Ansatz entwickelt, der 3 wesentliche Merkmale aufweist: Zunächst sind sämtliche Unternehmensprozesse in einer Prozesslandkarte zu strukturieren, indem sie in Kern-, Unterstützungs- und Managementprozesse gegliedert werden. Bei der nachfolgenden kostenrechnerischen Bewertung der Prozesse sind stellenbezogene Kosten durch geeignete Schlüsselung in Prozesskosten zu transformieren. Auf Basis dieser Kosteninformationen werden die Prozesse auf Einsparungspotenziale untersucht und Umsetzungsmaßnahmen abgeleitet.

Schlüsselwörter

Cost Cutting, Geschäftsprozess, Kernprozess, Kosteneinsparung, Kostenzuordnung, Managementprozess, Prozessanalyse, Prozesskosten, Prozesslandkarte, Prozessmanagement, Organisation, Unterstützungsprozess

1 Einleitung

Seit es Unternehmen auf dieser Welt gibt, haben Unternehmer 2 grundlegende Aufgaben zu erfüllen: Umsatz erhöhen und Kosten reduzieren. Bei der einen Aufgabe handelt es sich im weitesten Sinne um die Marktbearbeitung, bei der anderen geht es um die interne Organisation. Beide Aufgaben sind eng mit dem Prozessmanagement verbunden. Allerdings sind sich Unternehmer bei ihrem Handeln dieses Zusammenhangs nicht unbedingt immer bewusst.

Je nach der Konjunkturlage der Volkswirtschaft rückt die eine oder die andere Aufgabe in den Vordergrund. In Zeiten konjunkturellen Abschwungs gewinnt in der Regel die Kostenreduzierung an Bedeutung. Dies ist in den letzten Jahren in Deutschland deutlich zu beobachten.

In der betriebswirtschaftlichen Praxis gibt es eine Reihe von Methoden, mit denen Einsparpotenziale identifiziert und aus denen Sparmaßnahmen abgeleitet werden können. Sie unterscheiden sich hauptsächlich in ihren langfristigen Auswirkungen. Ihre häufig unerwünschten Nebenwirkungen werden in der Regel erst in einer Phase wirtschaftlichen Aufschwungs bemerkt. Falsche Entscheidungen bei der Methodenauswahl für die Kostenreduzierung haben dann Einbußen auf der Umsatzseite zur Folge.

2 Zwei unterschiedliche Philosophien

Die Methoden für die Kostenreduzierung lassen sich im Wesentlichen in 2 unterschiedliche Managementphilosophien einteilen. Die eine ist organisationsorientiert, während bei der anderen die Geschäftsprozesse des Unternehmens im Vordergrund stehen.

Häufig werden für die Kostenreduzierung in Unternehmen organisationsorientierte Methoden eingesetzt. Ihre Vorgehensweise lässt sich wie folgt grob darstellen:

- Das Top-Management definiert ein Einsparungsziel. Die Zielformulierung basiert dabei auf der Bilanzlage des Unternehmens. Dieses Gesamtziel wird, basierend auf bestehenden Kostenstrukturen, auf die unteren Organisationsebenen heruntergebrochen.
- Durch Kreativitätstechniken wie z. B. „Brainstorming" wird schließlich eine Maßnahmenliste zur Erreichung des Einsparungsziels erstellt. Jede Maßnahme wird dabei mit einem geschätzten Einsparungsvolumen abzüglich der Implementierungskosten bewertet.
- Stimmt das Gesamtvolumen mit der Zielvorgabe überein, werden die Maßnahmen nach ihrer Umsetzbarkeit und weiteren Kriterien priorisiert. Kann das

Sparziel mit den ausgewählten Maßnahmen nicht erreicht werden, muss die Maßnahmensuche wiederholt werden.

Solche organisationsorientierten Methoden sind robust und können in der Praxis verhältnismäßig schnell umgesetzt werden, sie berücksichtigen aber kaum die Geschäftsprozesse im Unternehmen.

Nicht selten werden Prozesse durch die Umsetzung solcher Einsparungsmaßnahmen verletzt. Dann müssen Unternehmen in der Zukunft wieder kräftig dort investieren, wo durch solche Verletzungen Prozessineffizienzen entstanden sind. Organisationsorientierte Methoden bekämpfen also lediglich die Symptome der Krankheit, die Ursache wird nicht behoben.

IDS Scheer bevorzugt deshalb einen prozessorientierten Ansatz für die Kostenreduzierung. Die Grundzüge der Vorgehensweise von IDS Scheer zeigt folgende Grafik:

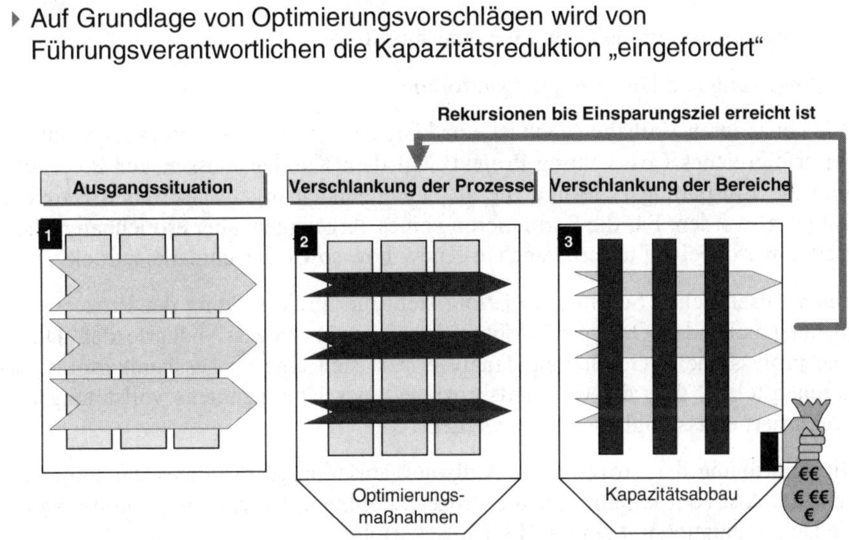

Abb. 1: Grundzüge der Vorgehensweise

Bei dieser Vorgehensweise steht die Prozessanalyse bzw. -optimierung im Vordergrund. Durch die Verschlankung der Prozesse werden überflüssige Kapazitäten in verschiedenen Bereichen abgebaut. Mit der Verschlankung der Prozesse geht eine neue Kostenstruktur einher, die auch in der Phase konjunkturellen Aufschwungs nachhaltig aufrechterhalten werden kann.

3 Neun Schritte zum Erfolg

Der Ansatz der Kostenreduzierung von IDS Scheer beinhaltet 9 Schritte:

- Zieldefinition
- Strukturierung der Geschäftsprozesse
- Zuordnung der Geschäftsprozesse zu den Bereichen der Aufbauorganisation
- Ermittlung und Bewertung der Kosten der Geschäftsprozesse und -bereiche
- Analyse der Kostenstrukturen nach Prozessen und Bereichen
- Erstellung des Maßnahmenkonzepts
- Plausibilisierung der Maßnahmen
- Anpassung des Produkt- und Leistungsportfolios
- Umsetzung und Umsetzungs-Controlling

Wie bei anderen Vorhaben auch ist eine klare Zieldefinition die Voraussetzung für ein erfolgreiches Cost-Cutting-Projekt. Mit dem Kunden müssen vor Projektbeginn die Einsparungsziele und die zu betrachtenden organisatorischen Bereiche festgelegt werden. Für die Formulierung eines ehrgeizigen, aber erreichbaren Ziels greifen wir dabei auf unser Branchen-Know-how sowie Benchmarks zurück.

Einen wesentlichen Schritt zum Erfolg stellt die Strukturierung der Prozesse des zu untersuchenden Organisationsbereiches in einer Prozesslandkarte dar. Durch eine professionelle Geschäftsfeldanalyse lässt sich eine Prozesslandkarte so zusammenstellen, dass die Geschäftsprozesse eines Unternehmens vollständig und strukturiert erfasst und abgebildet werden.

Die Zuordnung der Prozesse zur Aufbauorganisation ist die Basis der folgenden Schritte. Als Tool kommt hier die Prozesszuordnungsmatrix zum Einsatz, wobei die Dokumentation mit dem ARIS Toolset erfolgt.

Die Ermittlung der Prozesskosten ist ein weiterer Erfolgsfaktor eines prozessorientierten Cost-Cutting-Projekts. Kosteninformationen können aus den gängigen ERP-Systemen, beispielsweise SAP R/3, meistens nur nach Kostenarten bzw. Kostenstellen aufgeschlüsselt werden. Die Transformation stellenorientierter Kosten in Prozesskosten wirft automatisch die Frage nach einer plausiblen Schlüsselung der Kosten auf. Ihre Lösung verlangt neben kostenrechnerischem Fachwissen auch Erfahrung in unternehmenspolitischen Entscheidungen.

Bevor jedoch jeder Prozess einer Detailanalyse bzw. -bewertung unterzogen wird, werden die globalen Kostenstrukturen des Bereiches betrachtet mit dem Ziel, jene Prozesse zu bestimmen, die die größten Einsparungspotenziale versprechen. Dieser Schritt ist nicht nur für die Zielerreichung im Sinne der Identifizierung von

Einsparungspotenzialen bedeutsam, sondern auch für die Zeit- und damit Kostenreduzierung des Cost-Cutting-Projektes an sich.

Nachdem die Transparenz der Prozesskosten geschaffen ist und eine Auswahl der Prozesse getroffen wurde, die die größten Einsparungspotenziale versprechen, werden nun die Maßnahmen zur Prozessoptimierung abgeleitet. Dabei werden zunächst die ausgewählten Prozesse strukturiert, nach verschiedenen Bewertungskriterien klassifiziert und dann auf Schwachstellen hin untersucht. Auf Basis der Ergebnisse der Bewertung und Schwachstellenuntersuchung werden schließlich Einsparungsmaßnahmen abgeleitet.

Nicht alle entwickelten Maßnahmen lassen sich umsetzen. Beispielsweise können gesetzliche Rahmenbedingungen oder technische Voraussetzungen eine Realisierung verhindern.

Reichen die identifizierten Einsparungspotenziale bzw. -maßnahmen nicht aus, um das Projektziel zu erreichen, wird das Produkt- und Leistungsportfolio analysiert. Beispielsweise werden dann wenig rentable Unternehmensteile herausgelöst. Allerdings werden bei der Zusammenstellung einer Streichliste Chancen, Risiken und Cross-Selling-Effekte sorgfältig geprüft.

Die Einsparungspotenziale können nur dann realisiert werden, wenn die entsprechenden Maßnahmen auch konsequent umgesetzt werden. Deshalb stellt das Umsetzungscontrolling einen wesentlichen Bestandteil eines Cost-Cutting-Projektes dar.

4 Zusammenstellung der Prozesslandkarte

Die Erstellung einer Prozesslandkarte ist in vielen Fällen entscheidend für den Erfolg eines Cost-Cutting-Projektes. Die grundlegenden Anforderungen an die Prozesslandkarte sind Lückenlosigkeit und Überlappungsfreiheit.

Wenn eine Prozesslandkarte nicht lückenlos ist, wird die spätere Kostenzuordnung zu Prozessen erschwert. Werden beispielsweise auf der Prozesslandkarte nur einige so genannte wichtige Prozesse abgebildet, besteht die Gefahr, dass die von Einsparungen betroffenen Mitarbeiter versuchen, den aufgeführten Prozessen möglichst geringe Kosten zuzuordnen. Damit bleiben Einsparungspotenziale unentdeckt, weil die anderen Prozesse nicht in der Prozesslandkarte enthalten sind.

Eine Überlappung bedeutet, dass ein Prozess auf der Prozesslandkarte mehrfach unter anderem Namen aufgeführt wird. Bleibt eine Überlappung unentdeckt, führt dies zu einer mehrfachen Ausweisung eines Einsparpotenzials.

In der Praxis erleben wir als Berater die Situation, dass Bereiche ihre Tätigkeiten als Kernprozesse definieren wollen. Es herrscht die Meinung vor, dass ein Kapazitätsabbau in der Regel bei den Unterstützungsprozessen stattfinden wird. Diese

Haltung generiert bei der Projektabwicklung unnötige Diskussionen und damit hohe Projektkosten.

Wir setzen in Projekten 2 Instrumente ein, um eine einheitliche projektweite Sprachregelung zu finden. Dies ist zum einen eine klare und nachvollziehbare Definition von Prozessen an sich und zum anderen eine Einteilung der Prozesslandkarte in 3 Gruppen:

- Kernprozesse
- Unterstützungsprozesse
- Managementprozesse

Unter Kernprozessen werden solche Prozesse verstanden, die von einem Kundenauftrag ausgelöst werden. Dabei kann ein Kunde sowohl externer als auch interner Auftraggeber sein. Die Leistungserbringung erfolgt in Vereinbarung oder sogar in Zusammenarbeit mit dem Auftraggeber. Kernprozesse schließen mit einer Abrechnung. Mit dieser Definition wird die Einteilung der Prozesse wesentlich erleichtert. Die Begriffe Auftrag und Abrechnung sind operationalisierte Merkmale von Sachverhalten, die bei Diskussionen mit dem Kunden kaum Meinungsunterschiede auftreten lassen.

Kernprozesse	Prozesse, die von Kunden ausgelöst werden. Die Leistungserbringung erfolgt in Vereinbarung oder sogar in Zusammenarbeit des Auftraggebers. Kernprozesse schließen mit einer Abrechnung, d.h. die Leistung wird an den Auftraggeber verrechnet.
Unterstützungsprozesse	Prozesse, die durch einen Auftrag aus Kern- oder Managementprozessen ausgelöst werden. Die Leistung wird nicht direkt am Kunden oder mit dessen Zusammenarbeit erbracht.
Managementprozesse	Prozesse, die als Reaktion auf die Umwelt/Märkte ablaufen und die Unternehmenspolitik beeinflussen.

Abb. 2: Definition der Prozesse

Für die Darstellung der Kernprozesse, Unterstützungsprozesse und Managementprozesse haben wir Templates entwickelt. In der folgenden Grafik werden Darstellungsformen und die Aufteilung in Teilprozesse für Kern- bzw. Managementprozesse dargestellt.

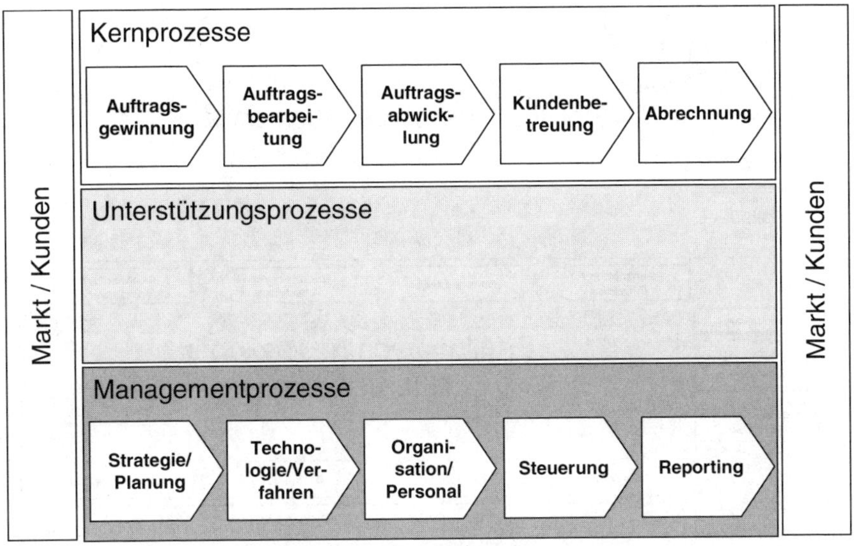

Abb. 3: Prozesslandkarte – Kernprozesse und Managementprozesse

Unterstützungsprozesse lassen sich zusätzlich in 3 Gruppen einteilen:

Die erste Gruppe umfasst jene Prozesse, die die Bereitstellung von Produktionsmitteln im weitesten Sinn unterstützen. Diese Prozesse werden direkt von den Kernprozessen beauftragt und erbringen ihre Leistung auch direkt in den Kernprozessen. Sie bilden damit das Rahmengerüst, innerhalb dessen die Kernprozesse ablaufen. Die wichtigsten Produktionsmittel sind Bauten, Anlagen, IT, Material/Energie, Humanressourcen sowie Finanzmittel. Gleichzeitig lassen sich im Zusammenhang mit den Produktionsmitteln generische Teilprozesse definieren: Entstehung, Planung/Disposition, Logistik, Operations sowie Entsorgung. Die Teilprozesse ergeben in ihrer Gesamtheit einen Lebenszyklus des betrachteten Produktionsmittels.

Die zweite Gruppe wird gebildet durch Prozesse, die aufgrund gesetzlicher Vorgaben oder gesetzesähnlicher Anforderungen durchgeführt werden müssen. Dazu zählen zum Beispiel Buchhaltung/Finanzwesen, Qualitätsmanagement, Umweltmanagement, Arbeitsschutz und Sicherheit. Auch hier lassen sich Teilprozesse definieren: Konzeption/Regelung, Dokumentation, Durchführung/Steuerung sowie Anpassung/Verbesserung.

In der dritten Gruppe sind jene Prozesse subsumiert, die die Managementprozesse unterstützen. Wichtige Prozesse dabei sind Produktentwicklung, Marketing, Kostenmanagement und Public Relationship Management.

Folgende Grafik zeigt noch einmal die Struktur der Unterstützungsprozesse.

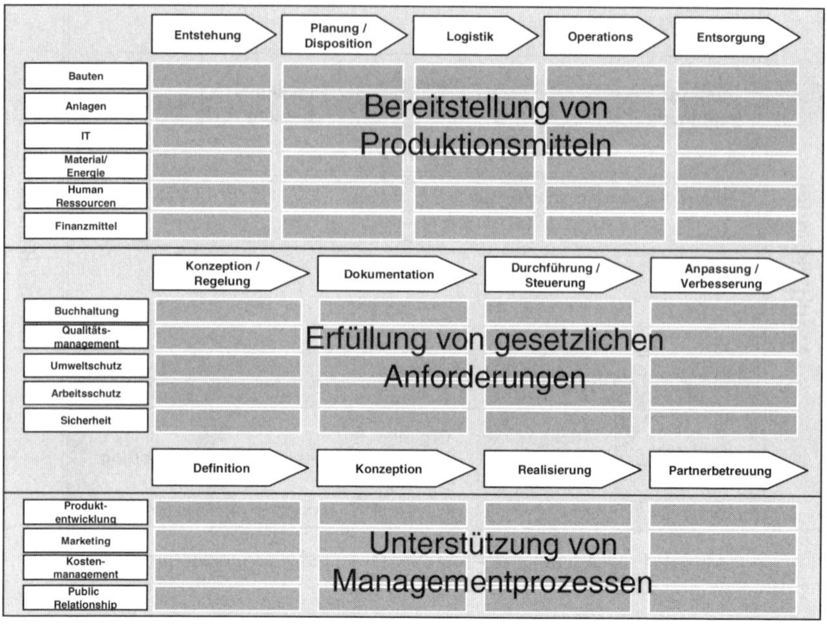

Abb. 4: Prozesslandkarte – Unterstützungsprozesse

Dieses Template erlaubt einen schnellen Aufbau der Prozesslandkarte in einem beliebigen Unternehmen unter Einhaltung der Vorgaben Lückenlosigkeit und Überlappungsfreiheit.

5 Kostenzuordnung zu Prozessen

Die Kostenzuordnung zu Prozessen, d. h. die Transformation vorhandener Kosteninformationen in Prozesskosten, entscheidet ganz wesentlich über den Erfolg eines Cost-Cutting-Projektes. Die Zuordnung von Kosten zu Prozessen ist die Basis für die Ableitung von Einsparungspotenzialen bzw. -maßnahmen. Deswegen ist es notwendig, eine plausible Schlüsselung der Kosten zu finden, die von allen Beteiligten akzeptiert wird. Gelingt eine solche Kostenzuordnung nicht, kann das Projekt am Widerstand der Beteiligten scheitern.

Die Ermittlung der Prozesskosten erfolgt im Idealfall mittels genauer Prozessanalyse. Dabei würden Bearbeitungszeit, Häufigkeit und Sachaufwendungen für jeden Prozess bestimmt. Dies käme der Einführung einer Prozesskostenrechnung gleich. In der Praxis ist dieser Weg nicht gangbar, da die Umsetzung viel Zeit und hohen personellen Aufwand bedeutet, was dem Charakter eines Cost-Cutting-Projektes zuwiderliefe.

Bei Cost-Cutting-Projekten haben wir deswegen eine eigene Vorgehensweise entwickelt, die schnell umsetzbar ist und deren Ergebnis von allen Beteiligten getragen werden kann. Folgende Abbildung verdeutlicht unseren Ansatz zur Kostenzuordnung zu Prozessen.

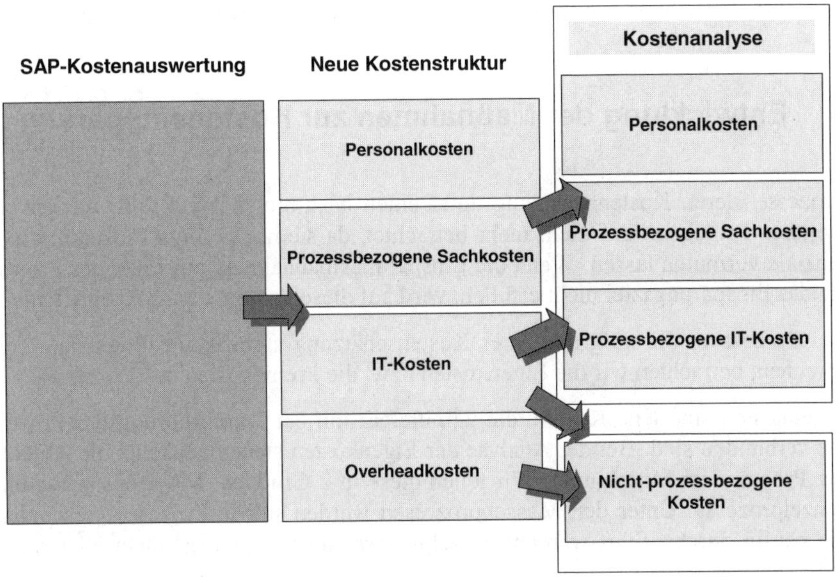

Abb. 5: Kostenzuordnung zu Prozessen

Die aus SAP R/3 gewonnenen Kosteninformationen werden in 4 Kostengruppen aufgeteilt:

- Personalkosten
- prozessbezogene Sachkosten
- IT-Kosten
- Overhead-Kosten (Verwaltungskosten)

Die IT-Kosten fallen eigentlich unter die Sachkosten. Sie werden dennoch gesondert aufgelistet. In den IT-Bereich wurde in den vergangenen Jahren bei vielen Firmen kräftig investiert. Dabei sind gleichzeitig große Konsolidierungspotenziale entstanden, die sich durch eine getrennte Ausweisung der IT-Kosten leichter erkennen lassen.

Das Ergebnis der Aufteilung in die 4 Gruppen ist eine Kostenstruktur, die immer noch stellenorientiert ist. Sie ist der Ausgangspunkt für die Transformation der stellenorientierten Kosten in Prozesskosten. Bei der Kostentransformation spielen die Prozessverantwortlichen eine zentrale Rolle. Ihnen fällt die Aufgabe zu, mittels Zuordnungstabellen die Personalkosten, die prozessbezogenen Sachkosten sowie die prozessbezogenen IT-Kosten den Prozessen zuzuordnen. Sie werden dabei von erfahrenen Beratern methodisch unterstützt.

Da die Zuordnung im Prinzip nur auf einer plausiblen Expertenschätzung basiert, sind die so ermittelten Prozesskosten ebenfalls Schätzgrößen. Sie dienen daher zunächst als Richtgrößen für Einsparungspotenziale innerhalb eines Prozesses.

6 Entwicklung der Maßnahmen zur Kosteneinsparung

Prozesse, deren Kostenschätzung unter einen bestimmten Wert fällt, werden im weiteren Projektverlauf nicht mehr betrachtet, da sie nur geringe Einsparungspotenziale vermuten lassen. Wenn die Einsparungsmaßnahmen am Ende des Projektes das Einsparungsziel nicht erfüllen, wird auf diese Prozesse zurückgegriffen.

Bei Prozessen, die aufgrund ihrer Kostenschätzung signifikante Potenziale versprechen, betrachten wir die Eigenkosten bzw. die Fremdkosten des Prozesses.

Eigenkosten sind jene Kosten, die unmittelbar mit der Durchführung des Prozesses verbunden sind. Bei der Analyse der Eigenkosten stehen zunächst die Abläufe der Prozesse im Mittelpunkt. Wir teilen diese in 2 Gruppen: Massenprozesse und Einzelprozesse. Unter den Massenprozessen werden solche Prozesse verstanden, die häufig durchgeführt werden. Einzelprozesse treten demgegenüber eher selten auf.

Bei Massenprozessen gibt es in der Regel folgende Ansätze zur Optimierung bzw. zur Kostenreduzierung:

- Standardisierung der Abläufe
- Digitalisierung der Abläufe
- Automatisierung der Abläufe

Damit wird die Prozesseffizienz erhöht. Hierbei ist die Frage nach der Möglichkeit zur Digitalisierung bzw. Automation, also die Frage nach der IT-Unterstützung von Bedeutung. Bei Massenprozessen kommen darüber hinaus organisationsorientierte Maßnahmen zum Tragen. Im Hinblick auf Schnittstellen kann z. B. untersucht werden, ob bestehende Service Level Agreements an benachbarte Prozesse angepasst werden können, indem beispielsweise der Servicegrad einer Leistung verringert wird.

Bei den Einzelprozessen dagegen liegen Einsparungspotenziale weniger in den Abläufen als in organisatorischen Fragestellungen. So können durch eine gezielte Kostenanalyse Vorschläge für Outsourcing oder Insourcing von Prozessen gemacht werden.

Nach den Eigenkosten werden die Fremdkosten betrachtet, also die Kosten, die durch Fremdbezug von Produkten oder Leistungen von internen oder externen

Leistungserbringern entstehen. Fremdkosten bieten unter dem Aspekt der Einkaufspolitik häufig ungeahnte Einsparungspotenziale. Beispielsweise, wenn Rechnungen für Reinigungsleistungen in gleicher Höhe weiterbezahlt werden, obwohl die Quadratmeternutzung in einem Gebäude aus Kostengründen längst reduziert wurde.

Durch die Betrachtung der Eigen- und Fremdkosten der relevanten Prozesse lassen sich Einsparungspotenziale in den Bereichen Prozessablauf, Organisation (Schnittstellen), IT-Unterstützung und Einkaufspolitik bestimmen. Aus den Fragestellungen zur Ermittlung der Einsparungspotenziale ergeben sich die Umsetzungsmaßnahmen häufig automatisch.

7 Projektbeispiel eines Flughafens

Die folgenden Abschnitte verdeutlichen anhand des Projektbeispiels eines deutschen Flughafens unsere Vorgehensweise bei der Zuordnung von Kosten zu Prozessen. Sie umfasst 3 Schritte:

1. Bestimmung der Mitarbeiteranzahl in den Prozessen der Prozesslandkarte
2. Bestimmung der Personalkosten der Prozesse
3. Zuordnung der Sachkosten zu den Prozessen

Der erste Schritt war notwendig, weil die Anzahl der Mitarbeiter für eine Organisationseinheit bekannt war, nicht jedoch für einen Prozess. Die Gesamtarbeitszeit eines Mitarbeiters konnte sich zu unterschiedlichen Anteilen auf mehrere Prozesse in der Prozesslandkarte verteilen. Folgende Abbildung zeigt den Sachverhalt für eine Abteilung mit 10 Mitarbeitern.

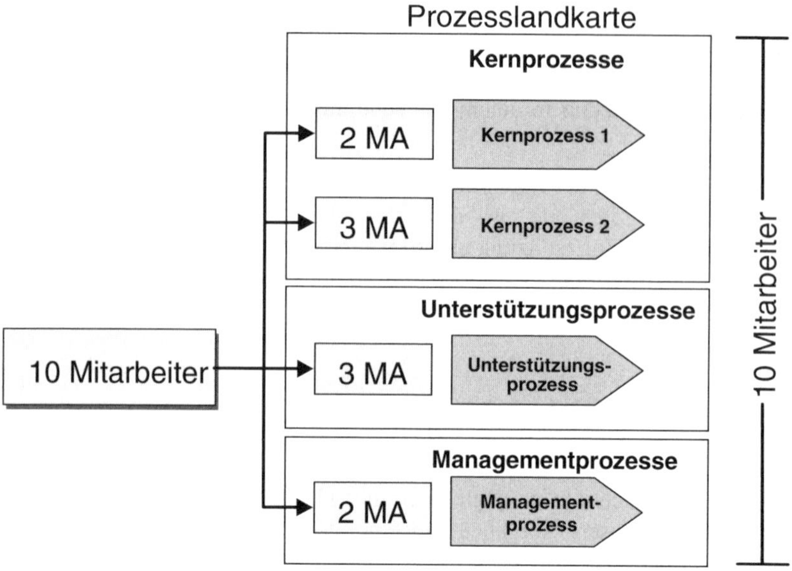

Abb. 6: Bestimmung der Mitarbeiteranzahl in den Prozessen

Die Zuordnung der Mitarbeiter zu den Prozessen erfolgte dabei durch den Prozessverantwortlichen. Damit war für jeden Prozess die Mitarbeiteranzahl bekannt.

Mittels eines Personalkostensatzes und der Mitarbeiterzahlen wurden im zweiten Schritt die Personalkosten des Prozesses bestimmt. Als Kostensatz wurde der durchschnittliche Personalkostensatz der Abteilung herangezogen. Eine alternative Möglichkeit ist die Verwendung von Kostensätzen aus SAP R/3. Diese Informationen sind zwar genauer, weil sie verschiedene Gehaltsstufen berücksichtigen, aber aus Datenschutzgründen häufig nicht zugänglich.

Im dritten Schritt waren schließlich die Sachkosten auf die Prozesse umzulegen. Zunächst wurden dazu sämtliche Sachkostenarten pro Abteilung aus SAP R/3 extrahiert. Die Zuordnung der Kosten erfolgte in einer Matrix, die auf der einen Achse die Sachkosten abbildet und auf der anderen die Prozesse der Abteilung.

Zuordnung der Sachkosten zu den Prozessen der Prozesslandkarte

Sachkosten	19700
Mitarbeiterzahl	7,00

	Zuordnung der Sachkosten auf die Prozesse in %					
Sachkostenart	Höhe der Sachkosten	Prozess 1	Prozess 2	Prozess 3	Summe der Prozent-sätze	Restsachkosten
	1000	10%	50%	20%	80%	200
	2000	40%	20%	40%	100%	0
	3000	20%	40%	30%	90%	300
	5000	20%	50%	30%	100%	0
	4000	40%	40%	0%	80%	800
	2000	50%	40%	10%	100%	0
	3000	30%	30%	40%	100%	0
	1000	20%	20%	60%	100%	0
Summe Sachkosten	19700	6200	8100	5400	Summe	1300
Anzahl Mitarbeiter im Prozess		2,00	3,00	2,00	Summe MA	7,00
					Restsachkosten pro Mitarbeiter	186
Restsachkosten umgelegt		371	557	371		
Gesamte Sachkosten im Prozess		6571	8657	5771		

Abb. 7: Zuordnung der Sachkosten zu den Prozessen

Der Prozessverantwortliche bzw. Abteilungsleiter hatte dabei die Aufgabe, für jede Sachkostenart zu schätzen, mit welchem Anteil sie in die Prozesse seiner Abteilung eingeht. Idealerweise lassen sich so 100 % einer Sachkostenart auf die Prozesse verteilen. Dies war jedoch nicht für alle Kosten möglich, so dass Restsachkosten übrig blieben. Für die Zuordnung der Restsachkosten lassen sich viele Möglichkeiten vorstellen, im hier beschriebenen Projekt wurde als Schlüssel die Mitarbeiteranzahl im Prozess herangezogen. Damit standen für die Prozesse einer Abteilung die gesamten Sachkosten – aufgegliedert nach den Prozessen – zur Verfügung.

Nach erfolgreichem Abschluss des zweiten und dritten Schrittes waren somit die Personal- und Sachkosten für sämtliche Prozesse bekannt. Sie konnten dann für die erste Bewertung der Prozesse hinsichtlich der Höhe ihrer Einsparungspotenziale herangezogen werden.

Naturgemäß stößt man in Kosteneinsparungsprojekten auf Widerstände bei Mitarbeitern und insbesondere bei Entscheidungsverantwortlichen. Diese Widerstände manifestieren sich in vielen Aspekten der Umsetzung des Vorhabens, beispielsweise durch Diskussionen über die Vorgehensweise im Allgemeinen oder die Bewertung von Kosteninformationen im Speziellen. Man kann diese Widerstände in 2 Typen einteilen.

Widerstände gründeten sich meistens auf negative Erfahrungen in der Vergangenheit. Dies betraf besonders die Zuordnung der Kosten zu Prozessen. Die Kritik lag hier nicht in der Art der Schlüsselung oder der Vorgehensweise, sondern vielmehr in den dabei gewonnenen Ergebnissen. Entsprechend der IDS-Methode sind sie nur Schätzungen und dienen als Anhaltspunkte für Einsparungspotenziale, keinesfalls können sie als Ist-Daten gewertet werden. Kostenschätzungen wurden aber in der Vergangenheit unmittelbar in Einsparungspotenziale umgewandelt, die von den betroffenen Bereichen nicht realisiert werden konnten.

Die Widerstände konnten im Laufe des Projektes erfolgreich überwunden werden. Dabei resultieren die Lösungen zum großen Teil aus den 2 wichtigsten Eigenschaften des prozessorientierten Ansatzes selbst: Vollständigkeit und Nachvollziehbarkeit.

Vollständigkeit ist gegeben, weil sämtliche Prozesse einer Unternehmung zunächst einer groben und falls notwendig einer detaillierten Untersuchung unterzogen werden, im Gegensatz zu anderen organisationsorientierten Methoden. Nachvollziehbar ist der Ansatz, weil das Vorgehen in einem Prozessschritt mit den Ergebnissen aus dem vorangegangenen begründet werden kann. Im konkreten Fall bedeutete dies, dass die Zuordnung zu Kern- und Unterstützungsprozessen keinen Unterschied in der späteren Bewertung der Prozesse bedeutete. Durch die intensive Vermittlung der Vorgehensweisen in Workshops mit den Entscheidungsträgern konnte darüber hinaus auch sichergestellt werden, dass die Kostenschätzungen von allen Beteiligten nachvollzogen werden konnten und nicht als endgültige Ergebnisse interpretiert wurden.

Prozessoptimierung bei Business Process Outsourcing

Werner Klapp
IDS Scheer AG

Björn A. Welchering
IDS Scheer AG

Zusammenfassung

Wem gehört beim Business Process Outsourcing (BPO) eigentlich der Prozess und welchen Herausforderungen müssen sich die Unternehmen und Outsourcer stellen? Zudem sind Veränderungen und Hindernisse zu bewältigen. Die Nutzung der Wertschöpfungsreserven im Unternehmen und die Optimierung der Leistungstiefe sichern den Paradigmenwechsel. Innovationspartnerschaften sichern den Erfolg. Die IDS Scheer unterstützt und sichert mit seinen Werkzeugen, Methoden und Kernkompetenz im Bereich Business Process Excellence den Weg für die Unternehmen in Richtung Business Process Outsourcing (BPO).

Schlüsselwörter

Klassisches Outsourcing, strategisches Outsourcing, Business Process Outsourcing, Business Process Excellence, Wertschöpfungsstrukturen, Wertschöpfungsreserven, Delta Reserven, Paradigmenwechsel, Innovationspartnerschaften, Risikobeteiligung

Wem gehört beim Business Process Outsourcing eigentlich der Prozess? Dem, der seinen Prozess zum Outsourcing gibt, oder dem, der den outgesourcten Prozess betreut? Wer ist für Verbesserungen verantwortlich? Wer für das Controlling der Prozesse und die Sicherstellung der Prozessqualität?

Die Herausforderung liegt darin, Outsourcing als geeignete Maßnahme zur Realisierung von Einsparung und Optimierung von Prozessen zu vermitteln. Dabei darf der Kunde nicht die Hoheit über seine Unternehmensprozesse verlieren, welche für ihn Wettbewerbsvorteile bedeuten.

Konkret müssen dabei 2 Kernkompetenzen auf die Art verbunden werden, dass der Kunde und der Anbieter (Dienstleister und Outsourcer) das Maximum an Optimierungspotenzial ausschöpfen und sich in eine Win-Win-Situation begeben.

Auch hier gilt:

„Weder die stärkste noch die intelligenteste Spezies überlebt, sondern die anpassungsfähigste."

- Charles Darwin -

- Herausforderung und Markt
- Outsourcing Modelle, Prozessarchitektur, IT Management, Evolution und Lebenszyklus
- Veränderungsprozess, Hürden und Hindernisse
- Wertschöpfungsreserven und Innovationspartnerschaften
- Kompetenz und Funktion von IDS

Outsourcing-Gedanke und -Markt sind heute primär durch die wirtschaftlichen Gegebenheiten der Unternehmen geprägt. Die Unternehmen suchen Möglichkeiten der Unterstützung, um ihre Herausforderungen optimal bewältigen zu können und unnötigen Ballast, welcher nicht der Wertsteigerung dient, zu vermeiden, um so Kosten einzusparen.

1 Herausforderungen der Unternehmen

- Extern:
  - Umsatz- und Gewinnsituation
  - Zwang zur Globalisierung, um zusätzliche Märkte erschließen zu können
  - steigende Erwartungen der Kunden an das Preis-Leistungs-Verhältnis
  - unklare konjunkturelle Signale

- Intern:
  - höhere Ansprüche an Corporate Governance Standards, um Vertrauen der Anleger und Finanzinstitutionen zurückzugewinnen
  - hoher Kostendruck, verbunden mit Stellenabbau
  - schnellere Innovationszyklen und Produktentwicklungen sind notwendig, aber ressourcenintensiv

Somit ist es nicht verwunderlich, dass der „klassische Outsourcing Markt" in Deutschland von derzeit 9 Mrd. Euro bis 2007 auf 13,8 Mrd. Euro wachsen wird.

Dies beinhaltet aber noch nicht die Innovationskomponente „Business Process Outsourcing", welche sich deutlich mehr auf die Wertschöpfung bzw. Wertschöpfungsreserven eines Unternehmens auswirkt. Dieser „strategische Outsourcing-Markt" bietet in Zukunft Perspektiven für alle Beteiligten in der Wertschöpfungskette.

Die Bedeutung dieses Themas zeigt sich insbesondere daran, dass Entscheidungen in diesem Bereich zu über 90 % der Unternehmen auf Vorstands- bzw. Geschäftsführungsebene getroffen werden.

Dies bedeutet: Wenn Darwin Recht hat, wird der Markt deutlich schneller und stärker wachsen, als wir heute annehmen.

Outsourcing, wie es im klassischen Sinne diskutiert und betrieben wird, beschreibt das folgende Modell.

2 Strategisches Outsourcing = klassisches Outsourcing + Business Process Outsourcing

Die bisherigen Entscheidungsmerkmale, nach denen ein Unternehmen die Entscheidung zum Outsourcing der IT traf, waren entweder grundsätzlicher und somit strategischer Art, d. h., IT galt nicht als Kernkompetenz des Unternehmens und wurde deshalb durch Dritte erbracht, oder es handelte sich um reine Kostenaspekte. Ein Dritter kann die IT primär kostengünstiger betreiben.

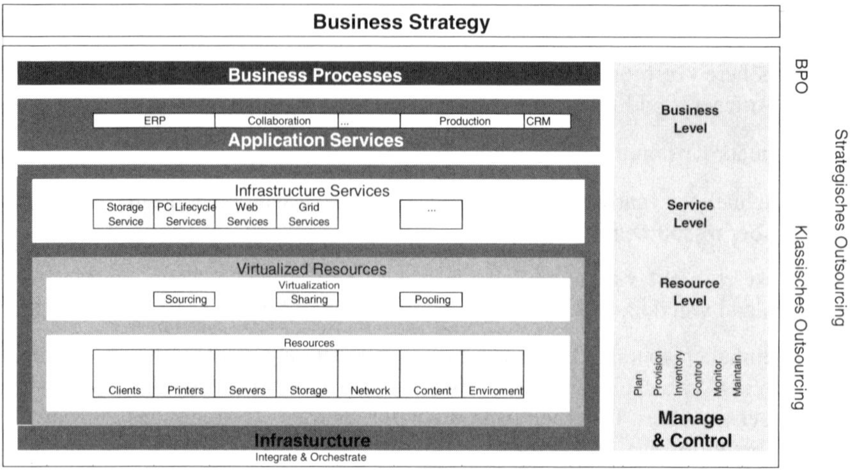

Abb. 1: Outsourcing: strategisches Ebenen Modell

Beide Vorgehensweisen haben ihre Berechtigung und tragen zur Unternehmensentwicklung, Steuerung und Kostenreduktion bei. Bisher galt dies jedoch eher für Bereiche innerhalb von Unternehmen, welche nicht unternehmensrelevant waren, wie z. B. die Lohnbuchhaltung oder der rein technische Betrieb von Servern.

Vergleicht man dies mit den Möglichkeiten und Potenzialen eines Unternehmens bzw. mit der Prozessarchitektur des IT–Managements, zeigen sich schnell die Tragweite und die damit verbundenen Konsequenzen.

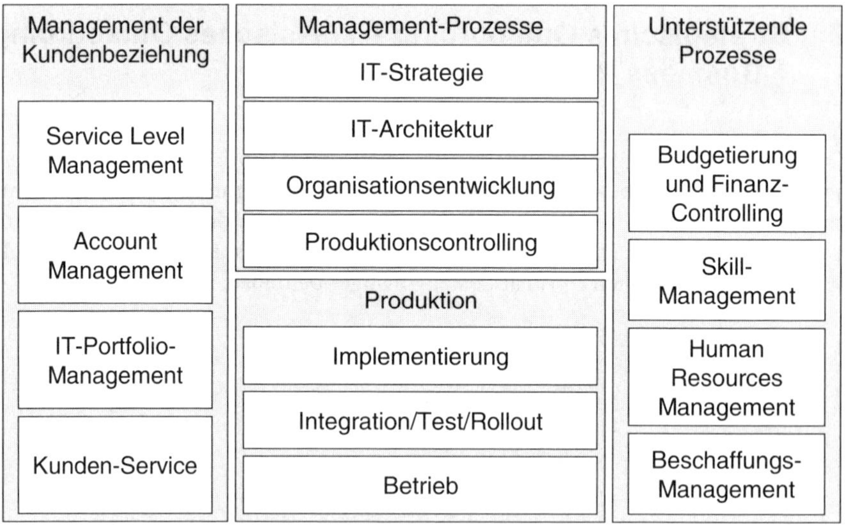

Abb. 2: Prozessarchitektur IT-Management

Die Segmente

- Management der Kundenbeziehung
- Management der Prozesse
- Produktion
- unterstützende Prozesse

zeigen die Bereiche, welche im Fokus stehen können.

Fest steht, dass die wesentlichen Kosten- und Einsparpotenziale, welche in den Unternehmensprozessen und Abläufen verankert sind, so bis jetzt aber nicht direkt tangiert oder genutzt werden.

Viele Dienstleister im Outsourcing haben sich auf den reinen IT Betrieb konzentriert.

3 IT aus der Steckdose

Kostensenkungen/Kostensenkungsmodelle aller Art bis hin zu kompletten Übernahmen von Technik und Ressourcen zu teilweise über Jahre hinweg deutlich günstigeren Betriebskosten als im Unternehmen selbst waren und sind die Aussagen und Businessmodelle klassischer Outsourcing-Dienstleister.

Dies führte in der Realisierungsphase häufig zu Problemen zwischen Outsourcing-Partnern und Unternehmen. Diskussionen über Service Level Agreements (SLAs), Support Levels etc. waren belastend und sehr häufig stellte sich dann auch die Frage nach der Nachweisbarkeit bzw. Messbarkeit der getroffenen Vereinbarungen. Wurden sie eingehalten? Wer ist im Schadensfall in welcher Form regresspflichtig? Eine Ausweitung der Dienstleistung auf den ganzen Applikationsbereich brachte dabei auch keine Harmonisierung und Entspannung.

Somit kommt man fast automatisch zur Frage nach den Prozessen:

? → Prozesse: Teilprozesse vs. End to End Prozesse

? → Betrachtung der SLAs, Controlling und Messbarkeit der Prozessketten

Warum also nicht mit den effektiven Prozessen und Bereichen der Unternehmen beginnen?

4 Die Unternehmensprozesse

Als Teil des „strategischen Outsourcings" muss die Optimierung der Unternehmensprozesse im Business Process Outsourcing einen festen Platz haben.

Hierzu ist die Betrachtung der Evolution der IT Sourcing-Modelle und des Lebenszyklus der Outsourcing Komponenten sinnvoll und möglich.

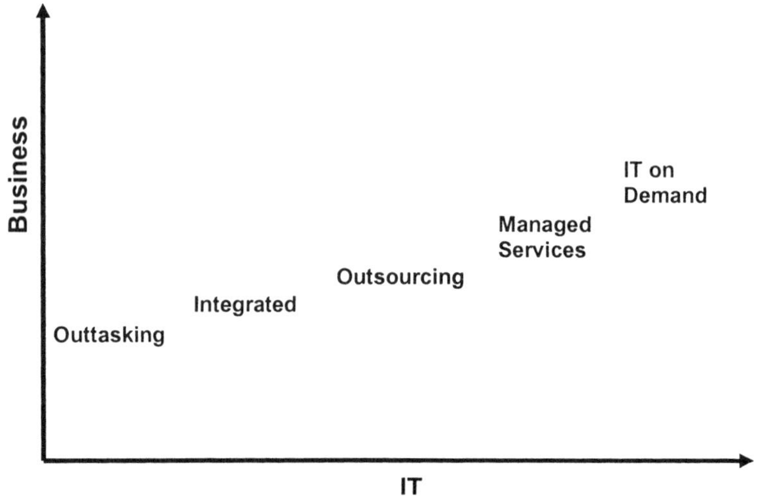

Abb. 3: Evolution der IT Sourcing Modelle

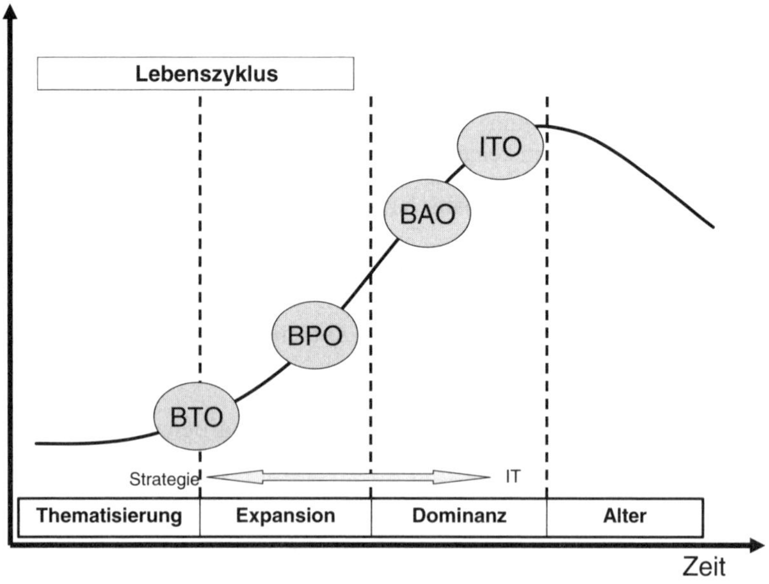

Abb. 4: Outsourcing Lebenszyklus

ITO: IT-Outsourcing

BAO: Business Application Outsourcing

BPO: Business Process Outsourcing

BTO: Business Transformation Outsourcing

Die Evolution der Outsourcing- oder IT Sourcing Modelle im Vergleich zum Lebenszyklus zeigt, wo sich die Anforderungen und somit auch die Unternehmen hinentwickeln werden.

ITO (IT-Outsourcing) -> BAO (Business Application Outsourcing) -> BPO (Business Process Outsourcing)

BTO (Business Transformation Outsourcing) als konsequenteste Form ist sicherlich erst in den Anfängen, bietet jedoch nach Meisterung der Vorstufen die höchste Form der Prozessoptimierungspotenziale für ein Unternehmen.

IT on demand wird Standard. Leistung, Performance, kommt vom IT Dienstleister.

Letztendlich geht es um eine Entscheidung zwischen/eine Entwicklung von ITO und/zu BPO.

Anhand der Wertschöpfungsstrukturen läßt sich nämlich die Wertschöpfungsreserve im Unternehmen aufzeigen, bzw. ableiten.

Wie kann ich das Verhältnis und die Optimierung der Produktivität, Fertigungstiefe und Leistungstiefe in die gewünschte Balance für das Unternehmen bringen?

Somit die Beantwortung der Frage nach dem Schwerpunkt/Aspekt der Wertschöpfung und wie kann das Unternehmen die Wertschöpfungsreserven optimal freisetzen und nutzen.

Was genau bedeutet dies für die Unternehmen?

Ein Paradigmenwechsel.

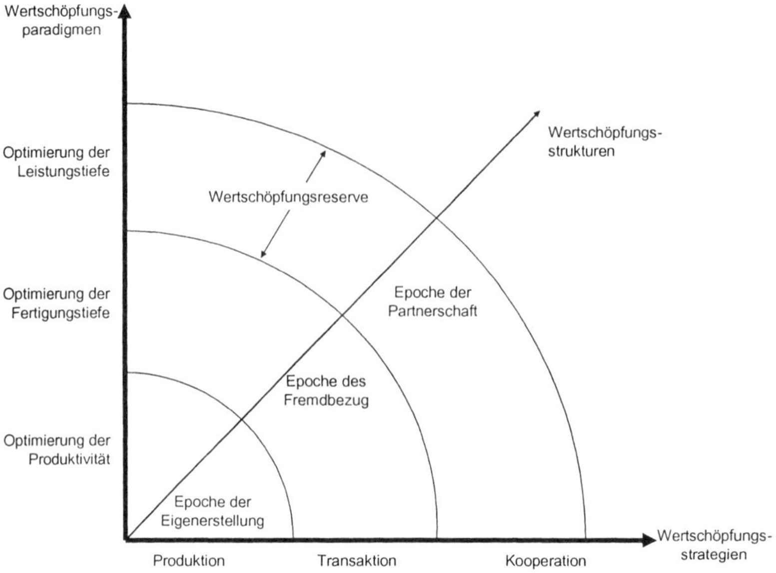

Abb. 5: Wertschöpfungsreserve

Der Wechsel der Wertschöpfungsparadigmen, „Optimierung der Fertigungstiefe" hin zur „Optimierung der Leistungstiefe" ist gefordert.

Hierzu müssen und werden aber einige Veränderungen in den Unternehmen vollzogen werden.

Die Kraftreserven der Wertschöpfung und die Unternehmensmentalität werden sich den Marktveränderungen anpassen.

Im strategischen Outsourcing werden Partnerschaften einen höheren Stellenwert haben.

Wie gezeigt, verschiebt sich der Schwerpunkt/Aspekt der Wertschöpfung von der Fertigungstiefe zur Leistungstiefe. Ähnlich der Entwicklung im Bereich von Produktion und Fertigung müssen die Unternehmen darüber nachdenken, inwieweit die vorhandene Leistungstiefe der eigenen, internen Dienstleistungen die optimale Nutzung im Sinne der Unternehmensziele gewährleistet.

Die Wertschöpfungsstrukturen: Eigenerstellung – Fremdbezug – Partnerschaft müssen den Unternehmenszielen und somit den Wertschöpfungsstrategien des Unternehmens angepasst werden.

Die internen Dienstleistungs- und Verwaltungsbereiche rücken also ins Zentrum der Effizienzsteigerung.

Langfristige Partnerschaften zur nachhaltigen Steigerung des Unternehmenswertes werden die kurzfristige Kostenorientierung ablösen.

Vorteile, wie geteiltes Risiko und Risikominimierung, Effizienz- und Produktivitätssteigerung, Kostensenkung, gesteigerte Innovationskraft und gesteigerte Wettbewerbsfähigkeit werden dem strategischen Outsourcing abverlangt werden.

Auf diesem Hintergrund wird der Stellenwert der Prozesse bzw. der Unternehmensprozesse in der gesamten End to End Betrachtung beim strategischen Outsourcing deutlich.

Erste Anzeichen und Reaktionen der Unternehmen im Markt sind z. B. durch das Outsourcing der im Bereich Human Resource (HR) bestehenden Anforderungen und Thematiken erkennbar.

Beispiele im Banken- oder auch Consumer Bereich zeigen, wie man sich die komplette Auslagerung solcher Systeme - von den Prozessen über die Applikation bis zur kompletten IT – an entsprechend kompetente und leistungsfähige Outsourcer vorstellen kann.

Ein weiteres Beispiel ist das Outsourcing von Call Centern. Das Übertragen der gesamten Verantwortung des Betriebes an einen Outsourcer geht schon in Richtung BTO. Das heißt, dass neben dem Betrieb, den Prozessen, der Lösung (Applikation) und der IT auch das Netz vom Outsourcer gehostet wird. Also die gesamte Einheit.

Die Kunden versprechen sich durch diese Auslagerung nicht nur geringere Kosten und bessere Qualität der Dienstleistung, sondern auch wieder eine bessere Konzentration auf das eigene Kerngeschäft. Trotzdem ist dies noch lange kein Standard in unseren Unternehmen oder der Outsourcing-Welt.

An dieser Stelle/In dieser Situation sind die Unternehmen extrem gefordert.

Prozesse loslassen und doch besitzen? Das Outsourcing von HR oder Call-Center-Prozessen ist für Unternehmen noch überschaubar und kontrollierbar, da es sich um einen unterstützenden Prozess handelt. Diese Bereiche outzusourcen fällt Unternehmen leichter als das Auslagern unternehmensnaher Prozesse.

Die zurzeit verbreitetste Einstellung ist: „Prozess-Know-how heißt Wettbewerbsvorteil, ist Kernkompetenz und eine Qualitätsfrage". Dies kann nur im eigenen Unternehmen gewährleistet werden.

Fakt ist aber, dass eine „klassische Outsourcing Betrachtung" dieser Ansicht/Denkweise Rechnung trägt, jedoch nicht zu einer Freisetzung der Wertschöpfungsreserven im Sinne der Unternehmensziele führt.

Innere Widerstände wie:

- Angst vor Kontrollverlust über Anwendung, Funktion und Entscheidung
- Bedenken gegenüber langfristigen Abhängigkeitsverhältnissen
- Voreingenommenheit gegenüber neuen Geschäftsmodellen
- allgemeine Unsicherheit

- mangelndes Vertrauen in die bestehenden Outsourcing-Partner
- Angst vor zu großer Veränderung und Komplexität

sind die Hürden, welche es zu überwinden gilt.

Die Unternehmen tun sich bislang schwer, diese Hürden und Hindernisse, welche ihnen die Perspektive in Richtung „strategisches Outsourcing" verschließen, zu managen.

Hierbei gibt es Unterschiede je nach den Unternehmensstrukturen. Rein national orientierte Unternehmen zeigen im Vergleich zu international tätigen Unternehmen andere Ausprägungen dieser Hürden und Hindernisse.

Diese Hürden und Hindernisse stellen also ein Delta in der Betrachtung der Wertschöpfungsreserve da.

Diese Delta-Reserve zwischen Bruttowertschöpfungsreserve und Nettowertschöpfungsreserve gilt es zu mobilisieren.

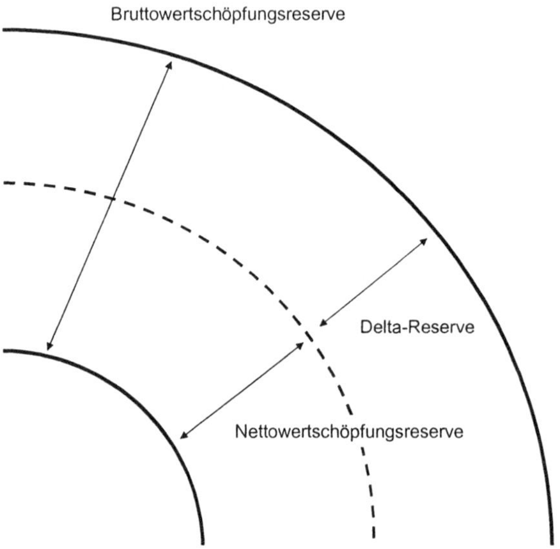

Abb. 6: Delta-Reserve = Bruttowertschöpfungsreserve - Nettowertschöpfungsreserve

3 wesentliche Bereiche bieten sich hierzu an:

Business: Wertschöpfungsreserven liegen nicht im Detail, sondern im Gesamtprozess.

Innovation: Wertschöpfungsreserven entstehen durch Verbesserung.

Partnerschaft: Wertschöpfungsreserven erfordern einen starken Verbund.

Da die Bereiche Business und Innovation zu den unternehmensspezifischen Komponenten gehören, sind Partnerschaften, speziell Innovationspartnerschaften, eine mögliche Antwort auf die Herausforderung.

Eine Partnerschaft bietet also die Transformation, die Optimierung des IT Systembetriebs, gekoppelt mit dem Quantensprung ITO zu BPO (Business Process Outsourcing).

Zusätzlich verbindet sie die Auslagerung mit der Optimierung der Geschäftsprozesse, und zwar in der Form, das die Geschäftsprozesshoheit beim Unternehmen verbleibt.

Innovationspartner müssen umfassende Kompetenzen vorweisen.

Anforderungen an Innovationspartner:

- ganzheitliches Leistungsspektrum
- Funktions- und Branchenkenntnisse
- Fähigkeit zur Abwicklung komplexester Projekte
- globale Ausrichtung

Neben der gedanklich-planerischen und realgestaltenden Fähigkeit, den Weg zur geforderten ganzheitlichen Lösung des Unternehmensproblems aufzeigen zu können, muss der Innovationspartner auch über die Kompetenz verfügen, Strategie- bzw. Prozess Know-how durch Dienstleister zur Absicherung eines ganzheitlichen Lösungsportfolios einzubinden.

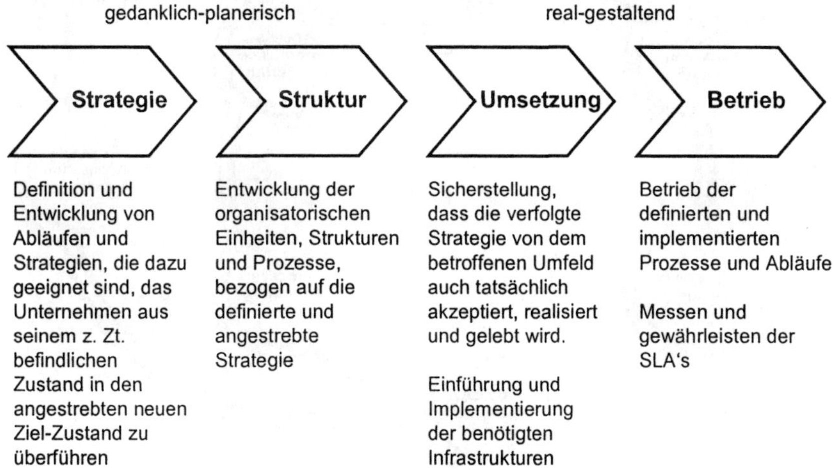

Abb. 7: Lösungsweg eines Businessproblems

Demnach gibt es nicht unbedingt den alleinigen Innovationspartner als Lösungs- und Dienstleistungsanbieter für die Unternehmen. Vielmehr geht es in Richtung Verbundpartnerschaft.

Der Partnerverbund unter Führung eines starken Anbieters, der den oben genannten Anforderungen entspricht, ist gefordert.

Aus Sicht von IDS Scheer wäre z. B. Hewlett-Packard der optimale Innovationspartner, der eine oder mehrere der geforderten Innovationspartnerschaften bündeln und führen könnte.

HP's Kernkompetenzen der Adaptive Enterprise IT mit dem „Return on IT" Modell vereinigt die Dimensionen

- Kostenmanagement
- Qualitätsmanagment
- Risikomanagement
- Steigerung der Agilität

Dies gekoppelt mit der Kernkompetenz des Geschäftsprozessmanagements von IDS Scheer ergibt den optimalen Verbund.

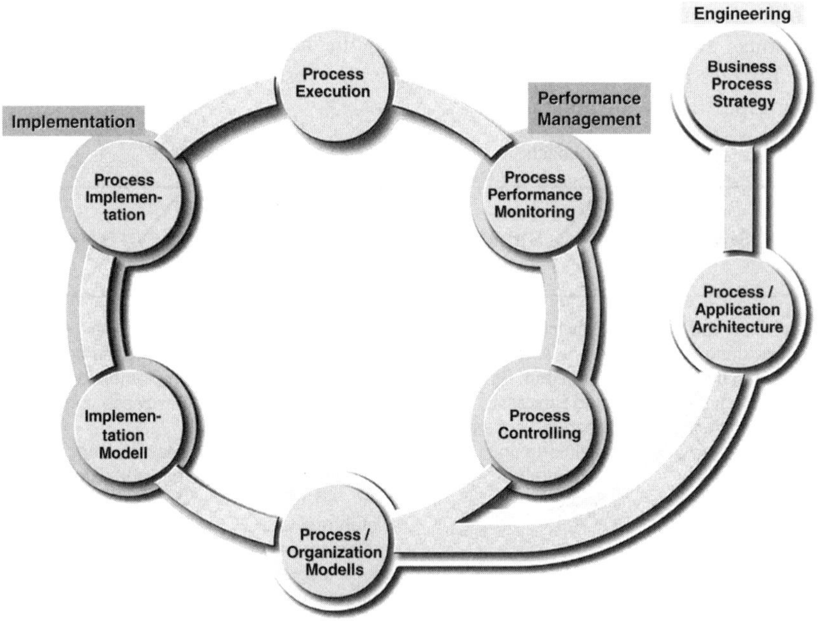

Abb. 8: Business Process Excellence

Die ARIS Produktfamilie, die Methoden- und Prozesskompetenz bilden eine gesunde und sichere Basis.

Diese Werkzeuge von IDS Scheer bilden das Bindeglied zwischen den Anforderungen der Unternehmen und den Möglichkeiten der Outsourcer bzw. Dienstleister, ohne dass das Rollenverständnis und die Verantwortungen (Roles & Responsibilities) in Frage gestellt werden.

Abb. 9: Continuous Improvement

Branchen, Entwicklungs- und Themenkompetenz runden das Bild ab und geben den Unternehmen die maximale Sicherheit der Zielerreichung.

Abb. 10: Kompetenz in Branchen und Themen, Entwicklung und Beratung

Vorausgesetzt, dass die Unternehmen durchgängig prozessorientiert agieren und damit über die erforderlichen Prozess Controlling Maßnahmen verfügen, lässt sich somit nachweislich ein enormes Potenzial freisetzen.

Dies ist die ultimative Symbiose zur Maximierung der Optimierungs- und Cost Cutting-Potenziale in der End to End Prozessbetrachtung für die Unternehmen.

Die rechtlichen und vertraglichen Aspekte hinsichtlich der Generalunternehmerschaft sind hierbei im Kundenverhältnis zusätzlich gestärkt.

Beide Partner, Unternehmen und Outsourcer, nutzen die gleichen Werkzeuge und Messmethoden im Prozessbereich. Dies führt zu einer starken Vereinfachung und Verifikation der Kennzahlen sowie zur Optimierung aller Prozesse.

Die Rolle von IDS Scheer ist in diesem Zusammenhang klar abgegrenzt.

Im Rahmen der Innovationspartnerschaft übernimmt sie die Rolle des Bindegliedes mit der Prozesskompetenz zwischen Business Process Outsourcing und Business Process Re-Enginiering. Sie ist der Partner im Verbund für die Auslagerung von Geschäftsprozessen und Funktionen, für gemeinsame Optimierung und den Aufbau von Co-Kompetenzen.

Eine weitere Rolle, welche IDS Scheer wahrnehmen kann, ist die eines Auditors.

IDS Scheer bildet die methodische und inhaltliche Klammer zwischen outgesourcten Prozessen und dem Outsourcing Controlling-Prozess im Unternehmen.

Das beschriebene Know-how hinsichtlich der verwendeten Werkzeuge, der Prozesse und Unternehmensumgebungen, gekoppelt mit der notwendigen Neutralität, ermöglicht IDS Scheer die 100%ige Überwachung und Überprüfung aller relevanten Vereinbarungen zugunsten der Unternehmen und damit der Kunden im Unternehmen. Dies kann auch die Funktion einer Monitoring- und Clearingstelle beinhalten.

Prozess aus der Steckdose, strategisches Outsourcing, der zukunftsorientierte Quantensprung vom ITO zum BPO.

Ein weiterer Aspekt ist die Berücksichtigung/Einschätzung der Risiken.

Innovationspartnerschaften beinhalten 2 Risikoarten, die bei der partnerschaftlichen Verbesserung von Geschäftsprozessen entstehen können:

- Geschäftsrisiko
- Transaktionsrisiko

Im Verbund kann man sich jetzt auch Modelle für eine Risikobeteiligung aller Partner vorstellen. Dies müsste wechselseitig gelten.

- Value-Pricing für Geschäftsrisiken
- Transaction-Pricing für Transaktionsrisiken

oder

partnerschaftliche Lösungen brauchen auch partnerschaftliche Geschäftsmodelle

- Innovation-Pricing

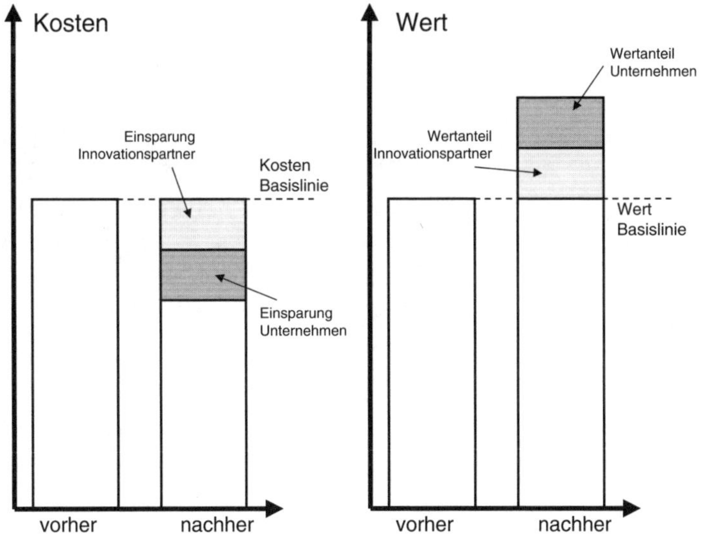

Abb. 11: Partnerschaftliche Lösungen brauchen partnerschaftliche Geschäftsmodelle

Das Innovation-Pricing bietet dabei die Möglichkeit, eine geschäftsorientierte Partnerschaft zu definieren. Das heißt, der „strategische Outsourcer" ist nicht nur Dienstleister, sondern wird durch dieses Modell am Kostenerfolg bzw. Wertsteigerungsanteil beteiligt.

Diese Art Geschäftsmodell stellt für die Unternehmen und Dienstleister die größte Herausforderung dar und bietet das Maximum an Optimierungspotenzial, denn bei einer konsequenten Implementierung gibt es so gut wie keine Tabubereiche bzw. die zuvor beschriebenen Hürden und Hindernisse.

Das somit erforderliche Umdenken zur Sicherung der größtmöglichen Veränderung gewährleistet den Paradigmenwechsel in den Unternehmen und garantiert die optimale Freisetzung und Nutzung der kompletten Wertschöpfungsreserven.
Die IDS Scheer mit seinen Werkzeugen und seiner Kernkompetenz im Bereich „Business Process Excellence" sichert diesen Weg für die Unternehmen in Richtung Business Process Outsourcing ab.

So wird die strategische Orientierung des Outsourcings in den kommenden Jahren stark zunehmen.

Wie Charles Darwin schon sagte.

Literaturverzeichnis

HP Services Open Circle, September 2003 St. Leon Rot

Kreativität organisieren – Re-Engineering von Tageszeitungen

Dirk Beenken
IDS Scheer AG

Zusammenfassung

„Wir sind doch keine Schraubenfabrik“ oder? Kann man Wochenzeitungen wie DIE ZEIT mit den gleichen Methoden reorganisieren wie einen Maschinenbauer? Ist ARIS als industrieerprobte Methode ein Weg, Effektivität und Effizienz bei einer Tageszeitung wie der SÜDDEUTSCHEN zu steigern?

Die Praxis zeigt: ja! Wirtschaftlichkeit und Kreativität müssen kein Widerspruch sein, im Gegenteil, sie bedingen sich gegenseitig, da die Tageszeitungen zurzeit sich selbst, ihr Geschäftsmodell und ihre Produkte neu definieren müssen.

Dieses gilt umso mehr, da diese Veränderung nicht unter Laborbedingungen, sondern unter schärfstem Wettbewerb als Teil eines Kampfs um Leben und Tod stattfindet.

Gerade deshalb ist für Halblösungen kein Platz und die volle Professionalität eines bewährten und marktführenden Werkzeugkoffers gefragt.

Schlüsselwörter

Cost Cutting, Re-Engineering, Kundenbindung und -betreuung, Geschäftsprozessmanagement

1 Die Herausforderung

1.1 Äußere Feinde

Tages- wie Wochenzeitungen finanzieren sich nur zu einem kleinen Teil durch ihre Leser. Vertriebserlöse, d. h. die Einnahmen durch Abonnement oder den samstäglichen Kauf einer Zeitung, machen nur ca. ein Drittel der Einnahmen aus und decken damit gerade die Druckkosten und den Transport zum Leser.

Die wahren Financ(?)iers der vierten Gewalt im Staate sind, so ungern die Redakteure dieses auch hören mögen, die werbetreibenden Unternehmen. Tausenderkontaktpreis, Reichweiten, Zielgruppen, Leser in der werberelevanten Zielgruppe von 14 bis 49 Jahren sind die erfolgsbestimmenden Variablen für Überleben und Wachstum einer Tageszeitung.

Und gerade hier herrscht im dritten Jahr die Krise: Die Werbeeinnahmen sind quer durch alle Kundengruppen eingebrochen. Umsatzrückgänge im 2-stelligen Bereich sind keine Seltenheit, sondern der Normalfall. Besonders drastisch ist die Entwicklung im Stellenmarkt: Waren vor 24 Monaten noch Seitenumfänge von 120 Seiten die Regel, sank dieser Umfang um über 40 Seiten vor 18 Monaten auf nunmehr im Durchschnitt 14 Seiten pro Samstagsausgabe - ein Rückgang von über 80 %.

Gleiches gilt für die so genannten Rubrikenmärkte, in denen Privatleute Immobilien, Mietangebote und -gesuche, Autos etc. „feilbieten“. Ursprünglich einer der wichtigsten Märkte für Regionalzeitungen, sind die Anzeigen dieses Geschäftsbereichs schon seit Jahren in Anzeigenblätter, Wochenzeitungen und vor allem ins Internet abgewandert.

Dieses gilt in hohem Maße auch für die Stellenanzeigen, bei denen der drastische Rückgang nicht nur mit konjunkturellen Gründen erklärbar ist. Gerade neue Unternehmen mit flacher Hierarchiestruktur und ausgeprägter elektronischer Kommunikation (E-Mail) nutzen die Möglichkeiten elektronischer Stellenmärkte. Sie bieten nicht nur eine breitere Reichweite in den relevanten, IT-nahen Zielgruppen, sondern ermöglichen vor allem auch eine einfache, papierlose Abwicklung eingehender Bewerbungen. Nimmt man die IDS Scheer AG als Beispiel, die in den letzten 6 Jahren in der Niederlassung München weit über 100 Mitarbeiter ohne eine einzige lokal erschienene Stellenanzeige eingestellt(?) hat, so entspricht der den lokalen Medien hierdurch entstandene Umsatzausfall einer Summe von weit über 1 Million Euro.

Auch bei einem erneuten Anstieg der Konjunktur werden die Anzeigenumsätze damit mit hoher Wahrscheinlichkeit nicht wieder das alte Niveau erreichen, sondern sich auf einem niedrigeren Niveau einpendeln.

1.2 Eine auszehrende Krankheit

Die Einbrüche im Werbemarkt sind umso dramatischer, als ihnen konstante oder sogar leicht steigende Vertriebserlöse entgegenstehen. Von einer Leserkrise kann also gar keine Rede sein. Im Gegenteil - die Konsumenten sind durchaus bereit, auch in einer Wirtschaftskrise genauso viel Geld wie in den guten Zeiten für ihre Tageszeitung oder Zeitschrift auszugeben. Was sich verändert hat, ist das Ausgabeverhalten der Anzeigenkunden und der werbetreibenden Industrie: Nicht nur, dass hier weniger investiert wird, die Ausgaben werden auch weit sorgfältiger als früher verteilt. Darüber hinaus fließen sie in einem immer weiter steigenden Umfang in neue Werbeformen wie Events, Direktmarketingmittel, Internet etc., die eine direkte 1-zu-1-Kommunikation mit den Kunden erlauben. Den Tages- und Wochenzeitungen bleibt da nur die Aufgabe, für eine Grundlast an Kontakten zu sorgen und die allgemeine Wahrnehmung einer Marke sicherzustellen - die Akzente werden in anderen Medien gesetzt. Schrittweise verlieren die Tages- und Wochenzeitungen, aber auch die Zeitschriften ihre Rolle als Trendsetter.

Dramatischer sind in letzter Konsequenz aber die Folgen des Verlustes der Rubrikenmärkte - berauben sie doch gerade Tageszeitungen eines entscheidenden Attraktors: Anzeigen sind, gerade im privaten Bereich (Consumer to Consumer) Lesegut. Knapp 40 % der Zeitungsleser über 30 Jahre beginnen die Lektüre ihrer Tageszeitung im Anzeigenteil. Familien-, Geburts- und Todesanzeigen sind wichtige Informationen und entscheidende Nachrichten im lokalen Bereich. Immobilienanzeigen und Vermietungen enthalten auch für nicht Umzugswillige wichtige Nachrichten (Welchen Wert hat mein Haus?) und spannende Informationen (Wer zieht aus, wo wird durch Scheidung wieder ein Haus frei? Etc.). Anzeigen sind Lese- und Unterhaltungsstoff erster Güte. Gehen sie verloren verliert auch die Zeitung an Attraktivität. Die Frequenz und Qualität der „Besucher" des Anzeigenteils sinkt, die Bedeutung als kommerzieller Marktplatz und Ort, wo Angebot und Nachfrage zusammenkommen, geht verloren. Das macht die Zeitung unattraktiv für gewerbliche Anzeigenkunden, die Kontakt zu potenziellen Konsumenten suchen, ihre Kunden binden und ihr Image prägen wollen. Ihrer Marktplatzfunktionen enthoben, besteht so die Gefahr, dass die Tageszeitung zur reinen Nachrichtenplattform degradiert wird, deren Kompetenz ausschließlich im berichterstattenden redaktionellen Bereich gesehen wird.

1.3 Innere Umbrüche ...

Jede Tages-, aber auch jede Wochenzeitung ist das Gemeinschaftsprodukt von mehreren handelnden Bereichen: Der Vertrieb sorgt für die Distribution, d. h. dafür, dass die Zeitung zum Leser kommt, und für Leser, indem er Abonnements und Kaufkunden gewinnt. Für den Inhalt, d. h. Texte, Bilder und die Gestaltung des Layouts, ist die Redaktion verantwortlich. Aufgabe des Anzeigenbereichs ist es, Flächen im Blatt an Werbetreibende zu verkaufen und eingehende Anzeigenaufträge im Sinne des Kunden zu gestalten.

Anzeigenflächen und Redaktionsseiten werden in der so genannten Technik zusammengeführt und entsprechend der Vorgabe der Redaktion gestaltet. Von hieraus gehen diese Druckvorlagen dann an die Druckereien, wo sie gedruckt, zur Zeitung zusammengeführt und versandtechnisch aufbereitet werden.

Die Veränderungen im Markt haben drastische Auswirkungen für die traditionelle Aufgaben- und Rollenverteilung im Inneren einer Tages- und Wochenzeitung. Dies betrifft insbesondere das Selbstverständnis der Redaktionen. Noch bis vor wenigen Jahren gehörte es zum guten Ton einer Tageszeitungsredaktion, dass man außer bei der Weihnachtsfeier oder einer Sonderausgabe, die zusätzliche Seitenumfänge erfordert, keinerlei Kontakt zum Anzeigenbereich pflegte. Die redaktionelle Unabhängigkeit vom „schmutzigen" Verlagsgeschäft wurde in Redaktionsstatuten schriftlich niedergelegt und war offensiv gelebter Bestandteil der Unternehmenskultur. Schon die Bitte, einen konsumkritischen Artikel nicht unbedingt neben die aktuelle Kaufhofanzeige für den Sommerschlussverkauf zu stellen, galt als Eingriff in die grundgesetzlich garantierte Meinungsfreiheit.

Die jetzt notwendige Veränderung von Aufgabenverteilungen, Rollen oder Arbeitsabläufen ist mit erheblichem Aufwand verbunden. In den fetten Jahren 15- bis 20-prozentiger Unternehmensrenditen haben kämpferische Gewerkschafter der IG Medien Betriebsvereinbarungen durchgesetzt, die die notwendigen Bewegungen massiv bremst(?)en. Tarifvertragliche Vorschriften wie die, dass die Präsenz von Druckern bei vollautomatisierten Betriebsabläufen, unabhängig von der tatsächlichen Notwendigkeit, auf Dauer festgeschrieben ist, sind noch immer die Regel.

1.4 Und ein arbeitsschaffender Workflow

Anzeigenaufträge abzuwickeln bedeutet, Auftragsdaten 2-mal zu erfassen: zuerst auf dem Papier und dann vom Papier ins System.

Die Daten einer Anzeige wurden innerhalb dieses Prozesses mindestens 4-mal sortiert, je nach Anzeigenart 3- bis 4-mal auf Richtigkeit geprüft und eventuell korrigiert, 7-mal weitergeleitet und von bis zu 8 Personen angefasst.

Weitergeben, sortieren, kontrollieren, vom Papier ins System übertragen - all dies ist von Menschen verrichtete oder systembedingte Doppel- und Mehrfacharbeit, die keinen Wert für den Kunden schafft. Nur 40 % dessen, was in diesem Geschäftsprozess geschieht, hat gemessen am Aufwand und der Zahl der Schritte damit zu tun, dass der richtige Anzeigentext, richtig gestaltet, in der vereinbarten Größe in der vorgesehenen Ausgabe am gewünschten Platz erscheint.

Zählt man die Schritte, die eine Vermietungsanzeige innerhalb dieser Organisationsform durchlaufen kann, können bis zu 53 Schritte notwendig sein, um die Anzeige ins Blatt zu bekommen.

Da der Durchschnittswert einer solchen Anzeige bei ca. 35 Euro liegt, ist klar, dass über einen solchen Prozess keine wirtschaftliche Produktion möglich ist.

Mit großem Aufwand wurden deshalb digitale Verwaltungs- und Gestaltungssysteme entwickelt und implementiert, die Medienbrüche ausschalten und eine weit gehende Automatisierung der Produktion ermöglichten. Sie optimal einzusetzen bedeutet aber nicht nur, die Systemplattform auf neue Füße zu stellen, sondern auch massive Veränderungen in Organisation und Struktur der Zeitung.

2 Die Alternativen

2.1 Ganzheitlich organisieren

Anzeigen abwickeln heißt:

- kaufmännische und dispositive Daten erfassen
- den Anzeigentext erfassen
- die Anzeige gestalten

Will man die Vielzahl an Weitergabeschritten in dem Beispielprozess vermeiden, müssen die hinter diesen 3 Hauptaufgaben stehenden Tätigkeiten auf möglichst wenige Personen konzentriert werden. Für jede dieser Hauptaufgaben sah die klassische Tageszeitungsorganisation aber 3 eigene Bereiche vor, die ihrerseits wieder in einer Vielzahl von Unterabteilungen strukturiert waren.

Insbesondere die Trennung zwischen kaufmännischen und technischen Aufgaben (Disposition, Texterfassung, Gestaltung) hat aber eine jahrhundertealte Tradition mit stolzen, 500 Jahre alten Berufsbildern.

Abläufe und Prozesse zu verändern und ganzheitliche Bearbeitungsformen einzuführen ist damit immer eine massive kulturelle Veränderungsarbeit und auch ideologische „Kriegsführung“ auf z. T. hohem Eskalationsniveau.
Es sind aber nicht nur wirtschaftliche Zwänge, die zur Aufgabe dieser arbeitsteiligen Organisation führen: Die Werbekunden, vor allem aber auch die Privatkunden sind aus anderen Branchen ganzheitliche Arbeitsformen gewohnt. Sie erwarten beim ersten Mitarbeiter, mit dem sie Kontakt aufnehmen, eine vollständige Bearbeitung ihrer Wünsche und Fragen, ohne Rückruf oder Durchstellen. Sie erwarten aber auch eine Anzeige, die im Wissen um ihr Geschäft und ihren Bedarf gestaltet ist. Hier ist der Kioskbesitzer an der Ecke ein anderer Fall als der Einzelhändler oder Optiker. Hier erwartet der Filialist ein anderes Ergebnis und eine andere Beratung als der Rechtsanwalt mit einer Kanzleieröffnung. Werden die verkäuferischen Aufgaben von den kaufmännischen getrennt und die technischen nochmals

Der Golf wird zur Anzeige – vom Auftrag bis zur Anzeigengestaltung

Die Auftragsvorbereitung prüft das Fax und ermittelt, ob alle Daten, die zur Bearbeitung einer Anzeige notwendig sind, vorhanden sind. Fehlen Daten, wird der Kunde von der Auftragsvorbereitung kontaktiert, und die fehlenden Daten werden ermittelt. Hinzuzufügende Daten werden von der Auftragsvorbereitung auf dem Fax ergänzt und das Fax an die Texterfassung(?) weitergeleitet.

In der Texterfassung wird der Auftrag als Erstes kaufmännisch erfasst: Bankverbindung und Name des Kunden werden eingegeben und geprüft, ob im System Informationen zum Kunden hinterlegt sind, bereits ein Kundenstamm existiert oder der Kunde gar wegen schlechten Zahlungsverhaltens gesperrt ist.

Sollte dies der Fall sein, wird der Anzeigentext erfasst, die Anzeige auf Vorsatz gestellt und ausgedruckt. Der Ausdruck, das so genannte Manuskript, wird mit dem Bestellfax zusammengeführt und an die Kreditkontrolle weitergeleitet. Hier wird der Auftrag erneut geprüft und je nach Fall Rücksprache mit der Buchhaltung oder mit externen Dienstleistern wie Kreditreform oder der Abteilungsleitung gehalten. Sollten Informationen aus der Debitorenbuchhaltung notwendig sein, bedient sich die Kreditkontrolle nicht mehr des Anzeigensystems, auf dem der Vorfall bis jetzt bearbeitet worden ist, sondern auch des SAPs(?) .

Je nach Höhe der Außenstände erfolgt eine Weiterbearbeitung der Anzeige entweder nur gegen Vorkasse oder aber gegen Rechnung. Sollte eine Vorkassebearbeitung notwendig sein, wird der Kunde entsprechend informiert und bei seiner Zustimmung ein Formblatt an den Kunden versandt. Nachdem dieses Formblatt vom Kunden ausgefüllt und an den Verlag versandt wurde, wird der bereits erfasste Anzeigenauftrag freigegeben und der weiteren Bearbeitung überstellt.

Sollte sich in der Bearbeitung herausstellen, dass der Kunde über das bestehende System nicht bearbeitbare Gestaltungswünsche an seine Anzeige hat (z. B. Einfügung eines Fotos oder eines GTI-Logos oder eines Rahmens um die Anzeige), wird die Anzeige ausgedruckt und die im System hinterlegte Anzeigennummer auf dem Ausdruck vermerkt. Dieser Ausdruck, das Bestellfax und die Logovorgaben werden in der Texterfassung zusammengeheftet und an die Druckvorstufe weitergeleitet.

Hier werden die eingehenden Ausdrucke in der Arbeitsvorbereitung sortiert, in Bezug auf die notwendige Bearbeitung analysiert, etwaige einzusetzende Satzbefehle ermittelt und auf dem Ausdruck notiert. Die einzusetzende Arbeitszeit wird geschätzt, mit dem Schwierigkeitsgrad bewertet und, nach Auslastung gesteuert, an die einzelnen Mitarbeiter verteilt.

Der Mitarbeiter ruft über die auf dem Ausdruck vermerkte Anzeigennummer die im System eingegebenen Auftragsdaten auf, löscht den eingegebenen Text und erfasst den Anzeigentext zusammen mit den Satzbefehlen für das Logo neu. (Eine Korrektur des eingegebenen Textes wäre zu aufwändig!)

Die bearbeitete Anzeige wird inklusive Text- und Satzbefehlen ausgedruckt, gegebenenfalls noch einmal von der Arbeitsvorbereitung kontrolliert und von dort der Texterfassung des Anzeigenbereichs zurückgeschickt. Hier wird die Anzeige ebenfalls noch einmal kontrolliert, gegebenenfalls notwendige Korrekturen werden auf dem Ausdruck ausgezeichnet und über den Versand in die Technik zur erneuten Bearbeitung gegeben(?). Falls die Anzeige korrekt bearbeitet wurde, wird der Anzeigenauftrag freigegeben.

Die Daten einer Anzeige wurden innerhalb dieses Prozesses 6—bis 12-mal kontrolliert, bis 2-mal (?) sortiert, 6- bis 16-mal weitergeleitet und 5—bis 15-mal medienübertragen.

Nur 18 % dessen, was in diesem Geschäftsprozess geschieht, hat, gemessen am Aufwand und an der Zahl der Schritte, damit zu tun, dass der richtige Anzeigentext richtig gestaltet, in der vereinbarten Größe, in der vorgesehenen Ausgabe am gewünschten Platz erscheint und der richtige Betrag vom richtigen Konto des Kunden abgebucht wird.

Abb. 1. Anzeigenprozesse in Tageszeitungen

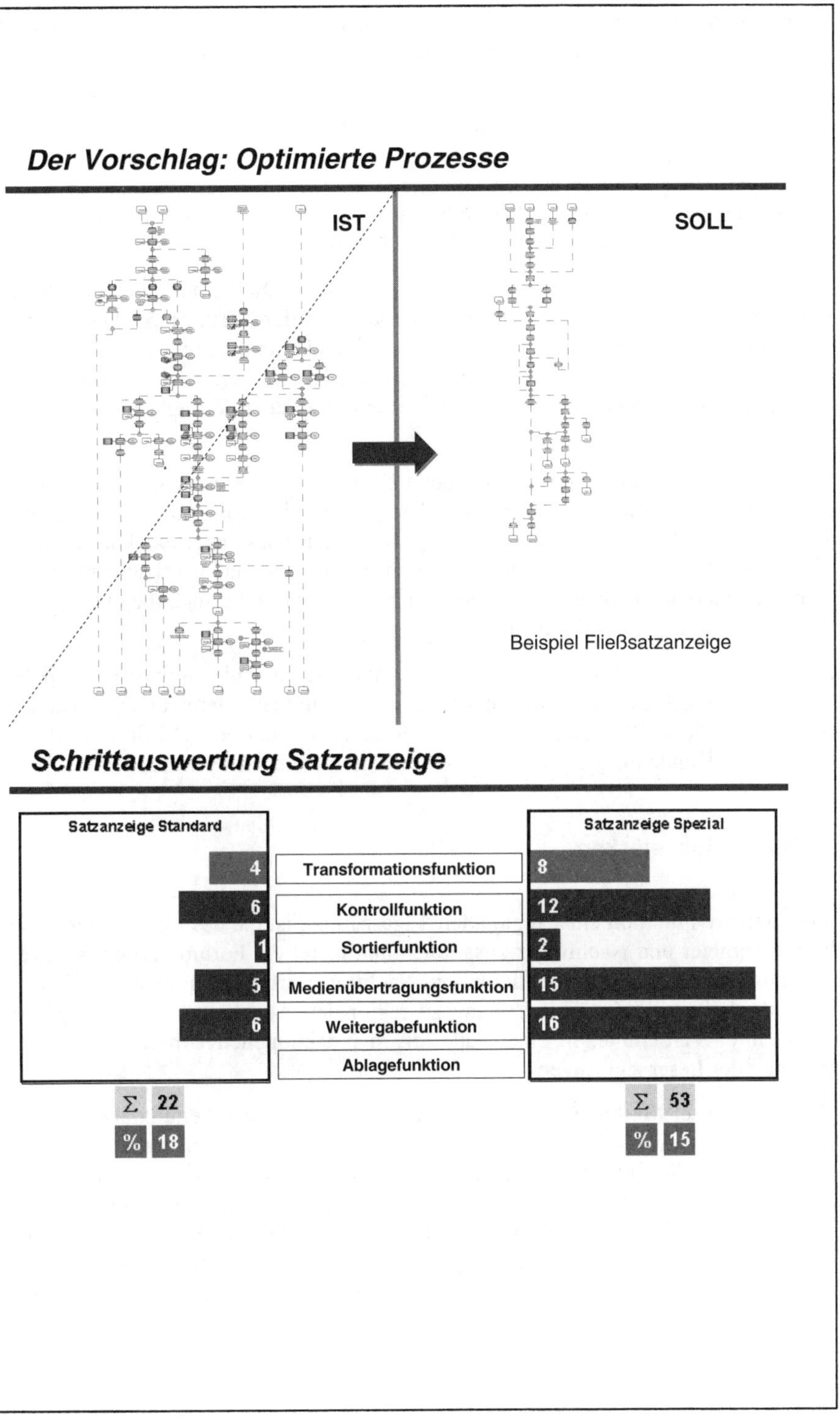
Der Vorschlag: Optimierte Prozesse
IST
SOLL
Beispiel Fließsatzanzeige
Schrittauswertung Satzanzeige
Satzanzeige Standard
Satzanzeige Spezial
4
Transformationsfunktion
8
6
Kontrollfunktion
12
1
Sortierfunktion
2
5
Medienübertragungsfunktion
15
6
Weitergabefunktion
16
Ablagefunktion
Σ 22
% 18
Σ 53
% 15

separat organisiert, ist eine Gestaltung von Anzeigen im Dialog mit dem Kunden und im Wissen um sein Geschäft und seinen Bedarf nicht möglich.

Dies gilt auch für das Outsourcing, das aus dem Blickwinkel dieses Arguments und der veränderten Marktsituation zu überdenken ist. Gerade in den letzten Jahren wurden in einer Vielzahl von Verlagen satztechnische Arbeiten an Externe ausgelagert. Insbesondere die Kostenvorteile kleiner, nicht tarifgebundener Satzstudios, aber auch die höhere Flexibilität und die bessere technische Ausstattung waren entscheidende Argumente für diesen Schritt.

Eine kundenorientierte Gestaltung, möglichst noch im Dialog mit den Kunden, ist über diese Konstruktion aber nicht realisierbar. Von der Norm abweichende Vorgänge erfordern einen hohen Abstimmungsaufwand, Einarbeitungszeit auf Seiten des Dienstleisters und einen nicht unerheblichen Kontrollaufwand auf Seiten des Verlages. Das verkehrt in der Summe die ursprünglichen Vorteile des Outsourcings fast ins Gegenteil.

Outsourcing ist damit eigentlich nur noch für das immer kleiner werdende Standardgeschäft eine sinnvolle Alternative. Dieses wird aber von den Verlagen selbst gebraucht, um die eigenen Mitarbeiterkapazitäten auszulasten. Hinzu kommt, dass die technische Ausstattung in den Verlagen mittlerweile auf vergleichbarem Niveau wie bei den Satzdienstleistern ist und im gleichen Maße auch die Qualifikation der Mitarbeiter gewachsen ist.

Bislang ausgelagertes Geschäft wieder zu integrieren und damit ganzheitliche Wertschöpfungsketten aufzubauen ist damit eine immer interessanter werdende Alternative für die Reorganisation eines Verlages, die bei der IDS Scheer AG in zahlreichen Kundenprojekten dieses Jahr erfolgreich umgesetzt wurde.

2.2 Marktplatz stärken

Die originäre Funktion einer regionalen Tageszeitung ist die des Marktplatzes. Sie bringt Anbieter und Nachfrager zusammen und bietet ein Forum, in dem sich regionale Werbetreibende präsentieren und Nachfrager artikulieren können. Überregionalen Anbietern bietet sie Zugang zu regionalen Abnehmern und ermöglicht ihnen, ihre Werbemittel in einem attraktiven redaktionellen Umfeld bis in den Haushalt der Leser zu bringen.

Gerade in dieser Marktplatzfunktion steht die regionale Tageszeitung aber zunehmend im Wettbewerb mit einer Vielzahl von Konkurrenten. Anzeigenblätter, die kostenlos verteilt werden, lokale Rundfunksender, Stadtteilmagazine, aber auch die Veröffentlichungsblätter der Gemeinden konkurrieren um die gleichen regionalen Kunden. Hinzu kommt die Konkurrenz durch einen ständig differenzierter werdenden Zeitschriftenmarkt. Markenartikler stehen vor einer Vielzahl an Möglichkeiten, ihre Kunden zu erreichen, von denen die Tageszeitung nur eine unter vielen ist.

Im Bereich Stellenanzeigen wie auch in den klassischen Rubrikenmärkten für Immobilien, Vermietungen, Autos etc. sehen sich die Tageszeitungen aber einer noch viel gefährlicheren Konkurrenz ausgesetzt. Gerade hier haben sich die Online-Marktplätze weite Teile des Marktes erkämpft, die auch bei einer positiven Entwicklung des Gesamtmarktes nicht wieder zurückzugewinnen sein werden, da sie in hohem Maße auf Leistungsangebote bauen, die nur über Online-Plattformen zu realisieren sind (Suchalgorithmen, bundesweite Verbreitung, schnelle Kommunikation mit dem Anbieter der E-Mail etc.).

Hier bleibt den Tageszeitungen nur die Möglichkeit der Kooperation und Integration dieser neuen Leistungsangebote in das klassische Angebotsportfolio.

2.3 Akquisition, Verkauf und Betreuung professionalisieren

Regionaler Marktplatz, Online-Anbieter und Media-Agentur für den regionalen Mittelstand - diese Vielzahl an neuen Aufgaben stellt eine gewaltige Herausforderung für Qualifikation und Arbeit der Verkaufsmannschaften in den Tageszeitungen dar. Nicht nur, dass der aus den guten Zeiten eher auf Verteilen statt Verkaufen getrimmte Außendienst jetzt lernen muss, sich gegenüber Konkurrenten durchzusetzen, es wird auch eine breite Kenntnis der unterschiedlichen Werbeformen und Werbemöglichkeiten von ihm erwartet, um den Kunden optimal beraten zu können. Dies überfordert viele Außendienstler. Hier stellt sich generell die Frage, ob diese breite Leistungspalette tatsächlich in ihrer gesamten Bandbreite von einer einzigen Verkaufsmannschaft wahrgenommen werden kann.

Gerade die hohe/große(?) Professionalisierung der Tageszeitungskonkurrenten in den einzelnen Segmenten führt dazu, dass, abgesehen von Olympiakandidaten, auch gut qualifizierte Außendienstler mit diesem Spektrum an Aufgaben überfordert sind.

Im Gegensatz zur kaufmännisch-technischen Abwicklung sind deshalb Spezialisierung und Segmentierung die entscheidende Waffen für die Organisation des Verkaufs der Zukunft.

Dies gilt auch für die Aufgabengebiete Neukundengewinnung und Kundenbetreuung. Das immer breiter werdende Spektrum an beratenden Tätigkeiten im Bestandskundengeschäft erfordert Mitarbeiterprofile, die dem des klassischen Kaltakquisiteurs entgegenstehen. Nur ein kleiner Teil der akquisitionsorientierten Verkäufer besitzt die Persönlichkeits- und Motivationsstruktur für langfristig ausgelegtes Kundenbindungs- und Beratungsgeschäft. Kundenbetreuung und Stammkundenbearbeitung sind deshalb von Neukundenarbeit getrennt zu organisieren, wenn man eine möglichst hohe Wirksamkeit und einen optimalen Einsatz der Verkaufsmannschaft erreichen will.

2.4 Online-Geschäft integrieren

Das Online-Geschäft wurde von den Tageszeitungen erst spät in Angriff genommen. Hier spielten wohl auch die Erfahrungen aus dem BTX-Engagement der Verlage eine Rolle, die dieses neue Medium Ende der 80er Jahre mit viel Engagement(Wdhl.) angegangen waren, aber nie ein befriedigendes wirtschaftliches Ergebnis erzielen konnten.

Über lange Jahre hinweg wurde deshalb die Entwicklung des Internets von den Verlagen kritisch beobachtet. Das Medium wurde als Marketinginstrument akzeptiert, seine Geschäftschancen aber wurden skeptisch bewertet. Nichtsdestoweniger wollte man auch hier in den Boomzeiten des Internets den Zug nicht verpassen und begann, den Rückstand zur schon etablierten Konkurrenz, der neuen Content-Anbieter und Tauschbörsen aufzuholen.

Traditionell in einer getrennten Organisation angesiedelt, war der Online-Bereich hinsichtlich des Produktes, aber auch hinsichtlich der Kultur getrennt vom Printprodukt. Eher teamorientiert und generalistisch eingestellt(?), arbeiteten hier Verkäufer und Redakteure Hand in Hand, um dieses neue Produkt an den Kunden zu bringen.

Verbindungen zum Printprodukt und seinen gestandenen, altgedienten Verkäufern waren eher selten, man beäugte einander skeptisch, immer mit der Frage im Hinterkopf, ob sich denn die Investition in diesen neuen Bereich tatsächlich lohne. In der Tat entsprachen die Umsätze im Online-Bereich nicht nur in den Anfangsjahren einem Bruchteil der Printerlöse, z. T. wurden nicht einmal die Verkaufserlöse einer ganzen vierfarbigen Anzeigenseite erzielt.

Nichtsdestoweniger zeigte aber der Erfolg der Immobilienbörsen und Job-Portale, dass ein nicht unerheblicher Marktbedarf vorhanden ist. Über den solitären Ansatz einer getrennten Vermarktung des Online-Auftritts war es den Tageszeitungen aber nicht möglich, in diesen durch etablierte Online-Konkurrenten gut besetzten Markt einzudringen. Hier waren Mitte der 90er Jahre entscheidende Chancen verpasst worden, sich selber als Markenartikel zu platzieren.

Nur durch einen integralen Ansatz, der das etablierte Printprodukt mit den neuen Möglichkeiten des Online-Auftritts verbindet, ist es möglich, diesen verlorenen Boden gutzumachen und zumindest in kleinen Teilen an diesen neuen Marktplätzen zu partizipieren.

Ein integrierter Vermarktungsansatz erfordert aber auch eine integrierte Vermarktungsorganisation. Nur durch ein gemeinsames Vorgehen am Markt können die Synergien zwischen Print- und Online-Medium genutzt und Kunden ganzheitlich betreut werden. Es gilt ein Produktbündel zu schnüren, das für die Werbekunden die Vorteile des Printprodukts mit den Vorzügen und technischen Möglichkeiten des Online-Auftritts kombiniert: Aufmerksamkeit und Image über die Print-Stellenanzeigen erreichen, Detailinformationen, Bewerberabwicklung und Direktkontakt über den Online-Auftritt organisieren. Dies schafft ein Produkt, das mehr als die Tageszeitungsanzeige bietet und die Wirkung des reinen Jobbörsen-Auftritts in Image und Reichweite um ein Vielfaches übersteigt.

Dieses integrierte Produktangebot erfordert einen Verkauf, der ganzheitlich in allen Bereichen dieses neuen Portfolios beraten kann und kundenmaßgeschneiderte Lösungen bereitstellt. Mit einer getrennten Verkaufsmannschaft für Print- und Online-Geschäft ist dies nicht zu schaffen, beide Bereiche müssen zusammengelegt und einheitlich organisiert werden. Genau diese Organisation und Leistungspalette war deshalb Ziel aller Reorganisationen, die in den letzten Jahren im Verlagsbereich von uns durchgeführt wurden. Die ersten Ergebnisse aus der Marktbearbeitung sind viel versprechend und zeigen, dass über diesen Einsatz ein Stück unternehmerischer Handlungsfähigkeit wiedergewonnen werden kann.

3 Die Umsetzung

3.1 Top down vorgehen

Die Arbeits- und Prozessorganisation einer Tageszeitung so zu gestalten, dass sie den Anforderungen der Zukunft gerecht wird, bedeutet einen massiven Turnaround in technologischer, organisatorischer und kultureller Hinsicht. Die hier zu leistende Arbeit betrifft, wenn sie erfolgreich sein soll, nahezu alle Unternehmensbereiche. Historische Grenzen zwischen klassischen Verantwortungsbereichen sind aufzusprengen, in der Vergangenheit hoch erfolgreiche Berufsbilder von Grund auf zu verändern.

Prozess–Re-Engineering in diesem Sinn bedeutet nicht mehr und nicht weniger, als dass alle Beteiligten in Zukunft anders mit neuen Werkzeugen und veränderten Zielen arbeiten werden. Diese Aufgabe wird nur dann erfolgreich zu bewältigen sein, wenn es gelingt, alle beteiligten Bereiche zu Motoren und Trägern dieser Veränderungsarbeit zu machen.

Eine Aufgabe dieses Formats ist Führungsarbeit auf höchstem Niveau und damit nicht an eine Projektgruppe von Sachbearbeitern zu delegieren. Es geht um menschliche Schicksale, die Zukunft des Unternehmens, die Beurteilung organisatorischer Sachverhalte aus der Gesamtunternehmenssicht. Zu treffende Entscheidungen sind nicht nur von erheblicher Tragweite, sondern auch in hohem Maße von Unsicherheit und Risiken geprägt.

Re-Engineering-Arbeit in diesem Sinn ist damit von Anfang an Arbeit auf Geschäftsleitungsniveau und nur in Randbereichen delegierbar. Betroffene zu Beteiligten zu machen bedeutet deshalb in diesem Fall, die Projektarbeit dem zu übertragen, den es angeht: der Geschäftsleitung. Sie ist die Instanz, die Entscheidungen zu fällen hat, gut vorbereitet und gestützt durch eine Analyse. Nur hier kann frei diskutiert, können Konsequenzen, auch radikaler Art, vorgedacht und durchgespielt werden.

Entscheidungs- und Reorganisationsarbeit in diesem Sinne kann keine 12 Monate dauern. Nicht nur die durch Markt und Wettbewerb vorgegebene Situation erfordert eine zügige Entscheidung, auch die Psychologie lehrt, dass gerade die Entscheidung für tief greifende Veränderungen von Prozessen umso treffender und leichter gefällt wird, je durchgängiger und zügiger eine solche Entscheidung erarbeitet wurde. Projektlaufzeiten von maximal 3 Monaten für Bestandsaufnahme, Bewertung und Erarbeitung einer neuen Struktur- und Prozessorganisation haben sich als optimal erwiesen.

3.2 Vernetzung berücksichtigen

Schwierige Entscheidungen werden nicht durch ein Mehr an Detailinformationen, sondern durch ein klares Gesamtbild abgesichert. „Lieber ungefähr richtig, als im Detail daneben“ ist deshalb das Motto der Arbeit.

Umfangreiche Bestandsaufnahmen, detaillierte Analysen bis auf die zweite Nachkommastelle kosten Zeit, helfen aber nicht, die grundlegende Entscheidung für eine neue Verlagsstruktur und Organisation zu fällen. Hier kommt es vielmehr darauf an, ein stimmiges und durchgängiges Bild der Lage zu erarbeiten, das die wesentlichen Einflussfaktoren und ihre Vernetzung mit berücksichtigt. Weder IT noch Organisation noch zukünftig zu erstellende Leistungen des Verlags können unabhängig voneinander beurteilt werden, es kommt darauf an, ihre Vernetzung herauszuarbeiten und zu berücksichtigen.

Gerade hier leisten die von IDS Scheer entwickelte Architektur integrierter Informationssysteme und die darauf basierenden Werkzeuge der ARIS Produktfamilie einen entscheidenden Beitrag, um die Vernetzung der für die Reorganisation relevanten Faktoren abzubilden und in Bezug auf ihre Wirksamkeit und Bedeutung zu analysieren.

Ausgangspunkt dieser Arbeit ist das bestehende Verlagsreferenzmodell, in dem die grundlegenden (generischen) Prozesse der Anzeigenabwicklung und –verwaltung, der Zeitungsproduktion und des Anzeigenverkaufs abgebildet sind. Aus 12 Verlagen wurden hier Praxisprozesse zu einer Prozessdatenbank zusammengeführt, die jeweils optimalen Prozesse herausgearbeitet und vergleichbar dokumentiert. In diesem Modell ist die entscheidende aufwandtreibende Fragestellung, nämlich wie eigentlich Anzeigen überhaupt produziert werden, bereits beantwortet. Bei der Bestandsaufnahme in einem Verlag kommt es nur noch darauf an, die Abweichungen der Prozesse dieses Hauses gegenüber den Referenzprozessen herauszuarbeiten. Dies führt dazu, dass die Bestandsaufnahme deutlich beschleunigt wird. Die Unterschiede der Prozesse zu den Referenzprozessen können sofort über Benchmarks bewertet und in Bezug auf Optimierungspotenziale gewichtet werden.

Aus dem Verlagsreferenzmodell abgeleitete so genannte kritische Performance-Indikatoren gestatten es, Produktivität und Wirtschaftlichkeit der Verlagsprozesse innerhalb kürzester Zeit zu überprüfen. Die Wirkung von organisatorischen Änderungen kann im Referenzmodell sofort simuliert und mit Kennzahlen zu Kapazitätsbedarf, Durchlaufzeit etc. aus 12 anderen Verlagen bewertet werden. Organisatorische Überlegungen und Szenarien können auch schon in frühen Stadien auf Machbarkeit und Relevanz überprüft und in Bezug auf ihre wirtschaftlichen Effekte bewertet werden. Dies erhöht die Geschwindigkeit der Arbeit und führt auch zu einer hohen Qualität der getroffenen Entscheidungen.

3.3 Am Geschäft orientieren

Ausschlaggebende Kriterien für die Neugestaltung einer Prozessorganisation sind in der jetzigen Marktsituation vor allem Geschäftspassung und Zukunftsfähigkeit einer neuen Organisation. Ziel ist es nicht, Anzeigen so zu produzieren, dass sie mit maximaler Wertschöpfung erstellt werden. Es geht vielmehr darum, dafür zu sorgen, dass bei einer möglichst hohen Wirtschaftlichkeit in der Produktion der Kunde nicht nur zufrieden mit seiner Anzeige ist, sondern wiederkommt und einen größeren Auftrag platziert.

Nicht die maximale Wirtschaftlichkeit oder Wertschöpfung, sondern die Verkaufs- und Geschäftswirksamkeit sind die entscheidenden Kriterien für die Neugestaltung der Prozessorganisation. Nur eine Business Process Excellence in diesem Sinne stellt die Zukunftsfähigkeit eines Verlags auf neue Füße und sorgt für den notwendigen Return on Investment der Beratungsinvestition.

Ausgangspunkte der Prozessarbeit sind damit immer die Analyse des Marktes, die Ableitung der Kundenbedarfe und die Qualität des eigenen Leistungsspektrums im Vergleich zu Wettbewerbern. Dem werden dann die bestehenden Prozessleistungen der Organisation gegenübergestellt und die Vorgaben für notwendige wünschenswerte Veränderungen abgeleitet. Je nachdem ergeben sich hier unterschiedliche Vorgaben für die neue Struktur und die Prozessorganisation. In einem Projekt dieses Jahres ergab sich z. B. aus der Geschäftsanalyse eine besondere Bedeutung des Neukundengeschäfts. Während Bestandskunden auch schon heute mit einer vernünftigen Qualität betreut werden, zeigte die Marktanalyse, dass für Neukundenarbeit weder genügend Kapazität bereitgestellt wurde noch die Arbeit systematisch erfolgte. Das Schlagwort vom „Zufallskunden“ machte die Runde. Im Bereich der Kundenbetreuung wurde deshalb auf eine möglichst produktive Organisation bei vergleichbarem Qualitätsniveau wie heute abgezielt. Die Neukundenbearbeitung wurde als Investitionsbereich definiert, in den ein Großteil der sich durch Prozessreorganisation ergebenden Einsparungen reinvestiert wurde.

Um dem Außendienstler eine möglichst auf den Kunden und seine Bedürfnisse konzentrierte Arbeit zu ermöglichen, wurde auf eine Integration der kaufmännischen Arbeiten in den Verkauf verzichtet und der verkäuferische Bereich von administrativen Aufgaben entlastet. Auch wenn hierdurch der Nachteil einer geringeren Wertschöpfung entsteht (Weitergabeaufwände etc.), wurden die Vorteile einer solchen Lösung doch als ausschlaggebend betrachtet. Verkäufer können sich so zu 100 % auf Kundenbetreuung konzentrieren, die Ausrede, man habe noch im System arbeiten müssen, entfällt - das Schlupfloch Administration ist geschlossen.

Gespräche mit Werbeagenturen und großen Markenartikelkunden zeigten, dass diese sich eine intensive Betreuung und eine auf ihren speziellen Bedarf zugeschnittene Leistung des Hauses wünschen. Man erwarte hier nicht nur die qualitativ hochwertige Umsetzung der Aufträge, sondern auch Initiative und Vorschläge vom Verlag, wie man seine eigene Werbung verbessern und optimieren kann. Um diesen Anforderungen gerecht zu werden, wurde neben der Standardabwicklung für Anzeigen, die, Anzeigen quasi industriell mit höchstmöglicher Geschwindigkeit und Produktivität abwickelt, der Maybach, eine Manufakturabteilung, initialisiert. Aufgabe dieses spezialisierten Bereiches ist es, als interne Agentur in Einzelfertigung für Markenartikelkunden und bedeutende regionale Geschäftspartner Anzeigenentwürfe zu erstellen und Kampagnenvorschläge zu erarbeiten. Die hierfür notwendigen Investitionen in Personal (Layouter, Marktforscher etc.) werden durch die Prozesseinsparungen im Bereich der Industrieproduktion von Anzeigen finanziert.

Insgesamt sind in diesem Beispiel durch diese geschäftsgetriebenen Maßnahmen etwa 50 % der durch das Re-Engineering entstandenen Einsparungen reinvestiert worden.

3.4 Bewegung schaffen

Die Zeiten, in denen Beratung darin bestand, eine möglichst gut gestaltete Folienpräsentation zu erarbeiten oder einen möglichst umfassenden Abschlussbericht vorzulegen, (?)sind vorbei. Heute kommt es darauf an, schnell und wirtschaftlich Wirkung zu erzeugen und echten Kundennutzen zu erarbeiten. Die Umsetzung ist zum Abschlussbericht geworden, der Return on Investment das Qualitätsmaß.

Parallel zu dieser Entwicklung hat sich nicht nur der Ort der Beratungsarbeit von Projektgruppen hin zu Entscheidern verlagert, auch die Anforderungen in Bezug auf Geschwindigkeit und Genauigkeit der Beratungsarbeit sind gestiegen. Beratungskonzepte gehen heute direkt in die Umsetzung. Wo früher monatelange Konzeptdiskussionen erfolgten, werden die Ergebnisse der Beratungsarbeit heute zügig Realität. Viele Chancen für Korrekturen bestehen nicht, schon der erste Wurf muss sitzen.

Diese just-in-time-Beratung stellt nicht nur andere Anforderungen an Projektorganisation und -ablauf, sondern auch an Methodik und eingesetzte Instrumente. Die Konsequenzen von Empfehlungen müssen sofort auf ihre Wirtschaftlichkeit und Qualität überprüft, ihre Auswirkungen auf Organisation, Produkte und IT analysiert werden können: vormittags Szenarien für eine neue Aufbau- und Ablauforganisation entwickeln, sie nach der Mittagspause über ARIS auf ihre kapazitativen und wirtschaftlichen Konsequenzen überprüfen, um am Nachmittag bereits eine Entscheidung für das eine oder andere Szenario zu treffen – das wird zum üblichen Arbeitstakt in der Projektarbeit werden.

Durch die Verbindung von Konzeptentwicklung und Kosten-/Nutzen-Betrachtung wird es möglich, schnell und effizient die notwendigen Ergebnisse zu erarbeiten. Gerade hier spielt ARIS seine Stärken aus. Die Konsequenzen einer neuen Organisationsstruktur bezogen auf die Unternehmensprozesse zu simulieren, Veränderungen in der IT organisatorisch zu bewerten, eine veränderte Arbeitsorganisation in Bezug auf Durchlaufzeit und gebundene Kapazität einzuordnen, dies sind Aufgaben, die über ARIS Werkzeuge (ein gut modelliertes Prozessmodell vorausgesetzt) in einer Mittagspause realisierbar sind.

Noch wichtiger ist der ARIS Werkzeugkoffer, wenn es darum geht, die Auswirkungen eines im Zeitablauf schwankenden Geschäftsverlaufs auf gebundene Kapazitäten zu simulieren. Gerade bei dieser so wichtigen Aufgabe sind die Funktionen der ARIS Simulation erste Wahl, wenn es darum geht, eine an den Geschäftsverlauf synchronisierte Mitarbeiterbesetzung zu bestimmen.

Branchen-Know-how, Prozessreferenzmodelle, der ARIS Werkzeugkoffer und ein zielgerichtetes Coaching der beteiligten Führungskräfte ermöglichen es, innerhalb von 6 Arbeitswochen eine Bestandsaufnahme durchzuführen, die Anforderungen des zukünftigen Geschäfts zu bewerten und als Neuentwurf für Aufbauorganisation und -prozesse umzusetzen.

Auch in Bezug auf die Projektkultur hat ARIS einen positiven Einfluss: Mit den Werkzeugen ist ein neutraler Dritter „mit am Tisch". Einsparungen und andere kapazitative Effekte werden nicht von der Beratung, sondern von einem neutralen, nicht parteiischen System berechnet. Das schafft nicht nur Vertrauen, sondern auch die Sicherheit bei Entscheidern, die für eine relationale Entscheidung und zielgerichtete Umsetzung notwendig ist.

Kosteneinsparungen in Höhe von 20 bis 30 %, ein Freimachen von mehr als einem Drittel der gebundenen Kapazitäten für andere Aufgaben sind die Ergebnisse eines solchen Vorgehens.

Bei den in den letzten 18 Monaten durchgeführten Projekten wurde allerdings nur ein kleiner Teil dieser Personalressourcen ganz freigesetzt. In 5 von den 8 Verlagen werden die andernfalls von Entlassung betroffenen Mitarbeiter für die Kundenbearbeitung und -betreuung eingesetzt. Weg von verwaltenden und administrativen Aufgaben und hin zu Verkäufern und Betreuern war der eindeutige Trend dieser Projekte. Nicht mehr die reine Kosteneinsparung war das Ziel der Auftraggeber, sondern vielmehr die fitte, schlanke, kunden- und geschäftsgetriebene Organisation.

4 Fazit

Ist ein Medienunternehmen eine Schraubenfabrik? – Ja! Kreativität und Wirtschaftlichkeit sind kein Widerspruch, sondern bedingen sich gegenseitig. Die Methoden der Industrie greifen auch im Medienbereich, sind dort sogar zurzeit noch notwendiger, da die Medienbranche sich selbst, ihre Produkte und ihre Art zu arbeiten neu entwickeln muss. Hierbei die unterschiedlichen Anforderungen von Kunden, Verlegern und Mitarbeitern zu berücksichtigen und in einem komplexen Veränderungsprozess in IT, Organisation und Informationsfluss umzusetzen, erfordert ein professionelles Management und ebensolche Werkzeuge.

Vordringliches Ziel der Reorganisationsarbeit des letzten Jahres war es, für die Verlage die unternehmerische Handlungsfähigkeit zurückzugewinnen, indem Kosten und Erlöse wieder in ein zukunftsfähiges Verhältnis gebracht wurden. Dies ist in allen Fällen gelungen.

Wie auch immer sich der Weg gestaltete, der eingeleitete Kostenabbau war nur eine Station auf dem Weg in die Zukunft, nicht aber das Ziel. Kosten senken bringt(?) Zeit und gewinnt die unternehmerische Handlungsfreiheit zurück, löst aber kein Markt- und Produktproblem.

Hierzu bedarf es unternehmerischer Entscheidungen und einer Veränderung an Haupt und Gliedern, wie sie im beschriebenen Umfang von einer Vielzahl unserer Verlagskunden(?) durchgeführt wurde. Das braucht Mut und Entschlossenheit, aber auch Visionen und den Willen, ein unternehmerisches Ziel zu setzen und den Weg dahin konsequent zu gehen. Gerade diejenigen unter unseren Kunden, denen es gelang, eine möglichst große Zahl ihrer Führungskräfte und Mitarbeiter für diesen Weg zu begeistern, haben in den letzten 12 Monaten die größten Fortschritte gemacht.

Für die Arbeit im Markt gilt das alte Motto: „Auf dem Weg sein Ziel finden“. Noch keines der Häuser hat eine durchgängige, in sich schlüssige Produktpalette für die Integration von Online- und Printprodukten entwickelt. Viele Pilotprojekte laufen, die ersten Erfolge sind gemacht, aber es ist „noch ein ganzes Stück Wegstrecke vor uns“. Je flexibler eine Organisation dabei ist, Änderungen durchzuführen und Prozesse anzupassen, desto erfolgreicher wird ein Haus diesen Weg beschreiten können. Das erfordert Lernfähigkeit und den Mut, sein Unternehmen in eine lernende Organisation umzubauen. Ebenso notwendig ist die Fähigkeit, Daten aus dem Markt, aus Kundenverhalten und Ressourcenverbrauch zu einem durchgängigen Bild der Lage zu verdichten, das es erlaubt, Frühwarnsignale zu erkennen und den Unternehmensweg zu bestimmen.

Gerade hier ist die IT gefordert, die entsprechenden Instrumente zur Verfügung zu stellen, die die aus den operativen Prozessen benötigten Daten extrahieren und zu einem Bild zusammenführen. BW und BI sind hier ebenso Schlagwörter wie das Strategic Enterprise Management. Noch wichtiger ist aber die dynamische Komponente.

Tageszeitungsverlage sind Prozessunternehmen. Ihre Leistungsfähigkeit, das geforderte Maß an Kundenzufriedenheit besser bereitzustellen, hängt entscheidend davon ab, mit welcher Qualität und Performance ihre Prozesse betrieben werden. Prozessperformancemanagement als Kontrollinstanz für Durchlaufzeit, Fehlerhäufigkeit etc. wird deshalb zu einem wichtigen Instrument der Unternehmenssteuerung.

Von besonderer Bedeutung ist es hier, bis auf den einzelnen Geschäftsvorfall herunteranalysieren zu können: Gerade im Anzeigengeschäft stehen Mengengeschäft und hochwertige Einzelfertigung nebeneinander und müssen entsprechend den jeweiligen Anforderungen individuell gesteuert werden. Der ARIS PPM erfüllt diese Anforderungen in geradezu idealtypischer Weise, da er sowohl die Gesamtschau als auch den prozessbezogenen Dill–down der Einzelfallanalyse unterstützt.

Hier das richtige Instrumentarium mit den passenden Prozessen aufzubauen, wird eine der entscheidenden Aufgaben des nächsten Jahres sein. Es geht um die Strategie und Form der zukünftigen Unternehmenssteuerung, um die Umsetzung in Prozesse, Organisationsstrukturen und IT– Fragen, auf die wir in 2004 mit unseren Kunden eine Antwort finden wollen.

Effizienzsteigerung bei einem der größten Festnetzanbieter Europas: Aufbau eines Prozess-Managementinformationssystems bei T-Com

Lothar Thies
T-Com

André Dreißen
IDS Scheer AG

Zusammenfassung

Dieser Beitrag verbindet den theoretischen Ansatz des Prozessmanagements mit den konkreten Anforderungen an Steuerbarkeit und Effizienz eines komplexen Großunternehmens. Den inhaltlichen Rahmen bildet die Fortentwicklung des Prozessmanagements bei der T-Com. Im Praxisbeispiel wird die Einführung eines deutschlandweiten Management-Informationssystems vorgestellt: Das Business Intelligence System (BIS) bereitet prozess-, produkt- und organisationsbezogene Daten aus dem operativen Festnetzgeschäft mit Hilfe zielgruppenspezifischer Reports für das Management auf. Aus den Analysen lassen sich im Sinne des Benchmarking Best Practises für Prozesse, Produkte und Standorte ableiten. Durch BIS wird somit ein toolgestütztes, kontinuierliches Verbesserungsmanagements möglich.

Der hohe Automatisierungsgrad des Datenerfassungs- und Aufbereitungsprozesses ist für sich genommen ein Beispiel für effizientes Prozessmanagement.

Schlüsselwörter

Business Intelligence, Management-Informationssystem, Prozesscontrolling, Prozessmanagement, Softwareentwicklung, IT-Implementierung, Transparenz, Ressourcenallokation, Prozesskostenrechnung, Benchmarking

1 Einführung

In Deutschland betreut T-Com, die Festnetzsparte der Deutschen Telekom AG, Privatkunden und mittelständische Kunden mit rund 49 Millionen Anschlüssen – inklusive ISDN-Kanäle. 440.000 mittelständischen Unternehmen bietet T-Com als Komplettanbieter integrierte Lösungen der Informationstechnik und Telekommunikation. T-Com ist mit über 26 Mrd. € Umsatz (2002) und über 140.000 Mitarbeitern die umsatzstärkste Säule der Deutschen Telekom. Die Deutsche Telekom und die IDS Scheer AG arbeiten seit langem im Bereich des Prozessmanagements zusammen. Die Deutsche Telekom ist weltweit einer der größten Nutzer der ARIS Produktfamilie.

2 Die Prozessmanagementphilosophie von T-Com

Die Notwendigkeit, Unternehmensabläufe durch Prozessmodelle zu beschreiben und somit die Steuerung des Unternehmens zu erleichtern, wurde von T-Com bereits seit langem erkannt und umgesetzt. Auf Basis des ARIS Toolsets wurde eine T-Com spezifische Prozessarchitektur entwickelt, die alle relevanten Aktivitäten der Unternehmensbereiche in der jeweils notwendigen Granularität darstellt. Während Steuerungs- und Führungsprozesse in hoher Aggregation dargestellt sind, werden insbesondere die kundenbezogenen Prozesse detailliert mit einem hohen Qualitätsstandard beschrieben.

Aufgrund der Unternehmensgröße gibt es besondere Anforderungen an die flächendeckende und dabei zielgruppenspezifische Information der Mitarbeiter und Fachbereiche. Die zeitnahe Information über organisatorische und prozessuale Änderungen ist erfolgskritisch um am Markt als unternehmerische Einheit wahrgenommen zu werden. So ist beispielsweise eine Kundenanfrage in Bezug auf einen T-DSL-Anschluss prozessseitig von jedem Call Center in gleichbleibender Qualität zu beantworten. Der internationale Telekommunikationsmarkt befindet sich aufgrund des hohen Innovationsgrades der Branche und damit kurzer, technologiegetriebener Produktlebenszyklen in einem starken Wettbewerb. Da die großen Player im Markt auf eine in weiten Teilen ähnliche technologische Infrastruktur zurückgreifen, unterliegen innovative Ideen der Gefahr, bei Erfolg relativ schnell durch Wettbewerber adaptiert zu werden. Umso wichtiger ist daher, eigene Produktentwicklungen schnell in den Markt auszurollen und sich an verändernde Marktbedingungen schnell anzupassen. Dementsprechend gewinnt das „Wie ich etwas tue“ –der Prozess – bei in hohem Maße austauschbaren Produkten und Dienstleistungen gegenüber dem „Was ich tue“ an Bedeutung.

Diesem Ansatz folgend hat T-Com besonderen Wert auf ein funktionierendes Prozessmanagement gelegt. Der Prozess des Prozessmanagements wird als interne Kernaufgabe verstanden.

3 Beispiele des operativen Prozessmanagements von T-Com

Nachdem das Zeitalter der papierenen Prozessdokumentationen und angestaubten Qualitätshandbücher in vielen Unternehmen gezeigt hat, dass es schwierig ist trotz eines relativ hohen Aufwands die Mitarbeiter nachhaltig genug zu erreichen. Um Prozessoptimierungen zu einem echten Bestandteil der täglichen Arbeit zu machen, werden heute neue Wege beschritten. Aufgrund der beschriebenen Markterfordernisse und der flächendeckenden, dezentralen Verteilung der Mitarbeiter in Deutschland hat T-Com von Beginn an auf qualitativ hochwertige Unterstützung IT-basierter Prozessmanagementwerkzeuge gesetzt.

Die Praxis zeigt, dass Prozessinformationen sich umso leichter kommunizieren lassen, wenn sie sinnvoll und rollenbezogen in den Arbeitsalltag der unterschiedlichen Zielgruppen integriert sind. Beispielsweise werden in Abhängigkeit von den Bedürfnissen der verschiedenen Teams (z.B. in den T-Punkten) ARIS-Prozessmodelle kombiniert mit MS-Office basierten Verfahrensanweisungen oder produktspezifischen Zusatzinformationen über das Intranet zur Verfügung gestellt. Für diesen Zweck hat IDS Scheer für die Call-Center-Mitarbeiter spezielle Reports entwickelt, so dass sie automatisiert über – auch kurzfristige - Veränderungen in „ihren" Prozessabläufen informiert werden. Die Besonderheit dieses prozessbezogenen Change Managements liegt darin, dass die Call-Center Mitarbeiter tatsächlich nur über die für sie relevanten Änderungen informiert werden; Neuerungen im Prozess werden gekennzeichnet. Ein zeitaufwändiges Durcharbeiten einer vollständigen Prozessdokumentation ist somit nicht erforderlich. Die Informationen werden so aufbereitet, dass der T-Com Mitarbeiter im Kundengespräch direkt auf die Prozessbeschreibung als Verfahrensanweisung zurückgreifen kann. Auch bei neuen Prozessen führt diese „Step-by-step"-Hilfe dazu, dass interne Schulungen sowie Nachfragen und Weiterleitungen reduziert werden. Durch diese Erhöhung der Leistungsfähigkeit im First-Level-Support werden Kundenanfragen in kürzerer Zeit qualitativ hochwertig bearbeitet. Dies bedeutet eine Kostenreduktion bei gleichzeitiger Steigerung der Kundenorientierung.

4 Die Optimierung des klassischen Prozessmanagements

Der Zyklus eines Prozesses besteht aus drei Phasen. In der ersten Phase, dem Prozessdesign, wird der Prozess auf Basis des unternehmerischen Geschäftsmodells im Allgemeinen und seinem konkreten (Prozess-)Ziel im Speziellen, konzipiert. Wesentlicher Rahmen sind hier typischerweise die Eckpunkte des „magischen Dreiecks", nämlich Qualität, Zeit und Kosten. Die Ausprägung dieses Rahmens ergibt den aus Unternehmenssicht effizienten Prozess. Darüber hinaus gibt es insbesondere personelle, organisatorische und IT-technische Parameter, welche die Effizienz eines Prozesses beeinflussen.

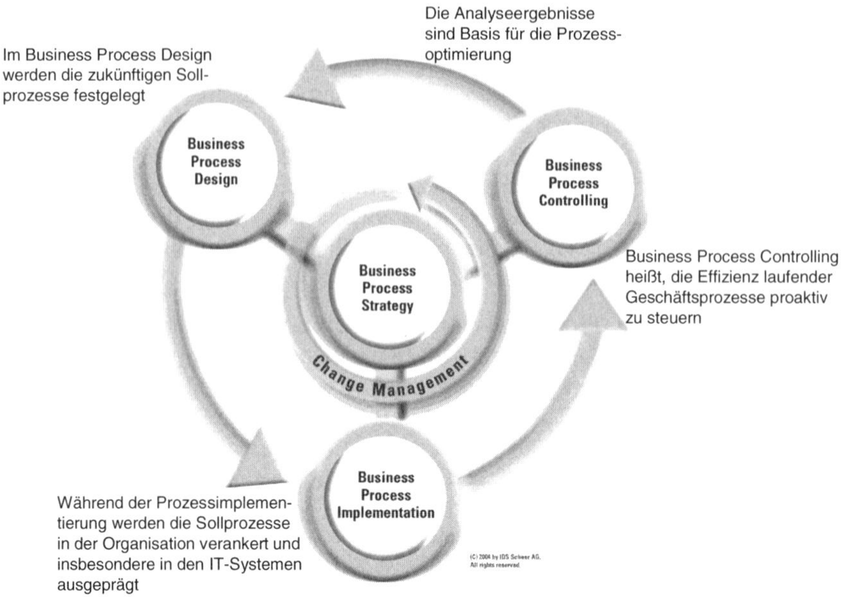

Abb. 1. Die Phasen des Business Process Lifecycle

Während der Prozessimplementierung (Phase 2) spielt das Harmonisieren dieser Faktoren die entscheidende Rolle. Hier wird das (tendenziell idealtypische) Soll-Konzept des Prozess-Designs mit den tatsächlichen Gegebenheiten konfrontiert, was nicht selten zu einem Effizienzverlust, z.B. aufgrund von suboptimalen IT-Funktionalitäten oder historisch gewachsenen, „nicht veränderbaren" Unternehmensgegebenheiten, führt.

Ein Prozess verändert sich von der ersten Soll-Konzeption bis zur endgültigen Implementierung mehrfach. Auch danach gibt es keinen Stillstand. Der Prozess entwickelt sich weiter – er hat ein Eigenleben. Dies ist zunächst einmal neutral zu bewerten: Veränderung kann positive oder negative Effekte haben. Auffällig ist, dass dieses Eigenleben in den wenigsten Unternehmen gesteuert wird. Vielmehr ist es in vielen Unternehmen zu beobachten, dass es für die Benutzung der Unternehmensparkplätze ein mehrstufiges, ausgeklügeltes Bewirtschaftungskonzept gibt, während Beratungshäuser alle fünf, aber spätestens nach zehn Jahren beauftragt werden, den entstandenen prozessualen Wildwuchs unter Effizienzgesichtspunkten zu untersuchen.

Ein gesteuertes, kontinuierliches Prozesscontrolling findet hingegen in den wenigsten Unternehmen professionell statt. Der Vergleich zwischen Organisationseinheiten, die ähnliche bis gleiche Prozesse bearbeiten (intra-organisationales Benchmarking) ist weitestgehend unbekannt. Diese Form des Prozessmanagments lässt sich am besten mit „Management by Bauchgefühl“ umschreiben; wird der Schmerz zu groß, rufe ich den Doktor (Berater). Oftmals wird man auch tatsächlich kuriert, aber je schlimmer die Krankheit desto größer und teurer ist das Notärzteteam. Abgesehen von der Arztrechnung kann eine Behandlung aber auch erhebliche Nebenwirkungen haben, an denen der Patient noch länger laboriert. Das muss nicht sein. Das Stichwort heißt Prophylaxe.

Im übertragenen Sinne übernimmt das Prozesscontrolling (Phase drei des Prozesszyklus) neben dem klassischen, finanzwirtschaftlichen Unternehmenscontrolling eine wesentliche Vorsorgefunktion in der Unternehmung ein. Kombiniert und erweitert um mitarbeiter-, markt- und innovationsspezifische Aspekte ergibt sich ein solides Gerüst, welches zum Beispiel die Grundlage für die Balanced Scorecard eines Unternehmens bilden kann.

Die Ergebnisse des Prozesscontrollings zeigen Überarbeitungsbedarfe auf. Sie bilden den Ausgangspunkt für das Prozessdesign und lassen den Prozesszyklus auf einem neuen, höheren Niveau erneut beginnen.

5 Die Optimierung des Prozessmanagements bei T-Com

Nach einem organisatorisch stärker entkoppelten Arbeiten in der Vergangenheit hat sich die T-Com neu aufgestellt und das Prozessmanagement mit der IT in einem durch den CIO geleiteten Bereich vereint. Damit kann der organisatorische Veränderungsprozess gesamtheitlicher gesteuert werden und ist als unternehmerische Kernaufgabe zentral aufgehangen. Eine IT-Maßnahme wird nicht mehr aus vornehmlich technischer Sicht konzeptioniert und durchgeführt, sondern berücksichtigt von Beginn an aufbau- und ablauforganisatorische Gesichtspunkte bis hin zum Roll-out in das Unternehmen.

In der Vergangenheit hatte sich die T-Com innerhalb des Prozessmanagements vorwiegend auf das Design und die Implementierung von Prozessen konzentriert. Punktuell konnten die eingesetzten Informationssysteme und die vorhandene Prozesskostenrechnung (PKR) Aussagen über die Situation der Ablauforganisation machen. Ein kontinuierliches, aussagefähiges Monitoring der Prozessperformanz zur Unterstützung von Managemententscheidungen war jedoch noch nicht gegeben, da dies technologisch bis dato nicht geleistet werden konnte

5.1 Zielsetzung der Einführung eines prozessbasierten Managementinformationssystems

Aufgrund der zur dieser Zeit zwischen T-Com und der IDS Scheer geführten Gespräche entstand der Auftrag, für T-Com als Pilot eine Lösung zu entwickeln, die das alte Prozesskostenrechnungssystem ablöst, komplexe Datenberechnungen zulässt und die Ergebnisse zielgruppenspezifisch auf Monatsbasis ausgibt. Dieses

Managementinformationssystem sollte in der Lage sein, die verschiedenen Organisationseinheiten im Privatkundengeschäft kundennahen Prozessen und ausgewählten Produkten gegenüberzustellen. Ziel waren eine verbesserte Prozesstransparenz (Identifikation von Kostentreibern) und die exakte Zuordnung von Personalressourcen (inklusive der Berücksichtigung der internen Leistungsverrechnung) sowie die Zuordnung der T-Com Produkte zu Prozessen/Ressourcen im Rahmen der klassischen Prozesskostenrechnung.Weitere Vorgaben waren die Erhöhung der Datenqualität zur Verbesserung der Entscheidungsgrundlage des Managements und das möglichst ergonomische Handling des Systems für Endanwender und Administratoren. Nach der gemeinsamen Zieldefinition begann die fachkonzeptionelle Arbeit zur Entwicklung der BIS-Lösung (BIS steht für Business Intelligence System) für T-Com.

5.2 Die Ausgangssituation

Durch die gestiegenen Anforderungen an das interne Reporting stieß die bisherige Softwarelösung der T-Com immer stärker an ihre Grenzen. Die Datenintegrität konnte nicht gewährleistet werden, da erhebliche excelbasierte Vorarbeiten notwendig waren, um das System mit Daten zu befüllen. Eine Validierung bzw. Plausibilitätschecks der erhobenen Daten konnten erst bei der Analyse und auch dann nur in begrenztem Umfang durchgeführt werden.

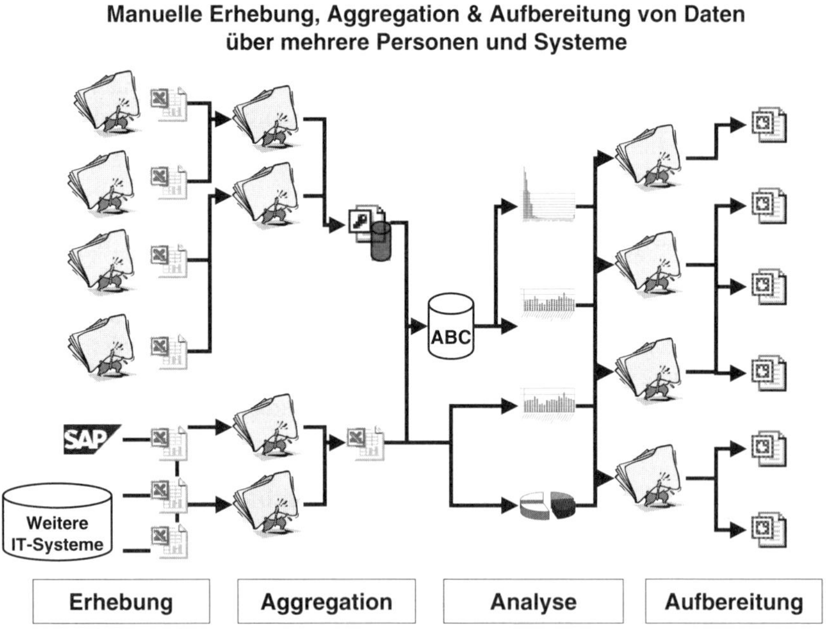

Abb. 2. Erstellung von Management-Informationen vor Einführung BIS

Handlungsbedarf ergab sich auch durch die Datenaufbereitung: Die dezentrale Aggregation in verschiedenen Unternehmensbereichen und die unterschiedlichen am Erstellungsprozess beteiligten Personen reduzierten die Datenqualität. Durch die dezentrale Verankerung in der Organisation war eine Kontrolle über die korrekten Berechnungsverfahren in den vorgelagerten Konsolidierungsprozessen nicht optimal gewährleistet. Die Beziehungen zwischen den Daten aus der PKR und anderen Unternehmenskennzahlen mussten zum Teil manuell erstellt werden. Die Erstellung von Managementpräsentation konnte systemtechnisch nicht unterstützt werden. Durch den fehlenden Auswertungsstandard blieben dem Management zudem Interpretationsspielräume. Der beschriebene, hohe manuelle und desintegrierte Aufwand führte zu hohen Durchlaufzeiten, so dass eine Auswertung nur halbjährlich durchgeführt wurde. Die Anforderungen an ein Werkzeug zur operativen Unternehmenssteuerung waren somit nicht erfüllt.

5.3 Das Fachkonzept – Wie funktioniert BIS?

Einer der ersten Schritte innerhalb des Fachkonzeptes war es, sich den Prozess im späteren Betrieb vorzustellen. Nach der Strukturierung ergaben sich für das BIS vier Hauptprozesse: Die Datenerhebung, die Datenaggregation, die Analyse und die Datenaufbereitung.

Die Möglichkeit des singulären Einsatzes eines Standardsoftwareprodukts schied bereits in den ersten Kundenworkshops aufgrund der großen Datenmengen in Kombination mit den sehr spezifischen und komplexen Anforderungen von T-Com aus. Da eine komplette Eigenentwicklung typischerweise kostenintensiv und (insbesondere in Bezug auf den Fertigstellungszeitpunkt und Leistungsumfang) risikobehaftet ist, entschied sich das Projektteam dazu, eine Reihe von Standardsoftwareprodukten zu einem neuen System zu kombinieren. Hierbei wurden im Wesentlichen Werkzeuge ausgewählt, die bereits bei der Deutschen Telekom im Einsatz waren, so dass Softwarekosten, Schnittstellenschwierigkeiten - aber auch Akzeptanzprobleme bei den Mitarbeitern - minimiert werden konnten.

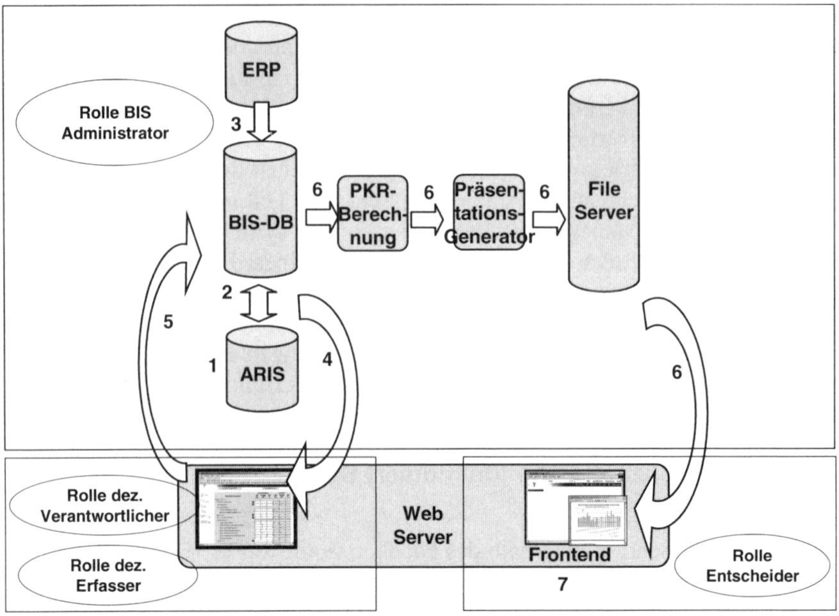

Abb. 3. Grobarchitektur und Rollen des BIS

Die strukturgebende „Hülle" des BIS ist eine modifizierte ARIS-Datenbank. Sämtliche Prozesse und Strukturdaten (T-Com Aufbauorganisation, Mappings zu Drittsystemen, Kostenstellenzuordnungen) liegen in modellbasierter Form vor. Diese Modelle bilden die Struktur der BIS-Datenbank (Oracle) und können jederzeit durch die BIS-Administratoren aktualisiert werden. Vom BIS werden gemäß dieser Modellen, webbasierte Erfassungsmasken für jede Kostenstelle von T-Com erzeugt. Nach der Datenerfassung werden die vielfältigen Berechnungen auf Datenbankebene ausgeführt und standardisierte Reports automatisiert für die verschiedenen Entscheider abgelegt. Dementsprechend sind die Funktionen, die BIS dem jeweiligen Benutzer zur Verfügung stellt, rollenabhängig. Der BIS-Administrator bereitet zu Beginn eines Erfassungszeitraums die Erfassung vor, pflegt Veränderungen in den zu erhebenden Daten und stößt nach der Erfassung die Analyse an. Der dezentrale Erfasser gibt die in seinem Verantwortungsbereich liegenden Daten ein. Der dezentrale Verantwortliche betreut und kontrolliert alle Erfasser pro T-Com Standort. Die Entscheider greifen über das Intranet auf die Analyseergebnisse zu und stoßen auf Basis der Auswertungen Verbesserungsmaßnahmen an.

5.4 BIS – Die Anwendung

Sämtliche bundesweiten Kostenstellen erfassen monatlich online über das Intranet die Zeiten und Häufigkeiten der durchgeführten Prozesse. Somit entfallen jegliche

Medienbrüche, die Daten werden nach der Freigabe durch die dezentralen Erfasser direkt im BIS-Repository zur Weiterverarbeitung abgelegt.

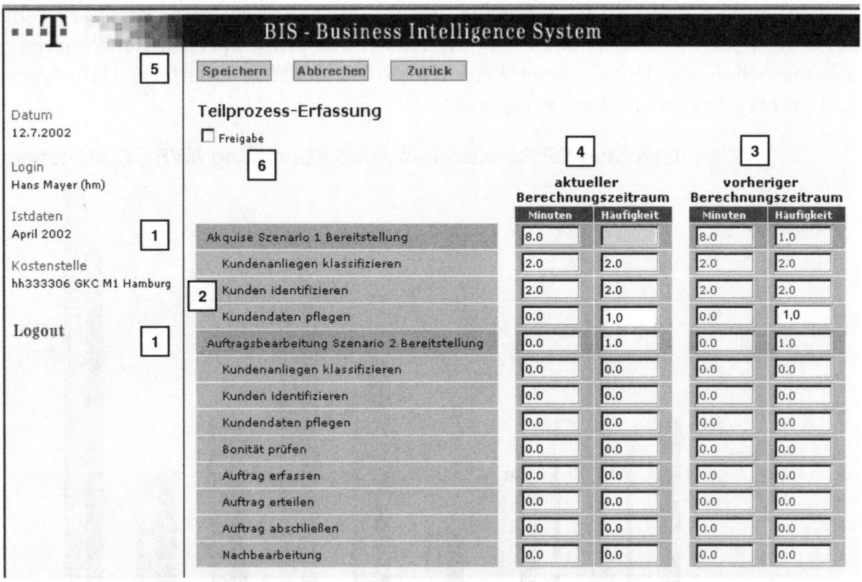

Abb. 4. Monatliche Online-Prozesserfassung durch den Mitarbeiter an einem Standort

Abbildung 4 stellt ein Beispiel für eine monatlich zu füllende Eingabemaske dar. Die Prozesse und Prozessschritte werden entsprechend der in ARIS abgelegten Struktur webbasiert dargestellt (1 und 2). Zu Vereinfachung der Datenpflege gibt es unterstützende Detailfunktionen. Wenn die Eingabe beispielsweise auf Prozessebene erfolgt, so sind die Detaileingabefelder (Prozessschritte) grau dargestellt und die dort ggf. bereits eingetragenen Werte werden ignoriert. Die Vormonatswerte werden einerseits gegraut angezeigt (3). Andererseits werden sie als Default (Vorgabe) in den Spalten „Aktueller Berechnungszeitraum" (4) eingestellt. Da sich ein Prozess nicht jeden Monat zwangsläufig ändern muss, wird auf diese Weise die Datenpflege vereinfacht. Die Defaultwerte werden beibehalten bzw. der neue Wert eingetragen. Sobald die Freigabe aktiviert ist (Zwischenspeicherungen (5) sind möglich) und der Dialog verlassen wird, sind die Werte freigegeben (6). Nun kann der Erfasser diese Werte nicht mehr verändern.

Neben einer optionalen manuellen Prüfung sichern automatisierte Plausibilitätschecks die BIS-Daten vor Fehleingaben und Datenmanipulationen. Am Ende der Erfassungsperiode führt das BIS die erfassten Daten, die Daten aus verschiedenen Datawarehouses, Schlüsselungen sowie Umbuchungen der Ressourcen zusammen und führt die Prozesskostenrechnung durch.

Die vielfältigen Ergebnisse sind jederzeit im Intranet auf einer speziell angelegten Plattform abrufbar. Zuvor werden sie automatisiert über eine Chart-Engine zielgruppenspezifisch (z.B. Leiter eines Standorts, Segmentleiter, Produkt- oder Prozessverantwortliche) in den Datenformaten Excel bzw. Powerpoint aufbereitet. Während für den Leiter eines Standorts der übergreifende Vergleich zu anderen Standorten von Interesse ist, betrachtet der Produktmanager „sein" Produkt (-bündel). Der Prozessmanager betrachtet die Kostentreiber im internen Benchmarking Die monatlich abgelegten Daten werden historisiert und zu Quartals-, Halbjahres- und Jahresvergleichen weiterverarbeitet.

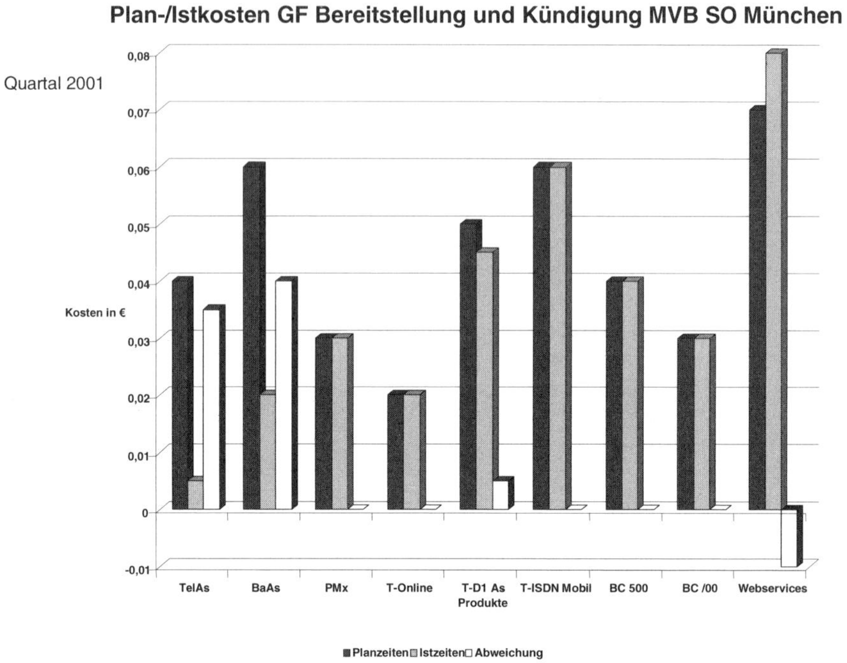

Abb. 5. Plan-/Istkostenvergleich eines Geschäftvorfalls für diverse Produkte an einem Standort (Dummy-Daten)

5.5 Der Roll out

Da die Akzeptanz eines Werkzeugs beim Endanwender für den Erfolg der Lösung entscheidend ist, wurde BIS zunächst an einem Standort in einem dreimonatigen Probebetrieb im Privatkundengeschäft von T-Com eingeführt. Anfangsschwierigkeiten – insbesondere die zu Beginn langsamen Zugriffszeiten - wurden beseitigt und das Werkzeug über Anwenderinterviews optimiert (Eingabehilfen, zusätzliche Reports etc.).

Während der Softwareentwicklung zeichneten sich bereits frühzeitig die Potenziale der BIS-Lösung in Bezug auf Flexibilität und Skalierbarkeit ab. Kurz nach dem deutschlandweiten Produktivstart im Privatkundengeschäft wurde das Monitoring der Prozesse auch auf den Geschäftskundenbereich, das Wholesalegeschäft und demnächst auch im Stationären Handel ausgeweitet, so dass heute ein ganzheitliches Prozesscontrolling über die einzelnen Kundensegmente und Produkte von T-Com möglich ist. Gegenwärtig wird das BIS deutschlandweit erfolgreich angewendet. Die Datenbank umfasst mehr als 80.000 Prozesse und ein Vielfaches an Prozessinstanzen. Die Software ist so aufgebaut, dass sie durch einen Administrator betreut werden kann.

5.6 Erste Erfolge:

Durch die BIS-Einführung ergeben sich für T-Com grundsätzlich zwei wesentliche Vorteile: Zum einen ist der Datenerhebungs- und Bereitstellungsprozess optimiert, zum anderen existiert nun ein effizientes, auf Prozesskennzahlen basierendes Managementinformationssystem.

Durch die dezentrale, anwenderorientierte Online-Eingabe direkt in die Datenbank steigt die Datenqualität. Die personalintensiven Teilaggregationsschritte werden erheblich reduziert. Eine kostenstellengenaue Zuordnung der Personalressorcen zu Produkten und Prozessen ist gewährleistet (auch bei einer kurzfristigen „Verleihung" von Mitarbeitern in andere Bereiche). Durch den hohen Automatisierungsgrad ergeben sich kurze Durchlauf- und Auswertungszeiten. Die Flexibilität und Skalierbarkeit der BIS-Architektur gewährleisten die Anpassung des Tools an die sich ständig ändernden Rahmenbedingungen (Änderung der Organisationseinheiten, Produkte oder Prozesse) im Telekommunikationsmarkt. Der schnelle Zugriff auf die Auswertungsergebnisse in Verbindung mit der hohen Aussagekraft der downloadfähigen Informationen führt zu einem erheblichen Transparenzgewinn für T-Com.

Ein erster Effekt dieser Transparenz ist eine verbesserte Ressourcenallokation. Durch das kontinuierliche Prozesskostencontrolling lassen sich zusätzliche Verbesserungspotenziale heben. Durch intraorganisationale Vergleiche zwischen Produkten, Standorten und Prozessen werden Handlungsempfehlungen entwickelt. Lernen von den eigenen Best Practises ist hier ein Stichwort.

5.7 Erweitertes Prozesscontrolling in der Zukunft

Nach dem Roll-out in die verschiedenen Kundensegmente von T-Com wird das BIS heute um weitere Prozesse und Produkte angereichert. Eine Anbindung an weitere Systeme von T-Com ist in Planung. Eine Kopplung an die ARIS-basierte Prozessentwicklungsumgebung (Prozessdesign) ist ebenso angestrebt und stellt das letzte Bindeglied zur vollständigen Abbildung des Prozesszyklus dar.

Entwicklung einer prozessorientierten IT-Strategie für die Mitteldeutsche Flughafen AG

Ulrich Kramer
Flughafen Dresden GmbH

Martin Demmer
IDS Scheer AG

Zhong Hong
IDS Scheer AG

Zusammenfassung

Gute Informationstechnologie zeichnet sich dadurch aus, dass sie die Geschäftsprozesse optimal unterstützt. Bei der Strategieentwicklung für die Unternehmens-IT werden Geschäftsprozesse trotzdem selten betrachtet. Die Anwendungsarchitekturen werden dann an den Anforderungen des Geschäfts vorbeiimplementiert.

Dieser Beitrag zeigt eine prozessorientierte IT-Strategieentwicklung am Beispiel der Mitteldeutschen Flughafen AG. Diese wurde Anfang 2001 als Holding für die beiden Flughafengesellschaften Leipzig/Halle und Dresden gegründet.

Schlüsselwörter

IT-Strategie, IT-Architektur, IT-Organisation, IT-Prozesse, Prozessarchitektur, IT-Generalbebauungsplan, Flughafen, Geschäftsprozesse, Prozessanalyse, Prozesslandkarte

1 Einleitung

Geschäftsprozesse und Informationstechnologie gehören zusammen. Diese Erkenntnis ist sicherlich nichts Neues. Geschäftsprozesse, welche ohne adäquate Unterstützung durch Informationstechnologie ausgeführt werden, sind ineffizient und von geringer Qualität. Implementiert man Informationstechnologie, ohne die Geschäftsprozesse ausreichend berücksichtigt zu haben, kommt man zum gleichen Ergebnis: schlechte und langsame Abläufe und darüber hinaus falsch investiertes IT-Budget.

Handelt es sich im Verhältnis von Geschäftsprozessen und Informationstechnologie nun um ein „Henne-Ei-Problem"? Prozesse oder IT, was war zuerst da? Anders als in der Biologie kann diese Frage eindeutig beantwortet werden. Die Prozesse waren zuerst da. Informationstechnologie hat lediglich den Zweck, Geschäftsprozesse zu unterstützen, sie effizienter und effektiver ablaufen zu lassen. Natürlich führen neue Technologien dazu, dass sich Prozesse grundlegend verändern. Das Internet hat nicht nur neue Prozesse, sondern auch andere Handelsformen (Bsp. ebay) und Szenarien unternehmensübergreifender Kollaboration (Bsp. B2B-Plattformen) ermöglicht. Trotzdem gilt der Leitsatz „IT follows process."

Dieser Leitsatz hat sich in der Implementierung von IT, egal ob Standardlösungen oder Individualentwicklungen, weitgehend durchgesetzt. Bei jedem erfolgreichen Einführungsprojekt wurden in der Fachkonzeptphase ausgiebig Prozesse diskutiert und beschrieben. Schließlich kann es sich kein Unternehmen leisten, eine teure Software einzuführen, die später nicht optimal genutzt werden kann. Die Reorganisation und Neudefinition von Geschäftsprozessen im Zuge von IT-Implementierungen ist also ein wichtiger Beitrag zur Investitionssicherung.

Die Aufgaben in einem Unternehmen rund um die Informationstechnologie beschränken sich aber nicht nur auf die Einführung von Software. Vorgelagert und auf einer höheren strategischen Ebene steht die Entwicklung einer IT-Strategie. Diese soll sicherstellen, dass Redundanzen und Insellösungen vermieden werden und dass die IT-Budgets durch Priorisierung in die Projekte gesteckt werden, die den höchsten ROI-/Nutzenbeitrag versprechen. Zu guter Letzt sollte eine IT-Strategie sicherstellen, dass die Geschäftsprozesse eines Unternehmens ideal unterstützt werden.

Leider wird gerade dieser letzte Punkt in der Regel nicht ausreichend gewürdigt. Die IT-Strategien von Unternehmen werden oft losgelöst von der strategischen Ausrichtung der Geschäftsprozesse betrachtet. Um in einem Bild der Architektur zu sprechen: Der Bauplan für die Unternehmens-IT wird ohne Kenntnis der Prozesslandschaft erstellt, auf der sie erbaut werden soll.

Wie eine abgestimmte und integrierte Entwicklung von Geschäftsprozessen und Informationstechnologie aussieht und welche Schritte auf dem Weg dorthin notwendig sind, zeigt nachfolgendes Praxisbeispiel.

2 Prozessorientierte IT-Strategie für die Mitteldeutsche Flughafen AG

Die Mitteldeutsche Flughafen AG (im folgenden MFAG) wurde Anfang 2001 gegründet. Die Gesellschaft bildet eine Holding über die Flughäfen Leipzig/Halle und Dresden mit ihren Gesellschaften Flughafen Leipzig/Halle GmbH und Flughafen Dresden GmbH. Weitere Gesellschaften im Unternehmensverbund sind die EasternAirCargo GmbH zur Vermarktung des Luftfrachtverkehrs nach Osteuropa und die PortGround GmbH mit dem Unternehmenszweck, Services für die Bodenabfertigung anzubieten.

Tabelle 1: Kennzahlen der Flughäfen Leipzig/Halle und Dresden 2002

	Dresden	**Leipzig/Halle**
Passagiere	1.524.886	1.988.854
Flugbewegungen	35.379	41.209
Fracht (t)	5.059	9.675
Post (t)	4.301	7.207
Beschäftigte	328	441

Mit der Gründung der MFAG sollten einerseits die Verkehrsströme im Umland beider Flughäfen möglichst vollständig abgeschöpft werden, andererseits sollte mittelfristig durch dieses Konstrukt eine weitere Erschließung von Synergien in den Support- und Service-Bereichen angestrebt werden.

Als einer der ersten Bereiche zur Erschließung von Synergien wurde die Informationstechnologie ausgewählt. Es sollte sowohl ein so genannter Generalbebauungsplan erstellt als auch eine Neuordnung der IT-Organisation vorgenommen werden.

Im Generalbebauungsplan wurden die Anwendungssysteme der Unternehmen der MFAG mit den Hauptgeschäftsprozessen in Verbindung gebracht. Es wurden Maßnahmen und Projekte zur Verbesserung der IT-Unterstützung definiert und inhaltlich und zeitlich grob dargestellt.

Bei der Festlegung der organisatorischen Ausgestaltung der IT wurden Philosophie, Aufgaben, Ressourcenausstattung und die Abgrenzung zu den IT-Organisationen der verbundenen Unternehmen systematisch beschrieben.

3 Erstellung des IT-Generalbebauungsplans

3.1 Vorgehensmodell

Für die Erstellung des IT-Generalbebauungsplans wurden 3 Projektphasen definiert. In Phase 1 wurden Ist-Informationen über die gegenwärtige IT-Landschaft erhoben. Die gewonnenen Informationen wurden in Phase 2 bewertet und analysiert, um in Phase 3 den Blick in die Zukunft zu richten und den Generalbebauungsplan zu definieren.

Bei der Ist-Aufnahme der IT-Landschaft galt es, Informationen aus 3 Bereichen zu sammeln:

- **Prozesse**: Entwicklung eines Unternehmensmodells, um die relevanten Funktionen des Unternehmens abzubilden
- **Anwendungssysteme**: Ermittlung der eingesetzten Systeme und Zuordnung zu den funktionalen Bereichen
- **Systemschnittstellen**: Ermittlung der automatischen Schnittstellen zwischen den Systemen

Zur Bewertung der vorhandenen IT-Landschaft wurden Bewertungskriterien definiert, diese durch gezielte Befragungen von Prozess- und IT-Verantwortlichen zur Anwendung gebracht und schließlich die Bewertungen in einer Gesamtbeurteilung zusammengefasst.

Bei der Definition des Generalbebauungsplans wurde der IT-Investitionsbedarf für die nächsten 4 Jahre nach festgelegten Kriterien ermittelt. Die definierten Maßnahmen wurden nach ihrem Nutzenbeitrag priorisiert und die Ergebnisse im Generalbebauungsplan konsolidiert.

3.2 Ist-Aufnahme der IT-Landschaft

Die Ist-Aufnahme der IT-Landschaft begann mit einer Strukturierung der Hauptprozesse der MFAG in einem Unternehmensmodell. Auf der Basis dieses Unternehmensmodells wurden die Anwendungssysteme den Management-, Kern- und Unterstützungsprozessen zugeordnet und die Schnittstellen zwischen den Systemen dargestellt.

Nachfolgende Abbildung zeigt das Unternehmensmodell der MFAG mit den Hauptprozessen eines Flughafenbetriebs.

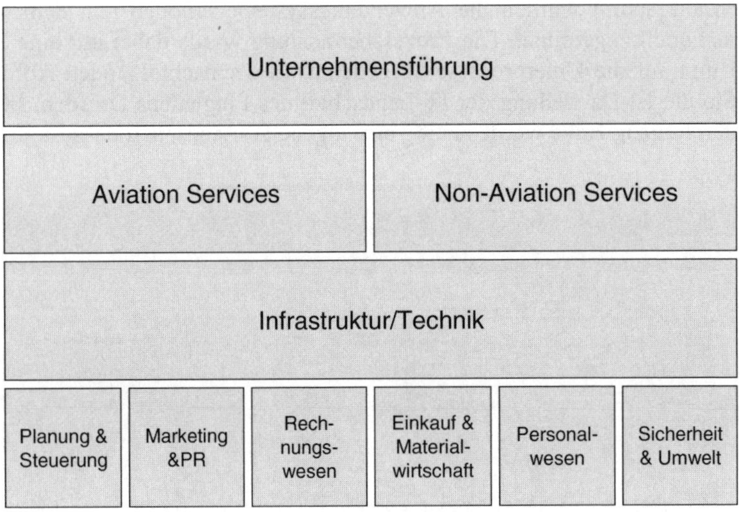

Abb. 1: Unternehmensmodell der MFAG

Unternehmensführung beinhaltet alle Managementprozesse. Hierzu zählt auch die Aufbereitung und Bereitstellung von Informationen und Steuerungsinstrumenten für das Management.

Aviation Services sind alle unmittelbar mit dem Flugbetrieb zusammenhängenden Tätigkeiten und Dienstleistungen wie die Bodenabfertigung von Flugzeugen (Betanken, Reinigen, Beladen) und die Abfertigung von Passagieren, Fluggepäck und Luftfracht. Die Kunden des Flughafens für Aviation Services sind die Fluggesellschaften.

Bei den **Non-Aviation Services** handelt es sich um alle anderen kommerziellen Tätigkeiten eines Flughafens wie Vermietung und Verpachtung von Immobilien (Büros, Geschäfte etc.) im Terminal, die Parkierung (Betreiben von Parkhäusern) und das Veranstaltungs- und Konferenzraummanagement.

Infrastruktur/Technik beinhaltet alle Prozesse, welche die Ressourcen des Flughafens zur Erbringung der Aviation und Non-Aviation Services bereitstellen. Facility Management für das Terminal und die anderen Gebäude des Flughafens sowie die Wartung und Instandhaltung für die Abfertigungsanlagen und -fahrzeuge bilden die Schwerpunkte.

Neben den Kernprozessen Aviation und Non-Aviation Services sowie dem Unterstützungsprozess Infrastruktur/Technik sind noch einige weitere Unterstützungsprozesse im Unternehmensmodell aufgeführt. Planung/Steuerung (Controlling), Marketing & PR, Rechnungswesen, Einkauf & Materialwirtschaft, Personalwesen sowie Umweltschutz & Sicherheit kommen auch in anderen Unternehmen vor, beinhalten aber trotzdem einige flughafenspezifische Besonderheiten.

Im nächsten Schritt wurden die Anwendungssysteme erhoben und dem Unternehmensmodell zugeordnet. Die Prozessbetrachtung wurde dabei um eine Ebene vertieft und auf die Unterprozesse ausgedehnt. In der nachfolgenden Abbildung sehen Sie die Ist-Darstellung der IT-Landschaft des Flughafens Dresden. Für den Flughafen Leipzig/Halle wurde analog eine eigene IT-Landschaft dargestellt.

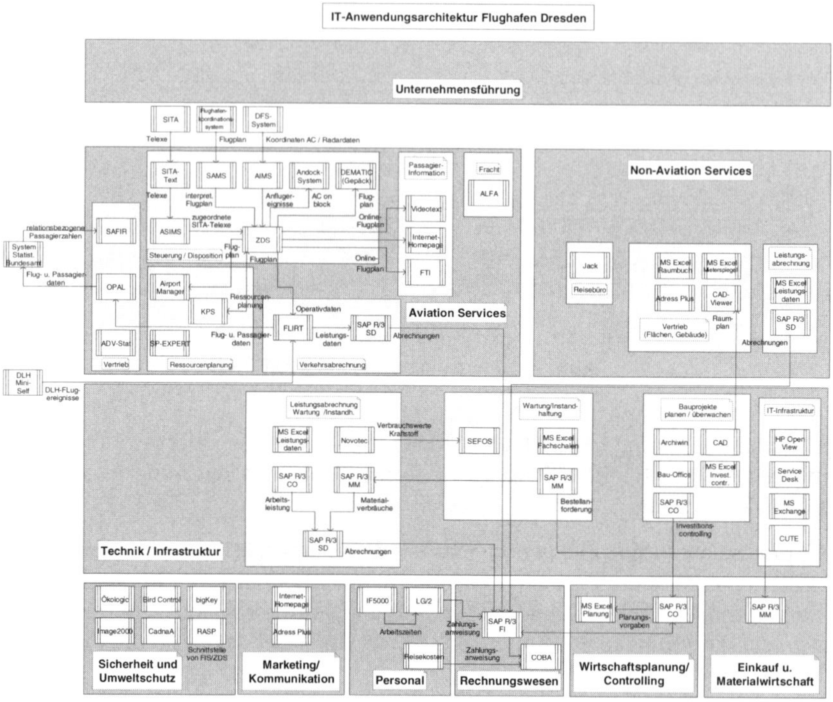

Abb. 2: Ist-Darstellung der IT-Landschaft Flughafen Dresden

Die Hauptprozesse des Unternehmensmodells sind als graue Flächen dargestellt, die Unterprozesse als grüne Flächen, die Anwendungssysteme als blaue Objekte. Automatisierte Systemschnittstellen sind als Kanten zwischen den Anwendungssystemen dargestellt. Die Beschriftungen an den Kanten beschreiben die Informationsobjekte, die zwischen den Systemen ausgetauscht werden.

Zur Erhebung der für die Erstellung der IT-Landschaften notwendigen Informationen wurden Interviews und Workshops mit den Fachabteilungsleitern der beiden Flughäfen und mit den Fachverantwortlichen in der Holding durchgeführt. Die Ergebnisse wurden mit den IT-Leitern der jeweiligen Flughäfen abgestimmt.

3.3 Bewertung der IT-Landschaft

Zur Bewertung der vorhandenen IT-Landschaften wurden 5 relevante Kriterien identifiziert und beschrieben:

- Der **Abdeckungsgrad** beschreibt, wie gut und umfassend die einzelnen Geschäftsprozesse durch IT unterstützt werden. Ein hoher Abdeckungsgrad steht für eine durchgängige Abbildung des Geschäftsprozesses und für hohe Effizienz und Effektivität.
- Der **Integrationsgrad** drückt aus, wie verschiedene Anwendungssysteme miteinander verbunden sind. Handelt es sich bei einem Anwendungssystem um eine Insellösung und müssen die erzeugten oder benötigten Daten manuell weiterverarbeitet werden, ist der Integrationsgrad gleich null. Kommuniziert ein System mit anderen Systemen, ist der Integrationsgrad automatisch hoch.
- Die **Zukunftsfähigkeit** beschreibt den Lebenszyklus einer Anwendung. Eine veraltete Technologie, die vom Hersteller nicht mehr gewartet und weiterentwickelt wird, ist nicht zukunftsfähig und steht am Ende ihres Lebenszyklus.
- Das Kriterium **Wirtschaftlichkeit** beschreibt das Verhältnis von Implementierungs- und Betriebskosten eines Anwendungssystems zum erzielten Nutzen.
- Die **Nutzerfreundlichkeit** spielt bei der Effizienzsteigerung und Motivation von Mitarbeitern eine große Rolle. Sie beeinflusst die Qualität der von den Applikationen unterstützten Prozesse.

Bei der Bewertung der IT-Architektur wurden die beschriebenen Kriterien nicht auf die einzelnen Anwendungssysteme angewendet, sondern auf die Hauptprozesse des Unternehmensmodells. Durch diesen prozessorientierten Ansatz wurde also bewertet, wie gut die einzelnen Hauptprozesse durch Informationstechnologie unterstützt werden. Eine IT-getriebene Bewertung hätte möglicherweise zu anderen Schlüssen geführt.

Die nachfolgende Abbildung zeigt die Bewertungsmatrix für die IT-Landschaften der beiden Flughäfen. Die Bewertung wurde mit den Leitern der Fachabteilungen vorgenommen und mit den IT-Leitern abgestimmt.

Funktion \ Kriterien	Abdeckungsgrad	Integrationsgrad	Wirtschaftlichkeit	Nutzerfreundlichkeit	Zukunftsfähigkeit
Unternehmensführung	Niedrig				
Aviation Services	Mittel	Hoch	Mittel	Mittel	Mittel
Non-Aviation Services	Mittel	Niedrig	Niedrig	Niedrig	Mittel
Infrastruktur	Mittel	Niedrig	Mittel	Niedrig	Mittel
Planung & Steuerung	Mittel	Mittel	Hoch	Hoch	Mittel
Marketing & PR	Mittel	Niedrig	Niedrig	Niedrig	Mittel
Sicherheit & Umwelt	Hoch	Mittel	Mittel	Mittel	Mittel
Einkauf & Materialwirtschaft	Mittel	Mittel	Hoch	Hoch	Mittel
Personal	Mittel	Mittel	Mittel	Hoch	Mittel
Rechnungswesen	Hoch	Hoch	Hoch	Hoch	Mittel

Hoch Mittel Niedrig

Abb. 3: Bewertung der IT-Landschaften der MFAG

Aus der Bewertungsmatrix und den detaillierten Analyseinformationen ließen sich die Schwerpunkte für zukünftige IT-Investitionen bereits deutlich erkennen. Die Unternehmensführung verfügte über kein System, das ihr wichtige Kennzahlen aggregiert darstellte und somit steuernden Eingriff ermöglichte. In den Prozessen Non-Aviation Services und Infrastruktur/Technik wurden deutliche Lücken in der Systemunterstützung erkennbar und die Prozesse im Marketing bedurften einer neuen, besseren IT-Unterstützung.

3.4 Erstellung eines Generalbebauungsplans

Aus der Phase der Bewertung der IT-Landschaften wurden die Investitionsbedarfe in der IT für die nächsten 4 Jahre deutlich. Die Investitionsbedarfe wurden als Maßnahmen definiert und mit der bereits bestehenden IT-Entwicklungsplanung der Flughafengesellschaften Dresden und Leipzig/Halle abgeglichen. Die Gesamtmenge an Maßnahmen wurde unterteilt in (notwendige) Ersatzinvestitionen und Neu-/Erweiterungsinvestitionen. Die werterhaltenden Ersatzinvestitionen wurden mit der höchsten Priorität versehen und in die Budgetplanung aufgenommen.

Als sinnvolle Neu-/Erweiterungsinvestitionen wurden folgende Maßnahmen identifiziert:

- Management-Informationssystem (Prozess Unternehmensführung)

- Betriebssteuerung und Auftragsmanagement (Prozess Aviation Services)
- Technisches Betriebssteuerungssystem (Prozess Infrastruktur/Technik)
- Immobilienmanagement (Prozess Non-Aviation Services)
- Customer Relationship Management (Querschnitt)
- Elektronische Archivierung (Querschnitt)
- Mitarbeiter-Portal (Prozess Personal)

Um die vorgenannten Maßnahmen zu priorisieren, wurden diese anhand der folgenden Kriterien bewertet:

- Beitrag zur Umsatzentwicklung
- Beitrag zur Kostenreduktion
- Beitrag zur Qualitätssicherung
- Beitrag zur Unternehmenskommunikation

In einem Workshop mit Fachabteilungsleitern und den IT-Leitern wurden die Kriterien definiert, gewichtet und die Bewertung vorgenommen (siehe nachfolgende Abbildung):

Investitionsbedarfe	Beitrag zu Umsatzentw.	Beitrag zur Kostenredukt.	Beitrag zur QS	Beitrag zur U. kummunikation	**Gesamtnote**
Management Information System (MIS)	■	■	□	▒	6,375
Betriebssteuerung und Auftragsmanagement (BAM)	▒	■	■	▒	7,875
Technisches Betriebs-steuerungssystem (TBS)	□	■	■	□	6,375
Immobilienmanagement (IM)	▒	▒	■	▒	6,000
Costumer Relationship Management (CRM)	■	▒	□	□	4,875
Vertragsmanagement/ Elektronisches Archivie-rungssystem (EAS)	▒	■	■	□	6,375
Mitarbeiter-Portal	□	□	□	■	4,500

Relevanz: ■ Hoch 9 Punkte ▒ Mittel 6 Punkte □ Niedrig 3 Punkte

Abb. 4: Bewertungsmatrix zur Maßnahmenpriorisierung

In einem abschließenden Schritt wurden die Maßnahmen analog zu ihrer Priorität und in Einklang mit den geplanten IT-Budgets zeitlich eingetaktet. Für die darauf folgenden 4 Jahre wurde in einem Master-Projektplan beschrieben, wann welche Maßnahmen umzusetzen sind. Allerdings sollen diese Jahresplanung und die Prioritäten nicht als starre Vorgabe verstanden werden. Die Umsetzungsplanung soll nach den jeweiligen wirtschaftlichen Rahmenbedingungen stets angepasst werden.

Die wichtigsten Ziele der prozessorientierten IT-Strategie waren die Erschließung von Synergien und die Integration der Anwendungsarchitekturen der beiden Flughafengesellschaften. Zum Zwecke des Soll-Ist-Abgleichs wurde eine Zielanwendungsarchitektur für das Jahr des Endausbaues erstellt. Dieser zeigt im Gegensatz zur Ist-Landschaft eine deutlich höhere Integration und Verringerung der Anzahl der eingesetzten Systeme.

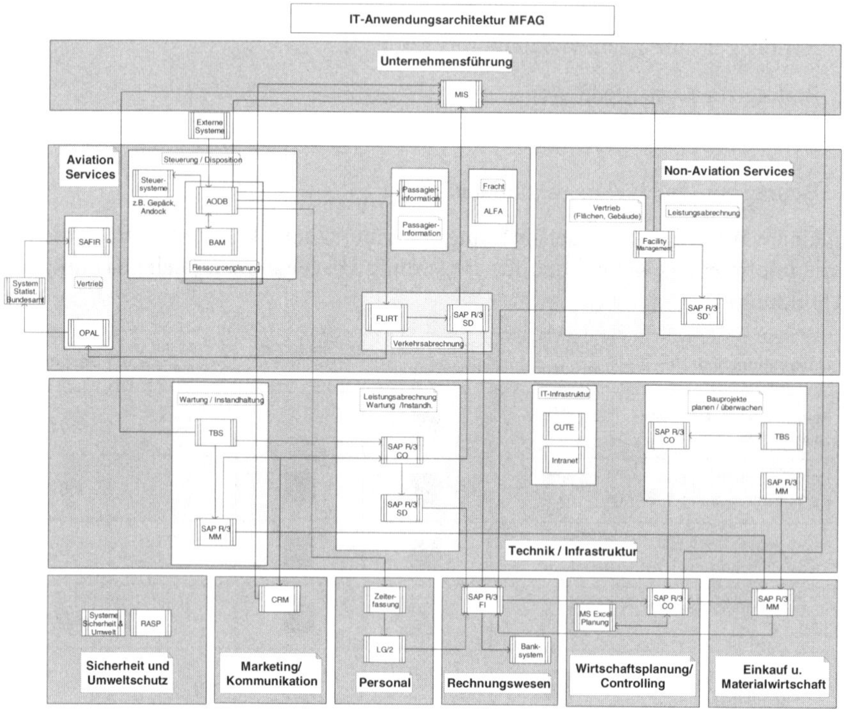

Abb. 5: Zielanwendungsarchitektur der MFAG für das Jahr des Endausbaues

4 Neustrukturierung der IT-Organisation

Vor der Gründung der MFAG als Holding über den beiden Flughafengesellschaften hatten diese ihre eigenen IT-Abteilungen, die das ganze Leistungsspektrum eines internen Dienstleisters erbrachten.

Mit der Gründung der MFAG stellte sich die Frage, welche Synergien sich durch eine teilweise Integration der IT-Abteilungen der einzelnen Flughäfen ergeben würden und wie die Rolle der IT in der MFAG Holding auszugestalten sei.

Um auch diese Fragestellungen prozessorientiert betrachten zu können, wurde eine Architektur für die IT-Prozesse erstellt.

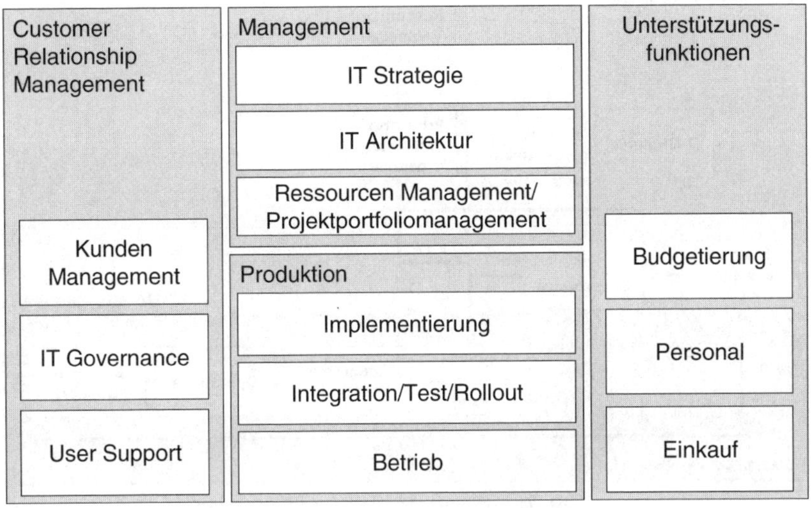

Abb. 6: IT-Prozessarchitektur

Die Prozesse wurden dabei unterteilt in Management-, CRM-, Produktions- und Unterstützungsfunktionen.

Die **Managementfunktionen** umfassen die Schritte der Strategieentwicklung, der Definition der Anwendungssystemarchitektur und der Definition und Verwaltung von Maßnahmen und Projekten im IT-Umfeld. Diese Aufgaben sind ständiger Natur und nicht wie in Kapitel 2 beschrieben ein einmaliges Projekt.

Die **CRM-Funktionen** beschreiben die Prozesse, welche die Anwender der Systeme als Mittelpunkt haben. Die breite Palette der angebotenen Dienstleistungen reicht von der Useradministration über die Hotline bis zu Anwenderschulungen.

Die **Produktionsprozesse** beschäftigen sich außer mit der Implementierung neuer Anwendungen und der Durchführung entsprechender Projekte mit dem IT-technischen Betrieb der Systeme.

Die **Unterstützungsfunktionen** verwalten Budgets und IT-Personal und beschaffen neue Soft- und Hardware.

Nun galt es, die IT-Prozesse in ihrer Verantwortung zwischen den bestehenden dezentralen IT-Abteilungen und der MFAG zu verteilen. Man entschied sich, alle Prozesse, die strategischen und beratenden Charakter haben, zu zentralisieren. Alle Tätigkeiten, die Kundennähe und kurze Reaktions-/Supportzeiten erfordern, sollten weiterhin dezentral vor Ort durchgeführt werden. Die Unterstützungsfunktionen (Personalwesen, Budgetplanung) sollten in die entsprechenden zentralen Einheiten der MFAG überführt werden. Zur Unterscheidung der Prozesse in der vorher beschriebenen Art wurde folgendes 3-Ebenen-Modell erstellt.

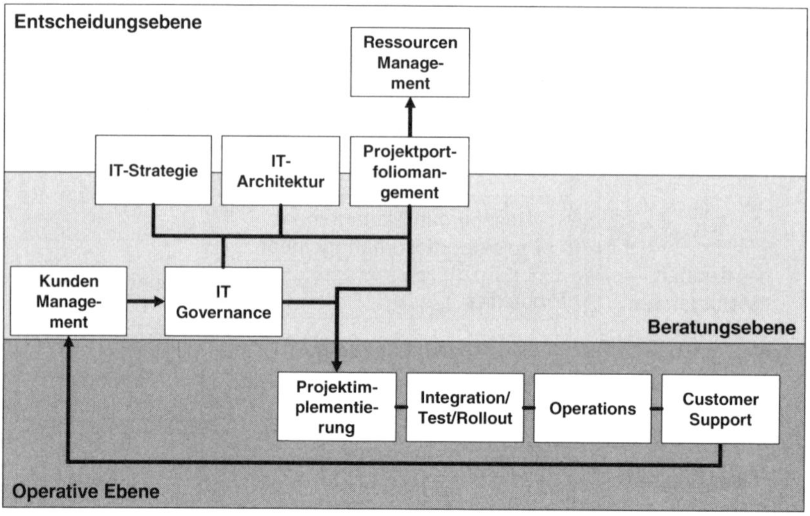

Abb. 7: 3-Ebenen-Modell der IT-Prozesse

Die Funktionen der Entscheidungs- und Beratungsebene sollten zukünftig durch die MFAG durchgeführt werden, die Prozesse der operativen Ebene dezentral in Leipzig/Halle und Dresden. Hierzu wurden bereits lokal an beiden Standorten die bisherigen Organisationseinheiten „Nachrichtentechnik" und „Informatik" zu jeweils einer Einheit „Kommunikation/Informatik" zusammengeführt.

5 Fazit

Mit Abschluss des Projektes zur IT-Strategieentwicklung im Sommer 2001 lag somit eine Maßnahmenplanung vor, die durch folgende Charakteristika gekennzeichnet war:

- Erschließung von Synergien durch organisatorische Neuordnung der IT-Abteilungen
- prozessorientierte Anwendungsarchitektur und Maßnahmenplanung
- integrative Planung der Flughäfen Leipzig/Halle und Dresden zur Erschließung von Synergien durch Integration der Anwendungsarchitekturen

- durch Wirtschaftlichkeitsrechnung und weiche Kriterien gestützte Entscheidungsgrundlage
- klare Priorisierung der Maßnahmen nach ihren Nutzenbeiträgen
- überschaubarer Zeitrahmen für die Umsetzung
- Master-Projektplan als strukturierter Leitfaden für die Implementierung

Die vorgeschlagenen Maßnahmen wurden in Abhängigkeit von der wirtschaftlichen Situation in wesentlichen Teilen umgesetzt (Stand November 2003). Die MFAG hat die Synergiepotenziale im IT-Bereich somit weitgehend erschlossen. Die MFAG wird an ihren beiden Standorten Leipzig/Halle und Dresden künftig eine der modernsten und effizientesten Anwendungsarchitekturen und IT-Organisationen an Flughäfen vergleichbarer Größenordnung besitzen.

Business Process Excellence in SAP-gestützten Prozessen – Nachhaltige und effiziente Prozessoptimierung nach Unbundling und IS-U-Einführung

Ayelt Komus
IDS Scheer AG

Zusammenfassung

Viele Versorgungsunternehmen stehen derzeit vor 2 Herausforderungen: Die Auswirkungen der Liberalisierung (Unbundling) führen zu weit gehenden organisatorischen Veränderungen. Gleichzeitig bedeutet die Einführung des Lösungspaketes der SAP für die Versorgungsbranche (IS-U/CCS, EDM, CRM und BW/SEM) neue Möglichkeiten, aber auch Herausforderungen bezüglich der optimalen Nutzung.

Dies veranlasst viele Versorgungsunternehmen, ihre Prozesse nach einer IS-U-Einführung noch einmal übergreifend auf den Prüfstand zu stellen. Die skizzierte Vorgehensweise zeigt auf, was dabei zu beachten ist. Ein besonderer Schwerpunkt wird in diesem Kontext auf Methoden gelegt, die zu einer hohen Effizienz in der Projektdurchführung beitragen und die Nachhaltigkeit der Projektergebnisse durch intensiven Einbezug der Mitarbeiter stützen.

Eine abschließende Fallstudie des Projektes „POP" bei der metaCount GmbH (Konzerngesellschaft der swb AG) zeigt ein erfolgreiches Beispiel für ein solches Projekt.

Schlüsselwörter

Prozessoptimierung, Reorganisation, Prozesslandkarte, SAP, IS-U, CRM, EDM, BW, Wirtschaftlichkeitsbetrachtung

1 Unbundling und SAP IS-U: Herausforderungen für die Versorgungsbranche

Durch die EU-Binnenmarktrichtlinie zur Liberalisierung des Energiemarktes, kombiniert mit der Beschleunigungsrichtlinie des EU-Ministerrats vom 25. November 2002 mit der Forderung nach einem „Legal Unbundling“, gewinnt die gesellschaftsrechtliche Entflechtung von Versorgungsunternehmen an Bedeutung (vgl. o. V. 2002). Ziel ist es, die Energieerzeugung und den Vertrieb von dem „natürlichen Monopol“ der Übertragungs- und Verteilnetze wettbewerbsorientiert zu trennen. Die forcierte Umsetzung dieser Richtlinien wird im deutschen Markt mit Arbeitsaufnahme der Regulierungsbehörde ab Juli 2004 erwartet. Dementsprechend gehen viele Versorgungsunternehmen das Thema Unbundling mit neuer Dringlichkeit an.

Mit der Umsetzung der Unbundling-Vorgaben ergeben sich erhebliche Herausforderungen für die Organisation. Neue Organisationsgrenzen führen zu neuen organisatorischen Brüchen und Prozessschnittstellen, die es zu überbrücken gilt. So gilt es, gewachsene Geschäftsprozesse über neue Organisationsgrenzen hinweg zu konzipieren. Neue Steuerungs- und Controllingsysteme müssen etabliert werden, IT-Systeme müssen den Anforderungen des Unbundlings entsprechend angepasst werden und nicht zuletzt müssen Mitarbeiter auf die neue Situation optimal vorbereitet werden. Dies alles ist mit möglichst geringem Umstellungsaufwand und unter Berücksichtigung von Kunden-, Qualitäts-, Kosten- und Absatzzielen durchzuführen.

Eine weitere wichtige Veränderung hat sich in den letzten Jahren bei der Systemunterstützung der meisten Versorgungsunternehmen dadurch ergeben, dass bestehende Verbrauchsabrechnungssysteme zugunsten der aktuellen SAP-Lösung für die Versorgungsbranche abgelöst wurden oder sich momentan in der Ablösung befinden. Dabei wird nicht nur das sich inzwischen als De-facto-Standard herauskristallisierende SAP IS-U/CCS eingeführt. Vielmehr entscheiden sich die Versorgungsunternehmen zunehmend mit SAP BW (Business Warehouse), CRM (Customer Relationship Management) und EDM (Energiedatenmanagement) als weitere SAP-Komponenten das erste Mal für eine wirklich integrierte Systemlösung.

Die neuen Lösungen bilden einen großen Bereich der zum Teil sehr komplexen Branchenprozesse ab und ermöglichen so ein noch nicht gekanntes Maß an Integration. Zugleich werden dabei oftmals über viele Jahre oder Jahrzehnte gewachsene Systeme abgelöst. All dies bedeutet ebenso wie die Umsetzung der Unbundling-Erfordernisse eine sehr große Herausforderung an die Organisation.

Wo funktionierende Prozesse bisher nur durch die „intelligente Schnittstelle Mensch“ ermöglicht wurden, müssen nun übergreifende und auch formalen Anforderungen genügende Abläufe präzise definiert und umgesetzt werden. Zusatzfunktionalitäten, die über viele Jahre hinzuentwickelt wurden, müssen fachlich durchdrungen, auf ihre Notwendigkeit hin überprüft und ggfs. auf der neuen technischen Basis wieder entwickelt werden. Gleichzeitig bietet die neue Systemwelt eine Vielzahl an Funktionalitäten, deren Vorteile und Wirtschaftlichkeitsaspekte es zu verstehen und zu bewerten gilt.

Klassischen Vorgehensmodellen folgend gehen den durch das Unbundling bzw. durch die SAP-Einführung ausgelösten Veränderungen systematische und prozessorientierte Soll-Konzeptionen voraus (vgl. bspw. Scheer 2002, Kirchmer 1999). In diesen sollten die beschriebenen Herausforderungen tief gehend analysiert worden sein. Geeignete Geschäftsprozess-Designs und ausgereifte Methoden des Projektmanagements sollen negative Effekte ausschließen oder zumindest durch geeignete Maßnahmen reduzieren und transparent machen.

Gleichwohl sieht die Realität oft anders aus. So ist in vielen Unternehmen zu beobachten, dass mit dem nahenden Produktivstart eines IS-U-Systems pragmatische, kurzfristiger orientierte Zielsetzungen in den Vordergrund rücken. Langfristige und strategische Ziele werden von der Forderung einer zeitgerechten und - insbesondere aus Kundensicht – „unauffälligen" Inbetriebnahme des Systems verdrängt.

Auch bei der Umsetzung der Unbundling-Vorgaben werden viele Fragestellungen nicht oder nur unzureichend beantwortet. Nach der vollzogenen Entflechtung im Sinne des Unbundlings müssen viele Prozesse erst im Tagesgeschäft wieder „feingeschliffen" werden. Dabei besteht die ausgeprägte Gefahr, dass sich Lösungen etablieren, die zwar lokale Optima darstellen, aber nicht den Ansprüchen einer aus Gesamtunternehmenssicht optimalen Lösung genügen.

Damit findet die mit der IS-U-Einführung geplante Prozessoptimierung oftmals erst im Anschluss an den Produktivstart statt. Es gilt, evtl. Defizite aus IS-U-Einführung und Unbundling-Umsetzung auszugleichen und zugleich die Weichen so zu stellen, dass dem verschärften Wettbewerb mit einer günstigen Kostenstruktur bei hoher Kundenorientierung begegnet werden kann.

2 Projektphasen und Grundsätze der Projektarbeit

Folgend wird in allgemeiner Form aufgezeigt, wie Versorgungsunternehmen auf die neuen Herausforderungen reagieren. Dazu wird beschrieben, mit welchem Methodenset die IDS Scheer Unternehmen bei der Bewältigung der anstehenden Aufgaben unterstützt. Da es zur Aufgabenstellung der Prozessgestaltung und -optimierung eine Vielzahl von Veröffentlichungen gibt (vgl. bspw. Scheer & Jost 2003, Hammer & Champy 2001, Komus 2001), werden nur die Aspekte der Vorgehensweise herausgehoben, die besonders darauf ausgerichtet sind, die beschriebenen spezifischen Zielsetzungen bei der Projektdurchführung zu unterstützen.

Abschließend wird die dargestellte Vorgehensweise noch einmal anhand eines Projektbeispiels bei der metaCount GmbH, einer Tochter der swb AG, Bremen, verdeutlicht.

Die beschriebene Vorgehensweise wird durch folgende 3 Zielsetzungen geprägt:

- Geringer Projektaufwand
- Hohe Nachhaltigkeit durch starke und verantwortliche Einbindung der Mitarbeiter des Versorgungsunternehmens
- Kurze und überschaubare Projektdimension, um eine schnelle Sichtbarkeit der Erfolge und eine gute Projektsteuerbarkeit zu gewährleisten

Um die Erreichung dieser Ziele zu ermöglichen, folgt die Durchführung der Projekte 6 Grundsätzen:

- Kein Verstecken hinter Beraterarithmetiken
- Quantitatives Benchmarking zur Orientierung - qualitatives Benchmarking zur Optimierung
- Mitarbeiter nicht aus der Verantwortung entlassen
- Durchgängigkeit in Methodik, Werkzeug und Know-how bis zur Umsetzung in den gelebten Prozessen und der IT
- Verknüpfung von Branchen-, Prozess- und IT-Know-how
- Projekt ist kein Ergebnis, sondern ein Start

Abb. 1: 6 Grundsätze der Projektdurchführung

Mit den dargestellten Punkten wird von Beginn an auf die hohe Eigenverantwortlichkeit der Mitarbeiter des Versorgungsunternehmens abgestellt. Statt über „Beraterarithmetiken", quantitatives Benchmarking und eine umfassende Übernahme von Projektaufgaben durch die Berater zu signalisieren, dass der Projekterfolg ganz in der Hand des externen Partners liegt, wird den Mitarbeitern frühzeitig deutlich gemacht, dass die Optimierung der Abläufe im eigenen Unternehmen und insbesondere im eigenen Aufgabenbereich nicht durch Dritte erreicht werden kann. Die Aufgabenstellung des externen Beraters verändert sich verstärkt in Richtung Coaching und Anschubhilfe. Eine Rollenverteilung, die für beide Seiten anspruchsvoller ist, aber die Basis für eine schnellere, weiter reichende und nachhaltigere Umsetzung legt.

Die Vorgehensweise des Projektes gliedert sich in 4 Phasen. Von diesen können die Phasen „Situationsanalyse", „Soll-Konzeption" und „Umsetzung" als in solchen Aufgabenstellungen typisch beschrieben werden. Besondere Bedeutung kommt der Phase „Strukturierung" zu. Hier werden mit geeigneten Methoden frühzeitig die Schwerpunkte des jeweiligen Projektes gelegt. Dies ist die Voraussetzung für eine besonders effiziente Projektausrichtung, die den Fokus des Projektes auf die Themen mit der größten Hebelwirkung legt.

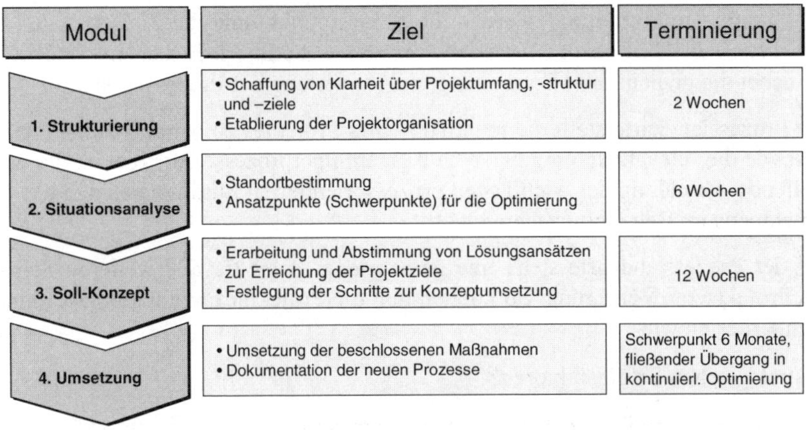

Abb. 2: 4 Phasen des Projektes

3 Strukturierung - Überblick und Schwerpunkte mit der Prozesslandkarte

Mit der Zielsetzung einer effizienten Projektdurchführung kommt der Phase der Strukturierung besondere Bedeutung zu.

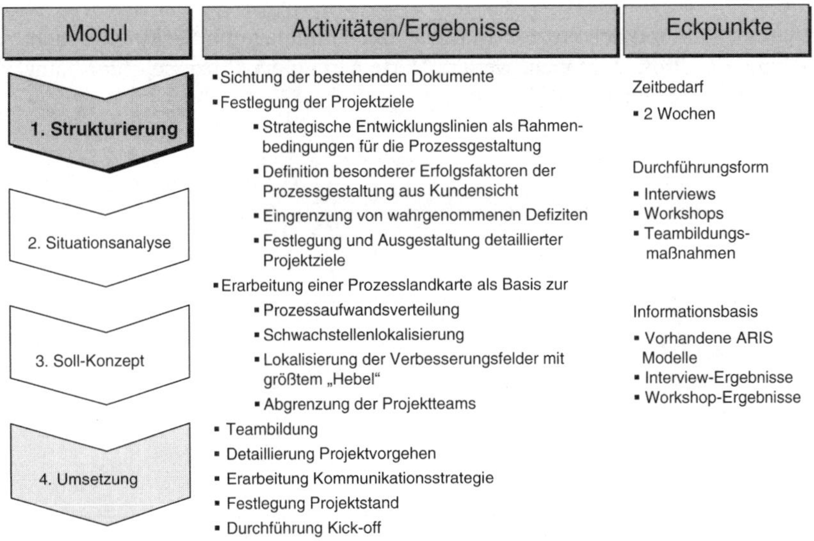

Abb. 3: Projektmodul „Strukturierung“ mit Aktivitäten, Ergebnissen und Eckpunkten

Im Modul „Strukturierung“ werden die Schwerpunkte und die Zielsetzungen des Projektes, zum Teil bezogen auf Einzelprozesse, definiert. Besondere Bedeutung hat dabei die gemeinsame Erarbeitung und Bewertung der Prozesslandkarte.

Die Prozesslandkarte stellt die innerhalb eines Projektes zu betrachtenden Prozesse sowie die relevanten Vorgänger- und Nachfolgerprozesse dar. Ziel ist die übergreifende Abbildung der wichtigsten prozessorientierten Zusammenhänge des Unternehmens im Betrachtungsbereich.

Mit der Prozesslandkarte steht eine gemeinsame Basis für alle weiteren Schritte des Projekts zur Verfügung. So können nun die Projektbearbeitungsschwerpunkte nach Kriterien wie

- strategischen Erfolgsfaktoren,
- eingebundenem Personal (Vollzeitäquivalenzen),
- übergeordneten Benchmarks, Kundenrelevanz,
- Anzahl der Prozessdurchführungen,
- IT-Unterstützungsgrad,
- bereits erkannten Verbesserungspotenzialen,
- Ergebnisbeiträgen und
- Marktumfeld

festgelegt werden.

Weiterhin steht mit der Prozesslandkarte eine Grundlage für Zieldefinitionen, Abgrenzung der Projektgruppen, weitere Verfeinerung der Prozesse, Zuordnung von Aufwänden und anderes zur Verfügung.

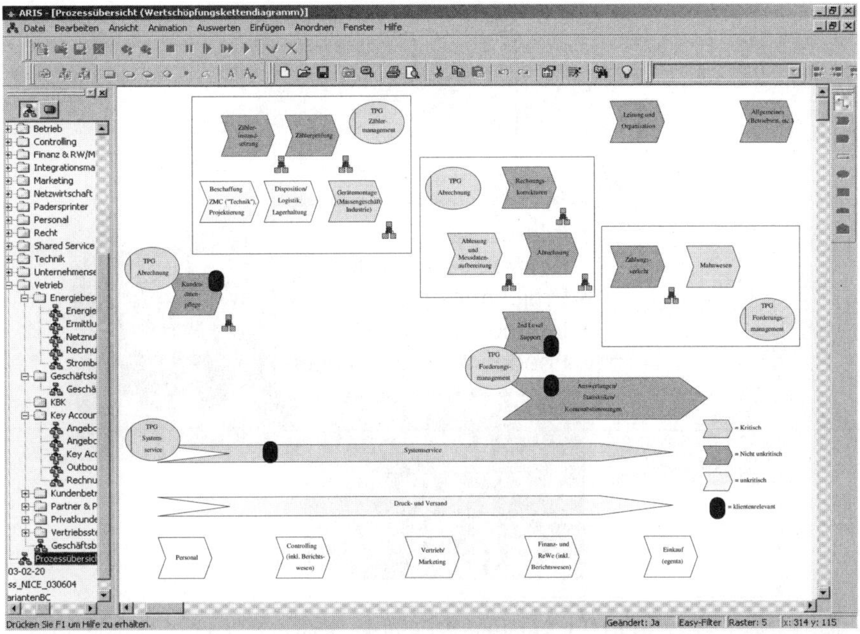

Abb. 4: Beispiel einer Prozesslandkarte mit Projektschwerpunkten und Projektgruppenzuordnung in ARIS

Hohe Bedeutung kommt innerhalb der Strukturierungsphase der Erarbeitung der Kommunikationsstrategie zu. Da das Projektteam nur einen kleinen Teil der gesamten Belegschaft ausmacht, alle Mitarbeiter aber die veränderten Prozesse leben müssen, müssen diese informiert und eingebunden werden.

Hier gilt es, einen guten Mix zu realisieren, der gleichermaßen die emotionalen und die sachinformatorischen Bedürfnisse der Mitarbeiter berücksichtigt.

Abb. 5: Instrumente der Projektkommunikation

Nach der Durchführung dieser und der anderen für dieses Modul beschriebenen Aktivitäten liegen folgende Ergebnisse vor:

- Information und Einbindung von Führungskräften, Projektmitarbeitern und betroffenen Mitarbeitern
- Übersichtsartige Aufbereitung des vorhandenen dokumentierten und undokumentierten Wissens zu Verbesserungsansätzen und Optimierungspotenzialen
- Klare Festlegung des Projektumfanges
- Klare Festlegung der prozessbezogenen und übergreifenden Ziele
- Schaffung der Voraussetzung zur operativen Projektarbeit

4 Situationsanalyse - Verbesserungspotenziale und Quick Wins

Mit der Zuordnung von Prozessen zu Projektgruppen können die einzelnen Prozesse detaillierter betrachtet werden. Die Erfahrung zeigt, dass durch die Aufnahme der Prozesse entlang der Wertschöpfungsstrukturen zusammen mit einer adäquaten Moderationstechnik schnell weit reichende Potenziale identifiziert aufgezeigt werden können.

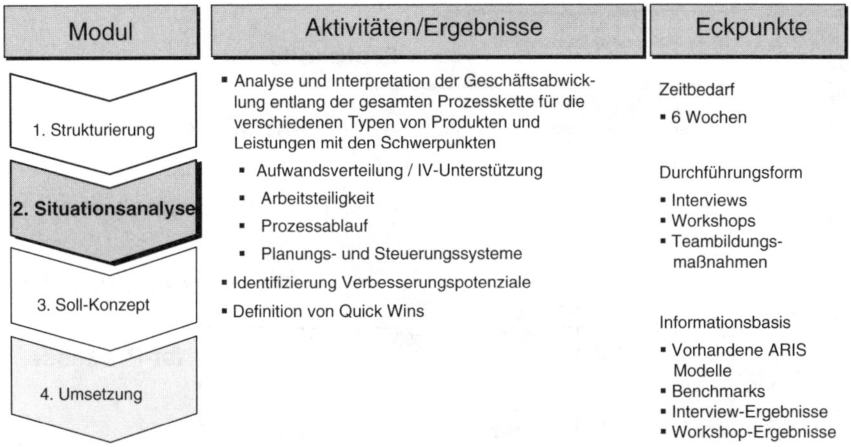

Abb. 6: Projektmodul „Situationsanalyse" mit Aktivitäten, Ergebnissen und Eckpunkten

Neben Benchmarks, Best Practices und Erfahrungswissen aus der Realisierung der Prozesse bei anderen Versorgungsunternehmen, die explizit und implizit in die Diskussion der bestehenden Prozesse durch den Berater eingebracht werden, spielt die Zusammensetzung der prozessbezogenen Arbeitskreise eine besondere Rolle. Hier sollten Mitarbeiter verschiedener Hierarchiestufen vertreten sein, also Mitarbeiter aus Management und Tagesgeschäft wie auch Mitarbeiter, die mit den jeweiligen Prozessergebnissen arbeiten (also die internen Kunden). Ferner spielt ausgeprägtes Know-how bzgl. der Möglichkeiten und Grenzen der Systeme (SAP) und der rechtlichen Rahmenbedingungen (Unbundling) eine besondere Rolle.

Weitere wichtige Erfolgsfaktoren sind die „Spielregeln" und die emotionalen Rahmenfaktoren bei der Durchführung der Workshops. Mitarbeiter müssen die Freiräume zur Verbesserung wahrnehmen. Dies heißt nicht nur, die Augen für neue Möglichkeiten zu öffnen, sondern vor allem eine sachliche Atmosphäre zu garantieren, in der die Frage nach dem „Wer" und dem „Warum" der bisherigen suboptimalen Umsetzung des Prozesses keine Rolle spielt (keine Schuldzuweisungen). Weiterhin muss sichergestellt sein, dass Beiträge unabhängig von der Hierarchiestufe des Inputgebers positiv aufgenommen und neutral bewertet werden.

Einen weiteren wichtigen Beitrag leisten hier die externen Berater, die einerseits neue Ideen einbringen, aber zugleich sicherstellen müssen, nicht über „Berater-Fachchinesisch" und abgehobene „Beraterarithmetiken" (insbesondere quantitative Methoden und Werkzeuge, die von Beratern eingebracht werden und durch eine hohe Komplexität von vielen Personen nicht nachvollzogen werden können) die Bereitschaft zur Zusammenarbeit zu mindern.

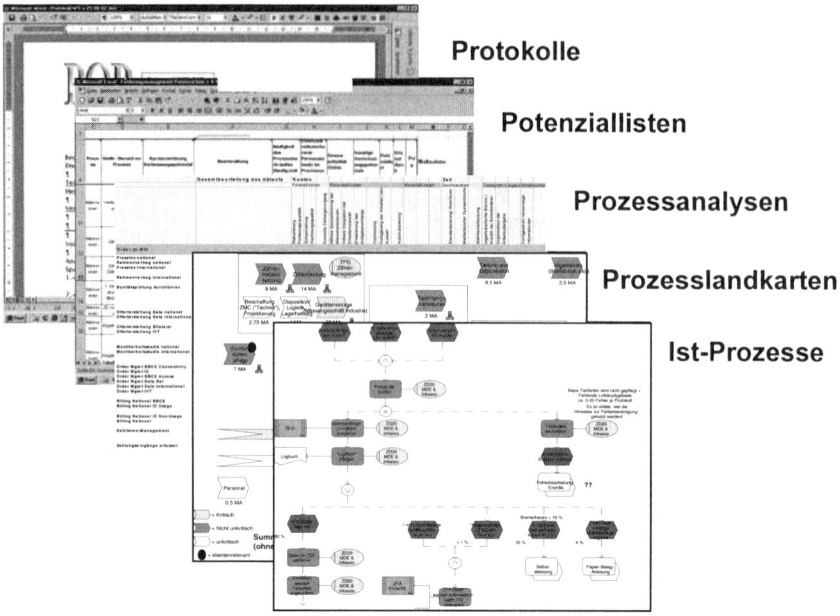

Abb. 7: Ergebnisse der Situationsanalyse

Eine weitere wichtige Rolle im Modul Situationsanalyse spielt die Definition der „Quick Wins". Unter Quick Wins werden Maßnahmen verstanden, die mit geringem Aufwand kurzfristig umgesetzt werden können und direkt zu einem - möglichst gut erkennbaren - Nutzen führen.

Neben der eigentlichen Verbesserung haben diese Quick Wins eine besondere psychologische Bedeutung. Fast alle Versorgungsunternehmen haben in letzter Zeit eine Vielzahl von Verbesserungsprojekten angestoßen. Augenscheinlich wurde dabei oftmals vergessen, die Mitarbeiter mit einzubinden und zu begeistern. Dadurch hat sich in vielen Unternehmen das Gefühl eingeschlichen, derartige Maßnahmen würden nicht zu den gewünschten Ergebnissen führen, sondern hätten lediglich eine Alibifunktion, um die Mitarbeiter mit noch mehr Arbeit zu belasten. Unabhängig davon, ob diese Einschätzung zutrifft oder nicht, lähmt diese Einschätzung den Willen, neue Verbesserungsmaßnahmen zu unterstützen.

Mit sichtbaren Quick Wins wird den Mitarbeitern verdeutlicht, dass Maßnahmen wirklich (direkt) umgesetzt werden, die Mitarbeit sich also lohnt. Für eine Projektphilosophie, die nachhaltige Veränderungen anstrebt, stellen sichtbare Quick Wins somit einen wichtigen Baustein beim Einbezug der Mitarbeiter dar.

5 Soll-Konzept - Übergreifende Optimierung

Mit dem Abschluss des Moduls „Situationsanalyse“ steht eine Vielzahl von identifizierten Potenzialen zur Verfügung. Nun gilt es, diese zu bewerten und als Soll-Konzept auszuprägen. Mit der Bewertung und Priorisierung der Maßnahmen kann die Umsetzungsplanung mit entsprechenden Meilensteinen durchgeführt werden.

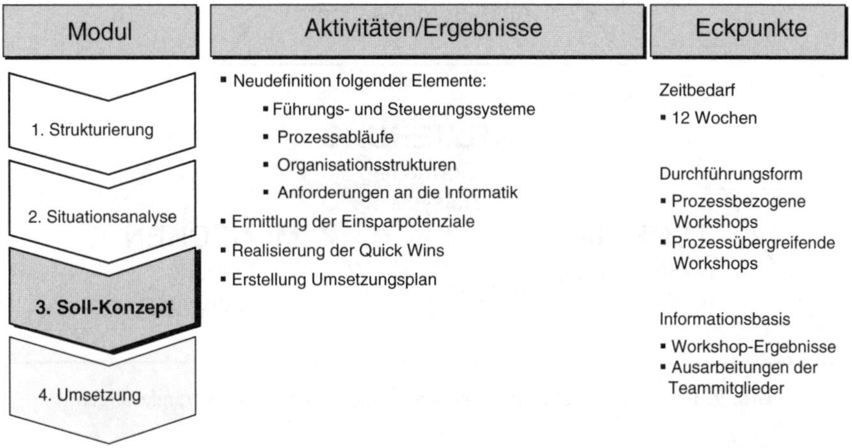

Abb. 8: Projektmodul „Soll-Konzept“ mit Aktivitäten, Ergebnissen und Eckpunkten

Neben den typischerweise im Vordergrund stehenden Veränderungen in den Prozessen gilt es, ggfs. resultierende Anpassungen für die Aufbauorganisation abzuleiten. Außerdem dürfen aber auch 3 andere Aspekte - Menschen, Technik und Steuerung - nicht vernachlässigt werden. Nur wenn alle 4 Dimensionen der Organisation optimal aufeinander abgestimmt werden, können bestehende Potenziale realisiert werden.

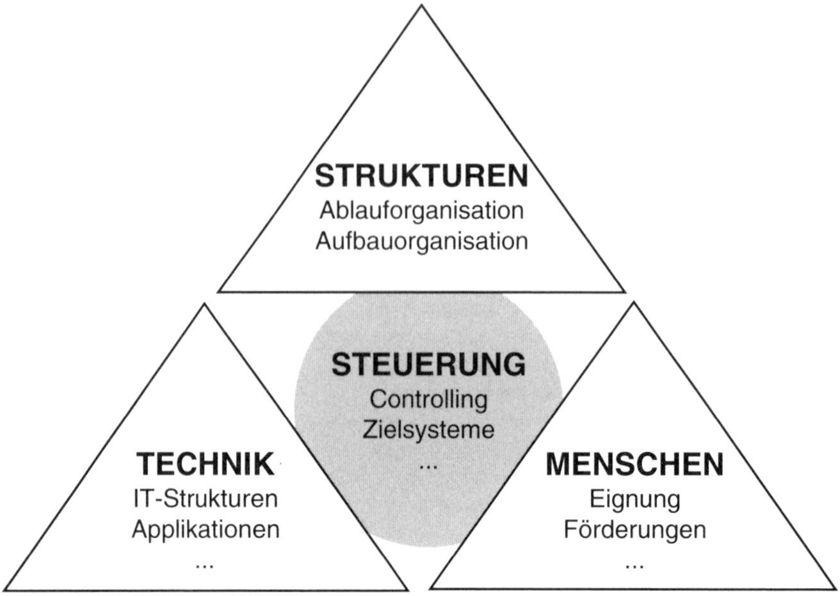

Abb. 9: Dimensionen der Organisation als Gegenstand von Veränderungen

Bei der Neugestaltung der Abläufe gilt es, Schwachpunkte auszuräumen ohne neue Defizite entstehen zu lassen. Mit der Forderung nach der Suche eines Gesamtoptimums auch über Organisationsgrenzen hinweg ist die übergreifende Abstimmung der verschiedenen Prozesse und Prozessschritte entscheidend. Vor dem Hintergrund entflochtener Wertschöpfungsstufen im Versorgungsunternehmen bedeutet dies auch oft die gemeinsame Prozessoptimierung über Kunden-Lieferanten-Verhältnisse hinweg.

Zugleich gilt es, die Möglichkeiten und Grenzen der technischen Unterstützung optimal zu berücksichtigen und bzgl. ihrer Wirtschaftlichkeit zu bewerten. Individuelle Abweichungen vom Standard, die zu Vorteilen, aber auch zu zusätzlichem Aufwand führen, müssen mit ihren Folgekosten bei Releasewechsel und Systemfortführung den möglichen Vorteilen in der Prozessabwicklung gegenübergestellt werden.

Maßnahmen, die zu größeren Auszahlungen führen, sind mit Hilfe einer vereinfachten Kapitalwertbetrachtung zu bewerten.

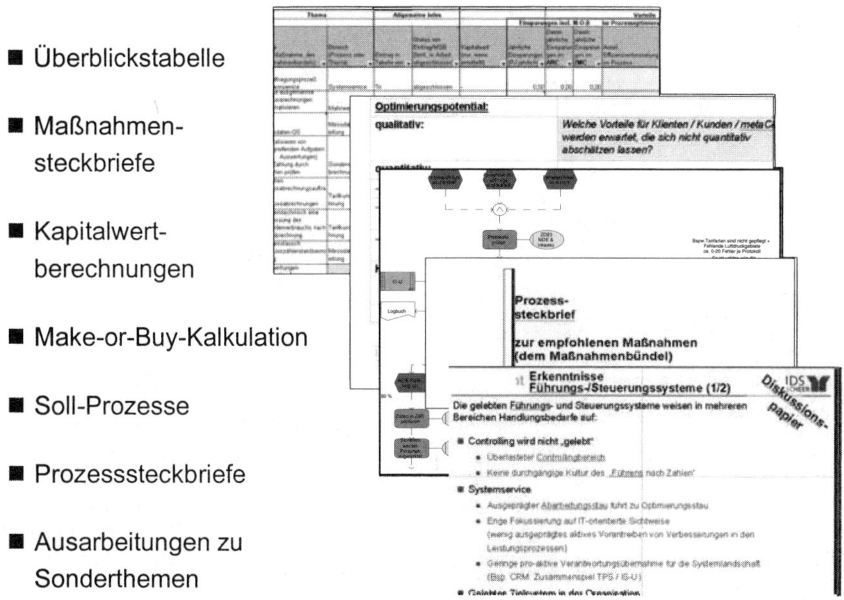

Abb. 10: Ergebnisse der Soll-Konzeption

Sind die vorgeschlagenen Maßnahmen jeweils für sich und im Gesamtkontext geprüft und als sinnvoll bewertet worden, so können die Ergebnisse in eine Umsetzungsplanung einfließen. Diese sollte eine periodenbezogene Darstellung der aufzuwendenden Ressourcen, der zu erreichenden Meilensteine, der Abhängigkeiten untereinander sowie sonstige bei der Planung zugrunde gelegten Prämissen enthalten. Weiterhin sind die zu realisierenden Verbesserungen bspw. nach einzusparendem Personalaufwand oder verbesserten Qualitätsdimensionen mit Meilensteinen zu verknüpfen, um so die Basis für ein Erfolgscontrolling zu schaffen.

Sind mehr Maßnahmen konzipiert als kurzfristig umsetzbar, so kann ein Portfolio eine Entscheidungshilfe zur Priorisierung geben. Mit der Darstellung aller Maßnahmen - abhängig von Nutzen (bspw. als Personalkosteneinsparungspotenzial in Vollzeitäquivalenzen) und Aufwand (bspw. interne und externe Personalkosten) - lassen sich die Maßnahmen mit der größten Hebelwirkung gut ermitteln.

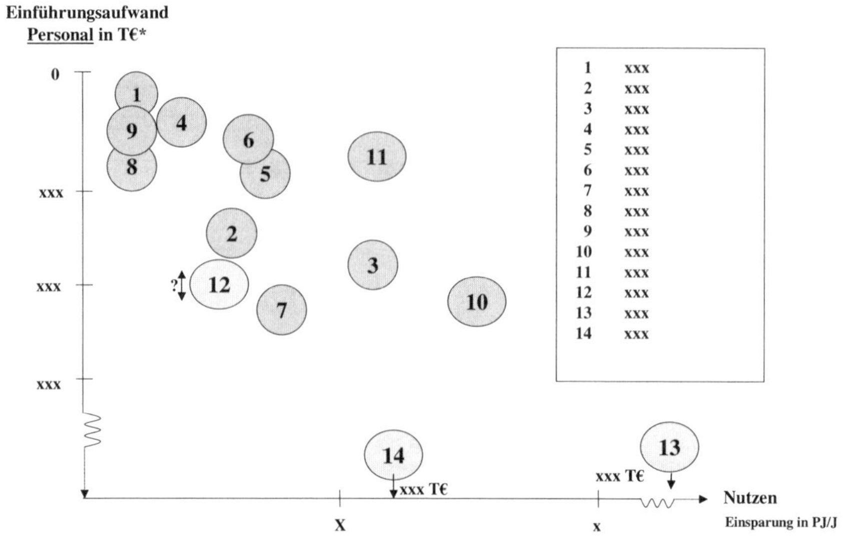

Abb. 11: Maßnahmenportfolio

6 Umsetzung

Mit dem Beschluss von Optimierungsmaßnahmen und Umsetzungsplanung geht das Projekt in die Phase der Umsetzung über.

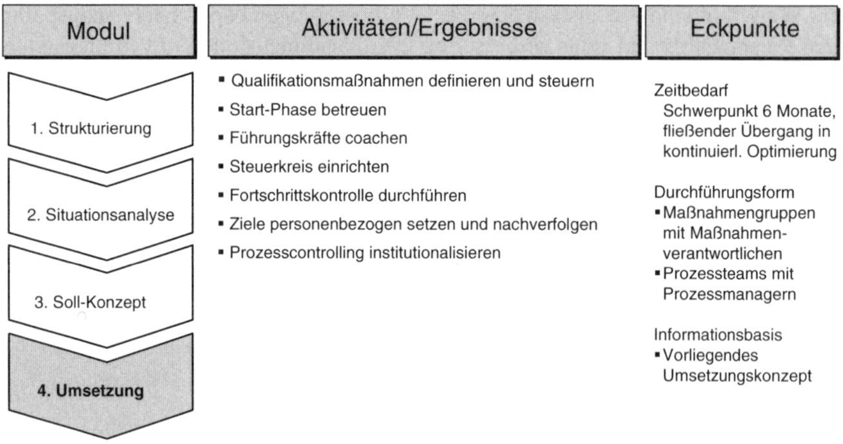

Abb. 12: Projektmodul „Umsetzung" mit Aktivitäten, Ergebnissen und Eckpunkten

Der Übergang von der Soll-Konzeption zur Umsetzung ist in der Praxis sehr kritisch. Oftmals verlaufen Verbesserungsmaßnahmen „im Sande". Die Umsetzung der zuvor beschlossenen Maßnahmen wird bewusst oder unbewusst durch neue Bedenken oder nachlassendes Engagement im Projekt gefährdet. Gleichzeitig fällt in diese Phase zumeist die gewünschte „Abnabelung" vom Berater, womit die oft notwendige externe Sicht auf die Projektarbeit verloren geht. Insgesamt ist in dieser Phase besondere Wachsamkeit geboten, um eine Realisierung der konzipierten Verbesserungen sicherzustellen.

Ein wichtiger Beitrag hierzu ist ein striktes, formalen Anforderungen genügendes Umsetzungscontrolling. Idealerweise in einen Umsetzungs-Steuerkreis eingebunden, wird der Projektfortschritt eng überwacht. Bei Problemen werden das Management eingebunden und Maßnahmen zur Sicherung des Umsetzungsfortschritts herbeigeführt.

Die Umsetzung der wichtigsten Maßnahmen sollte in einem Zeitraum von 6 Monaten zum überwiegenden Teil abgeschlossen sein. Spätestens dann sollten auch Maßnahmen eingeleitet sein, welche die bisherigen einmaligen Prozessverbesserungen in ein nachhaltiges Prozessmanagement mit einem konsequenten prozessorientierten Controlling überleiten. Hier kann der ARIS Process Performance Manager als Werkzeug zum Prozesscontrolling wichtige Dienste leisten.

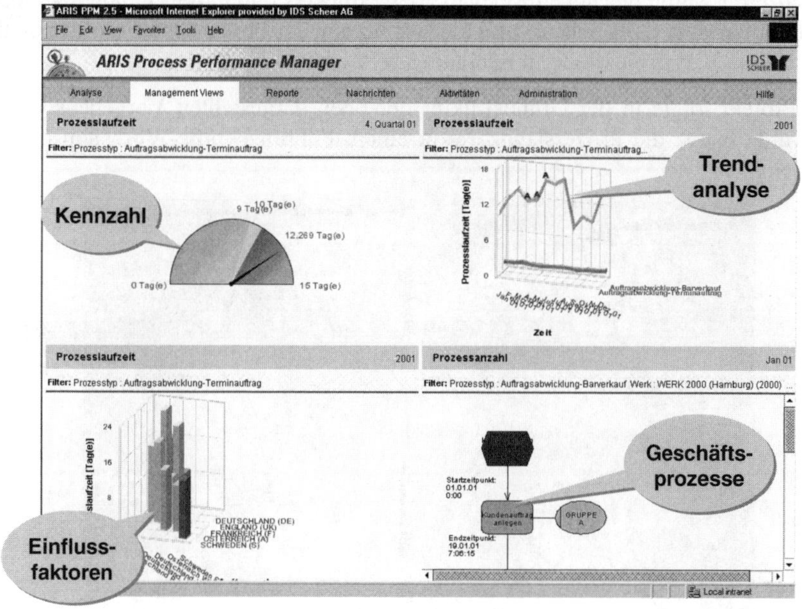

Abb. 13: ARIS Process Performance Manager als Werkzeug zum fortgesetzten prozessorientierten Controlling

7 Fallstudie „POP“ - metaCount GmbH

Die oben dargestellte Herausforderung von optimalen Prozessen nach der Einführung von Unbundling-konformen Strukturen und der Einführung von IS-U stellte sich besonders früh für die metaCount GmbH.

So hatte die swb AG frühzeitig die metaCount GmbH gegründet, um den sich abzeichnenden Anforderungen des Unbundlings gerecht zu werden und zugleich interessante Dienstleistungsangebote für Drittunternehmen in den Dienstleistungsfeldern Zählermanagement, Ablesung und Abrechnung anbieten zu können.

Die metaCount GmbH, im Januar 2001 gegründet, erbringt ihre Dienstleistungen im Auftrag von 6 Klienten für ca. 800.000 Zähler und ca. 1 Mio. Verträge. Die Prozessabwicklung erfolgt auf Basis von SAP IS-U u. a. im Zusammenspiel mit Nicht-SAP-Lösungen für EDM und CRM bei den Klienten.

Ausgehend von einer nur groben Prozessmodellierung im Rahmen der IS-U-Einführung wurden weitere Optimierungspotenziale vermutet. Diese sollten für eine optimale Leistungserbringung im Zusammenspiel mit den Klienten und als wichtige Voraussetzung für ein zukünftiges Neugeschäft realisiert werden.

Gleichzeitig wurde der hohen Relevanz des Projektes durch die Einbindung eines externen Partners (IDS Scheer) und die Benennung der Prokuristin (Frau Alexandra Wendorff) als Projektleiterin Rechnung getragen.

Das Projekt folgte in der Grundstruktur der oben dargestellten Vorgehensweise. So wurde bspw. die Prozesslandkarte in einem Führungskräfte-Workshop (s. u.) erarbeitet.

Abb. 14: Foto der Prozesslandkarte aus dem Führungskräfte-Workshop bei der metaCount GmbH

Die zu Projektbeginn erarbeitete Prozesslandkarte erwies sich als äußerst stabil und diente unter anderem der Potenzialbestimmung, der Teamabgrenzung und der Schwerpunktsetzung im Projekt.

Die mit Hilfe der Prozesslandkarte definierten 4 Projektteams konnten in der Situationsanalyse in moderierten Prozessworkshops jeweils eine Vielzahl von bewerteten Verbesserungspotenzialen isolieren.

Die weitere Bearbeitung dieser Potenziale führte zu 13 übergreifenden Maßnahmen, die schließlich in der Soll-Konzeption weiter validiert und verfeinert wurden. Nach Abstimmung mit Klienten, IT-Bereich und anderen relevanten Gruppen konnten Verbesserungsmaßnahmen beschlossen und eine darauf basierende Umsetzungsplanung definiert werden.

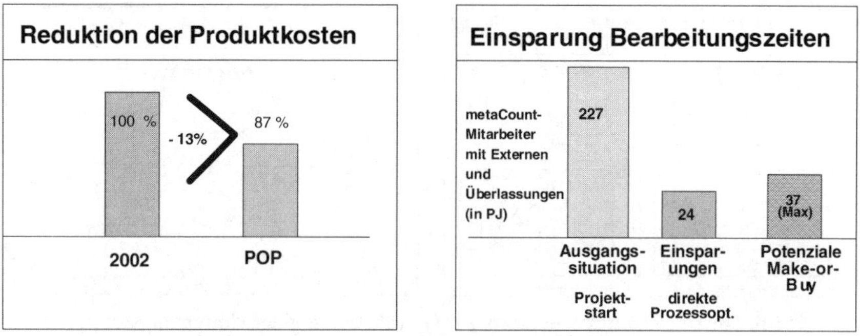

- **Erleichterung und Vereinfachung der Arbeitsabläufe bei metaCount**
  → kann mit Umsetzung erreicht werden
- **Herstellung von Transparenz innerhalb der Prozesse**
  → Dokumentation und Umsetzung
- **Klare Verantwortlichkeiten für die Prozesse und Prozessschritte**
  → Dokumentation und Umsetzung

Abb. 15: Projektergebnisse POP nach der Soll-Konzeption

Mit Abnahme der durchzuführenden Maßnahmen und der Umsetzungsplanung durch den Projektlenkungsausschuss wurde besonderer Wert auf eine unmittelbare Umsetzung gelegt. Zu diesem Zweck wurden Umsetzungsverantwortliche benannt, deren Ziele mit dem Umsetzungserfolg verknüpft wurden. Weiterhin flossen die ermittelten Einsparpotenziale unmittelbar in die Personalplanung ein. Evtl. temporäre Personalengpässe wurden übergangsweise bis zur Umsetzung der Maßnahmen mit Zeitarbeitskräften überbrückt, um so den Umsetzungsdruck aufrechtzuerhalten.

Zudem wurde ein monatlicher Steuerkreis zur Überwachung des Umsetzungsfortschritts gebildet. Mit Hilfe eines systematischen Reportings konnten der Umsetzungsfortschritt genau überwacht und - wo notwendig - besondere Maßnahmen unter Einbindung der Geschäftsführung ergriffen werden.

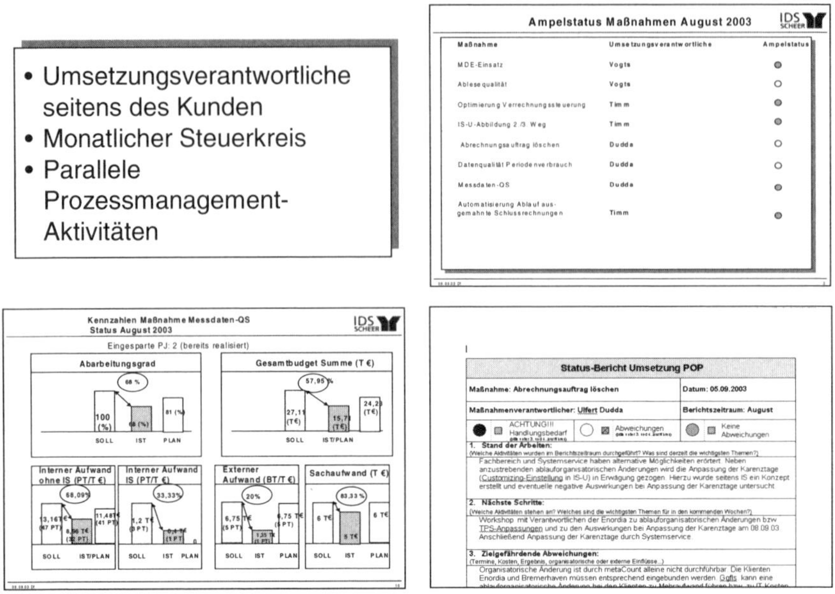

Abb. 16: Umsetzungssteuerkreis zur Gewährleistung der Umsetzungserfolge

Mit Hilfe dieser Instrumente kann inzwischen der Projekterfolg präzise nachgewiesen werden. Nach wenigen Monaten waren die meisten Maßnahmen erfolgreich umgesetzt. Die anderen umfassenderen Maßnahmen folgen - von kleineren Abweichungen im Tagesgeschäft abgesehen - der ursprünglichen Umsetzungsplanung und sind als Ergebnisse in den aktuellen Planungen bereits berücksichtigt.

Neben den unmittelbaren Erfolgen aus der Umsetzung der Soll-Konzeption lassen sich weitere Erfolge konstatieren. Eine auf Basis der prozessorientierten Analyse und Konzeption überarbeitete Aufbauorganisation gibt den Führungskräften bessere Rahmenbedingungen zur Wahrnehmung ihrer Aufgaben. Zugleich gibt die positive Erfahrung der Umsetzung der Projektmaßnahmen einen weiteren positiven Schub. Damit konnte das Projekt einen Beitrag zur nachhaltigen Prozessoptimierung leisten, der über die Ergebnisse der einzelnen Maßnahmen weit hinausgeht.

Literaturverzeichnis

Hammer, Michael; Champy, James (2001), Reengineering the Corporation.

Kirchmer, Mathias (1999), Business Process Oriented Implementation of Standard Software - How to Achieve Competitive Advantage Efficiently and Effectively. 2nd Ed.. Berlin et al.

Komus, Ayelt (2001), Benchmarking als Instrument der Intelligenten Organisation. Ansätze zur Steuerung und Steigerung Organisatorischer Intelligenz. Wiesbaden

o. V., Geänderter Vorschlag für eine Richtlinie des Europäischen Parlamentes und des Rates zur Änderung der Richtlinien 96/92/EG und 98/30/EG über Vorschriften für den Elektrizitätsbinnenmarkt und den Erdgasbinnenmarkt, 27. November 2002, E129 C 747 KOM 2002 304 final, Erwägungsgründe (6), 25. November 2002

Scheer, August-Wilhelm (2002), ARIS - Vom Geschäftsprozess zum Anwendungssystem. Berlin et. al., 4. Aufl.

Scheer, August-Wilhelm; Jost, Wolfram (Hrsg) (2002), ARIS in der Praxis - Gestaltung, Implementierung und Optimierung von Geschäftsprozessen. Berlin et al.

Öffentlicher Sektor,
Versicherungen,
Banken

Effiziente Verwaltungsprozesse durch E-Government

Ralf Heib
IDS Scheer AG

Zusammenfassung

Mit E-Government rückt die Gestaltung der organisationsübergreifenden Beziehungen in den Vordergrund der Verwaltungsreform von Bund, Ländern und Kommunen. Angesichts der hohen Investitionen in E-Government-Lösungen stellt sich die Frage nach dem Return on Investment (ROI). Die Suche nach dem Nutzen von E-Government muss hierbei bei den Verwaltungsprozessen ansetzen. Eine Verbesserung der Dienstleistungsqualität für den Bürger sowie der Standortqualität für die Wirtschaft und eine Effizienzverbesserung der Verwaltung selbst können deshalb nur durch eine systematische Verbesserung der zugrunde liegenden Verwaltungsprozesse erreicht werden.

Schlüsselwörter

E-Government, Verwaltungsreform, Return on Investment

1 E-Government – Megatrend in der öffentlichen Verwaltung

Kein anderer Begriff prägt die aktuelle Diskussion zur Verwaltungsreform so stark wie „E-Government". Haben sich die Reformbemühungen der öffentlichen Verwaltung bislang unter den Begriffen „Neues Steuerungsmodell" und „New Public Management" hauptsächlich auf die Optimierung der internen Strukturen konzentriert, so rückt nun mit E-Government die Gestaltung der **organisations-übergreifenden Beziehungen** in den Vordergrund.

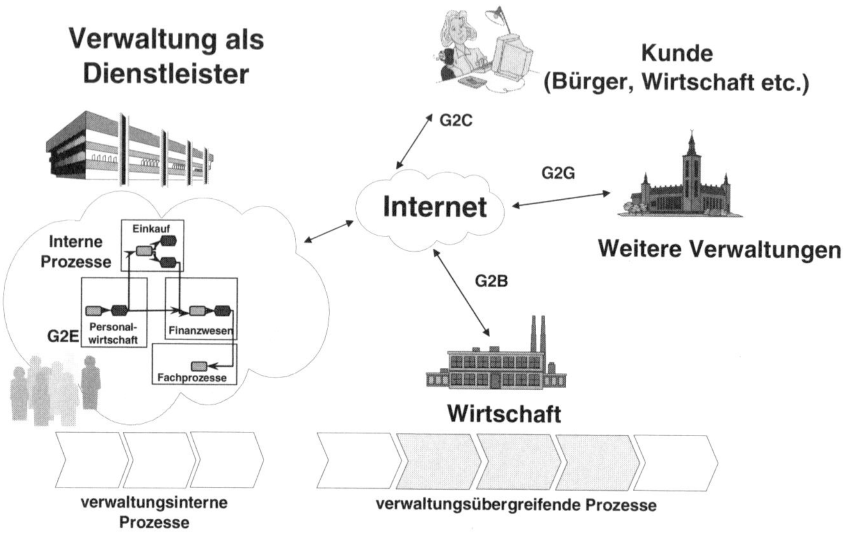

Abb. 1: Das E-Government-Netzwerk der öffentlichen Verwaltung

E-Government ermöglicht die Gestaltung eines übergreifenden **Netzwerkes der Verwaltung** zu

- den Bürgern (Government to Citizen/G2C),
- der Wirtschaft (Government to Business/G2B),
- den weiteren Verwaltungspartnern (Government to Government/G2G) sowie
- den Verwaltungsmitarbeitern (Government to Employee/G2E).

Somit umfasst E-Government die Abwicklung sämtlicher organisations-übergreifender Verwaltungsprozesse unter intensiver Nutzung des Internets und mobiler Technologien. (Lucke & Reinermann 2000)

2 Return on Investment

Ähnlich wie beim E-Business-Ansatz in der Industrie wurde die Entstehung von E-Government durch die rasante technologische Entwicklung des Internets ausgelöst und geprägt. Hier lohnt es sich, von den Erfahrungen der Industrie zu profitieren.

So haben die schnelle Euphorie und das später folgende Wehklagen um das Thema „**E-Business**“ in der Wirtschaft gezeigt: Erfolgreich mit E-Business waren nur die Unternehmen, welche das „E“, also die Technologie, mit dem „Business“, d. h. einem erfolgreichen Geschäftsmodell, verbunden haben. Viele rein technologiegetriebene E-Business-Projekte ohne klaren Kundennutzen und tragfähiges Geschäftsmodell sind dagegen schnell gescheitert.

Nicht anders ist die Situation in der öffentlichen Verwaltung: Die alleinige Einführung eines Internetportals in Verwaltungen bringt noch keinen **E–Government-Erfolg**. Auch führt die internetgestützte Umsetzung bestehender Verwaltungsprozesse noch längst nicht automatisch zu den erhofften Verbesserungen. Ganz im Gegenteil – birgt doch die „Elektrifizierung“ veralteter und ineffizienter Verwaltungsprozesse gerade die Gefahr, neue suboptimale Insellösungen für lange Zeit festzuschreiben.

Die Gestaltung von E-Government-Lösungen muss daher auf den **Nutzen** der betreffenden Partner im E-Government-Netzwerk ausgerichtet werden. Dabei können im Wesentlichen – je nach der jeweils betrachteten Kommunikationsbeziehung – die folgenden Schwerpunkte gesetzt werden:

- Erhöhung der Kundenorientierung und Bürgernähe,
- Standortverbesserung für die Wirtschaft sowie
- Effizienzsteigerung und Kostensenkung innerhalb der Verwaltung.

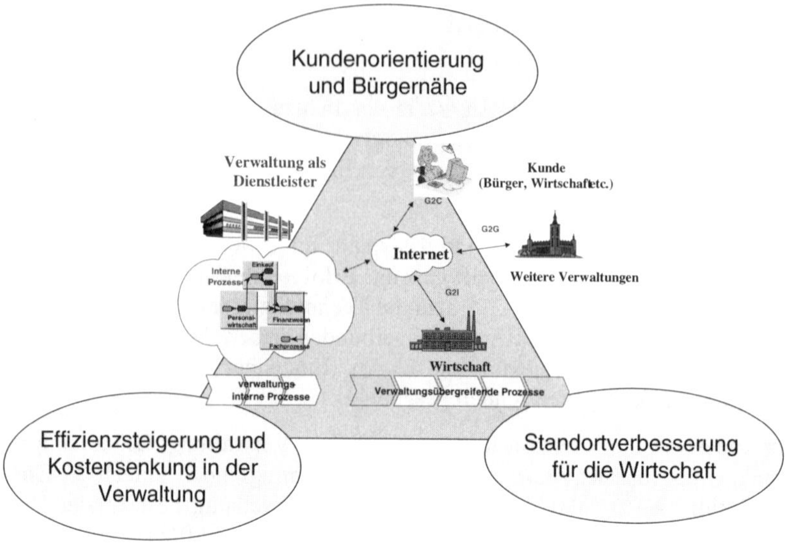

Abb. 2: Nutzen von E-Government

Für die Realisierung dieser Nutzenpotenziale steht mittlerweile eine Vielzahl von **technologischen Komponenten** und **Standards** zur Verfügung, welche für die einzelnen Verwaltungen kaum noch zu überblicken sind.

Die nachfolgende Abbildung zeigt eine beispielhafte E-Government-Architektur aus der deutschen E-Government-Initiative **BundOnline 2005**. Das BundOnline-2005-Programm wurde in Deutschland initiiert, um die ca. 400 internetfähigen Dienstleistungen der Bundesverwaltung bis zum Jahr 2005 online bereitzustellen.

Unterstützt wird die Initiative durch die Entwicklung von **SAGA** (Standards und Architekturen für E-Government-Anwendungen). SAGA bildet einen Leitfaden zur Konzeption technischer E-Government-Architekturen und einzelner E–Government-Anwendungen in der deutschen Verwaltung. (vgl. SAGA)

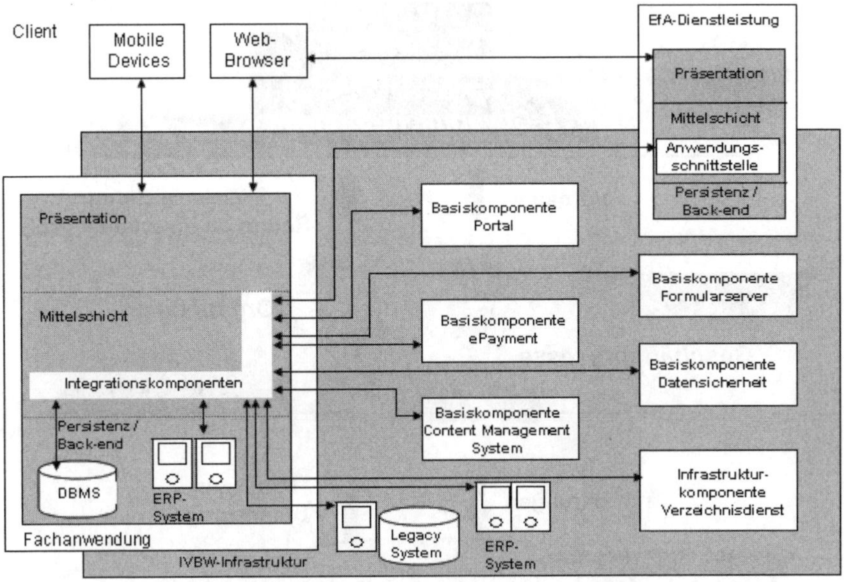

Quelle: SAGA

Abb. 3: Beispiel für eine E-Government-Architektur

Parallel zu BundOnline 2005 gibt es in Deutschland in allen Bundesländern jeweils eigene E-Government-Programme. Zudem beschäftigen sich fast alle Kommunen in Deutschland mit der Umsetzung behördenspezifischer E-Government-Lösungen.

Deshalb kann man – obwohl es inzwischen auch in Deutschland erste Ansätze zur vertikalen Kooperation zwischen den Verwaltungsebenen gibt – von einem teuren Wettstreit der E-Government-Programme sprechen.

Vor dem Hintergrund der damit verbundenen gewaltigen Investitionen in E–Government-Lösungen gewinnt die Frage nach dem „**Return on Investment**" (ROI) immer mehr an Bedeutung.

Lassen sich auf der Seite der Investitionen die Anschaffung der technologischen Basiskomponenten, die Kosten für die Projektrealisierung und die laufenden Betriebskosten eindeutig identifizieren, gestaltet sich auf der Nutzenseite die Quantifizierung wesentlich schwieriger. Sie muss bei der Verbesserung der Verwaltungsprozesse ansetzen.

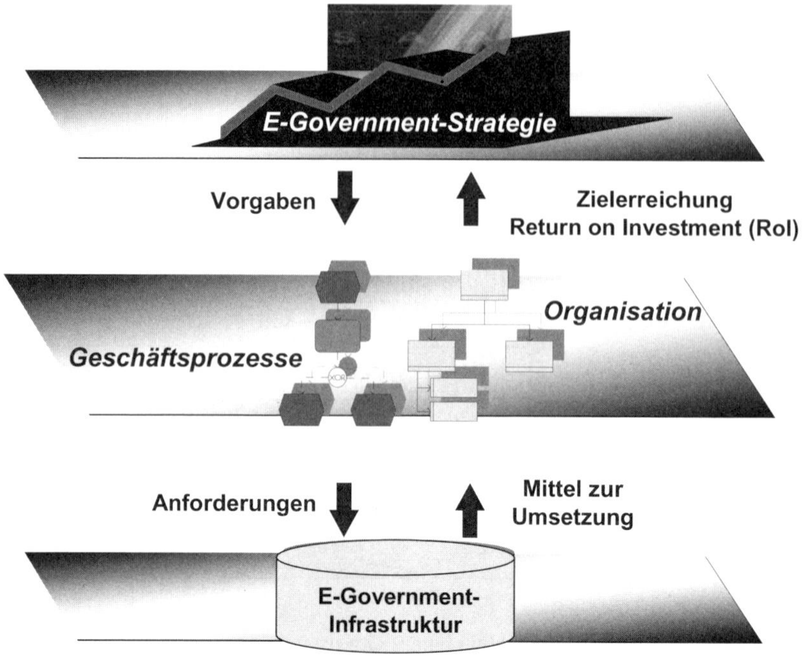

Abb. 4: Geschäftsprozesse als Bindeglied zwischen Strategie und Technologie

So ergibt sich der Nutzen der E-Government-Investitionen im Wesentlichen aus der Verbesserung der zugrunde liegenden **Verwaltungsprozesse**.

Die ganzheitliche Optimierung der Verwaltungsprozesse – vom Antrag durch den Bürger über die verwaltungsinterne Bearbeitung bis hin zur elektronischen Versendung des Bescheides an den Bürger und zur Abwicklung des Zahlungsprozesses – führt zu Verbesserungen sowohl in der **Wirkung nach außen** (schnellere Abwicklung und bessere Qualität) als auch **nach innen** (Effizienzsteigerung und Kostensenkung der internen Prozesse).

Das **Management der Verwaltungsprozesse** wird somit zum wesentlichen Ansatzpunkt für ein erfolgreiches E-Government.

3 Prozessmanagement als zentraler Baustein von E-Government

Die Bedeutung der Optimierung von Geschäftsprozessen im Rahmen von E-Government-Projekten wird von den Verantwortlichen in der deutschen Verwaltung durchweg als sehr hoch eingeschätzt[3]. (vgl. Scheer, Kruppke & Heib 2003)

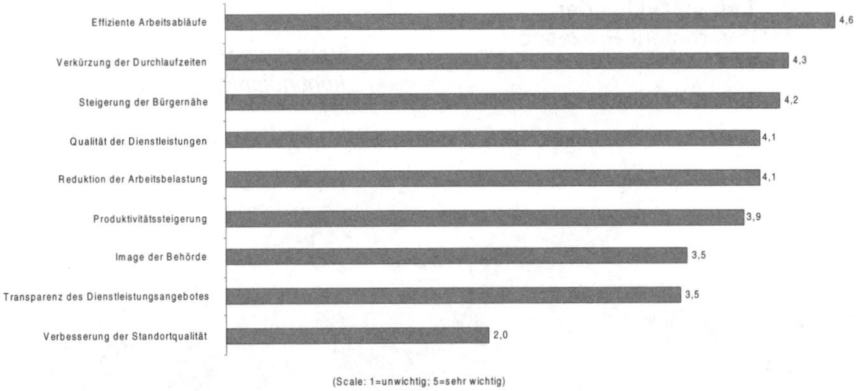

Quelle: Scheer, A.-W.; Kruppke, H.; Heib, R.: E-Government - Prozessoptimierung in der öffentlichen Verwaltung

Abb. 5: Bedeutung der Prozessoptimierung im Rahmen von E-Government

Diese hohe **Bedeutung der Prozessbetrachtung** findet aber bislang noch keine ausreichende Entsprechung bei der Gestaltung der E-Government-Projekte. So fehlt es häufig an geeigneten Vorgehensweisen, Methoden und Werkzeugen für die Analyse, Optimierung und das Monitoring der Prozesse in E-Government-Projekten. Hier klafft noch eine große Lücke zwischen Anspruch und Wirklichkeit.

Wollen Verwaltungen also durch E-Government eine Steigerung der Effektivität, der Effizienz und der Qualität der Verwaltungsprozesse erreichen, müssen ihre E-Government-Projekte von Anfang an prozessorientiert ausgerichtet sein.

Dies bedeutet, dass Analyse und Optimierung der Verwaltungsprozesse im Rahmen der E-Government-Projekte systematisch gesteuert werden müssen. Ein Vorgehensmodell für einen solchen Ansatz zeigt die nachfolgende Abbildung.

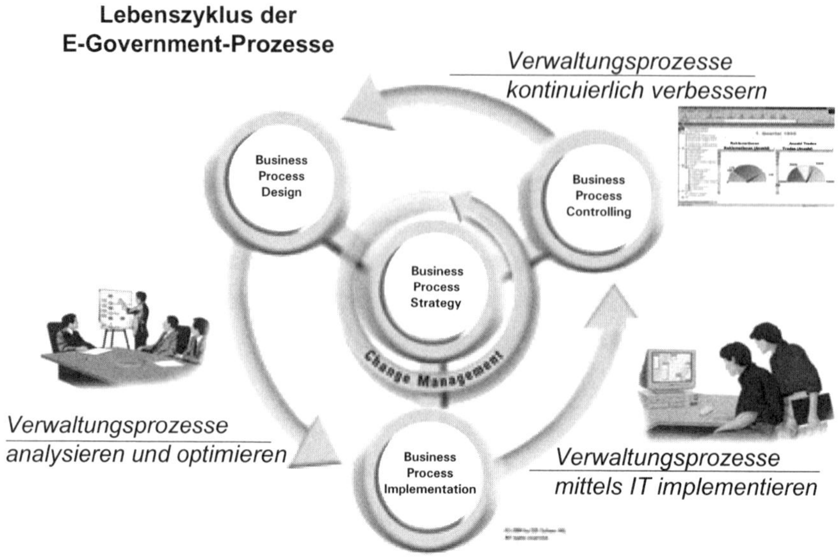

Abb. 6: Management der E-Government-Prozesse

Es handelt sich um einen Ansatz zum ganzheitlichen Management der E-Government-Prozesse auf Basis der **ARIS Methodik** der IDS Scheer AG. (vgl. Scheer 1999) Ziel ist die Unterstützung der E-Government-Prozesse während ihres gesamten Lebenszyklus. Im industriellen Umfeld spricht man hierbei von „Business Process Management (BPM)" oder „Geschäftsprozessmanagement (GPM)".

Im ersten Schritt (**Business Process Design**) erfolgt die Gestaltung der neuen E-Government-Prozesse. Dies umfasst die kritische Analyse der bestehenden und die Festlegung der neuen Verwaltungsprozesse. Zur Beschreibung der Verwaltungsprozesse können dabei Werkzeuge zur grafischen Geschäftsprozessmodellierung wie das **ARIS Toolset** eingesetzt werden.

Bei der Dokumentation der Verwaltungsprozesse empfiehlt sich ein Top-down-Ansatz, der ähnlich wie die Ebenen einer Landkarte auf einer hoch aggregierten Ebene beginnt und dann sukzessive die Prozesse weiter detailliert. (vgl. Bürmann & Hüsselmann 2002)

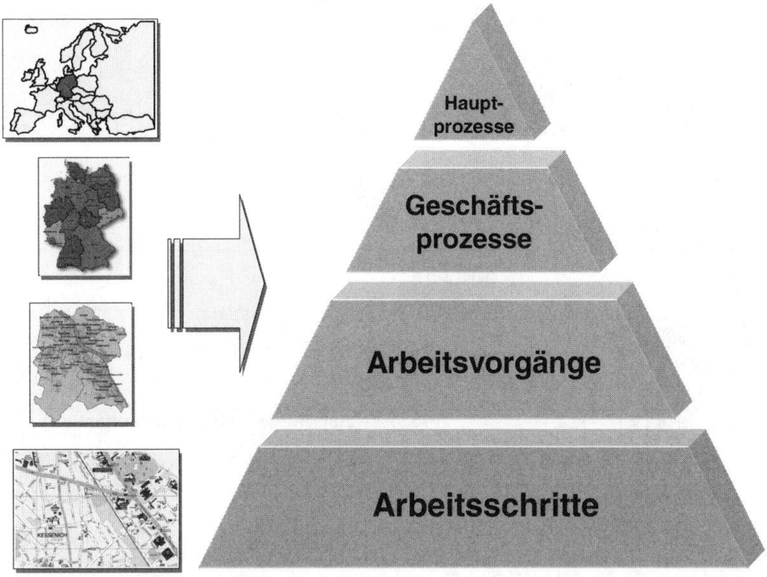

Abb. 7: Top-down-Vorgehen zum Design der E-Government-Prozesse

So wird eine **Architektur der E-Government-Prozesse** erarbeitet. Diese ermöglicht auf einer hohen Ebene die Diskussion mit der Verwaltungsleitung, so z. B. zur Abgrenzung der einzelnen E-Government-Vorhaben im Sinne einer Projektlandkarte. Die nachfolgende Abbildung zeigt eine beispielhafte Prozessarchitektur, bei der zunächst die Prozesse auf einer hohen Abstraktionsebene mit Hilfe der Methode der Wertschöpfungskettendiagramme dokumentiert werden. In den weiteren Detaillierungsschritten werden hieraus die zu implementierenden E-Government-Prozesse entwickelt.

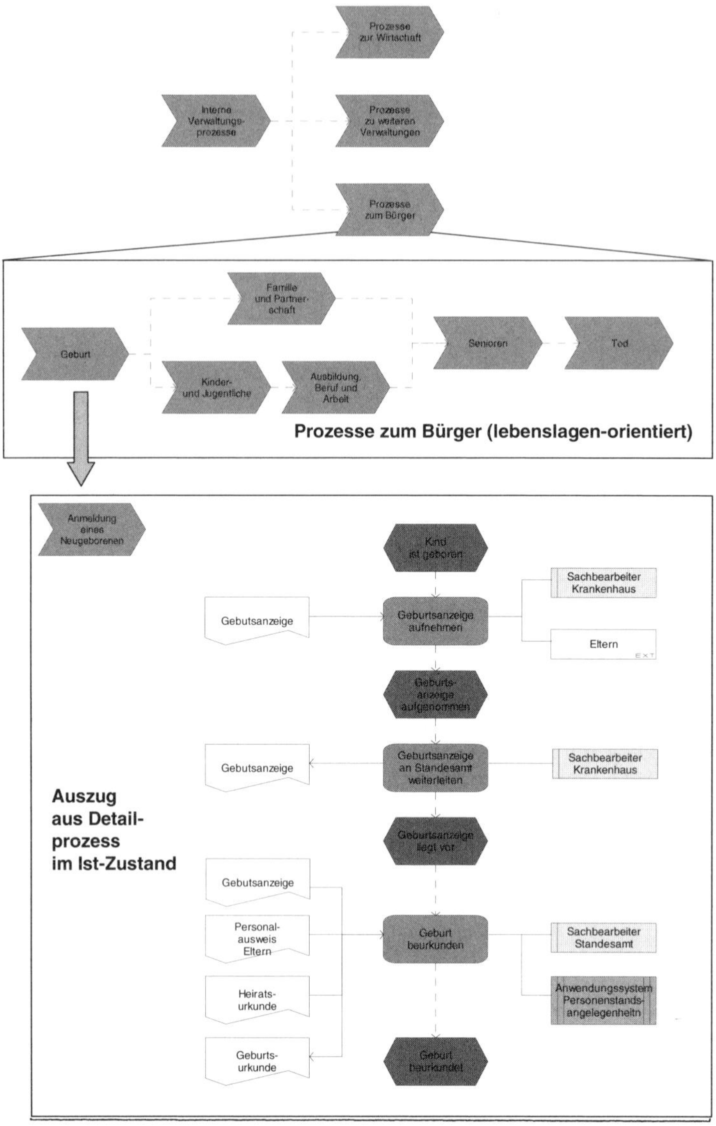

Abb. 8: Beispiel einer E-Government-Prozessarchitektur

Zur Dokumentation der Detailprozesse wird die Methode der Ereignisgesteuerten Prozesskette (EPK) verwendet. Diese Methode ermöglicht die strukturierte Beschreibung der zeitlichen Abfolge der Einzelaktivitäten und der Informationsflüsse innerhalb des Prozesses, der verantwortlichen Organisationseinheiten und Stellen sowie der zur Unterstützung eingesetzten Informationssysteme.

Die Erfassung der Prozessstrukturen ermöglicht die Bewertung der Prozesse nach Kriterien wie Qualität, Zeiten und Kosten. So werden die Zielkriterien mit ihren Sollausprägungen zu Beginn der Designphase festgelegt und als Gradmesser für die Ausgestaltung der neuen Sollprozesse verwendet.

Bei der Ausprägung der neuen Verwaltungsprozesse kann dabei auch auf bestehende Erfahrungswerte aus vergleichbaren Projekten („**Best Practice**") zurückgegriffen werden. So können Verwaltungen untereinander Erfahrungswissen in Form von so genannten **Referenzmodellen** austauschen, welche den Designprozess erheblich beschleunigen können. Verwaltungen wird es damit ermöglicht, so weit wie möglich Standardprozesse zu übernehmen und sich auf solche Bereiche zu konzentrieren, in denen sie spezifische Lösungen benötigen.

Ausgehend von dem Design der E-Government-Prozesse erfolgt schließlich deren Implementierung (**Business Process Implementation**). Die Prozessstruktur bildet hierbei den Rahmen für die Auswahl und die Integration unterschiedlicher E-Government-Komponenten. Auf diese Weise können beispielsweise die Daten der Prozessbeschreibung zur Konfiguration von Portal-, Workflow- und Dokumentenmanagement-Systemen sowie Standardsoftware verwendet werden. Alternativ können die Prozessmodelle auch zur Generierung von Individualsoftware-Lösungen genutzt werden.

Um sicherzustellen, dass die E-Government-Lösung nach der Implementierung auch weiterentwickelt und an neue Anforderungen angepasst wird, erfolgt im dritten Schritt ein Prozess-Controlling (**Business Process Controlling**). Das Prozess-Controlling liefert kontinuierlich Daten über die Istprozesse und hilft, Prozessbereiche zu identifizieren, in denen eine Anpassung der vorhandenen Prozessstrukturen notwendig wird. So werden durch das Prozess-Controlling beispielsweise Engpässe in der Bearbeitung von Online-Bürgerdienstleistungen erkannt und Vorschläge zur Prozessverbesserung eingeleitet.

Das Prozess-Controlling gewinnt insbesondere dann an Durchschlagskraft, wenn es durch geeignete Werkzeuge wie z. B. Process Performance Management Tools oder ein Process Information Warehouse unterstützt wird. Dabei bekommt der für den Prozess verantwortliche Prozesseigner in einem Management-Cockpit tagesgenaue Informationen zum Zielerreichungsgrad seiner E-Government-Prozesse. Ein werkzeuggestütztes, kontinuierliches Verbessern der E-Government-Prozesse wird somit institutionalisiert.

4 Vorteile eines prozessorientierten E-Government-Ansatzes

Der **Reifegrad** von E-Government-Lösungen wird häufig mit den 3 Stufen

- **Information** (es werden für den Bürger lediglich Informationen bereitgestellt),

- **Kommunikation** (es wird dem Bürger eine Online-Kommunikation ermöglicht) und
- **Transaktion** (der Bürger stößt umfassende Bearbeitungsprozesse innerhalb der Verwaltung an)

beschrieben.

Die nachfolgende Abbildung zeigt mögliche Ausprägungen dieser drei Entwicklungsstufen auf der Ebene der Bundesverwaltung. (vgl. Kabinettsbeschluss 2001)

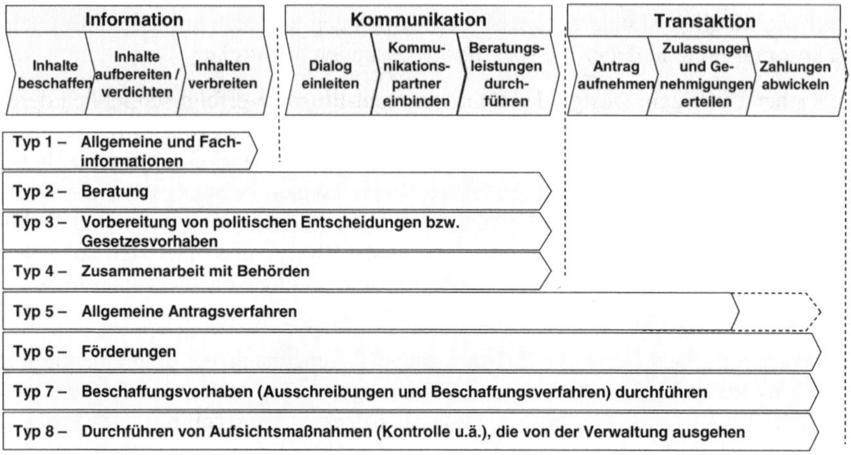

Quelle: Umsetzungsplan BundOnline 2005

Abb. 9: Typisierung von E-Government-Prozessen

Trotz der Vielzahl an laufenden E-Government-Projekten stehen viele Verwaltungen heute erst kurz vor dem Einstieg in die Stufe „Transaktion". Spätestens ab hier ist der Erfolg von E-Government untrennbar mit der Neugestaltung und Verbesserung der betreffenden Verwaltungsprozesse verbunden. Und genau hier entstehen die Synergien und Effizienzvorteile für die betreffenden Verwaltungen.

Daher spricht sehr viel dafür, im Rahmen von E-Government-Vorhaben bereits von Anfang an ein systematisches Management der E-Government-Prozesse zu etablieren. So wird der Nutzen der E-Government-Investitionen nicht aus den Augen verloren.

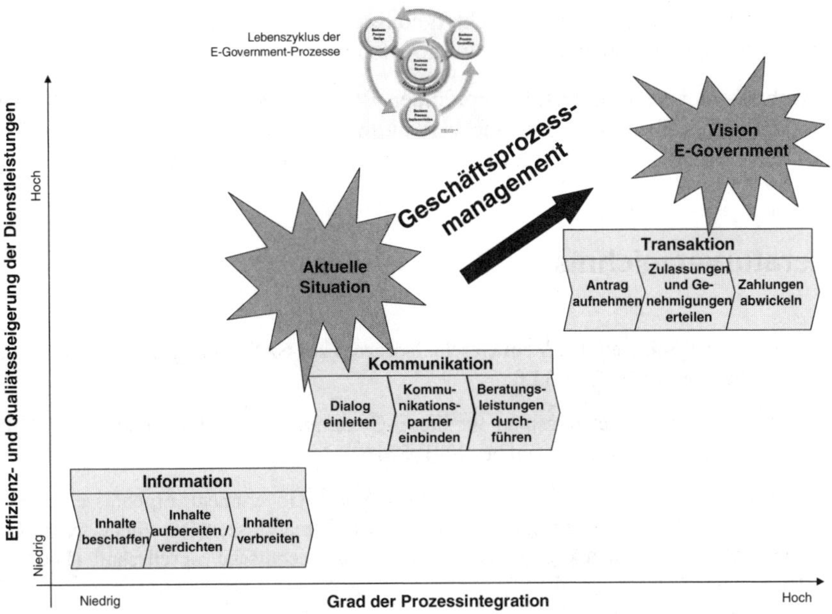

Abb. 10: Entwicklung zum prozessorientierten E-Government

Um die besonderen Rahmenbedingungen der öffentlichen Verwaltung beim Prozessmanagement zu berücksichtigen, hat die IDS Scheer AG eine spezielle **ARIS Branchenedition E-Government** entwickelt. Diese verfügt über spezielle Methoden und Auswertungen zur Modellierung von Verwaltungsprozessen in E-Government-Projekten und erleichtert den Einstieg auch für Verwaltungen, die sich bislang noch nicht mit den Themen „Prozessoptimierung“ und „E-Government“ befasst haben.

Insgesamt können durch die systematische Prozessbetrachtung im Rahmen von E-Government-Projekten die folgenden Nutzeneffekte realisiert werden:

- Transparenz der relevanten E-Government-Prozesse,
- einheitliche Kommunikations-Plattform für die Projektbeteiligten,
- konsequente Ausrichtung der E-Government-Prozesse auf den Kunden,
- Optimierung der betreffenden E-Government-Prozesse nach Qualitäts- und Effizienzkriterien,
- sichere Basis für die Auswahl und Integration geeigneter E-Government-Technologien,
- Sicherstellung einer kontinuierlichen Verbesserung der E-Government-Prozesse,

- Wiederverwendbarkeit der Projektergebnisse für weitere Reformprojekte, z. B. für Personalbedarfsplanung oder zum Aufbau eines Qualitätsmanagements,
- Aufbau einer verwaltungsübergreifenden Wissensbasis in Form von Referenzmodellen als Grundlage für eine verwaltungsübergreifende Nutzung von Best Practice und die für Durchführung von Benchmarking-Studien.

Literaturverzeichnis

Bürmann, R.; Hüsselmann, C.: Vom Geschäftsprozess zur SAP-Lösung, in: E-Verwaltung, Ausgabe 3, März 2002, S. 33 f.

Kabinettsbeschluss: Umsetzungsplan für die E-Government-Initiative BundOnline 2005. Kabinettsbeschluss vom November 2001, S. 16.

Lucke, J. v.; Reinermann, H.: Speyerer Definition von E-Government. Ergebnisse des Forschungsprojektes Regieren und Verwalten im Informationszeitalter. Siehe ferner Gesellschaft für Informatik e. V. (GI), Informationstechnische Gesellschaft (ITG) im VDE 2000, S. 3.

SAGA: Standards und Architekturen für E-Government-Anwendungen. Version 2.0. Koordinierungs- und Beratungsstelle der Bundesregierung für Informationstechnik in der Bundesverwaltung (KBST) im Bundesministerium des Innern, S. 62.

Scheer, A.-W.: ARIS – vom Geschäftsprozess zum Anwendungssystem, 4. Aufl., Heidelberg 1999.

Scheer, A.-W.; Kruppke, H.; Heib, R.: E-Government – Prozessoptimierung in der öffentlichen Verwaltung, Springer 2003, S. 72 ff.

Prozessdesign in der kommunalen Verwaltung im Kontext des Übergangs zum neuen kommunalen Finanzwesen

Olaf Homburg
IDS Scheer AG

Jürgen Käfer
IDS Scheer AG

Zusammenfassung

Kommunalverwaltungen sehen sich mit der Herausforderung einer effizienteren Steuerung des Ressourceneinsatzes konfrontiert. Die Transparenz über die Vermögenssituation, ein effektives Instrumentarium zur Ressourcenüberwachung und die Bewertung aktueller wie zukünftiger Einflüsse auf die Ressourcendisposition bilden die Grundlage der anforderungsgerechten Ressourcensteuerung. Ein Wandel vom Geldverbrauchs- zum Ressourcenverbrauchskonzept wie es das Neue Kommunale Finanzwesen vorsieht erfordert eine umfängliche und grundlegende Neukonzeption, Dokumentation und Implementierung von Verwaltungsprozessen. Den Übergang von der Kameralistik auf die Doppik zu strukturieren und aktiv zu gestalten, dabei das Potenzial der Mitarbeiter integrieren und diese zu motivieren um gegenüber den Kunden der Verwaltung die Leistungsfähigkeit zu erhöhen, ist das Ziel.

Schlüsselwörter

Neues kommunales Finanzwesen, Prozessoptimierung, Prozessmanagement, Prozessimplementierung, E-Learning, Organisationsgestaltung, doppisches Rechnungswesen, kamerales Rechnungwesen, Change Management

1 Neues Kommunales Finanz- und Rechnungswesen als Herausforderung für deutsche Kommunen

1.1 Grundlegende Zielsetzung einer Neuausrichtung des Rechnungswesens deutscher Kommunen

In deutschen Kommunen wird die Modernisierung ihrer Verwaltungen seit einigen Jahren auf konzeptioneller Ebene intensiv diskutiert. Basierend auf dem föderalen Prinzip vollziehen sich in den Bundesländern individuelle Entwicklungen, denen die Neuausrichtung der Kommunen auf den Informations- und Transparenzbedarf der Verwaltungen mit der Zielsetzung der effektiven und effizienten Steuerung gemeinsam ist. Unter Titeln wie *Neues Kommunales Finanzwesen* als nordrhein-westfälische Ausprägung oder *Neues Kommunales Rechnungswesen* als in Hessen verfolgte Variante werden Reformbestrebungen des Finanzwesens subsumiert, um zukunftsorientierte Steuerungsmodelle für die moderne Verwaltung zu entwickeln und praxisnah zu erproben.[1]

Mit dem NKF wird ein für deutsche Kommunen maßgeschneidertes, an kaufmännischen Grundsätzen orientiertes Rechnungswesen entwickelt. Die Ziele Outputorientierung und vollständige Transparenz des Ressourceneinsatzes spiegeln die Intention aller Beteiligten wider, mit der Konversion des kommunalen Rechnungswesens einen Perspektivenwechsel zu vollziehen. Wirtschaftliche Dimensionen als Basis des Denkens und Handelns und somit der Übergang vom Geldverbrauchs- zum Ressourcenverbrauchskonzept bilden die Basis, auf der sich der Wandel von der Kameralistik zur Doppik als grundlegender Rechnungswesenphilosophie vollzieht.

Die bisherige Ausrichtung der Verwaltung, ausgehend von einer Mittelverteilung einschließlich der Einnahmenerhebung und Ausgabenfestsetzung, ergänzt durch zahlreiche die Flexibilität des Verwaltungshandelns beschränkenden Detailvorschriften, genügt nicht mehr den Anforderungen einer modernen, serviceorientierten Verwaltung. Ausgehend von den Informationsbedürfnissen modernen Verwaltungshandelns, notwendiger Transparenz existierender und genutzter Ressourcen, der daraus erwachsenden Problematik der langfristigen Aufgabenerfüllung der Kommunalverwaltung sowie wachsenden Flexibilitätsanforderungen (vgl. KGST 1995) wendet sich der Fokus der Betrachtung auf das kaufmännische Rechnungswesen als geeignetes Instrument zur bedarfsgerechten Anforderungserfüllung.

---

[1] Im weiteren Verlauf wird zum Zweck der sprachlichen Vereinfachung der Terminus des Neuen Kommunalen Finanzwesens (NKF) verwendet, ohne damit explizit auf die spezifische nordrhein-westfälische Ausprägung des reformierten Rechnungswesens deutscher Kommunen zu verweisen.

Die kaufmännische Finanzbuchhaltung als der wesentliche Bestandteil des neuen kommunalen doppischen Rechnungswesens wird, ergänzt durch aus den Informationsbedürfnissen der Kommunalverwaltung erwachsenden Elementen, den zukunftsorientierten Rahmen der Verwaltungsmodernisierung bilden. Eine Neuorientierung auf

- erstellte Outputgrößen
- getätigten Ressourceneinsatz
- vorhandene Vermögensdarstellung
- aktive Steuerungsunterstützung
- die Konsolidierung kommunaler Sondervermögen, Eigen- und Beteiligungsgesellschaften im Sinne der Idee der Konzernstadt (vgl. Stadt Brühl et al. 2000a)

wird durch die Konversion der Rechnungswesenphilosophie von der Kameralistik auf die Doppik aktiv getragen. An die Stelle etablierter geldverbrauchsorientierter Steuerungselemente treten

- Finanzplan
- Investitionsplan
- Ergebnisplan

als steuerungsorientierte Planungs- und Auswertungsinstrumente. Klassische kaufmännische Informationsinstrumente wie

- Finanzrechnung
- Ergebnisrechnung
- Anlagenspiegel
- Bilanz

ermöglichen die angestrebte Transparenz der kommunalen Finanz- und Vermögenssituation durch die Erweiterung des Betrachtungswinkels auf den Ressourceneinsatz.

Die doppische Finanzbuchhaltung liefert das Zahlenmaterial als Grundlage für die Ergebnis- und Finanzpläne sowie den Jahresabschluss einschließlich Bilanz, Gewinn-und-Verlust-Rechnung und Anlagenspiegel. Die Haushaltssituation wird zeitnah, unter dem Aspekt der aktiven Steuerung anforderungsgerecht und für sachkundige Dritte erschließbar abgebildet.

Bei näherer Betrachtung des kaufmännischen Rechnungswesens ist erkennbar, dass die heutigen Aufgaben und Funktionen der Gemeindekasse ein wesentlicher Teil der zukünftigen Finanzbuchhaltung sind. Elementare Grundsätze des kameralen Kassenwesens dürfen folglich auch als grundsätzlich gültig für das NKF angesehen werden. Stehen die spezifischen Ziele und gesetzlichen Grundlagen einer

Kommune dem nicht entgegen, ist im NKF das kaufmännische Rechnungswesen grundsätzlich als Referenzmodell anzusehen. (vgl. Stadt Brühl et al. 2000b) Strukturelle und prozessuale Grundlagen des kameralen Finanzwesens werden hingegen grundlegend zu evaluieren und für die neuen Anforderungen zu adaptieren sein.

1.2 Herausforderungen im Umstellungsprozess auf ein neues kommunales Rechnungswesen

Die Fokussierung des Rechnungswesens der Kommunen auf die Informationsbereitstellung über bestehende Ressourcen, deren Verbrauch in Verbindung mit einer dezentralen Ressourcenverantwortung sowie die Produktorientierung der Verwaltung können als zentrale initiale Faktoren einer Dynamisierung des Verwaltungshandelns angesehen werden. Das neue, auf dem Umstellungsprozess des kommunalen Rechnungswesens basierende Steuerungsmodell ermöglicht zukünftig eine effektivere Entscheidungsfindung und deren effizientere Umsetzung im Sinne der bereits 1993 formulierten Empfehlung der OECD (vgl. OECD 1993) zur Neuausrichtung von Verwaltungen auf das Ressourcenverbrauchskonzept.

Das Konzept der Neuausrichtung der Kommunalverwaltung aufgreifend, stellt sich die Frage nach dem Umfang einer derartigen Restrukturierung. Von einer grundlegenden Konversion des Steuerungs- und Informationssystems gehen weit reichende Effekte für die Gesamtheit einer Kommunalverwaltung aus. Neben der Qualifizierung der Verwaltung im neuen Rechnungswesen ist die Begleitung des Umstellungsprozesses durch ein aktives Change Management als weiteres wichtiges Element des Umstellungsprozesses zu identifizieren. Die offenkundig notwendige Fixierung des organisatorischen Rahmens - exemplarisch zu nennen sind die individuelle Adaption des Kontenplans, die Entwicklung einer Kontierungsrichtlinie oder die Organisation der Geschäftsbuchhaltung - ist ebenso wenig in Umfang und Auswirkungen zu unterschätzen wie das Re-Design der rechnungswesenbezogenen Verwaltungsprozesse.

Ausgehend von den weit reichenden Konsequenzen der Umstellung auf das NKF repräsentiert diese Aufgabe eine in Umfang und Reichweite nicht zu unterschätzende Herausforderung, zugleich aber auch eine Chance für jede Kommunalverwaltung. Die mit der Entwicklung neuer organisatorischer und prozessualer Standards verbundene Bindung von Ressourcen der Verwaltung legt die regionale und ggf. überregionale Kooperation insbesondere kleinerer und mittlerer Kommunen nahe.

1.3 Identifikation von kritischen Erfolgsfaktoren im Umstellungsprozess

1.3.1 Effektive und effiziente Mitarbeiterqualifizierung

Erfahrungen aus verschiedensten Projekten im Bereich Reorganisation, Neuausrichtung oder Systemimplementierung zeigen, dass die Qualifizierung des betroffenen Mitarbeiterkreises als ein zentraler kritischer Erfolgsfaktor des Umstellungsprozesses anzusehen ist. Neben dem zunächst unmittelbar von jeglicher systemischer Umstellung betroffenen Projektteam sind die final betroffenen Mitarbeiter

- strukturiert
- frühzeitig
- umfassend

in die geplanten Qualifizierungsmaßnahmen zu integrieren. Grundlage eines zugleich auf die Entwicklung der Akzeptanz des Vorgehens ausgerichteten Handelns sollte neben der zielgerichteten Information der Mitarbeiter deren aktive Einbindung in den Qualifizierungsprozess sein. Eine solche aktive, die Eigenverantwortung steigernde Integration, die neben Feedbackelementen die interaktive Terminfindung, die Bereitstellung von Wissens- und Selbstlerntools sowie ein Train-the-Trainer-Konzept[2] enthalten sollte, erhöht die Identifikation mit den Umstellungsmaßnahmen und die Akzeptanz der aus ihnen resultierenden Konsequenzen für die Ausgestaltung der Arbeitsinhalte.

Werden Maßnahmen zur Qualifizierung der Verwaltungsmitarbeiter nicht strukturiert, zu kurzfristig oder nur unvollständig durchgeführt, resultieren daraus Probleme auf verschiedenen Ebenen. Aus dem auf mangelnder Qualifizierung basierenden partiellen Unvermögen der korrekten Durchführung neuer Aufgaben erwachsen neben einer persönlichen Unzufriedenheit des Betroffenen, die zur Ablehnung des neuen Prozesses bzw. Systems führen kann, auch Probleme im Prozessablauf selbst, deren Identifikation und Behebung sich als zeit- und kostenintensiv darstellen kann. Eine wenig strukturierte und ggf. auch intransparente Schulungskonzeption kann eine latente Unsicherheit angesichts neuer Prozesse und Werkzeuge bereits im Vorfeld verstärken und negativ auf den Qualifizierungs- und Akzeptanzprozess einwirken. Auch die Notwendigkeit, auf erlernte Inhalte jederzeit am Arbeitsplatz eigenständig zugreifen zu können, um evtl. bestehende Wissenslücken und Unsicherheiten zu eliminieren, sollte in ihrer Bedeutung nicht unterschätzt werden.

---

[2] Unter dem Leitmotiv *Mitarbeiter schulen Mitarbeiter* kann bspw. eine Erhöhung der verwaltungsinternen Akzeptanz neuer Methoden und Prozesse unter gleichzeitiger Reduzierung externer Trainerkosten erzielt werden.

1.3.2 Aktives Change Management

Mitarbeiter der Kommunalverwaltung, die von der Umstellung auf ein neues Rechnungswesen der Kommunalverwaltung mittelbar oder unmittelbar betroffen sind, müssen nicht selten neben prozessualen Anpassungen auch organisatorische Veränderungen nachvollziehen. Die aktive Begleitung des Umstellungsprozesses durch die Erzeugung von Transparenz im Vorgehen, im Aufzeigen der Konsequenzen für jeden einzelnen Mitarbeiter und die aktive und offene Kommunikation im Prozess der Umstellung selbst können als die wesentlichen Elemente der Begleitung und Gestaltung des Wandels identifiziert werden.

Barrierefreie Kommunikation als ein Element des aktiven Change Managements reduziert für den nicht unmittelbar in das Umstellungsteam involvierten Betrachter die Komplexität des Projektes, reduziert durch das Aufzeigen von Vorgehensweisen und Zielen latent bestehende Unsicherheiten und gibt Perspektiven für individuelles zukünftiges Handeln. Sind den betroffenen Verwaltungsmitarbeitern die nach dem Systemwechsel im kommunalen Rechnungswesen grundlegenden organisatorischen und prozessualen Anpassungen bekannt und aufgrund einer anforderungsgerechten Qualifizierung verständlich, stellt dies bereits im Vorfeld der Implementierung eine Prävention der Entstehung verwaltungsinterner Widerstände auf einer nicht sachbezogenen Ebene dar. In Umstellungsprojekten verschiedenster Ausprägung zu konstatierende organisationsinterne Widerstände haben nicht selten ihre Ursache in der Intransparenz der Konsequenzen der Umstellung für den einzelnen Mitarbeiter und einer daraus erwachsenden Skepsis, wenn nicht sogar Ablehnung.

Ein aktives Change Management als kritischer Erfolgsfaktor darf in einem derart umfänglichen Konversionsprozess, wie er mit der Umstellung von der Kameralistik auf die Doppik und somit auf ein neues Steuerungskonzept der Verwaltung vollzogen wird, in seiner Relevanz für den Projekterfolg nicht vernachlässigt werden. Die Akzeptanz des NKF durch die Mitarbeiter der Kommune kann durch eine aktive Begleitung der Umstellung durch ein professionelles Change Management nachhaltig beeinflusst werden.

1.3.3 Anpassung der Organisation an die veränderte Rechnungswesenphilosophie

Mit der Einführung des NKF wird für die deutschen Kommunen eine strukturelle Anpassung und Weiterentwicklung der Organisation verbunden sein. Erfassen derzeit in vielen Kommunen abhängig von der Größe der Gesamtverwaltung bis zu mehrere Hundert Mitarbeiter Anordnungen dezentralisiert oder teilzentralisiert in Rechnungsstellen, wird dieses Konzept einer Evaluierung zu unterziehen sein. In welchem Umfang Anpassungen der Organisation vorzunehmen sind, wird von dem in der bisherigen Nutzung durch haushalts- und kassenrechtliche Vorschriften eingeräumten Spielraum und insbesondere auch von den im aktuellen Gesetzgebungsverfahren zum neuen kommunalen Finanz- und Rechnungswesen zu treffenden Regelungen bestimmt.[3]

Neben der Gewährleistung der Kassensicherheit durch die Trennung von Buchungsgeschäft, das die Geschäftsbuchführung repräsentiert, und Zahlungsprozess wird die Effizienz der Gesamtorganisation zu betrachten sein. Die Implikationen der verschiedenen Organisationsformen der rechnungswesenbezogenen Verwaltungsprozesse für die Effizienz der Struktur und der erforderlichen Anpassungen sind individuell zu analysieren. Eine Tendenz zur Zentralisierung der Organisation kann, zieht man als Referenz bspw. die Entwicklungen im Rechnungswesen der Hochschulen oder öffentlicher Forschungseinrichtungen heran, postuliert werden. Allein die Faktoren Qualifikations- und Unterstützungsbedarf, Transparenz und Kommunikationsbedarf lassen die Notwendigkeit der Reorganisation der Geschäftsbuchführung gegenüber einer weitgehend zentralisierten Zahlungsabwicklung erkennen.

Der Anpassung der Organisation an die veränderte Rechnungswesenphilosophie ist besondere Aufmerksamkeit zu widmen, um die anzupassenden respektive zu implementierenden kaufmännischen Rechnungswesen- und Informationsprozesse effizient ablaufen zu lassen. Nur eine ganzheitliche Betrachtung der individuellen kommunalen Organisation des Rechnungswesens kann zu einem integrierten, optimierten neuen Steuerungsmodell der einzelnen Kommune führen. Die zukünftige Organisation der Finanzbuchhaltung wird von jeder Kommune selbst zu entscheiden sein. Diese Offenheit ermöglicht eine Anpassung an individuelle Gegebenheiten und Präferenzen sowie eine höhere Flexibilität im Umsetzungsprozess.

1.3.4 Prozessgestaltung im Rechnungswesen

Im Kontext der Einführung der doppelten Buchführung als Grundlage des zukunftsgerichteten kommunalen Rechnungswesens sind die etablierten, aus dem kameralen Kontext stammenden Rechnungswesenprozesse grundlegend zu evaluieren und neu zu gestalten. Mit dem Umstieg auf das kaufmännische Rechnungswesen werden neue Rechnungswesenprozesse hinzutreten, die der Kameralistik nicht bekannt sind - exemplarisch zu nennen sind Rechnungsabgrenzungen -, bekannte Prozesse wie die Bearbeitung von Eingangs- und Ausgangsrechnungen werden sich verändern und etablierte Prozesse aus der Kameralistik, die die Doppik nicht kennt, werden abzubilden sein.

Ausgehend vom Standardprozess der Geschäftsbuchführung, der sich in die Prozessschritte

- Geschäftsvorfall
- Beleg

[3] Vgl. auch die Ergebnisse der Modellkommunen in NRW in: Innenministerium NRW et al. 2003.

- Belegprüfung
- Vorkontierung
- Nebenbucheintrag
- Grundbucheintrag
- Hauptbucheintrag
- Abschlussvorbereitung
- Jahresabschluss
- Aufbewahrung

gliedert, ist individuell für alle Geschäftsvorfälle im Haupt- und Nebenbuchbereich ein Prozess zu definieren. Ausgehend von dieser Prozessdefinition für das neue kommunale Finanz- und Rechnungswesen sind strukturierte Prozessdokumentationen als Grundlage für die Gestaltung der Aufbauorganisation, die Qualifizierungs- und die Change Management-Aktivitäten zu erstellen.

Eine integrierte standardisierte Darstellung von Funktionen, Organisation und Daten sowie Transaktionssystemen ermöglicht die umfassende Definition und Dokumentation der Geschäftsprozesse. (vgl. Scheer 1995) Unterstützt durch den Einsatz leistungsfähiger Werkzeuge wie das ARIS Toolset und Referenzmodelle kann die Prozessdefinition effizient, zielgerichtet und transparent auf einer einheitlichen technologischen Basis unter Nutzung von Referenzprozessen als Benchmarks gestaltet werden.

Wird die Prozessgestaltung und nachfolgende Evaluierung als kritischer Erfolgsfaktor im Umstellungsprozess nicht fokussiert, ist die erfolgreiche Konversion als gefährdet anzusehen. Die Einhaltung der Grundsätze kommunaler Buchführung, ein strukturierter Prozessablauf und die Verfügbarkeit valider Daten auf homogener Erhebungsbasis für die aktive Steuerung der Verwaltung bedingen klar strukturierte, dokumentierte und transparente Prozesse. Die simultane Evaluierung und Optimierung der konzipierten Prozesse auf dieser klar definierten Basis bilden die Grundlage einer effizienten Verwaltung.

2 Evaluierung und Re-Design der Rechnungswesenprozesse im Umstellungsprozess

2.1 Konzeptionswechsel erfordert eine Prozessevaluierung

Der durch die Einführung des neuen Steuerungsmodells und des NKF entstehende konzeptionelle Wechsel des Verwaltungshandelns und -denkens bis hin zu völlig neuen Formen der Aufbau- und Ablauforganisation nicht nur in der Kämmerei und der Stadt- bzw. Gemeindekasse erfordert die vollständige Betrachtung aller Verwaltungsprozesse, um neben der beschriebenen Optimierung der Steuerung des „Unternehmens“ Kommune tatsächliche Effekte zur Erhöhung der Wirtschaftlichkeit der kommunalen Verwaltung zu erzielen. Aus diesem Grunde sind die teilweise jahrzehntelang nicht oder nur unwesentlich veränderten Verwaltungsprozesse grundlegend zu prüfen und neu zu gestalten. Die Einführung des NKF, verbunden mit den zwangsweise damit verbundenen Änderungen in den Prozessen, z. B. im Anordnungswesen, gibt den Kommunen eine neue Chance, den „Konzern“ Stadtverwaltung zu modernisieren. Erfahrungen bei der Einführung von modernen Verfahren im Rechnungswesen ohne Verwaltungsprozessoptimierung haben gezeigt, dass in diesem Fall nur geringfügige Verbesserungen im Bürgerservice, der Mitarbeiterzufriedenheit und in der Wirtschaftlichkeit des Verwaltungshandelns der betroffenen Kommune erzielt wurden. Eine Einführung des NKF ist damit zwingend bereits im Vorfeld mit einer Verwaltungsprozessoptimierung zu verbinden.

2.2 Referenzprozesse als beschleunigender Faktor im Rahmen der konzeptionellen Vorbereitung des Umstellungsprozesses

Die Ist-Aufnahme der vorhandenen Prozesse, die darauf folgende Soll-Konzeption einer neuen Prozessarchitektur und die Implementierung der neuen Prozesse in der Kommunalverwaltung sind mit einem nicht unerheblichen Verbrauch von personellen Ressourcen verbunden. Daher gilt es, den Aufwand möglichst gering zu halten. Trotz der im Grundgesetz und den Landesverfassungen festgelegten Selbstverwaltungsgarantien der Kommunen - was zu teilweise sehr unterschiedlichen Ausprägungen kommunaler Geschäftsprozesse führt - muss es möglich sein, einen Quasi-Standard für die neu zu modellierenden Prozesse im NKF zu erzeugen. Dies ist am einfachsten möglich, indem vorhandene Prozessmodelle der Soll-Konzeptionen einzelner Kommunen als Grundlage bei der Festlegung der Prozessgestaltung in anderen Kommunen dienen. Hierdurch entsteht ein neues Referenzmodell kommunaler und doppisch orientierter Verwaltungsprozesse. Das Zugrundelegen solcher Referenzprozesse in der Kommunalverwaltung garantiert einen reduzierten Konzeptions- und Implementierungsaufwand bei der Einführung des NKF in den deutschen Kommunen.

2.3 Toolgestütztes Prozessdesign und -implementierung

Die unter 2.1 und 2.2 dargestellte Vorgehensweise bedarf eines grundsätzlichen methodischen Ansatzes und der Unterstützung durch geeignete IT-Werkzeuge. Gerade im Hinblick auf die unter 2.2 beschriebene Entwicklung von Referenzgeschäftsprozessen für die Einführung des NKF bietet sich der Einsatz des ARIS Toolsets für das Prozessdesign und die Implementierung der neuen Verwaltungsprozesse an. Neben der methodisch abgesicherten und grafisch ansprechenden und damit für jeden beteiligten Mitarbeiter verständlichen Darstellung der Verwaltungsprozesse liegt der eigentliche Vorteil von ARIS in der Weiterverwendbarkeit der Ergebnisse, z. B. für ein späteres Re-Engineering im Rahmen des Life Cycles der Verwaltungsprozesse. Die Implementierung neuer IT-Verfahren wie z. B. SAP R/3 unterstützt die ARIS Produktfamilie mit Werkzeugen wie z. B. ARIS for mySAP.com. Dies ermöglicht eine beschleunigte Anpassung des vorhandenen oder neu einzuführenden ERP-Systems an die neuen NKF-basierten Verwaltungsprozesse.

2.4 Qualitätssicherung und praxisbasierte Evaluierung durch Redokumentation

Vielfältige Erfahrungen bei der Einführung von Standard-Softwareprodukten zeigen, dass nicht immer alle in der Soll-Konzeption modellierten Verwaltungsprozesse mit den Softwareprodukten 1:1 implementierbar sind und dass sich durch die Anpassung an die tatsächlichen Prozesse des ERP-Systems mitunter deutliche Abweichungen von den modellierten Prozessen ergeben. Oftmals werden auch in der späteren Praxis nicht alle implementierten Prozesse so, wie in der Konzeptionsphase angedacht, tatsächlich genutzt. Um ein Controlling der implementierten Prozesse zu ermöglichen und weitere Optimierungspotenziale im Sinne eines kontinuierlichen Verbesserungsprozesses zu ermöglichen, ist daher eine Redokumentation der implementierten Verwaltungsprozesse sehr hilfreich, wenn nicht sogar unabdingbar. Der ARIS Redocumentation-Scout ist hierzu ein ideal geeignetes Instrument. Mit dem Einsatz des Redocumentation-Scouts werden die Deltas zwischen Soll-Konzeption und tatsächlich erfolgter Implementierung der NKF-Prozesse sowie die Intensität der Nutzung einzelner Transaktionen ermittelt.

3 Process Performance Management – die Basis zur Erschließung weiterer Optimierungspotenziale

Die Einführung des NKF in den deutschen Kommunalverwaltungen zielt auf die optimierte Erledigung der Verwaltungsaufgaben mit den primären Zielen der Verbesserung des Bürgerservice, z. B. im Sinne eines effizienten Zur-Verfügung-Stellens von Verwaltungsleistungen per Internet (E-Government) und einer hohen Effektivität des Verwaltungshandelns in Zeiten knappster öffentlicher Kassen. Von daher wird es auf Dauer für die Kommunen von großer Bedeutung sein, eine permanente Steigerung ihrer Leistungen sicherzustellen. Schließlich stehen Kommunen untereinander auch im Wettbewerb, bspw. bei der Ansiedlung von Wirtschaftsunternehmen.

Um ein tatsächliches Benchmarking zwischen unterschiedlichen Kommunen sicherzustellen, muss die Performance der Verwaltungsprozesse gemessen werden. Ziel einer jeden Kommune ist es, die Process Excellence ihrer eigenen Verwaltungsleistungen zu erreichen, um den Bürger und die Wirtschaft zur Zufriedenheit „bedienen“ zu können. Dieses Streben wird durch den Process Performance Manager (PPM) der IDS Scheer AG optimal unterstützt. Dieser ist in der Lage, an jeder beliebigen Stelle der Verwaltungsprozesse Bearbeitungszeiten, Liegezeiten, Einarbeitungszeiten, Systembrüche etc. zu messen. Der PPM schafft eine Transparenz der Ist-Verwaltungsprozesse. Diese Transparenz führt zu einer Aufdeckung von Performance-Schwächen und bietet damit die Grundlage für ein Re-Design der bisher implementierten Prozesse. Aufgrund der Bedeutung des Wechsels des kommunalen Rechnungswesens von der kameralen Betrachtungsweise in die doppische Welt und deren Komplexität für die einzelnen Verwaltungsorganisationen und ihre Mitarbeiter wird es sicherlich nicht in einem Schritt möglich sein, die optimale Prozessperformance zu erreichen.

4 Fazit

Während in zahlreichen europäischen Nachbarländern wie der Schweiz, Frankreich, Finnland, Irland und Schweden die Doppik den Einzug in die Kommunalverwaltung hält und die Reformbemühungen deutlich voranschreiten, hat das Haushalts- und Rechnungswesen deutscher Kommunen mit der aktuellen Entwicklung in unseren Nachbarländern nicht Schritt gehalten. Während bspw. in Nordrhein-Westfalen, Hessen, Baden-Württemberg und Bayern Pilotierungen zur Umstellung auf ein neues kommunales Rechnungswesen laufen, führen unsere europäischen Nachbarn die doppische Buchführung bereits ein. (vgl. Computerwoche 2002) Noch gilt für deutsche Kommunen die Kaeralistik als Pflichtverfahren, während in anderen Bereichen der öffentlichen Verwaltung bereits Kameralistik und Doppik parallel betrieben werden oder ein Umstieg auf die Doppik bereits erfolgt ist.

Der unter der Zielsetzung einer Modernisierung der Verwaltung dringend notwendige Umstellungsprozess auf eine ressourcenorientierte, auf dem kaufmännischen Rechnungswesen basierende Finanzbuchhaltung erfordert eine aktive Gestaltung des Umstellungsprozesses unter Berücksichtigung der kritischen Erfolgsfaktoren eines solchen Umstellungsprojektes. Besonderes Augenmerk ist neben der Evaluierung und dem Re-Design der rechnungswesenorientierten Verwaltungsprozesse der Qualifizierung und den notwendigen Anpassungen der Organisation wie auch den aus ihnen erwachsenden Implikationen für die Mitarbeiter zu widmen.

Die Modellierung der doppischen Rechnungswesenprozesse, bspw. mit dem ARIS Toolset, basierend auf Referenzmodellen für die öffentliche Verwaltung, repräsentiert eine Komponente eines effektiven sowie effizienten Vorgehens im Konversionsprozess. Der Einsatz moderner E-Learning-Konzepte, die sich bspw in vergleichbaren Konversionsprozessen im Hochschulbereich[4] bewährt haben, verbunden mit einem aktiven, praxisbewährten Konzept zum Change Management in Transformationsprozessen, bindet Betroffene aktiv in den Umstellungsprozess ein und schafft Akzeptanz. Den in Gang gesetzten Optimierungsprozess evaluieren und gleichzeitig Potenziale für weitere prozessuale Optimierungen aufzuzeigen, das ist die Aufgabe eines Prozessperformance-Managements. Unterstützt durch effiziente Tools können im Rahmen der Umstellung des Rechnungswesens Engpässe in Prozessen identifiziert und Maßnahmen zu deren Behebung eingeleitet werden.

Eine Aufgabe von beachtlichem Umfang steht den deutschen Kommunen mit der Umstellung von der Kameralistik auf die Doppik bevor. Mit diesem Schritt findet eine aktive Orientierung auf zukünftige Aufgaben und Anforderungen durch den Einsatz moderner und effizienterer Informations- sowie Steuerungssysteme und nicht zuletzt auf die Interessen jedes einzelnen Bürgers statt.

Literaturverzeichnis

COMPUTERWOCHE Nr. 50 vom 13.12.2002.

Innenministerium NRW et al.: Ergebnisse des Modellprojekts zur Einführung eines doppischen Kommunalhaushalts in NRW, o. O. (2003).

KGST-Bericht – Vom Geldverbrauchs- zum Ressourcenverbrauchskonzept, Bericht Nr. 1/1995, Köln (1995).

OECD (1993), Public Management Committee (PUMA) (Hrsg.): Accounting for what?, The value of accrual accounting to the Public Sector, Paris (1993).

Scheer, A.-W., Wirtschaftsinformatik, (2001).

Stadt Brühl et al. (a), Das Neue Kommunale Finanzmanagement – Modellprojekt zur Einführung eines doppischen Kommunalhaushalts in Nordrhein-Westfalen, (2000).

Stadt Brühl et al. (b), Das Neue Kommunale Finanzmanagement – Grundsätze ordnungsgemäßer Buchführung für Kommunen, (2000).

[4] Umstellung der Verwaltung der 7 Hamburger Hochschulen von der Kameralistik auf die Doppik unter Einsatz des E-Learning-Tools der IMC GmbH.

Anamnese, Diagnose und Therapie für das deutsche Gesundheitswesen

Wolfgang Bierer
IDS Scheer AG

Ramin Ghafari
IDS Scheer AG

Arne Hartung
IDS Scheer AG

Ioannis Liappas
IDS Scheer AG

Johannes Niklas
IDS Scheer AG

Peter Rack
IDS Scheer AG

Michael Rammelsberger
IDS Scheer AG

Zusammenfassung

Das deutsche Gesundheitswesen leidet in zunehmendem Maße unter den Herausforderungen des Marktes. Die Kosten und Leistungsträger müssen sich den vielfältigen Herausforderungen wie z. B. der sinkenden Anzahl von Beitragszahlern, Fallpauschalen, steigenden Kosten und vielfältigen Betrugsmöglichkeiten stellen.

Für die Therapie eignen sich hierbei Methoden, die sich in verschiedenen Dienstleistungsbereichen und in der Industrie bewährt haben. Der Artikel gibt einen Überblick über Geschäftsprozessmanagement, Business Intelligence, Ratingverfahren, Balanced Scorecard, Customer Relationship Management und Change Management im Kontext des Gesundheitswesens.

Schlüsselwörter

Geschäftsprozessmanagement, Gesundheitswesen, Business Intelligence, Balanced Scorecard, Strategieimplementierung, Customer Relationship Management (CRM), Change Management (CM), Rating, Risikomanagement, Krankenhaus, Qualität, Diagnosis-Related Groups (DRG), Business Process Re-Engineering (BPR)

1 Anamnese, Diagnose und Therapie für das deutsche Gesundheitswesen

Anamnese. Die Zahl der aktiven Beitragszahler sinkt, die Kostenerstattungssätze sind weitestgehend (staatlich) reglementiert, die Ausgaben steigen, da die Fallzahlen und die Behandlungsmöglichkeiten und damit die Kosten steigen. Dies gilt für fast alle Organe des Gesundheitswesens (GW): Krankenhäuser, Reha-Einrichtungen, Krankenkassen, Pharma-Großhändler, niedergelassene Ärzte, Apotheker – nur die pharmazeutische Industrie kann in Deutschland ihre Abgabepreise frei kalkulieren. In anderen europäischen Ländern werden die Hersteller-Abgabepreise staatlich festgelegt.

Die Kranken- und Pflegeversicherungsbeiträge der berufstätigen Bevölkerung steigen kontinuierlich. Die Anzahl der Beitragszahler nimmt tendenziell ab. Immer weniger Menschen tragen die Kosten für immer mehr Krankheitsfälle.

Die Behandlungs- und Pflegekosten steigen durch höhere Ausgaben für Diagnose, Therapie (z. B. bekommen Krankenhausärzte Bereitschaftszeiten ab sofort vergütet) und Pflege und die steigende Lebenserwartung der Versicherten. Laut der Fernsehsendung Panorama sind in den letzten 3 Jahren z. B. ambulante Pflegekosten um 23,3 %, stationäre Pflegekosten um 15,3 % gestiegen.

Betrachtet man zusätzlich noch die Betrugs- und Missbrauchsmöglichkeiten z. B.

- durch „verkaufte oder verliehene“ Chipkarten (nach einer Schätzung von Panorama vom 13.10.2003 mehrere Milliarden Euro Verlust pro Jahr),
- durch fehlende Leistungskontrolle durch den pflichtversicherten Leistungsempfänger in der Praxis und im Krankenhaus
- und durch den so genannten Ärzte-Tourismus,

dann wird die **Diagnose** schnell klar:

Die Belastungsgrenze der Beitragszahler ist erreicht. Der gesamte Organismus und damit lebenswichtige Organe des Gesundheitswesens sind zum Teil wegen einer fehlenden Strategie oder wegen schlechter Organisation chronisch überlastet (z. B. Krankenhäuser). Kassen leiden an chronisch überhöhten Kosten, da die Verwaltung der Beiträge im europäischen Vergleich ineffizient ist, und dadurch an permanentem Blutmangel – Verzeihung: Geldmangel. Es gibt keinen Immunstoff gegen den Missbrauch der Gelder (weder durch den der Patienten noch durch den der Organe des GW).

Die so genannte Gesundheitsreform verdient diesen Namen nicht, sie ist höchstens ein Rabatt-Begrenzungsgesetz, das allein den Stoffwechselweg (Geld gegen Ware) für Diagnostika und Therapeutika betrifft. Ärzte und Krankenhäuser sind lediglich durch die Einführung der so genannten Fallpauschale betroffen, was zu einer Spezialisierung führen wird.

Die **Therapie** der einzelnen Organe des Gesundheitswesens muss schnell und differenziert angegangen werden, da der Kollaps bedrohlich nahe bevorsteht und sie in unterschiedlicher Art und Weise zum Gesamtkrankheitsbild des Organismus beitragen. Insbesondere müssen Prozesse entwickelt werden, die die Betrugs- und Missbrauchsmöglichkeiten drastisch eindämmen.

Als beraterische Therapeutika stehen u. a. zur Verfügung:

1. Geschäftsprozessmanagement und Business Intelligence gegen einen überhöhten Kostendruck
2. Balanced Scorecard gegen Orientierungslosigkeit
3. Rating gegen Wahrnehmungsstörungen
4. Customer Relationship Management gegen Beziehungsstörungen und Phantasielosigkeit
5. Change Management gegen Erstarrung

Welches Heilmittel wie und bei welchem Organ am wirksamsten sein kann, lesen Sie in den folgenden Abschnitten.

1.1 Geschäftsprozessmanagement gegen überhöhten Kostendruck

Die Kosten- und Leistungsträger im Gesundheitswesen müssen sich in zunehmendem Maße den Herausforderungen des Wettbewerbs stellen. Die Globalisierung der Märkte und der daraus resultierende Wettbewerbsdruck, die Chancen und Risiken, die sich aus dem technischen Fortschritt und dem enormen Wissenszuwachs für Forschung und Entwicklung ergeben sowie die demographischen und gesellschaftspolitischen Rahmenbedingungen erfordern eine umfassende Unternehmensstrategie.

Die wachsenden Anforderungen an Zeit, Qualität, Kosten und Flexibilität können nur erfüllt werden, wenn sie den Wandel als permanente Herausforderung und kontinuierlichen Prozess betrachten. Der Wandel umfasst das gesamte Unternehmen:

- Einstellungen und Verhalten von Management und Mitarbeitern

- Führungssystem
- Organisation
- Controlling
- Technologien, Prozesse und Produkte

Das Geschäftsprozessmanagement ist ein geeignetes und bewährtes Konzept, um Unternehmen flexibel an veränderte Bedingungen anzupassen und den Wandel gezielt zu steuern.

Den hohen Anforderungen auf der einen Seite stehen oft ungelöste Probleme auf der anderen Seite gegenüber. Die Probleme lassen sich anhand der Schlagwörter „Effektivität" und „Effizienz" beschreiben. Effektivität bedeutet „das Richtige tun", wie z. B. die richtigen Erfolgsfaktoren bestimmen und die richtigen Kernkompetenzen aufbauen. Maßgeblichen Einfluss auf die Effektivität haben Unternehmensvision, Unternehmensstrategie und Unternehmensziele. Viele Unternehmen haben Defizite, was ihre Effektivität angeht. Beispiele dafür sind:

- das Fehlen eines überzeugenden Leitbildes
- unklare strategische Ziele
- unklare Vorstellungen über Erfolgsfaktoren und Erfolgspotenziale
- unklare Marktziele
- mangelhafte Kenntnis der Patientenprobleme, -bedürfnisse, -anforderungen und -erwartungen

Das Ergebnis mangelhafter Effektivität sind unzufriedene Patienten und unzufriedene Mitarbeiter. Besonders kritisch für das Unternehmen im Gesundheitswesen sind die Patienten. Von ihren Entscheidungen hängen Umsatz und Ergebnis eines Unternehmens ab. Der Patientenzufriedenheit ist deshalb höchste Aufmerksamkeit zu schenken. Sie stellt einen wichtigen Indikator der Effektivität dar.

Effizienz bedeutet „etwas richtig tun". Hier geht es um die „effiziente", d. h. wirtschaftliche Erreichung der gesetzten Ziele. Effizienzprobleme bereiten besonders die betrieblichen Abläufe, deren Ursache in der unzureichenden Beherrschung der Prozesse liegt. Häufig sind die Prozesse mit nicht wertschöpfenden Aktivitäten überladen und erfordern wegen der vielen Schnittstellen einen hohen Koordinationsaufwand. Sie stellen im Unternehmen den größten Kostenblock dar.

Viele Effektivitätsprobleme und die meisten Effizienzprobleme haben ihre Ursache in nicht vorhandenen bzw. mangelhaft beherrschten Geschäftsprozessen. Effektivitäts- und Effizienzprobleme lassen sich durch Geschäftsprozessmanagement deutlich reduzieren.

1.1.1 Geschäftsprozessmanagement

Unter Geschäftsprozessmanagement wird ein integriertes Konzept von Führung, Organisation und Controlling verstanden, das eine zielgerichtete Steuerung der Geschäftsprozesse ermöglicht und das Unternehmen auf die Erfüllung der Bedürfnisse der Kunden (in unserem Fall Patienten) und anderer Interessengruppen (Mitarbeiter, Kapitalgeber, Gesellschaft, Lieferanten, Partner) ausrichtet (vgl. Gaitanides et al. 1994).

Geschäftsprozessmanagement kann zusammenfassend wie folgt charakterisiert werden:

- **Prozessorientierung:** Im Mittelpunkt stehen Geschäftsprozesse.
- **Patientenorientierung:** Gestaltung und Steuerung der Geschäftsprozesse sind auf die Erfüllung der Patientenwünsche bzw. auf die Erfüllung der Anforderungen und Erwartungen der Stakeholder ausgerichtet.
- **Wertschöpfungsorientierung:** Geschäftsprozesse konzentrieren sich auf wertschöpfende Aktivitäten. Aktivitäten ohne Wertschöpfung werden eliminiert.
- **Leistungsorientierung:** Effektivität und Effizienz der Geschäftsprozesse und damit des Unternehmens werden kontinuierlich gesteigert.
- **Mitarbeiterorientierung:** Die Mitarbeiter werden befähigt, weitgehend eigenständig die Geschäftsprozesse zu optimieren.
- **Lernorientierung:** Die kontinuierliche Verbesserung der Geschäftsprozesse durch die Mitarbeiter verstärkt und beschleunigt das organisatorische Lernen.
- **Kompetenzorientierung:** Die Geschäftsprozesse dienen dazu, Kernkompetenzen auf- und auszubauen.

Geschäftsprozessmanagement ist kein Projekt, sondern ein Konzept der Organisationsgestaltung und -veränderung, das auf Dauer angelegt ist. In seinem Mittelpunkt stehen Patienten (bzw. Stakeholder) als Leistungsempfänger und Mitarbeiter als Leistungserbringer.

IDS Scheer hat ein Konzept für eine rasche Implementierung des Geschäftsprozessmanagements entwickelt, das die folgenden Schritte beinhaltet:

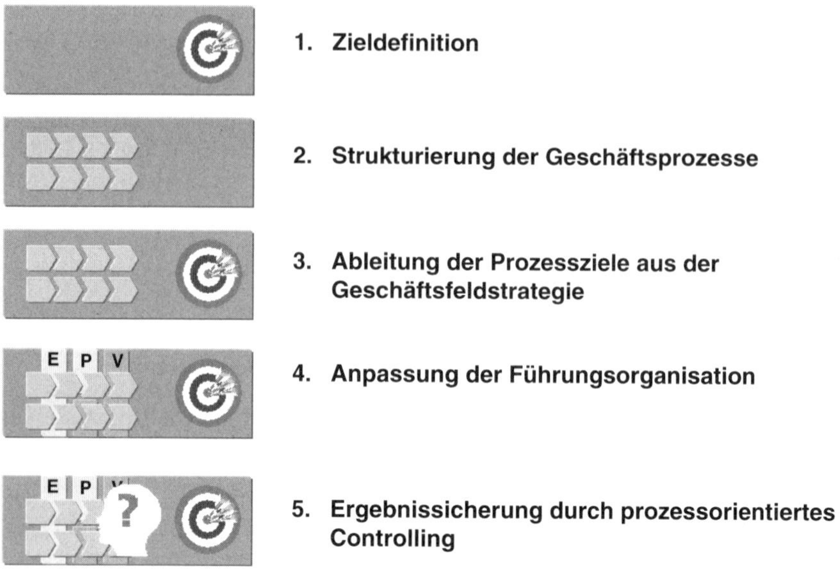

Abb. 1: Implementierung Geschäftsprozessmanagement

1. Zieldefinition
Zunächst wird die Ausgangssituation analysiert. Unter Beachtung der Rahmenbedingungen werden die übergeordneten Ziele definiert und der Handlungsbedarf spezifiziert.

2. Strukturierung der Geschäftsprozesse
Für jedes zu betrachtende Geschäftsfeld werden die Geschäftsprozesse nach ihren spezifischen Merkmalen identifiziert und strukturiert.

3. Ableitung der Prozessziele aus der Geschäftsfeldstrategie
Aus der strategischen Zielsetzung werden konkrete Zielvorgaben für die Optimierung der Geschäftsprozesse abgeleitet.

4. Anpassung der Führungsorganisation
Die Diskrepanz zwischen Soll und Ist sowie Best-Practices liefern die Ansatzpunkte für die Optimierung von Abläufen, Strukturen und IT-Systemen sowie des damit verbundenen Change Managements (CM).

5. Ergebnissicherung durch prozessorientiertes Controlling
Die Controllinginstrumente werden auf die Verfolgung der Prozessziele ausgerichtet. Mittels Change Management und kontinuierlicher Verbesserungsprozesse (KVP) sollen die Prozesse „in den Köpfen verankert“ werden.

Mit ARIS verfügt IDS Scheer über ein komplettes Portfolio für Entwicklung, Implementierung, Betrieb und Auswertung von Geschäftsprozessen.

1.2. Business Intelligence/Kennzahlensteuerung

Kosten- und Leistungsdruck im Gesundheitswesen sind in den letzten Jahren kontinuierlich gestiegen. Kostenträger des Gesundheitswesens werden daher gezwungen sein – wie die Industrie schon seit Jahren –, auf Rationalisierung zu setzen, d. h. auf Steigerung der Dienstleistungs- und Ergebnisqualität und damit auf Verbesserung der Wirtschaftlichkeit bei der Leistungserbringung. Als Risiko erscheint dabei, dass pauschale Entgeltsysteme zu einer Unterversorgung und zu nachlassender Versorgungsqualität führen. Unstrukturierte und unkoordinierte Informationsflüsse zwischen den beteiligten Organisationen und Patienten verringern die Transparenz und können diesen Effekt noch verstärken.

Welchen Beitrag können nun Business Intelligence-Lösungen und die Steuerung von Prozessen durch Kennzahlen für einen Weg aus der Krise leisten?

Lösungsansätze

Bewährte Konzepte wie Geschäftsprozessmanagement, Business Process Reengineering, Organisationsentwicklung, Strategisches Management, Benchmarking, Outsourcing und Standardsoftware-Einführung sind auch im Gesundheitswesen zur Erhöhung der Transparenz, Kostenreduzierung und Optimierung von Prozessen und letztlich mit dem Ziel der Steigerung der Wettbewerbsfähigkeit erfolgversprechend. Business Intelligence und Kennzahlensteuerung ermöglichen dabei eine effizientere und effektivere Anwendung der genannten Konzepte.

Phase 1: Prozessanalyse und Transparenz

Die Analyse der häufig anzutreffenden funktionalen Organisation, deren Arbeitsabläufe und Kostenstrukturen bilden den ersten Schritt der notwendigen Veränderung. Weiterhin müssen Informationsflüsse und die Struktur der verwalteten Datenmengen betrachtet werden. Der Einsatz von Business Intelligence Tools unterstützt und strukturiert die Auswertung. Die Entwicklung von Zielen aus der Strategie der Organisation und die Ableitung von Kennzahlen sind die Voraussetzung für ein verbessertes Monitoring und Controlling der Prozesse. Business Intelligence-Lösungen unterstützen durch:

- Simulation verschiedener Planungsszenarien (Business Simulation)
- strukturierte Analysen der vorhandenen Daten auch in verteilten Systemen
- Soll-Ist-Vergleiche, welche Aufschlüsse über weitere Optimierungspotenziale geben
- Messung der Performanz durch Kennzahlen, die nach Organisationstyp abgestimmt, ausgewogen und nach deren Zielen gewichtet sind. Beispiele hierfür sind:
  - Erhöhung der Patientenzufriedenheit

- Verringerung von Prozesskosten
- Reduzierung der Verweilzeiten
- Steigerung der Produktivität des Personals
- Steigerung der Behandlungsqualität
- Verbesserung des Abrechnungssystems
- Erhöhung der Mitarbeiterqualifikation
- finanzwirtschaftliche Kennzahlen

- Deckung des Informationsbedarfs und Aufbereitung der Informationen. Hier gilt es abzuwägen, welche Daten in „Real Time" zur Verfügung stehen müssen, um die Handlungsfähigkeit weiter zu erhöhen.

Definition und Umsetzung von Zielen und Kennzahlen sowie deren Kommunikation auf allen Ebenen der Organisation führen zu Akzeptanz und Motivation für die anstehenden Veränderungen in Richtung Prozessorientierung. Dazu dient ein „Cockpit" zur Vorbereitung von Managemententscheidungen ebenso wie die Aufbereitung der Analyseergebnisse in einem Portal/im Intranet für alle Mitarbeiter.

Phase 2: von der funktionalen zur prozessorientierten Organisation

Die Transformation von der funktionalen zur prozessorientierten Organisation wird durch die Nutzung von Business Intelligence-Lösungen weiter unterstützt. Eingeführte Prozesse werden über Kennzahlen gesteuert und ständig verbessert. Bewährte Tools sind:

- multidimensionale Modelle für Planung, Budgetierung, Analyse und Reporting auf Managementebene
- Früherkennungssysteme ergänzen klassische Methoden wie ABC-Analyse und Abweichungsanalyse und erkennen z. B. frühzeitig den Rückgang von Patientenzahlen aus dem Einzugsbereich eines Krankenhauses
- Business Warehouse-Lösungen mit OLAP-Systematik (Online Analytical Processing)
- standardisiertes und ereignisgesteuertes Reporting (Alerts)
- Data Marts als Informationsquellen für Abteilungen, wie z. B. Patientenaufnahme, OP, Ambulanz, Röntgenabteilung etc.
- Operational Data Stores bündeln Informationen für die Abwicklung von Prozessschritten, wie bspw. Regelungen zu gesetzlichen Anforderungen, Dokumentationsvorgaben, Indikationshinweise oder Patientenanforderungen im System.

- Entdecken von Informationen über Patienten, Partner und Wettbewerber durch Data Mining, Text Mining oder Case-based Reasoning (CBR)
- Knowledge Management als traditionelles Wissensmanagement oder in Form von Issue Management, gesteuert über spezielle Interessenprofile, um bspw. interne Schulungen maßgeschneidert anzubieten
- Unterstützung der ständigen Optimierung, aber auch des permanenten Prozesscontrollings durch die Messung und Auswertung der Performanz der Prozesse, zum Beispiel mit dem ARIS Process Performance Manager der IDS Scheer AG

Phase 3: patientenzentrierte, institutionsübergreifende Geschäftsprozesse

Ziel dieser bisher noch in die Zukunft gerichteten Phase ist eine Zusammenarbeit verschiedener am Gesundheitswesen beteiligter Partner, um sektorale Grenzen und Schnittstellen zu reduzieren, Kernkompetenzen ideal zu ergänzen, Qualität für die Patienten zu erhöhen, Kosten der Behandlung und Prozesskosten zu senken.

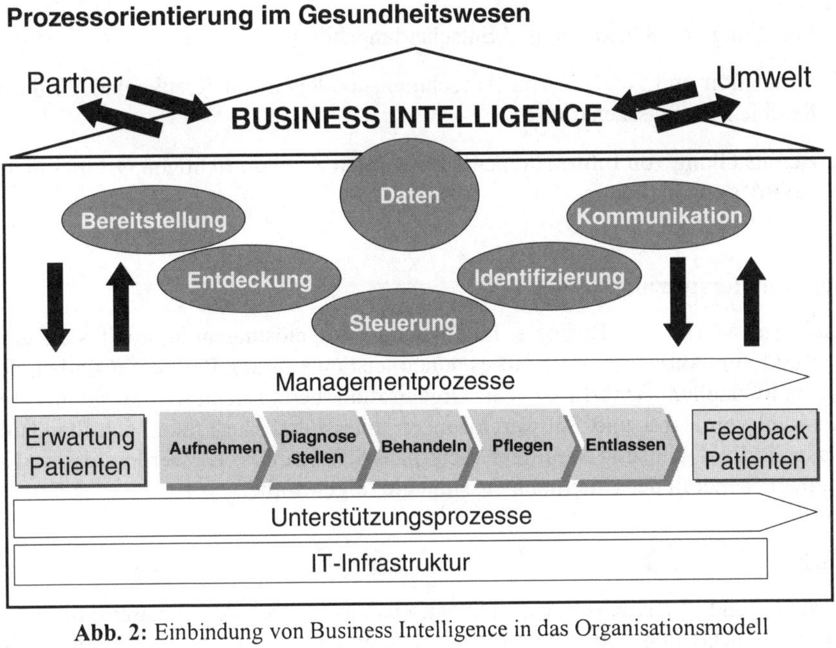

Abb. 2: Einbindung von Business Intelligence in das Organisationsmodell

Das Gesundheitswesen zählt zu den datenintensivsten Sektoren unserer Volkswirtschaft. Im Bereich des Pharmahandels existieren leistungsfähige Data Warehouse-Lösungen mit effizienten Auswertungsmöglichkeiten. Die übrigen Institutionen im Gesundheitswesen leiden unter einer starken Datenfragmentierung: Krankenhäuser, Krankenversicherer und der ambulante Sektor erfassen und verwalten ihre Daten heute noch weitgehend getrennt. Es entstehen damit wahre Datenfriedhöfe, die nicht nur teuer sind, sondern einer optimalen Versorgung ernsthaft im Wege stehen.

Ziel muss es sein, Informationen über Medikamente und deren Wirksamkeit, neue Operationsmethoden, medizintechnische Entwicklungen, typisches Verhalten von Patienten je nach Altersstruktur und Behandlungspräferenzen sowie Weiterbildungsmöglichkeiten für Ärzte und Pflegepersonal bereitzustellen, weiterhin den konsequenten Einsatz von E-Business-Lösungen, z. B. bei Beschaffung und gemeinsamer Planung zu forcieren und das Internet effektiv zum Austausch von Daten zu nutzen, um Synergieeffekte zu erreichen.

Herausforderungen an Business Intelligence-Lösungen in diesem Zusammenhang sind:

- konsistente Zusammenführung von Daten aus verschiedenen operativen Systemen oder Modulen
- flexible, transparente und performante Analyse von aktuellen Daten, ohne operative Systeme zu beeinträchtigen
- Erstellung von Statistiken und Entscheidungshilfen
- Simulation und Analyse von Abrechnungsmodellen mit Krankenkassen durch flexible Planungsszenarien
- Bereitstellung von Informationen zur richtigen Zeit, am richtigen Ort und in der geforderten Qualität

Systemunterstützung

Auf dem Markt von Business Intelligence-Systemlösungen tummelt sich eine Vielzahl von Anbietern. Hier gilt es, einen leistungsstarken Partner zu finden, der die individuellen Bedürfnisse der Organisation berücksichtigt und sie bei der Auswahl von Hard- und Softwarelösungen unterstützt. Die Frage nach Standard- versus Individuallösung kann hier nicht pauschal beantwortet werden, da die IT-Strategie generell der Unternehmensstrategie folgen sollte.

Fazit

Kosten- und Leistungsdruck, Fallpauschalen-System der Diagnosis-Related Groups (DRG) und neue Richtlinien zur Kreditvergabe (Basel II), zwingen die Organisationen im Gesundheitswesen zum Handeln.

Business Intelligence-Lösungen und die Steuerung von Prozessen über Kennzahlen bieten Möglichkeiten, die Transparenz von Kosten und Prozessen zu erhöhen, Schwachstellen und Potenziale schnell zu identifizieren sowie Lösungsalternativen durch Simulation aufzuzeigen. Planung wird realitätsnah, Informationen werden auf interne Bedürfnisse und Prozesse maßgeschneidert und extern vernetzt und verfügbar.

Somit entsteht ein „handlungsgerichtetes Wissen“, das effektiv zur Bewältigung der Herausforderungen im Gesundheitswesen eingesetzt werden kann.

2 BSC im Krankenhaus gegen die Orientierungslosigkeit

Die Forderung nach mehr Transparenz und Wirtschaftlichkeit im Gesundheitswesen verlangt vor allem von Krankenhäusern eine Neuausrichtung ihrer bisherigen Gewohnheiten. Die Effizienz und die Effektivität müssen bei sämtlichen Aktivitäten stärker in den Mittelpunkt der Betrachtung gerückt werden, um auch zukünftig die zentrale Aufgabe eines Krankenhauses, nämlich die Versorgung des Patienten, bestmöglich erfüllen zu können. Die Vielzahl der zum Teil gegensätzlichen Anforderungen der Stakeholder (Abbildung 3) lähmt die Identifikation und Umsetzung der erforderlichen Maßnahmen. Eine bewährte Methode, um Unternehmen ganzheitlich auf neue Herausforderungen auszurichten, stellt die Balanced Scorecard (BSC) dar.

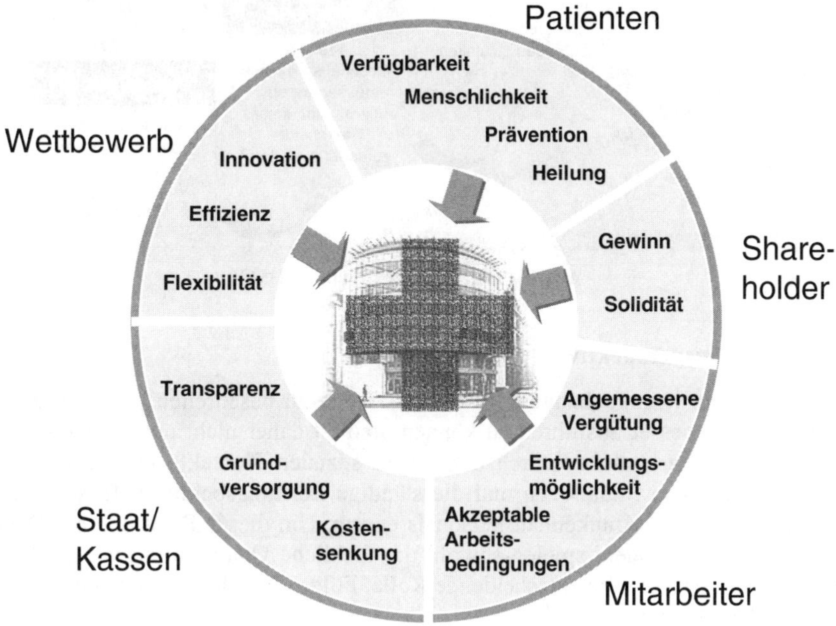

Abb. 3: Anforderungen an Krankenhäuser

Die BSC ist ein Instrument zur Strategieimplementierung und wurde von David D. Norton und Robert S. Kaplan bereits 1990 entwickelt. Die Methode heißt „Balanced“, weil sie kurzfristige und langfristige Ziele, externe und interne Leistungsindikatoren, monetäre und nicht-monetäre Kennzahlen aus einer retrospektiven und prospektiven Sicht betrachtet und miteinander verknüpft. Zusätzlich wird die traditionell finanzorientierte Unternehmensbewertung um eine Kundenperspektive, eine Prozessperspektive und eine Innovationsperspektive erweitert (Abbildung 4). Und sie heißt „Scorecard“, weil die strategischen Ziele (Was wollen wir erreichen?), die Messgrößen (Wie können wir Ziele messen?), die operativen Ziele (Wie viel wollen wir erreichen?) und die Maßnahmen (Was müssen wir tun?) für jede der 4 Perspektiven tabellarisch abgebildet wird.

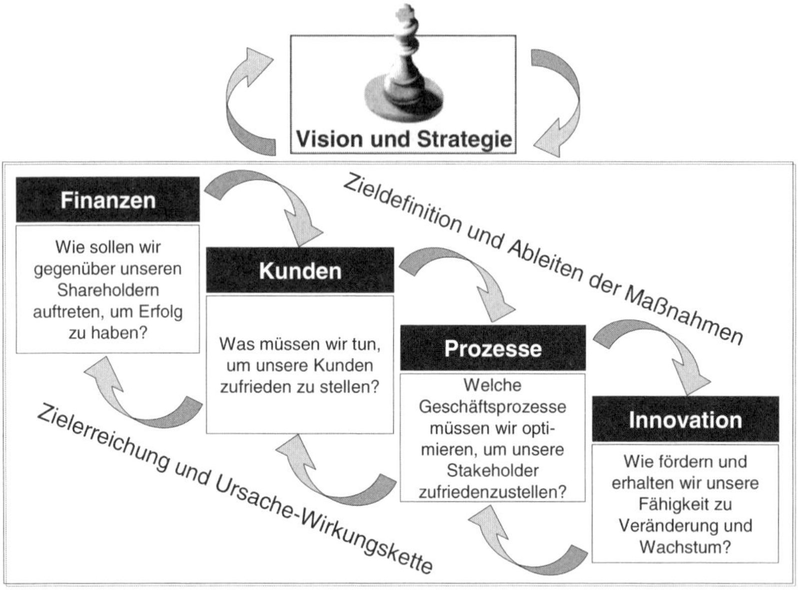

Abb. 4: Die 4 Perspektiven der BSC

1. Innovationsperspektive

Innovation im Krankenhaus bedeutet neue Wege zu beschreiten, um den Dienst am Patienten besser ausführen zu können, und ist daher nicht nur auf technische Innovationen beschränkt. Durch den engen sozialen Kontakt zum Patienten in oftmals kritischen Situationen und die ständige Leistungsbereitschaft ist die Arbeitsbelastung des Krankenhauspersonals enorm. Um dieser Belastung auf Dauer standhalten zu können, spielen sowohl die fachliche Qualifikation wie auch die menschliche Stärke eine entscheidende Rolle. Folgende Schwerpunkte können daher gesetzt werden:

- Schaffung von attraktiven Arbeitsbedingungen
- Erleichterung des aktiven Wissensaustauschs und -aufbaus
- Implementierung des Qualitätsgedankens
- Ermöglichung von Forschung auf hohem Niveau

2. Prozessperspektive

Eng verknüpft mit dem Qualitätsgedanken ist die Optimierung der Kern- und Unterstützungsprozesse. Zu den Kernprozessen zählen die in Abbildung 5 dargestellten primären Aktivitäten, bei denen direkter Kontakt mit dem Patienten stattfindet. Ebenso wichtig, wenn auch nicht mit direktem Patientenkontakt, sind die unterstützenden Aktivitäten, die eine optimale Leistungserbringung in den Kernprozessen erst ermöglichen. Besonders zu berücksichtigen ist dabei eine offene Kommunikation und Abstimmung zwischen dem Management, der Ärzteschaft sowie dem Pflegepersonal.

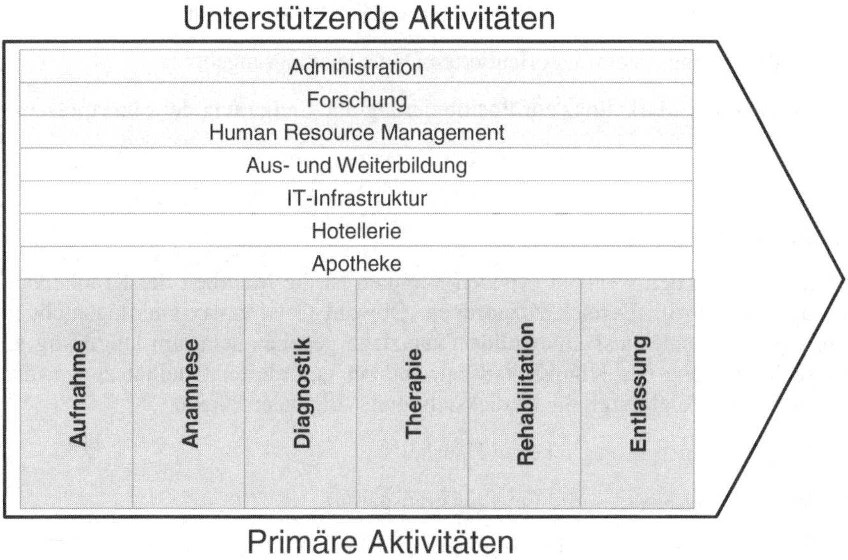

Abb. 5: Wertschöpfungskette im Krankenhaus

Die Zielsetzung bei der Optimierung und Integration der internen Prozesse spiegelt die ausgewogene Orientierung der BSC wider:

- Effizienzsteigerung durch die Reduktion von unwichtigen oder redundanten Aktivitäten
- Erhöhung der Mitarbeiterzufriedenheit durch Ausweitung der Kompetenz und Verantwortung
- Verbesserung des Dienstes am Patienten durch raschere und effektivere Leistungserbringung

3. Kundenperspektive

Im Krankenhaus haben wir fast immer eine „third party payment"-Situation, d. h., die Leistung wird zwar am Patienten erbracht, die Kosten für die Behandlung tragen aber die Krankenkassen. Primär steht zwar der Patient als Kunde im Vordergrund, aber die Leistungsabrechnung und -bewertung erfolgen durch die Kassen. Das hatte bisher zur Folge, dass vor allem kostenintensive Behandlungsmethoden leichtfertig angewendet wurden und Krankenanstalten davon profitierten. Zukünftig wird es nötig sein, den umsatzorientierten Einsatz der Behandlungsmethoden durch einen kostenorientierten Einsatz zu ersetzen, um beide Kunden, Patienten und Kassen, gleichermaßen zufrieden zu stellen. Die Ausrichtung des Krankenhauses auf die Kunden erfordert daher:

- konsequente Messung und Steigerung der Kundenzufriedenheit
- Erhöhung der Heilungs- und Verringerung der Rückfallquote
- Schaffung eines nachfrageorientierten Dienstleistungsangebots
- Aufbau eines Marketings zur Positionierung und Steigerung der Marktpräsenz
- Förderung institutionsübergreifender Kooperationen

4. Finanzperspektive

Abgesehen von den wenigen privaten Kliniken ist die Mehrheit der Krankenhäuser dem Non-Profit-Bereich zuzuordnen. Obwohl Gewinnmaximierung nicht im Vordergrund steht, muss eine solide Finanzlage gegeben sein, um langfristig die Aufrechterhaltung des Krankenhausbetriebs bei geforderter Qualität zu gewährleisten. Dies erfolgt durch die Berücksichtigung folgender Punkte:

- Anstreben eines ausgeglichenen Haushalts
- Erhöhung der Kosten- und Leistungstransparenz
- Steigerung der Quote an Privatpatienten
- Erschließung neuer Finanzierungsquellen

5. Erfolgsfaktoren für die Einführung der BSC im Krankenhaus

Wie bei jedem Projekt, in dem es um umfassende Veränderungen geht, spielt auch bei der Einführung der BSC die Berücksichtigung von Ängsten vor den bevorstehenden Änderungen eine große Rolle. Eine frühzeitige Einbindung aller Beteiligten und eine offene Kommunikation sollen durch ein umfassendes Change Management gewährleistet werden. Weitere Faktoren, die für einen Erfolg ausschlaggebend sind:

- Das Krankenhausmanagement muss die Einführung der BSC lenken und unterstützen.
- Verständnis der BSC als integrierender Managementprozess und nicht als einmalige Aktion

- frühzeitiges Miteinbeziehen der Ärzteschaft, des Pflege- und übrigen Personals erhöht die Akzeptanz der BSC und der entwickelten Maßnahmen
- keine Implementierung unter Zeitdruck, sondern Erkennen des langfristigen Verbesserungspotenzials
- Konsens über Ziele und Kennzahlen muss erreicht werden
- Kennzahlen sollen auf Ziele und nicht auf Maßnahmen ausgerichtet sein.
- Die Auswahl der Kennzahlen ist kritisch
- Berechnungs- und Berichtsmethoden müssen konkret festgelegt werden
- Systemisches Erfassen und Analysieren von Messgrößen verkürzt den Aufwand für Auswertungen

Die Grundvoraussetzungen für eine erfolgreiche Einführung der BSC sind im Wesentlichen die gleichen wie die für eine erfolgreiche Therapie: Der Patient muss die Notwendigkeit der Therapie verstehen, die vorgegebenen Therapiepläne akzeptieren und konsequent befolgen und schlussendlich auf den Erfolg der Therapie vertrauen (können).

3 Rating gegen Wahrnehmungsstörungen

Ein Rating beschreibt im Allgemeinen jede ordinale Rangordnung, die eine Aussage über eine bestimmte Leistung ausdrückt. Im Bankenkontext wird mit Hilfe eines solchen Ratings eine Aussage über die Kreditwürdigkeit eines Kreditnehmers getroffen. Dabei repräsentiert das Rating die normierte Einschätzung darüber, mit welcher Wahrscheinlichkeit ein potenzieller Kreditnehmer zukünftig in der Lage sein wird, seinen Zins- und Tilgungsleistungen vollumfänglich und fristgerecht nachzukommen. Das Ergebnis dieser Einschätzung entscheidet folglich sowohl darüber, ob und wenn ja, in welchem Umfang eine Kreditfinanzierung gewährt wird als auch über die Höhe des im Zinssatz enthaltenen Risikoaufschlages des Kreditinstitutes.

Um zu einer dem Unternehmen entsprechenden Einschätzung seiner Kapitaldienstfähigkeit zu gelangen, werden im Laufe des Ratingverfahrens meist sowohl quantitative als auch qualitative Faktoren untersucht (siehe Abbildung 6).

Abb. 6: Allgemeine Ratingfaktoren

Durch quantitative Faktoren wird überwiegend untersucht, ob der Kreditnehmer in der Vergangenheit in der Lage war, ausreichende Erträge zu erwirtschaften, um sowohl notwendige Investitionen zu tätigen als auch seinen Zahlungsverpflichtungen nachzukommen. Durch die Untersuchung qualitativer Faktoren versucht das Kreditinstitut abzuschätzen, ob der Kreditnehmer auch in Zukunft hinsichtlich seiner Struktur, seiner Position im Markt und seines Geschäftsführungsinstrumentariums in der Lage sein wird, entsprechende Kapitalüberschüsse zu erwirtschaften.

Der Anwendung des Ratingverfahrens bei der Kreditvergabe kommt in letzter Zeit auch dadurch eine erhöhte Bedeutung zu, dass aufsichtsrechtliche Vorgaben die Verwendung eines in dieser Art gestalteten Risikoklassifizierungsverfahrens bindend vorschreiben. Während die im Dezember 2002 veröffentlichten Mindestanforderungen an das Kreditgeschäft (MaK) einen sinnvollen und nachvollziehbaren Zusammenhang zwischen Einstufung im Risikoklassifizierungsverfahren und der Höhe des Kreditzinses lediglich nahe legen (Soll-Anforderung), werden die Vorschriften im Rahmen der neuen Basler Eigenkapitalvereinbarung (Basel II) diesbezüglich bereits verbindlicher. Um zukünftig in den Genuss niedriger Refinanzierungskosten zu gelangen, werden Banken ab voraussichtlich 2007 dazu verpflichtet sein, Kreditvergabe und Risikoklassifizierung enger aufeinander abzustimmen. Der Handlungs- und Bewertungsspielraum wird daher auch aus Sicht der Banken enger und zunehmend durch standardisierte Klassifizierungsverfahren beeinflusst.

Besonderheiten des Ratings im Gesundheitswesen

Bei Anwendung des grundsätzlich für den gewerblichen Mittelstand konzipierten Ratingverfahrens[1] kommt es in Bezug auf sozialwirtschaftliche Unternehmen zu zahlreichen Schwierigkeiten (siehe Abbildung 7).

---

[1] Im Bereich der Privatbanken haben bisher nur wenige Ausnahmen überhaupt ein branchenspezifisches Ratingverfahren entwickelt. Für den Bereich des Gesundheitswesens

Bei den qualitativen Faktoren ist zunächst zu berücksichtigen, dass soziale Einrichtungen grundsätzlich besonderen Bilanzstandards unterliegen (z. B. KHBV für Krankenhäuser). Aufgrund ihrer Förderungswürdigkeit durch die öffentliche Hand entstehen sowohl eigenkapitalmindernde Posten (Ausgleichsposten für Eigenmittel- und Darlehensförderung) als auch eigenkapitalähnliche Posten, die in einem gewerblichen Rating zu einer nachteiligen Darstellung des Kreditnehmers führen. Darüber hinaus dürfen gemeinnützige Einrichtungen, bedingt durch die Abgabenordnung, nicht in unbegrenztem Umfang Eigenkapital und Rücklagen bilden, was grundsätzlich die Fremdfinanzierung erhöht und den Verschuldungsgrad verschlechtert. Vor dem Hintergrund, dass sich in der Sozialwirtschaft in den vergangenen Jahren ein erheblicher Investitions- und Modernisierungsstau gebildet hat bei gleichzeitig rückläufigen öffentlichen Zuwendungen, wird leicht ersichtlich, dass Kreditnehmer unter diesen Rahmenbedingungen tendenziell schlechte Aussichten auf ein vorteilhaftes Ratingergebnis haben.

Der dadurch steigende Kostendruck führt dazu, dass Unternehmen im Gesundheitswesen vermehrt die Möglichkeiten zur Nutzung gemeinsamer Synergien suchen und es zu wirtschaftlichen Zusammenschlüssen, Kooperationen und Fusionen kommt.

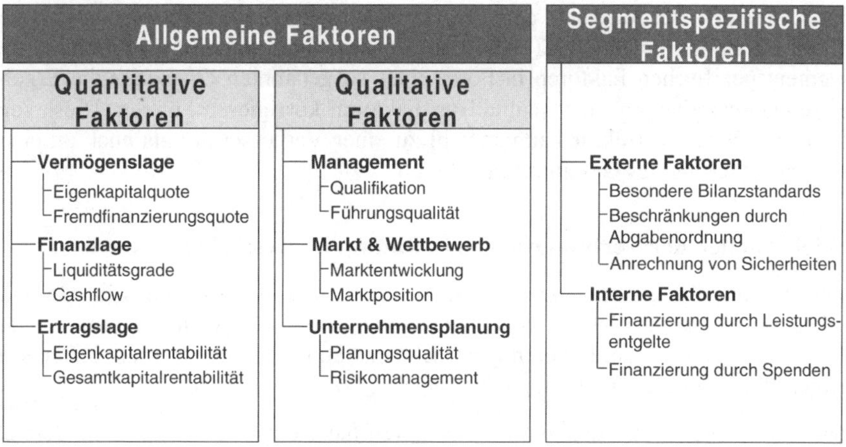

Abb. 7: Segmentspezifische Faktoren

Eine weitere Besonderheit bei der Betrachtung sozialwirtschaftlicher Unternehmen, die gerade bei der Fremdkapitalbeschaffung von erheblicher Bedeutung ist, ist die Rolle der anrechenbaren Sicherheiten im Gesundheitswesen. Im gewerblichen Bereich werden vielfach die offenen Forderungen aus Lieferungen und Leistungen als Sicherheit gestellt. Im Gesundheitswesen entsprechen diese üblicherweise den Forderungen gegenüber der öffentlichen Hand sowie den Sozialver-

hat bisher bspw. die Bank für Sozialwirtschaft ein entsprechendes Ratingsystem konzipiert.

dem aktuell diskutierten Entwurf der Basler Eigenkapitalvereinbarung nicht als Sicherheiten akzeptiert. Weiter werden Immobilien, für deren Betrieb eine Konzession erforderlich ist (wie z. B. Sanatorien, Privatkliniken etc.), durch die Basler Eigenkapitalvereinbarung als „stark risikobehaftet" eingestuft, was ihre Beleihungswerte erheblich mindern dürfte (wenn nicht sogar zum Ausschluss ihrer Verwendung als Sicherheit führt).

Ein letzter Punkt, der die Besonderheiten von Unternehmen im Gesundheitswesen herausstellen soll, bezieht sich auf die sonstigen Finanzierungsmöglichkeiten sozialer Einrichtungen. Während im gewerblichen Bereich lediglich Eigen- und Fremdkapital zur Investitionsfinanzierung in Betracht kommen, erfolgt im Gesundheitswesen vielfach eine Finanzierung über Leistungsentgelte sowie Zuwendungen und Spenden. Im Rahmen ehrenamtlicher Tätigkeit erbrachte Leistungen (Zivildienst, freiwilliges Engagement) werden bilanziell nicht als Finanzierung i. e. S. und damit nicht als zukünftig zu erwartende Zuflüsse gewertet, was in der Folge erneut die zu erwartende CashFlow-Leistung mindert und damit die Bonität des Kreditnehmers herabsetzt.

Zusammenfassend lässt sich sagen, dass das System des gewerblichen Mittelstandsratings dringend um segmentspezifische Komponenten erweitert werden muss, um der Besonderheit der Unternehmen des Gesundheitswesens entsprechend Rechnung zu tragen. Technisch gesehen sollten dabei die Ergebnisse der segmentspezifischen Faktoren in Form eines so genannten *Overrides* die Ergebnisse der quantitativen und qualitativen Faktoren korrigieren können. Diese segmentspezifische Korrektur kann sowohl zu einer Verbesserung als auch zu einer Verschlechterung des Gesamtratings führen.

Möglichkeiten der Verbesserung eines Ratings im Gesundheitswesen

Vor die Aufgabe gestellt, die Erfolgspotenziale eines Unternehmens im Gesundheitswesen in harten Zahlen darzustellen sowie die qualitativen Faktoren mit der Zielsetzung eines vorteilhafteren Unternehmensratings zu beeinflussen, bieten sich grundsätzlich zweierlei Ansatzpunkte.

Zur Beeinflussung der quantitativen Faktoren kann ein Unternehmen im Bereich des Gesundheitswesens so genannte *bilanzpolitische Maßnahmen* ergreifen. Unterschieden werden dabei prinzipiell *konventionelle* und *progressive* Gestaltungsmaßnahmen.

Als konventionelle Gestaltungsmöglichkeiten kommen dabei unter anderem die folgenden in Frage:

- Möglichkeit der **Vorverlagerung von Investitionen** in frühere Bilanzzeiträume. Diese Maßnahme führt zu einer Aufwandsvorverlagerung aufgrund früher zur Verfügung stehender Abschreibungsvolumina.
- **Auflösung von Rückstellungen** mit dem Ziel der Verbesserung der Eigenkapitalquote. Bei dieser Maßnahme ist besonders auf eine enge Abstimmung mit

dem Jahresabschlussprüfer zu achten, um nicht gesetzlich vorgeschriebene Rückstellungsverpflichtungen zu missachten.

- **Ausweis von Wertpapieren im Umlaufvermögen**, um eine Bewertung der Papiere mit dem Niederstwertprinzip zu realisieren
- **Abbau von Vorratsvermögen** durch eine verbesserte Materialwirtschaft mit dem Ziel der Liquiditätsverbesserung des Unternehmens

Als progressive Gestaltungsmöglichkeiten kommen darüber hinaus unter anderem die folgenden in Betracht:

- Möglichkeit der **Veräußerung von Anlagevermögen** zur Aufdeckung der stillen Reserven. Immense stille Reserven ruhen dabei im Immobilienvermögen aufgrund der Differenz zwischen fortgeführten Buchwerten nach den ursprünglichen Anschaffungskosten und den am Markt zu realisierten Verkehrswerten. Im Wege des „*sale and lease back*"-Verfahrens kann das Anlagegut dabei auch weiterhin vom Veräußerer genutzt werden. Zu beachten ist bei dieser Gestaltungsmöglichkeit jedoch die steuerliche Auswirkung: Die aufgedeckten steuerlichen Reserven sind grundsätzlich in vollem Umfange zu versteuern.
- Möglichkeit der **Veräußerung von nichtaktivierungsfähigen immateriellen Anlagewerten** (z. B. selbsterstellten Patenten), verbunden mit dem Abschluss eines weiteren Nutzungsvertrages. Hintergrund dieser Gestaltung ist die Umgehung des Bilanzierungsverbotes für selbst geschaffene immaterielle Wirtschaftsgüter. Die Gestaltungsmöglichkeit führt zum Ausweis des zu realisierenden Wertes in der Bilanz. Nachteilig für das Rating ist jedoch der Wertverlust im Rahmen des „*good will*" (Firmenwert) des Unternehmens. Ob sich durch diese progressive Gestaltung also immer ein besseres Rating erzielen lässt, ist zweifelhaft.

Insgesamt lässt sich sagen, dass bilanzpolitische Maßnahmen nur äußerst behutsam und mit größter Vorsicht einzusetzen sind. Zwar versprechen sie kurzfristigen und unmittelbaren Erfolg mit meist geringem Aufwand, es handelt sich dabei jedoch oftmals nur um Einmaleffekte. Insbesondere wird darüber hinaus gerade den progressiven Gestaltungsmöglichkeiten ein manipulativer Charakter zugeschrieben – tendenziell versprechen daher konventionelle Maßnahmen eine höhere Erfolgsaussicht. Die Gestaltung bleibt für den Kreditgeber transparent, was insbesondere über die qualitativen Faktoren ausgleichenden Einfluss auf das Gesamtrating haben kann.

Aufgrund der eng mit den bilanzpolitischen Maßnahmen verzahnten steuerlichen Auswirkungen (das so genannte Maßgeblichkeitsprinzip) lassen sich des Weiteren Vor- und Nachteile für das Unternehmen nur nach intensiver Analyse und Beratung durch Steuerberater und Wirtschaftsprüfer ermitteln. Der letztendlich auch kostentechnische Aufwand für diese Einmaleffekte ist damit nicht unerheblich. Bilanzpolitische Maßnahmen sollten deshalb höchstens als unterstützend, nicht aber als alleinige Maßnahmen eingesetzt werden.

Zielführender, langfristig wirksamer und grundsätzlich erfolgversprechender sind in diesem Zusammenhang unternehmerische Maßnahmen, die auf die grundsätzliche Problematik sozialwirtschaftlicher Unternehmen ausgerichtet sind und damit auf die Beeinflussung der qualitativen Faktoren des Ratingverfahrens abstellen.

Das geschäftspolitische Instrumentarium bietet hierfür insbesondere in den Bereichen Planung und Risikomanagement erhebliche Potenziale. Ausgangspunkt jeglicher unternehmerischer Standortbestimmung sollte dabei die Potenzialanalyse sein. Ausgehend von der wirtschaftlichen Lage des Unternehmens und unter Berücksichtigung des lokalen und regionalen Wettbewerbs sowie der eigenen medizinischen Leistungsstruktur ist zu analysieren, welche Stärken und Schwächen sich in Bezug auf das eigene Unternehmen bilden. Auf der Basis dieser Analyse ist die strategische Ausrichtung zu konzipieren und zum Zwecke der internen und externen Kommunikation entsprechend zu dokumentieren. Eine wichtige Rolle spielen in diesem Zusammenhang die Optionen der Kooperation, Fusion bzw. des Outsourcings (insbesondere im Hinblick auf die Mindestmengenproblematik kann die Zusammenlegung einzelner Leistungsbereiche für alle Beteiligten nutzbringend sein).

Eine besondere Bedeutung kommt im geschäftspolitischen Instrumentarium dem Bereich des Risikomanagements zu. Bereits auf der Grundlage des KonTraG[2] ist die Unternehmensleitung zur besonderen und vor allem systematischen Überwachung von bestandsgefährdenden Risiken verpflichtet. Im Rahmen eines Ratingverfahrens wird die Bedeutung der Risikokontrolle noch unterstrichen. Erst durch die strukturierte Erfassung, Analyse, Dokumentation und Kommunikation sowohl der internen (Personal, Prozesse und Systeme) als auch der externen Risiken (Markt, Branche, Technologie) kann das Vertrauen der Kreditgeber gewonnen und können damit die in Zukunft noch wichtiger werdenden qualitativen Faktoren des Ratings positiv beeinflusst werden.

4 CRM gegen Beziehungsstörungen

Patienten in Deutschland gehören weltweit zu den am besten versorgten, was unbestritten ist. Die Möglichkeit eines Wechsels der Krankenversicherung, die freie Arztwahl, eine Vielzahl von Kliniktypen und eine sehr gute Versorgung mit Medikamenten und Therapiemöglichkeiten beschreiben eine auf den ersten Blick sehr komfortable Patientensituation. Bei näherer Betrachtung aber Amuss dies in Frage gestellt werden.

Bedingt durch die Finanzkrise des Gesundheitswesens müssen Pharmaunternehmen, private und gesetzliche Krankenkassen, Akut-Krankenhäuser, niedergelassene Ärzte, Rehabilitations-Kliniken, Pflegedienste und Altenheime ihr Verhalten

2 Gesetz zur Kontrolle und Transparenz im Unternehmensbereich, 1998.

am Point of Care ändern. Eine Kostenreduktion ist obligat, welche durch eine Reihe von Maßnahmen erreichbar ist:

- konsequente Qualitätsorientierung
- Minimierung interner Prozesskosten (für Verwaltungs-, Behandlungs-, Pflege- und technische Prozesse)
- Standardisierung und informationstechnologische Vernetzung
- Einbeziehung von Patienten in die komplexen Gesundheits-, Behandlungs- und Pflegeprozesse durch eine Verlängerung der Prozesse zu ihnen bzw. der Übertragung von Prozessfunktionen auf sie
- Reduzierung der Verweildauer von Patienten in Kliniken und Pflegeeinrichtungen
- Steigerung der Produktivität des Personals
- profunde Ausbildung von Ärzten, Pflegepersonal und Angestellten

Neben den Kostenüberlegungen ist gleichfalls die Steigerung von Umsätzen notwendig. Vom Standpunkt der Leistungserbringer, Kostenträger und Regulierer aus betrachtet, kann dies erzielt werden durch:

- eine Ausweitung des Share of Wallet der Bestandskunden
- Neukundenakquisitionen
- eine Rückgewinnung verlorener Kunden

Um die beschriebenen Ziele zu erreichen, ist ein geändertes Verständnis, das den Patienten nicht länger als einen durch eine Krankheit verursachten, unfreiwilligen Abnehmer einer Dienstleistung oder eines Produktes betrachtet, notwendig. Vielmehr ist er ein Kunde, der individuelle und entsprechend seinem Lebenszyklus unterschiedliche Bedürfnisse besitzt, die erkannt werden müssen. Erst dann findet das Konzept des Kundenbeziehungsmanagements die notwendige Basis, um den Aufbau und die Wahrung langfristiger Kundenbeziehungen zu realisieren bzw. idealerweise eine lebenslange Bindung des Kunden an ein „Gesundheitsunternehmen“ oder eine Gesundheitsmarke zu erzielen.

In der Literatur und der unternehmerischen Praxis gibt es eine bedeutende Anzahl von Ansätzen zur Definitionen und Einführung des Customer Relationship Managements (Kundenbeziehungsmanagement), die in strategie-, prozess-, system- und wissensorientierte Ansätze unterschieden werden können (vgl. Schulze 2000). Allen gemein ist, dass sie sich auf unterschiedliche akademische Ansätze wie das Beziehungsmarketing und das One-to-one-Marketing beziehen, die eine Optimierung der Kundenidentifizierung, Kundenbestandssicherung und des Kundenwerts in den Vordergrund stellen (vgl. Plakoyiannaki & Tzokas 2000). Zusätzlich besitzt das CRM eine kundenprozessorientierte Perspektive, die als eine konsequente Weiterentwicklung von praxiserprobten Konzepten des Business Process Re-

Engineerings (BPR) und des Total Quality Managements (TQM) verstanden werden kann (vgl. Rapp 2000).

Entscheidende Voraussetzungen sind, dass Unternehmensprozesse automatisiert, über die Grenzen des Unternehmens hinweg zum Kunden verlängert und mit integrierten Informationssystemen unterstützt werden, die alle kundenbezogenen Informationen zusammenführen und die Synchronisation aller Kommunikationskanäle erlauben. Somit wird die vollständige Abbildung des Kunden (One Face of the Customer) und die vollständige, differenzierte Kundenansprache (One Face to the Customer) erst möglich (vgl. Hettich, Hippner & Wilde 2000).

CRM, als integriertes Konzept verstanden, das strategische bzw. konzeptionelle, aufbau- und ablauforganisatorische sowie informationstechnologische Aspekte der Interaktion mit den Patienten bzw. Kunden berücksichtigt, kann, auf den Sektor des Gesundheitswesens angewendet, die Zielvorstellung der Care Customization, des kundenbedarfsgerechten Angebots von Gesundheitsleistungen, erst ermöglichen. Das hierbei der Kunde durch die stärkere Einbeziehung in die Wertschöpfung zusätzlich in seinem Bedürfnis nach Eigenständigkeit und Übernahme von Verantwortung unterstützt wird, ist ein positiver Nebeneffekt.

Auf einer konzeptionellen Ebene des Kundenbeziehungsmanagements bedeutet dies, dass Leistungsanbieter, Kostenträger, Regulierer und Pharmaunternehmen ihr Leistungs- und Dialogangebot konsequent am Kundenbedürfnis ausrichten und gestalten müssen (vgl. Link 1999), um ihre Dienstleistungen und Produkte im Bewusstsein ihrer Kundensegmente und Zielgruppen positionieren zu können (vgl. Kotler & Bliemel, 1995). Voraussetzung hierfür sind geeignete Ansätze der Kundensegmentierung, bevor eine Kundenfokussierung des Leistungs- und Dialogangebots anhand folgender Faktoren erreicht worden ist:

Qualität

Die Qualität ist der entscheidende Grund für die Inanspruchnahme des Leistungsangebots. Bei Gesundheitsleistungen ist es für den Kunden allerdings häufig schwierig, vor der Entscheidung für eine Therapie ein Qualitätsverständnis zu entwickeln, was an den Charakteristika der Gesundheitsleistungen liegt. Aus diesem Grund ist es wichtig, beim Kunden u. a. Vertrauen für die eigenen Gesundheitsleistungen zu entwickeln. Eine hochwertige Kommunikation durch individualisierte Inhalte über die geeigneten Kanäle kann die Vertrauensbildung entscheidend verbessern.

Schnelligkeit

Von der Produktentwicklung bis zur Produktbereitstellung sollte der gesamte Prozess des Leistungsangebots schnell durchlaufen werden. Ein kurzer Time-to-Market erfordert u. a. die umfassende Bereitstellung des Leistungs- und Dialogangebots über die vom Kunden gewünschten Kanäle. Gute Möglichkeiten ergeben sich durch den Einsatz neuer Technologien, wie z. B. mobiler Gesundheitsassistenten (PDAs), die, basierend auf dem UMTS-Mobilfunkstandard, Informationen zwischen Arzt und Patient schnell und ortsunabhängig ermöglichen. So kann das Gerät permanent Kundendaten wie Körpertemperatur, Herzfrequenz und Blutdruck messen und dem Arzt übermitteln. Im Gegenzug kann ein Patient an die Einnahmezeitpunkte und Dosierungen von Medikamenten erinnert werden (vgl. IDS Scheer AG).

Individualisierung

Im Rahmen der Fokussierung auf den Kundenerfolg muss es den Leistungsanbietern und Kostenträgern im Gesundheitswesen gelingen, ein Portfolio aus individualisierten und standardisierten Produkten bzw. -dienstleistungen anzubieten. In diesem Zusammenhang ist die Konfigurierbarkeit des Leistungsangebots von grundlegender Bedeutung. So sollten, wo möglich, variierbare Größen wie Behandlungsalternativen (z. B. schulmedizinisch versus homöopathisch), Orte der Inanspruchnahme (z. B. klinisch, ambulant oder zu Hause) den individuellen Kundenanforderungen angepasst werden.

Die Investition in innovative und ertragreiche Zusatzdienste bietet ebenfalls einen möglichen Ansatz zur Individualisierung. So könnte eine Krankenkasse oder ein Arzt interessierten Kunden Informationen, Weiterbildungen oder Seminare zu ausgewählten Themen anbieten. Beispiele sind hier das Trennkost-Seminar oder der Lauftreff mit Trainern, Seminare, die als Zusatzleistungen verstanden werden können und deren Akzeptanz bei Kunden anhand der Instrumentarien des Marketingmix gesteuert werden. So richtet sich ein Seminar, das ein Arzt in einem Wellness-Hotel am Wochenende persönlich gibt, an eine andere Zielgruppe und kostet mehr als ein „Webinar" (Seminar im Web), das mit geringen technischen Investitionen verbunden ist und mit dem eine viel größere Zielgruppe erreicht werden kann. Aber auch das Angebot von deutschen Gesundheitsleistungen an ausländische Patienten stellt eine Einnahmequelle dar, die in den vergangenen Jahren zunehmend angenommen wurde, aber noch deutlich ausgeweitet werden müsste.

Auch das Dialogangebot zwischen Patient und Arzt sollte neben den 3 Funktionsebenen der Informations-, Beziehungs- und Verhaltensebene (Bird & Cohen-Cole 1990) ebenfalls individualisiert erfolgen. Wofür in immer stärkerem Maße auch rechtliche Rahmenbedingungen geschaffen werden, die in der Vergangenheit aufgrund des Standesrechts der Ärzte nicht möglich waren (vgl. hierzu Bundesverwaltungsgericht 1 BvR 1608/02 vom 26.09.03, wonach Kliniken zukünftig grundsätzlich geringeren Werbebeschränkungen unterliegen als niedergelassene Ärzte).

Neben der konzeptionellen Ebene ist im Rahmen der Implementierung von CRM die ablauf- und aufbauorientierte Ebene eines Unternehmens verbunden. Damit einher geht i. d. R. die Reorganisation der Unternehmensstruktur mit einer funktionalen Orientierung an Geschäftsprozessen, die, um ihre innengerichtete Sicht erweitert, auch die Prozesse des Kunden berücksichtigt (vgl. Jacob, Dachtler & Delnef 1998). So stellen neben dem revolutionären Ansatz des Business Process Re-Engineerings (BPR), das auf den Neuentwurf der Unternehmensprozesse fokussiert ist, die evolutionäre Geschäftsprozessoptimierung den externen und internen Kunden in den Mittelpunkt der Unternehmensaktivitäten, deren Ergebnis einen besonderen Wert für den Kunden darstellen.

Ein viel genutztes Werkzeug zur Unterstützung und Einführung von kundenorientierten Unternehmensprozessen im Gesundheitswesen sind CRM-Referenzmodelle, die im Sinne von Best-Practice-Lösungen, den Schwerpunkt auf die Betrachtung und Gestaltung aller „Front-Office-Prozesse" legen, bei denen ein Kundenkontakt vorliegt. Das CRM-Branchenreferenzmodell erfüllt hierbei unterschiedliche Aufgaben:

- Diskussionsgrundlage während der Planungsphase einer CRM-Strategie
- Zeit-, Kosten- und Ressourcenersparnis bei der Planung und Optimierung von CRM-Geschäftsprozessen durch vordefinierte Prozesse
- Basis für die Auswahl und Einführung eines CRM-Systems
- Kommunikationsmittel im Projekt
- Schulungsinstrumentarium

Mit den konzeptionellen und prozessorientierten Änderungen und Neugestaltungen des Kundenbeziehungsmanagements sind auch informationstechnologische Veränderungen im Gesundheitswesen verbunden, die neben einer stärkeren Kundenorientierung ebenfalls Kosteneinsparungen unterstützen. Die elektronische Patientenakte kann außer den persönlichen Daten des Versicherten auch Untersuchungsergebnisse speichern, wobei die Ärzte mittels drahtloser Netze überall in der Klinik Zugriff auf die aktuellste Fassung der Daten haben. Heute ist die Verbreitung der elektronischen Aktensysteme in Klinken und bei Ärzten noch gering, sie nimmt allerdings rasant zu, so dass die elektronische Patientenakte bald zum Klinikstandard gehören wird.

Aber auch die Nutzung eines elektronischen Gesundheitspasses, der die heutige Chipkarte der gesetzlichen Kassen ersetzen wird, ist bis 2006 zu erwarten. Hierauf werden Behandlungen, Überweisungen, Rezepte und Notfalldaten gespeichert. Mit dem Pass können Doppelbehandlungen und Datenredundanzen und die damit verbundenen Kosten vermieden werden.

Aber auch führende Anbieter von betrieblicher Standardsoftware, die bis heute ERP- und CRM-Lösungen branchenneutral gestalteten bzw. in der jüngeren Vergangenheit auf „interessante" Branchen ausrichteten, berücksichtigen nun die Besonderheiten des Sektors in brancheneigenen Lösungen, die nicht nur länger von Pharmaunternehmen, sondern auch von Krankenkassen genutzt werden können, die aufgrund der spezifischen Prozesse und ihrer millionenfachen Kundendaten besondere Anforderungen an CRM-Systeme stellen.

Betrachtet man die finanziellen Potenziale, die in anderen Branchen durch eine konsequente Kundenorientierung bei Strategie, Prozessen und Systemen trotz großer Investitionskosten realisiert werden konnten, besteht am Ende auch für das Gesundheitswesen die Hoffnung, dass CRM sich rechnen wird (vgl. Selchert 2003).

5 Change Management gegen Erstarrung

Die sich abzeichnenden Entwicklungen im Gesundheitswesen stellen die Betroffenen vor eine Reihe neuer Herausforderungen:

- Kombination ethischer Grundsätze mit betriebswirtschaftlichen Überlegungen
- Aufbau von Prozessverantwortung neben der Verantwortung für den Behandlungsprozess
- Einführung von variablen Gehaltsanteilen und Kopplung mit erfolgsorientierten Zielsystemen
- Konfrontation mit einer Vielzahl neuer Anforderungen gleichzeitig (DRG, Qualitätsmanagement, Disease Management)

Kurz gesagt: Mit weniger Kosten sollen bessere Leistungen erbracht werden und die Mitarbeiterzufriedenheit darf nicht darunter leiden.

Es klingt wie die Quadratur des Kreises und ist genauso schwierig, wenn die dazu notwendigen Veränderungen nicht akzeptiert werden. Die Analyse von durchgeführten Veränderungsprojekten in den frühen 90er Jahren hat gezeigt, dass nur 20 % bis 30 % dieser Projekte von Erfolg gekrönt waren. Die Ursachenanalyse von misslungenen Projekten hat in vielen Fällen eine ausschließliche Fokussierung auf Prozesse, Systeme und Infrastruktur ohne hinreichende Berücksichtigung des Faktors Mensch offen gelegt.

Menschen reagieren auf Neues oft mit Unsicherheit und Angst. Die Arbeitsabläufe verändern sich, vielleicht arbeitet man sogar mit anderen Kollegen, zumindest aber anders zusammen, man muss evtl. einen neuen Systemumgang lernen.

Die Erfahrung hat gezeigt, dass der Wandel in den meisten Fällen erhebliche Chancen in sich birgt, Arbeitsplätze sicherer zu machen oder neue Gestaltungsräume zu erschließen. Diese Chancen müssen den Mitarbeitern nicht nur vermittelt, sondern mit ihnen aktiv gestaltet werden.

In Veränderungsprojekten stößt man immer auf die gleichen Grundbedürfnisse:

- Die Mitarbeiter wollen über das laufende Projekt informiert werden. Eine Politik der verschlossenen Türen führt zu Verunsicherung und produziert Lösungen, die von der Basis nicht getragen werden.

- Menschen, die sich mit ihrem Unternehmen identifizieren sollen, haben das Recht, ihr Unternehmen mitzugestalten. Dies bedeutet eine größtmögliche Einbindung in die Veränderungsprozesse.

Diesen 2 Basisbedürfnissen kann mit einer Reihe von Maßnahmen Rechnung getragen werden:

- Identifizierung des spezifischen Handlungsbedarfs im Unternehmen und Feinabstimmung der Vorgehensweise gemäß den gewonnenen Erkenntnissen
- Etablierung einer Regelkommunikation mit Hilfe der im Unternehmen existierenden Kommunikationsinstrumente (Intranet, Mitarbeiterzeitung etc.) und mit der Möglichkeit eines Feedbacks
- intensive Einbindung der Mitarbeiter in den Veränderungsprozess, aber auch darüber hinaus
- Sicherstellung hinreichender Managementaufmerksamkeit
- frühzeitige Erkennung von Widerständen und schnelle, angemessene Reaktion
- Schulungen, die rollenspezifisch konzipiert sind und die Mitarbeiter auf ihre neue Rolle vorbereiten

Veränderungen können riesige Chancen sowohl für ein Unternehmen als auch für seine Mitarbeiter darstellen. Es ist eine der wichtigsten Aufgaben des Projekts, dass sie auch als solche erkannt werden.

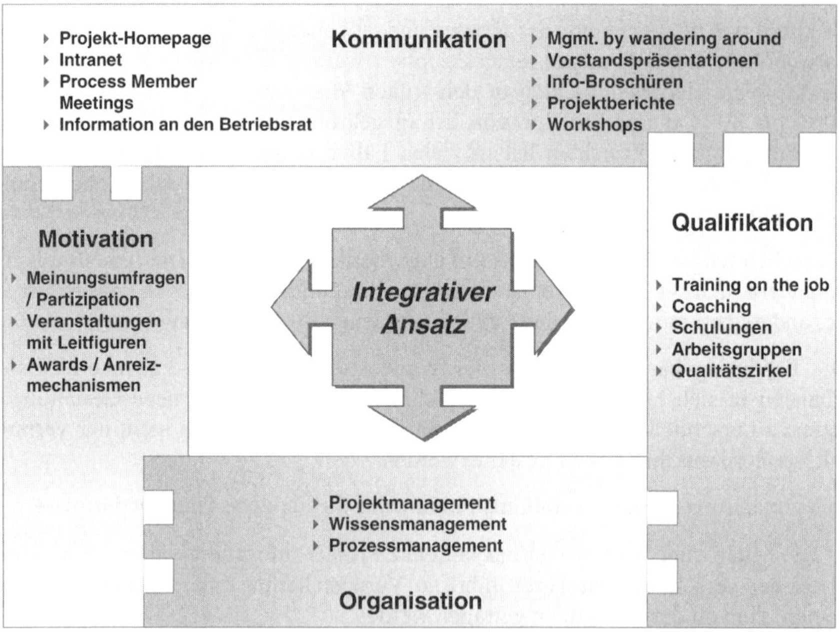

Abb. 8: Instrumente des Change Managements

5.1 Kompetenzaufbau bei den Mitarbeitern

Der gewünschte und notwendige Kompetenzaufbau bei den Mitarbeitern verlangt die Berücksichtigung verschiedener Perspektiven (Patient, Team und Mitarbeiter):

Fokussierung aller Aktivitäten auf die Bedürfnisse des Patienten (externer Fokus)

Der Erfolg einer Behandlung ist oft davon abhängig, dass verschiedene Disziplinen und Leistungsträger in der Erfüllung der ganzheitlichen Dienstleistung interdisziplinär sehr eng kooperieren und Synergien erzeugen. Eine verstärkte Ausrichtung auf interdisziplinäre Behandlungszentren ist mit folgenden Konsequenzen verbunden:

- Schaffung von Durchlässigkeit zwischen Stationen durch Veränderung von Organisationsstrukturen
- Umorganisation von Arbeitsabläufen in Richtung Selbstorganisation in Teams mit Teamverantwortung
- Neugestaltung von Prozessen unter Berücksichtigung von Behandlungspfaden
- vereinfachter Zugang zu Informationen durch Nutzung interner Kommunikationskanäle und Pflege einer offenen Kommunikationskultur

Kognitive Widerspiegelung der Teamsituation – Kooperationskonzepte in der Gruppe (interner Fokus)

Das weiter aufzubauende Dienstleistungsbewusstsein hat auch Einfluss auf die Verantwortungsbereiche von Mitarbeitern im Sinne einer „ganzheitlichen" Patientenbetreuung („Wir als Gruppe" sind verantwortlich für „unsere" Patienten). Die Forcierung des Teamgedankens kann mit einer Reihe von Ansätzen erreicht werden:

- Fokussierung auf klare, einfache Ziele – schriftliches Fixieren der Leistungsziele durch Verbindlichkeit und psychologische Selbstverpflichtung
- Zielvereinbarungen
- kontinuierliche Veröffentlichung der Daten des Teams zur Leistungserbringung
- flexibles Rollen- und Funktionsverständnis im betrieblichen Ablauf – Motivation zur Weiterbildung
- Lernen am Modell des ‚anderen ' durch Etablierung eines „Current Best Practice"-Prozesses
- internes Marketing im Unternehmen (Corp. Identity) zur Hebung eines „Teambewusstseins"
- Informationen über Tätigkeiten der anderen Gruppen

- Selbststeuerung des Kommunikations-, Lern- und Informationsbedarfs
- Entwicklung von Willensstärke in schwierigen Situationen
- Bewusstmachen und Erproben von der Persönlichkeit angemessenen Verhaltensweisen
- Reflexion über Stärken und Schwächen in realen Situationen des geschäftlichen Alltags (Teamdiskussion)
  - Aufdeckung persönlicher Barrieren und Wirkmechanismen in den Teams, die Zielen entgegenstehen (eingeschliffene Gewohnheiten)
  - Motivation durch Erfolg an mess-, sichtbaren und objektiven Kriterien

Erst wenn eine wirkliche Veränderung in den Köpfen der Mitarbeiter stattfindet, kann ein nachhaltiger Erfolg der Optimierungsmaßnahmen sichergestellt werden.

Literaturverzeichnis

Bird, J., Cohen-Cole, S. A. (1990), The three-function-model of the medical interview Adv. Psychosom Med, Nr. 20: S. 65-88

Gaitanides et al. (1994), S. 3; Rohm 1998, S. 19 ff.

Hettich, S., Hippner, H., Wilde, K. D. (2000), Customer Relationship Management (CRM). In: WISU Das Wirtschaftsstudium, 29. Jg. (2000), Nr. 10, S. 1346–1366

IDS Scheer AG (2003), Presseinformation: IDS Scheer beim UMTS-Ideenwettbewerb ausgezeichnet

Jacob, H.-R., Dachtler, C., Delnef, A. (1998), Geschäftsprozessgestaltung: Kundennutzen im Visier. In: Bank Magazin, o. Jg. (1998), Nr. 5, S. 264–269

Kotler, P., Bliemel, F. W. (1995), Marketing-Management – Analyse, Planung, Umsetzung und Steuerung. 8. Aufl., Schäffer-Poeschel: Stuttgart 1995

Link, J. (1999), Das neue elektronische Direktmarketing. In: Link, J., Schleuning, Ch. (Hrsg.), Das neue interaktive Direktmarketing: die neuen elektronischen Möglichkeiten der Kundenanalyse und Kundenbindung. IM Fachverlag Marketing-Forum: Ettlingen 1999, S. 71–214

Plakoyiannaki, E., Tzokas, N. (2000), Customer Relationship Management (CRM): A conceptual framework and research agenda. In: Gummesson, E. (ed.), Proceedings of the 8th International Colloquium in Relationship Marketing. Stockholm, 6.-9. Dezember 2000

Rapp, R. (2000), Customer Relationship Management – das neue Konzept zur Revolutionierung der Kundenbeziehungen. Campus: Frankfurt a. M. 2000

Schulze, J. (2000), Prozessorientierte Einführungsmethode für das Customer Relationship Management. Dissertation der Universität St. Gallen, Hochschule für Wirtschafts-, Rechts- und Sozialwissenschaften. Difo-Druck: Bamberg 2000

Selchert, M.: (2003), Wertschöpfung durch mySAP CRM – Benchmarkingstudie. Erfahrungen von mySAP CRM-Anwendern in Deutschland, Österreich und der Schweiz. Studie der Fachhochschule Ludwigshafen, Mai 2003

Ganzheitliches Geschäftsprozessmanagement im Kapitalanlage- und Liquiditätsmanagement eines Versicherungskonzerns – Ein Projekt-Erfahrungsbericht

Roland Brönner
IDS Scheer AG

Herwig Huber
IDS Scheer AG

Zusammenfassung

Der Beitrag stellt ein Projekt zur Geschäftsprozessoptimierung im Bereich Finanzen und Kapitalanlagen des AXA Versicherungskonzerns in Köln vor, das durch ein gemeinsames Projektteam der AXA und der IDS Scheer AG durchgeführt wurde. Die AXA stand in der ersten Jahreshälfte 2003 vor der Herausforderung, einen systemgestützten Finanzdatenpool für den Bereich Finanzen und Kapitalanlagen einzuführen. Die vor der eigentlichen Systementwicklung durchgeführte Prozessanalyse schaffte die wesentlichen Grundlagen für die bereichsweite Einführung von effizienten Prozessen im Rahmen der Systemeinführung. Der Beitrag zeigt exemplarisch am Beispiel der Optimierung des Liquiditätsmanagements, welche konkreten Nutzenpotenziale durch eine integrative Optimierung von betriebswirtschaftlichen und technischen Aspekten erreicht werden können.

Schlüsselwörter

Ganzheitliches konzernweites Geschäftsprozessmanagement, Prozessmodelle als Bindeglied zwischen IT und fachlichem Tagesgeschäft, Effizienzsteigerung durch organisatorische und IT-technische Prozessoptimierung, Liquiditätsmanagement auf Basis eines Finanzdatenpools

1 Das AXA-Prozessmodell

1.1 Ein unternehmensübergreifendes Framework

In vielen Versicherungsunternehmen beobachtet man in den letzten Jahren die Tendenz, die Aufbau- und Ablauforganisation des Unternehmens prozessorientiert auszurichten. Längst hat die prozessorientierte Sichtweise die Funktionsorientierung in den Unternehmen abgelöst. Prozessmodelle, Prozessportale oder Prozessmanager halten Einzug in die Betriebsorganisationen oder IT-Abteilungen. Man hat erkannt, dass die Erhebung und Abbildung von Geschäftsprozessen für die Wettbewerbsfähigkeit und damit den wirtschaftlichen Erfolg von Versicherungen insbesondere in Zeiten sich reduzierender Margen, steigender Verwaltungskosten und negativer Kapitalanlageergebnisse von zentraler Bedeutung ist.

Die Notwendigkeit eines ganzheitlichen, unternehmensübergreifenden Prozessmanagements wurde auch bei der AXA Konzern AG in Köln erkannt und konsequent in der Unternehmensstrategie verankert.

Das AXA-Prozessmodell ist ein unternehmensübergreifender Ordnungsrahmen für Prozesse und gibt einen Überblick über Detailprozesse und deren Beziehungen zueinander. Die Strukturierung der Prozesse erfolgt nach den Leistungen, die das Gesamtunternehmen erbringt. So stellt das AXA-Prozessmodell eine bewusste Abkehr von einer funktionalen Betrachtungsweise dar und stellt die Identifizierung und Optimierung der unternehmensweiten Wertschöpfung in den Mittelpunkt. Dies ermöglicht es, die wesentlichen Geschäftsprozesse der AXA unter Betrachtung der Aufbau- und Ablauforganisation neu zu gestalten, bestehende Prozesse zu überarbeiten sowie die an der Wertschöpfung beteiligten Partner – intern sowie extern – prozessual zu integrieren.

Das AXA-Prozessmodell unterscheidet 3 grundsätzliche Strukturkategorien:

- Leistungserstellungsprozesse
  Hierunter fallen alle Kernkompetenzen des Unternehmens, die wesentlich zur Wertschöpfung der AXA beitragen. Ein weiteres Merkmal der Leistungserstellungsprozesse ist die Kunden- bzw. Marktorientierung. Konkret bedeutet dies, dass alle Leistungserstellungsprozesse durchgängig vom Kunden zum Kunden betrachtet und abgebildet werden. Beispiele für derartige Prozesse sind Market Research, Produktmanagement und -entwicklung, Marketing, Vertrieb, Antragsbearbeitung, Bestandsmanagement sowie Schaden/Leistung.

- Unterstützungsprozesse
  Als Unterstützungsprozesse werden bei der AXA alle Leistungen definiert, die zur Versorgung der Hauptprozesse sowie zur Sicherstellung ihrer Funktionsfähigkeit dienen. Exemplarisch seien hier Prozesse wie IT-Anwendungsentwick-

lung, IT-Services, Rechnungswesen, Asset Management, Rück- und Mitversicherung sowie Facility Management genannt.

- Lenkungsprozesse
  Als Lenkungsprozesse werden bei der AXA alle Prozesse zur strategischen und operativen Steuerung der Unternehmensressourcen verstanden. Wesentliche Leistungsprozesse sind demnach die Konzernentwicklung und -strategie, Unternehmensplanung, Controlling und Portfolio-Steuerung.

Die Prozessstruktur ist in ARIS hinterlegt und dient als Basis und Gestaltungsrahmen für alle Prozessmodellierungen im Gesamtunternehmen.

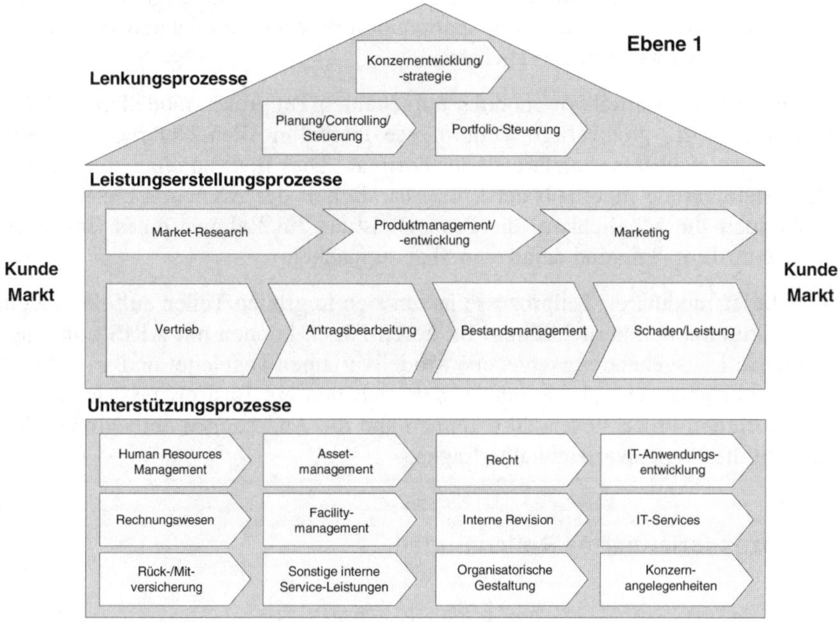

Abb. 1: Das AXA-Prozessmodell (Quelle: AXA Konzern AG – Betriebsorganisation)

1.2 Signifikante Nutzenpotenziale

Die methodenunterstützte Vorgehensweise in ARIS unterstützt die ganzheitliche Umsetzung der strategischen Ziele des Prozessmanagements der AXA bis zur operativen Ebene durch eine immer detaillierter werdende Top-down-Darstellung der Prozesse. ARIS bildet dabei das Bindeglied zwischen den betriebswirtschaftlichen Abläufen bis hin zur Implementierung von IT-Lösungen und unterstützt die ARIS Anwender der AXA durch zahlreiche Analyseverfahren im Rahmen der Prozessoptimierung.

Welchen weiteren Nutzen verspricht sich die AXA von ihrem unternehmensübergreifenden Prozessmodell? Basis für die Modellierung, Analyse und Optimierung von Geschäftsprozessen ist die AXA-weite Entwicklung eines einheitlichen Prozessverständnisses. Durch die Etablierung von Standards werden Prozesse in vergleichbarer Form und Detaillierungstiefe modelliert. Dies erleichtert die bereichsübergreifende Modellierung und Integration bestehender Prozesse. Geschäftsabläufe werden transparent, d. h., sie werden „übersetzbar“, so dass auch nicht unmittelbar am Prozess Beteiligte schnell verstehen lernen, wie Geschäftsprozesse über die Bereichsgrenzen hinweg miteinander zusammenhängen. Dieses gemeinsame Verständnis ist essentielle Grundlage und Voraussetzung für die unternehmensweite Betrachtung von Prozessen in einer Kunde-Kunde-Sichtweise. Auch die Entwicklung von Prozessen in spartenübergreifenden modularen Prozesssichten wird dadurch wesentlich erleichtert.

Ein wesentlicher Vorteil von modular aufgebauten Teilprozessmodellen sind Reuse-Effekte, d. h., gleichartige Teilprozesse laufen in allen Unternehmensteilen auch in vergleichbarer, standardisierter Form ab. Dies führt zu einer signifikanten Effizienzsteigerung innerhalb der Prozesslandschaft der AXA und bietet darüber hinaus auch die Möglichkeit, die Prozessleistung im Rahmen eines Benchmarkings controllingfähig und damit steuerbar zu machen.

Viele dieser modularen Teilprozesse lassen sich in großen Teilen auf ein gemeinsames Grundmodell zurückführen. In diesen Fällen können mit ARIS von einem Basismodell ausgehend verschiedene Modellvarianten abgeleitet und an spezielle Gegebenheiten angepasst werden. Ändert sich nun ein Basisprozess, lassen sich die betroffenen Prozesse schnell erkennen und die Änderungen ohne großen Aufwand auf die Prozessvarianten übertragen.

1.3 Prozessorientiertes Rollenmodell

Ein weiterer Vorteil der Strukturierung von Prozessen in einem Unternehmens-Prozessmodell liegt in der exakten Zuordnungsmöglichkeit der Prozessverantwortung. Die AXA hat in ihrer unternehmensweiten Prozessarchitektur ein Rollenmodell mit 5 Verantwortlichkeiten implementiert.

Das **Top-Management** gibt den strategischen Rahmen für das Prozessmanagement vor. Ausgangspunkt für die Einführung eines unternehmensweiten Prozessmanagements ist die Verknüpfung der Geschäftsprozesse mit der Umsetzung der strategischen Unternehmensziele. Dies erfordert zum einen die Definition, zum anderen – für die erfolgreiche Umsetzung noch wesentlicher – die Operationalisierung entsprechender Prozessleistungen anhand von Key Performance Indicators. Aus unternehmensweiten Zielvorgaben kann durch eine fortgesetzte Hierarchisierung („Kaskadierung“) ein sehr effizientes und in sich geschlossenes System auch für Teilbereiche des Unternehmens abgeleitet werden. Durch dieses Zielsystem wird die Transparenz über die vereinbarten Prozessziele und die Schnittstellen zu anderen Prozessen sichtbar und ermöglicht im späteren Verlauf die kontinuierliche

Überwachung der Geschäftsprozesse in Bezug auf Durchlaufzeit, Prozessqualität und mögliche Optimierungsansätze.

Die **Betriebsorganisation** legt die Methoden und Verfahren im Rahmen eines konzernübergreifenden Prozessmanagements fest. Durch diese ressortübergreifende Institutionalisierung erfolgen alle prozessbezogenen Maßnahmen innerhalb der AXA auf Basis eines toolbasierten Standards, der einheitliche Vorgehensweisen bei Prozessmodellierung, -analyse, -design, -simulation und -bewertung sicherstellt. Ein weiterer wesentlicher Aufgabenschwerpunkt der Betriebsorganisation ist die Planung, methodische Begleitung und Durchführung von Prozessprojekten sowie im Bedarfsfall das Coaching der Projektteilnehmer in Bezug auf alle prozessbezogenen Fragestellungen. Die Ergebnisse der Prozessgestaltung werden anschließend aus Konzernsicht qualitätsgesichert, um eine einheitliche Prozessstruktur sowie die Einhaltung der geltenden Konventionen zur Prozessmodellierung zu gewährleisten.

Prozessmanager und -koordinatoren sind in den jeweiligen Ressorts die Multiplikatoren für die Methoden und Verfahren. Sie entwickeln gemeinsam mit der Betriebsorganisation ressortübergreifende Festlegungen im Rahmen des Prozessmanagements. Ebenso obliegt den Prozessmanagern die Aufgabe, Prozessmodelle oder prozessbezogene Projektergebnisse aus der jeweiligen Ressortsicht zu konsolidieren und qualitätszusichern.

Bei den **„Process Owners"** handelt es sich in der Regel um die Führungskräfte der entsprechenden Fachbereiche der AXA. Sie erhalten ihre Prozessverantwortung vom Top-Management und zeichnen für die Gesamtheit der im Ressort abzuwickelnden Prozesse verantwortlich. Die „Process Owners" legen in Abstimmung mit der Betriebsorganisation fest, welche Prozesse im jeweiligen Bereich in einer Prozessanalyse modelliert und untersucht werden. Darüber hinaus vergeben sie Prozessverantwortung an fachlich kompetente Mitarbeiter aus ihrem Bereich, die so genannten Prozessverantwortlichen.

Die **Prozessverantwortlichen** ihrerseits gestalten die Prozesse, d. h., sie liefern im Rahmen eines Projektes Input zu den relevanten Prozessen und modellieren diese, gegebenenfalls gemeinsam mit Mitarbeitern aus der Betriebsorganisation. Sie sind verantwortlich für die Richtigkeit, Aktualität und permanente Weiterentwicklung der von ihnen betreuten Prozesse.

Doch nur die gemeinsame Orientierung am konzernweit einheitlichen Prozessmodell sowie die enge Verzahnung von Strategie, übergeordnetem Strukturierungsrahmen durch die Betriebsorganisation sowie der operativen Prozessgestaltung durch die entsprechenden Fachbereiche der AXA ermöglicht die oben skizzierte dezentrale Prozessverantwortung. Die nachfolgende Abbildung macht diesen engen Zusammenhang nochmals deutlich.

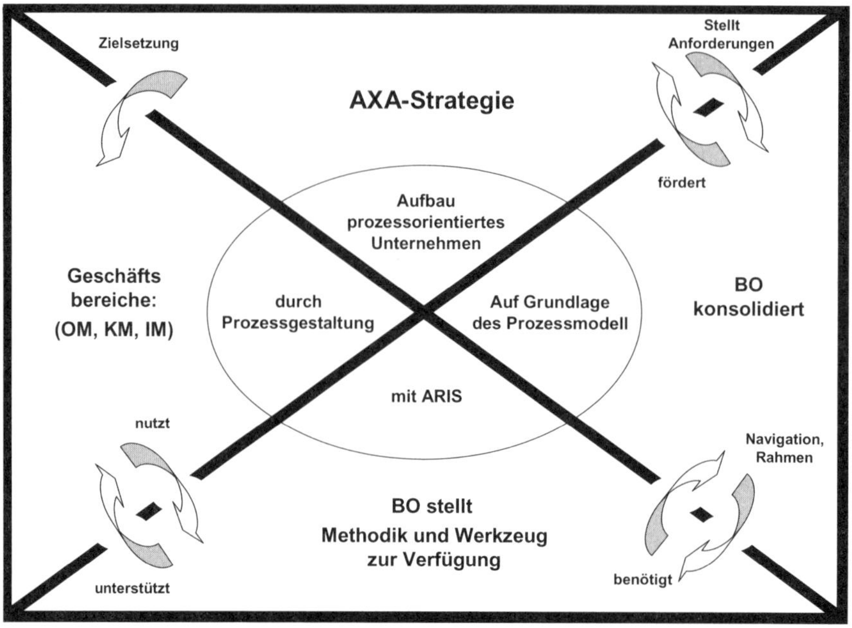

Abb. 2: Enge Verzahnung von Strategie, Prozessrahmen und dezentraler Prozessverantwortung (Quelle: AXA Konzern AG – Betriebsorganisation)

2 Geschäftsprozessoptimierung im Bereich Finanzen und Kapitalanlagen FINKA

2.1 Ausgangssituation und Zielsetzung

Wie sieht nun die konkrete Umsetzung des Prozessmanagements bei der AXA aus? Dies soll anhand eines kurzen Erfahrungsberichtes über das Projekt „Geschäftsprozessoptimierung im Bereich Finanzen und Kapitalanlagen FINKA" dargestellt werden, das von März bis Juni 2003 durch ein gemeinsames Projektteam der AXA Konzern AG und der IDS Scheer AG durchgeführt wurde.

Der Bereich FINKA stand zu Beginn des Jahres 2003 vor der Herausforderung, einen Finanzdatenpool auf Basis von SAP BW einzuführen. Dies sollte im Rahmen des übergeordneten Projektes „ALDENTE" geschehen. ALDENTE steht für „A(sset) L(iability) D(ata) ENTE(rprise)".

Neben der Umsetzung einer Konzern-Richtlinie zum Risikomanagement und -controlling sollten insbesondere das Reporting, das Liquiditätsmanagement sowie das Planungssystem auf eine einheitliche und konsistente Datengrundlage auf Basis eines Business Warehouse zugreifen. Besondere Zielsetzung hierbei war es, durch eine Verbesserung und Vereinheitlichung der entsprechenden Steuerungsinstrumente die Qualität der Datenbasis zu erhöhen, insbesondere in Bezug auf zeitkritische Auswertungen. Dadurch sollte die Informationsbereitstellung für die Mitarbeiter und Entscheider aus FINKA nachhaltig verbessert werden. Eine der Herausforderungen bestand beispielsweise darin, ein konsistentes, übergreifendes Reporting zu realisieren. Zum damaligen Zeitpunkt gab es innerhalb der AXA kein einheitliches Verständnis bezüglich existierender bzw. zu verwendender Standard-Kennzahlen. Kundenspezifische Anforderungen konnten aufgrund der unzureichenden Flexibilität der bisherigen Konzepte und Systeme nur eingeschränkt abgebildet werden. Darüber hinaus existierte nur rudimentärer Business Content für das geplante, neu einzuführende dispositive System.

Die Geschäftsprozesse des Bereiches FINKA waren geprägt von einer Vielzahl manueller Prozesstätigkeiten wie z. B. im Bereich der Datenerfassung. Bedingt durch viele interne und externe Prozessschnittstellen kam es zu häufigen Nachfragen und damit zu vielen Prozessrückschleifen. Im Hinblick auf die geplante Systemeinführung bestand das Hauptproblem aber darin, dass wesentliche Daten in mehreren bereits existierenden Anwendungssystemen redundant gehalten wurden. Erschwerend kam hinzu, dass diese Daten auch auf verschiedensten Medien bzw. Informationsträgern vorgehalten wurden, wie beispielsweise Excel-Auswertungen, SAP-Auswertungen, MS Word-Dateien sowie in Papierform.

Auf Basis dieser Ausgangssituation erkannten die Projektverantwortlichen der AXA sehr schnell die Notwendigkeit einer vorgelagerten detaillierten Identifikation und Analyse der wesentlichen Geschäftsprozesse des Bereiches, welche Auswirkungen auf die Erstellung, Sammlung und/oder Verarbeitung von Daten und Informationen hatten. Allgemeine Zielsetzung des Projektes war demnach, die Geschäftsprozesse des Bereiches FINKA transparent zu machen und zu optimieren. Dabei legte die AXA besonderen Wert auf die schnelle und leicht verständliche Darstellung und Dokumentation der Prozesse. Mit diesem Projekt sollte der Bereich darüber hinaus in die Lage versetzt werden, ein kontinuierliches Geschäftsprozessmanagement aufzubauen. Dabei legten die Mitarbeiter von IDS Scheer von Beginn an Wert darauf, den gezielten Know-how-Aufbau von Mitarbeitern aus FINKA zu fördern und diese an die Modellierung von Geschäftsprozessen auf Grundlage des AXA-Konzernrahmens heranzuführen.

In einem gemeinsamen Vorbereitungsworkshop wurden weitere Zielsetzungen des Projektes herausgearbeitet. Die wesentliche Herausforderung im Rahmen des Workshops bestand darin, aus dem intelligenten Einsatz innovativer IT-Lösungen und effizienten Geschäftsprozessen Synergiepotenziale zu erkennen. Die Geschäftsprozesse sollten im Projektfokus stehen, da sie als Bindeglied die Wechselwirkungen zwischen Projektzielen, IT-Einsatz und fachlichem Tagesgeschäft abbilden. Diese Zielsetzung bestimmte auch im Wesentlichen die Detaillierungstiefe der Prozessmodellierung im Rahmen dieses Projektes. Als wesentliche Projektziele wurden definiert:

- Identifikation und Strukturierung der relevanten Geschäftsprozesse
- Schaffung klarer Prozessverantwortlichkeiten
- Reduktion interner und externer Schnittstellen und eine damit verbundene Senkung von Koordinationsaufwänden und Prozessdurchlaufzeiten
- Identifikation und Strukturierung der relevanten Daten und Informationsträger zur Vermeidung redundanter Datenhaltung
- Identifikation und Analyse von wesentlichen Prozesskennzahlen in exemplarisch ausgewählten Prozessen (reine Prozesszeiten, Prozessdurchlaufzeiten)
- Einarbeitung und Umsetzung der erkannten Optimierungspotenziale in den exemplarisch ausgewählten Prozessen

2.2 Projektvorgehensweise und -vorbereitung

Diese definierten Ziele bildeten die Basis für die Vorgehensplanung zur Projektdurchführung. Das Projekt sollte in 3 fachlich aufeinander folgenden Phasen durchgeführt werden:

Phase	Schwerpunkte
Phase 0: Projekt-vorbereitung	❑ Schaffung der Voraussetzungen (Inhalte, Werkzeuge) zur Projektdurchführung ❑ Durchführung Kick Off
Phase 1: Berichtslandkarte	❑ Ermittlung und Strukturierung der wesentlichen Informations- und Datenträger sowie der Empfängerstruktur ❑ Zuordnung der Ergebnisse zu Prozessen, Priorisierung
Phase 2: Prozessaufnahme und -modellierung im Bereich Asset Management	❑ Aufnahme und Modellierung der Ist-Prozesse ❑ Asset Liability Management ❑ Asset Allocation ❑ AM Portfolio Management ❑ Lokalisierung von Prozess-Schnittstellen ❑ Ermittlung von Optimierungspotentialen
Phase 3: Prozessaufnahme und -modellierung im Bereich Rechnungswesen	❑ Aufnahme und Modellierung der Ist-Prozesse ❑ Bilanz/Jahresabschluß ❑ Liquidität/Finanzen ❑ Meldewesen BAFin ❑ Anlagenbuchhaltung ❑ Zahlungsverkehr ❑ Lokalisierung von Prozess-Schnittstellen ❑ Ermittlung von Optimierungspotentialen

Abb. 3: Projektvorgehensweise (Quelle: IDS Scheer AG)

Vorgelagert war diesen 3 Projektphasen eine **Projektvorbereitungsphase**. Neben der Abgrenzung des Untersuchungsbereiches, der Abstimmung von Bereichs- und Projektzielen sowie der Sichtung bereits existierender Unterlagen wurden hier sowohl die Projektorganisation als auch die Kommunikationswege festgelegt. Ziel hierbei war es, die Kommunikation zwischen dem Projektteam, den Führungskräften und Mitarbeitern aus FINKA sowie der Betriebsorganisation möglichst reibungsfrei zu gestalten. Die aus fachlicher Sicht wesentliche Aufgabe in dieser Phase bestand darin, die für den Bereich relevante Prozessarchitektur zu ermitteln. In dieser „Prozesslandkarte" wurden alle relevanten Geschäftsprozesse in ARIS strukturiert und über Schnittstellen in Beziehung zueinander gebracht. Diese Gesamtübersicht stellte die Basis für die Priorisierung der zu untersuchenden Prozesse dar. Die Berater von IDS legten danach gemeinsam mit den Führungskräften aus FINKA Dringlichkeiten und Abhängigkeiten fest und entwickelten in einer Detailplanung daraus den „Fahrplan" für die zu analysierenden Geschäftsprozesse. Im Wesentlichen sollten dabei die Geschäftsprozesse Rechnungswesen, Asset Management sowie Konzernangelegenheiten näher betrachtet werden.

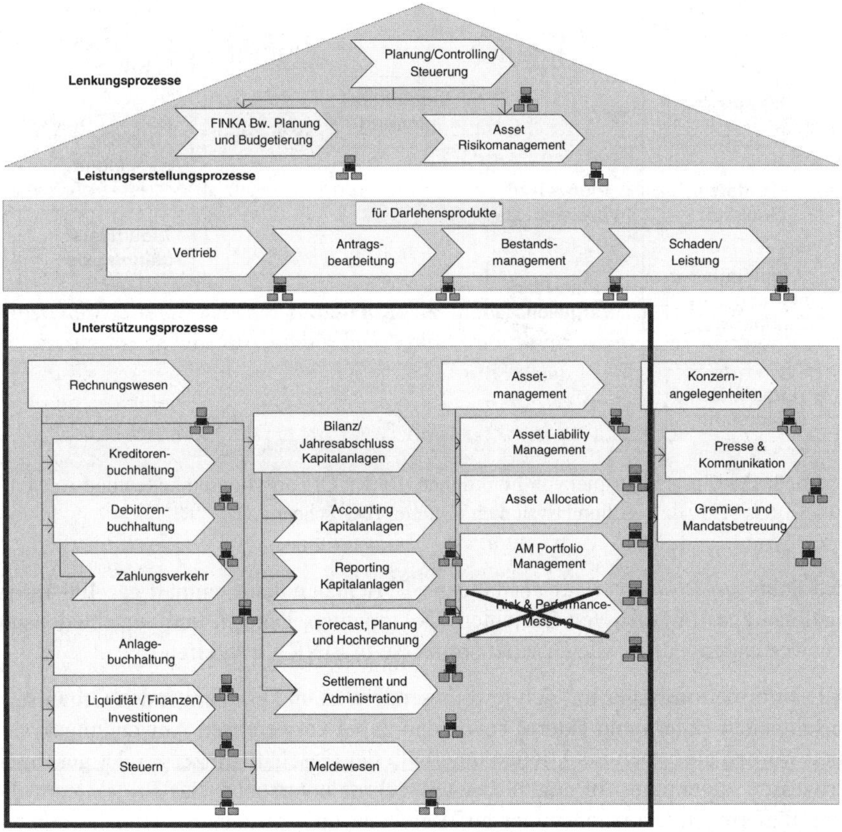

Abb. 4: Abgrenzung des Untersuchungsbereiches (Quelle: AXA Konzern AG – Betriebsorganisation, IDS Scheer AG)

2.3 Erhebung der Datenbasis

Parallel dazu wurden in der **ersten fachlichen Phase** anhand von Interviews mit den zuständigen Abteilungsleitern und Sachbearbeitern des Bereiches die wesentlichen Informations- und Datenträger identifiziert und strukturiert. Funktionszuordnungsdiagramme stellten hierbei den detaillierten Zusammenhang der Informationsträger mit beteiligten Organisationseinheiten und Anwendungssystemen her. Die Abbildung 5 zeigt exemplarisch ein derartiges Funktionszuordnungsdiagramm.

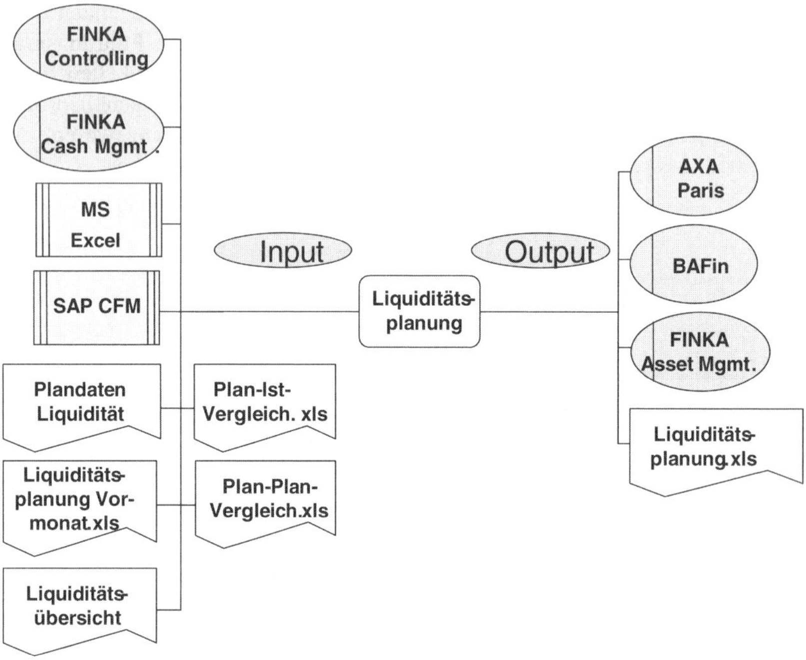

Abb. 5: Das Zusammenspiel von Funktionen, Daten, Organisationseinheiten und Anwendungssystemen (Quelle: IDS Scheer AG)

Die dabei im Projektverlauf entstandene Berichtslandkarte enthält ca. 400 Informationsträger in Form von Berichten, Dokumenten, Dateien und verschiedensten Auswertungen, auf die die Geschäftsprozesse in FINKA zugreifen.

Alle Informationsträger mit den jeweils sendenden und empfangenden Organisationseinheiten (intern und extern) sowie den dabei verwendeten Anwendungssystemen wurden einzelnen Funktionen innerhalb der Geschäftsprozesse oder gesamten Prozessen zugeordnet. In einem zweiten Schritt untersuchte das Projektteam die identifizierten Informationsträger auf Relevanz und Redundanz. Gleiche oder in wesentlichen Bestandteilen gleichartige Berichte oder Datenträger wurden priorisiert und markiert, um sie im Rahmen der Systemeinführung in einer gemeinsamen, weitgehend redundanzfreien Datenhaltung zusammenzufassen. Vor dem Hintergrund der Einführung des dispositiven Systems stellte dies einen wesentlichen Meilenstein zur Bereinigung, Vereinfachung und damit zur Qualitätssteigerung der Datenbasis dar.

Ein weiteres wesentliches Ergebnis dieser ersten fachlichen Phase bestand in der Ermittlung von Optimierungs- und Standardisierungspotenzialen, soweit diese in den Modellierungs-Workshops identifiziert wurden. Diese Schwachstellen und Optimierungsansätze wurden in der ARIS Prozessdatenbank erfasst, um so prozessbezogene Auswertungsmöglichkeiten über alle relevanten Prozessfunktionen zu gewährleisten. Alle Ergebnisse flossen gleichzeitig in das bereits erstellte Gesamt-Prozessmodell ein und wurden permanent aktualisiert.

Diese Verknüpfung von Prozessen, Systemen und Organisationseinheiten bildete die wesentliche fachliche Grundlage der Prozessgestaltung im Rahmen des für den Bereich FINKA einzuführenden dispositiven Systems.

2.4 Prozessmodellierung

Die **Phase der Prozessmodellierung** lehnte sich bezogen auf das Vorgehen stark an das bereits existierende AXA-Prozessmodell an. In dieser Gesamtstruktur erfolgte die Prozessmodellierung in 5 Detaillierungsebenen mit einer weitgehend spartenübergreifenden modularen Gestaltung. Die Wahl der notwendigen Modellierungsebenen, Detaillierungstiefen und Modelltypen orientiert sich hierbei jeweils an den verfolgten Projektzielen. Neben dem Unternehmensmodell auf Ebene 1 sah das AXA-Prozessmodell 2 weitere Ebenen, 2 und 3, als strukturgebenden Rahmen vor. Die weiter oben bereits gezeigte Abbildung 5 „Abgrenzung des Untersuchungsbereiches" stellt ein gutes Beispiel dar für die Prozessstrukturierung auf den Ebenen 2 bzw. 3. Ab Detaillierungsebene 4 kamen im AXA-Prozessmodell im Wesentlichen erweiterte ereignisgesteuerte Prozessketten (eEPK) zur Anwendung.

Die zu Projektbeginn beabsichtigte Unterteilung und Bearbeitung der Bereiche Rechnungswesen, Asset Management und Konzernangelegenheiten in 2 aufeinander folgende Phasen erwies sich, bedingt durch eine Vielzahl von Schnittstellen und Interdependenzen, als schwer gangbar und wurde daher schnell aufgegeben. Die Betrachtung der Prozessbereiche erfolgte in der Folge parallel. Diese Umstellung stellte keinerlei Hindernis oder gar Verzögerung im Projektverlauf dar. ARIS bot dabei ein Höchstmaß an Flexibilität bezüglich des Modelldetaillierungsgrades. Änderungen der Vorgehensweise wurden durch die Neudefinition der Schnittstellenverknüpfungen bewerkstelligt. Somit wurde eine Anpassung des Werkzeuges an die Projekterfordernisse gewährleistet und nicht umgekehrt.

In gemeinsamen Workshops mit Führungskräften und Sachbearbeitern des Bereiches FINKA wurden die vorab identifizierten Geschäftsprozesse in ARIS modelliert. Besondere Beachtung erfuhren hierbei die Lokalisierung von Schnittstellen zu anderen Prozessen oder Unternehmensbereichen sowie die Identifikation von Optimierungs- und Standardisierungspotenzialen. Ein weiterer Fokus der Prozessmodellierung lag in der Identifikation der an den Prozessen beteiligten Organisationseinheiten, der Systemunterstützung, der verwendeten Informationsträger sowie dem Aufzeigen von Mehrfacharbeiten oder Rückschleifen innerhalb der Prozessbearbeitung. Insgesamt modellierten die IDS-Berater etwa 160 Geschäftsprozesse und führten diese in einem Gesamtmodell zusammen.

2.5 Neukonzeption des Liquiditätsmanagements

Für den Bereich Liquiditätsmanagement wurden zusätzlich zum anfänglich vereinbarten Projektumfang sowohl Ist- als auch Soll-Prozesse modelliert, mit Kennzahlen (reine Bearbeitungszeiten sowie Prozessdurchlaufzeiten) belegt und einer Ist-Soll-Analyse unterzogen. Ausgehend von dieser Schwachstellenanalyse definierte das IDS-Team gemeinsam mit Mitarbeitern aus dem Liquiditätsmanagement im Rahmen eines Soll-Konzeptes alternative Soll-Prozesse. Die neu definierten Prozesse wurden im Hinblick auf ihren Zielerreichungsgrad bewertet und in verschiedenen Abläufen simuliert, um die Auswirkungen der Veränderungen der alternativen Prozessszenarien auf die Bearbeitungszeiten, Durchlaufzeiten und damit die Prozesskosten zu analysieren. So konnte bereits in der Designphase des Prozessmanagements das zeitdynamische Verhalten der Geschäftsprozesse betrachtet werden. Darüber hinaus wurden schon in der Soll-Konzeption suboptimale Prozessschritte entdeckt, die andernfalls, wenn überhaupt, erst in der praktischen Umsetzung aufgefallen wären.

Zum damaligen Zeitpunkt waren an der Erstellung der Liquiditätsplanung ca. 30 Planungsverantwortliche aus den jeweiligen Fachbereichen der AXA beteiligt. Diese meldeten monatlich in unterschiedlichster Granularität und unterschiedlichsten Formaten Planungsdaten. Ständige Abstimmarbeiten und Nachfragen führten zu einer Vielzahl von Rückschleifen innerhalb des Prozesses und damit zu einer massiven Erhöhung der Prozessdurchlaufzeit. Lagen die Daten dann mehr oder weniger vollständig vor, mussten ca. 3.300 Datensätze von Hand in einer Excel-Tabelle erfasst werden. Verstärkt wurde dieser hohe manuelle Aufwand durch den zusätzlich notwendigen, nicht systemgestützten Vergleich der aktuellen Liquiditätsplanung mit der des Vormonats. Ist-Werte mussten im Prozessverlauf gegebenenfalls mehrmals plausibilisiert und angeglichen werden. Dabei wurden insbesondere die manuell arbeitsintensiven Prozessfunktionen mehrmals durchlaufen. Die wichtigste Erkenntnis für das Projektteam war, dass bei der geschilderten Verfahrensweise die Transparenz über die jeweiligen Änderungen bzw. Anpassungen sowie über den exakten Tagesfinanzstatus als Basis einer effizienten Liquiditätsplanung völlig verloren ging.

Deshalb wurden die Soll-Prozesse im Bereich Liquiditätsmanagement sukzessive in 2 Stufen unter Berücksichtigung der Anbindung an das dispositive System optimiert. In einem ersten Schritt standen die Lokalisierung und Optimierung von organisatorischen Schwachstellen an.

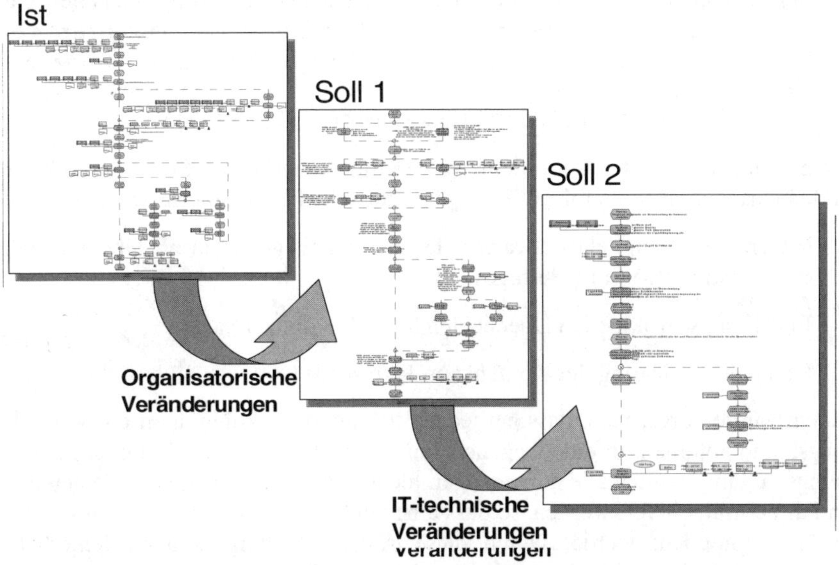

Abb. 6: Soll-Prozess-Design in 2 Stufen (Quelle: IDS Scheer AG)

So war die Aufbereitung der aktuellen Liquiditätsplanung geprägt von einem hohen Anteil an manuellen Prozessfunktionen. Für das Abrufen des Liquiditätsstatus bzw. der Liquiditätsplanung existierten keine standardisierten Reports. Für die für das Liquiditätsmanagement Verantwortlichen aus FINKA bedeutete dies einen hohen manuellen Aufwand zur Erstellung und Individualisierung von Auswertungen und Berichten, die an eine Vielzahl von Empfängern zu liefern waren.

Es kristallisierten sich relativ schnell einfache organisatorische Veränderungsansätze heraus, um die Situation im Bereich Liquiditätsmanagement zu verbessern. Neben einigen weiteren organisatorischen Veränderungen wurde insbesondere die Anzahl der Planungsverantwortlichen, die die monatlichen Liquiditätsstatus zu liefern hatten, von ca. 30 auf ca. 10 verkleinert. Dadurch konnten signifikante Verbesserungen der Prozessdurchlaufzeit erreicht werden. Insbesondere der Wegfall von Prozessrückschleifen und redundanten Abstimmungsarbeiten führte zu einer Reduzierung der internen und externen Schnittstellenaufwände um bis zu 60 %.

Eine weitere Schwachstelle bestand in der Verwendung von Verrechnungskonten, über die diverse Geschäftsvorfälle gebucht wurden. Diese Konten wurden nur in unregelmäßigen Zeitabständen gecleart, mit der Konsequenz, dass Zahlungen, für die eine AXA-Gesellschaft in Vorleistung getreten war, erst mit einer zeitlichen Verzögerung von bis zu einem Monat ausgeglichen werden konnten. Liquiditätsprognosen enthielten damit teilweise nicht alle relevanten Informationen. Dieses Vorgehen stand nicht im Einklang mit der Liquiditätsplanung, in der alle Verrechnungen untereinander täglich ausgeglichen sein müssen, um einen exakten Vergleich von tagesaktueller Ist-Liquidität mit der Liquiditätsplanung zu ermöglichen. Erschwerend kam hinzu, dass die über Verrechnungskonten abgewickelten Geschäftsvorfälle aufgrund fehlender eindeutiger Kennziffern nicht identifiziert werden konnten. Durch die Zusammenfassung zahlreicher Einzelgeschäftsvorfälle in Gruppen unter einer gemeinsamen Istwert-Kennziffer wurde ein exakter Ist-Plan-Abgleich im Rahmen des Liquiditätsmanagements erheblich erschwert.

Um die oben angedeuteten Probleme zu beseitigen, erarbeitete das Teilprojekt Liquiditätsmanagement die folgenden organisatorischen Lösungsansätze:

- Maschinellesa tägliches Clearing der Verrechnungskonten ab Überschreiten eines bestimmten Euro-Betrages
- Erstellung von aktuellen Übersichten über alle offenen Salden
- Komplettes Clearing der Konten zum Jahresende

Zudem wurde vorgesehen, dass bei jeder Buchung einer Zahlung an ein Verrechnungskonto automatisch eine Gegenbuchung ausgelöst wird. Im Rahmen der Buchungsvorgänge sollten alle notwendigen Identifikationsmerkmale an alle beteiligten Partner mitgeliefert werden, so dass eine eindeutige Zuordnung der Geschäftsvorfälle ermöglicht wurde. Durch diese Aufschlüsselung konnten fehlerhafte Zuordnungen von Geschäftsvorfällen und Istwert-Kennziffern zu einzelnen Buchungen vermieden werden. Das regelmäßige, tägliche Clearing der Verrechnungskonten führte zu einer Übereinstimmung der Tagessalden aus dem Cash Management und dem Exkasso. Inhaltliche Abweichungen zwischen Ist- und Planwerten wurden damit vermieden und erhöhten die Qualität der Ist-Plan-Vergleiche enorm.

Allein durch die Umsetzung dieser organisatorischen Verbesserungspotenziale konnten die Prozesse im Liquiditätsmanagement signifikant verbessert werden und stellten somit aus fachlich-prozessualer Sicht eine sehr gute Basis für weitere Optimierungsansätze dar. In einem zweiten Schritt fokussierte das Projektteam auf die Lokalisierung von IT-technischen Ansatzpunkten zur Effizienzsteigerung innerhalb der FINKA-Geschäftsprozesse.

Aus den oben bereits geschilderten Ergebnissen der Schwachstellenanalyse resultierte eine Reihe technischer Anforderungen, die es zur Verbesserung des Liquiditätsmanagements umzusetzen galt. Ein zentraler Bestandteil zur Optimierung der Prozesse im Rahmen des Liquiditätsmanagements war die Schaffung zentraler Basisdatenbanken. Diese Datenbanken sollten alle zur Liquiditätsplanung notwendigen Daten zur Verfügung stellen. Hier schloss sich zum ersten Mal im Verlauf des Projektes der Kreis des ganzheitlichen Prozessmanagements. Denn bereits zu Beginn des Projektes wurden Datenträger, die für die Abwicklung der Prozesse im Bereich FINKA von essentieller Bedeutung waren, lokalisiert, priorisiert und zu den Geschäftsprozessen in Bezug gebracht. Damit wurde dem Projektteam klar vor Augen geführt, wie wichtig es ist, Geschäftsprozesse ganzheitlich, d. h. unter Integration insbesondere auch der Dateninhalte und -strukturen zu betrachten.

Ausgehend von den fachlichen Prozessfunktionen konnten Dateninhalte und –lokationen eindeutig bestimmt werden, die im Rahmen des übergreifenden Projektes „ALDENTE" die Grundlage für die zentralen Basisdatenbanken bilden sollten. Daneben erleichterte die systematische und strukturierte Aufbereitung die notwendige Bereinigung von Datenredundanzen. Die Basisdatenbanken bildeten die Basis für spätere standardisierte Auswertungen, Reports und Grafiken.

Eine weitere wesentliche Veränderung der Vorgehensweisen bei der Liquiditätsplanung bestand in der Schaffung einer web-/intranetbasierten Erfassungsmaske für die Planungsverantwortlichen aus den jeweiligen AXA-Fachbereichen. Bisher holte sich die für die Liquiditätsplanung verantwortliche Mitarbeiterin aus FINKA alle Liquiditätsprognosen von den Planungsverantwortlichen ab, erfasste und plausibilisierte alle Daten mit einem hohen Anteil an manuellen Abstimmarbeiten. Eine grundlegende Anforderung an die neu zu entwickelnde IT-Lösung bestand deshalb darin, dass alle Liquiditätsprognosen in einer standardisierten Eingabeoberfläche dezentral von den jeweiligen Planungsverantwortlichen aus den Fachbereichen eingegeben werden konnten.

Dadurch wurden mehrere signifikante Prozessverbesserungen erreicht. Zum einen lagen alle Daten in einem einheitlichen, in der Detaillierungstiefe vergleichbaren Datenformat vor und sollten bereits unmittelbar nach Ende der Erfassung in der zentralen Basisdatenbank abgespeichert werden. Dies verhinderte Verzerrungen in der Liquiditätsplanung durch eine veraltete Datenbasis. Zudem wurde angedacht, dass das System bereits während der dezentralen Erfassung der Daten durch die jeweiligen Planverantwortlichen plausibilisiert und diese zur Erfassung von Aktualisierungen und/oder Begründungen sowie Kommentaren bei Abweichungen zum Vormonat/Vorjahr auffordert. Mit einer zweiten Plausibilisierung sollte das neu einzuführende System die Vollständigkeit der Gesamtplanung über alle Planverantwortlichen gewährleisten. Wenn einzelne Planverantwortliche die Liquiditätsprognosen bis zu einem definierten Stichtag noch nicht eingegeben hatten, sollte das System automatisch eine Art „Erinnerungsmail" generieren mit der Aufforderung zur Eingabe bis zu einem fest definierten Zeitpunkt. Durch diese regelmäßigen Hinweise auf Meldezeitpunkte oder Aktualisierungen wurde konzeptionell sichergestellt, dass die Liquiditätsplanung vollständig, plausibel und mit dem notwendigen Vorlauf erstellt werden konnte – und dies ohne die bisher notwendigen zahlreichen Abstimmungstätigkeiten.

Die automatische Archivierung der aktuellen freigegebenen Liquiditätsplanung stellte die Basis dar für die im Folgemonat stattfindende Plausibilisierung der jeweils aktuellen Liquiditätsplanung mit der des Vormonats. Dazu war es erforderlich, dass das System automatisch eine Abweichungsanalyse mit entsprechender Kennzeichnung der Positionen generierte, die außerhalb eines festgelegten Korridors einer „erlaubten Abweichung" lagen. Diese auf einem maschinell generierten Vorschlag basierende Abweichungsanalyse enthielt für Einzelpositionen und den Gesamtsaldo die jeweiligen Abweichungen in absoluten Zahlen sowie prozentuale Abweichungen. Um den Rückfrage- und Abstimmungsaufwand für den Liquiditätsmanager so gering wie möglich zu halten, sollte die angedachte IT-Lösung systemgestützt eine Mail an den jeweiligen Planungsverantwortlichen mit einer Aufforderung zur Korrektur bzw. Begründung einer eventuellen Abweichung außerhalb des Zielkorridors erstellen und versenden. Neben einer signifikanten Verkürzung der Prozessdurchlaufzeit und einer Senkung der Abstimmungs- und Koordinationsaufwände konnte durch diese neue Funktionalität die Genauigkeit und damit die Qualität der gesamten Liquiditätsplanung erheblich gesteigert werden.

Doch damit waren die fehlende Standardisierung und die damit verbundenen Schwachstellen bei der Kommunikation der aktuellen Liquiditätsplanung noch nicht beseitigt. Zum damaligen Zeitpunkt herrschte bei der Kommunizierung der Liquiditätsplanung durch den Liquiditätsmanager aus FINKA das „Push-Prinzip" vor: Alle Reports wurden mit einem hohen manuellen Aufwand individuell erstellt und an eine Vielzahl interner und externer Empfänger weitergegeben. Ein wesentlicher Grund für die Heterogenität des Reportings im Bereich des Liquiditätsmanagements lag im Fehlen standardisierter Reports.

Durch die Konzeptionierung von Basisdatenbanken mit den aktuellen Liquiditätsstatus und der bereits priorisierten Übersicht über die notwendigen Datenträger war auch für die Lösung dieses Problems die Grundlage gelegt. Durch die Schaffung von standardisierten Liquiditätsreports verkürzte sich die Erstellung des Reportings wesentlich. Die zur Erstellung notwendigen Daten mussten nicht mehr einzeln aufbereitet werden, sondern lagen an zentraler Stelle in einem Data Warehouse. Nach Vervollständigung und Freigabe der Liquiditätsplanung sollte die IT-Lösung automatisch eine Mail an die jeweiligen Empfänger der Reports versenden mit der Aufforderung, sich die gewünschten Informationen selbst aus den zentralen Basisdatenbanken abzuholen. Künftig basiert das Liquiditätsreporting des Bereiches FINKA also auf dem „Pull-Prinzip", nach dem sich jeder Reportempfänger auf Basis eines standardisierten Reports alle benötigten Daten zum Liquiditätsmanagement selbst zusammenstellen kann. Für die Liquiditätsmanager aus FINKA bestand weiterhin die Möglichkeit, in Ausnahmefällen die Standardreports flexibel und individuell anzupassen. Dieses Vorgehen führte zu signifikanten Reduzierungen sowohl der Bearbeitungs- als auch der Prozessdurchlaufzeiten im Bereich Reporting.

3 Nutzenpotenziale und Zusammenfassung

Prozessorientierung macht bei der Einführung neuer IT-Lösungen nicht Halt. Die wesentliche Herausforderung besteht darin, optimierte Geschäftsprozesse ohne Informationsverlust in Software umzusetzen und ohne Systembrüche durch Informationstechnik zu unterstützen. Technische Informationen können zu betriebswirtschaftlichen Modellen wie z. B. ARIS Prozessbeschreibungen hinzugefügt werden, so dass der technische Systementwurf nicht bei null beginnen muss. Betriebswirtschaftliche Informationen, die sich in ARIS Modellen finden, können in Entwicklungsmodelle einfließen, wobei sowohl auf der Ebene des Business Designs als auch auf der Ebene des System-Designs auf bestehende Modelle zurückgegriffen werden kann. Durch die Integration der betriebswirtschaftlichen und der technischen Sicht werden Projektvorhaben erleichtert und intensiviert.

So hat auch das Projekt „Geschäftsprozessoptimierung im Bereich Finanzen und Kapitalanlagen FINKA" bei der AXA zur Integration von IT-Lösungen und Geschäftsprozessen geführt. Durch die vor der eigentlichen Systementwicklung durchgeführte Prozessanalyse wurden optimale Grundlagen für die bereichsweite Entwicklung von effizienten Prozessen im Rahmen der Einführung und Anpassung eines dispositiven Systems geschaffen. Insbesondere durch eine strukturierte Aufbereitung der bestehenden Datenstruktur konnte die Anzahl der in den Prozessen genutzten Informationsträger und Daten signifikant reduziert werden.

Die beispielhaft für den Bereich Liquiditätsmanagement durchgeführte Modellierung von Soll-Prozessen hat klar verdeutlicht, wie hoch das durch eine konsequente Geschäftsprozessanalyse aufgezeigte Optimierungspotenzial sein kann. Die Reduzierung der internen und externen Schnittstellen sorgte für eine wesentliche Abnahme der Abstimmungs- und Koordinationsaufwände sowie für eine deutliche Verkürzung der Prozesszeiten. Daneben konnten durch die Standardisierung und Automatisierung der Reporterstellung die Aufwände für die individuelle Datenaufbereitung entscheidend minimiert werden.

Im Folgenden werden die wesentlichen Nutzenpotenziale, die das gemeinsame Projektteam erarbeitete, nochmals kurz zusammengefasst:

- Reduzierung der internen und externen Schnittstellenaufwände um ca. 50–60 %
- Reduzierung des Nachfrageaufwandes um ca. 40–50 %
- Reduzierung des Datenerfassungsaufwandes durch standardisierte Erfassungsoberflächen von ca. 60—70 %
- Reduzierung von manuellen Prozesstätigkeiten wie z. B. Prüffunktionen durch automatisierte Plausibilitätsprüfungen oder automatisierte Archivierung
- Insgesamt eine Reduzierung der Bearbeitungs- und Durchlaufzeiten von bis zu 60 %

Die AXA hat erkannt, dass die Geschäftsprozesse im Mittelpunkt stehen, da sie als Bindeglied die Wechselwirkungen zwischen Strategie, IT-Einsatz und Fachfunktionen abbilden. Die Erhebung und Abbildung von Geschäftsprozessen ist für die Wettbewerbsfähigkeit und damit den wirtschaftlichen Erfolg von Versicherungen insbesondere in Zeiten sich reduzierender Margen, steigender Verwaltungskosten und negativer Kapitalanlageergebnisse von zentraler Bedeutung.

Durch den integrativen Ansatz, der mit den Beratern der IDS Scheer AG gemeinsam umgesetzt wurde, gewährleistet die AXA auch in Zukunft die Umsetzung größtmöglicher Nutzenpotenziale aus dem konzernweiten Geschäftsprozessmanagement.

Prozessorientierte Implementierung eines Bankensystems im Rahmen der Umsetzung der Dienstleistungsstrategie der KarstadtQuelle AG

Andreas Gwosdz
IDS Scheer AG

Hans Kraus
IDS Scheer AG

Zusammenfassung

Die KarstadtQuelle Bank (KQB) entwickelt sich derzeit zu einem der wichtigen Player im deutschen Kreditkarten- und Konsumentenkreditgeschäft. Vor diesem Hintergrund reorganisiert die Bank ihre Geschäftsprozesse grundlegend. Dies findet nicht zuletzt ihren Niederschlag in der Implementierung eines neuen IT-Systems. Die IDS Scheer AG unterstützt die KarstadtQuelle Bank vom Re-Engineering der Geschäftsprozesse bis hin zur technischen Migration und Einführung der neuen Business-Funktionen im Markt.

Schlüsselwörter

Finanzdienstleistungen im Handelskonzern, Geschäftsfeldstrategie; Business Process Re-Engineering; Softwareevaluierung; IT-Implementierung

1 Management Summary

Die Entwicklung der KarstadtQuelle Bank (KQB) vom Abwickler des Kundenbindungsprogramms des KarstadtWarenhauses zu einem der großen Player im deutschen Kreditkarten- und Konsumentenkreditgeschäft bedingt umfassende Veränderungen des Unternehmens. In diesem Zusammenhang reorganisiert die Bank ihre Prozesse, was nicht zuletzt seinen Ausdruck im Austausch der IT-Systeme findet. Die IDS Scheer AG unterstützt die KarstadtQuelle Bank auf diesem Weg von der Anforderungsanalyse über die Softwareevaluation, die Feinspezifikation und das Re-Engineering der Prozesse bis hin zur technischen Migration und Einführung neuer Business-Funktionen im Markt.

Ausgehend von der Strategie des Handelskonzerns KarstadtQuelle „Wachstum durch Dienstleistung" wird der Ausbau des Finanzdienstleistungsangebots der KarstadtQuelle Bank in der Kooperation mit der ERGO Versicherungsgruppe erläutert. Im zweiten Teil beschreibt der vorliegende Artikel das Grundkonzept zur Umsetzung dieser Strategie durch Engineering bzw. Re-Engineering der Prozesse und Einführung eines neuen Bankensystems in der KarstadtQuelle Bank.

Heute ist der KarstadtQuelle Konzern Europas größter kombinierter Warenhaus- und Versandhandelskonzern mit einem Umsatz von 15,8 Mrd. € in 2002 und mehr als 100.000 Mitarbeitern. Sie ist weiterhin mit 50 % am drittgrößten Touristikkonzern der Welt, der Thomas Cook AG, beteiligt. (vgl. KarstadtQuelle 2003)

Mit etwa 19 Mio. Kunden- und Adressdaten, 1 Mio. Kreditkarten im deutschen Finanzmarkt, dem Kundenbindungsprogramm HappyDigits und dem vorhandenen Multi-Channel-Netzwerk ist der KarstadtQuelle Konzern ideal gerüstet, um das Geschäftsfeld Finanzdienstleistungen auszubauen.

2 Wachstum im Handel durch Dienstleistungen

2.1 Marktumfeld im Handel

Der Verbraucher empfindet die derzeitige wirtschaftliche Lage in Deutschland als Rezession. Verstärkt wird dieses Empfinden nicht zuletzt durch die Euro-Einführung und die damit verbundenen Preissteigerungen in der Gastronomie und dem Dienstleistungsgewerbe. (vgl. WamS 2003) Die daraus resultierende Kaufzurückhaltung des Kunden spürt der Handel besonders stark. Um diesem Trend entgegenzuwirken, drehen die Handelskonzerne in jüngster Vergangenheit an der Preisschraube und versuchen über Rabattaktionen die Kundennachfrage zu erhöhen und den Umsatz vergangener Jahre zu halten (z. B. Aktion „Kaufregung", „75 Jahre Quelle", „Geiz ist geil" usw.). Diese Aktionen sind oftmals an die Kundenkarten der Handelskonzerne geknüpft. Bestimmte Rabatte und Zahlungsziele sind nur bei Einkäufen mit diesen Kundenkarten möglich. Mit dem Instrument des Kundenbindungsprogramms können diese Aktionen gezielt eingesetzt werden. Mit ihrer kurzfristigen Wirkung werden Rabattaktionen nicht die Trendwende im Handel herbeiführen. Vielmehr setzen sich die Handelskonzerne einem wachsenden Margendruck aus und fördern das Cherry-Picking. Gefragt sind heute mehr denn je neue Konzepte, die neue Märkte für die Handelsunternehmen erschließen.

Der KarstadtQuelle Konzern verfolgt vor diesem Hintergrund die Strategie des Wachstums durch innovative Dienstleistungsangebote. Der Slogan der diesjährigen Hauptversammlung lautete: „Auf dem Weg zum Handels- und Dienstleistungskonzern“. (vgl. KarstadtQuelle 2003) Neben den beiden Stammgeschäftsfeldern stationärer Einzelhandel und Versandhandel werden die Geschäftsfelder Dienstleistungen und Immobilien weiter ausgebaut.

Dabei bringt der Konzern vorhandene Assets (bestehende Kundenbasis, Bekanntheit der Marken) in ein Partnernetzwerk ein – bspw. wird das Multi-Channel-Netzwerk, bestehend aus stationärem Einzelhandel, Versandhandel, Call-Center, Direct Mailing, Online-Handel etc. durch die Akquisition zweier Fernsehsender (DSF und Neckermann Reise TV) erweitert.

Die zuvor genannten Assets bilden das Fundament für den Ausbau der Finanzdienstleistung im Konzern im Rahmen der Strategie „Wachstum durch Dienstleistung“.

Die Bündelung von Waren und Krediten in Form des Finanzkaufs ist z. B. ein Instrument, das im Handel schon früher und verstärkt in der schwierigen wirtschaftlichen Lage eingesetzt wurde. Insbesondere im klassischen Versandhandel werden heute 30 % der Einkäufe über Kredite finanziert. (vgl. Handelsblatt 2003) Dieses Absatzinstrument wird nun auf den stationären Einzelhandel übertragen.

Als logische Konsequenz verknüpfen die Handelskonzerne verstärkt die bereits erwähnten Kundenbindungssysteme mit Finanzdienstleistungen. Der Kunde sammelt mit seiner Kundenkarte Bonuspunkte, die er gegen Sachprämien oder Geld eintauschen kann. Weiter kann der Kunde Rahmenkredite mit flexiblen Rückzahlungsmöglichkeiten über die Kundenkarte vereinbaren.

2.2 Strategie Finanzdienstleistungen im Handelskonzern

Die Strategie Finanzdienstleistungen fußt zum einen, wie einleitend beschrieben, auf den vorhandenen Assets aus den Handelssegmenten und zum anderen auf der Kooperation mit Partnern, die zu führenden Unternehmen im Markt zählen. Dazu gehören u. a. die Deutsche Telekom und die ERGO Versicherungsgruppe.

Der KarstadtQuelle Konzern gründete zusammen mit der ERGO Versicherungsgruppe ein Joint Venture im Sektor Finanzdienstleistungen: die KarstadtQuelle Financial Services. Diese strategische Partnerschaft bündelt die Multi-Channel-

Vertriebskraft von KarstadtQuelle sowie die Marken- und Produktvielfalt der ERGO Versicherungsgruppe. Das Joint Venture, das als Muttergesellschaft der KarstadtQuelle Bank und der KarstadtQuelle Versicherungen agiert, setzt neue Maßstäbe für Finanzdienstleistungen und ist aufgrund der Alleinstellungsmerkmale der beiden Partner einzigartig in Deutschland. Beide Partner des Joint Ventures profitieren gleichermaßen, erschließen sie doch beide neue Vertriebswege und Kundenstämme.

Über die KarstadtQuelle Financial Services und ihre Tochter, die KarstadtQuelle Bank, hat der KarstadtQuelle Konzern den Vorstoß in den Bankenmarkt gewagt.

Das Eindringen branchenfremder Anbieter in den angestammten Markt der Banken ist ein Trend, der sich innerhalb der letzten Jahre mit einer rasanten Geschwindigkeit vollzogen hat. Diese Non- und Nearbanks haben den sich vollziehenden Umbruch im Finanzmarkt sowie das Aufbrechen der klassischen Wertschöpfungskette der Banken ausgenutzt und können durch schlanke Strukturen und Prozesse, vor allem im kostenintensiven Back-Office-Bereich, ihre Produkte günstiger anbieten. Ein weiterer Vorteil der neuen Anbieter von Finanzdienstleistungen sind die bereits in anderen Bereichen aufgebauten Schlüsselkompetenzen. Die KarstadtQuelle Bank hat vor allem durch das große Kundenpotenzial des Konzernverbundes einen strategischen Vorteil.

Die nachfolgende Grafik zeigt das Unternehmensnetzwerk um die KarstadtQuelle Financial Services.

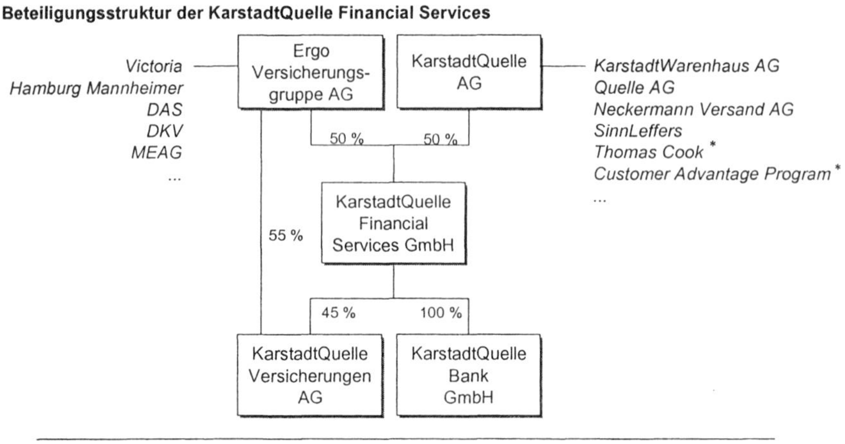

* *Customer Advantage Program (Happy Digits):* Joint Venture mit der Deutschen Telekom AG
Thomas Cook: Joint Venture mit der Deutschen Lufthansa AG

Abb. 1: Beteiligungsstruktur des Joint Ventures KarstadtQuelle Financial Services

Die Produktpalette erstreckt sich von Lebens- und Krankenversicherungen über Sachversicherungen und Vorsorgeprodukte bis hin zu klassischen Bankprodukten für die Bedürfnisse Anlegen, Sparen und Konsumieren.

Mit einem weiteren Joint-Venture-Partner, der Deutschen Telekom AG, wurde außerdem das Kundenbindungsprogramm HappyDigits ins Leben gerufen.

Die Kundenkarten gewinnen als Trägermedium der Kundenbeziehung eine immer größere Bedeutung. Nachdem in den letzten Jahren unternehmensindividuelle Bonussysteme eingeführt wurden, hat sich der Wettbewerb verschärft und der vorhergesagte Konsolidierungsprozess begonnen, so dass sich immer mehr Unternehmen den großen branchenübergreifenden Kundenbindungsprogrammen (Happy Digits, Payback, Lufthansa Miles and More) anschließen.

Aus Kundensicht ist nur eine Differenzierung über Zusatzfunktionen möglich. Den Kampf um den Platz in der Geldbörse gewinnt das Kundenprogramm mit dem größten Zusatznutzen für den Kunden. Dies können z. B. Zusatzfunktionen sein wie: Bezahlfunktion, Anzahl Akzeptanzstellen, Kreditfunktion, Tickethinterlegung, Sammeln von Bonuspunkten, vergünstigtes Parken.

Das Management des KarstadtQuelle Konzerns bzw. der KarstadtQuelle Bank erkannte frühzeitig diese Entwicklung. Daher entschloss man sich, die neue Happy-Digits-Kundenkarte mit einer Kreditkartenfunktionalität auszustatten.

Dieses branchenübergreifende Bonusprogramm, an dem Ende 2003 bereits ein halbes Jahr nach seiner Einführung rund 9 Mio. Kunden teilnahmen, erhält durch die Möglichkeit, die Bonuspunkte über die kostenlos herausgegebene Mastercard der KarstadtQuelle Bank zu sammeln, einen erheblichen Mehrwert. Mit dieser Strategie konnten sowohl die Attraktivität des Bonusprogramms als auch die Ertragspotenziale der Bank gesteigert werden. Der Erfolg dieses Produktbundles zeigt sich auch darin, dass die KarstadtQuelle Bank innerhalb eines knappen Jahres zum größten Mastercard-Emittenten in Deutschland avancierte.

Mit diesen und weiteren Partnern (z. B. nimmt seit Anfang 2003 auch die Kaiser‘s Tengelmann AG an HappyDigits teil) werden die Produkte des Finanzkonstrukts in Form der bereits genannten Bundles immer besser und ganzheitlicher auf die Bedürfnisse des Kunden abgestimmt.

2.3 Strategie der KarstadtQuelle Bank

Beim Aufbau des zuvor beschriebenen Joint Ventures zum Ausbau des Finanzdienstleistungsgeschäfts wurde die KarstadtQuelle Bank nicht „eins zu eins“ in den Konzernverbund eingebracht, sondern grundlegend umstrukturiert. Besaß die KarstadtQuelle Bank zuvor eine große Fertigungstiefe in ihren Geschäftsfeldern, fokussiert sie nun im Netzwerk ihre Kernkompetenzen und nimmt die Aufgaben der Entwicklung und Abwicklung von Bankprodukten wahr. Die nachfolgende Grafik verdeutlicht schematisch den Wandel der Rolle der KarstadtQuelle Bank im Netzwerk.

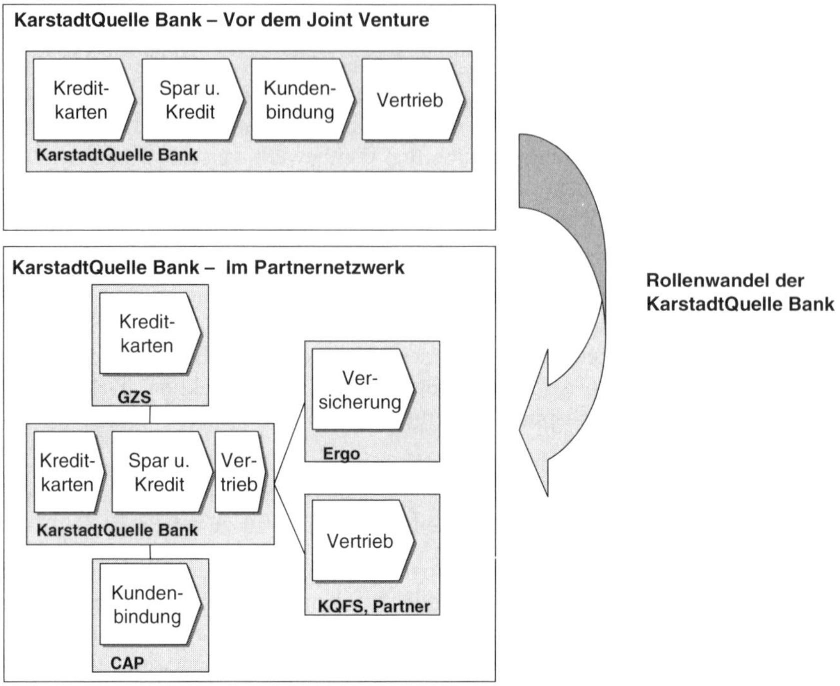

Abb. 2: Wandel der Rolle der KarstadtQuelle Bank im Netzwerk

Der Wandel der Rolle der KarstadtQuelle Bank im Partnernetzwerk wird im Folgenden beschrieben.:

2.3.1 Kundenbindungsprogramm

Nach dem Einbringen des KarstadtQuelle Konzern eigenen Kundenbindungsprogramms Klub Karstadt in das Joint Venture mit der Deutschen Telekom HappyDigits wurden die bestehenden Kundenkarten und deren Abwicklung sukzessive zur Gesellschaft Customer Advantage Program (CAP) migriert, die die Abwicklung des Kundenbindungsprogramms HappyDigits auch für alle Teilnehmer im Programm übernimmt. Die Abwicklung der Zahl- bzw. Kreditfunktion blieb in der Bank. Darüber hinaus wurden durchgängige und hoch automatisierte Prozesse zwischen der KarstadtQuelle Bank und der CAP implementiert, so dass der Kunde nach Antragstellung in kürzester Zeit seine Kreditkarte erhält, die sowohl für die Bonus- als auch für die Zahlfunktion freigeschaltet ist.

2.3.2 Kreditkarten

In der Vergangenheit waren im Wesentlichen konzerneigene Unternehmen an das proprietäre Kreditkartenverfahren der Bank angeschlossen. Im neuen Geschäftsmodell wird z. B. die Autorisierung der Verfügungen mittels Kreditkarte über die Gesellschaft für Zahlungsverkehrssysteme (GZS) abgewickelt. Über die GZS können Kunden der Bank weltweit an den Akzeptanzstellen für Mastercard über ihre eingeräumten Kreditrahmen verfügen. Ein Aufbau dieser Funktion durch die KarstadtQuelle Bank war aus Kostengründen nicht sinnvoll.

2.3.3 Vertrieb

Über die 9 Filialen der KarstadtQuelle Bank ist das geplante Wachstum der Bank nicht erreichbar. Hier greift das Partnernetzwerk der Bank. Neben den Warenhäusern, die elektronisch an die KarstadtQuelle Bank angebunden sind, vertreiben die Servicecenter der KarstadtQuelle Financial Services (KQFS), die ERGO Versicherungsgruppe sowie die Telekom die Finanzdienstleistungen der Bank. Zusätzlich haben weitere Konzerngesellschaften bereits damit begonnen, Co-branded-Kreditkarten für ihre Kunden herauszugeben, so z. B. die Victoria Versicherung.

2.3.4 Versicherung

Neben banknahen Versicherungsprodukten (Restschuldversicherung, Kreditlebensversicherung) werden weitere Versicherungsprodukte des ERGO Versicherungsgruppe über den KarstadtQuelle Konzern angeboten. Die Abwicklung der Versicherungsdienstleistung erfolgt hierbei über die ERGO Versicherungsgruppe.

2.3.5 Sparen und Kredit

Um die hohen Volumina abwickeln zu können, wird konsequent eine Antrags- und Kreditfabrik aufgebaut, so dass über alle Vertriebswege hinweg ein einheitlicher und schlanker Entscheidungsprozess zum Tragen kommt.
Das Design der angebotenen Produkte der Bank erfolgt unter dem Gesichtspunkt der Massengeschäftsfähigkeit sowohl für die Partner (B2B) als auch für die Endkunden (B2C). Die Produkte sind so gestaltet, dass sie in hohen Stückzahlen einem breiten Massenmarkt zur Verfügung stehen. Beispielsweise kann ein papiergebundenes Sparbuch nicht über einen Massenvertriebskanal angeboten werden. In diesem Zusammenhang wurden alle Produkte der Bank neu bewertet und „Rand“- Produkte der Bank eingestellt.

Darüber hinaus werden Business Cases zum teilweisen Outsourcing weiterer Services evaluiert.

Ein wesentlicher Treiber beim Aufbau dieses Netzwerks ist die Informationstechnologie. Neben der Automation im Netzwerk wird vor allem eine webbasierte

Plattform geschaffen, über die alle Partner im Netzwerk angebunden und mit Informationen zu den Produkten versorgt werden. Die Zielsetzung ist hier, mandantenfähige Interfaces zu etablieren, so dass keine Peer-to-Peer-Services aufgebaut werden, deren Betrieb und Pflege beiderseits hohe Kosten im Vergleich zu Standard-Interfaces verursachen.

Die webbasierte Plattform wird ebenfalls dem Kunden angeboten. Der Kunde ist damit in der Lage, neue Geschäfte abzuschließen und bestehende Konten über eine Online-Banking-Funktion zu führen.

Die Bank bietet dem Kunden in erster Linie eine handelsaffine Produktpalette an, die sich von Warenfinanzierungen über Barkredite bis zu Kundenkarten erstreckt. Daneben sind aber auch klassische Bankprodukte wie Sparbriefe, Sparbücher und Tagesgeldkonten im Angebot.

3 Projekt „Neue Bankensoftware"

3.1 Grundkonzept und Bausteine

Bedingt durch den Wandel des Geschäftsmodells der KarstadtQuelle Bank ist ein Engineering der neuen Geschäftsprozesse bzw. Re-Engineering der weiterhin bestehenden Prozesse unumgänglich. (vgl. Scheer 1998) Dieser Umbau der Geschäftsprozesse läuft Hand in Hand mit der Einführung einer neuen Systemplattform. Dazu hat die KarstadtQuelle Bank das Projekt „Neue Bankensoftware" aufgelegt.

3.2 Softwareauswahl

Nach einer groben Anforderungsdefinition, in der die Kernprozesse der Bank identifiziert wurden, erfolgte eine Marktsichtung der verfügbaren Standardsoftware für Kernbank-Funktionen und das (Kredit-)Kartenprocessing. Integrierte Systemlösungen aus einer Hand für beide Funktionen sind derzeit in Deutschland nicht uneingeschränkt verfügbar.

Der deutsche Kreditkartenmarkt ist durch einige große Prozessoren geprägt, die als Insourcer die Abwicklung des Kreditkartengeschäfts für Kreditinstitute durchführen. Hierzu zählt z. B. die Gesellschaft für Zahlungsverkehrssysteme. Diese Konzentration impliziert, dass die zur Verfügung stehende Auswahl an Kreditkartensoftware mit Referenzen in Deutschland sehr begrenzt ist.

Ähnlich wie im Kreditkartenmarkt ist die Auswahl an Standardsoftware für Kernbank-Funktionen in Deutschland ebenfalls limitiert. Sowohl die öffentlich-rechtlichen bzw. die genossenschaftlichen Banken als auch die Großbanken betreiben eigene Rechenzentren, die zwar teilweise im Sinne eines Insourcings Transaction-Banking anbieten, aber keine Software vertreiben. Zum Zeitpunkt der Software-auswahl ist der Markt für Kernbank-Software durch das Vorhaben der Siemens Business Services in Bewegung geraten, die bekannt gab, die Weiterentwicklung und Pflege der in mittelständischen Banken weit verbreiteten Software Kordoba auf BS/2000-Basis auslaufen zu lassen. Die Tatsache, dass etwa 50 Banken in den nächsten Jahren einen Systemwechsel vollziehen müssten, eröffnet ein sehr großes Marktpotenzial, so dass vor allem internationale Kernbank-Systemanbieter auf den deutschen Markt drängen.

Nach der Würdigung aller Entscheidungskriterien entschied sich die Karstadt-Quelle Bank für die Einführung der Software eines in Deutschland etablierten Systemanbieters. Dieser verfügt über:

- eine aufsichtsrechtlich konforme Software,
- eine erfolgreiche Referenzinstallation in Deutschland und
- einen Stab an erfahrenden Entwicklern und Businessanalysten.

Die nicht vorhandene Kartenfunktionalität im Softwarepaket wird in Kombination von Dienstleistungen der GZS und einer Softwareeigenentwicklung des System-anbieters geschlossen. So ist die Zielarchitektur der Software sowohl horizontal (Bank- und Kartengeschäft) als auch vertikal (Front-Office und Back-Office) voll integriert.

3.3 Engineering bzw. Re-Engineering der Prozesse (BPR)

Während in reinen IT-Projekten die optimale Prozessgestaltung oftmals zu kurz kommt, ist in BPR-Projekten die IT häufig der limitierende Faktor. Um sowohl dem Engineering als auch der IT-Implementierung entsprechend Rechnung zu tragen, wurden übergreifende Teams aus Businessanalysten und Technikern gebildet. Die Teams wurden damit beauftragt, ganzheitlich die Themen:

- Produktgestaltung,
- Beratung/Vertrieb,
- Abwicklung und
- Steuerung zu definieren.

In allen 4 genannten Bereichen liegt der Hauptfokus auf den Kriterien Massengeschäftsfähigkeit und Integrationstiefe und damit einhergehend in der Automation der Geschäftsprozesse.

3.4 Produktgestaltung

Um im Retail-Banking, das durch niedrige Margen gekennzeichnet ist, erfolgreich zu bestehen, müssen standardisierte Produkte in hohen Stückzahlen einheitlich über alle Kanäle der Bank vertrieben werden. Vor diesem Hintergrund wurde in einem ersten Schritt das Produktportfolio der Bank im Rahmen des Projekts bewertet und bereinigt. Dabei wurden die Kriterien:

- Vertriebspotenziale,
- Standardisierungsgrad und
- Anzahl der Verträge im Bestand

zur Bewertung herangezogen. Produkte, die eines dieser genannten Kriterien nicht erfüllten, wurden konsequent eingestellt. Dabei konnte ein hoher Anteil der Konten betroffener Kunden über gezielte Maßnahmen in andere ähnliche Produkte überführt werden.

3.5 Beratung/Vertrieb

Die Beratung und der Vertrieb sind kostenintensive Bereiche, die im Wesentlichen über das Partnernetzwerk erfolgen. Im Rahmen des Projekts wurden Prozesse unternehmensübergreifend ganzheitlich vom Kundenwunsch am Point of Sale (POS) bis hin zur Verbuchung des Vertrags im System betrachtet und designt. Insbesondere im Vertrieb wurden neue Businessfunktionen wie das Online-Banking, das Händlerportal oder die integrierte Antragserfassung mit dem Ziel erstellt, die Partner enger an die Bank zu binden und die Schnittstelle zu den Partnern zu standardisieren.

Durch das angebotene Online-Banking wird die KarstadtQuelle Bank für ihre Kunden attraktiver. Der Kunde ist in der Lage, seine Produkte – auch die Kreditkarten – online zu führen.

3.6 Abwicklung

Ein wesentlicher Aspekt der Prozessoptimierung war die Eliminierung redundanter Systeme und Prozessschritte und somit die Zusammenführung elementarer Themen in zentralen Softwarekomponenten (z. B. Scoring, Mahnwesen, Gesamtengagement-Darstellung). Nach der Zusammenführung erfolgen das Management und die Pflege der Prozesse über eine Administration, so dass Pflegeaufwände reduziert werden. Durch die technische Vereinheitlichung ist es weiter möglich, vorher getrennte Organisationseinheiten, die in gleichen Themenstellungen gearbeitet haben, auch organisatorisch zusammenzuführen, um Skalenerträge zu erzielen.

Durch die automatisierte Schnittstelle des Online-Bankings zwischen Bank und Kunden können Aufträge kosteneffizient im Massengeschäft abgearbeitet werden.

3.7 Steuerung

Durch die horizontale Integration der Software (Karten-, Kredit- und Spargeschäft) werden die unterschiedlichen Konten und deren Umsätze in einem System geführt. Dadurch können die Steuerungsfunktionen des internen und externen Meldewesens, des Controllings, des Risikomanagements und des Treasury's über einheitliche Schnittstellen mit den notwendigen Daten versorgt werden.

Durch die Standardisierung der Produkte und Prozesse und den starken Einsatz von IT im Partner-, Kunden- und Back-Office-Bereich werden zukünftig:

- Bearbeitungszeiten je Vertriebsweg wesentlich reduziert,
- die papiergeführte Antragsbearbeitung minimiert (lediglich Prüfung auf Vollständigkeit der eingereichten Unterlagen),
- das Aufkommen von manuell zu entscheidenden Antragsfällen durch die vorgelagerte maschinelle Entscheidung reduziert und
- Konsolidierungsaufwände in der Banksteuerung vermieden.

3.8 Technische und marktseitige Einführung

Durch das Partnerkonstrukt, in dem sich die KarstadtQuelle Bank befindet, liegt die entscheidende Herausforderung des Projekts nicht in der technischen Einführung der Sachbearbeitungsfunktionen innerhalb der Bank, sondern in der marktseitigen Einführung der neuen Businessfunktionen sowie der Anbindung der Businesspartner der Bank. Der Erfolg des Projekts ist somit eng daran geknüpft, dass die Partner die neuen Businessfunktionen annehmen und die Finanzdienstleistungen der KarstadtQuelle Bank vertreiben. Um den Verkaufsprozess auch von Seiten der Bank zu unterstützen, steht ein Partnerportal mit einer integrierten Antragserfassung zur Verfügung, so dass die Partner im Verkaufsprozess direkt die Kundendaten am POS erfassen.

3.9 Fachliche und technische Architektur der Lösung

Das Projekt ist geprägt durch das Stichwort „Dienstleistungsfabrik", was sich letztendlich in der Aufbau- und Ablauforganisation sowie in der zu implementierenden Software niederschlägt.

Die nachfolgende Abbildung skizziert grob die wesentlichen Bestandteile der zukünftigen fachlichen Architektur:

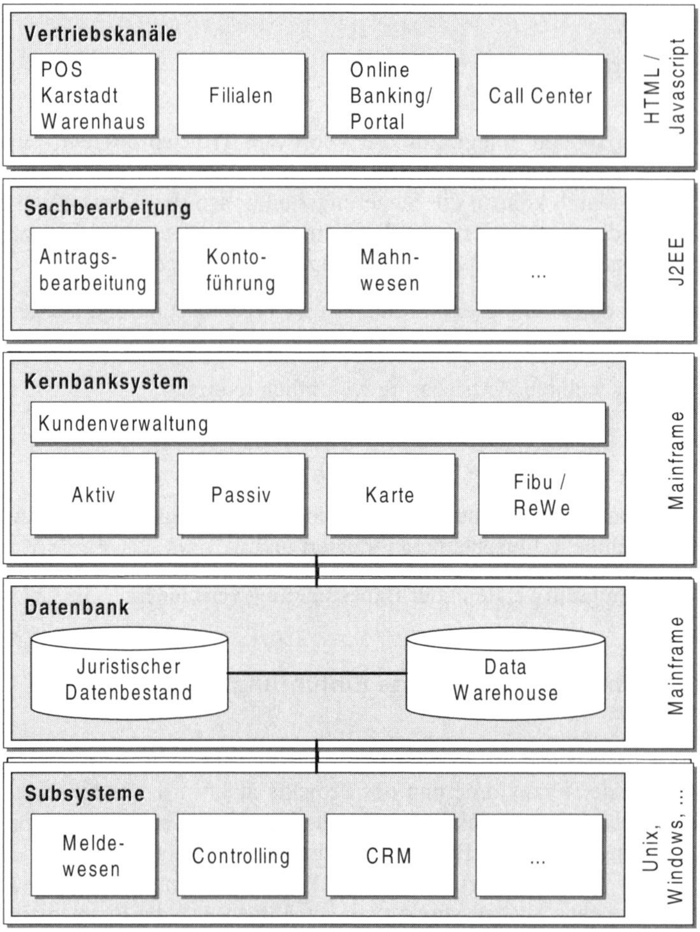

Abb. 3: Fachliche und technische Architektur

Mit Hilfe von IDS Scheer entwickelt und etabliert die KarstadtQuelle Bank eine völlig neue Ablauf- und Aufbauorganisation, in deren Mittelpunkt ein standardisierter und optimierter Kreditprozess, sowohl im Kartenbereich als auch bei Teilzahlungskrediten, steht. Die Vermarktung erfolgt über eine multikanalfähige Vertriebsplattform – also nicht nur über eigene Filialen und Call-Center, sondern auch über angeschlossene Vertriebspartner wie KarstadtQuelle Financial Services und KarstadtWarenhaus sowie das Portal der Bank mit angeschlossenem Online-Banking.

Die entscheidende Innovation ist ein webbasiertes Antragssystem, bei dem der Antragsteller binnen Minuten erfährt, ob seine Bonität für das gewünschte Bankprodukt ausreichend ist. Mussten angeschlossene Händler vorher ein Papierformular händisch ausfüllen und an die Kreditabteilung faxen, erfasst er die Daten jetzt online direkt im System und bekommt innerhalb kurzer Zeit eine Entscheidung über den Antrag mitgeteilt. Die Basis dieses Antragssystems bildet der elektronische Warenfinanzierungsprozess, der bereits heute im KarstadtWarenhaus und in der KarstadtQuelle Bank implementiert ist. Dieser Prozess wird funktional ergänzt, standardisiert und an weitere, externe Händler ausgedehnt.

Durch dieses standardisierte Antragssystem profitieren Kunden, Händler und Bank. (vgl. Kraus & Gwosdz 2002)

Der Kunde spart sich einen zweiten Weg – die Kreditzu- bzw. -absage erfolgt noch vor Ort und er kann ggfs. sofort unterschreiben.

Nachdem der Händler den Kaufvertrag mit dem Kunden abgeschlossen hat, läuft die Abwicklung völlig automatisiert im Hintergrund ab und verursacht keine Aufwände beim Händler.

Die Bank profitiert durch eine Reduktion der Fehlerquoten und eine Verkürzung der Durchlauf- und Bearbeitungszeit in der Kreditsachbearbeitung.

Praxisbeispiele zeigen, dass sich die fabrikmäßige Verarbeitung von Kreditanträgen rechnet. Der schlanke Verkaufsprozess mit ganzheitlichem Ansatz kann den durchschnittlichen Bearbeitungsaufwand je nach Vertriebsweg um 40 % und mehr verkürzen und auch die so genannten Rückschleifen (Nachfragen) um 2 Fünftel reduzieren.

Die Architektur der Systemlösung besteht aus mehreren Schichten, in die sich auch die angeschlossenen Satellitensysteme technisch und fachlich eingliedern lassen.

Den Kern der Systemlösung bildet das mainframebasierte Kernbank-System, in dem, wie bereits erwähnt, zentral alle Kunden und Konten (Aktiv-, Passiv-Konten und Kreditkarten) verwaltet und abgewickelt werden.

Die dem Kernbank-System vorgelagerten Sachbearbeitungsprozesse (Antragsbearbeitung, Kontoführung, Mahnwesen usw.) werden in einer technischen Schicht auf Basis J2EE abgebildet und über ein XML-Interface an das Kernbank-System angeschlossen.

Partneranwendungen, die von Drittherstellern bereitgestellt werden, wie das Kassensystem oder das Online-Banking fußen ebenfalls auf einer J2EE-Architektur. Die Oberflächen des Systems verwenden den HTML-Standard, der ergänzt wird um die Javascript-Funktion. Die Anbindung der Clients wird über SSL-Technik verschlüsselt.

Durch diesen integrierten Ansatz und die offene Architektur des Gesamtsystems können weitere Komponenten schnell integriert und das Gesamtsystem kostengünstig skaliert werden.

4 Ausblick

Nach der Einführung des neuen Bankensystems und der Umsetzung der beschriebenen Optimierungsmaßnahmen ist das Geschäftsmodell der Bank durch eine innovative Prozessarchitektur und eine leistungsfähige Systemarchitektur untermauert. Durch den zentralen Aufbau des Systems und die integrierten Prozesse kann das geplante Mengenwachstum in den existierenden Produktfeldern der Bank dargestellt werden.

Darüber hinaus ist auf Basis der umgesetzten Architektur die Möglichkeit vorhanden, bisher nicht besetzte Produktfelder wie z. B Girokonten oder Provisionsgeschäft zu besetzen. (vgl. Handelsblatt 2003) Somit wird der Konzernverbund in die Lage versetzt, weiter in den deutschen Bankenmarkt vorzudringen und einen positiven Beitrag zur Strategie „Wachstum durch Dienstleistung" zu leisten.

Literaturverzeichnis

Handelsblatt: KarstadtQuelle will Girokonten anbieten, 1./2.8.2003.

KarstadtQuelle AG: Geschäftsbericht der KarstadtQuelle AG – Auf dem Weg zum Handels- und Dienstleistungskonzern; 10.04.2003.

Kraus, H.; Gwosdz, A.: Geschäftsprozessmanagement – Enabler zur Umsetzung von Bankstrategien, in Steffens, Udo u. Achenbach, Wieland (Hrsg): Strategisches Management in Banken, Bankakademie Verlag, 2002. S. 250.

Scheer, A.-W.: ARIS – vom Geschäftsprozess zum Anwendungssystem, Springer, 1998, Seite 2 – 4.

WELT am SONNTAG: Interview mit Herrn Wolfgang Urban, „Der Kunde bleibt auf der Strecke"; 21.07.2003

Anhang: Die Autoren

Grosse, Steffen
Quality Manager
Siemens Financial Services (SFS) GmbH
Information Technology & Operations Support (ITO)
Seidlstraße 24a
80335 München

Kramer, Dr. Ulrich
IT-Leiter
Flughafen Dresden GmbH
Postfach 800164
01101 Dresden

Thies, Lothar
Informations- und Prozessmanagement, Leiter Zentrale Prozessanalysen, Methodik und Tool's
T-Com
Gutleutstr. 34-36
60329 Frankfurt

Tsapanis, Eustratios
Process Manager
Siemens Financial Services GmbH (SFS)
Information Technology & Operations (ITO)
Seidlstraße 24a
80335 München

Kindermann, Herbert
CEO IDS Scheer CEE S.A.
Mitglied der erweiterten Geschäftsführung
Lina-Ammon-Strasse 3
90471 Nürnberg

Kirchmer, Dr. Mathias F.W.
Präsident und Vorstandsvorsitzender IDS Scheer, Inc.,
Vorstandsvorsitzender IDS Scheer Japan,
Mitglied des erweiterten Vorstands, IDS Scheer AG
1205 Westlakes Drive
Berwyn, PA 19312
USA

IDS Scheer AG

Altenkesseler Str. 17
66115 Saarbrücken

Abolhassan, Dr. Ferri
Mitglied des Vorstands, Vorstandssprecher

Alff, Sascha C.
Consultant, ARIS Process Performance Manager

Beenken, Dirk
Senior Manager, Business Unit Medien

Bungert, Winfried
Director, Member of the Extended Board

Demmer, Martin
Manager, Business Unit Transportation & Travel

Gotter, Jens Peter
Manager, Customer Relationship Management

Gwosdz, Andreas
Projektmanager, Business Unit Finanzdienstleister

Hake, Ulf
Director, Business Unit Papierindustrie

Heib, Ralf
Director, Business Unit Public Sector

Heß, Dr. Helge
Director, ARIS Business Process Engineering

Heupel, Thomas
Director, Segment Manager Service Industries

Jekubik, Sabina
Manager, Customer Relationship Management

Joachim, Thomas
Core Service Leader, Customer Relationship Management

Jörns, Dr. Carsten T.
Director Value Chain Management

Jost, Dr. Wolfram
Mitglied des Vorstands

Käfer, Jürgen
Senior Manager, Business Unit Public Sector

Klapp, Werner
Senior Manager, Business Unit IT Industry

Kruppke, Helmut
Mitglied des Vorstands, Vorstandssprecher

Molter, Michael
Core Service Leader IDS Scheer Technologies

Rahn, Henry
Senior Manager, Sales

Rombach, Michael
Senior Consultant, Business Unit Transportation & Travel

Röttgermann, Dr. Andreas
Senior Manager, Core Service Enterprise Management

Rupp, Renate
Senior Manager, Business Unit Papierindustrie

Scheer, Prof. Dr. Dr. h.c. mult. August-Wilhelm
Gründer und Vorsitzender des Aufsichtsrats

Schmidt, Susanne
Senior Manager, Supplier Relationship Management

Schwindt, Kai
Senior Manager, Business Unit Consumer Goods/Retail

Velten, Dr. Hans-Werner
Director, Segment Manager Process Industry

Vietor, Marc
Core Service Leader, Senior Manager, Core Service Customer Relationship Management

Welchering, Björn A.
Marketing for Consulting

Niederlassung München

Lindwurmstr. 23
80337 München

Bauer, Tino
Senior Consultant, Business Unit Chemie/Pharma

Blume, Patrick
Manager, Fachbereich Human Capital Management, Core Service Enterprise Management

Gontard, Dr. Maximilian
Senior Consultant, Fachbereich Human Capital Management, Core Service Enterprise Management

Huber, Herwig
Manager, Business Unit Consulting Insurance

Kraus, Dr. Hans
Senior Manager, Business Unit Finanzdienstleister

Mayer, Jürgen
Senior Manager, stellvertretender Business Unit Leader Capital Goods

Niklas, Johannes
Senior Manager, Core Service Management Consulting

Rammelsberger, Michael
Consultant, Core Service Management Consulting

Schmid-Vogt, Dr. Wolfgang
Senior Manager, Business Unit Leader Capital Goods

Stegmüller, Werner
Director, Segment Manager Discrete Manufacturing

Niederlassung Düsseldorf

Heinrichstraße 169a
40239 Düsseldorf

Boczanski, Manfred
Manager Product Lifecycle Management

Dreißen, André
Manager, TIME/Utilities

Hartung, Arne
Senior Consultant, Core Service Management Consulting

Hewing, Volker
Manager, Business Unit Papierindustrie

Kieslich, Tobias
Consultant, Core Service Enterprise Management

Komus, Dr. Ayelt
Niederlassungsleiter IDS Scheer AG, Niederlassung Düsseldorf

Lange, Dirk
Core Service Enterprise Management

Rack, Peter
Senior Consultant, Core Service Management Consulting

Stromberg, Marc Oliver
Senior Consultant, Product Consulting ARIS

Niederlassung Frankfurt

Franklinstr. 62
60486 Frankfurt a.M.

Bierer, Wolfgang
Manager, Core Service Management Consulting

Ghafari, Ramin
Senior Consultant, Core Service Management Consulting

Herrmann, Frank
Manager, Leiter Fachzentrum Supplier Relationship Management

Hong, Dr. Zhong
Senior Manager, Business Unit
Transportation & Travel

Liappas, Ioannis
Director, Core Service Management
Consulting

Niederlassung Berlin

Zimmerstrasse 69
10117 Berlin

Homburg, Dr. Olaf
Manager, Core Service Enterprise
Management

Niederlassung Nürnberg

Lina-Ammon-Strasse 3
90471 Nürnberg

Brönner, Roland
Senior Consultant, Business Unit
Consulting Insurance